▶アピール

ゆたかな学びを保障する教育実践の継続を！

2017年2月5日
日教組第66次教育研究全国集会

わたしたちは、全国からのべ1万人がここ新潟の地に集い、第66次教育研究全国集会を開催しました。

集会のオープニングでは、「新潟ろうあ万代太鼓豊龍会」による和太鼓演奏があり、未来に残したい「ふるさと」がアピールされました。全体集会では、子どもをとりまく課題が複雑化・深刻化している中、教育研究活動の理念や意義とともに、社会的対話を通して現場からの教育改革を一層すすめていくことを確認しました。記念講演では、民主主義社会が揺さぶられている今日的情勢をふまえ、政治に参加する能動的な市民を育てる教育の重要性が指摘されました。

分科会においては、子どもに寄り添った教育実践について各教科・領域ごとに報告・討議されました。さまざまな実践を交流し、ゆたかな学びを保障する実践とは何か、子どもを中心に据えた教育のあり方はどのようなものかなどが論議されました。子どもの教育をうける権利や人権等の観点から、自分の実践を見つめ直し、なかまから多くのことを学ぶ機会となりました。

特別分科会においては、はじめに、自分のふるさとを深く見つめ引き継いでいく活動として、重要無形民俗文化財「綾子舞」や長岡空襲に関する「平和劇」の発表がありました。第2部は「ゆたかなふるさとを未来へ」をテーマに、地元新潟の中学生・高校生・学生による「子どもシンポジウム」が行われました。学校生活や学びのこと等について率直な意見が出され、個性の大切さ、自分たちやふるさとの今後について話し合われました。

今次教研は、各地域における教育課題を共有するとともに、ゆたかな学びを保障する教育実践について討議・交流をしました。わたしたちは、引き続き、憲法・子どもの権利条約の具現化をはかるため、平和・人権・環境・共生を柱に、学校現場から民主的な社会の主権者を育む教育実践の継続と積み上げをしていきます。

目　　　　　次

（アピール）　ゆたかな学びを保障する教育実践の継続を！ ……………………………………… 1

（主催者あいさつ）　子どもと向き合い、子どもを中心に据えた教育実践を　　岡島真砂樹 ………… 8

（基調報告）　平和を守り、真実をつらぬく民主教育の確立
　　　　　　―憲法・子どもの権利条約を生かす教育改革を実現するため、
　　　　　　ゆたかな学びを保障するカリキュラムづくりをすすめよう　　清水秀行 ……… 11

（記念講演）　民主主義と政治教育　　山口二郎 ……………………………………………… 15

（第１分科会　日本語教育）　府川源一郎　松尾博之　村上三寿 ……………………………… 25
　1. 日本語教育のめざすもの
　2. つづり方・作文教育について
　3. 音声による表現の指導
　4. 言語の教育
　5. 文学作品の読み
　6. 説明文・評論文のよみ
　7. 学習活動の工夫
　8. 総括討論
　9. このリポートに学ぶ
　　　◎日本語の学習―国語科はいつまでこんなことをおしえるのか―
　　　　〈大川俊秋　北海道・北竜町立北竜中学校〉

（第２分科会　外国語教育・活動）　内野信幸　淺川和也　室井美稚子　坂本ひとみ ………………… 39
　1. 現状報告／小・中・高の連携
　2. 外国語を通しての平和、人権、多文化共生
　3. 学習意欲を高める授業の工夫Ⅰ
　4. 自己表現とコミュニケーション
　小分科会（小学校）
　5. コミュニケーション活動の実践
　小分科会（中学校・高校）
　6. 自主教材と「読み取り」・言語材料
　7. 学習意欲を高める授業の工夫Ⅱ
　8. 統括討論
　9. このリポートに学ぶ
　　　◎Do you know Matsuo Atsuyuki?～反戦・平和をどう子どもたちに伝えるか～
　　　　〈中村幸夫　熊本・県立天草工業高等学校〉

（第３分科会　社会科教育）　友常　勉　河原和之　坂井俊樹　山口剛史 …………………… 53
　1. 第１日目　全体会
　2. 第２日目　歴史認識小分科会
　3. 第２日目　現状認識小分科会
　4. 第３日目　全体会報告

5. このリポートに学ぶ
　　◎労働法教育から主権者教育へ〈石井　宣　宮城・仙台市立八木山中学校〉

（第4分科会　数学教育）田中伸明　正田　良　野村和之　上垣　渉 ……………………… 67
1. 概要と基調　問題提起：《学ぶ意欲を高める授業実践》
2. 研究討議の柱と内容
〈全体会Ⅰ〉
　　⑴学ぶ意欲を高める指導
〈小学校小分会〉
　　⑵低学年での数と計算
　　⑶長さ
　　⑷整数の割り算
　　⑸高学年の教材
〈中学校・高校小分科会〉
　　⑹図形の指導
　　⑺量にもとづく数と式の指導
　　⑻高校の関数
〈全体会Ⅱ〉
　　⑼小から中高への量の指導
3. まとめ（第67次教研にむけて）
4. このリポートに学ぶ
　　◎算数的活動を通して子どもたちがかかわり合い、主体的に学習できる授業の実践
　　　〜6年「地球と算数」の実践を通して〜〈稲垣有希　愛知・岡崎市立男川小学校〉
　　◎理解を確かなものにするために〜中学3年6章「円」の導入の実践〜
　　　〈前橋　有　静岡・静岡市立清水第二中学校〉

（第5分科会　理科教育）……………………………………………………………………… 79
　　藤岡忠浩　内田慎吾　市村猛樹　新　育大　米田雅人　盛口　満　神　貴夫
1. 概要と基調
2. 研究討議の柱と内容
3. まとめ（来年度への課題）
4. このリポートに学ぶ
　　◎地域の実態から始める理科の学習〜「四季のない」南の島・「川」のない石灰岩の島でのとりくみ〜
　　　〈中川路　守　鹿児島・知名町立下平川小学校〉

（第6分科会　美術教育）小林　勝　井上まさとし　坂井弘樹 ………………………… 93
1. 今次教研の概要と基調
2. 研究討議の柱と内容
3. 統括討論
4. このリポートに学ぶ
　　◎「希望の森をつくる」〈山下吉也　福岡・大牟田市立米生中学校〉

（第7分科会　音楽教育）早瀬順子　中村佳栄　吉村憲二　関田　良　野口淑子　齋藤啓之 ……… 107
1. 討議の柱と議論の報告
2. 総括討議
3. 「つらなり」のなかに生まれる希望
4. 音楽をずっと楽しんでいてほしい
5. 音楽の可能性と「育ち」
6. このリポートに学ぶ
　　◎一人ひとりに願いをもって、つながる授業を〈中田友貴　大阪・豊中市立豊島西小学校〉

（第8分科会　家庭科教育）青木香保里　妹尾理子　日景弥生 ……………………………… 123
1. はじめに―第66次教研の課題―

2. 研究協議
3. 総括討議
4. このリポートに学ぶ
　◎学びつなげることを通して、実践的な態度を育む授業
　　～学んだことを家庭の中で実践できる子をめざして～〈本多和歌子　静岡・藤枝市立広幡小学校〉

第9分科会　保健・体育 ………………………………………………………………… 137
　　阿部真司　青野典子　里見　宏　長澤光雄　北田和美　上西和樹　長田眞智子
1. 開会行事
2. 全体会
3. 保健小分科会
4. 体育小分科会
5. 全体会
6. 総括討議
7. このリポートに学ぶ
　◎自己肯定感を培う人間教育（体育実践）の一取り組みについて
　　〈工藤　文　宮崎・県立宮崎工業高等学校定時制〉
　◎子どもと一緒に考えたい放射能のこと〈松田智恵子　宮城・大崎市立真山小学校〉

第10分科会　技術・職業教育　平舘善明　本多満正　荻野和俊　長谷川雅康 ………………… 151
1. 概要と基調
2. 研究討議の柱と内容
3. まとめ
4. このリポートに学ぶ
　◎『用地確保から始める土作り重視の作物栽培』
　　～用地のない学校に異動したときの生物育成（栽培学習）の実践～
　　〈小山　繁　鹿児島・鹿児島市立星峯中学校〉
　◎子どもたちの長所を引き出す授業実践～評価方法と農業体験学習をとおした地域連携から～
　　〈今野信善　岩手・県立盛岡農業高等学校〉

第11分科会　自治的諸活動と生活指導　和田真也　笹倉千佳弘　石井小夜子　大平　滋 ………… 165
1. 概要と基調
2. 研究討議の柱と内容
3. まとめ《総括討議と第67次教研にむけて》
4. このリポートに学ぶ
　◎授業創りにおける子どもの参加とその意味～ダイヤモンドトークの実践を通して～
　　〈藤原嵩史　兵庫・西脇市立双葉小学校〉
　◎主権者教育の実践からの捉え直し
　　～「意見表明」と「権利」が尊重されるために、学校文化を見つめ直すために～
　　〈賀来宏基　大分・県立日田高等学校〉

第12分科会　幼年期の教育・保育と連携・接続 ………………………………………… 179
　　堀　正嗣　疋田美和　南さおり　延東省典　佐藤哲也　井上寿美
1. 概要と基調
2. 研究討論の柱と内容
3. まとめ（次期教研にむけて）
4. このリポートに学ぶ
　◎幼児が楽しんで表現するには～教員は、幼児の自己表現をどのようにとらえ、援助するのか～
　　〈久保田ゆう子　三重・四日市市立内部幼稚園〉

第13分科会　人権教育　池田賢市　上原仁朗　森　実 …………………………………… 191
1. 概要と基調

2. 研究討議の柱と内容
3. まとめ《総括討議と第67次教研にむけて》
4. このリポートに学ぶ
◎社会を創る一人としての自覚をもつ子どもたちへ
　～部落問題学習を通して社会の課題に目をむける～〈髙田美穂　福岡・小郡市立御原小学校〉

（第14分科会　インクルーシブ教育）堀　智晴　中山順次　服部宗弘　大場康司　田口康明 ……… 203
1. 第67次教育研究活動がめざすもの
2. 実践報告と討論
3. インクルーシブ教育にむけた実践
4. 「特別支援教育」のあり方を問い直す
5. 進路、卒業後の地域における自立生活を念頭においた実践
6. 総括討論とまとめ
7. このリポートに学ぶ
◎一人ひとりが大切にされる教育をめざして～「とくべつ」な支援を「あたりまえ」の支援に～
　〈井上佑子　兵庫・尼崎市立尼崎北小学校〉

（第15分科会　国際連帯・多文化共生の教育）林　二郎　広瀬義徳　榎井　緑……………………… 217
1. 足もとからの国際化をどうすすめるか
2. ゆたかな世界認識と地球規模でものを考える教育をどう創造するか
3. 総括討論
4. このリポートに学ぶ
◎多文化共生の社会をめざして～日本語支援のとりくみを通して～
　〈福岡裕城　福岡・久留米市立金丸小学校〉

（第16分科会　両性の自立と平等をめざす教育）宮内富美子　池上千寿子　藤田由美子　古田典子… 229
1. はじめに
2. 性の教育
3. 意識・習慣の見直し
4. 労働・家族
5. 第67次教研にむけての課題
6. このリポートに学ぶ
◎「母の仕事」と向き合う～「仕事とくらし」を取材し続けて～
　〈久保田絹代　熊本・合志市立合志中学校〉

（第17分科会　子ども・教職員の安全・健康と環境・食教育）……………………………………… 241
　真下俊樹　後藤　忍　並河信太郎　石塚哉史　前川慎太郎　小林芳朗　三浦俊彦
　楠本昭夫　山内ゆかり　合崎眞理
1. 今次教研集会の課題
2. 実践報告と討論─今次教研の課題を探る─
3. このリポートに学ぶ
◎福島県双葉郡浪江町「希望の牧場・ふくしま」ボランティア活動から生徒間交流まで
　～考え・行動する人をめざして～〈竹島　潤　岡山・岡山市立旭東中学校〉
◎「食育～正しい食卓で、心もからだも健康に！～」のとりくみについて
　〈伊勢勤子　岩手・県立大船渡高等学校定時制〉
◎がんとリハビリ～生活の拡がりを生み出す運動～〈青木知広　公立連合・近畿中央病院〉

（第18分科会　平和教育）豊坂恭子　仲里博恒　浦瀬　潔　國貞守男　新倉裕史　上杉　聰 ……… 257
1. 今日の情勢をふまえ、平和教育とのつながりをみすえて、地域・職場に根ざした「平和運動」
　をどのように組織的に創造したか
2. 学習指導要領を創造的にのりこえ、新しい教育課程の編成としての「平和教育」の教育内容を
　どのようにつくりあげたか

3. 総括討論―今次教研の成果と課題
4. 分科会討議を振り返って
5. このリポートに学ぶ
　　◎沖縄修学旅行のとりくみ〜戦争と平和を少しでも実感できるように〜
　　　〈泉　博子　日私教・駿台学園高等学校〉
　　◎伝えよう　平和へのメッセージ〜授業や学校行事を通して平和への思いをつなげよう〜
　　　〈大西　徹　三重・度会町立度会小学校〉

（第19分科会　メディア・リテラシー教育と文化活動）赤尾勝己　工藤宏司　末永暢雄 ……………… 275
1. 本分科会の課題と基調
2. 実践報告
3. このリポートに学ぶ
　　◎読書教育による新たな「生きる力」の育成
　　　―読書会活動による読書の新たな魅力発見と読書行為の価値向上―
　　　〈林　広美　千葉・千葉市立幕張中学校〉
　　◎児童の協働的な振り返り活動を支援するICT活用の実践〈山村勝人　三重・伊勢市立有緝小学校〉
　　◎進化する「千種学」〜故郷を愛し、故郷へ還る生徒の育成〜
　　　〈井原幸嗣　兵庫・穴粟市立千種中学校〉

（第20分科会　高等教育・進路保障と労働教育）本間正吾　石川多加子　伊藤正純 ……………… 287
1. 進路保障・入試制度と高等教育
2. 教育保障
3. 総括討論・第67次教研にむけて
4. このリポートに学ぶ
　　◎神奈川アルバイト問題調査ワーキンググループのとりくみ
　　　〈中山拓憲　神奈川・県立神奈川工業高等学校／福永貴之　神奈川・県立大師高等学校〉
　　◎進路保障をキーワードとした特別支援教育の課題〈上田清貴　兵庫・県立東はりま特別支援学校〉

（第21分科会　カリキュラムづくりと評価）………………………………………………………… 301
　　長尾彰夫　澤田　稔　遠藤淳一　大和田健介　宮田賢一
1. 本分科会の課題と論議の基調
2. 研究討議の柱と内容
3. このリポートに学ぶ
　　◎形骸の打破の先に〈浅倉　修　岩手・二戸市立石切所小学校〉
　　◎わかる授業を成立させる教科指導と子ども理解を基本とした生徒指導の両面をいかした授業と
　　　評価のあり方を探る〜子どもを理解し、輝かせる評価のあり方を考える〜
　　　〈雨宮勇人　山梨・笛吹市立一宮西小学校〉
　　◎総合学科高校ってどんなことをする学校？〜第3の学科の奮闘と課題〜
　　　〈日小田祥子　大分・県立日田三隈高等学校〉

（第22分科会　地域における教育改革とPTA）…………………………………………………… 315
　　森山沾一　岩崎政孝　相庭和彦　大橋保明　齋藤尚志
1. 基調報告
2. A小分科会　民主的な学校づくり
3. B小分科会　PTA・地域の連携
4. C小分科会　過密・過疎、へき地の教育
5. 全体会（最終日）総括討論―第67次教研にむけて―
6. このリポートに学ぶ
　　◎北薩労安対策会議の歩み〜衛生推進者になって超勤削減！〜
　　　〈帖佐幸子　鹿児島・阿久根市立山下小学校〉
　　◎地域と共につくる学校組織〈井出上大樹　神奈川・横浜市立上永谷中学校〉
　　◎学校統廃合と地域づくりのあり方〜函館市における学校統廃合へのとりくみ〜

〈三浦友和　北海道・北海道函館養護学校〉

（第23分科会　教育条件整備の運動）　横山純一　末富　芳　吉田和男 ……………………………… 331
1. 子どもの就学・修学保障と保護者負担軽減、教育予算要求のとりくみ
2. 東日本大震災・原発事故をふまえての教育条件整備
3. 子どもの学習権を保障する安全で安心な学校環境整備のとりくみ
4. 学校運営と学校事務
5. 教職員の労働条件等の確立のとりくみ
6. このリポートに学ぶ
　　◎「生活の場」を考える〈早瀬美穂子　北海道・赤平市立茂尻小学校〉
　　◎教育予算を効果的に子どもたちへ還元するために〈上間啓史　沖縄・恩納村立喜瀬武原中学校〉

（第24分科会　総合学習と防災・減災教育）………………………………………………………… 347
　　　小野行雄　河東嘉子　青木作衛　佐藤正成　吉野裕之　善元幸夫
1. 概要と基調
2. 研究討議の柱と内容
3. まとめ─岐路に立つ日本の教育と総合学習の行方─
4. このリポートに学ぶ
　　◎鹿島台の歴史から学んだこと─「8・5豪雨」から「満州分村移民」へ─
　　　〈小野寺勝徳　宮城・大崎市立鹿島台小学校〉
　　◎子どもたちが生き生きと活動できる学びの創造に向けて〜つながりを大切にして〜
　　　〈舟井綾子　福岡・嘉麻市立熊ヶ畑小学校〉

（特別分科会　子どもフォーラム「ゆたかなふるさとを未来へ　〜わたしたちにできることは何？〜」）… 359
　　　朝野雅子　桜井智恵子
1. 分科会の概要
2. 第1部　子どもの活動発表
3. 第2部　子どもシンポジウム

（リポート提出者名簿）…………………………………………………………………………………… 365

（あ と が き）……………………………………………………………………………………………… 380

▶主催者あいさつ

子どもと向き合い、
　　子どもを中心に据えた教育実践を

第66次全国教研実行委員会実行委員長　岡島真砂樹

おはようございます。早朝より日教組第66次教育研究全国集会・全体集会に、全国各地からお集まりいただきました皆様、ありがとうございます。集会開催にあたり、地元新潟県、新潟市そして教育関係者の皆様に高いところからではございますが、厚く御礼申し上げます。

また、公務ご多忙の中、日本労働組合総連合会神津会長、新潟県　米山知事をはじめ、多数のご来賓、ならびに関係団体の皆様のご臨席を賜りました。集会参加者を代表して厚くお礼を申し上げます。

分科会でお世話になります共同研究者の皆様、手話通訳、看護師の皆様、取材いただくマスコミ関係者、警備をお願いいたしました警察関係者、そして開催地・新潟県教組、新潟高教組、および日教組北陸地区協議会の皆様には、最終日まで大変なご苦労をおかけしますが、よろしくお願いいたします。

昨年、世界では思いもかけないことが起こりました。英国では6月に行われた国民投票で、予想に反してEU離脱派が多数を占め、英国がEUから離脱することとなりました。米国では、11月に行われた大統領選挙において、事前の予想が覆され、ドナルド・トランプ大統領が誕生するという結果となりました。世界はどんどん内向き志向になりつつあります。日本もまた10年前、20年前に比べて、内向きの議論が増えてきているように思います。しかしながら、私たちが教育を考える際には、長い時間軸、広い視野でものを見ていくことが必要です。2017年の今、さまざまなことを学んでいる子どもたちは、未来の新しい社会の中心になっていくからです。

1948年の第3回国連総会において採択された世界人権宣言では、その冒頭の「前文」で、「人類社会のすべての構成員の固有の尊厳と平等で譲ることのできない権利とを承認することは、世界における自由、正義及び平和の基礎である」と述べられています。そして第一条では、「すべての人間は、生ま

れながらにして自由であり、かつ、尊厳と権利とについて平等である」と謳われています。

世界が内向きになりつつある今こそ、私はこの世界人権宣言の考え方に立ち戻り、未来にむけた希望と期待を教育の中に見出していかなければ、と願ってやみません。

子どもの貧困やいじめ、虐待、不登校など、子どもをとりまく課題は、複雑化・深刻化しています。子どもの教育を受ける権利ばかりか、個人の尊厳や人権が脅かされています。とりわけ、東電福島第一原発事故を受け自主避難している子どもへのいじめが各地で起きたことは教育に関わる者として重く受け止めなければなりません。

小さい頃からの友だちと別れ、ふるさとを離れ、その子がどんな心持ちでいるのかにどうして思いを馳せられないのでしょうか。このことを子どもの問題として捉える前に、私たち教職員が自分の学校・学級にいる子をどう受け止めているのかを問い直さなければなりません。

「子どもと向き合う」、「子どもに寄り添う」という言葉は私もよく使いますが、それはどういうことなのか、改めて考えさせられました。向き合い方、寄り添い方は個に応じて違いはあるかもしれませんが、子どもの声に耳を傾ける、その子の様子や行動から思いを感じとることから始めることだと思います。自分が受けとめたことを子どもたちにどういった場面でどのように伝えるか、教職員どうしで共有しどう対応していくかにつなげていかなければなりません。

東日本大震災、福島原発事故から6年が経過しようとしています。昨年、第65次教育研究全国集会を被災地である岩手県で開催しました。各分科会では、復興の現状とともに今なお心の傷を抱えている子どもの実態が報告されました。特別分科会では、被災した子どもに関わっている方や内陸部に異動し被災体験を共有できず悩んでいる教職員の思いが語られました。復興は未だその途上にあり、「風化させない」とりくみを継続していくことの重要性を共

有することができました。昨年も熊本や鳥取で大規模な地震が起き、甚大な被害をもたらしました。今後も教育復興ボランティアを継続していくとともに、子どもに寄り添いながら「防災・減災教育」をすすめていかなければなりません。

　子どもにとって必要な学びとは何でしょうか。全国学力・学習状況調査が実施され10年が経過しますが「点数学力」が重視され、学校現場では「学力向上」と称して、点数を上げるための対策が求められています。教育課程に影響を及ぼすばかりか、子どもたちの負担や学習意欲の低下にもつながっています。

　昨年12月に結果が公表されたTIMSS（数学・理科の国際調査）やPISA（OECD学習到達度調査）においても、日本は得点・順位が上位にあるとする一方で、子どもの興味・関心や学習意欲が各国に比べかなり低いことが明らかとなっています。得点・順位よりもむしろ子どもの学ぶ楽しさが損なわれていることを問題視すべきではないでしょうか。

　先日、日教組が発行している『月刊JTU』の取材で、ドキュメンタリー映画「みんなの学校」で大きな反響があった木村康子さん（大阪市立大空小学校前校長）と対談する機会がありました。「インクルーシブな学校づくり」をテーマとしたものでしたが、「学校で子どもに必要な学力とはどんな学力でしょうか」との問いに対し、「数値で表される学力は、教職員が教科書を通して子どもたちに教えるもので、この力は10年後の子どもたちが国際社会に出る頃には生きる力とはなりません。現代社会において自分らしく生きるためには、人を大切にする力、自分の考えを持つ力、自分を表現する力など『見えない学力』が大切です」と話されました。さらに、「教職員の専門性は教えることではなく、子どもたちから学ぶこと。大人が学ぶ姿は子どもの学習意欲をとても向上させます。教職員が学びの達人になればいい」という言葉が印象的です。

　福島から避難している子どもへのいじめや相模原の障害者支援施設の事件について思いを巡らすにつけ、「学力向上」を追い求めるあまり、「個人の尊厳」や「人格の完成」といった教育で最も大切にすべきものが忘れられているように思われてなりません。

　昨年12月、中教審は次期学習指導要領の改訂について答申しました。小学校高学年の外国語科及び

中学年の外国語活動の導入、高校の教科・科目構成の見直しなど、教育内容を大幅に変更するものとなっています。あわせて、子どもの主体的・協働的な学びとしてアクティブ・ラーニングが強調されています。そもそも教育方法や評価にまで言及する必要があるのかという問題点はありますが、「子どもの実態をふまえた学び」や「子どもが主体となる学び」などは、長年にわたり私たちが教育研究活動でとりくんできたことではないでしょうか。単なる授業方法・評価といった枠組みに縛られるのではなく、子どもを出発点とした「ゆたかな学び」の教育研究および教育実践を自信をもってすすめていきましょう。

とはいえ、学校現場では超勤・多忙状況が常態化し、子どもと関わる時間や教材研究・授業準備の時間が十分取れないのが実態です。管理強化がすすめられる中、教職員は時間的・精神的なゆとりがもてず、自主的な研究・研修もままならない状況です。学習指導要領の改訂で新たな教育内容への対応や授業時数が増やされようとしていますが、教職員のやりがいや専門性を高めるためには、木村さんの言葉をかりれば「学びの達人」になるためには、早急な業務改善や教職員の定数改善など、教育条件整備が必要不可欠です。

本研究集会の要綱の81ページに開催年表が記載されておりますが、第1回が1951年日光で開催されました。私が生まれる以前のことですが、大会の記録に目を通してみますと、基本方針の中に「われわれの教育研究活動は、それが孤立的、独善的であることは許されない。教員個々の持っている研究問題と、研究活動の経験は相互に交流され、批判され、これが科学的処理の方法を検討し、その研究成果は社会的に蓄積されなければならない。そのためには協力的、組織的、かつ自主的な教育研究活動の強力な発展を期さねばならない」とあります。こうした教育研究活動の理念や意義は今日にも引き継がれておりますが、この言葉を改めてかみしめながら、子どもを中心に据えた教育研究・授業実践を今後も力強くすすめて参ります。

むすびに、日教組は本年6月で結成70周年を迎えます。昨年は一連のマスコミ報道に関わり、関係団体や教育関係者の皆様にご心配をおかけしましたが、節目となる本年、信頼回復にむけ全力でとりくんでいくことをお誓いし、主催者を代表してのあいさつといたします。今日から3日間よろしくお願いいたします。

▶基調報告

スローガン 平和を守り、真実をつらぬく民主教育の確立

テーマ 憲法・子どもの権利条約を生かす教育改革を実現するため、ゆたかな学びを保障するカリキュラムづくりをすすめよう

日本教職員組合　書記長　清水秀行

1. はじめに

「教え子を再び戦場に送るな」のスローガンのもと、第1回教育研究全国集会が1951年に開催されて以降、戦前の教育の過ちを二度と繰り返さないという強い思いから、自主的で組織的な教育研究を発展・蓄積させてきました。地域実態や子どもたちの姿から課題を見つめ、なかまとともに研究し、教育実践を行っていくことの重要性は社会的に認められ、国際的にも評価されているところです。

戦後70年あまりが経過した今、安倍政権による安全保障関連法の実動化、県民の思いを無視した辺野古や高江の米軍基地建設問題、原発再稼働、政府主導の「教育再生」など、平和と教育が危機的な状況を迎えています。平和・人権・環境・共生の視点を柱とした教育が一層重要となっており、平和な社会を築いていくための教育が求められます。

東日本大震災・東電福島第一原発事故から6年が経過しようとしていますが、未だに14万人以上もの人々が避難生活を続けています。国は17年3月末までに帰宅困難地域以外を避難解除し、それに伴い住宅貸与等の支援を打ち切ろうとしています。しかし、除染廃棄物の処理や、廃炉作業も困難を極め原子炉そのものは手つかずであるにもかかわらず、帰還がすすめられようとしています。

また、16年4月に発生した「熊本地震」においても、多くの子どもと教職員が被災しました。今もなお余震が続いており、被災した校舎や体育館など施設設備の復旧も不十分な状況です。

子ども・教職員の心のケア、教育復興にむけた支援、安全・安心な生活保障などの課題について、学校・保護者・地域等が連携したとりくみをさらにすすめていくことが重要です。

今次教研において、今一度、参加者全員が被災地における教育課題を共有し、多くの方々と連帯しな

がら、震災を「風化」させないとりくみや防災・減災教育を継続していかなければなりません。

2. すべての子どもたちの人権、学習権の保障を

(1)子どもをとりまく環境と社会全体で問題解決を

貧困、いじめ、虐待や不登校など、子どもをとりまく課題は複合的に絡みあっており、その解決にむけては社会全体で向き合うことが必要です。18歳未満の子どもがいる世帯の相対的貧困率は、16.3%（12年厚生労働省調査）と依然として高く、ユニセフの「貧困の深さ」に関する調査（16年4月）によれば、日本は子どものいる世帯の所得格差が41ヵ国中8番目に大きいことが指摘されています。また、就学援助を受ける子どもの数も依然150万人（13年文科省調査）を超えており、経済格差が教育格差を生み、子どもの学習権が脅かされています。「教育ローン」として若者の生活に重くのしかかる貸与型奨学金の課題解決も求められます。子どもの権利条約・国際人権規約にもとづく教育の無償化、教育費の私費負担軽減をはじめ、実効ある給付型奨学金制度などを実現しなければなりません。

いじめ問題については、いじめ防止対策推進法が施行3年を経過し、見直しが検討されています。いじめの定義や対処のあり方など検討が行われていますが、「道徳教育や体験活動」によっていじめを「未然防止」しようとしています。いじめは、子どもの権利条約が勧告する「子どもどうしのいじめと闘う努力を強化」することなしには解決できません。いじめは人権侵害であるという認識に立ち、どの子どもの人権も尊重される学級・学校の実現を子どもとともにめざすことが必要です。

12万人（15年文科省調査）を超える子どもたちが不登校となっており、その子どもたちの学習権を

保障することは喫緊の課題です。「義務教育の段階
における普通教育に相当する教育の機会の確保等に
関する法律」が成立しましたが、不登校を子ども自
身の心理的な事由によるものとすることや不登校の
子どもを別施設・別教育課程に分離・排除してとも
に学ぶ権利を損ねないかなど多くの課題があるもの
となりました。不登校は子どもの「問題行動」では
なく、「誰にでも起こりうる」ことです。国は国連
子どもの権利委員会の指摘を真摯に受け止め、「グ
ローバル人材の養成」を教育目標に掲げ「学力向
上」に重点を置く競争的な学校環境を見直す必要が
あります。一方、夜間中学については、生徒の背景
に寄り添った学びの支援のあり方を考えることが重
要であり、そこに学ぶすべての人の学習権を保障す
るとりくみをすすめていくことが求められます。

貧困、いじめ、不登校等の状況に置かれている子
どもたちはもちろん、すべての子どもたちが安心で
きる「居場所」づくりを社会全体ですすめていくこ
とが重要です。

⑵インクルーシブな学校、教育福祉社会の実現を

被差別部落の子ども、民族的マイノリティの子ど
も、外国につながる子ども、性的マイノリティの子
ども、児童養護施設の子どもなど人権が抑圧されて
いる子どもたちがいます。ヘイトスピーチはデモや
ネットで拡大しており、理念として「差別を許さな
い」ことを定めた「ヘイトスピーチ対策法」が成立
したことは一歩前進と言えますが、まだ十分とは言
えません。人権教育の観点から、教職員自らが差別
の現実から深く学び、「内なる差別」に向き合いな
がら、すべての子どもが教育を受ける権利を保障さ
れるようにとりくみを継続・深化していくことが求
められます。

障害者差別解消法の施行（16年4月）により、
合理的配慮は義務となりました。合理的配慮はとも
に学ぶために必要不可欠なものであり、各自治体・
学校には具体的対応が求められます。就学に関して
も、本人・保護者の希望が最大限に尊重されず地域
の学校で学ぶことが難しい状況に置かれている子ど
もたちがいます。地域でともに学ぶことは権利であ
るとの障害者権利条約の理念の実現をめざし、制度
の周知や学校現場での理解を深め、ともに学ぶため
の教育実践をすすめていかなければなりません。

子ども一人ひとりの実態や背景を見つめ、多様な
子どもたちがともに育ち、ともに学ぶインクルーシ
ブな学校を構築するため、子どもの権利条約の具現

化をすすめなければなりません。将来を担う子ども
たちには、就学前から質の高い教育・保育や教育の
機会均等が公的に保障され、いかなる理由があって
も誰一人として排除されることがあってはなりませ
ん。相模原の障害者支援施設における事件（16年7
月）は、個人の尊厳や人権を踏みにじるものであ
り、改めてインクルーシブな社会のあり方を考え直
す機会となりました。私たちは教育（Education）と
福祉（Welfare）を一体のものとしてとらえた「教育
福祉（Edufare）」社会を実現するためにとりくみを
すすめていきます。

3. ゆたかな学びの保障を

⑴子ども・学校現場からの教育改革を

次期学習指導要領改訂にむけて審議がすすめられ
ていますが、学びの質と量を確保するとして、学習
内容の削減・精選を行わずに、小学校での英語の教
科化、プログラミング教育、高校での教科・科目の
再編等、新たな内容が付加されようとしています。
また、「資質・能力の育成」をめざすとして、「主体
的・対話的で深い学び」（「アクティブ・ラーニン
グ」の視点）が強調されていますが、子どもの主体
的な学びや協同的な学びは、各学校で子どもの実態
に応じて創意工夫されるものであり、指導方法や評
価を画一的に規定すべきではありません。

安倍政権は、「教育再生」の名のもと、市場原
理・競争主義・国家主義にもとづく「教育改革」を
すすめています。管理・統制を強化するのではな
く、各学校の主体性・創造性が尊重され、子どもや
現場からの教育改革が求められます。

⑵点数学力ではなく子ども主体の学びを

全国学力・学習状況調査をめぐり、「学力」が点
数に特化され、「平均点ランキング」による弊害が
深刻さを増しています。日教組組織内実態調査から
は、結果が目的外に利用されたり、教育委員会や校
長から点数・順位を上げることを求められ、過去問
等の事前対策が強要されたりしている事態が生じて
います。また、カリキュラムの変更、土曜授業の実
施など点数を上げるための手立て等も報告されてい
ます。こうした点数学力の向上に特化した学びは、
本来の子どもが主体となる学びとはかけ離れていま
す。子どもの学ぶ楽しさ、子どもの考えや思いを大
切にした学び合いなど、ゆたかな学びが求められま
す。

　公職選挙法改正により選挙権年齢が18歳以上に引き下げられ、16年夏の参院選が実施されました。子ども・若者の社会参画の拡大とともに、学校では義務教育段階からの子どもが主体となる「主権者」教育の実践が重要になります。人は生まれた時から主権者であり、日教組がこれまですすめてきた、自治的諸活動、労働教育、メディア・リテラシー教育などを通して情報や事柄を批判的に読み解き、民主的な市民社会を作る担い手となる主権者の育成でなければなりません。

(3)**自主的なカリキュラムづくり・教育実践を**

　子ども一人ひとりのゆたかな学びは、なかまとともに学ぶことで高められ、その経験はよりよい社会を創造していくことにもつながります。序列化や過度の競争ではなく、子どもの視点に立ち、学びのあり方を問い直し、協同の学びを大切にした創造的な教育活動を推進していく必要があります。ゆたかな学びを具現化するためには、自主的カリキュラム編成とその実践が不可欠です。これまで日教組が培ってきた、子どもの実態をもとにした自主的カリキュラム編成を再構築していくことが重要です。憲法・子どもの権利条約を生かす教育改革を実現するため、ゆたかな学びを保障するカリキュラムづくり・教育実践をさらにすすめていきましょう。

4．学校現場を支援する教育条件整備を

　日本の教職員の長時間勤務実態がさまざまな調査結果から明らかになっています。現在、学校では教育課題に対応するため、教職員も子どもも、時間的にも精神的にも余裕がもてない学校生活が続いています。精神疾患等で休職する教職員も後を絶たず、同僚性の喪失も進行しています。さらに、改正教育公務員特例法が、教職員への管理強化や、さらなる研修によって一層多忙な状況につながることも懸念されます。

　子どもたちの主体的な学びをすすめるためにも、教職員には教材研究や授業準備の時間、子どもには、授業時間内でのじっくり考える時間や学び合う時間が必要です。支え合い高め合う協力・協働の職場づくりとともに、定数の大幅改善などの条件整備が不可欠です。

　文科省は、教職員の多忙化への対応として、「次世代の学校指導体制にふさわしい教職員の在り方と業務改善のためのタスクフォース報告」の中で、業務改善の具体的方策を打ち出しています。しかし、根本的には、教職員の定数改善を含めた学校の役割分担の見直しや人員配置が必要です。さらに、校舎の耐震化の完全実施や施設・設備の充実、私費負担軽減や就学前教育の重要性をふまえた子育て支援制

度の充実など、教育条件整備が不可欠です。学校現場は、子どもたちを支援する様々な職種で成り立っており、いろいろな関わりの中で子どもたちは育っていきます。障害のある教職員への合理的配慮を含め、すべての職種に関わる環境整備や待遇改善が必要です。

5. 社会的対話を通して学校・地域からの教育改革を

　私たちは、平和と教育が危機的な今だからこそ、「教え子を再び戦場に送るな」のスローガンのもと、平和を守り真実をつらぬく民主教育の確立にむけて、教育実践を継続していく必要があります。

　これまで私たちは、一人ひとりの子どもが、将来に対する夢や希望、自己肯定感、人権感覚をもち、自分の生き方を問い続ける学びが保障される学校づくりをすすめてきました。互いの人権を尊重し合い、平和と環境を大切にし、ともに生きる共生社会を築くために必要な知識・感性・判断力を獲得していく過程を大切にした「ゆたかな学び」の実現のためにも、広範な人たちと子どもたちの育ちや学びについて語り合う社会的対話は欠かせません。

　全国の実践からともに学び合い、子ども・保護者・地域住民・教育関係者および働くなかまとの連携を密にし、「現場からの教育改革」を一層すすめていきましょう。

▶記念講演

民主主義と政治教育

法政大学教授　山口二郎

世界に蔓延する「アベ化」現象
—民主政治の劣化が止まらない

　民主政治は今、非常に大きな危機に直面しています。トランプ大統領の登場等々、危機的な問題が次々と起こっています。私はこのような民主政治の劣化を「アベ化」と呼んでおります。2012年末の第2次安倍政権の発足以降、「アベ化」は日本から起こり、アメリカ、西ヨーロッパへと広がっています。「アベ化」とは何か。先ず、自己愛がとても強い、幼児的リーダーが権力を持って、好き放題をするということです。自己愛の裏返しとして、批判には強く反発をし、更には逆恨みをして、徹底的に攻撃を加えようとする。とりわけ、メディアやあるいは知識人がその標的になります。そして、攻撃をする際には、嘘偽り何でもあり、しかも嘘がばれても全然恥じない。私はもうすぐ60歳になるのですが、こんな嫌な時代はなかった。嫌な社会の本質は何なのかを考えてみますと、やはり一昨年夏の安保法制によって、日本が戦争のできる国になった、ここに大きな原因があると思うのです。

事実の隠蔽と生活様式の画一化の推進

　戦争ができる国というのはいくつかの共通した特徴があります。一つは「権力が事実を覆い隠す」。大本営発表がその典型ですが、今の日本でも情報公開を請求しても、文書にいっぱい墨が塗ってあるようなものしか出てこない。権力に都合がいいような情報ばかりを流して国民の認識を操作するのです。
　二つには、「国策に向けて、国民を束ねていく」ということも戦争のためには必要です。従って、国民に対して生活様式・道徳などの画一化をすすめてきます。とりわけその矛先は女性と子どもに向かいやすい。学校では道徳の教科化、女性に対しては、早く結婚して子どもを作れとか、そういう圧力がどんどん強くなっていくわけです。この通常国会に「家庭教育支援法」なる法案が提出されるという話がある雑誌に出ていました。これは、例の「親学」

とか、全く科学的根拠のない精神論。あるいは捏造された日本の伝統なるものを振りかざして、人々に画一的な生き方を押し付ける動きにもとづいているそうです。説教するような法案が国会に出てくるというわけで、戦争のできる国にふさわしい画一化がどんどんすすもうとしています。
　もう一つ、先ほどの事実の隠蔽の延長線上ですが、「虚構と事実、フィクションとファクトの混同」。ここ最近、感動を安売りする傾向も特に教育の中であるわけです。例えば、道徳の教材に「江戸しぐさ」なるものが採用された。「江戸時代の日本人には他人を思いやるようなマナーがあった。狭い道で雨の日にすれ違う時には傘を傾けましょう」みたいな。あれは歴史家の考証によると、明治時代以降の人がこしらえた全くの捏造で、江戸時代にそんなものはなかったのです。東京新聞の記事によると、この「江戸しぐさ」なるものが道徳の教材になったことについて、文科省の担当者が、「江戸しぐさ」が嘘か本当かと道徳の教材に採用することとは関係がないと言ったそうです。これは教育の本質にかかわる問題です。事実であるがごとくに、嘘を子どもたちに教え込む。これは犯罪的な行為だと思います。事実と嘘の区別がつかなくなるというのは、先程の「アベ化」あるいは民主政治の劣化の根本的な原因です。

政治の危機—権力の暴走

　現在の危機について、政治、社会、経済の各面で、簡単にお話をしておきたいと思います。政治の危機というのはある意味で、「権力の暴走」と言うことができます。今の民主主義はほとんど多数決、多数支配と同じものになっていると言うことができます。「多数者の意思が国民の意思なのだ。それを推し進めて何が悪い」というような開き直りが権力者の側にある。そして、金融であれば日本銀行、メディア・報道であればNHK、そして、立法・法律の制定であれば内閣法制局、こういった、従来ある種の専門性を尊重され、中立性を認められてきた機

関に対しても、「多数者の意思」を背景に、行政府が人事を通してコントロールを行うという、まさに、多数者に対する抑制や批判のメカニズムをどんどん壊していくというところに今の政治の特徴があるわけです。従って、制度としての選挙とか議会、複数政党制みたいなものは確かにこれからも続くと思うのですが、民主主義が単なる多数支配に変わってしまうと、憲法で決めている基本的人権の尊重とか個人の尊厳といった価値も脅かされていく。自由と民主主義は決して強固ではないのです。

「言葉の崩壊」が議論を成り立たせなくする

　今の政治の危機は「言葉の崩壊」という面もあります。権力が暴走する時、民主主義が脅かされる時には、必ず、言葉の意味が崩壊していきます。そもそも、安保法制も「積極的平和主義」などという言葉で正当化されたわけです。「南スーダンの現状は戦闘ではなくて衝突である」。こういった類いの言葉の操作、本来の言葉の意味を消し去り、為政者に都合のいい意味に置き換える、こういう現象がすすんでいる。私たちは政治について語り、また為政者を批判する時には言葉を使わざるを得ません。その言葉の意味が為政者に都合のいいように作り替えられていくと、主権者として政治を語ること、政治を批判することができなくなっていくわけです。だから「戦争はいけない」と言うと為政者の方は、「自衛隊を戦地に派遣して武器を使用すること、これが平和主義」と言って開き直る。そうするともう、議論というものが成り立たなくなるわけです。

社会の危機─個人の尊厳の軽視と連帯の欠如

　次に社会の危機、つまり社会を構成する人と人との間においても大きな危機が起こっています。一言で言えば、人の生命、個人の尊厳を侮蔑する、軽んじる風潮です。昨年の7月には、相模原の障害者施設で大変悲しい大量殺人事件がありました。あれは特異な事件に思えますが、犯罪に至らなくても、障害者、外国人など少数派に対する差別やいじめを公然と語り、特定の地域・集団に対して、あたかも犯罪者であるかのようなレッテルを張って攻撃をする。こういった風潮が本当に広がっていて、それがネット上だけでなく、今やテレビ等公的な言論空間にも広がっています。人間を取り巻く社会のつながりが相当衰退していることは確かです。連帯が消滅し、少数者、他者に対する敵意みたいなものが募っていきます。もう一つ、自由というのは権力から弾

圧されて制約されるよりも、社会における人と人との横の関係において、「こういうことを言うと浮く」とか「こういうことを言うと人から攻撃を受けるんじゃないか」そういった、忖度し合い、自己規制をするというところで制約されていきます。

経済と生活の危機

次に、経済と生活の危機ということで、データを少し紹介しておきますと、いわゆる日本の総中流社会、9割の人が自分を中流だと思えた社会というのは1997年をピークにして、確実に解体している。（図1）は所得階層別の構成比を示したグラフで、97年までは所得の低い階層の割合がどんどん減っている。しかし、そこからまた、所得の低い階層が増えています。（図2）は企業の利益と勤労者所得の変化を示したグラフで、2000年を境に企業の利益と雇用者報酬の相関関係は正の相関から負の相関へ逆転している。つまり、会社が儲かっても給料は減る。もっとはっきり言えば、給料を下げるから会

（図1）

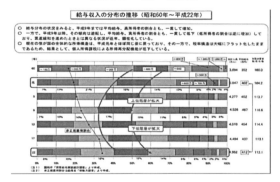

（図2）

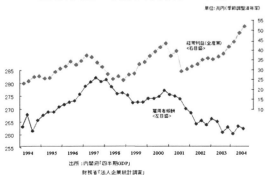

（図3）

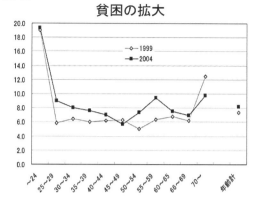

社が儲かるという時代に私たちは生きているわけです。（図3）のグラフは生活保護基準以下の人の割合を示しています。高齢化がすすみ、所得の少ない高齢者が増えるから貧困格差が広がっているように見えるというような議論がありましたが、それは違う。あらゆる年代において、貧困が増えている。とりわけ、若い世代、20代から30代、40代前半という、これから就職をし、結婚をし、子どもを産み育てようかという世代において、貧困が増えているということです。所得のちょうど真ん中の人の半分が相対的貧困ラインで、そこから下の人の割合も、日本は上昇を続け今や、先進国においてはアメリカに次ぐ貧困大国になってしまった。この一連の事実はつながっています。つまり、90年代半ば以降、雇用の規制緩和が進み、非正規労働が増えると低賃金で働く人が増え、給料は減ります。そして会社は儲かるが社会全体では貧困が広がるということになります。一連の現象は天変地異ではありません。人間がまさに作為で作り出した変化です。だから、人間が作為によって直すことができるはずなのです。

戦後合意の消滅と破滅的リーダーの台頭

こうした危機は日本だけのことではなく、多くの先進国に共通しています。いわば、世界の「アベ化」です。20世紀とりわけ、第2次世界大戦後、ある種の保守・革新を超えた、大きな合意が形成されたわけです。それは民主主義の政治の中で、広範な労働者、大衆が政治参加し、ある程度の再分配を求めていく。政府はそれに応えて、社会保障、社会福祉を行って、人々の生活を支えるという任務を負うという合意があったわけです。しかしながら、20世紀末からこの合意がなくなって、多くの国におい

て小さな政府の政策が追求されるようになり、さらには冷戦崩壊後、経済のグローバル化という現象がすすんで、今や市場経済、資本主義経済は「ウィナーテークオール（英：Winner-take-all）」勝者総取りの経済になってしまい、「ルーザー（英：Loser）」負けた側は何もないということになる。負けた側が現状に対する不満を非常に誤った方向にぶつけて、今日の民主政治の劣化、あるいはトランプに代表される、まことに破滅的なリーダーの台頭を招き寄せているということができるのです。トランプのような、ある種デマゴーグのような政治家はそういう人々の欲求不満、現状に対する不安を更に刺激し、憎悪を煽ることによって、支持を得ています。そのようなデマゴーグの跳 梁 跋扈に対して、メディアは十分反撃できていない。「ポスト真実」という言葉が昨年流行りましたけれど、事実を軽んじる態度で、人々を動員していくのです。しかし、アメリカの人々がトランプを選んだのにはやはり理由がある。日本と同じような格差・貧困があり、トップ１パーセントの所得が国民全体の所得のどれくらいの割合になるかを見ると、1928 年と 2007 年がピークで、彼等は国民全体の富の４分の１を持っています。富の集中のピークの直後には 1929 年の世界大恐慌、2008 年のリーマンショックという、世界を揺るがす大経済危機が起こるわけです。富の集中が余りにもすすむと必然的にバブルが広がり、そのバブルがいつか弾けて大混乱が起こる。1930 年代はニューディール政策で、金融恐慌に対して労働者や農民の保護で経済の立て直しを図りました。2008年時も大混乱が起きましたが、政府は 100 兆円単位のお金を投入し、金融機関を救済し、景気対策を行い、アメリカはまた景気が良くなった。その結果、大企業のトップはまた大変な金額の富を手に入れている一方、労働者の賃金は上がらない。そこに 20世紀と 21 世紀の違いがある。

　そのような「ウィナーテークオール」の経済に対して庶民が怒るのは当然ですが、その怒りをどこに向けるか。「オキュパイウォールストリート（英：Occupy Wall Street）」運動みたいに、ウォールストリートの金融資本に対して「もう、いい加減にせい」という運動をして、税制あるいは規制などを改革していけば理想的な展開なのですが、実際にはそうなっていない。まさに、置き去りにされた人たちはデマゴーグに投票をし、さらに自分たちを追い込むという選択をしているのです。トランプ政治の登場というのは私どものような政治学の研究者、ある

いは広い意味では皆さんも同じように、若者や子どもたちに対して世の中のあり方を教える者にとって、本当に大きな危機です。

理念、規範、建前こそ民主政治の礎

　トランプというのは民主政治に不可欠な規範とか原理、あるいは建前を徹底的にあざ笑う。建前、理念というのは大事です。例えばアメリカにおける最大の建前は「独立宣言」にある「すべての人間は平等に作られ、神によって、奪うことのできない権利を付与されている。その中には生命、自由、幸福の追求がある」というものです。この「生命、自由、幸福の追求」というのはわが国の憲法第 13 条にもそのまま書かれている、人類普遍の原理です。民主主義の歴史とは少数者の特権だった自由や個人の尊厳を普遍化した歴史なのです。この「独立宣言」が書かれた当時、この宣言にある「All men」全ての人間はまさに白人の財産を持った一握りの人たちで、そこには女性も黒人も含まれていませんでした。しかし、19 世紀、更に 20 世紀、貧しい人も女性も黒人も自分たちは人間である。「Men」の中に入るのだという運動を続け、そして女性参政権が実現し、公民権法が成立し、黒人も政治参加ができるようになったのです。建前とか規範とか理念というものを頭から否定したら、民主主義は終わるのです。全体的に不安が高まり、不満が亢進していくと、かつて社会を構成していた主流派がこれ以上自分たちと同じような権利を他の人に与えるとますます自分たちの持ち分が減っていくという焦りを持つ。そこにつけ込んだのがトランプというデマゴーグです。世の中、残念なことですが、常に色々な問題があります。格差も貧困も差別もいじめもあります。その意味で建前や規範が現実とかけ離れているのは当たり前です。だからと言って、建前が無意味なわけではありません。例えばアメリカの「独立宣言」や憲法は、差別された人々が人間の尊厳を回復し、権利を獲得するための戦いにおける最も有力な武器だった。逆に言うと、悪しき現実を喜ぶ人間が建前を否定するのです。私たちはあくまで、理念、規範、建前といったものに拘っていかなければならない。

いかにして建前への支持を取り戻すか

　これは広い意味で憲法をいかに守るかという問題

につながります。建前の集大成である憲法を守るという時に、「個人の尊厳」が大事みたいなことをお説教しても効き目がない。経済的に不安定な人々に対して、どうやって建前への支持を取り戻すか。それはやはり、現実の生活上の問題、経済的な困難を解決していく必要がある。手っ取り早く言えば給料を上げる。労働条件をよくする。あるいは教育にかかるコストを下げる、そういった、私たちにとって身近な問題を解決していくために、憲法の建前というのは大いに役立つ武器なんだということを分かってもらう。そういう戦いを一緒にやっていくということが必要です。

　今から10年ほど前に、当時フリーターの若者が、ある雑誌に「希望は戦争─丸山真男をひっぱたきたい」という衝撃的な論文を書いたことがあります。つまり、非正規労働で非常に苦しい生活を余儀なくされている人たちにとっては、戦争こそがむしろ希望なんだということを言った。サブタイトルの「丸山真男をひっぱたきたい」というのは、第2次世界大戦中、丸山先生が東京大学の助教授でありながら、2等兵で招集され、軍隊でさんざんいじめにあったということに引っ掛けた話なんですが、要するに、戦争が起こってしまえば、世間における地位などが一切リセットされて、軍隊の中の階級だけがものを言う。すると、底辺にいる者にとってはむしろ戦争こそが希望なんだという非常に痛烈な戦後民主主義あるいは戦後の平和国家に対する批判を言ったわけです。それに対して私たちは正面から答えなければいけない。観念的に平和が大事だってことをお説教しても反発を受けるだけです。やはり、人間の尊厳、人間らしく生きていくことを可能にする社会を創ってこそ、憲法や平和に対して人々は理解し、支持するのだろうと思います。

如何にして市民の政治能力を高めていくか

　「市民の政治能力を高める」という今日の本題について少しお話をしてみたいと思います。民主主義を支える市民の力をどうやって高めていくのか。これは学校だけでなくて、広い意味で社会全体の教育の課題だと思います。政治がどんどん「アベ化」していって、しかも、安倍政権に対する支持率は高値安定で、常に50％以上みたいな状況を見ると、日本人は何を考えているのかと絶望に襲われるわけですが、別に人々が確信を持って、今の政治をよしとしているわけではありません。具体的な問題につい

て「どうするんだ」と選択を迫られた時に、人々はちゃんと考えて行動する。そこにはまだまだ希望があると私は思います。色々な所で希望を見出して糸口を探すという努力を続けていかなければならない。その意味で、一昨年のいわゆる安保法制をめぐる反対運動の高まりには、私はやっぱり希望を感じるわけです。なぜあの運動が盛り上がったのか。一つは憲法第9条が依然として、多くの国民に対して訴求力を持っているということだと思います。憲法をめぐる世論調査などを見ても、あの安保法制の問題を経て、9条を変える必要がないという人の割合が大きく増えている。過半数は9条の改正は必要がないという意識です。もう一つ、従来の日本の民主主義の理解というのは、代表民主主義が本流だという認識が一般的だったと思います。しかし、代表者が論理や常識を全部かなぐり捨てて、憲法違反の法律を国会で決めようとするならば、人々が集まっておかしいぞと声を出す。それも民主主義なんだという認識が非常に広がった、そこに私は大きい意味があると思うのです。つまり、政治というものが、政治家という特定の職業を持った、一般社会からちょっと切り離された人の活動ではなくて、人々が願いを持って行動をすることという感覚を多くの人が持ったというところに2015年の安保法制反対運動の意味があったと思います。そこから、新しい政治文化が始まりつつあるのかなと私は思っています。

「SEALDs」が残したもの

　あの時、「SEALDs」という団体を作った学生たちの運動が大きな注目を集めました。実は私は実践的な政治活動で「市民連合」という団体を作っているのですが、その中にもかつて「SEALDs」で活動した若い人たちが入って色々手伝ってくれています。あの人たちと話をしていて、いくつか特徴があるなと思いました。一つに、あの人たちはいい意味でのゆとり教育の成果だと思います。ちょっと前に、寺脇研さんと酒を飲んでいる時に、あの人が「『SEALDs』はゆとり教育が作ったのだ」と酔っぱらって息巻いていましたけれど、それは決して寺脇さんの自慢話ではないと思う。つまり、ゆとり教育が本来めざしたのは正解を覚え込むのではなくて、「自分で問いを立て、自分で考える」ということです。奥田愛基さんが参議院の特別委員会の公聴会で行った陳述は本当に立派で、自分でものを考える能力が立派に備わっていると思いました。もう一つ、

彼らは中学生、高校生の時に、3.11大震災と原発事故を経験している。3.11の前後で日本は変わったのだという議論がありました。私はその議論については極めて懐疑的で、エリートのレベルでは何も変わっていない。無責任体制というのはずっと続いていると思います。しかし、若者の社会的、政治的意識においては、やはり、3.11は大きな変化をもたらしたと思うのです。一方であの子たちは不条理に襲われた人々、被災者に対して大変優しい思いやりを持ち、ボランティアも一生懸命やる。他方、あの原発事故に象徴されるおとなのインチキさ、おとなの無責任さに対する大変強い批判の意識を持っているのです。だから、このポスト3.11世代が社会の中軸を構成する時代には、日本の世の中はもう少し変わっていくのかなという希望もあるのです。「SEALDs」の子たちは勿論同世代の中では少数派なので、「SEALDs」がすべてだとは言いませんが、それにしても、あの世代の中では突出した若者が登場してきて、ある種の社会の雰囲気を作った。それは凄いことだと思います。

新しいシビックカルチャーの登場
―民主政治を担う真の「公共」観

そこでやはり、新しい「市民的な文化シビックカルチャー（Civic culture）」が形成されつつあるのかなという感じがします。主権者・社会の構成員として世の中のあり方について関わっていくという能動的な「公共性」が生まれていると思います。この能動的な「公共性」に関しては、実は日本の社会科学にとって、非常に大きな宿題がずっと残されていたわけです。明治維新の後、日本は西欧から色々な制度を輸入して、政治に関しても議会、選挙など、民主主義の仕組みを移植したわけです。しかし、その制度を支える主体、あるいは市民が十分育っていないという問題に皆悩んできた。例えば、和辻哲郎という哲学者が書いた『風土』という書物の中に、政治文化についての日本とヨーロッパの比較が書かれています。その中で和辻はこう言います。「家を守る日本人にとっては領主が誰に変わろうとも、ただ、彼の家を脅かさない限り、痛痒を感じない問題であった。よしまた、脅かされても、その脅威は忍従によって、防ぎ得るものであった」。日本の政治文化は忍従だということです。「それに対して、城壁の内部における生活は脅威への忍従が人から一切を奪い去ることを意味するが故に、ただ協働によっ

て相当的に防ぐほか道のないものであった」。これはヨーロッパの話です。彼らは外敵に征服されてしまうと、自由な生活を一切奪われる。だから、皆で協働・協力して戦って守るという歴史があったわけです。だから、「前者、日本においては公共的なるものへの無関心を伴った忍従が発達し、後者、ヨーロッパにおいては公共的なるものへの関心・関与と共に自己の主張の尊重が発達した。デモクラシーは後者において真に可能となるのである」。ちょっと単純化していますが、この図式は私もそうだなと思ってきたわけです。安保法制の戦いの中で、日本においても、「公共的なるもの」への強い関心・関与とともに主張をするようになり、和辻がいうようなデモクラシーの条件がかなり整ってきたと言うことができるはずです。今度、高等学校で「公共」という科目に変わりますね。「公共」とは何なのか、私たちはこっちからどんどん議論をしていかなければならない。日本における公共観念というのは、あたかも実体として「公共」なるものがどこかに存在して、それに従う。それを守るというのが「公共生活」の規範だと思われてきた。しかし、皆が自由に幸せに生活していくためにこの世の中にどういうルールが必要かそれを皆で考えて、決めていく。これが「公共」なのです。実際、和辻は同じ風土の中で、「共産党の示威運動の日に一つの窓から赤旗がつるされ、国粋党の示威運動の日に隣の窓から帝国徽がつるされるというような明白な態度決定の表示、示威運動に際して、常に喜んで、一兵卒として債務することを公共人としての義務とする如き覚悟、それらはデモクラシーに欠くべからざるものである」と言っています。だから、今度、「公共」の科目の中身を考えていく時に、是非この和辻のテキストを大いに利用してもらいたいと思うのです。和辻だったら文科省は文句を言わないと思うので。

若者の政治参加と政治教育

政治との関わり、「公共性」との関わりというところがこれからの政治教育の非常に重要な突破口になっていくのではないかと思っています。昨年から18歳選挙権が始まりました。だからといってすぐに政治が変わるというわけでもないのですが、私はやはり、高校3年生の段階で政治に関わっていけるようになることは日本の民主主義にとって一歩前進であると思います。若者が選挙権を持てば、それだけ政党や政治家は若者をめぐる政策の課題や争点に

ついて関心を持つわけです。昨今の教育の無償化、あるいは給付型奨学金の創設といった議論も選挙権年齢の引き下げと無関係ではありません。それから若者に対しても理解されるような選挙キャンペーンの仕方、政策の打ち出し方などでも、色々と新しいことが始まると思います。これと学校教育がどう結びつくか。なかなかこれは難しい問題があります。文科省あるいは自民党は教育の政治的中立性ということを一層うるさく言っていて、政治問題の指導の中身に相当介入してくる。あまり学校で、政党政治に踏み込んだ議論をするのはリスクもあるし、教職員にとっては大変やりにくいと思います。今日は、私は政治を直接語らずに、政治教育をするという方法を考えたいと思います。事実、物事を評価分析する時には、何らかの批判的観点を伴いますから、「ここは問題だ」というような批判的観点で議論するとその部分は中立じゃないなんて、言いがかりをつけられやすいでしょう。そこであまり無理をする必要はないと思うのです。そういう話はもう学校の外でやればいい。例えば、「SEALDs」の地方版みたいな団体があちこちにあって、新たに選挙権を得た17、8歳の若者相手に色々な活動をしている。直接政治に触れる問題というのは学校の外で、学校の中ではもっと、土台になるような政治的素養というか、まさにリテラシーを養っていくということが必要になると思います。つまり、役割分担をちゃんとしておく必要があるのだろうと思います。

必要とされる政治的素養とは

政治に関わる時、民主政治の主権者として行動をする時に、身に付けておかねばならない能力というのがあります。例えば、先程の「ポストトゥルースPost truth（ポスト真実）」とか「反知性主義」とかと関連しますが、一つに「主観と客観を区別する、事実とフィクションを区別する」この識別能力が非常に大事です。作り話や偏見を好む人たちは大勢いる。多数派の人たちが偏見を持って行動すると、何が起こるかということをきちんと歴史の事実をもとにして、しっかりと理解しておかなければなりません。そして事実の前に謙虚であるということ。この主観と客観の区別とか事実の尊重といった知的な力を養うことは本当に大事です。物事の因果関係をきちんと突き止めて、客観的な因果関係を尊重する態度もまた重要です。世の中のでき事も因果関係がある。だから、貧困というのは個人個人の自己責任とか怠惰、無力という問題ではなく、世の中のルールを変えた結果、こういう結果になったという因果関係をきちんと突き止める、科学的なものの見方をきちんと身に付ける必要があると思います。

二つめ、「ステレオタイプの克服」これも大事な能力です。ステレオタイプというのは、いわば、物事について固定化されたイメージ、例えば、大阪の人は明るくて面白いなど。物事をそうやって単純化していくと議論がしやすい。ステレオタイプというのは宿命でありまして、私たちはステレオタイプを全く除去することはできません。しかし、事実に照らして、やはりズレている、これはちょっとおかしいのではないかと疑うということは、非常に重要な知的能力です。また、ステレオタイプを共有するということには、世の中の多数派に同調し、保身を図る上でまことに好都合だという面もあります。そういう意味で、ステレオタイプが蔓延していくことは社会を息苦しくし、全体主義の道を開くことになる。大きな政治的な画一化とか同調主義とかあるいは専制圧迫が起こる時には大抵ステレオタイプが使われる。ですから、ステレオタイプに対して、疑いの目を向ける、事実にアクセスをするということ、この習慣をつけることは大事です。昨年の犯罪件数についての警察庁の統計が新聞に載っていましたが、犯罪件数は戦後最小記録でした。にもかかわらず、最近は犯罪が多いというステレオタイプを皆が共有するとテロも怖いし、じゃ、「共謀罪」も必要かみたいな話になっていくわけですよ。

三つめは「言葉の使い方に注意する」ということです。この問題については、イギリスの小説家ジョージ・オーウェルの『1984 年』という小説が最も良いテキストです。トランプ大統領の出現以降、欧米ではこの『1984 年』が大いに売れているというニュースがありました。この『1984 年』という小説は究極の全体主義国家における支配を描いた作品です。その全体主義国家において人民は日々、次の3つのスローガンを復唱させられます。1. 戦争は平和 War is peace. 2. 自由は隷属 Freedom is slavery. 3. 無知は力 Ignorance is strength. です。皆さんこの3つを見て「あれ、変だな」と思いますよね。あるいはオーウェルが書いた『動物農場 Animal Farm』という小説の中でも似たような話があって、これは人間が支配する動物農場で動物が革命を起こして、動物の共和国を作ったという話ですが、その動物共和国の最も重要なスローガンは「全ての動物は平等だ All animals are equal.」です。ところが、豚のナポレオンという独裁者が登場して来て、他の動物たちを支配するようになると、このスローガンが書き換えられる。「But some animals are more equal than others.」これはおかしいです

ね。equal という形容詞に比較級をつけている。私たち正気を保っている人間は、物事をやはり整合的に考えようとする故に、矛盾する命題を見ると疑問を持つわけです。「おかしいじゃないか。戦争は平和ではない」と思うのですね。けれど、矛盾が当たり前になって、周りの人間が矛盾を平然と受け入れたらどうなるでしょうか。つまり、オーウェルは言葉の意味を失わせることが全体主義の要諦であることを見抜いていたわけです。周囲の人々が矛盾を疑問なく受け入れている時に、疑問を唱え続けることができるだろうかということです。私たちはまだ、「積極的平和主義」なんてインチキだ。集団的自衛権の行使、安保法制は憲法第9条に反する、矛盾していると言い続けます。それに共感する人も大勢います。だけど、矛盾に対する違和感はどんどん摩滅していって、皆が矛盾を受け入れていくと、これはやっぱり、全体主義になってしまうわけです。そのオーエルは意味を差し替えられた言葉の使い方を「new speak（ニュースピーク）新言語」と呼びました。そして、矛盾に目をつぶって、言葉の意味を詮索しなくなることを「double think 二重思考」と呼んだわけです。全体主義的な支配というのはまさに「新言語」、「新語法」や「二重思考」の上に成り立つということです。私たちの目前にたくさん実例がありますよね。例えば、オスプレイは墜落したんじゃなくて、不時着して大破したとか。そういう類いの言葉の操作、意味のすり替えが横行している中で、政治に対する批判能力をどんどん奪われていくという現状があるのです。

四つめは、民主政治を担っていく上では、やはり「他者に対する共感」が不可欠です。他人事ではないと思うから政治が必要になるのです。その共感が本当に希薄になっているということを感じます。この 20 年ぐらい、社会的ネットワークがどんどん切断されている。地域社会が本当に崩壊してしまうかもしれないというのは大きな問題ですが、それについての世論の関心というのは極めて薄い。いじめの問題というのも共感に関わるわけで、先日起こった原発被災者の子どもに対するいじめというのは現代日本社会の縮図だと思います。なぜこんなことが起こったのか。なぜ、防げなかったのか。やはり、正義感というものは子どものうちに身に付けておかないと、本当に世の中崩壊すると思います。

五つめは、「目的と手段の関係をはっきりさせる」こと。目的と手段の関係は、しばしば逆さまになるというのが政治にはありがちです。ギリシャ神話に

プロクルステスのベッドという逸話があります。プロクルステスは追はぎで、山中で旅人を掴まえてきてはベッドに括り付けて、そのベッドからはみ出す手足をちょん切るという大変残虐な趣味を持っていた。これは人間が持っている認識能力の限界を表した逸話で、解決策に合わせて問題を定義するという逆転した現象が起こりやすいということを示している。一月ほど前に、水俣病の救済をめぐるやり取りというのが新聞に載りました。全水俣病患者の救済には非常にお金がかかるので、認定という仕組みを作って、認定された者だけに救済を与える。水俣病における認定が狭いベッドです。はみ出した分は切られる。原発事故についても、被災者を狭く定義する。はみ出す部分は自主避難として、自己責任で片付けられる。私たちは、目的は何なのか、それを実現するためにどれだけの手段が必要なのかという論理的な関係を突き詰めるという態度を失ってはいけないのです。

ついでに言えば、政策においては、常に手段の方が大事になって、目的が後付けで来るということがある。「かこつける」というのが特にこの安倍政治で目立ちます。南スーダンの自衛隊の「新任務」というのは「かこつけ」であり、自衛隊を海外に出して、武器使用をするというのが実は本当の目的です。だから、あれは「駆けつけ警護」ではなくて「かこつけ警護」ですね。そういう話は、オリンピックのための「共謀罪」など、山ほどあるわけです。

最後に、中立について。本当の、純粋な中立というのは世の中にない。人間それぞれ、自分の立場、自分の価値観を持ち、選挙の時にはどっかの党とか、候補に入れる選択をするわけですから、個人は決して中立ではありません。勿論、学校教育は中立であるべきですけれども、個人は中立じゃないです。何かの立場にコミットする。それが政治的な実践です。大事なのは「惑溺」要するに、何かの主義主張、イデオロギーに溺れてはいけない。主観的な何らかの立場を選ぶことによって、事実を歪めないこと、これが中立の意味内容です。

時間もきましたので、最後に結びを申し上げます。「政治というのは可能性のアートだ」というビスマルクの名言があります。できないと皆が諦めていることを実現する。南アフリカにおける「アパルトヘイトの廃止」は誰もできると思っていなかったけれど、マンデラ始め、色々な人が頑張って実現をした。それこそが政治だというわけです。あるいは

魯迅。中学３年の国語の教科書に出ている『故郷』という小説の最後の一節がそのまま民主主義にも当てはまると思います。「希望とは地上の道のようなものである。もともと地上に道はない。歩く人が多くなればそれが道になる」。私たちはやはり、教育という作業を通して、道を作っていきたい。そのために現場の教職員の一層のご奮闘をお祈りして、私の話を終わりといたします。

日本語教育 第1分科会

1. 日本語教育のめざすもの
2. つづり方・作文教育について
3. 音声による表現の指導
4. 言語の教育
5. 文学作品の読み
6. 説明文・評論文のよみ
7. 学習活動の工夫
8. 総括討論
9. このリポートに学ぶ
　◎日本語の学習―国語科はいつまでこんなことをおしえるのか―
　　　　　　　　〈大川俊秋　北海道・北竜町立北竜中学校〉

《執筆者》

府川源一郎

松尾　博之

村上　三寿

1．日本語教育のめざすもの

　今次教研の課題について、府川共同研究者から次のような問題提起があった。

　1998（平成10）年の学習指導要領に先駆けて出された中央教育審議会の「中間まとめ」で「文学的な文章の詳細な読解」の否定と、言語活動の推奨がなされ「伝え合い」が国語教育の中心的な目標になった。いわゆる「ゆとり教育」を掲げて、学習内容3割削減を打ち出し、学校週5日体制でスタートした1998年の学習指導要領は、その出だしから「学力低下」の声によって出鼻を挫かれた。それを受けて2003（平成15）年には異例の「学習指導要領」の一部改正がなされ、学習内容をほぼ復活させたが、週5日制にともなう学習時数などの「容れ物」は元に戻らなかったから、教育現場は混乱した。また検定教科書の作成にあたっても、それに対応したかなりの変更が余儀なくされた。

　現行の学習指導要領（2008（平成20）年）が示されるにあたっては、ほぼ従来の学習内容を復活させた改定された学習指導要領が継承された。それと同時に、活動重視の方針をさらに拡大する方向で、各教科にわたって「言語活動の充実」が強調されたのである。その結果、すべての教科において「言語活動」が重視されることになった。つまりここ30年間ほどの大きな流れは、いわゆる「文学作品の詳細な読解」の否定から始まり、「単元を貫く言語活動」の提唱を経て、学校全体にアクティブ・ラーニングを求めている、とまとめられる。国語科の立場からだけ見るなら、言語を中心とした活動重視の方向がすべての領域に広がり、アクティブ・ラーニングを経て、それが全教育課程を被うに至ったというように見えなくもない。

　新しくこの3月に示されるはずの「新学習指導要領」では、これまではもっぱら学習内容を中心に構成されてきた方針を転換し、学習方法自体を規定する傾向を強め、それがさらに拡大している。各地域における個々の教室の実態から学習を立ち上げるのではなく、上から一方的におろした教育内容や教育方法を強制する方向だ。当然、実際の教育現場では様々な軋轢が生じる。文科省が目の前の子どもたちを大事にするという姿勢を貫くのであれば、がんじがらめの規制ではなく、具体的な教育実践の中から問題を発見し、交流する過程を通して、その問題を各学校の教育課程の創造につなげるという道筋の構築を提示するべきだし、また私たちもそうした地平

にむけてことばの教育の実践を積み重ねていかなければならない。

(1)言語教育について

　北海道（中）から、「学校文法」にもとづく文法教育の問題性が指摘された。また、沖縄（小）から特別支援学級における文作りの指導の報告があり、言語と文字指導の基礎が示された。それぞれが報告した文法の用語や概念に関しての質問がなされた後に、学校文法の矛盾を批判的に乗り越えることで子どもの認識を確かなものにする方策の重要さが論議された。村上共同研究者からは、真実を見抜き、自分の意見を表現できるような言葉の力をつけるためには、戦後の日本語教育の成果をふまえた上で、教育実践を積み重ねることの必要性の確認があった。

(2)つづり方・作文教育について

　大阪（小）と鳥取（高）から、はじめに対象とする子どもたちの様子が報告された後に、それぞれの実践が報告された。大阪（小）からは、経験したことを思い出し直して詳しく作文に書く中で新たな発見や成長がみられたという実践、鳥取（高）からは、家庭科の教員と協力して「消費生活」の作文を書いた実践だった。子どもに事実を思い出させることが重要だということと、それをどれだけ教員が探り出せるかが大事であること、また、生徒が興味関心をもつことにとりくませると創作意欲につながることなどに関して意見が交換された。松尾共同研究者からは、「概念くだき」をする中で自ら題材を見つける姿勢を育てること、およびそれを支える教員の態度が重要であることが指摘された。

(3)読み方教育について

　岩手（高）から『山月記（中島敦）』を学習させる意義、千葉（中）から『高瀬舟（森鷗外）』をディベートを使って指導した事例、大分（小）から主体的に読む力を育てる説明文指導の実践が報告された。議論は、地域や学校によって学習者が大きく異なる中でどのように作品に出会わせるのか、そのためにどのような活動を組むのか、あるいは「主体的な読み」とは何か、が取り上げられた。府川共同研究者から、具体的な実践やテキストをもとに交流できることの重要性と、この教研の場が国語教育の歴史を作っていくとの発言があり、村上共同研究者から、子どもの権利として作品をきちんと読むことを保障する必要があること、分かることを大切にする指導

過程を大事にしなければならないとの発言があった。

　以上のような1日目の討論をもとにして、2日目以降には各領域ごとに議論を深めていくことになった。
〈府川源一郎〉

2. つづり方・作文教育について

(1)何をめざすつづり方・作文教育か

　前日の分科会での問題提起を受け、鹿児島(小)から、「人はなぜ書くのか、私たちはなぜ子どもに書いてほしいのか」と題する実践。自分の生活を見つめ、気づく力と表現する力、実践する力をつけるため、日記と一枚文集にとりくんだことが報告された。その結果、子どもたちが自分に自信をもち、友だちの優しさに気づいていったことが話された。

　福岡(小)からは「生活を見つめ、つづり、思いを伝え合う子どもを育てる」ため、「連絡帳日記」「20分間作文」にとりくんだこと。それらを学級通信にのせ、読み合うことによって、子どもたちが家族や自然のことに関心を寄せ始めたことが報告された。

　岩手(小)は「日記をもとに、生き生きとした生活作文を書かせる指導」。教科書に生活を書かせる単元が無くなってきているなか、自分の生活を展開的過去形の記述でつづるという実践である。その際、「楽しい・うれしい」等の簡単な形容詞でまとめてしまわず、具体的な事実を書くことを指導した。

　以上の3つの報告とも、学級通信や一枚文集で日常的に友だちの文章を読み合っていることが注目される。やはり、同じクラスの友だちの文章こそ、感動が大きいと言える。ただ、子どもたちは、自分のことをよく知ってくれている担任やクラスの友だちには、書くべきことを書かないですませてしまうことがある。どこの誰が読んでもわかる、というのが文の基本であるから、わからないところは、わからないと指摘してあげる必要があるだろう。

　三重(高)からは、「国語表現」の中での、入学・入社試験における「自己PR文」の作成。その根拠を、自分がしてきた活動や体験の具体的なエピソードをもとにつづり、「志望動機」作成にもつなげていったという報告である。ここでも、同級生が書いた文が刺激になったことが述べられた。

　長野(小)からは「『書くこと』でつながり、広がった『わたしたちの飯田』を元気にする作文」。自分の故郷のことを紹介する際、自分の主張を明確にし、工夫して書く意見文の実践が報告された。それが町全体を動かし、特産品「水引」の制作へとつながっていく。

　討論では、今、子どもたちが固く縮こまっている。授業でも、個人の願いより、ルールが優先されていることが多い。つづり方・作文でも、こう書かなければならない、こんなことは書いてはいけない、と思いこんでいるのではないか。題材選びについて、「概念くだき」の必要性が強調された。

本分科会がこれまで論議を重ね、確認してきたように、つづるということは、ただ単に物事を伝えるという手段ではない。子どもたちが、人や自然・社会についての認識を確かなものにするためにつづるのであるから、書くなかみこそが重要である。そのためにも、子どもたちが身の回りのことがらから、何をこそ選び、事実にもとづいてリアルにつづっていくという営みが大切になる。

木下共同研究者からは、説明文は書きやすいが、成果に目を奪われて、「なぜ」という部分を見落としやすい。すぐ答えを求めさせるのではなく、迷い、悩む時間も大切ではないか。ゴールの見えない長距離があってもいい。また、モデル文より、同じクラスの子の文が良いのではないか、という指摘があった。

⑵書く力を育てるために計画的・系統的な指導をどのように行うか

北海道（中）は『『考える・話す・書く・交流する』のサイクルで作文を書く」という報告。具体的な経験をあげることで根拠をはっきりさせ、自分の長所や身近な人の紹介文をつづっていく。新潟（小）は「説得力のある意見文を書くための指導の工夫」として、考えが伝わるような文章を書くというとりくみ。モデル文やお試し意見文を手がかりに「今よりずっといい学校に」という文章を書きあげる。

前日にひきつづき、大阪（小）は、外国へ単身赴任する父との別れの日のことをていねいに推敲することで、子どもの思いや認識が深まったという報告。鳥取（高）からは、家庭科との「コラボ授業」にとりくむ際、家庭科教員と何度も教材の組み合わせ方・授業のすすめ方について話し合ったことで、教育の質を高めることができたとの報告があった。

千葉（小）は「事実に自分が考えた文章を加えた説明文を書く指導」。情報が氾濫する中、自分にとって本当に必要な情報とは何なのかを見きわめ、モデルとなる文章や書くための手順・方法を具体的に示すことで、「書く体力」をつけていく。ただモデルをまねた言葉の入れ替えではなく、自分の言葉で書けるよう計画的・日常的に指導した。

山梨（小）からは、「『はじめ』『中』『終わり』の構成を意識し、事例を挙げて文章を書くために」と題して、食べ物のひみつ事典を作る実践。モデル文を書き、「まず・次に・さらに　等」という書き方を身につけ、段落・構成メモを経て完成させた。

広島（中）は「いま・なま」新聞。学校全体として NIE 実践にとりくんでいる。新聞閲覧広場や各教室の新聞コーナーを通して、常に新聞にふれている。朝会で自分が選んだ記事について、まとめと感想を報告したり、3年生の小論文活動に取り入れたりすることで、生徒が主体的にとりくむようになった。

神奈川（小）は総合的な学習の時間に体験したことをもとに、報告書を書くという報告。地元の「ビジターセンター」での自然観察をもとに、山の中の動物や植物について、クラス内で読み合い、交流しながらまとめていった。

鹿児島（高）は「個別学習を授業に取り入れた学びのスタイルへ」の報告。きびしい学習状況の子どもたちに、詩の暗唱や作文・読書など、自分で計画をたてて学んでいく方法を、授業の前半にとった。文科省のいう国際競争で勝ち抜く人材育成ではなく、主体的・能動的な学びの場をめざしたとりくみであった。

討論では、体験したことを経験、すなわち意味のあるものにするには、物事に寄り添い、よく思い出すことが必要であること。それが自分の言葉を獲得することになる。また、モデル文を作る際は、書いてほしいことや、気づいてほしいことをもりこむこと、2人で行うペアコミュニケーションも有効であること等の意見があった。

自分の内面の言葉（内言語）を外部に表現するとき、入門期としては、ある日ある時のことを順番によく思い出して、「～ました。」「～だった。」という過去形表現を用いてつづる「展開的過去形の記述」が重要であること。そして、次の段階として、普段から何回か経験していることや、ずっと考えていることを、「～です。」「～だ。」という現在形を用いる「総合的説明形の記述」の文章も書けるようにする、というこれまで確認されてきた系統的な指導法についても、明記しておきたい。また、どこの誰が読んでもわかる文章にするため、推敲も必要との指摘があった。

3．音声による表現の指導

愛知（小）からは、「主体的にとりくみ、相手を引きつけ、伝わりやすい話し方ができる子の育成」という報告。総合の時間、自分たちが住む足助の町を探訪し、魅力にふれたことから、「足助の未来を考えて提案」することにし、プレゼンテーションを作成していく。モデル文やモデル映像を手がかりに、学級や校内で何度も練習を重ね、最終的には足

助支所の職員の方を対象にプレゼンテーションを行い、高い評価を頂けた。

滋賀（中）からは、「みんなが主役！ 60秒間の言語活動」。すべての教科の授業の前に、生徒が1分間、前時に学習した内容を話す、というとりくみ。事前に原稿を書いてくることにより、しだいに自信をもってスピーチできるようになったこと、また、話をしっかり聴くという力もついたことが報告された。そこでは1分間スピーチという活動だけにとどまらず、生徒一人ひとりが安心して学び、生活できる環境を作ることこそが重要と強調された。

質疑では、1分間スピーチの内容は、事前に教科担任と担任がチェックしていることや、特に決まった型はないこと、プレゼンテーションは支所の方と打ち合わせをして、子どもたちに提案することに前向きになるよう、働きかけてもらったこと等が話された。

討論では、一般的に、スピーチは説明的でやや道徳的な影響を受けやすい面もあるので、注意することが必要。また、問いと応えの間にしっかり考える時間をとり、安易な結論にもっていかないことも大切では、という意見が出された。

木下共同研究者からは、音声言語はテクニカルな指導の部分も必要になってくること、言葉の力をつけるため、すぐ言葉をだすのではなく、熟考することも大切ということが話された。　　　　〈松尾博之〉

4．言語の教育

まず第1日目の全体会における「日本語教育のめざすもの」の中で、言語教育については、北海道（中）と沖縄（小）から、言語教育についての基本的な内容と実践の概要についての報告がなされた。そしてさらに、第2日目の小分科会の中では、教員の多くがすぐに実践にとりくめるような、その具体的な授業実践のすがたが体系として示された。

北海道の中学校の実践は、別冊資料もさしだしながら、文の内部構造を生徒たちに納得のいくように指導したものの紹介であった。主語と述語以外の文の部分を、ただ連用修飾語としてかたづけてすませている国文法では、日本語の文の豊かなしくみをとらえることができないばかりか、外国語教育における普遍的かつ一般的な言語の習得にとっても何の役にもたたないことは、多くの良心的な教員たちにとってはあたりまえの指摘であって、この教育研究集会の場でも、それに代わるたくさんの実践の報告が

なされている。北海道の報告も、そのことをまっすぐに受けとめた上で、現代の日本語研究の進歩の成果をしっかりと生かしながら、仲間とともに学習と工夫をかさねて教育実践を発展させている、すぐれたものである。

報告の中では、検定教科書の国文法の怠惰であわれな非学問的な姿に、日本の国語教科書と「国語」教育が世界の学問からいかに取り残されているかを、あらためて指摘してもいる。しかし、それよりも何よりも、この報告の大きな意義は、世界の学問の発展を教室の具体的な授業の中で実践し、生徒たちの学習レベルをおおきく引き上げているところにある。文の中での単語を、品詞の正確な概念のもとでとらえた上で、「主語・述語・補語・修飾語・状況語・規定語」という世界の言語学習におけるごく常識的な一般的な用語を、正確な概念規定の中で生徒たちに教えている。この報告の中の子どもたちは、ごくあたりまえのように、日本語のゆたかなしくみを納得しながら学んでいる。その姿は、私たちが、この教育研究集会で作りあげ、さらに発展させてきている、未来への確信的な可能性である。どの子にもわかる納得できる学習を身近な仲間とともに創造する、その日常的なつみかさねが各県の各支部の中にあるときに、教員たちもまた納得できる授業実践を分かち合うことができる。この報告の中には、たくさんの仲間たちの手によるテキストも紹介されているが、これらは私たちの教育研究集会の大切な財産でもあり、私たちがこの先、あたらしい実践を作りあげていくときの大切な指針でもある。戦後の日本語の教育研究の歴史において、日本語についての学問も、日本語についての教育実践研究も、その進歩的で意義のあるものは、つねに私たちの研究集団のちからであり、良心的な教育現場の実践のちからであることをあらためて実感させてくれる報告である。

沖縄からの報告は、小学校低学年からの音声指導・かな文字指導・文と単語の指導をどのようにすればいいかなど、いずれも現在の日本における「国語科」教育の体系にかかわる本質的な問題を正確にとらえた上で、具体的な姿で実践を紹介したものである。「子どもたちをすぐれた日本語のにない手に」するという基本的な目標についてのゆるぎない姿勢をもちながら、その具体的な日本語教育の内容を体系として参加者に示している。特別支援学級におけるかな文字指導の実践報告であったが、どの子にも「日本語をつかったゆたかな活動を」保障するというのは、まさしく「はなす・きく・よむ・かく」と

いう、日本語による言語活動を子どもたちが豊かに行うことを可能にするということであって、この報告はその可能性を具体的に示している。

日本語という言語もまた他の言語とおなじく、私たちおとなにとっても小さな子どもたちにとっても、まさしく日常の言語活動の中に客観的に存在するものであるが、だからといって、学校教育における「母国語教育（日本語教育）」というものを、言語活動教育の中に埋没させ解消させてしまうわけには決していかない。このことは、保護者であれ学校現場の教員であれ、子どもたちの豊かな言語生活を本当に願う人はよく知っている。ただむやみやたらとおしゃべりをさせたり、発表会をさせたり、本を読ませたり、好きなことを勝手に書かせたりするという、経験的な活動の量だけで、子どもたちが「すぐれた・ゆたかな日本語のにない手に」なるわけではない。そのことを良心的な実践家たちははっきりと認識している。私たちの教研集会は、「どの子にもよくわかるような」日本語教育の理論と実践をみんなのちからで確かめ合い、実践報告を行ってきた歴史をもっている。この沖縄からの特別支援学級での実践は、すべての小学校における低学年の日本語指導にあてはまるものであって、私たちの仲間の実践のつみかさねのちからを、あらためて教えてくれる。

この沖縄からの報告の関連として、岩手（小）からも小学校1年生への日本語指導の実践が報告された。『こうすれば　よくわかる　にっぽんご』という、岩手の仲間の手によるテキストも紹介しながら、小学校1年生の子どもたちがひらがなを体系的に身につけていくための指導の手順を、具体的な実践の姿で示している。文字指導の「準備の段階」として、私たちの言語活動（はなしきき）の活動が「文（ぶん）」というもっとも小さな単位によってなりたっていることを自覚させ、そして、それらの「文」が「単語（たんご）」からなりたっていることを、実にシンプルにわかりやすく本質的に小さな子どもたちに理解させている。その上で、「単語」というものが「音声」からできていること、音声の連続が「意味」をもったとき（すなわち、現実の世界のなにかとむすびついたとき）はじめて日本語という言語の中の「単語」になることを子どもたちにわかりやすく教えている。これは、かな文字指導を体系的に行うための大切な「準備の段階」である。この大切な出発点のもとに、日本語の音声の体系にしたがった「かな文字」の指導が行われている。直音としての「五十音」から「にごった音（濁音）・ながい音（長音）・ねじれる音（拗音）・ねじれるながい音（拗長音）」へと、ていねいにどの子にもわかるような良心的な教員の配慮がにじみでている報告である。別冊資料やテキストをていねいに示して紹介している実践であるが、ここには体系的な音声指導と文字指導の姿ばかりでなく、語彙指導としての「単語（たんご）」の指導や、単語の中での「おと」に対する意識づけや、書き方としての「字形（字のかたち）」の指導や、ときには「文づくり」など、小学校1年生の子どもたちにていねいによりそったあたたかい指導のための工夫と方法がこめられている。

また、埼玉（中）からは、現代日本語における漢字のもつ姿に注目し、問題意識をもちながら漢字指導を行うことの必要性が報告された。自作の漢字練習帳の工夫をしながら、あるべき姿を求めている。言語体系の中での日本語をとらえるときに、音声の体系・語彙の体系・文法の体系とともに表記の問題としての文字の指導も欠かすことはできない。私たちの長い教育研究集会の歴史を少しさかのぼるだけでも、最近でも埼玉（小）からの体系的な集団的なとりくみ、長崎（小・中）の体系的なテキストづくりと具体的な実践の紹介、語彙指導の体系としても歴史のある群馬のとりくみなど、『国語・国字問題』についての理論にもとづいた、大切な実践の財産がある。各県のこういった財産をひもときながら、私たちの教育研究集会では何をどこまで実践的につくりあげてきたのか、そしていま、それらをどのように体系的に発展させていけるのかしっかりと見すえて、世界の言語学研究の一般的な普遍的な成果をつねにとりいれながら実践を発展させていく姿勢が大切である。これも日本語教育における現代的な問題である。そういう意味では、漢字の指導をどのように体系的に行っていくかということは、日本語の言語体系における「単語」の認定と文法的な形に対する認識の基本的なあり方におおきく関わっている。

漢語といわれているものが、現代の日本語の語彙体系の中でそれぞれの品詞ごとにどのような文法的な形式をもって存在しているか、また、漢字一つひとつが「単語」である場合と「単語の要素」である場合との特性がどういうものであるか、「音よみ」の場合と「訓よみ」の場合の、文法的なきまりにしたがった表記の仕方、訓よみにおける語彙論と連語論的な関係における「単語の意味」の成立がどのようになっているか、こういったことへの配慮のもとにつくられている漢字のテキストも、この教育研究集会では、きちんと報告されていて、大切な財産であ

る。現代日本語の使用の中で、漢字の数をどれだけのものにするかということは、日本語の語彙体系と文法体系の中で、「単語」をどのように認定して表記していくか、そして「分かちがき」にどのように向き合うかにかかっている。言語の本質は「音声」であって、その「音声」を「文字」としてあらわす表記上の問題の1つとしての「漢字指導」である。当然、一般言語学的かつ普遍的な認識が必要になる。近隣のかつての漢字文化圏の国々が、自分たちの音声言語をどのような民族の文字として発展させて、現代の表記にしているか、一般言語学的な目で見つめることも、日本語の表記の1つとしての漢字の未来の姿への手がかりになるだろう。〈村上三寿〉

5．文学作品の読み

　岩手（高）から『山月記（中島敦）』の学習の中で『人虎伝』とを比較させる実践、千葉（中）から『平家物語』の様々な章段を読ませた実践、長野（小）から『モチモチの木』の全文をていねいに読んだ実践、山形（小）から作品の特質に応じて『りすのわすれもの（松谷みよ子）』のノートを工夫した実践、新潟（小）から「根拠（テキスト）＋理由」という立場から『海の命（立松和平）』を読んだ実践が、それぞれ報告された。

　教材として古典を取り上げたこととその実態をめぐって論議があり、リポーターからは子どもは基本的に古典嫌いではないのではないかとの見解が示された。また、いくつかのテキストや章段を読ませるのには、それを選定した教員の意図があるはずであり、それを明確に打ち出すことで、授業の方向もはっきりするという議論があった。

　府川共同研究者からは、それぞれの文学作品には固有の特質があるので、それを生かす形で指導過程や学習活動を組むことが必要であることと、報告されたそれぞれの報告の中にはそれが垣間見えていたことが指摘され、そのためには教員のていねいな教材解釈が必須であることが語られた。村上共同研究者からは、教科構造の問題をあらためて考え直す必要があることと、文学作品の読み方指導と文学教育との関係を考え続けていくべきことが提起された。また、リポートの中に具体的な実践が分かるような報告の工夫をしてほしいという要望も出された。

　教材文の著作権の問題や子どもの個人情報保護の立場から慎重な扱いが求められるのは当然のことであるが、教室での教材文をめぐる教員と学習者との

具体的なやりとりが紹介されないと議論が深まりにくい。この問題は、ここ数年間、毎回話題になる。リポートの枚数制限などとも関連するが、ぜひこの点を工夫してリポートを持ち寄ってほしいと思う。
〈府川源一郎〉

6．説明文・評論文のよみ

　説明文のよみの授業実践として、福島（小）から「千年の釘にいどむ」・山梨（小）から「アップとルーズで伝える」が報告された。また、大分（高）から「日本社会はどこへ行く」という題で、夏目漱石「現代日本の開化」・加藤周一『日本文化の雑種性』・上田紀行『「内的成長」社会へ』の説明文の実践報告がなされた。小学校では、「文章を正しく読み取らせる授業の実践」「読みを深める指導—視覚的な手立ての工夫—」ということで、子どもたちが教材の内容に入り込んでいくための工夫のあり方が報告され、討議された。ここに関連して、大分（小）からも「いろいろな　ふね」・新潟（小）から「千年の釘にいどむ」について報告を行い、子どもたちに対してどのような授業の実践の工夫をすることが、一人ひとりの子どもたちの学習のよろこびにつながり、教室全体が学びの場として豊かになるのか話し合われた。

　これらの報告の中にもはっきりとみることができるのだが、説明文とよばれる分野もまた、私たちの国語科の授業の中では、あるテーマをもった言語作品のよみとりとして大切な領域をなしている。「授業の形態」の工夫ばかりでなく、作品全体を1つのまとまりとして子どもたちに伝えるときの「指導過程のあり方」もまた、教員集団の中で検討し合い、実践を交流し合うことが大切である。私たちのこの全国教研集会にも、また各県にもたくさんの実践の財産がある。それらの貴重な宝をひもときながら、今後も具体的な実践の姿が分かるように報告し合い、学び合っていくことが大切である。何よりも大切なことは、私たちのそれぞれの職場としての学校現場が、ある特定の教育行政のやり方によって強制されたり、画一的な指導方法にしばられたりしない環境にあることである。民主的な職場の中で、みんなで授業の工夫のための知恵を出し合い実践することによってこそ、教室の子どもたちが本物の学びに近づくことができる。

　また、高校における説明文の実践報告からは、教科書に載っている教材も含めて、社会へと巣立って

いく若い世代の人々に対して、どのような教材をさしだし、人間の生き方として何を考えさせるかということが、いかに大切なことかが伝わってきた。人間としての生き方にむかうことと社会のあり方を考えることは密接にむすびついている。大分の実践報告と討論での発言のなかには、教員生活のなかで生徒たちに対して、国語科の中でどのように向き合って、価値のある説明文をどのようにさずけ、読み深め、何を考えさせてきたのか、具体的な実践として信念をもってとりくんできた姿があふれていた。私たちの教育研究集会にとってもっとも大切なことは、このような誠実な教育実践の工夫の報告である。教員としてまっすぐに生徒たちの現代の生活と姿に向き合い、ともに価値のある教材・書物を求め合い、社会のあるべき姿を考えていくことのできる授業を具体的にさしだすことで教育は発展する。

高校の授業にかぎらず、小学校でも中学校でも、「そもそも国語科の中での説明文の授業とは、何をめざすのか？　またどういう作品が教材としてふさわしいのか？」という問題は決して忘れるわけにはいかない。論理の展開を大切によみとることであるとか、小さな子どもたちであれば実際に記述されたものを確かめられるものであるとか、あるいは、導入の仕方の工夫もあるとか、たくさんの意見があるが、いずれも私たちの教研集会の中でつねに語られてきた大切な内容である。ぜひ各県のこれまでの報告などをほりおこしていただきたい。「説明文の授業も、文学作品の授業とおなじように、発見や知識のよろこびというものがある。感動は文学の授業だけではない。知らない世界を知るよろこびが授業の根底にあるだろう」というきわめて根源的な発言が、昨年の教育研究集会の中で先輩教員からなされた。子どもたちの年齢に応じた作品ということが前提になるだろうが、「教材として信頼に値する言語作品としての文章であるか」、具体的には「内容そのものがまちがっていないか・子どもたちにとって学ぶことへの魅力があるか・言語表現としてすぐれた日本語のつかい手であるか」などの点からも検討をつづけ、実践をつみあげていくことが私たちの任務である。文学のような芸術的な作品においても、説明文や評論文のような科学的な作品においても、書物は言語によってうみだされた人類の知識のみなもとであるということを、教室の授業の中で実現していくことである。　　　　　　　　〈村上三寿〉

7．学習活動の工夫

石川（小）から『スイミー（レオ・レオニ）』を中心にして日常生活の表現活動につなげていく実践、愛知（中）から『海の命（立松和平）』をきっかけに対話を盛んにする小学校での実践の報告があった。いずれの実践からも、学習者にメタ認知の力がついたことが、それぞれの表現活動につながったという報告があった。それにたいして、もっと文章表現をきちんと読まなければいけないのではないかという意見も出た。

さらに、三重（小）から系統的な指導をすすめるための「学びのてびき」の報告、兵庫（小）から意見文を書くための問題意識のきっかけとして「平和のとりでを築く」を読む実践の報告、神奈川（小）から自分の思いを表現するために学校を通して様々な学習の工夫を展開しているという報告、静岡（中）から思考力を身につけさせるために新訳と翻訳の違いなどの文章表現に着目させようとした単元構成の工夫の報告などがあった。

ここでは、子どもの読みの過程における個々人の受けとめ方の違いについて、まずはそれぞれの生活と結び付けて理解させることが重要であることが議論された。

府川共同研究者は、この「7．学習活動の工夫」で報告された多くの実践は、学習方法つまりコンピテンスベースで実践を記述しようとしているが、一方「5．文学作品の読み」で報告された多くの実践は作品内容の側から、つまりコンテンツベースで実践を記述しようとしている、と整理し、どちらの方向も重要だがとりわけ文学教材を扱うときには、それぞれの教材の特質を損なわないように取り上げることが重要だと述べた。また、村上共同研究者は、授業記録を書くことがそれぞれの教員の力量を高めることになることをあらためて強調し、それが一人ひとりの子どもを置き去りにしないような授業実践の創造につながることに言及した。　〈府川源一郎〉

8．総括討論

言語、作文・つづり方、読みの順に、討論がなされた。

言語では、まず文字（ひらがなと漢字）の問題がとりあげられた。1年生入門期のひらがな指導において、指導要領に発音がとりあげられていないという問題と、文字指導の配列に系統性が無く、子ども

にとって親切ではないという指摘があった。漢字について、私たちは何気なく使っているが、学習する機会を奪われてきた人たちや、外国からきた子どもたちにとって、とても難しいものであること、また字体（はらい、はね、も含む）についても、教員の思い込みによって厳しい指導がされていること（許容されている字体が明記されているのに）への懸念が討議された。

村上共同研究者からは、日本語には、音声を表記する文字として、ひらがな・カタカナ・ローマ字がある一方、漢字には音・訓があり、外国の人や子どもたちにとってたいへん獲得しにくい言語であり、字形も含めて、将来考えていかなければならない問題であることが提起された。

また、日本語のしくみは、世界の言語の普遍性から例外ではない。科学的でない、いわゆる「学校文法」を暗記させることで子どもたちを置き去りにしてはならない。言語・文法について、科学的・系統的な指導の必要性が強調された（たとえば、助動詞という品詞はない）。

つづり方・作文教育では、司会者からある高校生が書きたいことがあるのに文章を一行も書けない、小学校1年生のときから苦手だった、という報告を引用し、教員の責任を痛感するという提起から始まった。

論議は、まず何を（何をこそ）書かなければならないのかという、題材をめぐる話題に集中した。

現行教科書では、身の回りのことから取材して書く日記や、生活をつづった作文教材がほぼ見あたらないこと。そのため、リアルな現実をもとに、人間や自然・社会に関する認識を確かにしていくという教育の営みが、できにくい状況にあることが各地から出された。それは、あえて子どもたちが現実を認識することを、避けさせているのではないかとも考えられる。日記や題材帳・見つけ帳など、日常からの題材を選ぶというとりくみの重要性が確認された。

また、記述については、表現が、単に「うれしかった」「悲しかった」という画一的な言葉になっていること、道徳的な表現が増えてきていること、安易な説明的な文章が多いこと等が指摘された。

人にとって表現するという欲求は本能的なものであり、それを阻害しているのは「学校教育」にあるのではないだろうか。私たちは、これまで本分科会で積み上げてきた教育課程をもとに、題材と記述の指導をすすめていく必要がある。

読みについては、子どもたちの体験にもとづいた発問が大切なこと、結論を急がせすぎず、待つということ（熟考）、別の答えにも寛容であること等が話された。

後半は文学作品の読みに、ディベートを使うことの是非について論議された。ディベートをするために、各々が教材をしっかり読み込んでいるという意見と、文学は〇か×というような単純な図式ではないし、勝ち負けをきめるものでもないという意見が出された。

府川共同研究者からは、学校の制度そのものが大きく変わってきている現在、教育技術も変わってきている。しかし、そんな中でも教育実践の中にこそ希望がある。この教研を機に、互いの実践を引き続き交流していくことの重要性が提起された。

〈松尾博之〉

9. このリポートに学ぶ

リポート　日本語の学習
　　　　—国語科はいつまでこんなことをおしえるのか—

大川俊秋　北海道・北竜町立北竜中学校

A. 検定教科書の「国文法」は天動説である

国語科に「学校文法」という奇妙なことばがある。

文字どおりに解釈すれば、「学校（小・中・高）のなかだけでまかりとおっている文法」ということであり、外国人の日本語教育や企業技術者の研究においてはまったくあいてにされず、学問の進歩からもとっくにおきざりにされた文法理論が、いまだに教科書にのせられている。

学校文法の理論を固定化したのは、東京大学教授であった国語学者の橋本進吉と時枝誠記であるが、以降、おおくの言語学者や研究者によって批判されつづけてきたこの「国文法」の理論が、現代の教科書のなかでいまだに生きつづけているのは、アカデミズムの権威にまもられているからであるといわれる。文法理論には諸説があって、学説がゆれているということなのではない。「国文法（学校文法）」への批判は、やがて体系的な「日本語文法」へと進歩し、半世紀以上もまえから今日にいたるまで、ゆたかな研究がつづけられてきた。「国文法（学校文法）」は、学問のそとで権威によってまもられている「天動説」なのである。

B．なにがまちがっているのか

　「学校文法」のどんなところが問題なのかといえば、あらゆるところにわたるが、その根源をつきつめれば、「単語の認定のあやまり」ということになる。

　「文をくみたてる基本的な素材は"単語"である」というのは、どの言語においても普遍的なことのひとつだ。ところが、検定教科書によれば、文をくみたてる基本的な素材は「単語」ではない。「文節」だという。「庭に　赤い　花が　咲く。」という文は、四つの「文節」でくみたてられているという。しかし、この「文節」こそが、学問の一般常識では「単語」なのである。

　だが、教科書は、「単語」は「文節」をくみたてる部分だとして、「庭に」を「庭」と「に」にきりきざむ。そして、「単語は意味をもった最小の単位です。『庭』を『に』と『わ』に分けてしまっては、意味がわからなくなります」とのべる。では、「庭に」という文節の「に」という格助詞には、いったいどういう意味があるのか、そのことにはふたをして、説明をにごす。

　（1）　おかあさんは　<u>デパートに</u>　いく。
　（2）　ぼくは　<u>かわに</u>　いく。
　（3）　おかあさんは　<u>かいものに</u>　いく。
　（4）　ぼくは　<u>つりに</u>　いく。

　例文の「＿＿に」という部分が、述語動詞「いく」と、どのような意味的な関係をむすんでいるのかをみてみれば、（1)(2)と(3)(4)の意味のちがいがあきらかになる。

　(1)(2)の下線部は、"場所名詞（「デパート」「かわ」)"に格助詞「に」がくっついている。このばあいの「＿＿に」という部分は、「いく」という〈運動〉の〈ゆくさき〉であることをあらわす。

　しかし、(3)(4)のように、"動作性名詞（「かいもの」「つり」)"に格助詞「に」をくっつけたばあい、その名詞は〈運動〉の〈目的〉をあらわすことになる。

　名詞は格助詞をつけたかたちで、文のなかにおかれる。どのような名詞が、どのような格のかたちで、ほかの単語とどのような関係をむすんでいるかをたしかめる以外に、〈ゆくさき〉であるとか、〈目的〉であるとかの「文法的な意味」（これは「庭」という単語にやきつけられているような「語彙的な意味」とはことなる）をしる手段はない。いいかえれば、文のなかで格助詞をつけることが名詞のかたちの特徴だということである。例文の「デパートに」「かわに」「かいものに」「つりに」、そして、「庭に」も、それまるごとがひとつの単語であり、

名詞の語形（文の補語の位置におかれた　名詞の〈に格〉のかたち）である。

　教科書がいうように、格助詞の「に」を名詞からきりはなして、それだけをどんなにながめたとしても、そこになんらかの「意味」などみえてきはしない。助詞は「単語」などではないのだ。

C．矛盾だらけの「か・き・く・け文法」

　こういった「単語の認定のあやまり」は、そこからつづく「学習の障害」の出発点となる。

　動詞をおしえる際、ためしに、「はしる」の過去形はなんですか、と生徒たちにきいてみたらいい。わたしの経験では、まちがいなく「はしった」だとこたえる。これはまともな感覚である。ところが、教科書では、動詞は「はしっ」という（促音便の）「っ」までで、「た」は助動詞というべつの単語なのだといい、つぎのような活用表を疑いもなく理解においこんでいく。

　いうまでもないが、このような学習に教育的な意義はまったくないと断言していい。

　この活用表なるもの、つっこみどころが満載である。矛盾点をいくつかあげてみよう。

①「はしる」（終止）（連体）「はしれ」（命令）のように、そのままで<u>「単語」</u>といえるものと、「はしら」「はしろ」（未然）「はしり」（連用）「はしれ」（仮定）のように、<u>「単語のきれはし」にすぎないもの</u>とが混在している。

②終止形とは「（文の末尾で）いいきるかたち」だという。それならば、<u>「はしれ」「おきろ」「ねろ」（命令形）だって終止形である</u>。実際には、「はしらない」「はしろう」「はしります」「はしった」はひとつの単語で、これらすべてが終止形である。この活用表には、こういった終止形と、「はしる」（連体形）「はしれば」（仮定形）のような、文の途中でつかわれるかたちとがごちゃまぜになっていて、体系性が崩壊している。

③動詞の活用形には「語幹」と「活用語尾」がある。すべてのかたちに共通してのこされている部分（たとえば「はしる」の活用の「はし」という部分）が「語幹」だが、ならば、<u>「おきる」の「語幹」は「おき」である</u>。教科書は、「そうすると、未然形と連用形の活用語尾がなくなってしまうから」と白状し、このばあいの「語幹」は「お」までにしておこうというのであるが、論理の破綻をみずからがみとめて、なにくわぬ顔でごまかしているのである。

第１分科会｜日本語教育

活用表

	未然形	連用形	終止形	連体形	仮定形	命令形
はしる（五段）	はしら はしろ	はしり はしっ	はしる	はしる	はしれ	はしれ
おきる（上一段）	おき	おき	おきる	おきる	おきれ	おきろ
ね　る（下一段）	ね	ね	ねる	ねる	ねれ	ねろ
あとにつづく助動詞	ない・う・よう	ます・て・た	■	■	ば	■

④「ねる」には「語幹」がないというが、ここまでくると「バカもやすみやすみにいえ！」といいたくなる。「語幹」のない活用（形態変化）など典型的な動詞ではない。

⑤「（動詞の）活用形は六つです」というが、そんなわけはない。日本語の動詞の体系はもっともっとゆたかである。はなしにならない。

　動詞の形態変化の法則を、日本語のありのままのすがたにしたがってみせるならば、ローマ字にかきなおして観察してみるしかない。

　ひらがなでかけば、「はしる」という動詞の「語幹」はたしかに「はし」であるようにみえるが、ローマ字にして音をたしかめてみれば、「語幹」は「hashi」ではなく、「hashir」という、子音「r」までであることがわかる。ゆえに、その「活用語尾」は、「a」「i」「u」「e」「o」という母音からはじまる。それを「五段活用」といえば、そうよぶことができる。「おきる」や「ねる」のような一段活用の動詞の語幹は、「i」か「e」という母音までである。したがって、活用語尾は「nai」「masu」「ru」「ro」「yo」となることで共通している。教科書で、「おきる」の語幹が「お」で、「ねる」には語幹が「ない」といっているのは、まったくのうそっぱちである。

　かんがえてみよう。｜はしらない・はしります・はしれ｜は、それぞれちがうすがた（かたち）をしているのに、「この基本形はなんですか？」ときかれれば、だれもが「はしる」だとこたえるだろう。それはなぜか。おなじ「語幹」（hashir）をもっていることで、これらがおなじ単語であることを保証しているからだ。だから、すがたはちがうが、これらはすべておなじ「語彙的な意味」をもっている単語だと、ひとはだれでもわかる。おなじように、｜おきない・おきます・おきろ｜｜ねない・ねます・ねろ｜の基本形が、それぞれ「おきる」や「ねる」であることは、その語幹「oki」「ne」が保証している。基本的に、語幹のない動詞などない。

動詞の形態変化の法則―ローマ字

	《五段活用》	《上一段活用》	《下一段活用》
否定形	hashir anai	oki nai	ne nai
ていねい形	hashir imasu	oki masu	ne masu
基本形	hashir u	oki ru	ne ru
命令形	hashir e	oki ro	ne ro
さそう形	hashir ô	oki yô	ne yô

　一方で、活用語尾｜anai・imasu・e…｜｜nai・masu・ro…｜は、「否定」だとか、「ていねい」だとか、「命令」だとかという、「文法的な意味」を分担している。｜はしらない・のまない・すわらない｜あるいは｜おきない・ねない・うけない｜といった動詞のかたちが、「否定」という「文法的な意味」をあらわしていることを耳できいてわかるのは、「anai」あるいは「nai」という活用語尾をききとるからである。

　このようにみれば、動詞の形態変化は音声（音韻）の変化だということがわかるだろう。けっして、「はしら（hashira）」に「ない（nai）」というべつの単語が "くっついた" のではないということはあきらかだ。「はしらない（hashiranai）」はひとつの単語（動詞）である。

　わたしたちは、「日本語」の教員でありながら、根本的にまちがった "にっぽんご" を、生徒たちにせっせとおしえているのだ。この悲劇の時代に、はやく終止符をうたなければならない。

Ｄ．かつて先輩たちは

　むぎ書房という出版社が、『にっぽんご』という小学校用の教科書を刊行したのは、もう半世紀以上もまえのことだ。現場の教員と言語学者たちによって組織された民間研究団体が編集したこのテキストは、日本で唯一といっていい体系的な日本語学習の

テキストであり、当時、じつにおおくの教員が手にとった。『にっぽんご』シリーズは、全国各地の学校の職員室におかれて、その学習のたしかさが実証された。また、『にっぽんご』シリーズの出版と前後して、現場の教員と学者との交流がさかんにおこなわれ、全国から、その成果が報告された。かつて、わたしたちの先輩たちは、教科書をのりこえて、ただしい日本語教育をめざしていた。

　北海道でも、1960年代前半から、『にっぽんご』シリーズの執筆協力者であった、教科研国語部会の学者たちを北海道にまねいて、研修をかさねていた。奥田靖雄（元 教科研国語部会中央世話人・元日教組教研日本語教育分科会共同研究者）をはじめ、鈴木重幸、宮島達夫、篠崎五六といったすぐれた言語学者や文学者が何度も来道し、「よみかた教育」「文法教育」「語彙教育」について、現場の教員たちと交流した。道内各地の教員が学者によって学問をしり、その成果が教室に反映された時代だった。それは、悪しき教科書教材をうちやぶり、子どもたちにただしい「日本語の学習」をあたえていこうとする運動にほかならなかった。

　文科省（文部省）を筆頭としたお役人のきびしい管理としめつけが強化されたことにともない、お上のご指導にすなおな教員がふえていったが、半世紀以上もまえからはじまった、その実践のながれが、日教組、そして、北教組の日本語教育分科会に、いまでもしたたかに息づいている、と信じていてもいいだろうか…？　検定教科書は、学問の進歩と民間研究の成果をいっさい反映することはなく、いまだに戦前とまったくかわらない「理屈」をのせつづけているのだが。

E．現状をのりこえるために

　わたしたち国語教員のしごとは、日本語のほんとうのすがたやしくみをおしえることと、そのつかいかた（よむ・かく・きく・はなす）をおしえることだとかんがえている。しかし、あるべき母国語の学習が、この国の一般的な教室でおこなわれているとはいいがたい。

　年に数回、みずからの学校訪問を強要してくる指導主事は、実践の進歩をさまたげるやっかいな存在だ。わたしも、指導主事に授業をみせたことがあるが、生徒が意欲的に学習し、納得して理解するすがたをみとめながらも、「学習指導要領どおりにおしえることだけが基礎・基本」といいはなった。かれらは教科がかかえる問題点などには興味がなく、た

だ、教科書にかいてあることを学習指導要領どおりにあつかっているかを監視する行政の使者にすぎない。わたしたちは、現場で、生徒たちとともに学習する教員である。行政の指示する基礎・基本をしんじて学習をくみたてるのがいいか、現場で生徒たちとともに学習を創造していくのがいいか、その選択の方向は、生徒たちとの学習のなかで、生徒たちがしめしてくれるだろう。

　また、現場にもいくつかの「かべ」がある。中学校では、「学校文法が受検に出題されたらどうするのか？」という問いが、実践をふみとどまらせる。教研集会では、「国文法（学校文法）」から脱却した「日本語文法」の実践を、現場からの乖離だとアナウンスする共同研究者もいた。みんな、わたしが、この10年のあいだにであったひとたちである。

　「国語（こくご）」とは、じつにおかしな教科だ。「試験で損をするから」「自分がよくしらないから」というが、まちがった日本語をおぼえさせられる生徒にとっては、損失ははるかにおおきい。わたしの中学校では、今年度からあたらしく改訂された教科書をつかっているが、そこには、あいかわらずなにひとつ進歩のない、旧態依然のままの「お国の語」（こくご）の理論がのべられている。ほんとうは、こういう現状こそ、みんなで手をくんでうちやぶっていかなければならないはずだ。

　2014年の夏、函館市でひらかれた学習会で、村上三寿さん（日教組教研日本語教育分科会共同研究者 琉球大学教授）は、こうかたっていた。

　「わたしたちの学問と実践はおおきく進歩してきた。自分がおそわってこなかったから、また、教科書や指導書にはかかれていないから、研究と教育の進歩を横目でみてしらんぷりをするひとたち。一方、つねにまえをむいて進歩していこうとする人たち。どちらの集団に自分の身をおいて、これからの人生をおくっていくのがいいですか？」

F．もともと地上には道はない。歩く人が多くなれば、それが道になるのだ。

　わたしたちは、6年前に、日本語教育研究会という民間団体を発足し、毎年、夏と冬に学習会をおこなってきた。2013年からは、北海道と岩手県の教員が函館市につどい、それぞれ、「小学校」と「中学校」、また、「言語」と「言語活動」の授業実践を交流しあっている。くわえて、すぐれた実践家として著名な、岩手県の退職教員の縣二三男さんや村上三寿さん、村上久美子さんに、よみ方指導や文法指導

についての講座をおねがいし、そこからおおくのことをまなんでいる。

わたしにとって、この学習会は、「知識」と「意欲」、そして、実践するなかまとの「きずな」をえる場だ。教科書にも指導書にもかいていないが、ほんとうにおしえなければならない日本語の学習を、具体的な実践のなかでたしかめあえる貴重な研修の機会である。

強制され、むりやり出席させられるような研修（官制研）がはばをきかせるなか、自分の意志で参加したこの会の出席者は、毎年、たいへん納得して教室にもどっていくようだ。

さて、本稿では、ここまで、教科書がしめす"お国のことば"が、あやまりにみちたものであることをのべてきた。また、教科書をのりこえるために、ずいぶんとまえから実践がつみかさねられてきたことも。だが、みんなで手をくむことが、なかなかひとすじなわではいかないことも。

わたしたちは、授業者も生徒も納得してすすめる道をつくっていかなければならない。

日本語教育研究会がめざしているのは、おなじ指導過程をふんだら、だれが、どの教室でやっても、おなじような成果がえられる授業実践の共有だ。特別なちからをもったひとにしかできない芸術的な授業、あるいは、奇抜な授業では、実践するなかまはひろがっていかないというのが、この会の基本的なかんがえかただ。まずはおなじようにやってみて、それでうまくいかなかったことをみんなで検証しあう。そんな授業実践をつみかさねていきたい。

ある年の学習会で、村上三寿さんは、かつて、日教組教研日本語教育分科会におおきな影響をあたえた、言語学者 奥田靖雄がかたったはなしを紹介してくれた。

> 何度ぶつかっていっても「大木」はたおれない
> みんなで 木のまわりにあなをほればいいんだ
> そうすれば やがて木はたおれる

「大木」をたおすのは、現場の教員のたくさんの実践だ。

実践するなかまの輪をひろげていくこと、そういう運動をつづけていくことこそが、わたしたちの最大の武器になるだろう。

外国語教育・活動 第2分科会

1. 現状報告／小・中・高の連携
2. 外国語を通しての平和、人権、多文化共生
3. 学習意欲を高める授業の工夫Ⅰ
4. 自己表現とコミュニケーション

小分科会（小学校）

5. コミュニケーション活動の実践

小分科会（中学校・高校）

6. 自主教材と「読み取り」・言語材料
7. 学習意欲を高める授業の工夫Ⅱ
8. 総括討論
9. このリポートに学ぶ

◎Do You Know Matsuo Atsuyuki？
　　〜反戦・平和をどう子どもたちに伝えるか〜
　　　　　　　　　　　〈中村幸夫　熊本・県立天草工業高等学校〉

《執筆者》
内野　信幸
淺川　和也
室井美稚子
坂本ひとみ

1．現状報告／小・中・高の連携

　本次教研では、中学・高校より19編、小学校から10編、合計29編のリポートがあり、2日目の午後は中学・高校と小学校の小分科会にわかれて行われた。まず、要綱にあるように「外国語教育の四目的」が紹介された。

　1962年2月の第11次教研（福井）で、「外国語教育の四目的」が提案され、以後、紆余曲折を経て、第19次教研（岐阜）で「四目的」が確定した。学習指導要領には外国語教育の目標はあっても目的はない。私たちは、何のために外国語を学ぶのかを論議し、そのための教材内容および方法を現場から、積みかさねてきた。外国語教育は、平和と民主主義、国際連帯をめざすものとされ、2001年2月に次のように「再改訂」された。

(1)外国語の学習をとおして、世界平和、民族共生、民主主義、人権擁護、環境保護のために、世界の人びととの理解、交流、連帯をすすめる。

(2)労働と生活を基礎として、外国語の学習で養うことができる思考や感性を育てる。

(3)外国語と日本語とを比較して、日本語への認識を深める。

(4)以上をふまえながら、外国語を使う能力の基礎を養う。

　2020年小学校高学年ではじまる外国語科をふまえ、現在の〈外国語（英語）活動〉で、小学校と中学校との連携をどう作り出していくかが、大きな課題となっている。とはいえ、小・中教員どうしが話し合う時間がとれていない状況があることを、率直に語りながらすすめることが重要である。小学校でのローマ字指導や文字指導の充実、中学で行っている〈フォニックス指導〉を小学校でも行い、小・中との連携の充実をはかることが「支部教研」でも論議されているとのこと。中学校では「CAN-DOリスト」の作成・活用を、現場からの視点ですすめていくことが確認された。今年度は、とくにスピーチを中心に、いわゆる「4技能の充実を図ること」を共通認識に実践を深めていく方向が示された。

　「4技能」と言っても、私たちは外国語として当該の言語、多くは英語だが、言語のルールを身につける必要があり、4技能に通底しているのはやはり文法である。コミュニケーションを活発に行っていくためにも、文法の指導が大切だ。

　英語活動には「35時間」が費やされているが、今後、教科化されると「年70時間」を用意していかな

ければならない。そこで、これまでもよく朝の時間に行われてきている「モジュール学習」の形態をとることにして、少ない時間数をカバーしていくことが紹介された。15分の「モジュール学習」の時間を5分ごとに分割して「パワーポイントや動画を利用しての導入」「英単語の書き取り」「音読」「チャンツで扱った表現を中心にした英文を書くことに慣れ親しむ」。さらに「英語の歌やゲーム」を行っている。報告書にもきちんと示されているが、「モジュール学習」を問題練習の時間にしないように、独自性を追求した教材づくりをしていくことが課題となる。

　高校からは、「総合高校におけるスペイン語・中国語講座の連携」という英語中心から視座をずらした外国語教育実践が報告された。外国語教育分科会としながら英語による実践が多いなか、英語以外の外国語教育の報告はとても貴重だ。その方法が、他の言語の学習にもつながっていくこともありうる。言葉の世界を広げていくことは、まさしく文化の豊かさを示していくことにもなるのである。

2．外国語を通しての平和、人権、多文化共生

　今次教研でも昨年と同様に、キング牧師の"I Have a Dream"（New Crown 3　三省堂）の教科書教材を用いた実践報告があった。この教材も含めて、平和教材が教研で紹介され、実践されて、教科書教材になってきたことは重要な教研の成果であり、まさに歴史の前進と言える。

　だが、新教科書では「各単元で習得した語彙・文構造文法を活用してまとまった量の英文を読ませるページがはいっている。そのため、以前の教科書よりも記述は増えている。しかし、この記述では、（バス）ボイコットを呼びかけたものの、黒人たちがそれに賛同してくれるか不安なキングの心情、空っぽのバスを見て夫人と共に歓喜したこと、バスボイコットを続けた苦労をよみとることができない」と、大分（中）は、この教材の新旧教科書をもとに、きわめて的確な教材分析と批判を提示している。

（旧教科書の記述）
　Martin Luther King heard this news. He said, "Let's support her. Let's stop using the buses." They started a boycott which lasted for more than a year. They finally won the right to take any seat on buses.

（新教科書の記述）

These unfair laws upset many people. One of them was Martin Luther King, Jr. He heard about the arrest of Mrs Parks in Montgomery, Alabama. He said, "We cannot stand it anymore. Let's make a movement. Let's fight for anyone's right to take any seat on any bus. We shall never give up."

　確かに、バスボイコット運動の内容は、新教科書の記述からはわからない。「バスに乗らないのなら、子どもはどうやって学校に行ったのかな。おとなはどうやって働きに行ったのかな」と発問して、この運動を身近に考えさせることが必要となる。具体的な記述がない新教科書の文ではこの運動の中身が読み取れないので、旧教科書を使って、具体的に運動の中身を補うことも必要だ。時間がとれれば、映画『The Long Walk Home（ロング・ウォーク・ホーム）』も紹介する。アメリカ南部では、黒人たちはバスに乗るときに料金を払い、そしていったん降りて後部の乗車口から乗らねばならない。後部の揺れの激しい座席とそのあたりが黒人専用であるからだ。乗客の多くが車を持てない黒人たちで、その客たちが1年以上も、バスに乗らないことが続けばどうな

るだろうと問いかければ、この非暴力的な抗議運動の効果が実感されるだろう。

　大分（中）の実践の意義はこうした教材の内容を、ロールプレイをとおして、本質的なメッセージをとらえさせていくところにある。実践者も指摘しているが、ロールプレイのように改変されている場合は、その理由を明らかにさせる必要もある。パークスさんが収監された姿に"smile"するというが、このスマイルの難しさだ。〈どんな笑いなのかな〉のやりとりをとおして、深める機会にもなるであろう。そのような可能性のある実践と言える。

　春と秋、東京駅新幹線乗り場は、修学旅行生たちで混雑する。子どもたちが手にしている袋から、ほとんどがディズニーランドに行ったことがわかる。ユニバーサル・スタジオ・ジャパンもまためあての場所だ。だが、ユニバーサル・スタジオ・ジャパンがこれまで修学旅行の行き先であったのに、広島に変更して、子どもたちが平和や原爆についてピースメッセージを交換する機会にした実践が、福岡（中）のとりくみだ。広島で何が起こったかを、佐々木禎子さんを扱った"The Story of Sadako"（New Crown 3）を読みとり、禎子さんの12年という短い人生をまとめた資料を読み、シンガーソングライターFred Smallの書いた"Cranes Over Hiroshima"を聞か

せて、授業をしめくくる。子どもたちにも「僕と同じ歳くらいの女子が白血病という辛い病気とたたかっていた」と詩から悲しみを受けとめ、気持ちを読みとらせていくようにする。こういう気持ちを感じとりながら、広島を訪れた外国人とのピースメッセージの交換をすすめた。この実践ではALTも協力して、メッセージ交換のための平和の意味を伝えるカードを事前に準備している。これらは観光客に対してもマナーにかなったやり方だし、もらった方もカードにある平和へのメッセージを真剣に受けとるようである。

さらに、教員自身の訴えをどう生みだしたか。長崎出身の俳人松尾敦之の教材化をすすめた熊本（高）の「このリポートに学ぶ」の「"Do You Know Matsuo Atsuyuki？～反戦・平和をどう子どもたちに伝えるか～」をお読みいただきたい。　〈内野信幸〉

3. 学習意欲を高める授業の工夫Ⅰ

学習意欲を高めるためには、内容とともにすすめ方も重要である。外国語教育の目的をふまえるとしても、どのようにその目的を実現するか、目的にかなった方法がとられなければならない。教研では、仲間とともに学ぶ集団づくりを一貫して追求してきた。学習集団づくりは、生活指導の実践に学ぶところに久しいが、近年では、学び合いや、協同学習、協働学習、協調学習という言葉も散見するようになった。教室が相互の多様性を大切にし、互いに学び合うコミュニティとなる実践を工夫したい。個人での学びから、ペアやグループで、クラスでの学びの展開を組み合わせ、時に応じた「マネジメント」が求められる。

長野（中）「ペア学習を基礎としたアクティブラーナー育成の実践」は、ペア学習を帯としてとりくんだものである。1年時6月から動詞30語、形容詞30語を導入するのに、10分から15分程度を毎時間、モジュール（帯）として行う活動にとりくんだ。その成果として「わかりません」「できません」という反応がなくなり、ペア学習での協同性が、意欲につながったことがあげられる。練習問題にとりくむ際にも、相互に相談して困難なものから扱うというように生徒がイニシアティブをとることで、自律的な学びにつなげている。苦手とする生徒が、みずからの力で150語程度の英文を書くことができるようになった。ペアの作り方に関する質疑もあり、試行錯誤の様子がうかがえた。

「Enjoy English Class～英語を道具にしていろいろな人に出会おう～」という報告が沖縄（中）からあった。かつて「なぜ英語を学ぶのか」という問いに困惑したが、まず目的を納得するようにさせることからはじめた。そのために未知の言語で「水」「毒」と表示されたペットボトルを用いて示すことにより、識字の大切さを体感させるようにさせ、英語を「道具」にして、世界のさまざまな人と出会うことの楽しさにつなげている。　　〈浅川和也〉

4. 自己表現とコミュニケーション

このセッションでは特に4技能だけでなく、4目的を土台にすえたとりくみの重要性についての論議が深まった。スキルや表面的なコミュニケーション活動ではなく、外国語教育は何のために行うかについて活発に話し合われた。コミュニケーション活動を通じての自己表現のあり方について、今日までの経過への理解と今後への示唆となった。

北海道（中）は「効果的なコミュニケーション活動について」と題して、支部全体のとりくみも紹介しつつ、各学年の活動についての報告があった。1年生では日替わりで質問をしあう設定、2・3年生ではオリジナルのロールプレイやスキットづくりなど主体的で仲間意識を育成する活動である。スピーキングからライティングにもつなげ、生徒の生き生きした姿が感じられた。北海道大学との連携を通じての交流でブータンの子どもとのやりとりなど、実際にコミュニケーションを楽しんだり、マオリ文化をアイヌとつなげて考えたりするなど、「心が動く考えるきっかけ」を授業のなかに作り、教科書だけにとらわれないことの重要性が再確認された。

神奈川（中）からの「コミュニケーション能力を高めるための指導法の工夫と改善」では、学習到達目標を達成するための具体的な教授法が述べられた。特に継続的なIntakeのための活動としてのパフォーマンステストは、Scaffolding（足場づくり）理論にもとづいて情意面にも配慮した実践である。ボイスレコーダーなどICT機器を利用し、先輩たちのVTRをふまえたMy Treasureをテーマとする課題に生徒は一生懸命とりくんでいる。インターラクションを意識したスピーチや、フィードバックを生かす形成的評価によって習熟を高め、家庭学習につなげる。それらのとりくみの根底には「生徒が郷土に誇りをもって力強く生きていく力を養いたい」や「英語を通して人と人をつなぐ人を育てたい」との願いがある。

山梨（中）の「4技能を統合的に活用できる表現力の育成」という目的のために各学年でなされた研究会による「効果的な帯活動から表現活動」が報告された。単語や文法表現を組み込んだBINGOといった帯活動だけでなく、Picture Tellingでプレゼンテーション力を伸ばす帯活動から、どのように教科書のマイプロジェクトにつなげ、オリジナルのユニバーサルデザインを創る活動につなげるか。ペアやグループでのアクティブ・ラーニングや写真を使っての説明で、子どもにわくわく感を与えることができ、どの子も人に伝える喜びが感じられるようになった。「誰に対して、どんな場面で、何のために伝えるか」がはっきりすれば、子どもはよりやる気になるので、4技能と統合的に連動させ、「英語を通して考え、学ぶ」ことができる表現活動をめざしたとりくみである。

兵庫（中）からは、県教研において、小学校での「スキル中心の授業ではなく、活動を通して児童の自尊感情を高めていこうとするとりくみ」や中学校にかかわって、英語を使って何を学ぶのかが討議されたことが報告された。リポートでは、全国的にもまれな小規模の小中一貫校における「ハッピースクールプロジェクト」という小中一貫プランが紹介された。これは小学校6年生による10日間の中学校体験が中心である。中一ギャップの解消と小学校と中学校との交流をねらったものである。小学校1・2年から英語を授業に取り入れている。英語カリキュラムシートの冊子が全市に配られていて、時には3つの小学校の合同で桃太郎の英語劇を行う一方、中学教員が小学校で授業を行い、「9年間の系統性と連続性のある学習を通して、自分のことを英語で語ることのできる児童生徒を育てる」ためのとりくみを行っている。小中の教職員間で情報交換ができてケアができやすく、初めてこのプロジェクトを体験した中学生が入学してきたが「スムーズであった」とのことで連携の成果が感じられたとの報告であった。　　　　　　　　　　　　　〈室井美稚子〉

小分科会（小学校）

5. コミュニケーション活動の実践

2日目午後に行われた小学校の小分科会では、高学年の外国語活動が教科としての英語になることへの不安や負担の声が強いなか、何のための外国語活動なのかについて、教員がとことん話しあった結果、

一致をみることができたという事例も報告された。

静岡（小）からのリポートは、そのような教員の意識改革の実践である。頻繁に実施される研修や、授業はすべて英語で行うという方針が、教員に大きな負担となっていた。しかし、小学校外国語活動が最終的にめざすところは、自己肯定感の高まりと他者を尊重する態度の育成であり、この学校がめざす子ども像にも合っていることが全教職員で確認されるなかで、「やらされている感」がおおいに減り、教員が外国語教育を前向きにとらえることができるようになった。また、「いつでも誰でも行える外国語活動の時間」の基礎を創り、子どもの心をひらき、楽しく人とかかわる外国語活動のよさを学校全体で共有できるよう「チーム学校」としてとりくみ、ALTともうまく連携することができた。「総合的な学習の時間」で行う「浅草ミッション」では、6年生が修学旅行で東京に行ったときに、地域の方に教わって自分たちで作った塩と市特産のお茶を外国人に渡して市のPRを行った。外国の方からの返事も届き、子どもたちの英語への意欲はおおいに高まった。また、異文化への気づきという視点も外国語教育において重要なものである。ALTの故郷であるバングラデシュの生活と文化を体験してみるワークショプを5・6年生対象に開催した。子どもたちは、異文化であっても同じ人間であり、幸せを求めて生きている尊い命であることを知り、これからの教育に求められているESD（持続可能な開発のための）教育への一歩となった。

茨城（小）のリポーターは、昨秋、水害を被った常総市の教員である。河川が決壊した学区であるが、今は前向きにすすめているとの挨拶がまずあった。子どもたちは英語が好きではあるが、英語は聞けない、話せない、という状況であるので、リズム感のある英語を用いて、児童どうしが楽しくコミュニケーションをとることからスタートし、単元の最後に課題解決型のタスクをおいた授業デザインをしている。一つひとつの活動がゴールにむかっていくものであることを確認し、わからない単語はジェスチャーや絵を使って意味を伝えるなどの方略的態度を身につけさせ、じっくりと聞く姿勢を育てている。また、校外学習で羽田空港を訪れたときに、外国人へのインタビューを試みたが、羽田空港においては許可を事前に得ておく必要があったことなどの留意点もあげられた。

新潟（小）からは、すすんで外国語を話すための課題設定の工夫について報告があった。子どもたち

一人ひとりがデザイナーであるという設定で、パソコンの「ペイント」機能を使って、英語を用いながらＴシャツをデザインし、児童の意欲は高まったが、パソコン画面を見ていて、対話するときのアイコンタクトがうまくできないという問題点も指摘された。「ペイント」機能をすぐに子どもたちが使いこなせたかどうかについての質問があり、この学習の前にパソコンでの練習時間が１時間設けられていたことがわかった。

千葉（小）の報告は、昨年「コミュニケーション活動を充実させるインプットに関する研究」を行ったので、本年度は「インテイク活動」に焦点をあてた研究についてであった。インフォメーション・ギャップを取り入れた「探偵ゲーム」をする中で子どもたちが既習の英語表現をどれだけ使うことができるかを検証し、何度も練習することで自信がつき、苦手意識を克服し、達成感も感じられたという児童の意識の変容をとらえることができた。

三重（小）からは、帯学習としての10分間のフォニックス練習とレゴブロックの活用が報告された。教育目的のレゴは高価であるため、何で代用できるかということが話し合われ、粘土や絵でも同様の役目を果たせるという提案があった。しかし、絵に比べてレゴで作ったものは何であるのか明白でない場合も多く、ことばによる質問や説明が必要になる状況を生みだせるのがよいとの指摘もあった。

山梨（小）の報告は、「意欲的に英語学習にとりくむ児童・生徒の育成～Relevance を高めたタスク活動の工夫を通して～」というものであり、自分自身、既習事項、他教科との関連性を意識した授業デザインが紹介された。単元の目標からの逆向き設計（バックワードデザイン）がなされており、スモールステップで構成されている。また、振り返り時には、自己評価だけでなく友だちのいいところについてコメントするナイスコメントカードもあり、児童の意欲が高められていた。また、タスク活動の目的をあきらかにして、班ごとに予測をたて、作戦会議を行い、リサーチのために多くの情報を得る必要にも気づくという設定で、たくさんの友だちにインタビューする活発な姿が見られた。42人クラスなので、英語に慣れ親しませるためのインプット・アウトプット活動を行う際に、一人ひとりを支援する十分な機会がとれないこと、一人をとりあげて、全体に紹介したり、ほめたりする機会も少人数クラスに比べると足りないという問題点も指摘された。

石川（小中）の報告者の勤務校は県初の義務教育学校であり、全国に22校しかない。第１～４学年を前期、第５～７学年を中期、第８～９学年を後期とするブロック制をとりいれ、ブロック集会やブロック行事などを通してリーダーの育成をはかっている。リポーターは25年間中学の英語教員を勤めたあと、小学生にも英語を教えるようになった。今年度は、この義務教育学校の５年生に教科としての英語を週１回、学級担任とALTとの３人で教えており、生徒は７人である。市からは中学１年生用の教科書が支給されたが、この子どもたちは昨年度まで外国語活動を１回しか行っていないため、中学の教科書はふさわしくないと判断し、１学期は "Hi, friends!" を使用、２学期は New Horizon 1 の内容を "Hi, friends!" とからめながら学習をすすめていく年間計画をたて、扱いたい言語材料が多く含まれている英語劇にとりくむことにした。知識として文構造を理解した後で、そのことばが使用される場面で実際に話すことを疑似体験できる英語劇は、英語への理解を深め表現力を養うために適している。また、役になりきって演じることで感情移入も起こり、言語の定着が促進される。子どもたちの振り返りカードには、一回一回演技が終わるごとに達成感があってとても楽しかったと書かれていた。結論として、小学校に中学の英語教科書を導入する必要はないのであり、今まで外国語活動で培ってきた内容にフォニックスの文字指導を加えれば中学校への架け橋となるということである。

分科会最後の報告は富山（小）からのリポートである。教育課程特例校である黒部市の小学校の「英会話科」の５・６年生の実践報告であり、学習の総まとめとして "Enjoy talking" とよばれるスピーキング・テストを実施していることが注目された。ALTとの一対一の対話であるが、日ごろの授業においても、子どもが振り返りカードを書いている間に担任やALTが回って、その日の既習表現を用いて一人ひとりに英語で話しかけて会話をするという時間をもっている。黒部市では "Hi, friends!" はほとんど使わず、市独自のテキストを用いている。毎時間、目標からの逆向き設計でレッスンプランを書き、それを蓄積することに継続的にとりくんできた。①Preparation、②Presentation、③Practice、④Production の４つのPにもとづく指導を基本としており、６年生児童11人全員がスピーキング・テストでA評価を得ることができた。また、コミュニケーション活動を楽しむためには児童どうしの良好な人間関係が重要であるため、構成的グループエンカウンターをとりいれて「友だちのよさを認め合う活動、伝え合う活動」にとりく

んでいる。また、他教科の内容を入れてCLIL（学習言語統合型学習）を実践することで多様な英語表現にふれることができた。このことを多重知能理論の視点から見ると、児童が自分の得意分野を英会話科で発揮する機会となったといえる。　〈坂本ひとみ〉

小分科会（中学校・高校）

6. 自主教材と「読み取り」・言語材料

　中学校・高校での分科会は、6. 自主教材と「読み取り」・言語材料と7. 学習意欲を高める授業の工夫Ⅱの2点の柱によって論議がすすめられた。高校からのリポートが少なかったが、高校と中学校でのそれぞれの研究実践を深めることができた。

　近年の文部科学省検定教科書では、社会的問題をとりあげた教材も多い。かつては、英米あるいは英語圏に題材を求めた教科書であった。もはや古典と言ってもよい "I Have a Dream" などは、教研で紹介され、共有され、追実践されてひろがり、このような自主教材が検定教科書での教材となったものである。

　子どもの実感から遠くはなれた無味乾燥な題材ではなく、子どもの感性にせまる教材を追求したところの反映であるといってもよい。

　子どもと同世代の思いを共有する教材として、アンネの日記、セヴァン・スズキさんやマララ・ユスフザイさんのスピーチなどがあげられる。また、地域課題や平和への思いを訴える教材も多く作られてきている。

　しかし、近年のコミュニケーション活動を重視するというすう勢に、じっくりと教材のメッセージを理解し、深め「読み取る」実践がしにくくなっているが、これまでの教研の成果に学び、継続していきたい。

　言語材料については、系統的指導ではなく、コミュニケーション活動を通して学ぶようになされて久しいが、単に慣れることでは、理解はすすまない。生徒の現実はどうか、きちんと実態をふまえた指導が望まれる。

　宮城（中）による「中学1年『主語・述語』の授業〜人称を意識して〜」は、東北外国語教育研究サークル協議会の実践研究成果に学んだ実践報告である。宮城をはじめとして、系統だった発音・文法・読みの指導がなされてきている。今回は文を「ことがらをあらわす」「つたえる」「たずねる」はたらきがあるとし、形式と意味をむすびつけるようにする

めたものであった。

　千葉（中）からは「英文を正確に、速く読める生徒の育成」を試みたものであった。中学1年生や2年生レベルの採択している教科書以外のものから、80単語から120単語の英文を用意した。WPM（1分間に読むことのできた語数に内容理解の正答率）を算出し、効果を測定している。スピード・リーディングとともに、質問への答えの根拠を求め、速さとともに正確さも重視させた。ALTの音読を聴かせるようにし、めあてを示すことと、「時間を意識して」読むよう指導したとのことであった。

　スピード・リーディング（速読）とあわせて、多読についての論議も必要である。速読が読みへの抵抗をなくすということでは、有効であろうが、何を読むのかということを押さえておくべきである。中学校の教科書が会話中心になったのに、高校入試では、かなりの量の長文が出題されていて、その差は問題である。相応の内容のある教材にとりくむ必然性があるようにも思う。また、速読でなく、じっくり味わうことも重要で、意味をしっかりとらえ、音読するなかで、さらに意味を深めるようすすめたい。これまでも日本語教育に学んで、表現読みや群読にとりくんだ実践もあり、グループで読み取りながら、表現読みや群読にとりくめば、より深く学ぶことができるであろう。

　三重（中）による「コア学習の実践」は、基本動詞や前置詞の理解にせまったものであった。コーパス言語学や認知言語学の知見から語彙の持つコアの意味があきらかとなってきている。単なる暗記ではなく、単語の歴史性もふまえると、より確かな理解につながる。スライドショーやフラッシュカード機能によるプレゼンテーションを活用した実践が紹介された。他教科の教員にも出演を依頼し作成したビデオなど、自主教材の魅力も示された。

　鹿児島（中）による「修学旅行にむけてのとりくみ〜平和に関する自主教材を通して〜」は、長崎の平和祈念公園にある「平和の泉」に刻まれている9歳の原爆少女の手記の教材化および、峠三吉の英詩にとりくんだものであった。こうした平和教材の実践にとりくみ、平和への思いをつなげていくことがこれからも求められる。

7. 学習意欲を高める授業の工夫Ⅱ

　学習意欲を高める授業の工夫Ⅰでは、集団でのとりくみが意欲を高めること、また目的をふまえた多

様な実践を展開する事例が報告された。Ⅱでは、パフォーマンスを通して、アクティブに学ぶ授業づくり、それに対して、きちんと文構造を理解することが学びの基礎となる実践が提示され論議された。

山形（中）「探求型の授業づくりをめざして」は、どのような表現を使い、どう話せば相手にわかりやすく伝えることができるかを念頭にとりくんだ実践である。Show and Tell や、行きたい国やしたいことを考え旅行計画をたててその計画にもとづいて入国審査するロールプレイをしたり、自分の将来について述べることへのパフォーマンス評価を行った。本次教研では、パフォーマンス評価について、複数とりあげられていた。いわゆるスピーキングへの評価とのちがいについて、今後、検討する必要があろう。

「CAN-DO リスト」の発展としてのパフォーマンス評価、さらにルーブリックでは評価が数値化される。人権教育では、認知的理解のみならず、こころや身体が解放され、ゆたかな学びが集団的になされるということが、これまでの実践のなかで示されてきており、評価にあたり、ホリスティックな観点が必要とされる。

愛知（中）による「技能統合型の言語活動を通して、主体的に学ぶ子どもの育成」では、主語と動詞（語順）をおさえることで、抵抗感がなくなるとした。チャンクをつかむための予習のために３種類（文法の説明を記したもの、ポイントのみ下線で示したもの、なにも記していないもの）を用意し、子どもが選択して、とりくむようにし効果をあげた。

大分（高）による「『分かる』英語をめざして」は、高校生へのアンケートから、導入期の工夫が必要であり、子どもは分かる授業を求めているということから出発したものである。コミュニケーション重視のなかで、文法という手立てを軽視してはならないとした。チャンクシートで記号づけをして、英文を分析することで、思考を視覚化してすすめている。

アクティブ・ラーニングでは、パフォーマンスが全面にでていて危惧される。まず、分かることが、学習意欲につながることはこれまでの経験からあきらかである。コミュニケーション重視のなかで、分からない子どもがでてくるという実感がだされた。ライティングの指導で、添削をどのていどするのかも悩むところである。Palu K. Matsuda ほかは添削の効果はないとするが、生徒との人間関係を作るという意味もあるようだ。　　　　　　　〈淺川和也〉

8. 総括討論

３日間の内容を象徴するような中学校と小学校からの２本のリポートとこれまでのディスカッションを受けた総括討論の時間が設けられた。

静岡（中）「めざす子ども像を明確化し、自己表現力を育成するための手だてと評価の工夫」は、近隣校で協力した「CAN-DO リスト」の作成をふまえた報告である。逆向き設計の考え方で、４技能を系統的にバランスよく、「話すこと」については、やりとり型と発表型に分けてとりくんでいる。リストの作成に留まることなく、生徒への説明のみならず、学んだことを実行できるようになるようすすめている。４人の ALT を総動員して地区で一斉に行うパフォーマンステストに際しては、興味関心をうながす課題や評価の質についても全体で検討している。そのためには、３年間を見通した計画的な指導とつけたい力にむかう日々の授業が大切であり、授業のはじめの 10 分間に行う帯活動にも工夫をこらしている。多文化理解のための外国語教育と子どもたちの表現したいという思いを大切にしたいからである。

兵庫（小）の「小学校からの英語教育を共創する」は、意味のある活動、考えることを大切にする授業を作りだすとりくみである。多忙な教員を助けたいとの願いから、12 年間を見通した「CAN-DO リスト」を作成し、「児童に興味深いテーマやタスクを与えること」を目標としている。教科化にともない、きちんとした目的意識をもって授業を行いたいからとのことであった。タスク活動を大切にしながら、低学年からは聞く活動として絵本の読み聞かせを、中学年からはフォニックスも取り入れ、高学年からは単語の綴りを見たら、発音できるよう指導している。また、振り返りシートを使って、学習者自らがフィードバックできて、自立した学習者になれるようにとりくみをすすめた。「トレーニング主義からの脱却」と児童生徒の学びを大切にするタスクも設定している。

総括討論では、多様な問題がだされた。ローマ字の小学校におけるとりくみで、とくにヘボン式の導入時期やフォニックスのある程度の有用性について話された。また、形成的評価や総合的評価の必要性やクロスカリキュラムに関しても多くの意見がだされた。教室でのスピーキングを中心にしたパフォーマンステストのあり方や、テストをいかに効果的に使ってモチベーションにつなげるか、その具体的な方策に対しても関心が集まった。また、全国学力・学習状況調査における中学校の英語での試行や GTEC など

の外部試験の導入についての問題も上げられた。

外国語を学習して、どのような人間を育てるかの4目的についても深い討論があったことは特筆に値する。今後も、小中高で連携を密に行い、児童生徒の学びたい気持ちに寄り添い、よりよい社会を作っていく主権者を育てるべく、日々の実践を交流しあう場でありたい。　　　　　　　　　〈室井美稚子〉

9. このリポートに学ぶ

> **リポート**　Do You Know Matsuo Atsuyuki？
> ～反戦・平和をどう子どもたちに伝える
> 　か～

> **中村幸夫　熊本・県立天草工業高等学校**

研究の経過と概要

英語教育とは直接の関連性はないが、私が所属する熊本高教組天草地区本部では組織拡大イベントの一つとして、10年ほど前から「長崎ランタンフェスティバルと平和の旅（のちに「Peace Walk in Nagasaki」と改称）を行ってきた。これは、旅行好きの地区本部書記長の発案によるものだったが、平和に関するフィールドワークと長崎の歴史文化に焦点を当てた二本立ての取組となった。1泊2日という制約があることから、1日目午前と2日目午後が移動、1日目午後が歴史文化探訪、2日目午前が平和学習という日程で実施してきた。内容的には、リピーターを想定し、基本的に毎回違ったテーマと訪問地を設定した。企画・運営については、地区本部書記長が情宣・渉外・会計を、テーマ設定・旅程・ガイドを地区本部委員長である私が担当している。参加者募集は天草地区の県立学校に勤務する未組合員、非組合員を第一ターゲットにして実施してきたが、中には外国語指導助手（ALT）の参加もあった。各回の平均参加者は7～8人で、組合員のリピーターもいる。3年前からは隣接する宇城地区本部との共同開催という形をとり、参加者の広がりを図っている。

昨年のピースウォーク終了後、早速、今年の計画を立て始めた。毎回違ったテーマとルートを設定したいという考えから、回を重ねるごとに新テーマを掘り起こすことが大変になってくるのだが、日頃から問題意識をもっていると必ず新しい課題が見えてくるものである。

今年は自由律俳句の松尾敦之さんを平和学習のテーマに決めた。正直言ってこれまで俳句にはほとんど関心がなかった。ましてや、原爆と俳句という二つのことがらが浅学の私にはどうしても結びつかなかった。しかし、ふとしたことから松尾敦之さんの俳句を知ることになった。

私が住む天草から長崎市内へ行くのに鬼池から対岸の口之津へフェリーで渡り、それから陸路を1時間半ほど車で行く旅行者が多い。その途中、小浜温泉を過ぎて愛野の展望所を通る。ここは白砂青松の海岸を望む断崖の上にあり、旅人たちの休憩地になっている。この地に2006年1月に個人運営の小さな美術館が開館した。ピースウォークのルートを考えていた私は、インターネットでこの美術館を調べ、そのとき出会ったのが松尾敦之さんの原爆句だった。

松尾敦之さんの句碑が長崎原爆資料館近くにあると知れて訪れるなど、理解を深めようと情報を収集する中で、「松尾敦之さんの句が外国にはどのように伝えられているのだろうか」と疑問に思い、関連団体のインターネットサイトを調べた。私が調べた範囲では、句の英訳はほとんど存在せず、あったとしても翻訳エンジンを用いた自動翻訳で意味を成さない表現や作者の思いとは別の表現が多かった。そこで、私は、彼の句を私なりに英訳することにとりくんだ。

ピースウォークのとりくみや原爆句の英訳を私は多くの人に伝えたいと思う。学校では生徒に伝えたいと思う。しかし、天草地区の多くの学校でかつては平和教育LHR会が盛んに行われていたが、それも遠い昔の話になってしまった。また、そうした組織的な活動が行われなくなった時、教員個人のとりくみとして外国語の授業や日々の活動の中で何とか続けられてきた反戦・平和のとりくみだが、それもまた、やりにくい状況に陥ってしまってはいないか。それでも、私たち熊本高教組外国語教育分科会推進委員会は毎年、教研活動の柱の一つに「反戦・平和のとりくみ」を掲げ、生徒に対して直接の語りかけを模索している。私たちは外国語教育の現場でどのように闘いを展開して行けばよいのだろうか。

A. はじめに

天草は熊本県南西部の海上に浮かぶ大小の島々から成っている。南東に八代海、北東に有明海、西に東シナ海が控える島嶼コミュニティーなのだが、1966年に天草五橋が開通し、九州本土と陸続きになった。それ以前は専ら海上交通によって熊本・長崎・鹿児島と結ばれており、その結果、天草は一つの文化・経済圏に傾倒するのではなく、その地区がどの県に

近いかによって多彩な発展を遂げてきた。中でも、長崎との結びつきは昔から強く、人や物の交流が盛んに行われている。一例を挙げると、キリシタン一揆に蜂起した天草と島原の民衆たちは有明海に浮かぶ湯島（別名「談合島」）で戦術を練り、それぞれの地で幕府の圧政に反旗を翻した。また、天草出身者は開港間もない長崎港開発に携わった。有名なところでは、大浦地区居留地を造成した北野織部、大浦天主堂やグラバー邸を建てた小山秀之進、稲佐山麓でロシア海軍寄港に便宜を計らった道永エイは、それぞれ有明、五和、大矢野の出身者である。いわば、彼らは地の利を生かして、開港事業というビッグビジネスを成功させた人たちである。

　こうした天草と長崎のつながりは、あの悲惨な原子爆弾投下においても、いろいろな形となって現れることになった。天草から見て爆心地は北西方向だった。炎天下の夏空に立ち上る原子雲は色とりどりで、「不気味」とも「きれい」とも表現する目撃者が多数いた。私の母親（当時 16 歳）は天草の五和出身で、両親と口之津に暮らしていてその雲を見た。私の父（当時 19 歳）は雲仙山麓の小浜出身で、三菱兵器大橋工場で徴用工として働きその雲の下にいた。原爆が投下されたあと、その雲の異様さを不思議に思いながらも、情報統制等で事実が伝わらなかったことで、事の重大さを認識できなかった人たちが天草にも多かった。しかし、次第に新型爆弾による甚大な被害が流布するにしたがい、縁者の捜索のために入市した人たちや、天草の縁者を頼って帰ってきた被爆者の口から、あの原子雲の下で何が起こっていたのかを知ることになるのだった。

B．「長崎平和の旅（Nagasaki Peace Walk）」のとりくみ

　天草地区本部では県本部上げての組織拡大イベント実施のとりくみとして、長崎原爆に学ぶ平和の旅を企画した。最初の頃は組織拡大に主眼を置き、「仲間と集う楽しさ」を前面に出した旅となったが、一方で、平和学習では原爆遺構を自ら訪れ、当時の様子や今日的課題について語るというスタイルにはこだわりをもっている。これまで、平和学習として、長崎大学周辺に残る遺構（被爆赤レンガや兵器工場の標柱など）や、江戸時代に支配体制強化のため利用された被差別部落（海外貿易で潤う「長崎」とキリシタンの里として監視下に置かれた「浦上」の間に移住させられ、監視や捕縛、刑執行の役を負わされた。）の歴史、城山国民学校（現、長崎市立城山小

学校）に植えられた「嘉代子桜」、被爆者をいち早く近隣の医療施設へと運んだ旧国鉄の救援列車の跡をたどるとりくみなどを行ってきた。

C．「Nagasaki Peace Walk 2016」を準備する中で

　今年度のとりくみは 2017 年 1 月 21 日（土）～22 日（日）に実施予定である。長崎歴史文化探訪の部では、長崎開港とロシアとの関わりを天草出身の道永エイをとりあげることにしている。また、平和学習では自由律俳句の松尾敦之さんの原爆句に焦点を当てたいと考えている。彼は 1904 年に長崎県で生まれ、長崎高等商業学校（現、長崎大学経済学部）卒業後、英語教員として働き、41 才で被爆した当時は食糧配給を管轄する長崎県食糧営団事務所に勤務していた。自宅があった城山の住宅（爆心地から 700m）で妻と 3 人の子どもを失った。実は、私も長崎大学教育学部の卒業後、熊本県内で英語教員を 38 年したあと退職し、現在は臨時講師として英語を教えている。いわば、松尾敦之さんは大学及び英語教員の先輩なのである。そして、彼の苦しみに比して私のそれは本当に軽微なものだとしても、原爆によって辛い思いを経験したという点で共通点があり、私は彼の俳句のみならず、その経歴や人となりにたいへん興味をもった。

　私は外国語を教える者として被爆体験がどのように英語で発信されているのか気になっている。政府レベルでの話ではなく、一般の人たちがインターネット等のメディアを通じて知る話である。もちろん、被爆体験の英訳はインターネット等を通じて見ることができる。では、松尾敦之さんの原爆句はどうだろうかと調べてみると、これが数少ない。正直言ってもったいないと思う。日本独特の文学形式である俳句で表現しているということと、原爆によって大切な家族を失った悲しみを赤裸々に吐露する作風のどちらも、日本人の体験を日本人の感性で表現したものという意味で貴重だと考える。海外における松尾敦之の知名度という点で数が少ないのは仕方ないのかも知れないが、問題はその英訳の質である。ある団体のインターネットサイトには「機械による自動翻訳のため一部に正しくない英訳があり得る」という趣旨の但し書きがあったが、まさしくそうであった。複数の俳句を一つの散文と理解して翻訳するなど、機械翻訳では難しいだろう。そこで、私は自分なりに翻訳をしてみた。そして、夏の県教研外国語分科会でリポートした。

（以下の俳句の出典は『原爆句抄』（書肆侃侃房刊））

降伏のみことのり　妻をやく火　いまぞ熾りつ
　　Emperor's surrender speech-
　　The fire covering my wife
　　Now flames up.

すべなし　地に置けば子にむらがる蠅
　　Don't know what to do,
　　Swarming flies on my child
　　Laid on the ground.

かぜ、子らに火をつけてたばこ１本
　　Wind comes-
　　Set fire to my children,
　　Then to the tip of cigarette.

朝霧　きょうだいよりそうたなりの骨で
　　Morning fog-
　　My children still sleeping together
　　In ashes and bones.

まくらもと子を骨にしてあわれちちがはる
　　Baby's bones
　　Burned and put at bedside.
　　Mother's breasts swell and ache.

炎天、妻に火をつけて水のむ
　　Blazing sun,
　　My wife on the logs of fire,
　　A break for water.

なにもかもなくした手に四まいの爆死證明
　　Everything's vanished,
　　Leaving four pieces of paper.
　　A-bomb victim certificates.

涙かくさなくてよい暗さにして泣く
　　Darkened room-
　　No need to hide tears,
　　Weep frankly.

　英語俳句に造形が深い人たちから見ると至らないところが多数あるのだろうが、英訳作業を通じて、

私は句の理解が深まった気がする。

ピースウォークのとりくみを通じて、私自身が学ぶことがたくさんあった。そして、人に伝えたいと思うこともたくさんある。

さて、授業ではポピュラーな賛美歌『Amazing Grace』を学習したあとに、松尾敦之さんの俳句を取り扱った。実は、その2週間前に育友会行事で地元出身のプロ歌手を招聘してトーク＆コンサートの講演会があり、保護者とともに、全校生徒が『Amazing Grace』を聴いていたのだった。授業で使った音源はイギリスの歌手、スーザン＝ボイル（Susan Boyle）さんが歌ったものを使用した。作詞をした John Newton が「三角貿易（奴隷貿易）」に従事したのち、大時化の海から九死に一生を得て生還したことが人生の転機となり牧師となったことや、歌手のスーザンさんが発達障害のために子どもの時、ひどいイジメにあっていたことなど話しながら、人は人生の大きな転機を迎えて、その思いを言葉に代えて伝えようとする。そのとき、その言葉には人の心を動かす力がみなぎることを言い添えた。

実際の授業では、学習プリントを用いて、翻訳句の日本語訳に挑戦し、原作の句にある言葉を考えさせることにした。子どもたちにとって、原爆投下の事実は知っていても、そこにいた人たちの体や精神に何が起きていたのか知る機会はあまりなく、とくに、俳句の形式での学習は初めてであった。「人を焼く」とか「死体にハエがたかる」など凄惨な場面を想像することが難しいのか、苦労している子どもが多かった。

D. 教員の反戦・平和に寄せる思いはどこで吐露できるのか

40年前、私が教員に成り立ての頃は、職場には今よりもはるかに自由な空気が漂っていた。平和の問題についても、校内には校務分掌の一つとして平和教育委員会なるものがあって一定の活動をしていた。また、教員が感じたことをストレートに教材化して授業することも今よりも容易だった。教科書にも反戦・平和を扱った単元があり、発展学習として自主編集教材を用いた。たとえば、原爆ドームをテーマにした単元では、原爆ドームの着色作業と平和メッセージを作文したり、佐々木禎子さんの話をクラスの人数分に分割して絵を描かせ、それに英文を添えて大きな台紙に貼り付けて展示したり、授業で長崎の「嘉代子桜」や大分空襲の「ムッちゃん」、神戸空襲の「火垂るの墓」の英訳文も扱ったりもした。し

かしながら、しだいにこうしたとりくみができにくい雰囲気になってきたような気がする。そして、学習指導要領の押しつけに始まり、CAN-DO リスト作成、外部団体（実用英検、TOEIC 等）による英語能力判定基準をクリアするための受検要請など、当局から要求されることばかりが多い職場になってしまった。そして、それに反比例するかのように、反戦・平和のメッセージを教員個人が学校で発信しにくい状況になった。高校生1万人署名、SEALDsなど平和運動に目覚め始めた若い世代がいて、18歳選挙権という時の流れもある一方で、学校で新しい世代にむけて平和を語ることが何となく憚られる昨今である。

熊本の教研活動において、各地区で教科別分科会が開催できなくなって久しい。学校の統廃合や組合員減少など複数の要因が考えられるが、地区段階ではリポートそのものが確保できないという事情もある。これは、県教研レベルでも同様で、支部（分会）→地区→県という組織での討議を経たリポートを県なり全国の教研で報告するスタイルはとっくに破綻している。それでも、県教研での討議の柱には「反戦・平和のとりくみをどうすすめるか」の一文を残している。「教え子を再び戦場に送るな。」こそが日教組運動の原点だと信じているからだ。

さて、熊本の県教研外国語分科会では、「学校で、授業で、生徒にむかってストレートに平和の問題を語りにくい現状であっても、そうすることを目標にしながらも、新しい方向性を模索する必要がある。」と確認した。それは「まず仲間に伝える」ということだった。ピースウォークでも、松尾敦之さんの原爆句の英訳でも「まず仲間に伝える」。そして、さらに広範な人たちに伝えるためにインターネットやSNS等の利用を通じて、個人ではなく、組合・教研推進委員会・外国語分科会の名前のもとに自分たちの考えを発信していくとりくみも必要ではないかということだった。

E. おわりに

グローバル化する社会において、子どもたちの将来の生活、とりわけ、職業生活の場面において英語を駆使できる有益性を考え、英語を思うままに運用できる技能を身に付けさせることに躍起になっている文科省でさえ、技術面だけでは不十分で、「日本人としてのアイデンティティや歴史・文化等に対する深い理解とともに、自ら情報や考えを発信できる」大切さにも言及している。そうだとすれば、唯一の

被爆国として、また、憲法9条を保持する国として世界に平和を訴え続けていくというとりくみもそれに値することではないか。日本人の英語教師とし

て、平和の大切さを若い世代にしっかりと伝えたいと私は思う。

（学習プリント）

Amazing Grace and Matsuo Atsuyuki's Haiku

　前時、私たちは『Amazing Grace』を学びました。この歌は葬儀などで、懸命に生きた人たちの死を悼んで歌われます。歌詞には深い意味があり、国を超えて人の心を打ちます。私たちは英語を通して、John Newton の思いに心を寄せることができます。言葉には力があります。人の心を動かす力です。

　ところで、松尾敦之（まつお　あつゆき）〔＝故人〕という人を知っていますか。この人の言葉にも力があります。John Newton は賛美歌を作詞しましたが、松尾さんは俳句、もっと言うと、「五・七・五」の韻にこだわらない「自由律俳句」で家族を失った悲しみを綴り残した人です。もちろん、日本語で作られた俳句です。

　内容は昭和20年8月9日、長崎に投下された原子爆弾で妻と3人の子どもを失った悲しさを謳ったもの。世界に向けて平和を発信すべき私たちにとって、彼の俳句は外国の人たちにも知ってもらいたい俳句だと思います。そこで、ネット上で英語の翻訳を探しました。ところが、数が少ない上に、内容が正しくない翻訳しかありません。こうなると、自分で翻訳するしかないなあ、と思い、翻訳してみました。

【次の英文はどの句を翻訳したものでしょうか？】

①Emperor's surrender speech- 　　The fire covering my wife 　　Now flames up.	②Don't know what to do, 　　Swarming flies on my child 　　Laid on the ground.
③Wind comes- 　　Set fire to my children, 　　Then to the tip of cigarette.	④Morning fog- My children still sleeping together In ashes and bones.
⑤Baby's bones Burned and put at bedside. Mother's breasts swell and ache.	⑥Blazing sun, 　　My wife on the logs of fire, 　　A break for water.
⑦Everything's vanished, 　　Leaving four pieces of paper. 　　A-bomb victim certificates.	⑧Darkened room- 　　No need to hide tears, 　　Weep frankly.

【Words】

ache	痛む	frankly	正直に
ash(es)	灰	hide	隠す
blazing	焼け付くような	lay - laid - laid	lay＝横たえる、置く
bomb	爆弾	leave	残す
bone(s)	骨	log(s)	丸太
break	休憩	need	必要
breast(s)	乳房、胸	still	今でも
burn	焼く	surrender	降伏
certificate	証明書	swarm	群がる
cigarette	たばこ	swell	腫れる
darken	暗くする	tear(s)	涙
emperor	皇帝、天皇	tip	先端
flame	炎を上げる	vanish	消える
fly(flies)	蠅（ハエ）	victim	犠牲者
fog	霧	weep	涙を流して泣く

	英語俳句の番号	松尾敦之さんの原作 ※空所に入る言葉を考えよう
A		かぜ、子らに〔　　　〕をつけて〔　　　　　〕1 本
B		まくらもと子を〔　　　〕にしてあわれ〔　　　　〕がはる
C		なにもかも〔　　　　〕した手に四まいの爆死證明
D		すべなし 地に〔　　　〕けば子にむらがる〔　　　〕
E		炎天、〔　　　　〕に火をつけて〔　　　〕のむ
F		涙かくさなくてよい〔　　　〕さにして泣く
G		降伏のみことのり 〔　　　〕をやく火 いまぞ熾りつ
H		朝霧 きょうだいよりそうたなりの〔　　　　〕で

『原爆句抄』（書肆侃侃房　発行）より

社会科教育 第3分科会

1. 第1日目　全体会
2. 第2日目　歴史認識小分科会
3. 第2日目　現状認識小分科会
4. 第3日目　全体会報告
5. このリポートに学ぶ
　　◎労働法教育から主権者教育へ　〈石井　宜　宮城・仙台市立八木山中学校〉

《執筆者》

友常　　勉

河原　和之

坂井　俊樹

山口　剛史

1．第1日目 全体会

(1)基調提案

今回は共同研究者を代表して友常が基調提案を行った。第66次集会のスローガンは「平和を守り、真実をつらぬく民主教育の確立」であり、テーマは「憲法・子どもの権利条約を生かす教育改革を実現するため、ゆたかな学びを保障するカリキュラムづくりをすすめよう」である。

上記のスローガン・テーマのもと、戦後70年を経過して、安全保障関連法の実働化、辺野古・高江における米軍基地建設、原発再稼働、政府主導の「教育再生」などの全体情勢が提起されている。これに加えて、安倍内閣が「共謀罪の成立なくしてオリンピックは実現しない」と主張しているように、共謀罪成立とオリンピックをセットにしてすすめようとしている強権的な国家主義の動向を注視しなければならないだろう。また、この2020年をめどとした政治日程に照準を合わせて、天皇退位・新天皇即位が検討されていることにも注意が必要である。さらに原発事故による福島・宮城両県の被災地の「復興計画」も、「イノベーション・コースト構想」が大々的に喧伝されており、その集約点も2020年である。

今次集会が掲げる教育課題としては、「子どもをとりまく環境と社会全体で問題解決を」「インクルーシブな学校、教育福祉社会の実現を」のスローガンが確認されている。また、次期学習指導要領改訂を控えて、「子ども・学校現場からの教育改革を」「点数学力ではなく子ども主体の学びを」「自主的なカリキュラムづくり・教育実践を」が確認されている。そして最後に、「社会的対話を通して学校・地域からの教育改革を」が課題とされている。これらの課題をみすえながら、社会科教育の分科会での報告と討議をすすめていきたい、と基調提起を行った。

今次集会の分科会で予想されている討議の柱は、①主権者教育のあり方、②震災・原発、③平和と国際連帯、④基本的人権と現代、である。全体会①では「主権者教育、平和と国際連帯、基本的人権と現代」を柱に、〈歴史認識小分科会〉では「地域の教材化」「主体的に学ぶ歴史学習」「近現代史と15年戦争認識」「基本的人権と歴史学習」の柱に沿って行なわれる報告と討議が期待された。〈現状認識分科会〉では、「小学校の社会認識」「地域の現状と産業」「主体的な学びと討論」を柱とした。これらの柱を有機的に結びつけることが、討議のうえでの課題であった。

そこにおいて留意される必要があるのは、社会科教育への期待が、地域で営まれている生活に根ざしていることと、同時に日本と世界にむけて価値判断を行い、行動することのできる子どものための教育であるということである。実際、分科会では、現在の政治状況と主権者教育を結びつけながら、主体的で協働的な日本国憲法の学びの実践が報告された。また、社会科の自主編成の試み、博物館など地域施設との連携、そしてその経験の劇化、体験活動の実践などが報告された。いずれもじゅうぶんな蓄積をふまえて、創意工夫をこらした実践であった。また、15年戦争の認識に関わる実践においては、民衆史・民衆世界への観点が常に参照されている。戦争に関わる地域資料を通して、戦争そのものを分析する実践も報告された。歴史認識を深めていく実践の水準は、例年、きわめて高い質を維持している。

こうした歴史認識のつみあげと同時に、現状認識においては、体験活動を通した社会的事象に対する認識を深め、地域の安全と生活の維持に参加しようとする態度を共有する実践、農林業や地域産業への注目によって、子どもたちの思考を深めようとする実践が報告された。地域振興と医療・情報ネットワークに注目した実践報告も興味深いものであった。TPPを考えていく実践もこうした試みの中に位置づけて共有することができるだろう。これらの実践の水準もきわめて高い質を維持していることが確認された。

地域の先人たちの歩み、戦争認識、地域で働く人々の課題の共有といった実践と、震災・原発、安保法制、そして移民・難民問題に目をむける実践とがつながることで、日本と世界に対する認識を深め、子どもたちの思考力と判断力、そして発信力をはぐくむ社会科教育について考えることができたといえよう。

なお、昨年の第65次集会での全体討論では、社会的マイノリティへの視点の重要性が指摘された。そうした課題にとりくむ実践は今次集会においても報告されている。また、地域教材と国際連帯を結びつけようとする実践に注目することも、昨年からの課題であった。こうした姿勢は、社会的マイノリティの課題にとりくみ、足元からの国際化・国際連帯、多文化共生を構想しようとする教育実践である。そうしためざましい実践報告に対して、共同研究者もまた真摯に向き合おうとしたことも、付け加えておきたい。

(2)全体会Ⅰ

　全体会Ⅰでは、「現代の課題を扱うことによって、子どもにどのような力をつけていくのか」をテーマに、宮城（中）、鹿児島（養）、千葉（高）、沖縄（中）、兵庫（中）の5本のリポートが報告された。

　宮城（中）については、「このリポートに学ぶ」を参照されたいが、模擬投票に終始しがちな従来の主権者教育の実践に対して問題提起しながら、憲法・平和学習、メディアリテラシー、政治経済、国際連帯などの主要な論点をカバーする教育実践をすすめていることが報告された。

　鹿児島（養）は、選挙学習の実践のためのアンケート調査、さらに模擬投票、児童生徒会役員選挙の実践、さらに18歳になって選挙を経験した生徒の感想が報告された。これは特別支援学校生徒による社会参加という重要性の提起であり、主権者教育という課題にとどまらない、教育の原点を再確認させる実践であった。

　千葉（高）は「選挙」を主題に、基本ルールの確認、「ティーンズ選挙公報」の作成、プレゼン、政策討論、開票後の検討などのプロセスを経験するとりくみであった。ここでも「投票教育」イコール主権者教育ではないという前提が共有されていた。また、難しくとも、政策討論が重要であることが指摘されていた。

　沖縄（中）は、課題ごとの模擬投票によって、沖縄の固有性に留意した教育実践を行うものであった。しかも、ともに考える協働性を形成したことに意味があり、この点で、一斉学習よりグループ学習が効果的であることが確認された。なお総括点として、一連の実践において、子どもたちの考え方の変遷のデータを残すべきだったということが指摘された。

　兵庫（中）の憲法学習は、憲法の前文と9条の暗唱という実践に注目が集まった。これは自分の言葉でいいかえることであり、思想の言葉を身体化するための工夫として評価されるだろう。しかも、グループ学習に代わる暗唱という実践は、成功している言語教育に類似していることが、共同研究者から指摘された。また、クラスの中でも、予習と復習が重視されることで、学ぶことの緊張と解放感が演出されているという効果がうかがえた。もとよりこうした実践は教職員と子どもたちとの十分な信頼関係があるからこそ可能である。

　討論では、大学教育無償化や高等教育無償化という政府の提案が、憲法改正のために用いられており、目的と手段を分離することで、改憲にむけた地ならしをしようとしていることが指摘された。また、主権者教育とは憲法・平和学習でもあり、それを遂行するために、丁寧な教育実践のプランが考えられていることが、いずれのリポートからもうかがえた。戦争体験の証言者が不在となる時代の社会科、平和教育の工夫としても参考になるだろう。共同研究者か

らは、現実の世界の戦争や対立の存在に対して、教室では平和を実現し、外の世界の対立をもちこまないような実践が求められていることが指摘された。それはまた、現実のテーマから出発して憲法につなげていくような実践が構想される必要があるということでもある。　　　　　　　　　　〈友常　勉〉

2．第2日目　歴史認識小分科会

　歴史認識小分科会は、11本のリポートを軸に、4つの柱立てで討議が行われた。

(1)基本的人権と歴史学習

　「現代社会」の基本的人権学習を単なる条文学習ではなく、駐車場の罰金表示の有効性、三菱樹皮訴訟など、具体的な事例や判例をもとに現実社会と憲法の関連性を学習する山口（高）の報告と、3年間にわたり、部落問題を「集中人権学習」と「歴史学習」を通して学ぶ福岡（中）の報告があった。福岡の報告は、「解放令」から「全国水平社」までの部分は、島崎藤村の『破戒』から学ぶという精力的な実践であった。質疑では、小中の解放教育の実態や、各学年における集中人権学習等、体制としての解放（同和）教育のあり方についての質問があった。共同研究者からは、同和教育から人権教育へと変化する流れの中での被差別部落でのアイデンティティの拒否や、解放運動の担い手の空洞化などの課題と、地域での差別や解放運動の教材化の必要性が指摘された。歴史学習においては、「ケガレ感」の発生から、江戸幕府の差別意識を利用した差別の制度化と強化、結果的には、被差別部落の貧困化をもたらした解放令、近代以降、差別が拡大された民衆の責任について学習する部落史学習のポイントが言及された。

(2)近現代史と15年戦争

　大正時代の特色を構造化し、民衆が力をもったことに多面的・多角的に考えさせた長野（中）、沈没船の記録から新たな資料を作成・分析することにより戦争の実態に迫る神奈川（中）、長崎被爆者の永井隆博士の「平和を祈る者は1本の針をも隠し持っていてはならぬ。武器を持っていては、もう平和を祈る資格はない」という言葉に対して、子どもたちとの討論を実践した三重（小）の3本の報告が行われた。長野（中）の実践に対しては、大衆文化が花開き、民衆運動が高揚した後、なぜ戦争への道を歩んでいくかが論点になった。共同研究者からは、政党政治の成立とその対立、そして普通選挙が15年戦争へとつながったとの指摘があった。具体的には、立憲政友会と民政党が議席獲得のため世論を意識し、反軍部、戦争反対の主張を貫けなかったことに一つの要因があり、その世論をつくった民衆にも戦争への加担の責任があるとするものであった。また、吉野作造の民本主義には、「天皇制」「日露戦争」「対華二十一か条」に賛成したという限界性があり、当時の民主主義の不成熟も一要因である。

　神奈川（中）の実践に対しては、教材の斬新性や、子どもの主体性に対して賞賛する多くの意見が出された。共同研究者からも、一次資料をもとに、戦没者を可視化し、死者に個性を与えているすぐれた実践であるとの意見があった。

　三重（小）については、道徳の授業との関連性も指摘されたが、戦争は仕方ないと考えていた子どもが、戦争が及ぼす影響から今の世界の状況について考えるよう変容しているのが読み取れる実践であった。

　共同研究者からは、人物の多角な性格を分析し、その矛盾や評価をもとに"武装放棄論"から戦争と平和を考える実践であること、また、"平和"を原点から、その見方・考え方を培うことをねらいとする"平和学"として位置づけることができるとの指摘があった。

(3)地域の教材化

　社会科の自主編成を試み、博物館との連携や地域（斜里）の先人である藤野喜兵衛などに焦点を当てた北海道（小）、江戸期の地域の医者である佐藤尚中を取り上げ、自らの生活が歴史の過程にあることを知り、生き方を考える千葉（小）、「身近」をキーワードに地域の教材化、劇化、そして体験活動にとりくんだ静岡（小）の3本が報告された。質疑は、アイヌ文化、郷土への誇り、地域の歴史と中央の歴史との関係、世界史から日本をみる視点など多様な質問や意見が出された。

　北海道（小）の実践に対して、江戸時代後期から明治にかけて時代像を、近江商人である藤野喜兵衛を通じて、北海道と畿内との関係を探究できること、またアイヌ社会に対する功罪を考えることから和人とアイヌ人との関係を考察できるすぐれた地域教材であることが言及された。

　千葉（小）の実践に対しては、佐藤尚中を通して、子どもたちが、「事実理解」「歴史的因果」「変化・変遷」「時代構造」を把握できていることは意義あることだが、歴史学習に「自己の生き方」まで要

求することに対する疑問が出された。

静岡（小）に対しては、小学校と中学校の歴史学習の関連性についての意見があった。例えば、元寇の勝因として、「御家人の頑張り」と「神風」が挙げられていたが、「暴風雨」はなく、「元軍の構成」「御恩と奉公による御家人体制」「ベトナムなどの外国での元に対する反乱」などが勝因であり、小学校で学んだことを中学校では新たな歴史学により脈絡、文脈そして解釈を加え実践することの必要性が指摘された。また、地域の先人や文化財については政治的意図があることを念頭に置きながら、地域教材や文化財を教材化することが大切であるとの意見もあった。

(4)主体的に学ぶ歴史学習

原始古代史、とくに平安時代の「文化史」を中核に時代を大観する山梨（中）、校区にある東観音寺を題材に寺院の変遷と時代像の関係を探究した愛知（中）、地域の戦国大名に焦点をあて、対話的な授業をすすめ主体性の開発をめざした新潟（中）の3本のリポートが報告された。

いずれも、「時代を大観」する実践であるが、大観方法や歴史の授業時数との関係、歴史学習における討論のあり方に意見が集中した。山梨（中）の「和歌」を使った大観学習については、「情緒的ではないか」「和歌ではなく俳句ではないか」等の批判がある一方で「子どもの作品を通して大観と評価をすること」の意義など賛意の意見があった。

愛知（中）については、地域の寺院から古代・中世から近世へと変わる時代像を大観する実践である。本寺は、鎌倉時代に真言宗から臨済宗に改宗しており、授業では、その判断についての討論も行っている。

新潟（中）の実践は、戦国時代における上杉氏の政策について「あなたは越後に残るか、会津に行くのか」の議論を通して、兵農分離に至る過程を追体験させる実践である。子どもは、「会津に行くのはめんどう」「死にたくない」などの感情的な意見から「越後に残れば伊達、徳川に攻められる」「会津に行けば年貢がなくなる」等の歴史の本質にせまる意見に変容しているのがわかる。

共同研究者からは、歴史学に立脚した教材化の視点と議論の斬新さに対する賛意の意見と、「戦国時代」の捉え直しの必要性が指摘された。「戦国時代」とは、単なる「戦いの時代」ではなく、中世の"自力救済"の時代から、近世の"他力本願"の時代への

萌芽の時代である。戦国大名は、「信玄堤」の武田氏に見られるように領民に対する経済的な施策を行い、その支持を得なければ、領国を支配できなかった。つまり、室町時代における「村の自治」「町衆の自治」「土一揆」という民衆の戦いや願いは"自力救済"から領主により保護される時代へと変化するのである。

最後に総括討議が行われた。「小中の歴史学習の関係」「討論学習の是非」「授業における問いの重要性」なども議論になったが、字数の関係で紹介できないことをお詫びしたい。　　　　　　〈河原和之〉

3．第2日目　現状認識小分科会

2日目の現状認識小分科会は、12本のリポートが報告・議論された。リポートは次のテーマ順ですすめられた。(1)「主体的な学び」5本、(2)「小学校の社会認識」4本、そして(3)「地域の現状と産業」3本。

(1)「主体的な学び」

北海道（中）、岩手（中）、山形（小）、山梨（小）、石川（小）である。北海道（中）は、「アイヌ民族とともに生きる社会をめざして」で、教材「シコツの500年」を使い中学3年「政治」単元での報告をした。多文化共生の主権者教育の観点から、アイヌ民族の権利を実現する政治を考えるという内容であった。岩手（中）は、「地域振興政策を考え主権者意識を育てる実践」で、「一関市を暮らしたいまちトップ10にする」ために、地域振興を調べ具体的に子どもが構想を建てる内容であった。弁護士や市議会議員を交え検討する機会をもった。3本目は山形（小）、「庄内平野の子どもたち（小5）が考えるTPP問題」であり、討論会という手法で、子ども主体の学びを追究した。TPPという自由貿易体制が地域農業に与える影響を考えた。4本目は山梨（小）、社会への参画する力と、楽しく学ぶための、「わたしたちの生活と森林」の実践をすすめた。森林率87%余りを占める山梨県大月市の森林荒廃の現状と「森林を守り育てるためにはどうすればよいのだろう」という課題を追究し、環境保全の観点から日本の森林学習につなげる実践であった。5本目は、石川（小）から小学5年の「社会を変える情報から〜市民の安心・安全を確保する野々市市のシステム〜」が報告された。近年の地震の多発下で、情報を得ることの必要性という観点から、野々市市の情報ネットワークの活用を考える実践であった。

以上の５本の報告において、北海道（中）に対しては、二風谷訴訟のような事例はあるのか、遺骨訴訟とは何かなどの質疑があった。岩手（中）には、一関市を暮らしやすい町にという学習課題は子どもの発想か、地域振興の調べで市の予算の問題点などは出たのか。山形（小）に対しては、討論はシナリオがあるのか、TPPは多くの子どもが理解できたのか、賛成・推進の意見は抽象的でないのか。山梨（小）には、森林は私有林か公有林か、子どもたちの森林との関わりや問題意識がどの程度なのか。石川（小）には、防災システムは子どもたちの切実性があったか、GT（市役所の人）の立場がより鮮明に出ると興味深い、詳しい情報をどのように集めたのかなどの質疑があった。

以下の回答があった。北海道（中）は、共有地訴訟があったこと、また遺骨訴訟は1960年代に北大がアイヌの墓を無記録で盗掘した事件で、見えない差別の存在などの現状があること。岩手（中）は、トップ10の提案は教員からで具体的方法は子どもたちが自ら考えたこと。なお、耕作放棄地や企業誘致に失敗し、働く人がいない現状や、市の財政に向き合っていく必要があるということだ。山形（小）は、シナリオは全くなく討論シートを用いている、即答できる瞬発力の育成に力を入れていて、パワーポイントを用いてクイズ形式でTPP理解をすすめたとのことだった。山梨からは、森林は人口林であり、大変荒れていること。子どもたちには、近年のサルやイノシシの出没により山に近づかない指導をし、森林との関わりが薄いということだった。石川（小）は、ある面で一番早くスマホから情報を収集している。しかし、それでもシステム的にも正確な情報収集の役割は大事とした。

共同研究者からは、先日、部落差別解消の法律が国会を通過したが、その背景にはインターネットによる差別の深刻さがあり、アイヌの問題も、そうした点を視野に入れていくことが重要ではないかという指摘があった。岩手（中）に対しては、楽しく追究できた実践だが、一方で市民の政治参加意識の低さも、考えていくことが大事ではないか。山形（小）に対しては、子どもたちの質の高い討論に多くのことを学んだ。大月市は、東京にも通勤可能な地域で、環境保全という視点から人だけの視点ではなく、すべての生き物の視点で考えることの大事さを学んだ。石川（小）については、授業のねらいが情報と防災で、それぞれの地域を同一観点で見直せる大事な学習であるとした。

(2)「小学校の社会認識」

広島（小）、大分（小）、新潟（小）、愛知（小）の順で行われた。広島（小）からは「今につながる昔のくらし　体験的な学習の場をとおして」が報告された。さまざまな教材の活用の視点を大事にし、本時では子どもに「対抗観」のある洗濯板を取り上げ、洗濯機よりきれいになる体験をした。そして、どうして今も売られているのかを投げかけている。大分（小）は、「『楽しい』『考える』『わかる』授業をどう組み立てるか」として、スーパーマーケットで働く人々の工夫を取り上げ、誰でもどの学校でもできる実践をめざした。新潟（小）は、「3・4年『ごみの処理と利用』の実践から～」で、授業改善としてペア学習を取り入れている。「この10年で妙高市の燃えるごみがなぜ減ったのだろう」を追究する。愛知（小）は、「地域社会の一員としての自覚を育てる社会科学習～第4学年『ごみのしょりと利用』の実践を通して～」で、自分たちの生活の中で「誰が」「どこで」「何を」を意識し、GT（ごみ収集車の職員）によりさらに思考を深めさせた。

以上の報告に対して、広島（小）には暮らしの変化がものを通してわかり良かったという感想と、なぜ昔の道具が今も残るのかという質問があった。大分（小）には、スーパーを選ぶ基準（地元、全国展開）は何か。新潟（小）に関しては、資料の読み取りでは学び合いがあったのか、なぜごみが増えるのか。愛知（小）については、すごろく活動は面白い。一方で表現しきれない活動は何かという質問があがった。

以上に対し、広島は、今の暮らしが良いとは言えない面があり、よって古い道具が残っているということを子どもに考えさせたいと回答した。大分（小）は、自分にはどこのスーパーが良いかということを子どもに考えさせた。ただ佐伯市には地元スーパーしかないため、基準を定めることができなかった。新潟（小）は、地元でのごみ減少を多面的に考えられたと述べた。愛知（小）からは、子どもたちがすごろくを何回も遊んでいる姿が印象的であったと発言があった。全般に活動型の授業に賛同する声が多く、またその際には活動に流されず授業の目標観をしっかりもつことの大事さなどが語られた。共同研究者からは、楽しい学習と学ぶ本質がどう重なっているかを考え、学び合うことが大事とした。また地域のもつ課題への迫り方に学ばせてもらった。ただ、それを子どもたちがどう受け止めるか、教員が意識化しているかが重要と述べた。また、今次の学

習指導要領の改訂動向について知っておくことも大事としながら、昨年12月に出された中教審からの学習指導要領編成にむけての課題を提示した。その報告によれば、公民的資質が高校まで拡大（地歴科）した目標観とされ、その公民としての資質は次の3点で示された。「知識・技能」「思考力・判断力・表現力等」「学びにむかう力・人間性等」で、新たに「人間性等」が加えられた。この人間性等という部分をどう理解し、向き合うかが今後大事とした。

(3)「地域の現状と産業」

　千葉（中）、神奈川（小）、三重（小）が報告した。千葉（中）は、「社会認識を深め、生き方にせまる社会科教育の研究～館山に生きるマンゴー農家のとりくみを通して～」で、館山市の農業の衰退傾向のもとで前向きに挑戦する農家を調査したとりくみであった。神奈川（小）は、「おいしい魚をいつまでも～5つの海を渡るAさんのマグロ漁船～」を報告した。厳しい背景のもとで、漁師たちがどのように新鮮なマグロを私たちに届けるために頑張っているか、その厳しい労働の実感と漁師のAさんの教材化を通じて迫った実践である。三重（小）は、「地域の掘り起こしと、主体的に活動できる社会科授業のあり方～パックスアライブの工場見学を通して～」として、オリジナルパッケージ製作の地域工場を小3の教材としてとりあげた。工場で働く人たちの思いを伝えた実践である。これらの報告に対して、千葉（中）の館山の農業は、農家選定の根拠や行政の関わりなど、神奈川（小）には、遠洋漁業の今後の見通し、事前の調べなどについて、三重（小）には工場をやっていて良かったと思っている点は何か、抱えている課題などの質問が出された。千葉（中）からは農業をネガティブに感じている子どもの変化を期待した点、神奈川（小）からは入港した漁師に偶然に出会え、優れた教材化となった、三重（小）からは大量生産に対して、技術と伝統を活かした新開発の箱づくりのよさなどが語られた。共同研究者からも千葉（中）のめざす「質の高い価値判断力」の育成が、先ほどの学習指導要領の「人間性」育成に対する一つの代案とも言える。神奈川（小）には人物の登場が迫力ある授業となった点、また三重（小）には、地域産業として働く人の視点が大事にされた内容であったとのコメントが出された。　　　　　　　　　　　　　　　〈坂井俊樹〉

4．第3日目　全体会報告

　全体会の討論は、①震災・原発、②思考力・判断力の育成として4本のリポートをもとに討議をすすめた。

　福島（小）は、「次の時代を予測し、討論する小6歴史の授業」として、時代を貫く4つのマスターキー（政治、経済、外交、文化）を使った歴史授業の報告であった。このマスターキーを使いながら、次の時代を予測し討論をすすめることで知識がなくても授業に参加できることをめざすものであった。そして重要な視点は、「今、福島の子どもたちと福島で歴史を学ぶ意味」として、分断や風評に向き合い、不安や不信を共有化していくことを授業者が意識してきたことである。最後、学んだ歴史を「自分たちの12年の歴史」として発展させ、震災で学んだことをどう将来に生かしたりしていくかをテーマにした構成劇「私たちの歴史」として保護者の前で上演した。授業者は、討論について常に十分な材料が提供できないことも課題としたが、平和や自由、平等といった普遍的価値が、人類の長い歴史の中で作りあげられたことが評価された。

　富山（中）は、生徒会の機関誌の編集・発行を、子どもたちとの学習を通じてとりくんだ実践であった。具体的には、18歳選挙権とからめ、地域にある「富山における米騒動」の事実を調べ、まとめていくというものであった。子どもたちは、「富山における米騒動」が非暴力の請願運動であった事実に触れ、歴史を身近に感じ、現在のさまざまな政治の問題についても関心を高めていった。そして自分たちなりに「自分から行動を起こすこと」の大切さや、地域の歴史を学ぶことの喜びを、子どもの感想から読み取ることができた。

　大阪（小）は、小学校3年の校区探検の実践であった。自尊感情がかならずしも高いとはいえない子どもがいる状況、課題を抱えた地域において、校区探検を通じ自分たちにとっての「お宝」を探すことで、自分たちの地域に親しみをもってほしいととりくまれたものである。子どもたちは「イスラム礼拝堂」や「コリア国際学園」「障害者支援センター」などの施設に出向き、調べ学習をすすめてきた。そこで「本物との出会い」をする中、それぞれの施設や人々への偏見などをなくし、親しみを感じ自分たちの地域の「お宝」と感じていった。例えば、イスラム教徒といえば「イスラム国」をイメージし、恐怖感や偏見を感じていた子どもたちは実際に礼拝堂に

行って、イスラムの人との交流をすすめ、イスラム教の特徴などについての理解を深め、ここで生活する彼らの思いをクラスで伝える場面などがみられたことが成果として共有された。

島根（中）は、思考力・表現力をそなえた子どもの育成を、学び合いや子どもの思考の流れに沿ったワークシートの活用、ディベートの導入などの工夫をすすめてきた実践であった。アメリカ学習ではデトロイトの発展と衰退の様子を見ながらさまざまな仮説を出しあったり、原子力発電の現状を子どもたち自身が調べて賛成か反対かのディベートを行ったりすることで、子どもたちはさまざまな意見・考え方に触れることができ、自身の意見を形成することができた実践であった。

質疑と討論の中では、福島（小）の実践に対し、どのように各時間の中で適切な討論テーマを設定できるのか、限られた授業時間の中でどのように因果関係を子どもたちが思考することができるのかなどが質問された。その中では、それぞれの時代を取り扱う際、その時代をどう取り扱うか、課題・教員の問いをシャープにする必要性が出された。また歴史上の人物を取り扱う際に、政策上の比較をせず「好き・嫌い」で議論をさせてはいけないという点も討論となった。また歴史学習の討論が「しょうがない」で終わらせないよう問題設定を考えていくべきという意見も出された。

富山（中）に関わる討論の中では、生徒会のあり方について多くの参加者の関心が集まった。生徒会選挙のあり方、生徒会の中での専門委員会の選出方法などについて質問が出された。討論の中では、特に生徒会選挙の選挙方法、開票方法について各地の実情や問題点が出され、特に開票結果の公表方法が話題となった。学校における民主主義の実践としての生徒会活動のあり方が問われており、形式的な方法論ではなく、子どもたちの自治を育む、その活動を支える教員の役割の重要性が共有された。また、「自分たちから行動する」ことの主体性が強調される中、多くの子どもたちは行動できているとは言えない現状がある。子どもたちにはやはり自分に自信がないのではないか、どのように自信をつけてあげるのか、子どもたちを力づける実践がこれまで以上にもとめられるという意見も出された。

大阪（小）に関わる討論では、校区探検をどのようにとりくむのか、子どもたちの自由な調べ学習を保障する態勢に関する質問や、校区探検から「お宝」調べへと発展させる際のカリキュラム上の位置

づけが質問され、総合の時間とうまくからめて地域学習を継続していること、保護者の協力を得ながら学習がすすめられていることが報告された。

島根（中）、福島（小）からは、地域に原発を抱える地域ということから、島根では小学校から原発の見学などが実施されている現状、福島では2017年3月に賠償が打ち切られるという中、お金をめぐる地域や人の分断がある現状、そのことをどう「言葉」にしていくのか、その難しさが出された。実際の授業では、原発の授業における「ヒロシマ」の位置づけなく、両者が切り離されていることが問題であり、学習が現実社会につながることの必要性も指摘された。

最後の総括討論の中では、上記の論点を深める形で2つの点について議論が交わされた。第1は、主権者教育に関わっての生徒会選挙等のとりくみ方、課題についてである。全国の生徒会選挙が形骸化し、一部では選挙すら実施されない学校も存在する中、18歳選挙権を迎えるにあたって模擬投票が実施され主権者教育が推進されている。このような中、生徒会・児童会活動が、子どもの自主的な活動になっているのか問い直すこと、生徒会選挙と社会科の選挙に関する学習が結びついて実践されることが必要という意見が出され、昨年同様模擬選挙に矮小化されない主権者教育の重要性、学校全体で主権者教育をすすめる重要性が確認された。

第2は、現代的な課題を取り扱うことについてである。社会科では主権者育成のため、さまざまな社会的な見方、考え方をつけ、社会に参画する力をつけるべく授業がとりくまれている。その学びを通して、現代社会におけるさまざまな課題に対し、子ども自身が自分で考え抜いた意見をもって社会に関わることを目標としている。決して社会の問題に対してどちらでもない子どもを作るわけではない。そのため社会科教員は現代社会の課題を積極的にとりあげ、子どもたちと一緒に考えていく必要がある。政治的中立性などさまざまな圧力もある中で、社会科教員は現代社会の問題をとりあげ、子どもたちと一緒に悩み考えていくことが必要になっていることが、多くのリポーターからの発言により確認された。

このように、今次教研の討論からは社会科の原点、社会科教員のあり方の原点とは何かが、それぞれの会員から出され、若い会員もそこから社会科教員としてのあり方を学んだことが成果と言える全体会であった。　　　　　　　　　　〈山口剛史〉

5．このリポートに学ぶ

　第66次全国教研の社会科教育分科会で「このリポートに学ぶ」に選ばれたのは、宮城（中）の「労働法教育から主権者教育へ」である。職場体験学習での実践の積み重ねを踏まえて、労働法教育を正面からとりあげた実践である。この実践は総合的な学習の時間・学活の中で行われた。現行の主権者教育がしばしば模擬投票に収斂してしまうことに疑問を提示し、社会への目を育てること、憲法、人権、平和という論点を通過すること、そのうえで選挙と政治の関心を喚起するという道筋を作っている。こうした基礎のもとに、メディアリテラシー、経済への関心、社会保障制度への配慮について実践しながら、労働法そのものの教育実践につなげている。しかもそこで終わるのではなく、最後に国際理解についての時間も設けている。これによって主権者教育が、憲法学習や平和教育を踏まえて、総合的な思考力と判断力、そして発信力をつちかう社会科教育にほかならないことをよく示した実践であった。なお、文中の別紙資料や参考文献は字数の都合から割愛させていただいた。　　　　　　　〈友常　勉〉

リポート　労働法教育から主権者教育へ
　　　　　　石井　宜　宮城・仙台市立八木山中学校

A．中学生にも生きた労働法を
　　　～社会科の公民的分野での労働法教育
①総合的な学習の時間や
　　学活とのリンクを考えた理由
　2010年の2月に公民的分野の授業を4時間使って労働法教育を行った。これが、私の労働法教育の実践の第一歩になった。その実践の後に「こんな勉強をさせました」という紹介を兼ねて、3学年担当教員にプリント集（冊子）を配った。その反応がよかったので、次に実践する時には学年スタッフの理解・協力を得て、総合的な学習の時間や学活を使って労働法教育を取り入れたり、キャリア教育（「自分づくり教育」）の核になる「職場体験学習」の事前・事後指導の中に労働法教育をくみこんだりしたいと考えるようになった経験がある。

B．そして、主権者教育へ
主権者教育＝模擬選挙？
　副教材では、「政党の選挙公約をもとに生徒が各政党の政策を学び、模擬選挙を行うこと」を推奨し

ていて、104ページの1/5が、実践編だけ見れば約60ページの1/3が2つの模擬選挙で占められていることから、「主権者教育」＝「模擬選挙」につながることが多い。確かに内容を見ると、うまく使えばそれなりの主権者教育はできると思う。しかし、それは高校生だから言えるのであって、中学生にはたとえば副教材で推奨する、比例代表選挙で行う国政選挙に関して各党の公約、政権公約（マニフェスト）のちがいを理解させることは難しいと思う。もちろん、現実的な課題（たとえば憲法改正や安保法案、基本的人権の尊重、原発（の再稼働）など）をもとに各党のちがいを示しながら具体的に説明し、少しずつ自分の意見をもてるようにさせていけば良いのだが、時間的にきびしい。

　このような理由で私は、模擬投票は高校段階に任せて中学校段階では公民的分野での学習を通して社会に関する興味・関心をより高めさせるとともに、基礎的な知識もきちんと身につけさせることに力を入れるべきだと考えるようになったのである。

私が考えた「中学校段階の主権者教育」への4つのアプローチ
1　最近の時事問題・ニュースを積極的に取り上げたり、世論調査の結果を紹介したりして、社会（で起こっている問題など）への目を開かせる…《社会への目》
2　世論が2つに大きく分かれている問題については、賛成側・反対側両方の意見を公平に取り上げて読ませることで、自分なりの考えをもてるようにさせる…《両論併記》
3　資料（新聞記事など）を読んで、その内容をしっかりと読み取らせたり、考えたことを自分の意見として書かせたりする…《思考・表現》
4　話し合い活動や、宿題で書かせたものをまとめた「社会科通信」を読むことで、自分の考えを深めたり再考させたりする…《学び合い》

　これらをまとめると、「たくさんニュース・話題を提供したり、問題提起をしたり、また、新聞記事を中心に資料を豊富に準備して考えて自分の考えをもてるようにし、ともに学び合う」ことができる授業をめざしたのである。

C．具体的にどのようなねらいをもって
　　内容を考え、そして実践していったか

1　社会科の学力（基礎・基本）をきちんと定着させることが第一である。

(1)　ワークシートを使って教科書の内容をきちんと理解させていった。

(2)　随時宿題も出したが、自分の考えを書く宿題も含めて、提出率は毎回8〜9割以上で、しかもしっかりとやっている（書いている）生徒がほとんどであった。

2　しっかりとした憲法学習なくして主権者教育はない。…【憲法】

(1)　「日本国憲法を尊重し、守らなければいけないのは、どのような人たちだと思いますか」という宿題（公民No.31〜以下、「公民」は省略）を出したところ、予想どおりほとんどの生徒が「国民」を選んで、正解（憲法第99条の条文）を発表するとびっくりしていた。その後、その理由を、憲法の性格・立憲主義とからめて説明し、憲法や立憲主義の大切さを理解させた。

(2)　「私たちの一生（の生活）に関する"日本国憲法"の条文の穴埋め」（No.31）の宿題を通して、「いかに、私たちの一生（の生活）が日本国憲法で守られているかが分かった。だからこそ憲法が大切だ」ということに気付いた生徒が多かったと思う。

(3)　No.35で、安保法案の採決について野党と安倍首相の主張が正反対だということに気付かせ、民主主義とか立憲主義について考えるきっかけにさせた。

(4)　No.41で、日本国憲法成立までの歴史について簡単な穴埋め問題をさせた後、GHQが松本試案を拒否した理由を、松本試案と大日本帝国憲法を比較させながら気付かせた。次にNo.42は、GHQが憲法案を作成した時に鈴木安蔵らの憲法研究会の憲法草案要綱を参考にしたことや、鈴木と吉野作造の関係などを紹介した。そして、No.43で憲法草案要綱の条文の内容を紹介し、また、当時の世論調査の資料から、国民の多くが新憲法を支持していたことに気付かせた。この学習を通して、生徒たちは、「日本国憲法はGHQから押しつけられたものだ（から改正すべきだ）」という（改憲派の）主張があることや、鈴木安蔵らの憲法研究会の存在などから「一方的に押しつけられたものだとは言えない」

という考えがあることをしっかりと理解した。

3　平和を創る・守るのは自分たちだという意識をもたせて、主権者意識をより確固たるものにさせる。…【平和】

　第二次世界大戦の学習で深められなかった部分、特に「『満州をねらえ』か『平和主義か』」と②「アメリカ軍による原爆投下は許せるか？」という2つの紙上討論については、「社会科通信　1」、「社会科通信　2」として発行して読ませることで改めて考えさせ、平和について再考するきっかけにさせたいと考えた。

(1)　No.44の宿題で、日本を含めた9か国が「第二次世界大戦後、ずっと戦争をしていない国」だということを理解させた後に、なぜ日本でそうあり続けることができたのかを、6つの理由からいくつでもいいから選ばせた。その結果、4クラスとも、第1位が「憲法の平和主義」で、第2位は「国際連合」と「経済や社会の安定」が2クラスずつだった。この学習と、No.51の「日本が平和を維持してきた理由」という資料から、生徒たちは改めて憲法の平和主義の大切さを意識したと思う。

(2)　No.48では、まず、自衛隊の海外派遣についての賛否両論を載せた。自衛隊（員）は海外でPKO活動を展開しているが、安保法案に反対意見や不安な声が多い理由の一つは、自衛隊員が戦争に巻き込まれる可能性があることにある。だからこそ、この資料を今回も載せる意義があると考えた。

(3)　同じくNo.48では、公民の資料集に載っている資料をもとに、沖縄に米軍基地があるメリット・デメリットをまとめさせた。地理的分野でも一通りやった問題だが、改めて確認させることで辺野古問題などの重要性を再認識させた。

(4)　No.52では、安保法案に賛成派・反対派の集会やデモについての新聞記事が《両論併記》になるようにバランスよく公平に取り上げた。そして、（他の問題でもそうであるが）賛成派の投書にもあるように感情論で安易に「反対」だというのではなく、双方の意見を聞いて・読んで、そのうえでよく考えて結論を出すように話した。

4 人権学習を通して憲法・立憲主義の大切さに気づかせる。…【人権】

(1) 教科書p.32～33（「ちがいのちがい」）にある12枚のカードについて、それが「あってよいちがい」か「あってはいけないちがい」か、「（どうしても）どちらともいえない」なのかに分類し、8枚以上のカードについて理由を書かせる宿題を出し、それをもとに各クラス3～4人のグループで話し合わせた後、理由も含めて班ごとにマーカーでホワイトボードに書かせて発表させた。その結果、4クラスのうち、「あってよいちがい」がピタリと一致した班が出たクラスは1クラス（しかも2つの班が一致した）だけであった。この学習を通して、多くの生徒が、①人によって平等に対する考え（何が平等なのかという考え）がちがうこと、②話し合いが大切だということ、③対立を解決するために憲法や法律が大事だということなどに気付いた。

(2) No.54は、私が選んだ20個の権利の中から「自分にとって最も大切だと思う権利」を5つ選ばせ、その理由を3つ以上書かせるという宿題を出した。その結果、学年全体では、1位：「教育を受ける」（62人）、2位：「差別されない」と「医療を受ける」（61人）、4位：「いじめられたりしない」（52人）という順であった。この学習でも、多くの生徒が「ちがいのちがい」の学習の時と同じように、人によって権利に対する考え（どの権利が大切かということ）がちがうということに（改めて）気付いていた。

(3) No.64の、働くうえでの男女差別の問題について載せた資料（マンガ）では、以下のような感想を書いた生徒が多かった。
　○女性一人では裁判を起こしたりする勇気はないし、勝ったりするのも大変だけど、みんなで力を合わせればその分強くなるので、力を合わせて声を上げるのも大切だと思った。給料などの労働条件に対して不満をもったときは、泣き寝入りせずに自分から立ち上がり、裁判を起こすなど、行動に移すことが大切だと思った。
　○実際にこのマンガのようなことが会社で起こるのを防ぐことが一番大切だと思った。これから働くうえで、どの会社がこのようなことがないかなどを、自分の目でしっかりと見ることができる制度みたいなものはないのかなと少し思った。

(4) No.73では、外国人の参政権（地方選挙の選挙権）について賛否両論を載せた。外国人に参政権がないのは当然だと思う生徒や、「いや、おかしい」という生徒もいたが、多くの生徒はこのような問題があることに初めて気付いたようだった。

(5) No.86では、ケースワーカーのことを取り上げた。それは、ケースワーカーが足りないことが、受給者の孤独死や保護費の不正受給、安易な支給打ち切りにつながっている原因の一つであり、そのことはイコール政治の問題（「政治の貧困」）であるということに気付かせたいと思ったからである。

(6) No.97で厚木基地訴訟を取り上げたのは、公共の福祉（国を守る自衛隊の夜間・早朝の飛行）と人権（地域住民の環境権（の中の静穏権））のどちらを重視すべきかという問題の典型的な例の一つだからである。第一審・第二審とも原告（地域住民）側が勝訴したことを、新聞記事を使って説明したが、「夜間飛行差し止め　喜んでよいか疑問」という新聞への投書も載せ、「自衛隊の任務の方が優先されるべきではないか」などという意見があることも紹介した。

5 選挙や政治に関心をもたなければ主権者意識が育つわけがない。…【選挙】・【政治】

(1) 教科書p.64～65にある「市長になって考えてみよう～企業の跡地利用～」について、A案（公園）、B案（ごみ処理施設）、C案（多目的公共施設）、D案（ショッピングセンター）のどの案を支持するかを選んで理由を書かせる宿題を出した。その結果は、学年全体で1位：D案（60人）2位：A案（27人）、3位：C案（18人）、4位：B案（7人）で、各案を支持する理由の中から数人ずつ選んで「社会科通信　3」として発行した。これを読むことで、少数意見にもよい意見があるということが分かった生徒が少なくなかった。

(2) No.110～111は、選挙に関する資料の読み取りをさせたり、「選挙の投票率をあげる工夫」と「投票の義務化に賛成か？　反対か？」についての考えを書かせたりした宿題だった。しかし、内容が難しく、また、資料を使って説明すれば良いだけのものも含めて6つも課題を課すなど欲張ったものになってしまった。それでも、プリントを返却した時に簡単な説明をすると、「目から鱗」のようにスーと頭に入った生徒が多

かった。なお、上記の２つのテーマについては、２月に「社会科通信　５」、「社会科通信　６」にまとめて配布した。

(3)　No.119 は、森川・早大教授の『若者は、選挙に行かないせいで、4,000 万も損してる!?』を紹介した新聞記事を印刷したもので、「さすがに 4,000 万は大げさだと思うけど」と前置きをしたうえで、簡単に解説を加えた。多くの生徒がうなずいていた。

(4)　No.167 では住民投票の功罪について触れた社説と、仙台市議会政調訴訟に関するオンブズマンの首長と市議会側の感想などが載っている新聞記事を載せた。これを読むことで、地方自治に関する問題について両論併記の形の学習もさせた。

6　メディアリテラシーを身に付けさせる。
…【メディア】

(1)　No.4 は、「毎日の生活の情報を、どこから得ているか？」（2008 年、「国語に関する世論調査」）という資料をもとに、「民放テレビが陥りやすい問題」などを学ばせ、時にはマスメディアからの情報を批判的にみることの大切さに気付かせた。

(2)　No.125 は、川内原発の再稼働についての読売新聞の社説（No.123）と河北新報の社説（No.124）を比較させながらとりくませたもので、内容を読み取る１と２の課題は授業中に行い、３の「両社の『社説』を読み比べた感想、気付いたことなどを書きなさい」は宿題とした。３については、やはり２月に「社会科通信　８」…として発行したが、当然のように、「一つの情報だけを信じてはいけない」とか、「他の新聞などからも情報を入手した方がよい」など、気付いてほしいことを多くの生徒が書いていた。

7　消費者主権を体現できる消費者を育てられるようにする。…【消費者主権】

(1)　No.168〜169 の消費者問題に関するクイズのうち、No.169 の宿題４の全問正解者はクラスで２〜３人だけだったので、かえって「労働法教育のように、正しい知識をもっていないと損をする」ということを再確認させることができた。

(2)　No.175 の「どんな理由で消費者金融を利用するのだろうか？」という資料で、利用理由の１位は「生活維持」で、自己破産の理由の１位は「生活苦・低所得」ということを読み取った生徒の感想は、「遊ぶ金に使っていたと思っていたので意外だった」というものが多く、中には、「だから政治（政府）が…」とつぶやく生徒もいた。

8　経済面からも現代日本の課題を探せるような内容にしていく。…【経済】

(1)　No.187 では、企業の社会貢献に注目した。これは、企業の PR ではなく、ある意味、消費者の権利が高まってきた表れという意味で載せた。

(2)　No.200 の「18 歳の１票　今月のテーマ　国の財政」（読売新聞の特集）などを使って、日本の財政の問題について確認させた後、この特集の巻末にある「何を優先し、政策をどう組み合わせるかを決めるのが政治だ。『これからの日本』に向き合う若い世代にこそ、政治参加してほしい」という文章を読ませた。

9　社会保障制度の問題＝政治の問題であるということに気付かせる。…【社会保障制度】

(1)　No.205〜206 の「各国の医療費・社会保障制度」という新聞記事と、教科書の資料（「国民負担率と社会保障支出の割合」）をもとに、スウェーデンなどのような高福祉高負担型が良いか、それともアメリカのような低負担低福祉型が良いのか、日本の社会保障制度はどうあるべきかについて、真剣に考えていってほしいと訴えた。

(2)　私は授業中によく冗談で、「あと〇年で私も年金生活なので、その時は生徒の皆さん、よろしく！」と言っているが、年金などの資料などを見せると、「先生たち（やそれよりももっと年配の人たち）はいいな、ずるい」などと言われることもある。しかし、No.210 のような「老後破産」という問題があることを紹介することで、単に若者と高齢者の格差という問題（だけ）ではないということに気付かせ、改めて今後の日本の社会保障制度がどうあるべきかをよりトータルに考えるように話した。

10　労働法教育は続ける。…【労働法】

(1)　教科書の内容をもとに既習事項を確認させるとともに、より深く学ばせた。また、過去の全国の入試問題から労働法・労働（者）に関する問題を選んで５枚のプリントにまとめて（２回に分けて）宿題にした。これは、子どもたちから、受験勉強と労働法教育の確認という二重の

意味で好評であった。

(2) No. 229では雇用保険などについて説明した。中学校段階では雇用保険の説明は不要だという考えもあるが、高校でやるとは限らないし、アルバイトでも雇用保険が適用されるケースもあるのであえて入れた。しかし、それ以上に、最後のセーフティネットが公的扶助（生活保護）だということを確認させるためにも、この2つをセットで取り上げたのである。

(3) 最後の授業で「生きた労働法」についての知識等をまとめたプリント集を配布した。

11 世界のことにも注目できる主権者に育てなければならない。…【国際理解】

(1) No. 272〜280でトルコの自爆テロなどのテロ事件やイスラム国、EUなどの難民受け入れ問題などの新聞記事を斜め読みさせた後、No. 280で「難民社会と日本」という社説を読ませ、日本の取るべき立場を考えさせた。

(2) No. 282〜283で北朝鮮の水爆実験の新聞記事（の見出しなど）を見させた後、No. 284で核廃絶に向けて唯一の被爆国である日本の立場が試されている部分を読ませた。それは、政府がどのような外交政策を取るかも、結局は主権者の意思が反映されるということを確認させるためであった。

12 最後の着地（まとめ）をしっかりとやる。
…【ラスト】

(1) 主権者教育を行う意義を改めて説明したうえで、選挙（権）や選挙制度を復習したり、（権利獲得をめざした）人々の闘いの歴史・圧政への抵抗の歴史を確認したりする穴埋め問題をまとめたもので、受験勉強をしながら自分も近い将来の主権者だということを再認識させるためにやらせた。また、今まで発行できなかった「社会科通信」（5〜8）、このうち7は「死刑制度の存続に賛成か？　反対か？」についても配布して読ませた。生徒たちは、①受験勉強の息抜きとして、②いろいろな（すごい）考えをもっている同級生がいる集団の中で自分も3年間学んできたことを改めて確認するように、熱心に読んでいた。

(2) 最後の授業では、やはり今回も「公民ラストの授業」というプリントを配付し、また、それを補完する資料プリントや、労働法関係の資料

（①『ブラックバイトチェックシート』、②『学生の皆さんへ　アルバイトをする前に知っておきたい7つのポイント』（厚生労働省）、③『これから社会で活躍するために知って得する8カ条〜働くルール　ずばり！　教えます〜』（茨城県労働政策課）など）を綴じた冊子を渡した。

実践を振り返って

課題は、何と言っても新聞記事などの資料も含めたプリントの枚数、そして内容が多すぎることである。内容を精選すればするほど、話し合い活動や討論学習を取り入れたり、多くの教員がやっているような毎日の授業でニュースを発表させたりすることもできると思う。

それに、東日本大震災の被災地である仙台市の中学校の実践のわりに、「復興」のあり方を考えさせるような内容は、最後に話す程度で終わってしまった。また将来、大学生生活を送るうえで避けて通れない奨学金の問題には全く触れなかった。この2つのテーマを今後どう主権者教育に組み込んでいくかが大きな課題である。

【第66集】日本の教育　日教組第66次教育研究全国集会(新潟)報告

数学教育　第4分科会

1. 概要と基調　問題提起：《学ぶ意欲を高める授業実践》

2. 研究討議の柱と内容

〈全体会Ⅰ〉

　(1)学ぶ意欲を高める指導

〈小学校小分科会〉

　(2)低学年での数と計算

　(3)長さ

　(4)整数の割り算

　(5)高学年の教材

〈中学校・高校小分科会〉

　(6)図形の指導

　(7)量にもとづく数と式の指導

　(8)高校の関数

〈全体会Ⅱ〉

　(9)小から中高への量の指導

3. まとめ（第67次教研にむけて）

4. このリポートに学ぶ

　◎算数的活動を通して子どもたちがかかわり合い、
　　主体的に学習できる授業の実践〜6年「地球と算数」の実践を通して〜
　　　　　　　　　　　　〈稲垣有希　愛知・岡崎市立男川小学校〉
　◎理解を確かなものにするために〜中学3年6章「円」の導入の実践〜
　　　　　　　　　　　　〈前橋　有　静岡・静岡市立清水第二中学校〉

《執筆者》

田中　伸明

正田　　良

野村　和之

上垣　　渉

1．概要と基調　問題提起：《学ぶ意欲を高める授業実践》

　中教審は、現代を「将来の変化を予測することが困難な時代」とし、激しく変化する時代の中で、子どもたちには、課題を発見し、他者と協力することを通して課題解決をする力が求められているとしている。そして、アクティブ・ラーニングの視点からの授業改善が必要であるとしている。

　それは良かろう。しかし、問題の根源は、文部科学省が主導する教育改革は、競争原理を掲げた管理主義・序列主義に大きく依拠してしまうことにある。全国学力・学習状況調査は、都道府県、教育委員会、学校間の熾烈な学力競争を引き起こし、学校、教職員、児童生徒の序列化に一層の拍車をかけている。

　大阪の中学校で起こった府・統一テストの大量欠席は、そうした競争に対する生徒たちのレジスタンスのように思える。子どもたちに、自己肯定感や、社会への参画意欲を育むには、競争原理からの決別が必要なのである。

　日教組教研は、1951年以来、子どもの人権を大切にし、他者の思いを受け止め、自ら意欲をもって学ぶ実践研究を精力的に行ってきた。今こそ、その原点に回帰し、ヒューマニズムに立った「学ぶ意欲を高める実践」を語り、深めおうではないか。

〈田中伸明〉

2．研究討議の柱と内容

〈全体会Ⅰ〉（2月3日午後）
(1)学ぶ意欲を高める指導
滋賀・小　自分の考えをもち、主体的・協働的に学び合う児童の育成／　①なぜを問う授業展開や学習課題の工夫。②評価問題の作成と検証。③自力解決の過程が分かるノート指導をポイントとした県からの3年間委託研究として学校でとりくんだ研究。教員ノートを作ったり、ノートを統一したりして工夫した。ペア学習で一方通行になりがちなどの問題も見られた。
福島・小　算数を学ぶことの楽しさや意義を実感できるために／　佐藤学氏の「協同学習」をとり入れてみた。「独力では解決できないが協同的にとりくむことでその頂に登れる」ものを、ジャンプのある問題とし、生活に根差したものを提示することとした。
千葉・小　並べ方や組み合わせ方の学習における関心・意欲を高める指導の工夫／　ジグソー法のグループ活動を、普通は3回行われるのを、見通しでの1回を含め、4回行った。

第４分科会｜数学教育

千葉・中　学習意欲を高める指導法の工夫／　数学新聞を中３に作らせた。ルーブリック表によって評価をした。

山形・小　思考力を高める算数教育の実践／　教科書にある課題にとらわれず、日常の問題などによって、子どもたちの学びを見つけられるようにした。

【論議】　特に低学年で、「なぜを問う」ことは難しい。例えば小２での三角形・四角形では検定済教科書でも、子どもの育ちの段階に応じた論理に関連させる工夫（図形が閉じてないと動物が逃げるなど）がみられる。教員の側でも子どもの言葉を予め予想しておく。また、異なる見方・考え方を交流するからこそ解決できる。そのプロセスを教員が把握したうえで、コミュニケーションが行われないと授業が「儀式化」してしまう。

　仮説実験授業での、理科を学ぶ意義付けのように、数学でも、誰もが考え付かないことを考えることの尊さが認められる視点も必要。意欲を高める指導とは、①適度な問題、②なぜという疑問、③演繹・論理的に説明する。また、全国学テの問題が測るべきものを測っている良い問題かとの疑問が呈された。

〈小学校小分科会〉（２月４日）
(2)低学年での数と計算

三重・小　児童にあった指導の工夫を常に意識した“たし算”、“ひき算”の指導／　百玉そろばんをレール付きブロックとみなして、手先が器用ではない子どもへ用いてみた。

兵庫・小　生き生きと学び、共に伝え合う算数科学習／　ペア活動で、①向かい合って話す。②話す順を決める。③指でさしながら。④わかっているか反応を確かめる。⑤順番を表す言葉を使う。⑥反応しながら聞く　などの方法上のきまりを掲示した。

岩手・小　２年生のかけ算の指導／　教科書の「倍の意味理解」は後回しにして、箱に入った実物を示すことで、かけ算の場面を把握させた。

神奈川・小　授業に笑顔を！／　ゲームやクイズを用いて様々な単元で工夫した。サークルで種々の話題を交流している。

【論議】　やり方をわかっていることと、なぜそうなのかを知っていることとは違う。特に小２の子どもが236と184の大小は百の位の大小でわかると全員が言ったとしても、敢えて「え？　どうして」と教員が問えば、頭の中にあるイメージの交流が可能となる。

　九九でも５・２進法を利用した工夫は、ひとめで把握できる個数は４個との認知科学での知見と合致

する。

(3)長さ

山梨・小　算数をつくり、いかす授業の創造／　量の四段階指導に即した、長さの指導。特に、任意（個別）単位を生活科と関連させて行った。

熊本・小　長さ～手作り巻尺から１km体験まで～／　１kmを実際に歩いてみるなどの活動を含めた実践。椎茸を80km運搬しているお父さんの話も。サークルの中で、いろいろな知識や疑問の交流をしている。

【論議】　『数と計算の指導』（文部省、1986）でも、問題解決型授業は、中学年からとある。低学年で、45分に３本の小番組が入る授業が適することもある。

〈正田　良〉

(4)整数の割り算

新潟・小　一人ひとりが意欲的に学び、確かな学力を身につける指導の工夫／　９つの箱に、１～48までの数カードを順番に入れる。例えば27は、何番目の箱に入るかを当てる。「あまりのあるわり算」（３年）の発展だが、ゲームなので意欲的にとりくんでいる。

沖縄・小　「めんどうくさいわり算」から「楽しいわり算」の実践／　あまりのあるわり算の指導で、ノートに計算の式を書くだけでなく、「わり器」を子どもたちに持たせ、その操作過程の図や式をノートに丁寧に書きながら解く「めんどくさい方法」。子どもたちの感想に、「めちゃめちゃ、めんどうだけど、またしたい」と言っていることに対し、「やり方が分かったから、またしたいと言ったのだろう」という発言が出ていた。

茨城・小　自分の考えを表現できる力を育てる学び合う算数科学習指導の在り方／　子どもたちのノートの写真を教員へ送ったり、教員が写真を一斉に子どもたちに送ったりできるICT機器を使った。例えば教員用タブレットに転送されてきたつまずきのある子どものノートを電子黒板に写すことで意見交換でき、子どもたちの考えや困り感をすぐに皆で共有して話し合うことができた。

【論議】　$34 \div 5$ と $64 \div 10$ とは有理数の除法では商が異なるが、どちらも、６あまり４であるとの、両辺がイコールではないのに等号を使うことへの疑問。わり算の大きな数から分ける頭除法で、「数だけで考えると難しいので、実際に実物やタイルなどを分けていく操作活動を行ってはどうだろうか」といった意見も出された。

(5)高学年の教材

大阪・小 みんなが楽しめる算数をめざして／ 辺の長さや弧の長さなどに関わらず、角の大きさは辺の開き具合であることに気づかせる。「脚をどこまで開けるか」と開き具合比べ。2枚の円板を組み合わせた教具を操作させての回転角。分度器選びにもこだわり、一斉購入したり、全円分度器を使って測らせたりした。「角度取りゲーム」や「はじいて回ってぐるりんゲーム」を行い、遊びの中で分度器の使い方を習得させていった。

北海道・小 小数のかけ算とわり算／ 小数点移動ではなく、ステヴィンの丸数字の表記を使った計算方法で導入。

大分・小 図に表して考える／ 乗除の文章題を解く時、立式できない子どもたちが多い。小学校3年生の頃から2本の数直線を使い、乗除の問題で分かっている数を書き入れて解く。そして6年生の分数の乗除の問題でも、一貫して分かっている数を書き入れて考えさせる。これまですぐに立式を諦めてしまいがちだった子どもたちが、ノートやプリントの隅に図を書いて考える習慣が身についていった。

石川・小 基礎的・基本的な学力を支えていくために／ 教科書・ドリル・プリント・ノートなどに書き込みを行い、分かっていることを明確にしていこうという実践。

【論議】「どんな図が子どもたちにとって分かりやすいのかを研究していくことが必要だ」といった意見、加減の繰り上がりや繰り下がりの補助数字の書き入れ方や長さを表す数字の書き入れ方などについて、どのような書き込み方をした方が良いのか等について、質問や意見が出された。新しい提案に対し、「新しい発想が生まれるポイントや、授業時間の確保の方法」などについて質問があった。それに対し、「温めておいて、授業プランを作る」「授業内容・方法を精選する」といった意見が出された。

〈野村和之〉

〈中学校・高校小分科会〉（2月4日）
(6)図形の指導

北海道・中 平行線と角／ 角に関する既習の性質を用いて多角形の内角の和を求める。教科書とは異なる指導順序「対頂角 → 同位角・錯角 → 多角形の外角の和 → 多角形の内角の和」を採用し、発展問題として星形多角形の角の和を扱う。多角形の外角の和は、例えば三角形の場合、**図1**の①〜③をずらして**図2**とすることによる。

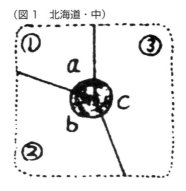

（図1　北海道・中）

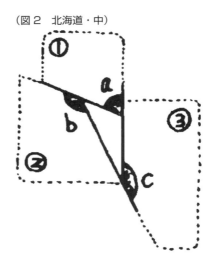

（図2　北海道・中）

三重・中 主体的・協同的な学びが充実した授業をめざして／ ブーメラン型四角形（凹四角形）の内角和を例にして、生徒が主体的かつ意欲的に学習するためのきっかけと、グループ・ペア学習が有効に機能する《課題の工夫》。ホワイトボードの活用、ラミネートフィルムの活用なども紹介された。ブーメラン型四角形の内角和の求め方として8通りが想定されていたが、1つの課題に対して1時間集中できた生徒の姿が印象的であった。

神奈川・中 数学好きな生徒を育てる3年間／ 三角形の合同条件を用いて論証を行う指導について、ステップ1からステップ8までの段階を踏ませて指導する実践。①作図などを通して合同条件を理解し覚える、②合同の記号を用いて記述する、③三角形の頂点の対応順を意識して記述する、④合同条件の根拠を記述する、⑤証明全体を読みやすくまとめる、⑥仮定以外の理由を使う課題を扱う、⑦三角形の合同を利用し別の内容を証明する段階、⑧種々のタイプの証明問題にとりくむ。

静岡・中 理解を確かなものにするために／（4．このリポートに学ぶで後述。）

【論議】 三角形の内角和の指導法や星形五角形の角の和について意見が出された。学習内容を小さなステップに分けて指導するのは有効。証明を記述するとき、対応する頂点の順序を厳格に遵守させることの是非について、高校の入学試験問題（その採点方法を含む）との関係などについて率直な意見交換がなされた。生徒が多様に考えて問題を解決することは大切。凹四角形の外角和に関しては、負の角を考える。共同研究者から星形六角形以上の一般の場合についても補足的意見が出された。

静岡・中のリポートは、円周角の定理の証明に直結する内容でもないし、円周角は中心角の半分であることを導出するものでもない。しかし、円周上の弧と複数の円周角を与えて、それらが等しいことを示す天下り的授業よりは、円周角と円（円周）が密接に関係していることに着目させ、そこから証明にすすむという行き方は教育的である。

(7) 量にもとづく数と式の指導

岩手・中 算数と数学の間に見つけたギャップを越えるために／ 中学校1年生の方程式指導における「等式の性質」を理解させるために使用した「等式てんびん」（**図3**）が紹介された。

（図3 岩手・中）

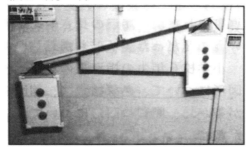

細い丸棒、中央と両端のクリップ、両端のクリップに吊り下げられた小型の軽いホワイトボードによって作製されている（すべて100円ショップで購入したものである）。両端のホワイトボードに磁石付きのゼリーとキャラメル複数を添付して、双方に同じものを加えても、双方から同じものを取り去っても、てんびんのバランスは保たれることを視覚的に確認する。複数個の同時添加・同時除去によって、乗除についても説明。

山梨・中 意欲を引き出す授業の創造／ 方程式の活用（中1）を中心として、文字式の意味を読み取り問題解決につなげる実践。ケーキとアイスを買う場面を設定して、買った個数、値段、値段の差に関する情報を与えて、ケーキとアイスの値段を求めさせる。明らかに条件過剰で、違和感があるが、現実的な場面としては自然。その解決方法は複数あるから、生徒の考え方も多様に出される。優れた実践であった。

愛知・中 問題解決する楽しさを味わうことができる指導／ リポートの副題に「数学的な表現を用いて説明することを通して」とあるように、発表の要点は「説明力アップ」を主題とするもの。その具体的事例が「$\sqrt{2}+\sqrt{8}=\sqrt{10}$ が正しいかどうか調べよう」であった。調べる方法として、①電卓を使う、②両辺を二乗する、③正方形の面積を使う、が紹介された。

【論議】 方眼上で面積が2、5、8などの正方形を作ることはできるが、面積3、6などの正方形は容易に作れないという問題について、**図4**のようにして、任意の面積の正方形を作る方法が示された。**図4**において、a＝4、b＝2とすれば面積3（一辺は$\sqrt{3}$）の正方形を作ることができる。共同研究者からは、条件過剰によって解法が複数ある問題を扱うことも重要だが、条件不足によって解が1通りではなく複数あるような問題を扱うこともあってよいのではないかとの指摘がなされ、具体的には「百鶏問題」が紹介された。天秤を用いた球の体積公式を初めて明らかにしたアルキメデスの功績について概略的な説明も補足された。

（図4 愛知・中）

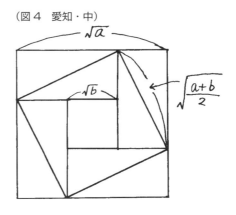

(8) 高校の関数

岩手・高 気軽で効果的な教具のすすめ／ 三角関数や微分の定義の理解を深め、その後の学習を進みやすくするための教具を使用する発表。三角関数については、**図5**のような教具「クルクル」を用いる。

単位円において、角 θ だけ回転した動径の端点の x 座標を $\cos\theta$、y 座標を $\sin\theta$ と定義すると、三角関数の諸性質を容易に導出できる。

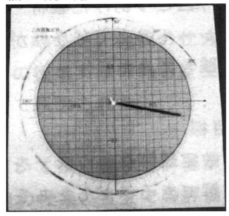
（図5　岩手・高）

鳥取・高　目の前の生徒にこだわり、自らの授業実践を振り返る／　3次関数が極値をもつかどうかを調べるために、なぜ判別式を用いるのか？　という生徒の素朴な質問にこだわった。2次方程式の判別式が何を表すのかを再確認するとともに、「極値をもつ」「極値をもたない」とはどういうことなのかを改めて考えることによって、「極値をもたない」⇔「$f'(x)=0$ の解の個数は 0 個または 1 個」⇔「$f'(x)=0$ の判別式」という理解に到達できる授業展開。

【論議】　極値の定義にさかのぼって考えることも必要である。関数値が増加から減少へ、減少から増加へ転じる点における関数値が極値で、その点における接線の傾きは 0 である。そして、点 x における接線の傾きは $f'(x)$ であるから、$f'(x)=0$ が解をもたなければ極値は存在しない。$D\leq 0$ であればよい。共同研究者から、発表された教具とは異なる教具や、微分の理解を深める教具「微分定規」も紹介され、数学的概念の理解にとっての教具の重要性が確認された。一定の傾きをもったカーテンレール上を転がる球の速度を測定する実験が紹介された。また、教具の作り方や瞬間速度を測る「速度測定器」について意見交換がなされた。

〈全体会Ⅱ〉（2月5日午前）
(9)小から中高への量の指導

福岡・小　5年生における「単位量あたりの大きさ」の実践／　「こみぐあい」ではマット及びブルーシートの上にのる子どもの人数の場面を、「つまりぐあい」ではサツマイモやリンゴ、大根などを直方体状に切り、デジタル秤で重さを、水に沈めて体積を測定する場面を用いた。マットからシートによって「1枚あたり」から「1㎡あたり」への転換がスムーズになされた。リポートは「単位量あたりの大きさ」を「異種の量の割合」ではなく「1つの量」としてとらえている、それならば、「単位あたり量」という用語を使用すべき。

鹿児島・小　授業記録　単位あたり量／　3種類の車両のこみぐあいから人口密度へすすみ、さらに砂糖水の濃さ、速さへとすすむ。小学校2・3年で使用した「かけわり図」を単位あたり量の指導においても用いた。これは自然な流れであり、今後の教訓ともなる。討論では、単位あたり量と平均の関わりが問題となったが、共同研究者からは、単位あたり量の実践においては、「典型的な単位あたり量（内包量）を何と考えるか」と「導入を第1用法から入るか、第2用法から入るか」の2点に留意して指導計画を立てる必要があるとの指摘がなされた。第1用法から入る場合には平均が関わってくるが、第2用法から入る場合は均一が前提となるから平均は全面には出てこないことになる。

新潟・中　数学的活動における生徒の課題意識を高めるための手法の考察／　アクティブ・ラーニングの一環としてのジグソー法「グループの違う活動（エキスパート活動とジグソー活動）を設定し、相互の関わり合いが生じるように仕組んだ学び合いの手法」を取り入れることによって、生徒の学力や学習意欲を高めようとする実践。具体的な教材としては、比例・反比例、資料の活用、正負の数が取り上げられた。

愛知・小　算数的活動を通して子どもたちがかかわり合い、主体的に学習できる授業の実践／　（4. このリポートに学ぶで後述。）　〈上垣　渉〉

3. まとめ（第67次教研へむけて）

「教育改革」の名のもとに、教育現場に成果主義・管理が横行している。今、学びを経済のターゲットから人間の根源的な営みとして取り戻そう。人類が積み上げてきた文化に感動をもって出会う「学び」は真のコミュニケーションとなり得る。

その一方で、画一的な教育方法の強制が行われている。流行の「アクティブ・ラーニング」や「コミュニケーション」も、それによって伝わる情報に品質が伴わないなら、単なる「儀式」に過ぎない。そ

こに教員がコミュニケーションのコーディネーターとして機能するべきである。個々の教材に関して、良質な情報の流れをもたらすポイントを追究すること。その基礎として、教材と子どもの研究の必要性を、改めて確認したい。　　　　　　〈正田　良〉

4. このリポートに学ぶ

〈小学校〉

リポート　算数的活動を通して子どもたちがかかわり合い、主体的に学習できる授業の実践
～6年「地球と算数」の実践を通して～
稲垣有希　愛知・岡崎市立男川小学校

A．実践のあらまし

　副題にあるように、気温と二酸化炭素の関係、1世帯あたりの年間二酸化炭素排出量など、さまざまな量を通して地球温暖化の問題を考察した。
　総合学習の時間に課題を出した。地球温暖化について詳しく知っているかと問うと、「地球が暖かくなっていて、それがいろいろなことに影響を及ぼしている」程度のあいまいな答えしか返ってこなかった。そこで、算数科で、地球温暖化問題を数値化して考察することが、総合学習の時間での環境問題につながり、理解が深まると考えた。
　本単元は、地球の環境問題を考えていく学習について、数理的な処理のよさに気付き、6年間で学んだ算数をいかすことができる教材である。子どもたちは、グラフ、およその形、縮図、求積公式を使って考えたりする中で、算数科の知識や処理を用いる有用性に気付くであろう。

B．授業の展開

- 1・2時　身近な環境で起きている「ちょっと変」を調べてみよう
　学級で話し合ったり、保護者からも話を聞いたりした。「野菜の値段が高い」「地震が多い」「シロクマの絶滅危機は、地球温暖化が原因と聞いたことがある」「雪が降らない」「晴れていたのに急に雨が降る」「台風が変な時期に来る」という発言があった。特に夏の異常な暑さは、子どもたちの身近な問題であった。
- 3～5時　地球規模で起きている環境の変化を知ろう
　温暖化についてインターネットや本を使った調べ学習を行い、模造紙にまとめた（図6）。温暖化の影響について、「熱中症になりやすくなる」「北極の氷が溶ける」「海面が上がり、島が沈む」「絶滅する動物が増える」「大きな災害が起こる」といった意見が出た。温室効果ガスの排出量が増え、気温上昇していると、二酸化炭素の排出量を調べた子どももいた。

(図6)

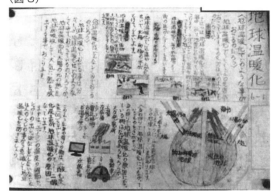

- 6時　気温と二酸化炭素量の関係を、グラフを使って読み取ろう
　1950年から2005年までの世界の平均気温と炭素排出量を表した表を見ても、多くの子どもたちは気温の上昇を実感できない。そこで表をグラフに表すことにした。グラフを見て、「炭素排出量が多い年は、気温の上昇も大きい」といった意見が出された。算数日記には、「算数でこんなことが読み取れるとは思わなかった」と書かれていた。
- 7時　海面水温の影響を、算数を使って考えよう
　もっといろいろなことを調べてみたい。海面水温も同じように上がっているのかを調べた。子どもたちは、オーストラリアの「グレートバリアリーフ」で、1秒間に畳60畳分のサンゴが死滅していることに興味をもった。そして「m²やkm²の単位で表そう」「1年間ではどれくらいの面積かな？」と、みんなで計算し、身近な琵琶湖の面積と比べた。
- 8時　北極の氷がどれだけ溶けているか縮図を使って考えよう

「ホッキョクグマの絶滅問題」では、2002年と2007年の北極海の氷の様子を示した写真を活用して、数値を調べることにした。およその面積として2002年は台形、2007年は三角形として面積を求めた。5年間で約250万km²の氷が溶けており、日本の面積の約7個分が溶けてしまったことに心配の声が上がった。

- 　　9時　数値を使ってわかりやすく説明しよう
地球温暖化の影響を具体的に数値化していく。陸地と海の面積比は3：7。陸地のうち約4分の1が砂漠化の影響を受けている。このことから約7.5％がすでに砂漠化している。砂漠化してしまっている面積は、日本の面積の約101個分にあたること。海面が1m上昇すると日本の面積の約0.6％が海につかること等を一つずつ計算で求めた。算数日記には、「今まで習ってきた百分率や分数のかけ算などが、地球の大きな問題の計算にまで使えるから、すごいと思った」と書かれていた。

- 　　10時　生活と二酸化炭素のかかわりを調べよう
2つの円グラフをもとに、電気製品の二酸化炭素排出量を調べた。そして普段の生活の中で二酸化炭素の排出を減らす工夫について考えていった。

- 11・12時　木はどれくらい二酸化炭素を吸っているのだろうか
グループに分かれ校内の主な木の幹の太さから葉の面積を求め、二酸化炭素を吸収する量を概算した。例えばケヤキでは、計算上年間約5200kgの二酸化炭素を吸収することが分かった。これは、前時に知った一世帯あたりの年間二酸化炭素排出量にあたった。

- 　　13時　二酸化炭素の削減計画を立てよう
学級で二酸化炭素の削減計画を立てた。日本の全世帯で、エアコンの温度を1℃下げる、使用時間を1時間減らすなどで、年間約870万トンの二酸化炭素の排出を減らすことになる。シャワーの使用時間短縮や風呂の残り湯の活用などをとりくんだ場合の学級や学校全体の削減数値を出した。小学校全体で114トンもの二酸化炭素排出の削減になる

ことを知り、一人ひとりが無理なく気を付けるだけで、大きな削減になると実感できた。

- 14～18時　男川ユネスコフェスティバル
一年をかけて調べたことを「男川ユネスコフェスティバル」で全校に発信した。クイズ形式の班、図やグラフ発表の班、式や数値で発表する班など、各グループ工夫を凝らした発表が行われた。すべてのグループの発表を通して、一年のまとめができた。

C．教育研究集会当日に討論されたこと

- 二酸化炭素を一番多く排出している工業などについても、調べると良かった。
- サンゴの死滅量を1秒単位、1分単位という短い単位で表したことは、子どもたちにとって分かりやすかったのではないか。
- 「安ければいいのか？」という問題で、例えばチョコレートのフェアトレードなども取り上げて考えさせるのも良いのではないか。
- 地球温暖化に対する見方には、様々な意見がある。そのことも子どもたちに話していくことも必要ではないか。

D．このリポートに学ぶもの

- グループでまとめ、男川ユネスコフェスティバルという学校全体の場で発表するというとりくみによって、最上級生としての自覚や学習意欲を高めることができた。
- 環境問題と算数科をつなげて考えたことで、子どもたちが算数科の良さを実感し、意欲的にとりくむことができていた。算数科の知識・技能を使って環境問題を考えることは、今後を予測するだけではなく、自分たちがこれからどのように行動していけば良いのか、どうすれば未来を変えられるのかということを考える一助となったのではないか。
- 6年生のまとめの問題で地球温暖化を扱ったある検定済教科書は、小改訂でこの内容がなくなった。このような算数の知識を使って考える総合学習は、子どもたちにとって大事だ。教科書にない内容であっても、積極的にとりくむ姿勢は評価できる。　　　　　　　　　　〈野村和之〉

〈中学校〉

リポート 理解を確かなものにするために
～中学3年6章「円」の導入の実践～
前橋　有　静岡・静岡市立清水第二中学校

A．リポートができるまで

　本校数学科で、学力を3つの観点で検討した。「技能」は「概ね良好」との結論が導けた。精力的に反復練習にとりくんだ結果と言える。意外にも「知識」に課題が見出された。子どもの理解が表面的なものに留まり、本質を捉えた理解になっていない。授業場面でも「知識」が確かでないので、「考え方」を繰り出すまでに至らないことが多々見受けられる。授業の中に「観察、実験や操作などの活動をしくめば、より実感を伴った理解ができ、知識が定着する」という研究仮説を立て、3年生の「円」の単元の導入で、そのような活動をしくむことにした。

B．実践のあらまし

　教科書では、円周角の定理の導入において、図7のように、サッカーゴールに対し、ゴールをのぞむ角度が30°になる「シュートポイント」を机上で作図させる活動が示されている。

　この活動において、子どもたちが最も驚くのは、ゴールポストのごく近くの所に、他と同じ30°となるシュートポイントが見つけられることである。そこで、サッカーではなく、本校で盛んな「ハンドボール」を題材とした。「ゴールエリアからはシュートできない」というハンドボール特有のルールに従い、ゴールエリアを最初は伏せて活動させ、授業が進行していく過程でゴールエリア内を解禁し、「驚きの場面」を作ることができる。ゴールをのぞむ角度は、「18°」と設定した。角度が大きすぎると、シュートポイントの軌跡がゴールエリア内に収まってしまう。逆に小さすぎると円であることが容易に予想されてしまうからである（図8）。

　ゴールをのぞむ角度は、段ボールで図9に示す「三角パネル」で測ることにした。「三角パネル」の使い方は、以下のとおりである。
　(1)片方の目にセットする。
　(2)床と平行にセットする。
　(3)パネルの両サイドがゴールポストにぴったり重なるようにする。
　(4)その立ち位置にマーカーを置く。
　課題提示の後、次の3段階で授業を進行した。
①ハンドボールのシュート角度18°のポイントを探そう（図10）。（ゴールエリアの外）
②思考場面　ゴールエリア内はどうなるかを予想しよう（図11）。
③ハンドボールのシュート角度18°のポイントを探そう。（ゴールエリアの中）

　②の思考場面で、生徒の予想（図12・図13）は、大きく円と放物線に分かれた。3年生になって、$y=ax^2$のグラフを学んだばかりなので、「放物線」が予想されたものと思われる。

　思考場面の後、③の「実験2」に入る。ゴールエリア内が解禁され、美しい円と出会う。驚きを伴う場面である。円になることに気づき、①「実験1」で

（図7）

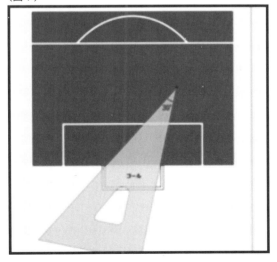

（図8）

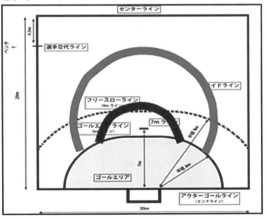

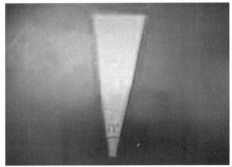
（図9）三角パネル

（図10）ばらつきが大きく弧に見えない
（ゴールエリアの外）

（図11）思考場面

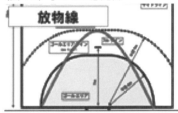
（図12）子どもの意見(1)

（図13）子どもの意見(2)

（図14）結果は美しい円に

（図15）子どもの授業記録の打ち直し

◇打つ場所で角度がかわると思っていたけど，実は**A**と**C**は同じ角度なのにとてもおどろきました。

◇シュートポイントが円になるんだと知りました。自分の目で確かめられて楽しかったです。

置いたマーカーを修正する姿が見られた。その後、デジマスというソフトウェアで、30°の場合についても確認し、授業のまとめを行った。
◇打つ場所で角度がかわると思っていたけど、実はAとCは同じ角度なのにとてもおどろきました。
◇シュートポイントが円になるんだと知りました。自分の目で確かめられて楽しかったです。

C．報告者の主張による実践の成果と課題
　子どもの授業記録からは、自身が行った実験によって円（**図14**）になることが実感でき、授業後、単元後までも強く印象に残ったことが分かった。また、思考場面の活動において、数学用語を用いた言語活動を引き出せたことも分かった。**図15**として、子どもの授業記録、**図16**として教員の事後検討会資料からの抜粋を示す。
　課題としては、ワークシートにマーカーの位置をかき写す際、目分量で行わせたので、正確さが欠けた点が挙げられる。そのため、円であることは予測できても、ゴールポストを通らない円を描く様子が見られた。体育館でとりくむ大掛かりな実験であったため、手間が大きい。今後、教室でもとりくめる有効な

(図16)教員の事後検討会資料から

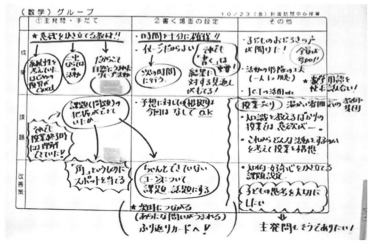

実験も模索していきたい。

D．このリポートに学ぶもの

　数学的な考え方と知識や技能は、全く別個のものではなく、相互に深く絡み合っている。したがって、知識が確かなものでないことが、数学的な思考を引き出せない原因となることもある。

　この実践は、そこに目をつけ、その課題克服のために、真正の数学的知識を数学的活動の中で子どもの中に構成しようとした。実践は、子どもどうしの触れ合いを通して、対話的、構成主義的、活動主義的に展開された。

　また、本稿では触れることができなかったが、この実践は、県内の数学教員、清水第二中学校の数学教員が一つとなる教研活動を通して組み立てられた。優れた実践であり、多くを学べるものである。

〈田中伸明〉

理科教育 第5分科会

1. 概要と基調

2. 研究討議の柱と内容

3. まとめ（来年度への課題）

4. このリポートに学ぶ

◎地域の実態から始める理科の学習
〜「四季のない」南の島・「川」のない石灰岩の島でのとりくみ〜

〈中川路　守　鹿児島・知名町立下平川小学校〉

《執筆者》

藤岡　　忠浩
内田　　慎吾
市村　　猛樹
新　　　育大
米田　　雅人
盛口　　　満
神　　　貴夫

1. 概要と基調

　2016年11月4日、衆院TPP特別委員会において、国会運営ルールを無視する前例のない手法でTPP（環太平洋戦略的経済連携協定）承認案が「強行採決」された。多国籍企業による世界経済支配戦略の一環として打ち出されたTPPには、自国の文化や自治、医療制度、生態系の破壊、遺伝子組み換え技術による遺伝子汚染など、生命や国家の存亡を脅かす問題が多く含まれていることから、撤退を表明する国が相次いでいる。

　一方、2015年度、防衛省は大学における軍事技術基礎研究に対し「安全保障技術研究推進制度」という研究費制度を始め、2016年度は10件が認定された。来年度は予算総額を10倍以上に増やし、より多くの大学の研究者を取りこもうとしている。すでに米軍から直接、研究費の提供を受けて兵器開発に転用可能な技術研究を開始した大学も出てきている。日本学術会議は、軍事目的の科学研究を手がける検討会議を設置するなど、「戦争目的の科学研究に関与しない」という従来の方針を転換する動きを見せている。

　東京電力福島第一原子力発電所の事故から6年が経過した。依然、放射線量は高い中、避難指示区域の解除が強行され、自主避難者への支援や被災住民への賠償の打ち切りが示されるなど、非人道的な政策がすすめられている。2016年9月に発表された福島県民健康調査の結果では、小児甲状腺がん及び疑いの数が175人に達していることが判明した。「放射線の影響とは考えにくい」との結論を急ぐ検討委員会の姿勢に対し、小児甲状腺検査評価部会長が抗議の辞任をする事態も起きている。

　社会の動きを理科の学びに取り入れ、「教え子を再び戦場に送るな」のスローガンにつなげる実践が、今ほど重要性を増しているときはない。

　今次教研では、「私たちは今、地域でどう生きるか」「地球市民としての意識をどう培うのか」「ソフトパス・循環型社会の実現」「総括討論～生きた授業へ～」の4本の柱に沿って熱い議論を行った。寄せられたリポートは26本（小学校14　中学校9　高校3）。全国教研、県教研の有機的な関係から生み出されたリポートが増えてきており、実りの多い議論が展開された。

　各リポートの詳細は後述するが、特徴的な議論をいくつか紹介する。
(1)「なぜ理科を学ぶのか？」について「騙されないため」「いろいろな見方をして、物事の本質に迫るため」という議論があった。理科教育のめざすものは科学者養成ではない。「理科教育は分断された自然や人々の共存・連帯・再生をめざす教科でなくてはならない」とする視点を確認し、何のための、誰のための理科教育かの議論を深めることができた。
(2)科学には功罪二つの顔がある。自分ならどちらを選ぶかを考える。学習指導要領や教科書には科学の社会性の面が欠けている。理科の学習では、それを補い「市民的な立場から主体的に態度決定ができる力」を育む実践が重要であることが確認できた。
(3)主権者教育に関わって「中立」についても議論した。「『中立』を正義とする社会は、意見をもつことそのものを攻撃することになってしまう」（ジュンク堂書店難波店店長　福島聡さんの言葉）が紹介された。子どもたちが自分たちで調べ、考えるようになるために、私たちは子どもたちへ問題を投げかけることが大切であろう。　〈藤岡忠浩〉

2. 研究討議の柱と内容

(1)私たちは今、地域でどう生きるか

　本討議では、生物界のもつ多様性や地質的な歴史、地域の生活や文化の価値に注目し、自然と共存しながら生きようとする価値観を育む10本の実践が報告され、論議を行った。

　三重（小）は、「夜間観望会における天文・宇宙教育活動」を報告した。天体分野はICTに頼りがちになるが、本物を見せたいという願いから子どもが主体となって、教職員、PTAと協力した観望会や、三重大学から望遠鏡を借りたり、お月見団子を作って「お月見観望会」を開いたりしたこと。また、この観望会が市内の他の学校にも広がっていることなども報告した。

　兵庫（小）は、「個々の観察を学級のものに～4年『月の形と動き』～」を報告した。月の形を描くのは難しいので月シールを活用し、家庭で観察したことを持ち寄り、教室で月の位置や形の変化をまとめ、月カレンダーを作った。月の動きは、太陽の動きと似ていることから、月の位置と動きを自分たちのカレンダーから予想したことなどを報告した。

　この2本についての討論では夜間の観察が主とならざるを得ない月や星の観察方法や授業展開についてのやりとりがなされたほか、科学的思考力につい

ての根本的な議論がなされた。すなわち、「科学を押しつけると理科嫌いを生むのではないか」という問題提起を通じてのやりとりである。また、企業等からの補助金は、背後にあるものにも気をつけないといけない。月カレンダーと潮の満ち引きを関連付けた授業を展開してみては、などの意見が出た。

北海道（小）は、「教室で化石発掘！　渋山層と駒畠含化石層を利用した『土地のつくりと変化』の授業」を報告した。フィールドで化石発掘の楽しさを体験させたいが、天気や移動時間の問題もあり難しい。そこで化石を教室に持ち込むことを考えた。子どもたちが、持ち込んだ亜炭層などから昆虫の羽を競って見つけた様子や、小さな貝化石をアクセサリーに加工することなどを報告した。

岩手（中）は、「教科書で学ぶ岩石は実は身近にたくさんある」を報告した。子どもたちは教科書に載っている岩石は、特別な場所でしか見つけられないと思い、自分の足元の石と結び付いていない実態がある。「マイストーン」を持ってこさせたことや採石場見学などの「岩石ツアー」の活動を通して岩石を身近なものとして意識させたことなどを報告した。

福島（小）は、「支部教研分科会における実習・野外巡検をとおした普及の実践的とりくみ」を報告した。理科好きな子どもに育てるには、理科好きな教員を作る必要があると思い、とりくんでいる。アジの解剖は、放射線のこともあり佐渡で捕れたものを使っている。解剖だけでなく、栄養教職員などと連携して調理なども行った。また、自然科学と社会科学の融合した地域学習についても報告した。

この3本についての討論では、メーカーが安全宣言をしていても、危険な化学物質を含んでいるおもちゃなどが実際にはある。レジンのような化学物質を扱うときには、「データシートで安全性を確認すること」や「危険に対する感度を上げていこう」との指摘があった。北海道では、地形とアイヌ語地名との関連や倭人がアイヌの聖なる地を収奪した歴史に触れることの大切さについても指摘があった。解剖に関しては、怖がる子には無理をさせずにうまく参加させることや、模型をうまく使うことも話題になった。授業中の子どもたちの声……たとえば「なぜ身近な石は花崗岩ばかりなの？」といった声を拾い、掘り下げることに授業のポイントがあるのではないかという指摘もあった。また、自然を認識する必要性のない生活を送っている現代の子どもたちに、実物を見せる大切さも確認された。

岡山（中）は、「フクロウやコミミズクのペリットの解剖（中学3年　食物連鎖）」を報告した。広島の安佐動物公園からペリットを提供してもらい、ワークシートに小さくて分かりにくい骨を並べていった。数に限りがあるので、希望者のみ行った。フクロウがネズミを食べたりペリットを吐き出したりする動画を見せたことも報告した。

茨城（小）は、「子どもが主体的に学び、実感を伴った理解をはかるための理科学習指導の在り方」を報告した。「実感を伴った」とは、自分で見たり感じたりすることが大事だと思い、博学連携（博物館と学校の連携）のとりくみで専門知識をもつ学芸主事を T2 として行った授業や、自然博物館のフィールドで継続的に野外観察を行ったことを報告した。

長野（中）は、「自然事象に繰り返しはたらきかけながら、素朴な見方・考え方をより科学的な見方・考え方へと深化させていく理科学習」を報告した。ニンニクの水耕栽培では細胞分裂を確実に観察できるので、根の成長の仕方を考えさせた。My ニンニクとして自分の物を栽培観察することで理科の楽しさを多くの子どもが感じることができたことなどを報告した。

この3本についての討論では、昆虫の学習に関して、脚が6本でといった内容だけでなく、昆虫の体のつくりがそのくらしと関わっていることにも関心を寄せるべきではないかという意見がだされた。同様に、食物連鎖では生物濃縮、野外観察では放射能汚染、DNA を扱う際は遺伝子組み換えなどへの視点ももつことが必要ではないかという指摘がなされた。このような授業づくりによって、「理科は日常生活に深く関わっていること」を子どもたちに伝える必要があることが討議された。さらに、評価についてもやりとりがなされた。主な論点は、官制研修でよく見られるような数値化された評価は、子どもたちの姿をかえって見えなくしてしまうのではないかという点である。

神奈川（小）は、「10分間で描く観察画」を報告した。観察画が描けない子どもが多いので、デジタルカメラの画像をクローズアップして色鉛筆で描かせたこと。幼虫など初めは気持ち悪がっていたが、慣れてくることや、細かいところに気づいて描く子をほめると他の子が真似をし上手く描けるようになることなどを報告した。

愛知（小）は、「変化の規則性をとらえることのできる児童の育成」を報告した。生物の発生に関する知識や経験が少ないので、先行経験をする場では、カエルの卵のふ化までを観察させ、メダカの卵のふ化の共通点や違いや規則性に関心を寄せさせた。また気が付いたことをデフォルメこまシートにまとめることで規則性や共通性についても考えることができたことを報告した。

この2本についての討論では、種によって違いが大きく発生など規則性を見つけるのは、難しい。入試に出るから教えるが生物は単純ではないことも確認した。共同研究者から昆虫の頭、胸、腹について昆虫の肢は幼虫をもとに考えると分かりやすいとの解説もあった。また、上手く描くためには、描くための視点をもたせることが大切だと確認した。

全体討論では、放射線のこともあり「おとなになったときだまされないため」「本質にせまるため」「いろいろな見方をしていくために」と「何のために理科を学ぶのか」ということを確認した。

高校生が東京電力福島第一原子力発電所の施設見学に行ったことを、「生徒の自発的なことだから」と教育委員会が認めたことなど、マスコミの報道には表れていない福島の実態についての現状が報告された。

多くの子どもたちは、目の前にある自然を見る必要がない生活を送っている。目の前の物を見なくていい社会だからこそ、石や月、昆虫などの本物を見せていこう。見なくていい社会が、見えないもの「放射線、遺伝子、生物濃縮など」を、さらに見えにくくしている。目の前の見えていない自然を見えるようにすること、気づくことの大切さに気づき、見えないものが自分の命とつながっていることにも、気づかせていこうと指摘があった。

教科書を疑うことから始め、組合教研と官制教研の違いを見極めよう。子どもを評価する際にグラフや数字に表れない部分、子どもの感性や発見などを大切にして子どもに寄りそっていこう。地域と生きるということは、目の前の一人の子どもと生きると言い直すこともできる。個々の関係を大切にし、私たちも子どもたちから学んでいこうとまとめた。

〈内田慎吾〉

(2)地球市民としての意識をどう培うのか

今の学生が「知らないこと」を悪いとは思っていないように、「無知こそ力」という反知性主義が蔓延している。しかし、科学の罪の側面も明らかな今、これまでの「科学は善」という考え方に対して、複数の多様な視点があることを丁寧に伝えていく必要がある。そんな時代にむけて、物理・化学分野を中心にしたリポートが9本報告され、子どもの主体的な探求活動や積極的な思考を促す工夫、身のまわりの事象と理科を結びつけた理解や活用をすすめる手立てなどが報告された。

新潟（小）は、「課題解決にむけて主体的にとりくむ子どもの育成をめざして」を報告した。人気アニメ「ONE PIECE」の主人公の技になぞらえて課

題をわかりやすく設定し、ゴムの力を強くする方法を追究するために、グループによる自由試行の実験と、報告会での話し合いを行った。全国学力テストに対応するため、理科では複式学級のAB年度を認めない自治体があるとの発言があった。

静岡（小）は、「科学への関心を高める授業」を報告した。最強の電磁石を追究するものづくりで既習事項の理解を深めたり、13回もろ過を繰り返した水溶液を蒸発乾固させて「何回もろ過したら水溶液の食塩はなくなるのか」という疑問に納得する答えを見出したり、ブランコの実験でふりこの法則が適応されることを確かめたりするなど、実感を伴った理解をめざした。

大分（小）は、「科学的な見方や考え方を深め、楽しく学ぶ理科学習のあり方」を報告した。発展課題として、乾電池のむきを逆にするとモーターが逆に回ることや、乾電池の直列つなぎでは電流が大きくなることの理由を考える活動を設定したところ、子どもたちは、つじつまが合うように真剣に考えていった。

青森（小）は、「本校の理科教育が抱える悩ましい諸問題をどう解決していくか」を報告した。白神山地に遮られて見えない西の空の観察を疑似体験するため、視聴覚教材、周辺ホテルのライブカメラなどで工夫をした。使用後はほとんどゴミになってしまうセット教材を子どもから譲り受けて次年度に引き継ぐことで無償化をすすめている。

千葉（中）は、「科学的に探究する能力を育てる指導の工夫」を報告した。日常生活と理科をつなげることを重視し、実感を伴った動滑車や位置エネルギーの実践をし、身のまわりの事象を取り入れ続けることで授業と日常のつながりをより深めた。また火おこし器や手回し発電機などでエネルギー変換を体感することが、変換効率を考える助けとなった。

山形（高）は、「考える生徒」を報告した。学び合う能力は生まれつきの能力であるという視点から、2007年度から「学び合い」を続け、子どもの声を生かしながら改良を重ね現在の形となった。「考えることが面倒だ」という子どもが、思考停止に陥らない授業を今後も追究する。

山梨（小）は、「『物の溶け方』子どもが考えの根拠をもてる授業をめざして」を報告した。現象の結果を問う発問をすることにより子ども全員が予想を立てられるようになり、板書を写すのではなく、まとめを子ども自身が書くようにすることによって、内容を意識して授業を受けられるようになった。

愛知（中）は、「イオン概念を活用することができる生徒の育成」を報告した。イオン概念の定着をはかるため、学習者の概念を構造化するコンセプトマップを用いたまとめを行った。その後で実験を行うと、イオン概念を活用しながら事象を説明しようとする姿が随所に見られた。

岩手（高）は、「花火鑑賞士の視点で見る炎色反応」を報告した。自らが認定を受けている花火鑑賞士の活動や、追悼の意味が見直されてきたここ数年の花火大会事情などの紹介があった。きれいな色を出すための花火師の苦労話から知った、炎色反応の適温の元素による違いを生徒の実験に生かし、花火師の苦労などを伝えた。

この討議の柱では「実感を伴った理解」から「科学的な思考」へとつなげようとする実践が多く見られたが、科学的な理解のみを最終目標として設置すると、それは一部の子どもたちのみを対象とした目標となってしまわないかという指摘があった。また、日常生活と理科のつながりを意識させる報告もあるが、「科学の恩恵」を強調することには異論が出た。被ばく労働者を前提としたシステムによって稼働している原発という差別構造、遺伝子組み換え作物による農業支配や健康・環境被害、化学物質過敏症の増加など、科学が実際に何をもたらしてきているかを考える必要がある。戦後は軍事に協力しないとしてきた日本学術会議が方向転換せざるを得ない状況になっているように、科学が再び戦争と結びつこうとしてもいることを忘れてはならない。

学習指導要領では子どもの「能力」をあげることだけが書かれているが、私たちはこれまで基礎と基本をわけて考えてきた。人が生きるときの思想や価値観にかかわって「基本」の知があり、それを実現する具体的スキルを「基礎」とした。

すなわち、言い換えれば、つねに切り捨てられたものや弱い立場のものに視点をおいて考えるということが私たちの「基本」であり、傍聴からの発議で話題になった「酸・アルカリを教える価値」を代表とするような物質観が「基礎」である。〈市村猛樹〉

(3)ソフトパス・循環型社会の実現

理科分科会の十数年来のテーマである「ソフトパス・循環型社会の実現」は、日本のみならず世界がとりくむべき重要かつ大きな課題となっている。しかし、日本においては原発事故処理の先行きも見えない中、甲状腺がんの多発が続いている。避難区域の解除を強引にすすめ、原発再稼働につきすすんで

いる。今、エネルギー問題について良い面や悪い面を合わせて判断できる子どもを育てていくことが、理科教員に課せられた大きな課題である。原子力を含むエネルギーに関するリポートが４本報告された。

福岡（中）は、「地球46億年の歴史を土台にした環境教育」を報告した。それぞれの時代をイメージさせるために、恐竜や化石についてテレビ番組やDVDなどで紹介した。また、地球46億年の歴史の表し方として、50mのトイレットペーパーを４m切り取り46mとし、１mを１億年として表現する方法が提示された。この方法は、ヒトの歴史が地球の歴史に比べ短いことを感じさせることに有効であると確認した。

石川（中）は、「太陽系内移住計画を通して未来を考えさせる実践」を報告した。人間にとって必要な酸素、水、エネルギー、居住空間、食糧の確保を取り入れた移住空間計画となるように指導した。中学校３年生の終わりに、これまで自分たちが学習したことを生かす場であり、生きていくために何が必要なのかを考えることは有意義であるという声も上がった。

熊本（中）は、「子どもたちと楽しく理科の授業をするためにとりくんだこと」を報告した。ニワトリの心臓を解剖する活動を通して、血管や弁を実際に見たり、心筋の厚みを比べたりでき、心臓の巧みさを子どもたちに実感させた。また、血液の循環モデルを灯油ポンプで作る活動を通して、肺循環・体循環の理解を深めさせることができた。評価の仕方については、数値化して判断するのではなく、感想などを書かせて、一人ひとりの子どもの声を拾う必要があるのではないかという意見が出た。

鹿児島（高）は、「通信制高校における『地学基礎』の学習について」を報告した。原子力エネルギーの利用についての考えをリポートに書く実践をした。子どもたちにまずは問いかけ、自分に直結させて考えさせていくことが大切であるという意見が出された。そして、アンテナを高くして情報を得て違和感があったら、調べる態度を養っていくことも大切ではないかという発言もあった。また、オゾン層の破壊、地球温暖化など、いろいろな情報提供をしていくことの必要性を確認した。

討議の内容を以下に紹介する。

東日本大震災と東京電力福島第一原子力発電所事故から６年、エネルギー問題の行く末を巡って社会が大きく揺れる中、これからの未来で生きていくために必要なことを考える実践や、原子力の問題を取り扱った実践が報告されたことは意義があった。産業や国策と直接かかわるだけに、教科書や指導内容・方法に政治的意図が入り込む余地が大きい領域であるが、「フクシマ」を繰り返さないためにも、果敢に挑むべき責任がある。再生可能エネルギーの分野は今、目覚ましい進化を遂げている。エネルギーについての原理法則を体験的に学ぶだけではなく、最先端の技術や先進的にとりくんでいる他国の姿を積極的に紹介し、これからの科学技術の在り方や役割、可能性を子どもたちに伝えていきたい。

被災地である福島からの報告では、教育行政から指導内容や方法に様々な制約がかけられている実態が報告された。安心・安全キャンペーンをはじめとする復興支援イベントに学校が振り回される一方で、いまだに高い放射線量が出ている現実や、生活環境の激変がもたらすストレス、甲状腺がんの多発に象徴される体調不良の増加、内部被ばくへの不安などで子どもたちが変調をきたしている。教職員の過重労働が深刻な状況にある中、「教育復興の証は学力向上」と学校現場に要求をエスカレートさせる教育行政の無慈悲な施策。かつて田中正造は鉱毒で荒れ果てた谷中村に対し、鉱山の操業を止めるどころか「廃村」という無慈悲な仕打ちを決めた政府に、「辛酸これ佳境に入る」と記した。福島の参加者から「福島からの発信が弱い現状である。様々な情報を伝えていきたい」との決意が力強く語られた。全国各地でこの思いを共有し、連帯する実践を私たちは創造していきたい。 〈新 育大〉

⑷総括討論〜生きた授業へ〜

おとなが子どもを理解することは本質的に難しい。

加えて、全国教研開催中の２月４日に日本学術会議が「大学の軍事研究」に関してシンポジウムを開催した。反対意見が相次いだとのことだが、開催それ自体、今が恐ろしい時代である証拠であり、そしてそれは教育に従事する私たちにとっても人ごとではない。そして、科学教育は、原因が一定の結果を導く、誤差を排除しそれを証明、理論化していくという自然理解と習得であるかのように仕組まれているが、この認識は誤りであり、結果は根本的には確率と統計でしか語れないことがわかっている。

それらを考えても、「現行指導要領にもとづいた科学教育を」との圧の加わる私たち理科教員にとって、生きた授業をすることは並大抵のことではない。いやそれどころか、私たちが子どもの成長プロセスを奪っているのではないか？　福島の子どもたちに対

するいじめ、学力テストに狂奔する小中学校、シラバスに羽交い締めにされ学ぶことに意義を見いだせない高校生に語る言葉をもてない高校を見るに、その思いはつのるばかりである。

そのような中で、子どもを生かし、その結果教員をも生かす授業とはどのようなものなのかについて、示唆的な3本のリポートが報告された。

埼玉（中）は、「被ばく者として学ぶ放射線防護教育の実践」を報告した。被ばくは福島県だけではない、在住する埼玉県も十分に被ばくしている、そんな私たちが注意すべきこと、それは私たち自身の放射線防護である。卒業前のカリキュラムにそったタイミングで行われた授業ではあるが、そこで子どもたちは、一般論ではなく自分の身に関わっていることとしての放射線を知ることとなる。風評？　実害？　そんな諸説渦巻く状況の中で「彼らは」ではなく「私たちは」の責任感で教員が思いを伝えていく実践であった。

千葉（小）は、「実感を伴った理解による、理科の楽しさを感じられる理科学習のあり方」を報告した。全員が体験できるワイドスケールのモデル実験から始まり、校庭から200mも離れていない場所を流れる実際の川、そしてそこで採集してきた石などで繰り広げられる授業。その成果をはかるアンケートが「楽しいのはどんな時ですか」を事前事後で比較するという斬新なものであった。その結果は子どもたちが友人とともに自分たちの地域を調べ、語らい、試すという作業が本人たちの予想をはるかに超えて楽しくも有意義なものであったことを物語っている。

鹿児島（小）は、「地域の実態から始める理科の学習」を報告した。赴任先の沖永良部島。他の地域を知っているからこそ伝わる島の魅力。それを子どもたちのみならず、おとなですら知ることなく生活している様子を見て、子どもたちととりくんだ定点観測、フィールドワーク、おとなをも巻き込んだ『沖えらぶ海遊びツアー』の報告であった（「このリポートに学ぶ」を参照）。

以下は、討議のまとめとしての共同研究者からの提言である。

「いずれも子どもたちの環境、地域を教材としている。その内容は当然各地域のものであり、それ自体はもちろん他の地域で参考にはならない。しかし、地域を、身の回りの出来事を教材とするということ、それこそが普遍的で、子どもたちが生きる授業となる重要なポイントである。教員の力量は、地域や彼らの身のまわりにどれだけたくさんのテーマ

を見つけ、ともに感動し驚いて、それを伝えることができるか、ということなのではないか」。それは、まさに指導要領一般編（試案）の再確認、子どもたちと、彼らがおかれている今のありのままを見つめ、そこからスタートすることの大切さであった。

〈米田雅人〉

3．まとめ（来年度への課題）

なぜ理科を学ぶのかということが、あらためて問われている。

断定的、短絡的な思考や言説が飛び交うことが増えつつある時代に必要なことは、複数の見方、考え方を同時に扱うことのできる力だ。これまで理科教育は、理科教育のみ、例えば科学的思考の確立にばかり注目してきた。分科会での中での、「科学的な見方を押し付けると理科嫌いが増える」という指摘は、このことと関わっている。

討議の中心となったのも、理科を教える際に、理科の知識を教えるだけにとどまることはできないという点である。端的に言えば、科学の二面性をどう教えるのかということである。

私たちの社会が直面している問題として、科学の生み出した、人間にはコントロールできない技術としての「核」と「遺伝子」の問題があり、軍事との関わりがある。

福島のリポーターからは、高校生が東京電力福島第一原子力発電所の視察に入るという「事件」について、次のような報告があった。

「大学生を原発に行かせるという企画もすすみつつある。"現場でなければ感じられない何かがある"というのが、推進側の言い分である。結局、子どもをだしにして、"大丈夫"という雰囲気を生み出したいという思惑が見え隠れする。一番怖いのは"放射能の影響はない"という"風評"である。福島では、復興という名のもと、住民の分断も生み出されつつある。私たちは3・11を防げなかった。そのことを子どもたちに謝りつつ、さらなる被害の発生を防いでいかなければならない」。

この発言を重く受け止める必要がある。

さらに科学の二面性についての具体例を挙げれば、イオンを学ぶというときも生命との関わりを考える必要がある。メチル水銀、セシウム、ストロンチウムなど、現代社会において生命を脅かす物質の存在をとらえるという観点を踏まえ、イオンをとらえ直したい。

以上のことから明らかになるのは、科学に接する人は、スキルや知識、すなわち基礎だけでなく、基本をしっかりもつ必要があるということだ。そして市民としての基本ということでいえば、中立という立場は、自らが意見をもたないだけでなく、自ら意見を封殺する側に立つということであるという認識が必要である。

すなわち学習指導要領には、理科の学習内容と社会との関わりに関しての記述が全く欠如していることに注意を払おう。遺伝子組み換えは、輝く未来のものとしてのみ扱われている。遺伝子組み換えにどのような危険性が伴っているかについては学習指導要領には書かれていない。その欠けている部分を教員が補う実践をしなければならない。

また、分科会では評価についても討議を深めた。数値評価でははかれない評価こそ、子ども一人ひとりの学習のストーリーをとらえることにつながる。%であらわすことばかりに時間を取られる中で、失われつつある「もの」がある。

強制された学びでは、本当の学力はつかない。好奇心をわきあがらせる学びとは何か。自主編成されたカリキュラムというのはそのこととつながるのではないか。そのような指摘もなされた。「多様な人々と、多くの人間以外の生き物たちとの共生社会の実現にむけて」という目標を見据えなおし、理科教育を自主再編することをめざしたい。

以上のことを確認し、さらなる思索、実践にとりくみ来年度の課題としたい。　　　　〈盛口　満〉

4．このリポートに学ぶ

「あ〜行ってみたい！」、リポートを読み終えて心の中に湧き上がった懐かしさを伴った感情。南の小さな島から報告されたそのリポートは、こんな時代にあっても教育という営みがかくも豊かで、喜びの光に満ちているものであることを教えてくれるものであった。

リポート「地域の実態から始める理科の学習〜『四季のない』南の島・『川』のない石灰岩の島でのとりくみ〜」は、特徴的な島の豊かな自然に自らが魅了され、その思いを子どもたちと共有したいという強い思いがにじみ出ていた。社会科の地域学習の実践経験を活かし、石灰岩でできた島の特徴的な地形を調べ上げ、出会った専門家の知恵も導入し、いつしかおとなも魅了されるフィールドワークプログラムを創り上げた。その情熱と力量には感服する以外

ない。自分たちの住む島の成り立ちを学ぶフィールドワーク。昆虫から知る季節の移り変わり。子どもたちの目は好奇心でいっぱいだ。そうしたとりくみはやがて評判となって広がり、同僚や地域の方まで参加する流れができていく。地域の子どもやおとながつながっていく、その中で自分もまた生かされていく。まさに生きた授業、生きた学びの姿である。知ること・学ぶことによって自然と人、人と人が感性の次元領域でネットワークを形成し豊かな世界観を育むことにつながっている。

「自然」を「豊かさ」の対象として感じることの意味をこの実践は教えてくれている。私たちは人のいない、暮らしのない自然に対して、「豊かさ」を感じることは実はあまりない。自然と人が調和を保ち、自然の恵みを享受しながら暮らしを成立させ、生きる喜びを祭りに表現し感謝の念を捧げる、それら一連の営みがあってこその‘豊かな自然’なのである。収穫や暮らし、祭りごとに象徴される文化の様式が地域の自然に規定されるのは必然であり、世界は自然の様態の数だけ多様な文化に満ちることになる。

近代科学は物質や場、生命の普遍的な構造を明らかにしたが、その普遍性ゆえに多様性を破壊する力をすでに備えていた。文明の衝突の勝利者を決めたのは近代科学技術である。均質化され多様性を喪失した世界は、そもそも文化を成立させていた根本である自然自体を破壊するパラドックスに陥ることになる。行きつく先はカタストロフィー以外にない。核保有国が核ミサイル発射ボタンを一斉に押しただけで、この地球の生命系は数時間後には消滅しているのである。この現実を踏まえたとき、近代科学の恩恵とは何だったのか、私たちは問われている。

「理科はサイエンスとは一線を画す」「多様性と生命系の共存に寄与する学びとする」それが理科分科会の決意である。先に規定した‘自然の豊かさ’を学ぶことは「総合学習」を展開することであり、必然的に自主編成以外に成立し得ない学びである。この実践はその学びを指し示すものとなっている。

情報の洪水に溺れ、競争と孤独の中でやせ細る命が蔓延する現代社会の病理は、今、広く学校にまで及んでいる。しかし、こうした病理とは対極に位置する豊かな学びが南の小さな島にあった。授業は画一化されたシステムではない。唯一無二の子どもと教員、自然、地域が織りなすアートである。リポートの読後に残る潮風のささやきと磯の香り、子どもの笑顔……。

素敵なアートをありがとう！　　　　〈神　貴夫〉

リポート 地域の実態から始める理科の学習
～「四季のない」南の島・
「川」のない石灰岩の島でのとりくみ～
中川路守　鹿児島・知名町立下平川小学校

A．はじめに

(1)沖永良部島の概要

下平川小学校は、鹿児島県の南の端・沖永良部島にある全校88人の学校です。

天気がよければ隣の徳之島・与論島、そして沖縄本島や伊平屋・伊是名・硫黄鳥島などかつての琉球王国に属する島々を見ることができますし、王国時代の遺跡や伝説も残っています。

沖永良部島は隆起石灰岩の島で、島の最高峰・大山は240mと平坦な地形ですが、スポンジ状になった地下に広がる鍾乳洞は「ケイビングの聖地」と呼ばれるほどで全国2位の長さの大山水鏡洞もあります。石灰岩層は地表面に露出し、ドリーネなど特有の地形も見られます。

また、年間の平均気温も22℃と温暖で、11月末日までセミが鳴いていますし、コスモスは秋ではなく春に咲き誇っています。

(2)私の立ち位置

赴任4年め、理科専科・教務として3年めになります。教務として時数の管理や行事等の調整について週報を発行し円滑な運営に努めつつ、その裏面には学校HPとも重複していますが、理科の学習の様子などを掲載しています。また、職員向けとして島の自然や歴史の教材化にむけた情報提供も行っています。

干潮時にリーフの先端を歩く「一番大きな沖永良部島めぐり」をしたり、伝統芸能の民謡や古典音楽を習ったりして島の生活を存分に楽しむと同時に、スポーツ少年団では子どもたちと一緒に白球を追ったりする日々を過ごしています。

もともとが社会科畑の私なので、地域学習にはこだわりが強く、趣味なのか仕事なのかの境界が曖昧なまま、理科の学習を社会科的な視点でまとめて教室設営をしてしまいます。

今では「島人よりも島のことに詳しいね」などと地元の方から言われるようになっていますが、私自身はとても楽しみながらやっているし、調べれば調べるほどに次から次へと新たな課題が見つかってきます。

B．理科の授業で困ったこと

理科の授業で最も困ったのは、教科書の内容と地域の実態の乖離が大きいことでした。

(1)「沖永良部島は冬でも夏♪」

年間平均気温22℃と温暖な島は「四季がない」「季節感がない」と言われるし、島民もそう思っています。GW前には海開きをして、北海道で雪が降り始めた時期も気温は30℃を超え、海で泳ぐ人の姿が見られます。

そんな環境の中で、4年生は「あたたかくなると」「暑くなると」「すずしくなると」「寒くなると」と四季の変化を学習します。「本土」基準にして動画を見て考察するのは簡単ですが、子どもたちの目の前の現実との乖離はあまりにも大きすぎます。

10℃前後までしか下がりませんが、高校生がマフラーをまいてバイクに乗っている姿が見られると「冬」本番の沖永良部です。季節の変化は島民の服装を見た方が分かりやすいのです。

(2)石灰岩地質による特異な川の姿、地層らしい地層もなく

島のほぼ全体が石灰岩からできているため、川らしい姿の川が見られません。

5年生の「流れる水のはたらき」では、流水のはたらきと川の上流・中流・下流の川の様子の変化を学習しますが、教科書に載っている上流・下流の違いがはっきりした景色はありません。

川と聞いて子どもたちがすぐにイメージするのは、ホー（漢字は川を充てる）です。周囲より標高が低くなり、縦穴状の地形（ドリーネ）の一部から水が湧き出し、いったん池のようになったかと思いきや、すぐに地中に吸い込まれていきます。水の流れは地下を流れる「暗川（クラゴー）」になります。

《芦清良のホー》

集落はホーを中心に構成され、水遊び・農産物の洗浄など現在でも人々の生活に密着した場になっています。
　地表面を流れる川は3本ありますが、河川全体のほとんどが両岸をコンクリートで固められています。コンクリートの川のカーブの内側に堆積している場所はありますが、草が生い茂っており、土砂の堆積した川原の様子は見られません。自然の景色としてはっきりと視認できるのは一か所(和泊町皆川字・ニャーグヌホー)だけです。
　こんな状況なので、6年生の「大地のつくり」「変わり続ける大地」での典型的な地層(水が作る地層)を見ることはできません。

C．とりくみの基本的な考え方
(1)子どもが納得できるように
　教科書通り「本土」の標準化された季節感は動画を見れば事足ります。
　しかし、生活経験として身近な環境の中にその姿を感じさせたいものです。実際に「見る」「触る」という直接体験を通して、子どもたちに納得してほしいのです。

(2)生活・他教科学習と関連づけた内容に
　社会科の地域学習的な手法を使います。理科の学習を核にして、人々の生活・農業・歴史・伝承などと関連づけることで、生まれ育った島の理解につなげたいと考えます。

(3)私自身が学び続けること
　先述した「一番大きな沖永良部島めぐり」と同時に、地図上の海岸線になる満潮時の海岸の様子も観察し、珍しい地形や生き物などいろいろなものに出会いました。
　校区内で進められている地下ダムの工事関係者との交流、夏休みにはテーマをしぼった浜歩きなどの現地調査、図書館等での資料の収集を行いました。すると、少し子どもたちに語れる材料がそろってきました。また、島には様々な方がやってこられます。言語、歴史などの研究者、鍾乳洞の探検家、植物の専門家、伝統芸能の継承者の方々から大きな示唆を得ることができました。

D．とりくみの実際
(1)「定点観察」「生き物の数調べ」で四季の変化をとらえる(4年生)
①とりくみと結果
　私の造語ですが「定点観察」という手法で1年を通して学習をすすめることにしました。校内の植物を一つだけに絞り込んで観察を継続しました。樹木の場合には、「自分の枝」まで決めて観察しました。
ア　専科1年次
　私自身が分からず「なんでもいい」としたため、花壇の花を選んだ子もいました。途中まではいいのですが、台風が来れば潮風にやられたり、秋には植え替えのために抜かれたりすることになり、1年間を通じた観察ができなくなった子どもがいました。
　また、種類が多すぎて、写真データとして整理するのが難しく、途中で私自身が混乱してしまいました。
イ　専科2年次
　1年目の活動をもとに、気温の変化に伴っての変化が分かりやすい植物にしぼりこんで観察することにしました。キバレンギョ、モモタマナ、ヒカンザクラの3種類の植物です。
　寒い時期に葉が減ってくると、「ぼくのモモタマナには葉っぱが後3枚しか残っていない」などと登下校のたびに注目して、その姿に感情を移入させた子もいました。

《子どもの観察記録》

（表）

	4／14	5／16	9／15	10／14	11／17	1／16	2／13
気温	24℃	26℃	31℃	26℃	26℃	15℃	15℃
1位	アリ 208	クモ 110	バッタ 416	バッタ 132	バッタ 221	アリ 118	バッタ 41
2位	チョウ 59	バッタ 90	チョウ 134	鳥 88	チョウ 121	バッタ 25	ハチ 31
3位	テントウムシ 49	チョウ 77	アリ 129	チョウ 75	トンボ 24	クモ 20	チョウ 27
総数	356	362	775	378	395	193	139

この年は、校庭のヒカンザクラが数年ぶりに花をたくさんつけ、子どもたちの観察のシメに大きな喜びをもたらしました。モモタマナは台風で葉をほとんど吹きちぎられたにも関わらず、あっという間に元の状態に戻り生命力のたくましさに驚かされました。

また、畑の土手などのススキなどの変化、秋に子どもたちが遊びに使うカシュリナ、実のおいしいクワなども話題にすることで季節の変化をとらえられるようになってきました。

ウ　3年次（今年度）

キバレンギョは秋に淡い紫色の花を咲かせますが、茎にとげがあるので、観察対象からはずしました。モモタマナとヒカンザクラの2種類に絞り込んで、自分の木の様子の変化を観察しています。

さらに、今年度は校庭の生き物の数調べを始めました。1時間の前半で定点観察を行った後半に調査時間10分間で班ごとに子どもたちは校庭へ散っていきます。結果は**（表）**の通りです。

10月の調査では鳥が初めて上位に入ってきました。ある子どもが「サシバがいたよ」と具体的な名前を挙げました。ちょうど沖永良部島に渡り鳥のサシバが飛来し始めていました。理科室の近くにも来ていたので、耳をすますとピックィー。セミの鳴き声にまじってサシバの鳴き声が聞こえてきました。

②とりくみの成果と課題

定点観察と校庭の生き物の数調べは学期2～3回のペースで実施しました。

成果としては、確実に変化をする様子を実感できたことで、気温と動植物の様子の変化には関係があることを理解することができました。

課題としては、生き物の数調べで、数が多かった時に数え方がいいかげんになりがちだったことでし

た。アリでは特に顕著でした。これも定点観察同様に対象を絞った方がよかったと思いました。

「一年中緑の島」も気温の変化に伴って少しずつ景色を変化させています。むしろ大きな変化ではなく、小さいからこそ変化をとらえる力が鋭くなるのかなとも思います。「沖永良部島にも季節の変化はある」ことを実感できるようになりました。

(2)フィールドワークで直接体験する（6年生）
①とりくみの経過と結果

教科書に出てくるような大きな河川はないし、典型的な地層は見られません。理科の専門でも、地層・地質の専門でもない私が、これはこうだと断言できませんでした。専科1年次は動画で済ませてしまいましたし、「沖永良部島はどうなんですか」という質問に答えられませんでした。

ア　2年次（昨年度）

島内各地で見つけた「大地の力」を感じられる場所を見学するために理科フィールドワークとして実施しました。町のバスを借りました。

初めての試みに子どもたちは遠足気分ですが、それもOKです。「学習」だからと固い雰囲気にしてはよくありません。また、車中では理科だけでなく、島の歴史に関する話や「怖い」話などを織り交ぜながら過ごしました。

現地では岩石や地層に直に触れたり、石を拾ったりしました。子どもたちは「すっげえ曲がっている！」など驚きの声をあげていました。

同行した6年生担任は砂浜に打ち上げられていた浮きで子どもたちとサッカーを始めました。それもOKです。浜とのつきあい方も学んでほしいと思います。

イ　3年次（今年度）
　前年度は学習の進捗がぎりぎりでしたが、事前学習も1時間とりました。正名地区にある暗川には階段に手すりがついており電灯を点すこともでき、安全が確保できるので寄りました。
　初めて地下にもぐる体験に子どもたちは感動したようで、水をすくってみたり、生き物を探したりしました。

②理科フィールドワークのしおり（一部）

【実施計画（日程）】

【フィールドワーク実施計画】
（1）期日　　2016年10月12日（水）
（2）日程
　　9：00　　学校出発
　　9：25　　和泊町　イーワッチ浜・見学（付加体）
　　9：45　　　　　　イーワッチ浜・出発
　　　　　　※　高千穂ゴルフ場から根折に抜けるルートの途中にある工事現場に見られる地層を見学
　　10：20　　知名町　沖泊港・見学（含むトイレ）
　　　　　　　　　　（地層・有孔虫・ノッチ）
　　10：40　　　　　　沖泊港・出発
　　10：45　　知名町　観音岬・見学（田皆岬のつくり）
　　10：55　　　　　　観音岬・出発
　　11：00　　知名町　田皆岬石切場・見学
　　　　　　　　　　（石塔群・トラバーチン）
　　11：20　　　　　　田皆岬石切場・出発
　　11：25　　知名町　ホーシの浜・見学
　　11：50　　　　　　ホーシの浜・出発
　　12：15　　学校帰着
（3）持参物
　　しおり、筆記用具、探検バック、水筒、汗ふきタオル、（雨具）
（4）留意点
　　① 砂浜等にはガラスの破片が落ちていたり、崖上の高所もあったりするので、指示に従うだけではなく、まずは自分で危険回避・安全確保を一番に考えて行動する。
　　② 学術上貴重な場所もあるので、勝手に触ったり削ったりしないようにする。

【田皆岬（石塔群）】

　ここからはトラバーチンと呼ばれる変質した石灰岩が産業用として切り出されたようです。国会議事堂を建設する際、「岩石博物館」と言ってもいいほど大量・多彩な岩石が全国各地から運ばれ、使われました。田皆岬のトラバーチンも国会議事堂建設に使われたようです。ただし、いつ、どの程度、誰が中心になって切り出されたのかを証明する資料は見つかっていません。
　また、田皆岬など石灰岩が露出している場所では、風雨による侵食のために、地盤がさけたり、もろくなったりしていることがあります。このため、石灰岩が様々な形に見える景色のことを「石塔原（カレンフェルト）」といいます。不思議な形の石がたくさんあります。角度を変えて見ると、動物に見えたりします。

【沖泊港（大型有孔虫の地層）】

（4）沖泊港
　港へ下っていくと、正面に大型有孔虫が巨大な地層として堆積している様子がはっきりと分かります。近づいてみてみると、5mm程度の円盤の形をした貝殻（有孔虫）が無数に見られます。これは約160万年前の生物の姿をとどめています。
　有孔虫が堆積している地層は、樹木や草に隠れてはいますが、港の入口から海水浴場に向かって高さ50m、幅500mにわたってその層が続いています。これだけ大量の有孔虫が堆積しているのは世界的にも極めて貴重です。

【田皆岬（島の基盤岩）】

（5）田皆岬（観音岬より）
　よくポスターなども使われるポイントから田皆岬を見ると、草の生えているところから海中に向かって地層ができていることが分かります。
　上部の地層が見えている部分は約180万年ほど前の石灰岩の地層で、珊瑚礁の跡です。そして、その下に見える岩石の塊は約2億年以上前にできた根折層と呼ばれる堆積岩であり、沖永良部島の基盤になる地層になります。

【ミステリーサークル】

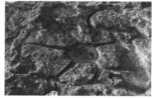

（12）ミステリーサークル？
　この模様の意味はいくら考えても調べてみても分かりません。地元・田皆字の古老に尋ねてみましたが、？なのです。
　いったい誰が、なんのためにこんな模様を作ったのでしょうね（笑）

③子どもたちの活動の様子

【イーワッチ浜（付加体）の観察】

巨大な渦巻き状の岩石の姿に
「地層が曲がってる！」と感動

【有孔虫の観察】

1円玉大の化石を拾いました。

④とりくみの成果と課題

　成果としては、実物を見ることの感動があったことです。イーワッチ浜の付加体の曲がり具合と奥深い海底から押し上げられたこと、沖泊の大型有孔虫の層の巨大さに驚き、石灰岩が作る奇岩、人々の生活に欠かせない暗川へ降りた体験は、子どもたちにとって島のよさの再発見になりました。

　ただ、最初の場所（イーワッチ浜）が島の東端で、他が西海岸に集中している関係で、時間的なロスの多いのが難点です。

E．子どもからおとな・地域へ広げる活動へ

　「理科フィールドワーク」と自分の趣味の浜歩きが、いろいろな方々に知られるようになり、おとなからも「連れて行ってほしい」という要望が出てきました。同僚からも「もう○年めなのに、この島の

こと何も知らない」と要望もされました。

そこでGWの潮のいい日を選んで「沖えらぶ海遊びツアー」を行うことにしました。

同様のツアーは7回以上行っています。たくさんの方々に広げ、知ってもらうことで、島のよさを感じてほしいと願います。

Ｆ．終わりに

島には100を超える名前のついた浜があります。その名前には意味があり、島人の生活と海が密接な関係をもっていました。浜に行っては食料を確保し、物資の行き来がありました。

その関係が希薄になることは、島の自然と島人の生活が乖離することにもつながります。

それだけに現地で確かめる実物での学習は有効だと思います。地域の実態を教材化してとりくむことは大事です。

また、「しおり」にも書いたし、子どもたちに事前学習でも、「島を知る」ことを大事にしてほしいと語りました。島の歴史や文化、自然のことをもっと知って欲しいと思います。「知る」ことが、島を誇りに思う「はじめの一歩」だと思います。

【第66集】日本の教育 日教組第66次教育研究全国集会〈新潟〉報告

美術教育 第6分科会

1. 今次教研の概要と基調

2. 研究討議の柱と内容

3. 総括討論

4. このリポートに学ぶ
   ◎「希望の森をつくる」

〈山下吉也　福岡・大牟田市立米生中学校〉

《執筆者》

小林　　勝

井上まさとし

坂井　弘樹

1．今次教研の概要と基調

昨年8月26日に文部科学省の中央教育審議会特別部会が、新たな学習指導要領の審議のまとめを公表した。学習指導要領が、10年ぶりに改訂される。なかでも「アクティブ・ラーニング」は「学び方」まで方向付けるという未だかつて無かったことである。1980年代以降の教育改革は国際社会で勝ち抜いていくためのエリートを育成しながら、競争についていけない子どもたちには徹底的な道徳規範意識教育をすすめてきた。

美術教育分科会はこれまで子どもたちの「自己表現力の衰退」や「アイデンティティの崩壊」などを論じ合ってきた。しかし、美術教育の現状は表現を収奪された子どもたちに対して、簡単に表現できる「対症療法的」な実践に終わってはいないだろうか。

子どもたち一人ひとりに響き合う豊かな実践とは何か、今次の美術教育分科会で討議してほしい課題である。

小林共同研究者から次のように話があった。

次期学習指導要領の答申が出された。学習する内容は小3から6年生までの英語が週1時間の時間増となっている。学校現場は「学力学習調査」による他県との競争、日本の教職員の「過重労働」など様々な問題は解消されていない。本分科会では「見える学力」「競争原理」「コンクール主義」に対して、「美術教育は何をなしえるか」が討議されてきた。美術教育分科会では、美術は「生きなおしができる」「自己変革ができる」「仲間とつながりあえる」教科であることが確認されてきた。

文科省が発信した「アクティブ・ラーニング」は現場を混乱させ、現在出版されている書籍は400を超えている。美術教育は真実を見極める目を育てることができる教科である。私は、知識はまず「感性的認識」から始まると考えている。文字やインターネットの検索から与えられるものでは無く、五感を働かせた身体的認識・感性的認識から得られるものだと考えている。センサーやICが蔓延する環境は、人間としての能力を収奪してはいないか、その収奪された能力を回復できるのは美術教育ではないだろうか。人間の手は「第2の脳」と言われるが、手を使ってものを作り出す中で「見えない学力」を育んでいることを確信している。

2．研究討議の柱と内容

⑴子どもをつなぐ、子どもとつながる美術教育

人は誰一人として一人で生きていくことはできず、つながり合い、寄り添い合ってこそ生きていくことができる。たとえ時代が変わり、文明が発達したとしてもこれは普遍的なものである。しかし現在、おとなの社会でさえ、人間関係を表す言葉に「希薄」という表現が用いられるようになった。特に学校現場では自分に自信がなく孤立し、自らの存在を肯定的に受け止めることができない子どもたちがいる。私たちはすべての子どもが身の周りの自然、社会、生活を見つめ他者と関わることにより、自分の良さに気付き、ありのままの自分を誇れるようにと思っている。美術教育では、絵を描いたり、ものを作ったりすることを通して「真実を見抜く目」「ものを作り出す手」「感じる魂」を育てることを大切にしたい。美術教育には自分を誇れる場、他者と違うことで認められる場を作り、点数や競争を超えた子どもどうしのつながりを育む力があると考える。同時に、子どもたちの生活の中には、丸ごと自分を受け止めてくれる仲間やおとなの存在が必要である。特に私たちおとなは子どもの話をきちんと聞くことに努めなければならない。子どもはきちんと話を聞いてもらえたとき、心を開くものである。美術教育を通して、おとなも自分の立ち位置を再確認する必要がある。

美術教育は子どもとともに歩むことのできる教科である。本分科会では、子どもが昨日より今日、今日より明日と自分の生活をよりよくしていくために、美術教育の果たす役割や意義を考えながら討議をすすめていきたい。

宮崎（小）は、子どもやおとなとの「出会い」を大切にした5年生の支援学級のとりくみの実践が報告された。2年生の時に受けもったE。普段は「ため口」をきく子が「誕生日おめでとう」と言ってくれた。Eは、3年生になってから教室をよく飛び出していた。そのEを私はしっかり受け止めていたのかと疑問をもち、Eが5年生になったとき、もう一度図工をもたせてほしい、物づくりの楽しさを知ってほしいと授業をもたせてもらった。また、パニック障害の保護者との出会いがあった。この保護者は入院中に絵を描き個展をされた。この保護者に授業をしてもらった。絵を描くことが心の解放につながることを強く感じた。イラクの子どもたちの絵との出会いから、子どもたちが絵にふれながら変化し

ていく様子が報告された。

　大分（小）から、4年生になってやる気を出している子どもたちと、みんなのために何かできないかなと思って活動を実践してきたとの報告があった。気になっているAは、友だちとの関わりが苦手だが図工が大好き。昨年は運動会にも参加できなかった。この子を中心に何かできないかと考え校内でとりくんでいる挨拶運動の「旗」を作った。みんなもやりたいととりくんだ。文化祭にむけて、共同制作のウェルカムさん（木製の人形）を2人一組で協力しながら作り、友だちの良さも認め合いながらすすめた。Aもすすんで楽しくとりくむことができた。Aはその後自信をもてるようになったことが報告された。

　佐賀（中）は、子どもが中心の卒業式について、小中一貫校に赴任した時のとりくみが報告された。卒業式のステージ飾りを美術の教員が描いていた。赴任したとき「先生もステージ飾りを描くんだ」と子どもたちは思っていた。しかし、教員だけが描くべきではないと考え、子どもたちと一緒に背景画にとりくむことにした。小学生にも色紙を作ってもらって背景画を作った。子どもたちも全員が参加してのとりくみに感動していたことが報告された。

　滋賀（小）は、6年の情緒支援学級でのとりくみが報告された。こだわりの強いAは紙工作と虫が大好き。車や灯台をインターネットで見つけてきていろいろな作品をどんどん作る。コンピューターを使ってのお絵かきも大好きで、牛乳パックに電車の絵を張って作る。コンピューターで描くのも大事だが実際に手で描いてほしいと思った。絵を描かなかった子が凧にはゴジラの絵を描いたので、変化のきっかけになるのではと考え、新聞紙とガムテープで恐竜を作った。5年生の学級でも好評でAがアドバイスして作品づくりをし、大きく成長した様子が報告された。

　新潟（特別支援学校）は、「大地の芸術祭」に参加した実践が報告された。特別支援学校の子どもを学校外に連れて行くことは困難だが、本物の芸術に触れさせたいと思ってバスツアーの計画をすすめた。事前学習でゲストティーチャーを呼んで作品や見どころを聞いて旗を作った。中学生と小学生の2人一組で鑑賞した。不安がつよい子も中学生のサポートでしっかりと見学できた。作品とのふれあいや雨の日の散歩をシャツにスタンププリントをして作ったことが報告された。

　大阪は、大分の発表で「何がしたいのとか、ワクワクした」と子どもに発する言葉がいいなと思う。主体的に活動する姿がいいと共感した。学校に置かれているときの様子も話してほしいと質問した。大分は、人形を展示する場所を子どもたちと話し合

い、案内の看板を作った。Ａは駐車場の絵も丁寧に描くことができた。

石川は佐賀に、卒業式の背景に全校生徒が参加してのとりくみはすばらしいと思った。コンセプトは教員がたてるのかとの質問に、佐賀は教員が説明して全員がとりくむと答えた。

福岡は宮崎に、絵本を作ったときのこと、最後のページの絵のことも話してほしい、また滋賀のゴジラのとりくみについても詳しく話してほしいとたずねた。宮崎は、学級づくりの中で、世界に一つしか無い絵本を作ってみないかと投げかけて作ってもらった。いじめられている子のことを話し合いながら、その子はありがとうと19人の顔を描いてくれた。授業者も19人の中に入れてもらった。子どもたちと仲間になれて本当に良かったととりくみを語った。

滋賀は、Ａはペーパークラフトばかりを作り、他のものには見向きもしない融通がきかない子どもだったが、たまたま新聞で作るゴジラが気に入った。この子の「間違い」に対するこだわりが消えていったと答えた。

司会から、5本のリポートから子どもの実態からスタートしたとりくみがあるのが良いと思う。子どもとつながることに本音でとりくむ、そのような討議をお願いしますと要望した。

北海道は宮崎に、私も仲間にしてくれたという言葉が子どもにつながる言葉としていいなあと思った。私が美術の専門だと言うのは嫌だった。子どもと図工をするときは子どもと一緒に作ったり、苦しんだりすることが楽しいと語った。

宮崎は、私は「いいなあ」じゃ無かったんです。私は出会いなおしをしたいと思って5年の図工をもたせてもらった。私は「じゃまだなあ」と思っていたんじゃないかと考えた。Ａは、俺もやるときはやれると言葉に出す。いつもけんかをしている母を版画にする。俺、描けるよと言う。じっとしていられないので教室を飛び出すが、帰ってこられると信じられる自分がうれしいと語った。

岩手は、大分が子どもとよく関わっている題材で、ワクワクするような思いがする。ウェルカムさんを文化祭だけで無く、マラソン大会にも使ったのがいい、いろいろなところに使えていいと思ったと述べた。

千葉は、つながりは教えるより子どもの能力を引き出すんだなあと思ったことを語った。

神奈川は、鑑賞では、アートを使ってとりくんだことで鑑賞といえるのかなと感じたことを述べた。

山梨は、滋賀の実践が良かった。教員がしくむ、子どもたちが作る、こだわりのあるＡ、いや、この新聞紙とガムテープでと割り切った活動があったから良かったのではないかと感じた、と述べた。

福岡は、人を気にする。人とつながる実践が5本のリポートにはあると感じた。

大分は、題材を研究会にもってくるとき、それはなぜこの題材かと議論になる。今日の5本のリポートを見ると目の前の子どもから題材は生まれると感じた。

坂井共同研究者から、子どもの作品というのは「生きた声」だというとらえ方をした方がよいと考える。時には口ごもる「声なき声」を読み解こうとし、子どもをより理解しようとするところから新たな出会いも発見も生まれてくるのではないかと思う。子どもを理解して実践するのではなく、子どもを理解しようとしながら実践し、実践しながら理解を深めていく。繰り返し実践が大事だと考える。そのためには教員と子どもの関わりも大切だが、子どもどうしが向かい合っていく仲間づくりが大切だと考える。美術教育は人を生かす教育だと何度も確認してきたし、生きなおしを可能にする教科だと言い続けてきている。明日は会いたくない気持ちもある、つながりもあるが無駄にはならないし、大きな心でつきあっていきたい。美術教育は趣味の世界ではなく、本来人を育てる大事な教科である。

第18次全国教研の熊本で「ここに来る人たちは、同じ仕事をする仲間から、何をなすべきかをする考える集団に変えていきましょう」と議論し、教育運動として確認している。その時から「美術教育運動」と確認している。「何を表現させるか」「どんな人を育てていくのか」「題材・授業が子どもにとって意味があるのか」今後、「子どもたち一人ひとりが主役・子ども自身が授業で感得していくこと」それを引き寄せる授業になっているか、子どもたちが本音を出せる授業になっているか研究していただきたいと語った。

小林共同研究者は、「目の前の子どもから題材は生まれてくる。大変な子どもを真ん中に据えて授業を生み出していくことが大切だと考える。子どもの作品は片手で受け取っちゃいけない、両手でしっかり受け取ることが大事だ。作品は子どもの心であり、表現してくれたことに感謝し、しっかり評価してあげなさいと先輩は語ります。子どもに寄り添うことが、子どもの表現を引き出す」と語った。

〈小林　勝〉

(2)美術教育の現状そして題材

作家の村上春樹は「教育現場の病的症状は、言うまでもなく、社会システムの病的症状の投影にほかなりません。……社会の勢いが失われ、閉塞感のようなものがあちこちに生れてきたとき、それが最も顕著に現れ、最も強い作用を及ぼすのは教育の場です。学校であり、教室です。なぜなら子供たちは、坑道のカナリアと同じで、そういう濁った空気をいちばん最初に、最も敏感に感じ取る存在であるからです」と述べている（p.228「学校について」／『職業としての小説家』新潮文庫）。子どもたちが炭鉱夫がもつ籠のカナリアであるなら、子どもたちとともに生きている心優しい教員もカナリアであろう。多くのリポートからは、その双方の叫びが聞こえてくるようである。美術教育がより子どもたちの近くにありその心を育てるものであればなおさら、授業でどんな体験をして、何と出会うのかを導く題材は極めて重要である。

福岡（中）は、〈奇跡の一本松〉の話から始まった、校庭で拾った木の枝で木炭を作りそれで自分の樹木を描き、糸と木工ボンドで「未来へのメッセージ」を込めた樹を立体的に作り、それを仲間と集めて森を作るという実践を紹介した。大阪（中）は、「石の声」を聴く活動と称してハート型の石を紙やすりで磨く活動を内外の各地で続けてきて、教員となり「子どもの声」を大切にとりくんでいきたいと語った。福井（小）は、海の世界の表現やタワーの制作などを通して、グループや集団での制作活動で個人の表現が大事にされることの必要性を改めて主張した。石川（中）は、「自分の紋章をつくろう」という題材で、西洋の貴族の紋章を見本に自己紹介を兼ねたものにするという授業を報告した。長野（小）は、低学年の教科書で紹介している造形遊びの題材を継続的に行い、その場での発見を大事にしながら子どもたちの素材体験を積むことで表現を豊かにすることにとりくんだ。山梨（小）は、校舎内のいろいろな場所を素材に、子どものアイディアでおもしろい空間につくり変える「ビフォーアフター」という活動を紹介した。神奈川（中）は、推進委員として地域の教研集会の参加者を増やし活発化していくために、実践研究だけでなくワークショップを行い、多くの若い世代の参加者を集め授業づくりについて話し合ったことを紹介、佐藤忠良の「美術を学ぶ人へ」で報告をまとめた。千葉（中）は、身近なものを表現の材料にと考えトイレットペーパーと糊で紙粘土を作成して「私の大切な場所」を制作、投光器をあてての鑑賞を行った。茨城（小）は、低学年での「色水」の造形遊びのとりくみを丁寧に報告した。福島（小）は、図工の時間は楽しいことが一番と考え実践しているが、気になることとして材料費など保護者負担を減らすこと、市のコンクールのこと、解決の見通しがない放射能のことがあると話した。

これらの報告を受けて質疑・討論では、福岡の木のスケッチが写実的でないものもあること、大阪の「石を磨く」という作業の魅力について、石川には西洋の紋章を見本にしたこと、長野が教科書に掲載されているとはいえ造形遊びを次々に取り上げたことなど、質問が出された。福岡は、子どもたちに「地球人であることを感じ取ってほしい」と考えている、「木とそこにある命を見て描いてね」と言っている。木と人の進化の歴史、個人制作と共同制作をつなげたいと考えたなどと話した。「磨く」という行為は誰でも参加できて、やれば磨かれて達成感を感じることができる。福島での学校生活と放射能の影響の現状についての質問も出され、プールはまだ線量が多いので掃除は保護者がやり、校外でもホットスポットがあり注意をしなければならない。校庭の隅には、数年前に汚染されたとして剝がれた表土が埋められたままである。自宅の庭の隅にも同じように埋められている。石川の実践には「紋章では階級制度や差別の問題を考えておくべきで、この題材は子どもの学びになっていたのか疑問だ」という意見が出された。「どんな題材をどんなタイミングで、といつも考えている。子どもたちが笑顔で図工の時間を過ごしたり、今日は楽しかったと言ってくれる授業にするために題材を考えている。作品は子どもの存在そのものである」。「題材に出合わせるのは教員の仕事、地域の芸術作品に出合わせたり感想を述べあうのも教員の仕事である」、「制作の材料はなるべく自然界にあるもの、自然のもの地元にあるものを使うようにしている」、「美術の授業が成立するためには学級の仲間づくりが大事、学級づくりは〈一番弱い子をテッペンに〉と先輩から教えてもらった。家庭訪問をして子どもの生活の背景を知ると言葉かけが変わってくる」、「子どもたちの顔を見ながら、効率性よりも子どもたちと考えてみたい題材をじっくりととりくんでみたい」、「子どもたちが差し出してくれるものを受け止めてとりくんだ実践を来年持って来て報告したい」などが出された。

最後に井上共同研究者は、もっと題材にこだわりをもってほしい、そのことで子どもとつながること

ができるのではないか。さらに、題材を選択するの
は教科書にあるからではなく、目の前の子どもに力
をつけてほしいからである、もっとはっきり言えば
クラスの中で一番つらい思いをしている子を中心に
して、中学校であれば課題のクラスを中心に据え
て、題材を考えとりくんでほしい。また「教員は質
的に高いメッセージを送り続けなければ、子どもの
内発的な力に響かない」と教えられたが、その題材
で「高いメッセージを子どもたちに送っているのか
をよく考えてほしい」とまとめた。「造形遊び」の報
告が多かったが、坂井共同研究者から「造形遊び」
について、なぜ始まったのか、指導要領に入ったか
らである。子どもはどこにいるのか、遊びの本質と
は何なのか、吟味せず問題意識ももたないで授業が
なされている。心の開放や飛躍を目的にやられてい
る場合が多いが、素材体験だと捉えて充分ではない
かとの考え方が示された。

(3)子どもの思いと表現

　福島から避難した子どもたちが陰湿ないじめを受
けている実態があちこちで問題になっている。原発
事故のために、生まれた家や故郷や幼馴染の友人た
ちを奪われ、新しい環境に移らざるを得なくなった
子どもたちにいじめとは……現代社会の闇、病的症
状の深さを感じざるを得ない。子どもたちが安心し
て生活し、表現をするためには、子どもたちを丸ご
と受けとめてくれる仲間やおとなの存在が不可欠で
ある。子どもたちは、理解し肯定してくれる存在が
いる時に初めて、その存在に対して表現を行う。そ
の表現には、読み取られなければならない思い、叫
びがある。蔓延する学校での点数主義、効率主義、
受験学力重視の現状が子どもたちを追いつめ孤立さ
せ、生きづらくしている。またそれは、教員たちを
も生きづらくしているのが、リポートからも読み取
れる。

　鹿児島（中）は、日本一小さな村の学校での実践
と称して、離島で過ごした5年間のとりくみをまと
めて報告した。たとえば、自分が参加した島の行事
を立体で制作するなど、島の文化や生活に密着した
造形教育にとりくみ、そのことで子どもたちをたく
ましく育てようとした。沖縄（中）は、身近にある
世界遺産の石造建造物の鑑賞に、石積みの方法を教
える体験活動を取り入れた授業を紹介した。熊本
（中）は、6年ぶりに現場に戻ってみると、写真を
トレースさせた自画像や写真を見て描き込ませた風
景画に驚き、絵に自分の心を込めることを大事にし

て、友だちを見つめて描くことや、自分自身を見つ
めて自画像を描く授業実践を紹介した。美術教育の
良さを他教科の教員にも感じてもらうようにしてい
ると語った。兵庫（小）は、防災用品として制作さ
れた衣服造形家眞田岳彦の作品を使って行った授業
で「手仕事の技能と発想力」が大事だと気づいたと
述べた。三重（中）は、デザイン学習で「紙ずもう」
の力士を作る授業を長年続けていると語り、様々な
形の力士を紹介した。愛知（中）は、自分の町をPR
するキャラクターのデザインを通して地域への愛着
を高めた実践を紹介した。静岡（小）は、校区の生
活の中で見つけた地域の題材から行った実践を紹介
した。地域素材はイメージを豊かにしてくれるので、
とりくみやすかったと話した。岩手（小）も地域を
素材にし、「高松の池」の歴史を学び、写生会での
花が咲き誇る大きな桜の木の絵を紹介した。北海道
（小）は、1年と5年の特別支援学級の担任となり、
1年図工授業での実践や、遠足の絵や写生会でのト
ラクターの絵などを紹介し、子どもたちが図工の授
業を楽しみにしていること、学校の点数主義の教育
が子どもたちの自己肯定感を低くしていることを語
った。

　質疑では、鹿児島の山村留学でやって来た不登校
の子どものことや細かい技術指導をしなくても実感
がこもった作品になっていること、沖縄のグスクの
学習の内容、8年間も続けている三重の「紙ずも
う」のこと、北海道のトラクターの写生会、子ども
に与える紙のサイズや形をどう考えるかなどの質問
が出された。討論では、鹿児島の作品からは子ども
の生活の中での実感が伝わってくる。生活や行事の
中で見ている形、姿が感じられる。子どものリアル
な姿に寄り添ったり、子どもの生き生きした生活か
ら題材を選ぶことが大事ではないか。指導した人か
らその作品を作った子の話を聞くと、作品がますま
すよく見えてくる。子どもの思いがわかってくるか
らだ。トラクターは止まったものを写生したが、動
いているトラクターを見て遊んだ後に記憶で描いて
もよかったのではないか。福島ではトラクターが活
躍する時間は少ないので、動いているトラクターを
見て子どもたちは季節を感じているとも紹介され
た。

　沖縄や福島で暮らしている子どもたちをとりまく
現状が出される中、子どもに寄り添いながら傍観者
にならないこと、問題意識をしっかりともった教職
員であることが大事ではないか。子どもたちが想像
力を発揮して、自分がどうあるべきか考えることが

できるようなとりくみをすすめていきたい。新潟で教職員を対象に、原子力災害の防災研修会というものがあったが、原子力安全センターの人が「福島の教訓をもとに」と言いながら未だに安全神話を拡げることしかしていないように感じた。都合の良いことしか話されず本当のことは伝えられていない。真実を見る目を育てるのが美術教育であるのだから、人と人とのつながりを大事にして本当のことを学び合っていきたいなどの意見が出された。

まとめとして、井上共同研究者は、まず課題の子の話をもっと聴くことが必要ではないか。かつて国分一太郎は勤務していた小学校の題材一覧表（季節ごとの農作業の細かい一覧表）を作っていた。子どもの家の1年間の農作業を細かく知っていたということだ。子どもたちが、家庭に帰ってどんな生活や思いをしているのか知ることがまず大事であろう。知ると言葉かけが変わり、表現も変わってくる。沖縄からグスクの鑑賞の実践が出たが、そこでは「その石はだれが、どういう人たちが積んだのか」、「どんな思いで積んだのか」を一緒に考えてほしい、そうするとその文化遺産がぐっと身近なものになってくるのではないか。新潟の佐藤哲三のような画家が他の地域にもいると思う、その地域の作家の作品を読み取る授業もすすめてほしいと語った。坂井共同研究者は、綴り方教育の実践から深く学んで美術教育とつないだ実践をしていこう。子どもたちの暮らしを見つめるとりくみをしよう。表現を支えるものは、暮しの中で育てられた眼と心である。私たちは、子どもたちは心の動き、内面の動きにはとても敏感なのだと再確認すべきでもあるなどと語った。小林共同研究者は、これまでの日本の教育はグライダーのように引っ張ってやらないと飛び上がれない人を作る教育であると言われているが、自分の力で飛べるような人を育てる教育が必要である。現代の我々から収奪された様々な能力を取り戻すためには、子どもたちに抵抗感が大きい素材・材料を与えてみよう。グーグルで検索しても分からない、物の重さや手の痛みや手触りを伝えるとりくみをしようとまとめた。　　　　　　　　　　〈井上まさとし〉

3．総括討論

冒頭、司会者から被爆二世としての体験を通して、人として、教員としての自身の課題をさぐり自己変革を重ねてきたその変わり目を教育実践の変革につないできたと話があった。そうした自己変革を意識した討議を願う、と要望した。

北海道（小）は、我が子の語る言葉や描く絵、描くという行為を通して、学校教育が子ども本来の表現行為を奪っているのではないかと感じることがある。子ども自身が心を動かしてみて描くのではなく、教員の指導の押しつけがまかり通っている現状がある。子どもを丸ごと受けとめて授業をする教員でありたいと語った。

福島（小）は、学力を高める上で大切なことは想像力を育てることだという話を聞いて自身の課題が見えてきた。もっと子どもたちを遊ばせたい。自然の中で育てたい。3.11後、あたり前の日常が奪われている状況で、子どもたちの成長に及ぼす影響を心配している。そんな状況でも保護者の協力のもと、自然素材（どんぐりや松ぼっくり等）を使って遊ばせた。様々な反応を見せる子どもたちとの関係を日々綴りつづけながら関わりようを模索していると語った。

三重（中）は、討議の中で「自分自身の言葉」をもたないといけないと感じた。この場で自分を語ることの大切さを感じた。作品のもつ力というものを感じている。卒業後も向き合える作品づくりをすすめてきた。美術室に真っ先に来る子どもたちと掲示している作品を見ながら、作品を通して会話する時間がとても大切に思えている。こんな思いを抱くようになったことで授業が変わってきているのかと感じている。作品づくりにこだわりをもち始める子どもたちとともにいる美術室という空間は大事だと語った。

大阪（中）は、子どもたちの周りには、自由なようで様々な壁がある。美術教育はそうした壁を越えていけるものだと考える。豊中市におけるインクルーシブ教育を通し、困難をかかえている子どもたちがいても刃物が使える授業が成立している。初めからできたわけではないが、困難をかかえている子を真中において、という実践の成果だと語った。

宮崎（小）は、場面緘黙症のAと向き合い、筆談から会話へと変わっていく中で6年生では「交流学級でずっと過ごしたい」と宣言するに至った。支援学級での生活を終え、友だちとの人間関係の問題がうかびあがってきた。緘黙の原因となったある子どもをめぐって、人間関係の問題をさぐりあてていく子どもの深い考えに教員としてゆり動かされていった自分の弱さ、関わりのうすさを自覚した。「みんなで成長したい」という子どもたちの言葉は真実だ。変わるべきは教員自身であることを3日間の討議で

自覚したと語った。

福岡（中）は、水俣に生まれ、水俣に対する偏見と差別に接し、出身を言わなくなっていた自分。大阪で教員生活をスタートした時に出会った多動症の子どもとの関わり、その子をとりまく子どもたちの存在から差別と向き合う姿勢を学んでいった。あらためて実践を語り合う中での討議は自分を作る時間だと感じた。今また、貧困の中にあっても、劣悪な家庭環境にあっても「家の灯が道を教えてくれる」と作品に書いた子どもに学ばされていると語った。

ここで司会者から美術教育の力について発言があった。かつての教え子との話で、「美術の学びの答えは、自分の考えを自分の言葉で出していくしかない。おとなになって生き方の学びの原点になっている」と聞かされて確信をもった。美術の学びに関わり、さらに討議を深めてほしいと語った。

神奈川（中）は、子どもに「させる」授業の本質が教員の願いなのか、思いなのか、エゴなのかを問い返してきた。子どもたちの本音と向き合うことで、あるべき授業の姿を「なぜ、その授業なのか」とさぐることで変革をめざしてきたと語った。

山梨（小）は、毎日の授業が楽しい。子どもたちのために悩むことが楽しい。かつて場面緘黙症の子どもにひどい接し方をしていた。大きな声で話せないその辛さを理解しようともせず、子どもとの間に溝が深まった。ある時、「絵のしりとり遊び」でその子に笑顔が戻ったことで図工の力を感じた。子ども自身が授業を通して内面と向き合う自分を自覚することが成長につながっていくと感じる。うまいかへたかという見方で子どもの作品に接することは、その道を妨げるものだ、と語った。

兵庫（小）は、自身の図工研修体験から見えてくる子どもの立場を考える機会として授業のあり方をさぐっていると語った。

佐賀（中）は、私の変わりめは20年前の教研との出会いだった。コンクールにまみれていた自分からの脱却が課題であった。子どもと向き合っているのか？　子どものための仕事をしているのか？　偽善者の自分を感じながら、それを克服していく授業の追究にとりくんでいると語った。

鹿児島（中）は、平和について子どもには語っていても、息子には語っていなかった自分に気づかされた教研だったと語った。

北海道（オブ）は、指導テクニックを学びに来たら、図工・美術には人間教育だよと言われた時から子どもとの向き合い方を学ばせてもらっている。美術教育は効率を求めるものではなくチベットの五体投地にも似たとりくみが大事だと道教研で学んだ。また退職前の先輩が語ったことで、「子どものための実践をやってきたつもりだが、教え子を再び戦場に送ってしまう今の社会状況をきちんととらえてこそ本物の美術教育運動ではないか」という言葉が重い。過酷な労働環境での過労死や自死の状況も同じ。労働運動も見すえた美術教育運動を追究したいと語った。

北海道（オブ）は、今年から3校巡回をしている。子どもたちの日常をとらえるのは大変厳しい。今次教研で3つのことを学ばせてもらった。1つは子ども一人ひとりに自立した学びを届ける指導を福岡に学んだ。2つめは、そうして生み出された作品は子どもたちが育ち合う力をもっていること。故に子どもを人として見るのではなく「人材」として見る指導要領は問題である。3つめは、兵庫の実践は「手仕事」として考えるべきではないか。防災意識を育む活動であると同時に、様々な創造にむかう担い手として子どもたちを育むものとして考えられないかと語った。

三重（オブ）は、10年前に教え子を亡くした。子どもたちは絵を描くことで心にあいた穴をうめていった。表現の力が生き直しを可能にする。イタリアは精神病院をなくした。その中で絵を描くことで自分をとり戻すとりくみがなされている。横にいる仲間とつながることが保障されている授業なのか、学校なのかということを見直しながら、とりくみの交流を深めていこうと語った。

石川（中）は、子どもと向き合うことの大切さを実感した経験はあったが、題材に目をむけて深く考えるところにまで思いが至っていないことを痛感したと語った。

福島（オブ）は、臨採の立場だが、学級崩壊の状態のクラスを受けもった。前次で報告した木の授業では、孤立していた子どもが一緒に作業せざるを得ない状況で変わっていったという内容だった。人がつながることの大切さを学んだ。あたり前の日常を奪われた福島で、それ以前に、「水俣」や「沖縄」を本気でふり返っていなかったことを思った。心許し合える仲間をつくるための学びの大切さを感じていると語った。

新潟（オブ）は、対症療法の図工・美術になってはいないか、語り合える、心開ける授業をつくっているか、私たち自身がこうした討議を経て真実に目をむけているか、思想、考え方の学びを子どもたち

に届けられる実践をつみ重ねましょうと語った。

新潟（オブ）は、特別支援の自立活動で自主活動を主として、はり絵や紙を素材に編み込む活動を行っているが、子どもに制作の見通しがもてる指導法の必要性を感じている。私自身心に残る、大事にしたい作品は先生との関係に左右されたと語った。

宮城（オブ）は、小学校で特別支援の担任をしている。子どもの大好きな将棋をしながら心の交流を図っている。教研の論議は報告だけではなく作品を真中に置いて語り合うものであってほしいと語った。

最後にまとめとして、井上共同研究者は、熊本の地震にふれた。私のいる美術館はあの熊本城の横にあり同様の揺れを受けた。被害は建物よりも収蔵庫が甚大であった。また公的な建物よりも私立の収蔵品も大きな継続的な被害を受けた。6月の梅雨によるカビの被害等々、また救い出したとしても置き場所もない状態はさらに収蔵品にダメージを与えた。それでも地域やボランティアの方々の手助けで、少しずつだが修復をすすめている。今も3度目の本震への不安がよぎる精神状態の中、安否連絡の多くは熊本在住の世界的な彫刻家、浜田知明さんに関すること。戦中の軍隊、戦争の理不尽を加害・被害の両面から追求し絵画（版画）、彫刻で戦争批判の作品を制作されている作家は少ない。浜田さんは、あれほどの甚大な被害をもたらしたあの戦争を忘れてしまったかのような今の政治家たちの存在や過去に学んでいない国民が増えていることに対して「加害の側は忘れるが、被害の側は忘れない」受けた苦しみ、今も続く苦しみは計り知れないものであり「記憶の残り方がちがう」と語っておられる。2015年に浜田さんの全作品の図録を作ったが、全作品にいろいろな作家たちのコメントがそえてある物は他にはない。鑑賞教材としての活用を含め、是非見て欲しい。高校生の頃、本物のセザンヌの作品を、ここ新潟の美術館で見た。また新潟の「大地の芸術祭」に関わっておられる北川さんは、ラスコーやアルタミラの壁画は人間社会を映す鏡、人間の最も親しい伴走者と語っている。図工・美術の体験が、子どもたちの良き伴走者となるようにこれからのとりくみをすすめてほしいと語った。

小林共同研究者は、初任者の時ある図工の研究会に行った。展示してある子どもたちの作品はいずれも同じ様式、同様の絵。怒りすら覚えた。なぜそうなのか、子どもたちはもっと自分らしく描きたいと望んでいるのではないかと問うた。その会のリーダ

ーは、さぞかしすばらしい実践をおもちでしょうねと返した。初任者ではあったが言わずにはおれなかった思いと悔しさから、その後実践を重ね、仲間もふやした。しかし、コンクール主義やマニュアルに頼る状況は今もはびこっている。今、多くの子どもたちが精神的に病んでいる状況がある。私たちはこの状況にどう寄りそうのか。ユージン・スミスが写真家として「ミナマタ」に寄りそったように。苦しく厳しい状況にあるからこそ人間の愛に触れ、人は表現する。詩、絵、音楽等々、いやしにとどまらず強く生きていく力ともなる。芸術の力を信じ実践を重ね再会しようと語った。

坂井共同研究者は、ゆとり教育の頃、五寸釘でナイフを作る実践をした。切れ味の良いナイフができた。子どもたちは干し柿づくりをしたいと取りかかった。しかし当時の校長は食物を校舎につるすことに反対した。子どもたちは学級新聞でとりくみへの思いと正当性を訴え実行した。当時、他の学校での学校訪問で、ある指導主事がゆとりの時間でナイフを作らせ学力を下げた教員がいると非難した。この話を聞いて子どもたちは懸命に勉強した。そして完成した干し柿を皿にのせ校長室に運んだ。翌日様子をたずねると子どもたちは、校長先生は失礼だと言ってお礼の言葉一つなかったと言った。子どもたちは学級新聞でこの件を論評した。批判する力は学力の証である。ある教育実習生は受験学力だけの学びに苦しみ、自己を語る鑑賞授業を通し真剣に語り合う子どもたちの姿に涙した。生き直しの授業として表現の響き合う授業を経験し美術の力を実感した。表現は思いを語る窓口である。今ある人間関係の証である。子どもの作品を私たちはそのようにとらえる。教研の討議を経て、子どもとともに認識を高め合う授業の創造を期待したいと語った。

4. このリポートに学ぶ

自然とつながり、内面と向き合うこと。多様な個性の理解や、他者への共感力を高めたいと願い「題材開発」への熱い思いを胸にとりくんだ実践報告である。「希望の森をつくる」と題して、子どもたちは拾い集めた様々な木々の枝で木炭を焼いた。その木炭を用いて「ねがいの木」を描く。見えないものを感じとり、つくる。そのエネルギーとなる子どもたちのそれぞれの思い。その思いは、「ねがいの木」として立体化される。それらが集められ「希望の森」となる。「ねがい」の内容の深まりが充分にリ

ポートされてはいなかったが、題材を自分のものとして受けとめ制作にのめりこんでいく子どもたちの熱意は作品を通し伝わってきた。写真で報告せず、すべての作品を遠方より運び込んだその熱意は同様の熱意で教研会場まで運び入れた他の参加者の思いと重なり合い、「授業とは何か」「題材」とは何かを考え合う提起となった。時数削減、それに伴う定数減、兼務の増加等々厳しい状況の中で題材に悩むことは当然である。むしろ小手先の題材選びに走る風潮には流されてはならない。美術教育運動の前進のために問いを広げていきたい。〈坂井弘樹〉

リポート 希望の森をつくる
　　　　山下吉也　福岡・大牟田市立米生中学校

A．はじめに

「木」を眺める。すっくと立ち上がったその姿に私たちの心はゆれる。陸前高田の「奇跡の一本松」の話からこの授業は始まった。話が終わり、冬の晴れた日、中学1年生のみんなは校庭へと出かけて行く。そこで拾った木の枝から木炭をつくり、その木炭で「ねがいの木」を描いた。大地に根を張り立ち上がる木の「見えない部分」をイメージしながら……。

冬のひととき、自然や自己の内面と向き合い、静かな時間が流れる。三池炭鉱で栄えたこの町も人口が減り、かつての賑わいはない。「希望の森」を作り終える頃、隣接する熊本が大地震に見舞われた。つらさや困難と向き合いながら生きていく「ひと」を支えてくれるものは何なのか？　美術教育の中にそれはあるのか？　旧産炭地の統廃合を来年に控えた中学校でのとりくみを以下に紹介する。

B．活動のはじまり　　中学1年（8時間）

冬となり、木々の葉もすっかり落ちた頃「希望の森をつくる」活動が始まる。学校生活にも慣れてきたけれどあまり自分に自信がもてない中学1年たちは、柔らかな陽が注ぐグランドへ出かけて行く（**資料1〜資料3**）。木々の間を散策し、スケッチしたい木を見つけ、枝を拾ってくる。この時間、みんなとても生き生きとした表情である。（散策時間　約20分）

資料1　　　　資料2

校庭にはクヌギやイチョウ、桜などたくさんの木がある。

資料3

その①
小枝から木炭をつくる

《材料・用意するもの①》
- 枯れ枝・木炭（見本用）
- 糸のこ・サージカルテープ・油性ペン
- スチール缶　●卓上ガスコンロ・金網
- アルミホイル・針金・ニードル
- 軍手　●ホーロー製バット

○美術室に戻り、長い枝は木炭のサイズ（約12cm）にカットする。焼いた後で自分の枝だとわかるようにアルミ箔を枝の上部に巻き（**資料4**）、そのアルミ箔に油性ペンで記名し、文字が消えないように内側に折り曲げて、窯となるスチール缶に入れる。50本程度は、缶に入り、焼くことができる。

資料4

○缶にアルミホイルで蓋をし、針金で軽く縛る。アルミの中央にガス抜きの穴をニードルで1つ開け（**資料5**）、卓上コンロで約30分焼成（**資料6**）。はじめ白い煙が大量に出る（木の中の水分）。途中から青味を帯びた煙に変わる。煙が出なくなったら木炭の出来上がり（**資料7**）。木炭が出来上がるまでの時間は、焼成の様子を見せながらプル

一ノ・ムナーリの本「木をかこう」を紹介する。
○缶を5分ほど放置し冷ましてから、木炭を取り出し、ホーロー製のバットに並べる。自分の木炭を見つけてアルミをはずし、サージカルテープを巻き油性ペンで名前を記入しておく。

資料5　　資料6　　資料7

できあがった木炭で早速みんな何か書いている。「本当に、書けるやん」「手が汚れる〜」などの声があちこちから上がる。校庭に落ちていた枝が木炭に変わり、子どもたちの手を通して、絵に生まれ変わろうとしている。

その②
木炭で「ねがいの木」をスケッチする

《材料・用意するもの②》
●八つ切り画用紙　●木炭
●B4画板　●布
●練り消し or 食パン
●定着用フィクサチーフ

次の時間、できあがった木炭で MY TREE「ねがいの木」を描く（**資料8・資料9**）。

資料8　　資料9

○木の描き方について以下の条件を伝えた。
　◇木の成長のエネルギーを感じながら描く
　◇木のリズム（法則性）を見つけながら描く
　◇見えない根っこもイメージして描く
○校庭にスケッチに行く。（30分）

前回決めておいた木をモデルにを描く。形は自分で変えてよいこととし、さらにその木を支えている根っこをイメージしながら描いていく。
○美術室に戻り、「ねがいの木」に定着液をかける。さらに加筆もOK（10分）。作者名を記入し、作品を集める。
絵を展示するときは、描いた根っこは波形に切った画用紙で隠して展示した。めくれば見えるが、作者にはきっと「見えている」はずである（**資料10・資料11**）。

資料10　　資料11

その③木綿糸で「ねがいの木」をつくる

《材料・用意するもの③》
●木綿糸60m巻き×人数分
●ハサミ・カッターナイフ　●型紙
●木工ボンド　●竹串　●のり用下紙
●指サック大・中・小各40
●ドライヤー3台

次の時間、「ねがいの木」の絵をもとに立体の木をつくる。

枝をつくろう　（10分）

まず、糸による「枝づくり」にとりくむ。
これが木をつくる練習となる。

1. 型紙に糸を6回巻く。型紙から糸をはずして輪になった糸の上下をハサミで切る。12本の糸の束ができる。
2. 両手の親指と人差し指に指サックをつけ、利き手の指サックに木工ボンドをつけ束になった糸にボンドをしっかりまぶしていく。ボンドがしっかりついたらねじって強度を出す。ねじりを加えた枝の中央部分にドライヤーで熱風を当て、べとつきがなくなるまで乾かす。
3. 中央部が乾いてきたら枝を2つか3つに分けて

いく。細かなところは竹串などを使って分けていく。12本→6・6本→3・3本→1と2本→1・1本（これが枝となる）。
4. 空間の広がりが出るように枝の形を調整する。調整後ドライヤーで乾燥させ枝の完成。完成した枝は、集めておく。以上が木をつくる練習。

[木をつくろう]（50分）

まず、広葉樹のつくり方を説明する。
今回の場合は、糸の長さ全体の2/3を木の部分、1/3を根の部分とする。型紙の長辺に糸を巻いていく。18cmの50回巻きが基本。後は枝のつくり方と同じ。違うのは根となる1/3にボンドをつけないことだけである。木のつくり方について以下の注意点を伝えた。
◇木工ボンドを表面だけでなく糸全体にしっかりまぶすこと
◇木のリズム（法則性）を決めて枝を「分け」ていくこと
◇ねじりをつけて強度を出しながら4回以上の枝の「分け」をつくること

この時間だけで50分は必要。1年生の3学期は、2時間続きの授業が組めるためこの作業ができる（**資料12**）。

また、この作業は、ボンドが固まるまでは形が定まらず、すぐにくじけそうになる。「だめだと諦めるな！ 諦めなければ必ずできる！」それを体験する授業だ‼ということを事前に生徒たちに伝えておくことが大切。これこそ、この授業の命。

作品は机の横に、油性ペンで記名したテープを貼って上下逆さまにぶら下げて保存する（**資料13**）。

その④
「ねがいの木」を立ち上げ、
未来へのメッセージを埋め込もう

《材料・用意するもの④》
●土台用厚紙2枚×人数分　●和紙
●木工ボンド・筆　●ハサミ・カッターナイフ
●カッターマット　●和紙型紙
●メッセージ記入用紙　●ドライヤー3台
●お花紙・楊子　●住人用ケント紙　●小丸刀
●カップ　●制作記録用紙

[木を立ち上げよう]

いよいよできあがった「木」を立ち上げるときが来た。
1. 和紙用の型紙（黄ボール紙12×12cm）を選んだ色和紙の上に置き鉛筆で形を取る。
2. 8×8cmにカットした厚紙1枚に対角線を利用して中心を出し、つくった木の幹よりやや小さめの円を描き込む。厚紙を和紙の上にのせ、木工ボンドで接着する。小丸刀を使って幹を入れる円を切り取る。
3. 1/3残しておいた木の根の部分を水で湿らせ和紙の方から穴に通す。通したら、根を放射状に

資料12

資料13

資料14

広げボンドで接着する。ドライヤーで乾燥させるか机と机の間に挟んで乾燥させる（**資料14**）。

|木の住人と命の葉をつけよう|
1. ねがいの木の中にふさわしい住人を考え、シルエットで切り取り、木の中に配置する。
2. お花紙で命の葉をつくり、枝を飾る。小丸刀で葉を切り出しラバーカップに集め、水用の楊子と木工ボンド用の楊子を使い分け、枝に葉をつけていく。

|未来へのメッセージを埋め込む|
1. 未来の自分へのメッセージを書く。
2. 和紙ののりしろ部分の角を4カ所切り、折り曲げてできあがりを確かめておく。
3. もう1枚の厚紙に折り曲げたメッセージを乗せ、根の部分をふさぐ。和紙ののりしろ部分に糊をつけ折り返し密封する。制作カードを記入し底の部分に糊付けし完成（**資料15**）。

資料15

資料16

資料17

その⑤
みんなの「木」で「希望の森」をつくろう

最後にみんなの木を集めて鑑賞し合った。眺めておしゃべり。最後に記念写真（**資料16・17**）。

《活動を終えて〜子どもたちの感想文より》
○根っこのところなんて見たことなかったからどんな風に描くか分からなかった。
○作るまでの工程（枝探し→木炭にする→木炭でスケッチする→糸やボンドで木をつくる）はとても楽しかったです。身近にある材料なので、いつでも簡単にできそうだなあと思いました。最初は糸でどうやって木をつくるのかなと思っていたけど、分かったらとても簡単で面白かったです。
○鉛筆と違って色の濃淡を表すのが難しくて、とても苦労した。私は、少し力が強いので、すぐボキボキと枝が折れていたのが面白かった。
○木で木炭をつくることがすごいと思った。木炭の炭は、すごく描きやすかったです。
○（糸とボンドで木をつくる）この作業は、とても難しかったし、手がべとべとになって気持ちいいような悪いような感じでした。楽しかったです。
○木で木を描くという発想がすごいと思った。
○自分が埋め込んだ手紙には何を書いたか覚えていないけど、開けるようになったときにはまず、埋め込んだことも忘れているかもしれません。
○手紙に書いたように夢がかなっているといいです。
○自分の好きな形に木をつくることができて誰とも形がかぶらないというところがいいなと思いました。木の住人を作ったときが一番楽しくて自分的に一番好きな作業でした。

C．おわりに

陽の光差し込む窓辺に、ねがいの木を置いておくと小さな影ができ（**資料18**）、眺めているとどこか高い空から見ているような不思議なきもちになる。木を描いた木炭は、次の出番を待って静かに並んでいる。今回のとりくみは、目に見えるものだけでなく「見えない」ものを感じ取りながら描こう・つくろうと呼びかけた。木をつくる時も「見えない」土の中をイメージして根を張った。また、べたつくボ

資料 18

ンド、思い通りにならない糸、木をつくっていくときはほとんどの子どもたちが「心が折れそう」になっていた。あるいは、「できっこない」とあきらめそうになっていた。しかし、悪戦苦闘しながらもつづけていくと必ず「答え」が返ってくる。「必ずできるからあきらめずに続けよう」と繰り返し伝えた。春を迎え、成長していく木々の葉と競うかのように作品もできあがっていった。みんなに最後に尋ねた言葉は「もういいかい？」だった。「先生もういいよ。」の返事でこの授業は終了した。

　美術の時間は、たくさんの魅力にあふれている。「ものづくり」を通して「未来をつくる力」を育てることもできる。私たちの人生すらも私と周りの人たちによる「作品」のようだ。今は、森となっているこの木々たちは、あとしばらくすると作者のもとに帰っていき、傍らで小さな木陰をつくり、静かに作者を見守ってくれるだろう。

音楽教育 第7分科会

1. 討議の柱と論議の報告

2. 総括討論

3.「つらなり」のなかに生まれる希望

4. 音楽をずっと楽しんでいてほしい

5. 音楽の可能性と「育ち」

6. このリポートに学ぶ

　　◎一人ひとりに願いをもって、つながる授業を

　　　　　　　　　　〈中田友貴　大阪・豊中市立豊島西小学校〉

《執筆者》

早瀬　順子

中村　佳栄

吉村　憲二

関田　　良

野口　淑子

齋藤　啓之

1．討議の柱と論議の報告

今次全国教研音楽教育分科会では、全国から20本のリポートが提出され、「音楽」で子どもが育つということはどういうことかを、「子ども観」と「音楽観」を通して考えていくことを柱として映像や音声も合わせて各県から報告を受け、討論を深めた。昨年はリポート集の順番通りに発表を行ったが、今年はその逆順の南から順番に発表していった（一部発表者の都合で入れ替えた部分もあった）。

討議の冒頭、共同研究者から「『音楽とは何か』、近年、この分科会でこの根源的テーマについて討議をしてきたが、実際には出口がなく、もんもんとしてきた。そもそも定義がないし、その人の経験・世代・価値観が違う中でどこを大事にされているかによって変わってくる。学校には教員・子どもがいる。おとなの価値観だけを基準にし、子どもの多様なイメージを避けることなく、わかちあえる関係が大切になるのではないか。『何を学ぶか』『どのように学ぶか』『何ができるか』『できるようになるか』、それには準備・裏付けが必要だし、通達や評価の問題もある。

技能的にできない子どもをできるようにさせる段階で、立ち位置が見えなくなるというおそれがないだろうか。理解するとは英語で『アンダースタンド』。つまり、下に立つということである。それでは子どもを理解するということは、子どもの下に立つということではないのか。その立ち位置で子どもが育っていくことが、学校の音楽教育に求められているのではないか」という提起がなされた。

〈早瀬順子〉

①長野（小）

「技能的に達成できること」イコール「充実」と感じている子どもたちと、「音楽の要素に関わって感動してほしい」と思い授業を行ってきた自分自身の考えとのズレから、授業のはじめ5分、10分の活動を充実させるためにとりくんだ実践。わらべうたや手遊びで音楽的な力をねらっていても、子どもたちにとってはあくまでも「遊び」。楽しく遊んでいるなかで、こちらがねらっていることが自然に身についてほしいという声があった。

②沖縄（中）

声や心を合わせることを重視し、フルーツのリズムに合わせてボイスアンサンブルにとりくんだ実践。音源から、子どもが楽しく活動している様子がうかがえることや、音楽を作る約束ごとの必要性について話が出された。また、修学旅行で沖縄に行き、平和の礎の前で平和の歌を歌っているという県があったことから、平和に関する議論もなされた。子どもたちの中にもともとあるリズム感を私たちはどのくらい取り上げるのか、沖縄地域の音楽を取り入れる必要もあるのではないかという意見も出された。

③鹿児島（小）

「子どもたちにとって、音楽って何だろう」と自分自身に問い続けながら重ねた実践。音楽の授業を「開放できる空間を提供する場所」にしたいと、支援学級の子どもたちを真ん中に据えたとりくみが報告された。参加者からは、「自分自身が教員になった原点に立ち返ってみようと思った」、「自分自身見直す点が多くあった」という感想が多く出された。また、討論では、子どもたちが楽器に触れ合う時間の確保や触れ合わせかたについてもたくさんの意見が出された。

④宮崎（小）

日常のあらゆる場面を通して「仲間を大切にすること」、「平和を守ること」を大切にとりくんだ実践が報告され、「音楽を楽しむ空間づくりの大切さ」について議論された。「音楽の授業で音楽嫌いをつくりたくない」「できることを増やして音楽の楽しさを感じてほしい」という思いが出された。また、子どもたちに自分自身の価値観を「こうあるべき」「こうでないといけない」と、押しつけがちになってはいないか。「できることがいいこと」にしていないか？と問題提起もあった。

⑤大分（小）

歌っていない子がいたらその子に厳しい言葉を投げかけて、泣かせてしまったこと、自分の理想に子どもたちを近づけようとしていたこと、音楽をするのが億劫になっていたころのとりくみなど、自らの失敗談の紹介と、「自分の価値観を子どもたちに押しつけていませんか」と投げかけがあった。歌の教材を選ぶときにはメッセージ性を考えることで、その時に与えたい言葉が子どもにすっと入り込むことがある、子どもと本気でぶつかり、失敗し、そこから学んで伸びることがあると意見が出された。

⑥福岡（中）

　以前勤務していた学校に再度赴任すると合唱が低迷気味であったことから、特設で合唱部をつくったとりくみの報告。周りの教職員を巻き込むことの大変さについても触れられた。生徒会執行部を中心に活動を行う中で、学習室に通うAが安心して歌える合唱部が、周りのみんなも安心できる場になったことが紹介された。1つの活動を続けていくことや、新しいことを立ち上げることの難しさについて、多くの意見が出された。　　　　　　　〈中村佳栄〉

⑦岡山（小）

　リコーダーは難しい楽器であり、だからこそリコーダーとの出会わせ方が大切である。百人一首に旋律をつけるなどの工夫をしながら、子どもたちとリコーダーの音色を追求してきたという報告である。「ぶんぶんぶん」「ソラシのワルツ」「オーラリー」等の音源が紹介された。「導入時にどんな声を掛けるのか」という子どもへの関わり方に議論が集中した。リポーターからは、スモールステップで試行錯誤しながら、一人ひとりに根気強く関わっていくという話があった。

⑧兵庫（小）

　「音楽が楽しい」と感じられるようにするために、まずは「声を出す」「体を動かす」ことを大切にし、質を高めていきたいという報告であった。「ドレミ体操」や「歌えてのひら」「ミッキーマウスマーチ」を使っての練習が音源で紹介された。討論では「できないに共感」することや「子どものペース」を認めることを大切にしたい、私たちは「好きの強要」をしていないか、「活動的な楽しさと質的な楽しさ」が自然に身につき「これでいいんだ！」と子どもたちが実感できるようにしていきたい等の意見が出された。

⑨大阪（小）

　心を「開く」「合わせる」「伝える」という3つの視点で授業を行なっている。様々な状況の中におかれている子どもたちが多いが、色々なおとなから認められる、応援されているという実感がもてることが大切だ、という報告であった。プレイクロスを用いた授業の様子も紹介された。討論では「自由度」をもち「こうでなければいけない」をつくらないようにしたい。様々なしんどさをもつ子どもたちが、音楽の授業後「気持ち良かった」「明るい気持ちになれた」と思えるようにしていきたいということが話し合われた。

⑩三重（小）

「音楽づくりグループ」のとりくみをリズムアンサンブルの様子等を紹介した映像を用い、グループではリズムによる音楽づくりが中心になっているが、「楽しさ」と「基礎的な力」の両方を大切にしてすすめていきたいという報告であった。討論では音楽「専科」の校内での位置についても話し合われた。音楽のできる教員が状況的には少ないが故に困難な状況もあるが、学年を超えて系統的に子どもと関われる位置にもある。音楽が生活の中で必要であるという発信をしていきたい、という意見等が交わされた。

⑪愛知（小）

歌うことが好きで元気よく歌える子どもが多い。さらに表現力を高めていくために、曲のイメージをもち歌詞の意味を考えることも大切だ。そこでキャッチタイム、チャレンジタイム、シェアタイムという３つの手だてをしながら授業をすすめているということを、映像で内容を紹介しながらの報告であった。討論では「音楽はどれも正解」ということに共感した。一方、音楽をするのに「思いや意図」を常にもつ必要があるのか、そうではない自由な場面もあるのではないか、他方、授業という視点、曲や作者の持つ意味や意図、演奏する側の意図が存在する中でどこに狙いを絞るのかも大切という意見が交わされた。

⑫石川（小）

「音楽活動を通して学級が１つになる」をテーマにしてきた。自分の好きなミュージカルの歌などを子どもたちの前で歌ったりもする。子どもたちが自己肯定感や自身を高めて欲しいと願いつつ、楽しい授業をするにはどのようにすればよいかを試行錯誤しながら、また他の教職員に教えてもらいながら日々とりくんでいるという報告であった。音源で「翼をください」、映像で「カップゲーム」が紹介された。討論では発表者の努力がよくわかる。自分が迷うと子どもはその倍くらいいきつくなりかねない。やはり自分が音楽が好きで楽しむということが大切だという意見等が出た。　　　　　　〈吉村憲二〉

⑬新潟（小）

子どもたちが、目を輝かせて音楽にとりくめるようにと実践したとりくみ。導入の工夫をコール＆レスポンス（教員と子どもたちの掛け合い）で活動の

意欲と質を高めている。また、個（ひとりタイム）、小集団グループ（友だちタイム）、全体（みんなタイム）をつくることで考えを深める場を保障したり、ギターやICT機器など教員の特技を生かし、こどもの身の周りにあるたくさんの音楽を子どもと一緒に楽しんでいるとの報告。

⑭静岡（小）

楽しいとできたが両立する音楽づくりをめざしての報告。自由というと収拾がつかなくなるが、そこにいくつかの条件を設定することにより、逆に自由に音づくりがすすみ活動を充実させることができた。また、パソコンで作曲をしていくとそこにルール違反が出てくるが、そこに面白さがあることもあり、それを待っているところもある。「音符博士にチャレンジ」や発表の仕方の工夫が大切でそこには他の活動との系統性や複数年度に渡る長期的な力量形成・縦横に学習の網を張る必要があるとの報告。

⑮山梨（小）

日本の音楽に親しむ実践で、音楽づくり、即興表現は歌唱・器楽とは違う光を子どもにあてられる。技能・知識・心の問題があるが、楽しみながら活動させたい。子どもたちが安心して創作するには条件を狭めることが必要。できた音楽をリコーダーでリレーすることで友だちの音を聴き取る力や感じる力を高め、それがつながることで１つの曲ができてくる。また、自分の番を待つ時間となり、音による言語活動の時間となっているとの報告。

⑯神奈川（小）

聴いて、感じて、伝えようと友だちと関わりながら学び合う子をめざしての実践。専科と担任のT.T.で行うことでより細やかな指導ができ、担任の意識が随分と変わる。「今井３分間音楽」として基礎を正しく習得させ技能を高め、一人ひとりの自信や意欲をひきだしている。また中休み合唱団として25分間自主的に集まり練習し、年間６回のプチコンサートを行っている。おとなとの関係はできても、子どもたちどうしでなかなかつながれない現状があるとの報告。

⑰千葉（中）

歌舞伎と能を関連させ、日本の伝統音楽に親しみ、その良さを感じとらせる指導法の工夫の実践。鑑賞と表現という観点で実際に唄う（謡う）ことに

よりそのおもしろさを味わい親しみをもたせる。図形楽譜を使い、唄い方のポイントや自分の思いを書き込み、学習の軌跡がわかるようにした結果、主体的に鑑賞する態度が見受けられ、総合芸術である認識を深め、日本の音楽の良さや特徴をとらえるとともに、自己表現に対する意欲の向上がみられたとの報告。

⑱茨城（小）

　演奏の楽しさを味わいながら、音を音楽へと高める音楽づくりの実践。子ども一人ひとりが感性や創造性を発揮し、自分の音や音楽、新しいものを作り出すことが大切と考えた。生活していて聞こえた音を作って音マップづくりを行い、表現することで音に対して敏感になった。このことから、子どもたちは五感を使って生きていると実感した。ソラシの3音によるふしづくりからお囃子のリズムやふしづくりにおいて、構造のしっかりしたメロディーの作品へと発展させ、日本の音楽にも親しみをもたせることができたとの報告。

⑲岩手（小）

　季節や、子どもの人間関係や実態を見て、たくさんの自主教材のうち、どの教材を渡すかを決める。たくさん知っているからこそ選べる。子どもが受け取ってくれなければひっこめる。子どもの歌声の中に技術ではなく思いを聴き取れるようになった。合唱至上主義に惑わされ、大事なことを見落としてきた。一緒に歌いあって音楽が高まったとき、音楽が嫌いな子が一緒に歌い出すとき、教材のもつ力を感じる。おとなが精一杯歌う姿や担任が一緒に歌ってくれるのを子どもたちはとても喜ぶ。そのことがいかに大切かを実感したとの報告。

⑳北海道（小）

　ピアノが苦手でも、音を楽しもうととりくんだ実践。「まちがったらヤダ」と思わせたくないので、EXダンスを授業に取り入れることにより子どもたちを開放し、歌を歌い、リコーダーの練習をするという一連の流れで授業をすすめている。許すところ許さないところを教員がもちながら子どもたちに合わせたスピードで安心感や興味を引き出しているとの報告。

＜午後の意見のまとめ＞
・音づくりにおいては音が多いことが音楽の価値が

高いことではない。わらべ歌にも2音や3音のものがある。子どもの中にもっているものに価値づけをしてあげたらいい。それを引き出したり、気付かせるのが教員の仕事なのではないか。
・複式で音楽の授業をすすめる大変さ、とくにリコーダーの指導に苦労している。もちろん、上級生が下級生の小先生となってくれる利点もあるが、教材の選定や授業展開の工夫などで苦労している。
・最も子どもたちに必要な音楽は再現芸術を完成させていくことなのだろうか。ピアノががんがんついてくる中での音楽で良いのだろうか。子どもたちから表出していく音楽を大事にしてほしい。それが、音楽が授業として存続していくかどうかにつながるのではないか。
・指導要領にはさまれている教員だが、その付き合い方を考え、何より目の前にいる子どもたちをよく見て、折り合いをつけていかなければならない。子ども一人ひとりに目をむけ、それぞれの価値観を否定しないでしっかりキャッチボールしていく必要がある。
・西洋音楽中心の楽典・理論の楽譜にこだわる必要があるのだろうか。子どもたちから発信したものを教員が受け入れての段階ならまだしも、教員が先回りして子どもたちに強要するから子どもたちは嫌になるのではないか。その順番やプロセスを見究めたい。　　　　　　　　　　〈早瀬順子〉

2．総括討論

　はじめに、共同研究者から、総括討論で話題にしたい内容について提案された。
①学校で音楽をやる意味
　学校と教職員集団をどうつくっていくか。支援を必要とする子どもたちとの仲間づくりをどうすすめていくか。
②感性からスタートする音楽
　子どもにはもともと感性があって、音楽を感じとる力がある。感性からスタートする音楽をどのようにつくっていくのか。
③「子どもの好きな曲と私たちが従来やってきた音楽」をどう整理していくのか？
　子どもの現実と思いや暮らし生活を背景とした選曲をどうすすめていくか。ダンスやパフォーマンスなど「総合的な芸術の創造」は音楽教育に求められているものである。
④「評価」に対しての矛盾、葛藤、複雑な思いはな

いか？

「声を出さない、声にだせない」などいろいろな子がいるが、子どもの表情や動き、書いたものから子どもたちを見ることができる。これが私たち自身の評価につながっている。

〔学校で音楽をやる意味〕

• 教研に2日間参加して、これまで「方法」や「活動」にばかり目がいっていた。「質」の部分で他県とどこでつながっているのかを考え直した。学級や社会に、支援を要する子やいろいろな子がいてあたり前。今回、舞台上で支援を要する子の様子の動画を持ってきた。しかし、教室でわちゃわちゃやっている様子や、支援学級の子が自分を表現しているところ、いきいきと楽器を触っている様子のものをもってくればよかったと反省している。

• 支援を要する子が授業の中で活躍すればいいのではなく、この子がいることで、この子も学びがあり、周りも変わっていくことが音楽の時間にたくさんできる。みんなで一緒にいることでお互いに感じ、心が解放されることがあるのではないかと改めて感じた。

• まわりの教職員に、子どもが音楽の中で変わっていく姿を見てもらえたことで、発表会がなくならなくてすんだ。「音楽でこんなことできるよ」「音楽でこんな力が育つ」「子どもがこんなに変わる」ことを教職員集団で共有することが大切だと感じた。

• リポートに「合唱指導は生徒指導である」という文言がある。合唱指導は生徒指導につながる面はあるかもしれないが、生徒指導を楽にするためにと表記されると、本当にそれでいいのかなと思う。音楽に求めている意味は違うのでは。この文だけ見たら誤解を受けるのでは。

• この3日間で真剣に考えた。教職員も支援の必要な子もそうでない子も、音楽はみんなが笑顔になれることなのかなと考えた。算数や国語は○×がつく。それだけではなく、業間や7時間目まではいってきて、子どもたちも窮屈。音楽でホッとできたり笑顔になれたり安心できたりする時間が、今の子どもたちには必要だと思っている。

• 失敗談として、これまで、子どもたちの声をずっと「きれいな声」にしようとしていた。音が外れると、「今の音ちがうよ」と、自分で勝手に音を選んで自分のラインに乗らない子どもたちを落と

して傷つけていた。自分が良かれと思って押し付けていたことやひとりよがりが、気づいたら、子どもたちを傷つけていたことを思い出した。これを、みんなに知ってもらいたいと思った。

• セルビアの友だちから聞いた話。ユーゴスラビアの紛争時は、歌とサッカーしかなかった。戦争中は弾の音で小鳥も逃げているから、小鳥が帰ってきてさえずりが聞こえるのがすごくうれしかった。小鳥の声は平和の音だったので、そればかり聴いた。日本はいま、そんな苦しい状況で戦争をやっているわけではない。生きていてつらいとき、歌は簡単に自分を慰めてくれると思っている。思い出と一緒に音楽が流れてくる。自分自身歌が上手いわけではないが、好きな歌の口笛を吹いている。子どもたちにもそうであってほしい。

• 私たちは、子どもの動きや表現を制限する必要はない。しかし、ルールは必要。

• 反対する人を大切にしたい。どうして反対しているのかを聞き、その意見を取り入れてその人も納得するようにすれば、もっと良いものになると考えている。

• これまでの討論の中で、「子どもたちができることを見つけてあげる」という言葉が出てきて、自分なら、1つもっていたいものは何かと考えた。「子どもたちがやっている音楽の価値を見出してあげる」ことを筋としてもっていたい。

• 図工や家庭科は自分で自分の作品をつくる。しかし音楽は、クラスや学年、学校全体で作る。目に見えない手で触れられない形が分からない1つのものを作り上げていく難しさがあると思う。難しいからこそ感動がうまれる。その感動を味わわせてあげたいから私はがんばっているのだと思う。その感動を味わえると、いますぐには成果は見えなくても、将来おとなになったときに自分で音楽をやりたいと思う子が生まれるのではないかと思っている。

• 初日の全体会のオープニングで聾の方が太鼓を演奏した。耳が聞こえないのに、どうして音をそろえることができるのかと思った。自分にとって当たり前のことが、この人たちにとってはとても大変なことだということに気がついた。耳が聞こえなくても、心の中でちゃんと音楽をしている。どの子も心の中に音楽をもっていることを知らされた。それを、音楽の時間にどう開放するか、少しだけ挑戦させる機会をもって「できる」につなげて「喜び」を味わわせるか。それをどう仕組むか

が私たちの課題だと思っている。

- 無音作業について話題になった。「音楽で統制される」という意味で考えると、音楽がなくてもいい、そういう風に使われたくはないという意見もあった。しかし、小学校でいうと、音楽が鳴っていることで、時計の感覚で、そろそろ掃除の時間が終わるという合図になったり心地良かったりすることもある。だから、賛否両論ある。

- いろいろなルールがあって、ここだけ解放しなさいと言っても解放できるわけがない。普段の音楽の授業は解放を求めているが、それは子どもに与える解放であって、何でもいいわけではない。教える側が「この曲で何を感じさせたいか」「子どもたちから何を受けたいか」など、学校で音楽をやる意味を一筋ちゃんともっていないといけないと思う。

- ピンチヒッターで来たが、来てよかった。「伝える」ってどういうことか。「歌」の語源は「訴える」。ただ単に音を出して歌うのではなく、何を伝えたいかが手話になって表れる。

〔ドリル的なものから始める必要があるのかどうか〕

- 子どもたちの「したい」が大事で、それを引き出したい。ほかの教科では、やらなければいけないことがたくさんあるが、音楽はそういう面ではやりやすい教科なのではと思っている。

- 楽譜はすべてではない。一助に過ぎないとは思うが、目からの情報があるほうがわかりやすい子もいる。4分休符はお休み、8分休符はちょっとのお休みとわかるだけいいかなと思っている。

- 「与えたい」「与える」だけではなく、「求めたいと思ったところに与える」ことがすごく大切だと思った。音楽は楽しいが楽譜はとっつきにくいところだと思っている。だからこそ、知りたい、できるようになりたい、書き残したいという思いをいかに引き出すか、求めたくなるような活動をしくむ技といい形で投げられる技、そこに、私たちのがんばっていかなければならないところがある。

- あとから価値づけてやるのもよい。

- 楽譜が読めるからこそ、とらわれている自分もいる。

- 大学生は高校の間に音楽をしない子が多い。こんなに小・中学校で一生懸命指導しているのに、楽譜も音符も分からない子もいる。楽譜という存在が日本の中でどういう位置づけになるのか、転換

期にきている。YouTube で簡単にピアノの弾き方を検索できる。これを踏まえて教育現場は何かをしていかないとずれてしまう。連続性と連携が大事。保育現場から大学生まで一貫してどういう風にとりくんでいくのかという視点ももっていないと、本質的に国に対して「学校で音楽が絶対必要です」というアピールはできない。

- 発達より先回りして「教えてあげたら幸せになれる」より、「伝えていきたい」を共有できるのが音楽の授業かと思っている。

- インクルーシブのところだけで特別支援の子の課題を挙げるのは限界がきているのかと思い、音楽教育にオブザーバーとして参加した。音楽はしばられるものではない。音楽は自由。友だちの中で認め合い、育てていくという点でも音楽はとても重要だと考える。特別支援の子にがんばらせようとし過ぎないでほしい。インクルーシブ教育でも、「特別支援の子ががんばる姿を見てほかの子もその子を認めていく」という文節があった。がんばっていないと認めてもらえないのかな？と感じる。

- 音楽の授業で伝えたいこと、学びたいことは、ここで終わるのではなくて未来につながる力を伝えたい。音楽そのものの魅力や技能、知識、音楽を形作っている要素を伝えることも含む。

- 評定は、評価の連続の先にある。できている、できていないは、私たちがどうしようと考えるためにある。評定は、子どもにレッテルを貼るものではない。

- 「音楽ってなんだろう」と考えたとき、「教育としての音楽」と「自分の生活の中の一部としてかかわってくる音楽」と分けて考えたほうがいいのかと思ったり、線を引くこともないのかと思ったりする。自分の中で答えを出すことができない。自分のことを伝えたり、人の思いを受け止めたり、心を動かす間にあるものだと思っている。子どもたちに学びのあるものを私たちが探していかなくてはいけない。ドリル的な活動も、それが目的ではない。

- 住んでいるところの音楽を好きでいてほしい、誇りをもっていてほしいから、日本の音楽、郷土の音楽を伝えている。そこに住んでいてよかったと思える子を育てたい。子どもを中心として保護者と熱く語れることが嬉しい。

- 時間がない中で、やりたいことがたくさんある。だからこそ歌は、本当に良いものを伝えていきた

い。良いと思うものだけを精選して伝える時間しかない。

- 「できるから楽しい」ではなく、「できなくても楽しい」と思ってほしいと思っていた。楽しい活動をこちらが仕組んで、子どもから、こういうことを教えてほしい、知りたいと思ったときにこちらから価値づけてあげることが大切だと感じた。小さな感動がたくさん子どもの中にあり、それが大きな感動につながるのだと思った。　〈中村佳栄〉

3．「つらなり」のなかに生まれる希望

　今次は、開始時よりすでに子どもの姿に学ぼうとするリポーターの姿勢が鮮明で、「子ども観」に常にしっかりと立脚したやりとりがなされた濃密な内容の3日間となった。日頃の教員としてのとりくみをまずは認めてもらいたいというより、互いを認め合うことで、自らを冷静に見つめ直そうとされている姿が印象的であった。「子どもたちに音楽で何ができるか」や「子どもたちがやりたい音楽から出発する」といった参加者の表現にもそのことが滲み出ている。

　第64次の分科会から討議の柱のひとつとしてきた「環境」について、今回は丁寧に振り返りがなされ、具体的なとりくみを分かち合う機会を得た。例えば「つながる」ことがテーマとなっている大阪のリポートでは、子どもと専科教員とで日々築かれていく関係を土台とし、学校ならではといえる「音楽室」を改めて子どもたちの居場所として捉え、その場の設えほか授業で用いる道具に至るまで、五感を通した働きかけにより、安心して音楽に触れることができる環境が意識されていた。また、発達に先回りせず、ありのままの子どもたちの感覚に自然に寄り添い、今を大切にする茨城の「音を音楽へと高める」とりくみは、子どもが音に出会う時間を護ることが、学校での音楽の大きな役割のひとつであることをシンプルに示している。胎児期よりおびただしい音との出会いを経験しているがゆえに、学校において、友だちや教員と同じ音を聴きつつも違って感じていることに気づくことで、他者とともに音楽をする意味や楽しみに出会っていくのであろう。音楽を通して育ち、変化していく子どもたちの生の姿が教職員や保護者、そして子ども自身に伝わり、共同体としてつらなりが生まれる。

　こうした「伝えることによって人と人がつらなる」という日常に関心を寄せるとき、やはり音楽が

教えたり教わったりするものだけではなく、伝承され息づいてきた歴史を再度考えたくなる。今次も長唄、能、民謡等の伝統芸能によるとりくみが報告されたが、毎次、「日本の音楽」をめぐり、そのアプローチの方法や音楽科で行う意義について意見が交わされる。単にその「良さや面白さ」を伝えるためだけに表層的に指導することとは異なる性質を伝承文化が有すると誰しもが身体的に、あるいは肌感覚で認めているからであろう。

　急速なグローバル化により、子どもたちをとりまく音楽は驚くほど多様化している。楽典の理解や読譜力など、可視化されやすい合理性が特徴のひとつである西洋音楽と、言語化されにくい身体感性がその核になっている日本音楽が共存する学校の音楽の場において、子どもたちが自ら発見し、出会っていくものは何であろうか。アンチ・グローバルの方向に転換していく傾向も見えつつある混沌とした状況で、人と人とが、世代を超えて連なるために生まれた伝承文化を捉え直すことは今後、学校で音楽を行う意義を明らかにするための視点として欠かすことができないだろう。「わかりあいたい」「共有したい」という互いの想いから発せられる営みである音楽を拠点に、学校や地域全体に生まれるつらなりのもつ力の大きさをあらためて考えていきたい。

　　　　　　　　　　　　　　　　　　〈関田　良〉

4．音楽をずっと楽しんでいてほしい

　「NHK みんなのうた」で放送されている「音楽室は秘密基地（作詞・曲：宮崎朝子）」という曲を聞いた。

　新しい学校になかなか馴染むことができない女の子が、音楽室でピアノを教えてくれた先生との出会いや別れを通じて少しずつ成長していく姿が描かれている。

　音楽室は居場所がなかった女の子にとって先生との秘密基地になった。切なくも心温まるストーリーだ。

　議論の中で、「学校で音楽をする意味」について、それぞれの参加者が考えた。「開放できる空間を提供する場所」「学習室に通うAが安心して歌える合唱部が、周りのみんなも安心できる場になった」「活動的な楽しさと質的な楽しさが自然に身につき、『これでいい！』と実感できる場に」などが報告にあった。

　さらに、「『音楽でこんな力が育つ』『子どもがこんなに変わる』」ということを教職員集団で共有する

114

ことが大切だ」と述べた参加者もいる。「音楽はみんなが笑顔になれる。算数や国語は○×がつく」「図工や家庭科は自分で自分の作品をつくる。しかし音楽は、クラスや学年・学校全体で作る。目に見えない・手で触れられない・形がわからない１つのものをつくり上げていく難しさがあるが、そこに感動がある」「『音楽のもつ力』は、巻き戻しのできない時間を共有すること」などそれぞれの実践からつむぎだされた言葉の数々である。

３日間の議論の上で、「学校で音楽をする意味は、仲間づくり。その子がいて当たり前に生活している。どの子もいっしょに学ぶこと。子どもが音楽の中で変わっていく姿を大事にしたい」「自分のラインに乗らない子どもをとりこぼし、傷つけていた自分がいた」「歌を通してコミュニケーションをしたい。子どもを授業で解放すること。この曲で自分は何を伝えたいのか、何を子どもから学びたいのか。曲のもつ歴史や意味を子どもと感じたい」「子どもが『したい』にもっていきたい」「『そこに住んでいてよかった』という子どもを育てたい。住んでいるところの音楽を好きでいてほしい」などの結論が導き出された。

「音楽室は秘密基地」、学校で音楽をする意味はそこにあるだろう。そんな存在で自分はいたい。一人の子どもの「居場所」になれればいいかな。そして自分がそういう子どもの「いる人」になれればちょっとうれしいかな。

そんなことを日々感じながら、「自分たちだけの音楽を創造する音楽の授業」を続けている。

先日、おとなの合唱団の定期演奏会に勤務先の全校生徒が賛助出演をする機会を得た。好きで、趣味で歌っている高齢者たちの思いは深く、子どもたちはその歌声から「好き」を感じとった。音や声が空気を伝わって、映像も加わって、感動しながらいっしょに音楽をした。

子どもたちはこの経験を忘れないだろう。そしておとなになっても、楽しんで歌うことを続けていくだろう。なぜなら、合唱団から「惜しみないやさしさやあたたかさ」を受けとったから。

12月の紅白歌合戦で、勤務先の卒業生が、AIのバックコーラス隊として参加した。本当に「好きでたまらない」感じで、ノリノリで歌っていた。成人を迎えた彼は、「これからも音楽を続けていきます」と決意を述べていた。

私たちは、「音楽をずっと楽しんでほしい」という思いをもって授業を楽しんでいる。そんなことを

感じさせた全国教研となった。　　　　　〈野口淑子〉

５．音楽の可能性と「育ち」

人間は、生まれた時から、自分の周囲の物や人に対して自ら働きかけながら、自らの感覚センサーから入ってくる情報を脳で抽出することによって知覚、認知しながら蓄えていく。さらに、徐々に言語という「記号」を獲得しながら、その記号と新しい認知、あるいは記号どうしの結びつきをかたちづくることによって「思考」を深めていく。快・不快などの情動はその原動力であり、情動にはまた、生存の危機を回避するという働きもある。このような「学び」のイメージを前提として、「音楽を、音楽で、音楽を通して」学ぶ「音楽科」の可能性を今次のリポートを振り返りながら考えてみたい。

茨城の「音遊び・音探し」では、「生活音」に注目して「音マップ」を作ったり、自分だけの「秘密の音」を作ってそれをお互い当てあったりするという試みである。これらは、表現を工夫する、表現を通して他者を感じるといった、音楽におけるコミュニケーションの本質を含んでいるとともに、楽しみながら、リアルな生活環境の中での観察力、洞察力、集中力の高まりにつながっていく。音そのものこそ音楽の原点と言えるだろう。

大分の「なかよし班のテーマソングづくり」では小規模校という環境を有効に使った、学年を超えたグループによる音楽づくりの試みで、つくる楽しさだけでなく、様々な学齢の子どもたちが音楽を通してお互いを感じ取り、尊重する場にもなっている。

大阪のリポートでは、子どもたちが安心して心を開ける場、環境をつくることを土台とし、様々な設定の中で、子どもたちが音楽で育ち、音楽でつながりをもっていく事例が紹介され印象的だった。

多くのリポートで、子どもたちが楽しく、自然に自分を表現でき、他者の表現も感じ取れるような設定、環境を作るための意欲的な工夫や試みが紹介されたが、そういった実践においては、討議のキーワードの１つである「音楽観」が重要なポイントとなるであろう。リポートの中には多様な「音楽観」が垣間見えていたが、「リズムに"ノって"しまうのは人間の本能…」「音楽は生活の営みの中から自然に、あるいは即興的に生まれたのではないか」など、子どもたちと直接むき合い、学び合うことによってこそ感じ取られるような、「音楽とは」という難問に対する切り口も見られた。様々な角度から「音

楽」を追求することによる多様な音楽観が「音楽科」の可能性をさらに広げていくのだということを改めて実感した。

　人間は、本来、好奇心旺盛な生きものであり、新しい知識や技能を身につけることは、それが自らの存在に悪影響を与えないものである限り、楽しいものであるはずである。特に成長過程の子どもたちはなおさらであろう。「学ぶ」ことが苦しみになってしまうとしたら、それは、人間をとりまく環境や社会のありようにこそ問題があるのではないだろうか。

　冒頭のイメージに立ち戻れば、教育とは「場、あるいは環境を作ること」という見かたもできるだろう。その中で子どもたちは自ら感じ取り、考えながら育っていくのである。このような立場で考えるとき、音楽のもつ可能性はまだまだ尽くされていないと言えるだろう。〈齋藤啓之〉

6．このリポートに学ぶ

リポート　一人ひとりに願いをもって、つながる授業を
　　　　中田友貴　大阪・豊中市立豊島西小学校

A．はじめに

　本校は人なつこく元気な子どもが多い。しかし生活背景が複雑な子どもが多く、朝は登校できていない子どもの把握と家庭への連絡に追われる。したがって、担任・児童生徒支援加配教員・養護教諭・支援学級担任・専科教員・管理職が連携をとりながら、個々の子どもの支援にあたっている。

　また、平和・国際理解・男女共生・なかまづくりなどの人権課題は各学年カリキュラム化されており、音楽の授業も、そのカリキュラムに沿うよう年間計画を立てている。さらに、豊中では長年、支援学級在籍子どもも原則、普通学級で生活・学習をし、「共に学び共に生きる」実践を積み重ねている。音楽の授業でも、障害のあるなしに関わらず、子ども一人ひとりをよく見つめ、分かる手立てやつなぐ手立てをすることにより、すべての子どもが生き生きと音楽に関われることを目標にしている。そして音楽を通して、多様性・想像力・つながる力を育み、心豊かで強かに生きていける子どもを育てたいと願い、日々子どもと向き合っている。

　子どもたちは音楽室に来て、「ママが昨日入院してん」「お金がないからピアノやめてん」と家庭のしんどさを、「友だちとまたけんかしてん」「将来が不安やねん」と日々の悩みを打ち明ける。子どもたちが担任や保護者には言えないことも、専科教員にだからこそ、音楽室だからこそ言えることがある。私自身、音楽専科教員として音楽を指導するのはまだ2年目であるが、専科教員としての役割は大きいと感じている。子どもたちに音楽で何ができるか、学校だからこそ何ができるかを考え、実践につなげるようにしている。

B．音楽室の目標「心を開こう」「心を合わせよう」「心を伝えよう」（写真1）

(1) 心を「ひらこう」〜音楽室を安心できる場所に〜
　音楽室を安心して自分を出せる場所にするため、楽しみながら一人ひとりが順に歌ったり演奏したりする活動、言葉リレー、リコーダーリレー、歌リレー、などを日頃から行っている。リコーダーリレーは**写真2**のようにUの字一列に並び、1人ずつ順番に演奏する。リコーダーを初めて手にした3年生の授業では毎時間行っている。「ソソソ＊」と一人が四拍分を演奏すると「ソソソ＊」とみんなで同じように吹き、拍が途切れないように順に回していく。リズムは自由で即興で考えるが、三連符や休符からはじまるリズムパターンなど複雑なリズムも楽しんでいる。シの音からはじめ、次第に音の種類を

（写真1）

（写真2）

増やしていく。例えばソ〜レと範囲を決めればその中から一音選び、友だちが選んで演奏した音を聞き取って同じように繰り返す。はじめのうちは目で友だちの指使いを確認しながら演奏しているが、繰り返すうち耳で聞き取れる子が増えてきた。リコーダーリレーの良さは、短時間で一人ひとりと向き合えることだ。また、姿勢やタンギングなどアドバイスでき、ほめることができる。「リズムが合っていればどんな音でもOK」と言っているので、変な音が出てしまっても大丈夫と思え、自分を出せるようになる。さらに、自分の音をみんなが同じように繰り返して吹いてくれることによって、自分が集団に受け入れられているという実感ももてると考える。

　また、自由に自分を出し、鑑賞したり表現したりできるよう、プレイクロスを授業で用いている。**写真3**は、4年生の歌唱教材「風のメロディー」で8分の6拍子の曲を聞きながら子どもたち自らが2拍子を感じ取ってプレイクロスを思い思いに振っているところだ。風のようにやさしく柔らかく振っている様子から、一人ひとりがどのように音楽を感じているか一目で分かる。鑑賞教材「パパゲーノとパパゲーナの二重唱」では、二役に分かれてふったが、「強弱」「反復」「音の重なり」などを聞き取って振ることができていた。鑑賞の授業では、聞き取ったことを言葉で表現することが多い。もちろん言葉での表現も練習していくが、プレイクロスを使えば、文章で表現することが苦手な子が、音楽をどう感じ取っているかが分かる。また、歌唱指導の際、指導者がプレイクロスを縦に軽快に振ったり、横に流れるように振ったりすることで、子どもたちは表情をつけて歌えるようになった。

　毎時間2人ずつ歌集から自分の歌いたい歌を選び、クラスみんなで歌う「歌リクエストタイム」を1年に1度もうけている。注目を浴びるのが苦手ですぐに緊張してしまう4年生のAは昨年度リクエストした「ベストフレンド」がクラスで大ヒット。リクエストが来るたび、Aのことを意識して他の友だちに伝えるようにした。Aは音楽の時間の笑顔が増え、音楽発表会でみんなと立てるようになり、今年度は前を向いて歌えるようになった。

　教室環境としては、机配置やインテリアにこだわっている。**写真4**のように机を配置すると子ども間の距離が近くなり、自然と教え合いや相談が始まる。教員が子どもを把握しやすくなり、グループ活動やクラスを2分割した活動がいつでもスムーズにできる。**写真5**は使わなくなったレコードで作ったモビールと、カメラが趣味の教員が毎月提供してくれる季節の写真だ。来たくなるような音楽室の環境づくり、また、子どもたちが普段の生活であまり触れることのない文化的な空間づくりを心がけている。季節感を感じながら音楽を楽しんでいる。

　私自身が心がけていることの一つが、授業の中で全員と目を合わせることだ。毎時間必ず1曲は**写真6**のように2列で合唱曲を思い切り歌う。その際、指揮をしながら全員と目を合わせる。いつもと様子が違うとすぐに分かるので「どうしたん？」「だいじょうぶ？」と休み時間に声をかけることができる。目が合わない子どもにも無理やり目を合わせて一瞬のコミュニケーションをとっている。その他、はじめのあいさつの歌を歌っているとき、リレーをしているときなど、できるだけ目を合わせたり声を

（写真4）

（写真3）

（写真5）

（写真6）

かけたりできるようにしている。たった週に1・2回の授業で子どもたちとつながるためには、こちらがメッセージを送ることが必要だ。昨年度のはじめ、支援学級在籍で4年生のBは、クラスでしているのと同じように、授業中音楽室からも度々抜け出していた。担任と連携し、まずは私がクラスに足を運んだり、休み時間に一緒に打楽器で遊んだりし、いろいろな話をしてもらった。とにかくBの話をたっぷりと聞いた。そして、安心できる関係が築けると「授業中にしんどくなったらきちんと言ってから準備室の椅子で過ごす」という約束をすることができ、次第に音楽室から出なくなっていった。「大きな音が苦手やから出ていくねん」と言っていたBが、今では大きな音も平気になり、友だちに「こうした方がいいよ」とアドバイスしながら授業を受けている。

(2) 心を「合わせよう」～グループで　クラスで　学校で～

グループでのアンサンブルを多く取り入れ、まずは少人数で音や心を合わせる心地よさを知ってもらおうととりくんでいる。例えばグループ4人で2小節程度の簡単なリコーダー四重奏や三重唱をする。指揮者や伴奏なしで、目くばせできれいにハモらせる。友だちの音や声を聞き、きれいに合わせる。リコーダーなら、絶対にうまくいくので「ナイスチームワーク！」「きれいねー」など、思いきりほめている。また、和音の学習では、全員にトーンチャイムを配り、グループごとに担当の音を決め、短い歌唱曲に合わせて和音を奏でる。トーンチャイムは、長調・短調の違いや日本の音階、沖縄の音階や諸外国の音階で即興演奏も楽しむことができる。子どもは何度でもやりたがり、響きの心地よさを味わっている。

体が大きく周りに影響力のある6年生のCは、昨年度、合唱曲を歌うときにガラガラした大声で周りを気にせず歌っていた。グループで合わせる活動を繰り返すうち、周りの音を聞いて合わせることができるようになり、友だちと合わせる心地よさを知った。今年度の夏休み開け、「先生！夏休みに家で毎日きれいな声で歌う練習してきたから聞いて！」ととても美しい声を聞かせてくれた。生活の中でも友だちの考えに耳を傾けて尊重したり、周りに合わせたりできるようになればと願っている。

さらに、学期に一回ずつ4年生以上でグループ合奏にとりくんでいる。グループの中でリコーダー・木琴・鉄琴・オルガン・アコーディオン・ドラムに分かれて演奏する。各パートの担当は1人ずつになるので、子どもは責任をもってやりとげなければならず、できた時には自信をつけることができる。練習の段階ではすべての楽器をグループで協力しながら体験させる。したがって、十分に曲を知ったうえで、安心してグループ合奏にとりくめるようにしている。

昨年度のはじめ、前音楽専科教員から「この子は音楽室に来てもリコーダーを袋から出しません」と引継ぎのあった支援学級在籍で6年生のD。Dは自尊感情が低く、気分にムラがあり、リコーダーはほとんど吹けなかった。根気強く関わり、グループでの簡単なリコーダー四重奏で、自信をつけさせた。グループ合奏ではドラムにはまり、音楽が大好きになった。今年度の1学期には合唱でパートリーダーに立候補し、練習も率先してやっていた。

クラスで心を合わせる特別な場面は、学期に1回行っている音楽発表会だ。音楽発表会は、普段の授業で歌ってきた合唱曲やリコーダー曲、グループ合奏を、担任をはじめ、養護教諭、司書、用（校）務員など、教職員や保護者に聞いてもらう会だ。たとえ演奏が素晴らしいものでなくても、一生懸命心を合わせて演奏すれば達成感があり、また、その姿が感動を与えることを知る。

昨年度、母親の再婚で転入してきた5年生のEは、今年度1学期のグループ合奏でドラムを担当し、新しい父親に「自分の子どもがこんなにできるとは思わなかった！」と感想をもらい本当に嬉しそうだった。一生懸命な子どもの姿をたくさんのおとなに見てもらい、子どもが少しでも認めてもらう機会が増えればと願っている。

学校全体で心を合わせる場面は音楽朝会だ。今年度から回数を増やし、歌声が当たり前に響く学校をめざしている。全校生が体育館でコの字型に並んで歌うようにしている。今年度は開校50周年記念式典に向け、全校合唱にとりくんだ。式典前は、休み

時間の廊下や階段にも歌声が響いていた。

(3) 心を「伝えよう」～全校生に 保護者に 地域の方々に～

　心を伝える場面は、クラスでの音楽発表会の他、全校生に平和の尊さを6年生が伝える平和集会、4年生が学んできたことを音楽で伝える学習発表会がある。

　豊中市内の小学校は修学旅行で広島に行き、平和学習を行う。本校でも毎年一学期、前倒しで近代の歴史を勉強し、戦争体験のある語り部さんの生々しい話を聞いて「行ってきます集会」で全校生に発信し、全校生が折った折り鶴を持って広島に行く。平和公園ではフィールドワークやセレモニーをする。また、帰ってきたらより詳しく学習したことを新聞にまとめ「報告集会」で報告する。今年度は「行ってきます集会」とセレモニーで「ヒロシマの有る国で」（作詞・曲：山本さとし）を、「報告集会」で「HEIWAの鐘」（作詞・曲：仲里幸広）を、また全校生で「折り鶴」（作詞・曲：梅原司平）を歌った。

　修学旅行に行く前、6年生の子どもに「歌で全校生に何を伝えたいか」を書かせると「戦争の悲惨さ、命の大切さ、平和への願い」など抽象的なことを書いた。帰ってきてからは「戦争を経験した、苦しんだ人の気持ちになって」「僕たちが見てきた原爆ドームや資料館を思い浮かべて」「被爆者の人たちや戦争のことを知らない1〜5年生に平和の大切さを伝えたい」「聞いた人が戦争をしてはいけないと思えるように」と具体的に伝えたいことを書くことができた。子どもたちと歌詞を読みながら、どう歌えば伝わるかを考えていった。

　また、本校では学習発表会で4年生が音楽発表をする。学習発表会では全校生、保護者、地域の方々に何を伝えたいか考えながらとりくんでいる。昨年度は理科のゴーヤ栽培から、総合で沖縄の調べ学習、運動会のエイサー、沖縄からイメージマップを作り、平和学習を行った。その流れで学習発表会は『沖縄から平和へ～ぬちどぅ宝～』という内容で発表をした。歌と太鼓「ハイサイシーサー」（作詞・曲：入里叶男）、リコーダー奏「ファムレウタ」（作詞：新良幸人・作曲：上地正昭）、二部合唱「さとうきび畑」（作詞・曲：寺島尚彦）、合奏「島唄」（作詞・曲：宮沢和史）を子どもたちの言葉とともに発表した。特に「さとうきび畑」は練習中に歌詞の意味を思い「涙が出てきた」という子もいた。合奏の「島唄」は本当の歌詞の意味を知らせ、思いをこめ

（写真7）

て演奏した。

　これは「人権・平和の集い～はばたけ豊中の子どもたち～」で発表し、豊中市の子どもたちに発信することもできた（**写真7**）。

　平和集会でも学習発表会でも、呼びかけの言葉の中で「家族や友だちを大切にする」「ひとりぼっちを作らない」「一人ひとりが変われば世界が変わる」など、自分たちにできることを考えて子どもたちは話していた。

　今年度の学習発表会は『地球星歌～世界はひとつ～』というテーマで、国際理解や平和について発表した。世界を旅してきた教員の話を聞いたり、いろいろな国について調べて新聞をつくったりした後、音楽発表にとりくんだ。スウェーデン民謡の「楽しいショティッシュ」（作詞：小林幹治）を打楽器と手遊びを交えて歌い（**写真8**）、ネパール民謡「ヒマラヤの歌」をネパール語で歌った。リコーダー奏「We are the world」（作詞：マイケル　ジャクソン・作曲：ライオネル　リッチー）、合奏「ブラジル」（作曲：ハロルド・ロボ／ニルティーニョ）を演奏し、二部合唱「地球星歌～笑顔のために～」（作詞・曲：ミマス）では、心を一つに思いを言葉にのせて伝えた。

（写真8）

（写真9）

（写真10）

C．音楽室のスローガン「音楽でつながろう」
（写真9）
(1)つながれる子どもを育てたい
　多様な文化に興味をもち、共感し、価値を見いだす子どもを育てたい。そして、自分と違った考えを受け入れられる子どもを育てたいと願い、様々な音楽に触れさせるようにしている。沖縄、アイヌ、雅楽などの日本音楽や、韓国、ネパールなどの諸外国の音楽を楽しんでいる。自分自身は地域のサークルで沖縄の三線を演奏したり、豊中市の教職員グループでチャングを演奏したりしながら、ルーツのある人たちと出会いつながりをもっている。

　また、音楽を通して感じる心や想像力を育み、他者の気持ちを考えることができる子どもを育てたい。昨年度、曲を鑑賞した際に「ジュラシックパークみたい」「ディズニーランドのパレードみたい」という感想が出た。テレビ・ゲームなどの映像文化の中で育った子どもは、想像力にとぼしく、見えるものしか感じにくい傾向があるのではないかと思った。言葉を豊かにするために、鑑賞の活動では「キーワード」や子どもたちが貯めた「表現のための言葉」を提示するようにしている。また心や感性を育むために、プレイクロスで音楽を豊かに感じて表現する活動や、無音を意識する活動、歌唱ではピアノの前奏や間奏でイメージを膨らませることを意識させるようにしている。

(2)つながる仕掛け
　子どもたちがつながる仕掛けとして、グループ活動やクラス発表の他、「音楽の森コンサート」を行っている。これは、6年生有志が企画運営し、誰でも参加できる昼休みのステージだ。昨年度は昼休み3日間で行い、廊下まで子どもたちがあふれるほどの大盛況となった。写真10は3年生の子どもがトーンチャイムでクリスマスソングを演奏しているところだ。ある子どもが「きょうだいで演奏したい」と相談に来たときには、一緒に曲や楽器を決め、楽譜を作って渡した。また、休み時間に1人で音楽室に遊びに来ている子を見つけたら、他の子とつないでコンサートの出演を促した。昨年度は1年生の支援学級在籍の子どもと友だちをつなぐ目的で、支援学級の担任に協力してもらい、出演できるようにした。今年度はドラムがとても上手になった6年生の子どもを中心に、仲良しグループではなく、音楽が特に好きなメンバーでバンドを結成する予定だ。子どもたちが活躍し、認めてもらう場にもなっていると感じる。

D．一人ひとりに願いをもって
(1)教材の工夫
　リコーダーリレーや歌リレー、グループ合奏では子どもの今の力がよく見える。一人ひとりの力を把握し、一人もこぼさないようにしたい。そこでまず、リコーダーの教材はスモールステップがふめるように2種類以上用意している。例えば4年生の学習発表会の曲目「We are the world」では、ごきげんパートとにこにこパートの2パートの好きな方を子どもが選んで演奏している。にこにこパートはほとんど左手のみで演奏でき、リズムも単純に作り、苦手な子も自信をもってふけるようにしている。それぞれに主旋律が登場し、ハーモニーを楽しめるように作っている。また合奏では、技術力に合わせて演奏できるよう、できる子どもはハイレベル用や楽譜を組み合わせて演奏し、苦手な子どもは音の数を減らして演奏するなどの工夫をしている。

　また、ユニバーサルデザインを意識した教室環境や教材づくりを心がけている。例えば、共通事項のカードは**写真11**のように色やデザインで視覚的に意味が伝わりやすくしている。また、合唱をする際、はじめは楽譜を見ながら練習するが、2列で歌うときは必ず黒板前にスクリーンを上げてパワーポイントで歌詞を映している。「歌い出しや子音を意

第7分科会 | 音楽教育

（写真11）

（写真12）

識」「流れるように」「響かせて」などの歌い方を、3年生には記号より色や文字の形で分かるように工夫している。スクリーンは写真12のように必要な時に出せるものを使っており、歌詞だけでなく和音の仕組みや楽器の種類などの資料を提示するのにも使っている。また、DVDなどの動画や実物投影は大型テレビで映し、ICTを活用した分かりやすい授業づくりを心がけている。

リコーダーなどのテストは、評価するためではなく、目標を達成するためのテストと位置づけている。したがってテストの難易度も自分で選べるよ

にしている。自分の力に合った目標を設定することで、はじめからあきらめるような子どもはいなくなった。

手先の作業が不得手でリコーダーが苦手、そのため音楽が嫌いな5年生のF。遅刻が多く気になる子どもで、昨年度のはじめ、リコーダーをふく度、首をかしげたりリコーダーを振ったりして楽器のせいで吹けないかのように振る舞っていた。Fに合った課題にとりくむことで、少しずつ自信をつけていき、今では難しいパートにチャレンジするようになっている。

長期休業の前には、授業アンケートとともにリコーダーで吹いてみたい曲をリクエストしてもらう。すると、好きな歌手の歌や映画の主題歌などたくさん出てくる。人気の曲だけでなくリコーダーが苦手な子どもや、自分を出しにくい子どものリクエストした曲を学年ごとに8曲ほど取り上げ、サビの部分だけ集めて楽譜にし、課題として渡す。すると、長期休業中に自分からすすんで吹いてくる。9月の授業でもとりあげると喜んで吹いている。

(2) 配慮や支援が必要な子どもに合わせ、授業内容や進度に自由度を

豊中市では、支援学級在籍の子どもも普通学級で全時間一緒に過ごすことをめざしている。本校では支援学級在籍子ども全員が一緒に生活、勉強している。そして、音楽の時間に支援学級担任が授業に入り込んでの支援はほぼない。私は、むしろおとなの支援がない方が子どもどうしをつなぐことができるし、私との関係を築くことができると考えている。昨年度支援のあった子ども数人について、音楽専科教員の立場から「今年度は要りません」と伝え、現在は不登校気味で"かんもく"の6年生のGのみ支援してもらっている。Gはほとんど誰も声を聞いたことがないくらい話さない。反応は薄いが、毎時間声をかけ続けた。すると次第に歌を歌うときに口を大きく動かすようになり、今年度の2学期には初めてリコーダーを一人で音を出して吹けた。リコーダーリレーなどで、みんなの中で自分を表現できたらGにとって大きな自信につながるのではないかと思い、とりくんでいるところだ。

音楽は大好きだが、気分の変動が激しく、時々パニックになる支援学級在籍子どもの4年生のH。歌うときにはいつも曲に入り込んで歌っている。ところがリコーダーとなるとやる気はあるが、なかなか思うようにいかない。昨年度の2学期後半、ミとフ

ファの指使いを学習した。しかしHはどうしてもできず、パニックになってしまった。他にも指使いで苦しんでいる子どもがいた。そこでミとファについては3学期にまわし、左手だけで吹けるHが好きな「ジングルベル」の楽譜を用意した。リコーダー、鉄琴、すずなどで楽しく演奏し、音楽発表会で演奏した。Hはとても喜んで吹き、リコーダーがとても上達した。3学期には何の問題もなくミとファの指使いができるようになっていた。子どもの実態に合わせ、多少なら進度や目標設定を変更することも必要ではないかと考える。

配慮や支援が必要な子どもにも、関係を築き、ちょっとした工夫や配慮、いろんな機会を作っていけば、一緒に学習していける。また、根気強く関わることで必ず子どもは変わると信じ、日々とりくんでいる。

E．今のこの子たちにこの歌を

昨年度、高学年で、担任不在となったクラスがあった。担任がとても慕われていただけに、戸惑っている子どもたちがいた。休み時間、音楽室にどどっと高学年の多感な女の子たちがやってきた。たくさん話を聞いた。「人生、辛いことや悲しいことがあるけれど、歌って癒されることや、歌に思いをぶつけることもできる」ということをそれとなく伝え、「変わらないもの」（作詞・曲：山崎朋子）を5年生2学期の合唱曲に選んだ。

昨年度、父子家庭で家事を任されて不登校気味の6年生のIがいた。学校を休めば、お金だけ渡されて昼も夜も買い食いの日々。自分から施設に行きたいと訴えて一時保護されたIは、家に戻ってきていた。同じタイミングで養護教諭から、自分の体の性に違和感をもつ子どもが6年生にいると聞いた。他にもクラスになじめない子どもや、自己肯定感の低い子どもなど気になる子どもがいた。そして「手紙〜拝啓十五の君へ〜」（作詞・曲：アンジェラ・アキ）を6年生2学期の合唱曲に選んだ。

Iはなかなか登校できず、結局クラスでは一緒に歌えなかった。が、保健室に登校してきた日に音楽室で一時間話し込んだことがあった。Iはおとなが信じられないことや将来への不安を語った。その際、この歌のメッセージについても話し、楽譜を渡すことができた。卒業式の退場曲としてこの曲を5年生にリコーダー奏してもらった。卒業式前、式で6年生が歌う合唱曲と一緒にこの曲も録音して届けた。Iは体育館での卒業式には出られなかった

……。

今年度の2学期はじめ、訳あって再転入してきた4年生のJ。休み時間、音楽室に1人でふらふら来る。音楽が好きなこともあるが、友だちが作れないのだと思った。前の学校の話をしていた時に、「地球星歌〜笑顔のために〜」（作詞・曲：ミマス）という曲が好きだと教えてくれた。ちょうど学習発表会で歌う合唱曲を選んでいるところで、テーマにぴったりと合う曲だったので、迷わず担任や学年団に相談し、この曲を歌うことにした。合唱リーダーになるよう前もって話しておき、立候補させた。他のリーダーと一緒に音楽室に来てはりきって練習するようになり、リーダーの集まりがない日、ふらっと1人で来ることがなくなった。

F．おわりに

音楽は楽しい時うれしい時に聞いたり歌ったりするだけでなく、苦しい時、悲しい時、しんどい時、せつない時に音楽に癒されたり、力を与えてもらったりすることがある。いろいろな背景を抱える子どもたちがおとなになっていくときに音楽をもたせてやりたいと思う。この報告でとりあげた子どもだけでなく、すべての子どもがこの先もずっと音楽とともに歩んでくれたら本当に嬉しい。ひとりで、だれかと、みんなで音楽に触れることで自分が元気になることがあるかもしれない。もしかすると、それがだれかに力を与えることができるかもしれない。

子どもたちのために私たちができること、学校でしかできないこと、学校だからこそできることを日々考えながらとりくみをつくっていきたい。

【第66集】日本の教育 日教組第66次教育研究全国集会（新潟）報告

家庭科教育 第8分科会

1. はじめに─第66次教研の課題─

2. 研究協議

3. 総括討論

4. このリポートに学ぶ

◎学びをつなげることを通して、実践的な態度を育む授業
～学んだことを家庭の中で実践できる子をめざして～

〈本多和歌子　静岡・藤枝市立広幡小学校〉

《執筆者》

青木香保里

妹尾　理子

日景　弥生

1．はじめに─第66次教研の課題─

　提出されたリポートは、小学校6、中学校9、高等学校2の計17であった。研究協議を始めるにあたり、青木共同研究者が第66次教研の課題について基調提案を行った。

　基調提案のテーマは、「学習指導要領を前に、『家庭科の目的・内容・方法』『家庭科の本質』を考えよう」と題し、次期学習指導要領の動向について1）現行学習指導要領の成果と課題、2）答申の文言に記された「多様化」「変化」「主体的」の語、3）指導内容、の3点をもとに話題提供し、研究協議につなげる点から「現代的課題と家庭科」の提案を行った。

　次期学習指導要領の動向は、2016年8月1日に出された中央教育審議会中間まとめを経て、同年12月21日に同審議会が「幼稚園、小学校、中学校、高等学校および特別支援学校の改善及び必要な方策等について」（答申）を公表した。家庭科の改訂ポイントは前述の3点に集約できる。1つめは、「普段の生活や社会に出て役立つ、将来生きていく上で重要であるなど、児童生徒の学習への関心や有用感が高いなどの成果が見られる」と述べ、これまでの家庭科実践の積み重ねに対し評価がされた。一方で、「家族・家庭生活の多様化や消費生活の変化等に加えて、グローバル化や少子高齢社会の進展、持続可能な社会の構築等、今後の社会の急速な変化に主体的に対応することが求められる」と述べ、現行学習指導要領で指摘されている課題が強調された。2つめは、家庭科の目的・内容と「多様化」「変化」「主体的」の語が密接に関わることを指摘した点である。「取り上げる内容や題材構成等によってどの視点を重視するのかを適切に定める必要がある」と述べ、授業担当者の家庭科の目的設定や教育内容構成に対し、教育内容研究や教材選択、指導方法のエビデンス（根拠）を求めている。また、目的や内容と同意といえる「生活の営みに係る見方・考え方」は、「生活の中の様々な問題の中から課題を設定し、その解決をめざして解決方法を検討し、計画を立てて実践するとともに、その結果を評価・改善するという活動の中で育成できると考えられる」と述べ、目的・内容・方法の各々が分かち難い密接な関係を有するものとして学習過程構想の必要性に言及した。3つめは、現行指導要領における小・中学校の系統性の重視を引き継ぎ、「小・中・高等学校の内容の系統性の明確化」が一層強調された。特に小・中学校では、「家族・家庭生活」「衣食住の生活」「消費生活

と環境」の枠組みが適当であるとし、指導内容の再編が記された。現在「食」は単独の枠組みで指導内容が示され、今後は「衣食住の生活」に括られるため、授業時数の制約等の諸条件に照らしどのような指導内容が示されるのか注視が必要である。

　グローバル化、少子高齢化、情報化、環境、自然災害、感染症の拡大（パンデミック）、経済をめぐる不透明さ等、諸課題の深刻化・複雑化が進行する現在、「自己責任」と不可分な関係に位置づけられかねない「多様化」「変化」「主体的」の文言を、いかに生活と生命の豊かな再生産につながる家庭科の実践の開拓に結ぶかが課題である。「家庭科の本質」の解明に接近することが「現代社会と家庭科」をめぐる課題として提起された。　　　〈青木香保里〉

2．研究協議

(1)現代の社会・生活課題と子どもたち
【報告】

　まず、兵庫（小）から「ふるさとの食に学び　友だちと高めあう授業づくり」というテーマで、米づくりや梅干づくり、呉汁づくりなどを栄養教諭や地域の人と協力して行っている5年生の授業が報告された。質疑では「家庭科と食育や家庭科と総合学習では、内容が重なってしまうときがあるがどうしているか」（徳島・中）との質問があり、「どこまでが家庭科か混ざることもあるが、学習指導要領の家庭科の内容をしっかりと扱うのが家庭科で、地域との連携などは総合としている」との説明があった。また、「栄養教諭に来てほしいが難しい。どのようにしているのか」（愛知・中）との質問があり、「給食センターに数人いる栄養教諭が、依頼がある担当校に来てくれる」と回答された。さらに、「豊かな自然環境に恵まれながら、子どもたちの実経験が少ないとのことだが、家庭を巻き込んでどのようにやっていこうと考えているか」との質問があり、「家庭では子どもたちが大事にされていておとながなんでもやってしまいがちな地域である。保護者への働きかけもしているが現状では広がりが難しい」との回答があった。関連して、石川（中）から、栄養教諭が給食の調理風景を流し、衛生管理などの大変さを伝えながら教育していると紹介された。広島（中）からは漁師町であることを生かした食育のカリキュラムがあり、栄養教諭や総合学習などと連携して地域の方の協力を得てとりくんでいる活動が紹介され、三重（中）からも、全クラスで担任と栄養教諭が行う

食育が紹介された。

　続いて鹿児島（中）から、「現代の食生活の課題に向き合う家庭科の実践」として、砂糖の学習で、ジュースに入っている砂糖と同量の砂糖でべっこうあめを作り、子どもたちが飲み物で何気なくとる砂糖の量の多さに気づく学習や、生鮮食品の選択の学習でポストハーベストや添加物の問題を扱った授業などが報告された。質疑では、広島（中）から「上白糖以外の砂糖も扱っているのか」と質問があり「きび砂糖やてんさい糖なども紹介している」と回答された。徳島（中）からは、授業計画の時間配分や食品添加物の取り上げ方について質問され、食の授業は1・2年生で分けて実施していること、食品添加物については多くの情報があるので内容を吟味し学びつつ授業していると回答があった。その他、ポストハーベストなどの衝撃的なDVDを視聴させることの是非を問う意見も出たが、過去の農薬被害などの事例や農家の方からの話などを伝えていること、選択肢を与えることの重要性などが話し合われた。

　続いて熊本（高）からは「循環型食社会の実現をめざして～野菜ゴミを利用したふるさとのうまいもん作り～」として、生ゴミのリサイクル活動と地域の高齢者から学んださつまいもの生産とスイートポテト作りの授業が報告された。保育の授業や文化祭のケーキ作りにも発展しひろがっていく学習である。質疑に入り、山形（高）から教員の担当時間について質問があり、高校2年（2単位）・3年（1単位）の40人・5クラスを担当していることが説明された。鹿児島（中）からはEMぼかしについて質問があり、1回の調理実習で5リットルほどの生ゴミがでており、今はコンポストを使わず、畑にぼかしと共に埋めていることが回答された。

　続いて徳島（中）から「課題と向き合い、主体的に解決する力を育む家庭科教育―少ない時間を効果的に使った保育領域の学習―」として、男女共同参画社会の実現をめざすと共に、ふれあい体験を充実させた保育領域の授業について報告された。19クラスの授業を担当しながらのふれあい体験は、総合学習の時間をもらい、地域の幼稚園の先生方や学年の教員の協力を得て実施したもので、大変であるが、生徒の書いたナラティブをみると、有意義な学びとなった。質疑では、愛知（中）より、「家族・家庭の授業では家事と子育てだけでなく、介護も入れることが重要ではないか」との質問があり、「幼児の発達についても授業していて時間が足りず、家族・家庭領域は十分にできていないが、弁当づくりや総合学習での高齢者体験などで補っている。休みの教員の授業をもらうなど努力しているがとても大変である」と回答された。福岡（中）からも「総合の時間も使って授業しており大変参考になった。保育園の受け入れ等についてさらに教えてほしい」との質問があり、「3ヶ所に分かれて5クラスが訪問してい

る。早めにお願いして打ち合わせを行い、前日に名簿を送り、後でお礼に行く」と説明された。関連して、神奈川（中）からも「保育園の都合に合わせると受け入れられやすい。おもちゃは夏休みに『幼児に役立つものを作る』というテーマで課題としている」と情報提供があり、「おもちゃは夏休みにも課題としたが、授業で手作りさせたかったので授業時間も充てた」（徳島・中）と説明があった。

続いて、神奈川（中）から「家庭科ってなんだろう」として、家庭科教育の歴史や学習指導要領の内容、技術分野との関連等について解説されるとともに、家庭科を学ぶことの意義や意味について語られ、身近に若い３人の男性家庭科教員がおり、自然に男女共修の家庭科を教えている姿に、今後は明るいと考えていることが語られた。質疑に入り、「技術科と家庭科を別にしようという動きはないのか」との質問があり、青木共同研究者より、歴史的な視点からの解説がなされ、この話題は総括討論に持ち越されることになった。

【討議】

討議では「子どもの声をどのように授業の改善につなげているか」をテーマに、参加者の経験交流を行った。「食分野は子どもたちの興味関心が高くとりくみやすいが、布を使った製作は苦手意識があり難しい。事前事後のアンケートの結果では『今後に生かせるか』『友だちに教えられるか』などが低かったので、次年度は子どもたちが互いに教えあう関係づくりを取り入れたい」（北海道）、「家族や家庭生活とのつながり・関わりがあまり見えてこない。なので、小５でひとり一調理や、友人どうしでの教えあいを取り入れ、家で家族に作ってあげるなどの宿題を出して様子を発表させるなどの工夫をしている」（大分）、「『生活と福祉』の授業でパラリンピックの選手をひとり決めて調べて展示発表させたところ、皆よいまとめをしていて効果的な学びができた」、「『縫い方が分からない』との声を受けて、タブレットを導入したところ有効だった」（神奈川）、「デジタル教科書を使うと大きくて見やすい」（広島）、「調理実習の感想に、家族に食べさせたいというものがあったので、冬休みの宿題にしたところ、保護者からの感想もよかった」（福岡）など、多くの経験報告があった。

続いて、「生活経験の少ない子どもたちに対する授業の工夫や他教科との連携」がテーマとして示され、「学んだことを家庭で実践してほしいが、難し

いものだとできないので、時には簡単なものを取り入れて、『家でもやろう』という気持ちをもたせるようにしている」（鹿児島）、「食品添加物の授業では、ハムを５種類用意して、表示だけでなく試食を取り入れている」（石川）、「住分野は難しいが、冬休みの宿題に掃除を出してみると、保護者から『子どもと話し合った』や『掃除方法を一緒に調べた』等のコメントがあり、『続けてほしい』『助かった』と好評だった」（兵庫）、「予想以上に生活技術が継承されていない中、学校で学ぶ機会を提供したい」（広島）等の意見が出された。

(2)地域・文化と食の学び

【報告】

北海道（中）からは「生活の自立をめざした家庭科教育の実践」として、支部でとりくんでいる小学校の住分野でアイヌの住まいの工夫から「暑さ」への対応を学ぶ実践や、アイヌ刺繍を取り入れた巾着袋づくりなどの報告があった。質疑では、兵庫より「小学校でも巾着袋を製作するが、中学でも取り上げるのはなぜか」との質問があり、「構成上の学習を行っており、基礎の定着と袋の構造を学ばせたいと考えて選択している」と回答があり、静岡からも「小学校のキットが変わってきており、中学校で考えながら製作することは大切である」との意見が出た。また「大切にしたい５つについて、どのように指導しているのか」との質問があり、「歴史的な視点は教科書や資料を示し、３年生では材料についても触れながら構成の学習に入る。家にあるものの再利用の意義や買い物の学習にもつなげている」と回答された。山形より「一貫性のある指導としてはどうしたらよいか」との疑問が示され、それについて妹尾共同研究者から「ワークシート等に示す課題を中学生むけに考えなおすことで、小学校と違う学びであることがわかり達成感がもてる。基礎の定着は大切だが、小中が同じことの繰り返しにならないよう課題に工夫が必要」とコメントされた。

千葉（小）からは、「ふるさとの食材を用いた家庭科学習のとりくみ〜家族の一員としての実践を通して〜」として、地元の米を使ったご飯とみそ汁の調理や地域食材を使った朝食作りについて報告がなされた。質疑では、広島から「ふるさとのものは本当に安全なのか疑問をもっている。自分はフードマイレージなどと関連させた指導をしている」との質問があり、「すべて地元がよいという指導はしていない。フードマイレージも話している。しかし、過疎

化が進む中で、地元の食の豊かさやすばらしさに誇りを抱き、人に伝えられるようになってほしいと考えて指導している」と回答された。関連して参加者から「地域の生産物には歴史や背景がある。それを伝えることが大切である」との意見が出された。妹尾共同研究者から「『家族の一員としての自覚をもたせる』というねらいの背景を教えてほしい」と質問があり、「家族としての自覚が無いとは言い切れないが、やってもらって当たり前な子どもたちに『自分にもできることはないかな』という気づきをもたせたいと思い指導を考えた」と回答された。

石川（中）からは「豊かな食生活を築くために～日本の食文化に興味・関心をもたせる工夫～」として、伝統食である各地の雑煮について学び、3類の試食を通してだしのうまみについて学ぶ実践が報告された。質疑では、広島（小）から「小学校でもだしの味比べなどの学習があるが、中学校ではどこまで指導するのか」との質問があり、「教科書では大きく扱われていないが、生活経験を豊かにする学習内容として行った」と回答された。関連して、「中学校では、だしのとり方による味の違いや、粉末調味料との違いなどを学ばせていくのではないか。地域の小学校の実態に応じて行えばよいのではないか」といった意見が出された。青木共同研究者からは「仮説社の『煮干しの解剖教室』（小林眞理子著）は分解してはらわたが苦いことなど検証しながら学べて興味深い。うまみと塩分の取りすぎと関連付けた学習も可能である」と助言がなされた。

山梨（中）からは「未来社会を展望し、生活を創る力を育てる技術・家庭科教育～消費生活における活用力を高める活動を取り入れた授業づくり～」として、買い物のときの視点アンケート調査の結果や、食品添加物の表示を学び選び方を考えたり、Tシャツの広告を作ることから衣服の購入の視点を考える授業について報告された。質疑では、「子どもたちの様子はどうだったのか」との声があり、「さまざまな資料で詳しく学び、値段や家庭の状況をふまえてどれを選ぶか、子どもたちはゆれながら考えていた。視点を学ぶこと、商品の見方が広がったことがよかった」と回答された。

【討議】

討議に入り、「家庭科ならではの"地域の食"の学びとは」とのテーマで意見や経験が交流された。「都市部の学校なので郷土料理といえるものはなかったので、県内全体で見たり、他の地域を調べるなど工夫したら、雑煮の学習は盛り上がった」（神奈川）、「わけぎでぬたを作った後、家で男子生徒がぬたを作ってくれたというほほえましいエピソードを保護者から聞いた」（広島）、「米どころなので、幼児のおやつの学習で米粉を使った蒸しパンやりんごのケーキを作った」（新潟）、「コンロの使い方を学ぶとき、お茶を入れる学習をしている」（静岡）、「がめ煮を作るが、もとはすっぽん料理だったというと生徒は驚く。梅が枝もちも合格祈願として中3で作っている」（福岡）、「漁協から提供される魚で弁当を作る」（兵庫）等、郷土の食を生かした実践例が多く報告された。また、「高校で正月料理をリポートさせているが、わずかだがカレーをリポートする生徒もいる。文化を耕し生活を守る視点につなぐことが家庭科では大切である」（山形）、「地域おこしに関連づけたり、社会人になったとして、と考えさせるような食学習もよいのではないか」（大分）との意見が出された。　　　　　　　　　　〈妹尾理子〉

(3)学習方法と教材
【報告】

広島（小）から「野菜博士になろう！―特別支援学級でのとりくみ―」として、特別支援学級に在籍する4人の児童（1年生3人、6年生1人）を対象に、生活単元と家庭科を融合させた。野菜を食べることや調理の良さに気付かせ、野菜をたくさん食べようとする意欲をもたせるために、子どもたちが野菜を育て、それを調理することを組み入れた授業実践が報告された。

愛知（小）から「自ら課題を見つけ、友だちの考えを参考にしながら実践し、課題を解決する子の育成～6年家庭科『ピカピカ大作戦～快適に住まうために』の実践を通して～」として、始めに汚れの観察を行い、汚れを落とすために計画・立案・実践・評価・考察し、子どもどうしの話し合いから、掃除方法を選定する実践が報告された。

静岡（小）から「学ぶをつなげることを通して、実践的な態度を育む授業～学んだことを家庭の中で実践できる子をめざして～」として、生活の中から課題を見つけ、自ら解決しようとする子どもを育成するために、ほうれん草をゆでる調理実験、米の吸水性に関する比較実験、だしやみそに関する調理実験、布の吸水性・通気性、洗濯による汚れ除去の実験などを多く取り入れた実践が報告された。

三重（中）から「キューピー人形を用いた授業実践」として、中学3年生を対象に、自分自身の成長を

振り返りながら、今後の進路や将来の生き方を考えられるようにするために、キューピー人形を用いて、その服作りやその模擬託児体験（登校したら職員室前に設置した"託児所"に出席カードとキューピー人形を預ける）などを組み入れた実践が報告された。

福岡（中）から「生活者としての自立をめざす家庭科教育～幼児とのふれあい体験活動を通して～」について、人と人との関わりの大切さを学ぶために、異動した大規模校の中学3年生9クラス（計350人）を対象に、近隣の保育所や幼稚園に交渉し、ふれあい体験を実現させるとともに、幼児と触れ合うための道具づくり（おもちゃなど）を試行錯誤した実践が報告された。

【質疑】

広島には「色の濃い野菜とその他の野菜では栄養が違うということをどのように教えたのか」という妹尾共同研究者の質問があり、「色が濃い野菜はパワーが強いと指導した」との回答があった。また、「パーティはどのような内容か」（鹿児島）と質問があり、「簡単にできるように、食パンを用いて夏野菜のピザや、ピーマンを使ったミネストローネを作った」との回答があった。

愛知には「環境についてどの程度指導しているのか」（妹尾共同研究者）と質問があり、「代理発表なので、詳細は不明である」との回答があった。「この実践は、環境教育の側面がある。私自身も、お茶などの消臭効果や、重曹を活用し洗剤を多く使わないようなエコを考えたとりくみをしている。環境を考えた掃除は他にもたくさんあるので家庭科学習に取り入れてはどうか」（広島）との意見があった。愛知からは「県の研究会では、掃除できれいになった科学的根拠（理由）を示すことが必要であることが確認された」との説明があった。

静岡には「チャレンジカードはどのような内容か」（大分）と質問があり、「授業でとりくんだ内容に○を付け、家で実践したことをチェックするカードである」との回答があった。また、「みそ汁の実験は、どのような内容なのか」（青木共同研究者）と質問があり、「子どもが追求したいこと、例えばだしの違い、実の切り方、みその割合など、について調べさせた。個人差があるため"おいしさ"で決めるのは難しい」との回答があった。また「布の吸水性に関する実験条件の設定は同じ基準、例えば綿・ポリエステルという単一繊維で統一する、で行うのが望ましい」との助言（日景共同研究者）があった。

三重には「学習後の生徒の変容はどのようだったか」（千葉）の質問があり、「追跡調査はしていないが、授業後の感想には『両親への感謝』や『親になったら愛情を注ぎたい』などの記載があった」との回答があった。また「キューピー人形を用いるというアイディアはどこから生まれたのか」（千葉）の質問があり、「指導教員から卵を使った親体験のアイディアをもらった。それをキューピー人形に替え、被服製作実習も取り入れた」との回答があった。

福岡には「ふれあい体験活動が難しい生徒がいる。そこで、私はおもちゃを幼児と一緒に作ることを手段として会話ができるようにしているが、ふれあい体験をどのようにしたのか」（三重）と質問があり、「保育所のカリキュラム（体操教室や英語教室など）の中で行っている」との回答があった。また同様な方法でふれあい体験活動を行っている（神奈川）報告もあった。

【討議】

これらの質疑を踏まえ、討議の柱を「発達段階に応じた教材、課題設定とは？」とした。多くの意見があったが、3つの内容に集約できた。

(1)小・中・高連携の意識化

熊本（高）から高校の授業内容の紹介があり、「中学校と重なる内容があるため、課題設定や教材を再考・吟味する必要がある」との意見があった。それに対し神奈川から「中学校では自分自身、高校は将来を見据えた自立した自分を対象としているため、重なっているようにみえるが根本は異なる」との意見があった。兵庫からは「小学校家庭科学習の成果を中学校・高校につなげることが大切ではないか」という意見があり、山梨からも同様な意見があった。また徳島から「小・中・高の連携を視野に入れた指導を行うために、年度初めに調査を行い、小学校の家庭科学習や生徒の実態を把握している。また、小・高の教科書も購入し、教材等を把握している」という発言があった。

(2)教員自身の学ぶ姿勢の大切さ

大阪から「討議の柱に"発達段階に応じた"とあるが"生徒の実態に応じた"ではないか。子どもの状況をみながら繰り返し学習することが必要と思う。それには教員自身の学ぶ姿勢や学び合いが大切ではないか」という意見があった。日景共同研究者から「"生徒の実態に応じた"は当然のことであり、繰り

返し学習の大切さや教員の学ぶ姿勢もその通りと思う。その上で、教員は生徒に様々なモノやコト等のメリットやデメリットを伝えることであり、意思決定は生徒が行うことと考える。ただし、家庭科の学習内容は多岐にわたり、かつ社会の変化とともに変容するため、教員は常に自己研鑽が求められる」との発言があった。

⑶発達段階に応じた被服製作実習教材

兵庫から「市内の小・中・高ともエプロンを教材にしていた時があった。そこで、教職員が意見交換を行い、今は学校段階で異なる教材になった。例えば、小学校で製作するナップザックは大きさは問わないが、中学校では"お弁当の入る大きさ"のように大きさを重視している」。鹿児島から「生活を豊かにすることを目標に、中学1年生にはティッシュボックスカバーまたはお弁当袋のいずれかを、2年生にはハーフパンツを製作させている」。大分から「技能を高めるために"ひとつ上の技能を加える"ことを心がけている」、山形（高）から「3年生の選択授業では、高齢者の衣服にボタン付けや裾上げをしている。教材の視点を変えると生徒は喜んでとりくむ。また、技術は繰り返し行うことが大切。静岡の報告のように、技術の習得だけではなく、科学的根拠を学習することは将来にむけて重要と思う。そのような学習を小・中学校で実践してほしい」。千葉から「青木共同研究者の資料から、小・中・高の系統性が重要であり、学びは一生涯続くことを理解した。そのような学びを子どもたちに伝えたい」などの発言があった。　　　　　　　　　〈日景弥生〉

⑷家庭科の独自性
【報告】

報告を始める前に、次期学習指導要領における中学校技術・家庭科技術分野の動向について青木共同研究者より説明があった。

大分（小）から「いのちとくらしを守り、生活を切り拓いていける子どもをめざして～スキルアップで、おいもパーティーをしよう～」として、小学校3年生の総合的な学習の時間の中で家庭科を意識したとりくみが報告された。子どもの実態から、「見つめる」「見通す」「確かめる」「見直す」「生かす」「チャレンジカード」をキーワードとした子どもが調理に抱く不思議さや楽しさを交えた実践である。

山形（高）から「『災害に備えた住生活』の実践」として、少子化の影響を受け4つの高校が合併され

東北・北海道で最大の学校規模（普通科、工業科、商業科、情報科の4学科学年11クラス）の高校普通科1年生を対象とした防災に焦点をあてた実践が報告された。また、校種を超え、小学校・中学校の教員たちと話をし交流できる全国教研の機会は貴重という感想が語られた。

【質疑】

質疑に入る前に、日景共同研究者から最終日の討議の柱（内容）である「家庭科の独自性」に大分の報告を位置づけた主旨について次のような説明があった。「小学校の教育課程で家庭科は5・6年生に位置づけられている。その前段階として1・2年生の生活科、3・4年生の総合的な学習など低学年から家庭科を意識した子どもたちのスキルアップを図ることが可能である。連携や積み上げを図ることで、5・6年生の家庭科につなげることが重要である」。この説明を受け、大分の報告に重ね、兵庫から「例えば、包丁は1年生（生活科）で使用したり、3年生で芋を茹でるなど、実際は低学年から調理にふれている。しかし、5年生の家庭科で基礎的なことに戻る状況があり、『どうかな？』と疑問を抱いてきた。積み上げた上で改めて5年生から始める家庭科の意義とは何かを考えること—例えば、静岡の報告の『科学的に迫る視点があるか』が問われる」との発言があった。

山形には、兵庫から「技術・家庭科の県大会では必ず神戸から防災に関するとりくみが報告される」「職場の世代交代もあり、年齢の若い教員の中には阪神淡路大震災を知らないケースも多い」実態が語られた。福岡から「県教研では衣と食に関する防災を取り上げた実践が報告された」との発言があった。熊本から「昨年の熊本地震を踏まえ、津波を想定し、5階建校舎で校外避難訓練を行った」「災害に遭遇したら『自助』と『公助』、そして『共助』が重要。これらとかかわって、家庭科の中で基本的な事柄を押さえることが求められる。『ふれあい体験』は『共助』とのかかわりで意義をもつ。小・中・高で防災教育を実践することは大切」との意見が出された。神奈川から「高校生は各々の高校に通学するため、地域の自治会から中学生ボランティアの要請があり、期待されている」実態が話された。

3．総括討論

討論に入る前に日景共同研究者から、「中学校における子どもと教員の家庭科観の実態」及び「家庭

科教員免許保有教員と臨時免許教員の家庭科観の傾向」の話題提供があった。

総括討論は、「家庭科の独自性：家庭科として押さえることとは？」を柱に討議が行われた。兵庫からの「生活科、総合的な学習の時間、食育などが展開する中、低学年から、家庭との連携や地域とのつながり、地域の食材を関わらせることで5年生の家庭科につながる点に独自性がある。家庭科ならではの科学的な実験や実習を位置づける必要がある」との発言を皮切りに、活発な意見交流・討議がすすんだ。大分から「小・中学校で重なる内容は多い。しかし中学校をみると小学校には無い『保育』がある。発達段階との関係で学習内容を設定するところに中学校の独自性がある」との意見が出された。大阪から「『自立する』『よりよく生きていく』『よりよい生き方を選ぶことができる』を、いかに基本的なことに結びつけ、具体的に見えるように・科学的に考え実践できるようにすることをめざすのが家庭科の大事な役割であり、そこに独自性がある」「地域の教組をみると組合員が著しく減少している。家庭科と技術科が手を結んで行政に発信していくことも重要」との発言があった。静岡からの「家庭科は教えることでなく、どう生きていくのかを考えること。とりわけ、からだ全体を使って、感じて、考えることができることが家庭科の強みである。そして、これらに人とのつながりを重ね合わせて、五感を使ってできる学習」を家庭科でこそ実践する必要があるという意見は分科会全体の共感をよんだ。そこに呼応して山形から「食や命など根本的な事柄にどのようにアプローチするか。教科書をのりこえる実践力が求められる。20年位前の共学共修を前にした時、技術の伝達だけではないという議論をした。家庭科は『感性』や『感受性』に迫る授業ができる」との意見が出された。熊本から「消費社会において消費者市民として生きることとESDなどをつなげる。高校家庭科の独自性は、現代の多様化した社会で支え合い、共に生き、人と関わり合い、発信するような『生きる力』をつけること」であり、「どのような力をつけるか」が論点として出された。新潟から「子どもにつけたい力は、生（活）きて働く力。生（活）きていく目（芽）になる力。衣食住・保育・消費など生活の具体的な事柄を扱う家庭科であるからこそ仲間と共に学び、違いを発見する力を」との発言が重ねられた。兵庫から「家庭科は人権を常に中心に置いて学習内容を考える必要がある」との発言があった。

最後に、日景共同研究者から「①家庭科の独自性を考えると実習は家庭科のみに存在する。だからこそ何を目的とし、基礎となるかを押さえるかが必要。②授業における目標と評価を問いなおす必要：評価の一体化（子ども・教員自身による授業に対して）。その上で授業実践の成果をもとに家庭科のアピールが必要。③社会の変化に対応した教員力の育成・向上と研修：全国教研のもつ意義」が話された。青木共同研究者は「兵庫から『生活にふれる』という発言があった。山形から『生活をまもる』という発言があった。それらがあって『生活を作る』になる。現実の生活を対象とする家庭科は子どもの感受性に働きかけ人間としての感性を磨く教育内容研究が重要」と基調提案に連なる発言だった。妹尾共同研究者から「本当の意味で『かしこくなる』を実感できる子どもたちを育てるための授業づくりが求められる。家庭科の授業づくりにおいて自立、共生、人権がキーワードである」との総括討論をまとめる話をもって全日程が終了した。

4．このリポートに学ぶ

今次教研では、静岡（小）の「学びをつなげることを通して、実践的な態度を育む授業～学んだことを家庭の中で実践できる子をめざして～」の報告を取り上げる。報告された内容は、「小学校5年生から始まる家庭科がめざすことは何か」「家庭科はどのような内容をどのような方法で取り上げるのか」等、家庭科の本質とは何かに迫る提起であり、改めて「家庭科とは？」を教研参加者に問いかける報告である。　　　　　　　　　　〈青木香保里〉

リポート　学びをつなげることを通して、
　　　　　　実践的な態度を育む授業
　　　　　　～学んだことを家庭の中で実践できる子をめざして～
　　　　　　本多和歌子　静岡・藤枝市立広幡小学校

A．テーマ設定の理由

昨年度、担任することになった5年生の子どもたちは、新しいことや委員会などの仕事には、一生懸命にとりくむのだが、自分たちで仕事内容を工夫し、何をしたらいいのかを判断するできる子どもは少ないと感じた。「先生、次はどうしますか」と聞きに来るのではなく、「こんなふうにやってみよう！」と自分で考えて動ける子になってほしいと強く思った。

また、家庭科では、生活に役立つ様々なことを学

ぶが、それが授業の中で終わるのではなく、将来子どもたちが生活の自立者となれるような力の素地を育てたいと考えた。しかし、こちらが教えた手順通りに実習や製作をするだけでは、子どもたちが主体的に考えたり、工夫したりする機会は少なくなってしまう。授業の中で「なぜこうなのか」と問いながら、試行錯誤し答えを見つけるという過程を繰り返すことにより、実生活の中でも自分で課題を見つけ、それを解決するために、考えながら動けるような力が育つのではないかと考え、本テーマを設定した。

B．研究仮説と手立て

「学んだことを家庭の中で実践できる子」を育むためには、

- 生活の中から課題を見つける目を育むこと
- 基礎的な技能を身に付けること
- 家庭の協力

が必要であると考え、次のような仮説を設定した。

> 比較、実験などの問題解決的な学習に繰り返しとりくんでいけば、生活の中から課題を見つけ、自ら解決しようとする子が育つのではないか。

そして、5年、6年の2年間の家庭科学習を通して、

(1)比較、実験など具体的な活動を取り入れ、問題解決的な学習を展開する。

(2)基礎的な技能を一人ひとりが確実に身に付ける。

(3)家庭科でとりくんでいることを家庭に知らせる。

以上の点を意識して題材構想を行った。

C．研究実践

(1)比較や実験を取り入れた授業

①「なぜ？」から始まる調理実習

調理実習では「なぜ？」という疑問を取り上げ、その疑問を解決するための「調理実験」として行ってきた。比較の仕方や方法も自分たちで考えさせるようにした。

ア．「ほうれん草のおひたしを作ろう」（5年）

普段、何気なく食べている「ゆで卵」や「ゆで野菜」は、どうやって作るのだろうか？　自分たちでおいしい作り方を見つけようとなげかけることから始めた。教科書の作り方は、基本として紹介すると、素朴な疑問が次々と出てきた。その中から、自分が追究したい課題を選び、課題ごとにグループを作った。

子どもから出た疑問

なぜ根から入れるのか？	なぜ沸騰してから入れるのか？	なぜゆでた後に水にとるのか？	なぜたっぷりの水でゆでるのか？	なぜ根を切らずにゆでるのか？

調べる方法

A 根から入れる・葉から入れる	B 水から入れる・お湯から入れる	C 水にとる・そのまま	D 水の量 多い・少ない	E 根を切る・そのまま

結果

A	B	C	D	E
・根から入れると全体的にシャキシャキ。 ・葉から入れると、茎が固い。葉がやわらかめ。	・沸騰してからの方がすぐにできた。色が濃い。 ・違いがあまり分からない。	・水にとると、色が緑色。 ・そのままのほうは黄緑色。	・たっぷりの水でゆでるとシャキシャキした。 ・少なめの方はフニャフニャ。	・先に根を切るとバラバラになって大変。苦かった。

まとめ

> ほうれん草のおひたしを作るには……
> ○たっぷりの水を用意する。
> ○根元は切らない。
> ○沸騰してから、根元の方から入れる。
> ○ゆでた後、水にさらすと色がきれい。

Eグループの「根を切る・切らない」の比較では、お湯に入れた途端にほうれん草がばらばらになり取り出すのに苦労したり、絞ることができなかったりして、「先に切っちゃうと大変！」「小さくなって絞れないよ」と口々に語っていた。大苦戦の調理であったが、実際にやってみることで、「だから、先に切ると、だめなんだね」という実感を伴った学びをすることができた。

一方、Bグループの「沸騰してから入れる・水から入れる」の比較では、食べ比べでは、「違いがあまり分からない」という子どももいた。また、Aグループの「根から入れる・葉から入れる」比較でも、「根元の方が固いから、根元から入れた方が同じようにゆであがる」というように根から入れることの良さに気付く一方で、「茎がシャキシャキで葉が柔らかい方が好きだから、葉から入れた方がいい」という子がいる等、「味覚」「食感」の違いは個人差や好みがあり、「おいしい」と感じるものに「ずれ」が生じた。そこで、再度、理由などを解説しながらワークシートにまとめることにした。

子どもたちが、「だからこうするんだ」と、確実に納得するには、実験の結果だけではなく、それを裏付ける根拠等の資料を提示することも必要だと感じた。

イ．「おいしいごはんとみそ汁を作ろう！」（5年）

ご飯の炊き方では、「お米・水に浸したお米・炊いたお米」の3つの食べ比べを行いその食感や味の違いから「米→ごはん」への変化に注目させた。

また、みそ汁の学習では、日本食ならではの味覚である「うま味」の存在に気付かせるため、みそだけのみそ汁とだし入りのみそ汁の飲み比べを取り入れた。「だし」がみそ汁のおいしさの「かぎ」ともいえる大切な存在であることに気付いた子どもたちは、大変驚いていた。

その後の、自分の追求課題を決める時には、①だしに関すること　②みそに関すること　③実に関すること　④調理の仕方に関することなど、様々な課題が出た。そして、同じ課題ごとの小グループに分かれ、どのような実験をすれば、その疑問が解決できるのかを話し合わせた。実験の際、条件をそろえる部分と変える部分は何かについては、教員が確認をした。

実験を通して、おいしく作るには、「火加減」や「みそとだしのバランス」が大事だということや、「実の種類や切り方」も関係するということを、実感したようだった。また、興味深かったのは、「▲大根が固くて苦かった。▲ずっと煮ていたら汁が少なくなってしまった。▲味が濃すぎてのどが痛くなってしまった」など、失敗やうまくいかなかったことが子どもたちに強く印象に残ったことである。そのため、家で作る時には、「実は、火が通りやすいように薄く切るといい」「実がやわらかくなってからみそを入れた方がいい」「煮すぎると汁が少なくなってしまうから、沸騰したら弱火にした方がいい」と、失敗を生かして作ろうと意識の高まりが見られた。

②衣服の機能や洗濯の必要性に気付く実験（6年）

「快適な夏の過ごし方」の学習では、衣服の素材による通気性・吸水性の違いを確かめる実験や、洗濯の必要性に気付かせるためのニンヒドリン液を使った実験を行った。

ア．布の吸水性、通気性の比較実験

「ウール・ポリエステル・綿（下着）・体操着・麻」の5種類の布を用意し、「夏に快適に着るためには、どんな布を選んだらいいのだろう。」という課題でそれぞれの吸水性、通気性を比べた。

吸　水　性		通　気　性	
スポイトで水を垂らす。	ビーカーに入れた色水を吸水させる。	顕微鏡で布目を観察する。	筒の先に布をつけ、風の通り具合を調べる。

吸水性は、綿が良いことから「下着は、汗をしっかり吸い取った綿が使われているんだ」という意見や、体操着は、伸縮性がよく、汗も吸い取るように綿とポリエステルが両方使われているという意見が出された。

また、通気性については、麻の布目が明らかに大きいことや、ウールは目が詰まっていて顕微鏡で見ても隙間が見えなかったことから、麻の通気性の良さの理由に気付いた。夏に着る服については、ほとんどの子どもが「綿がいいのでは？」と話す中、自分が着ているTシャツがポリエステルの子は、「でも、この服はいつも着ているけど快適だから、自分は、ポリエステルがいい」と発言した。

布による機能性の違いを資料で提示すると、ポリエステルの速乾性に気付き、「やっぱり、そういうことか」と納得していた。最近は、機能性に優れた繊維の衣服が多く売られている。どれが良いという結論を求めるのではなく、自分が選ぶ時に今回の実験を思い出すことで、その時の目的に合った選び方ができるような力が付けばいいと思う。

イ．見えない汗の汚れの存在に気付く

　導入として、班の中の代表が、朝から約2時間着たTシャツを使って、汗や皮脂などのたんぱく質に反応して紫色に変色する「ニンヒドリン試薬」をスプレーし、その変化を観察した。目立った汚れもなく、一見きれいに見えたTシャツが見る間に紫に変わっていく様子に、「汚いなぁ」「私のもこんなに汚れているの!?」と見えない汚れの多さに驚いていた。当初、予想していた「背中・脇・首回り」以外にも、お腹や肩の辺りにも汚れがついており、「さっき手を服で拭いたからだ！」「そういえばよく肩の所で顔の汗を拭いているな」と、自分の行動を振り返りながら、汚れの着いた理由を話している子もいた。

　また、代表の子どもの中には、「ぼくは、普段汗をそんなにかかないタイプ」という子や、「休み時間は教室で本を読んでいただけだから汚れていない」と言う子どももいたが、自分の認識以上に汚れていることや、静かに過ごしているだけでも汗などをかいていることを知り、改めて、洗濯の必要性を実感したようだった。

　さらに、前時の通気性・吸水性の実験で、「夏には、汗をよく吸って、風通しのよい服」を選ぶと良いことを学んでいたため、汗を吸った布は、通気性や吸水性まで落ちてしまうことを実験で確かめると「汗をかいたら、服を着替えた方がいい」「下着を着れば、服の方はそんなに汚れないのではないか」「洗濯をして汚れを落として、清潔な服を身に付けることが快適さにつながる」ということにも気付くことができた。

ウ．手洗いと洗濯機洗いの汚れ落ち比較実験

　次時では、洗濯機で洗ったTシャツを見せ、再度ニンヒドリン試薬を使ったらどうか？という投げかけからスタートした。洗ったのだから、反応は出ないだろうという予想に反して、部分的には、まだ汚れが落ちていないことが分かった。「洗濯機だけでは、完全に汚れが落ちるわけではないんだ！」「そうだったの？　知らなかった、ショック！」と驚く子どもたちの中で、「手洗いがいいよ。うちのお母さんが、手洗いしてから、洗濯機で洗っている」という意見や「サッカーの靴下は、汚れがひどいからいつも水に浸けてから洗っている」「3年生の時に使った洗濯板を使って洗えば、きれいになるのでは？」など、経験からの様々な意見が出た。

　洗濯には「洗濯機洗い」と「手洗い」があること、手洗い方法の種類、洗剤の種類、柔軟剤・漂白剤と洗剤との違いなど、基本的なことを紹介した後、自分の靴下を使って、洗濯の比較実験を行った。靴下は、実験の前日に1日履いたものを使用し、左右違う洗い方をすることで、汚れの落ち方を比べた。必要に応じて、ニンヒドリン試薬も使用した。

「どうしたらもっときれいになるのか」予想

- もう1回洗う。
- 洗剤を増やす。
- お湯を使う。（お湯の方が汚れが取れると聞いたことがあるから）
- 洗剤の種類を変える。（家では洗剤を使い分けているから）
- 手洗いをする。（お母さんがやっているから）
- 洗う前に水に浸けておく。（サッカーの靴下をいつもそうしているから）
- 洗濯板を使う。（3年生の時に使ったことがあるから）

調べたいこと（個人）

洗濯機・手洗い	洗濯機・手洗い＋洗濯機	洗濯機1回・洗濯機2回
つまみ洗い・おし洗い	洗濯板・おし洗い	お湯で洗う・水で洗う
ブラシ洗い・もみ洗い	洗剤の種類を変える	洗剤を混ぜる

結果

- 手洗いをした方がきれいになった。
- おし洗いよりも、つまみ洗いの方がきれいになった。
- 洗濯板を使ってごしごしこすったらきれいになった。
- 強くもみ洗いとつまみ洗いをしたら、きれいにはなったけど、伸びてしまった。
- 洗濯板を使った方は、毛玉ができてしまった。

まとめ

- ○汚れがひどい時には、手洗いをした方がいい。
- ○つまみ洗いをした方が汚れは取れるが、傷つきやすい繊維の場合は、おし洗いがいい。
- ○まとめて、たくさん洗う時には、洗濯機が便利。

実験で、手洗いと洗濯機を比べた子どもは、手洗いの方が見るからに汚れが落ちていることに気付いた。ニンヒドリン試薬を使っても、手洗いの方が汚れ落ちが良いことが分かった。また、同じ手洗いでも、「もみ洗いと比べて、おし洗いは汚れが落ちている気がしない」とつぶやきながら洗っている子どもがいるなど、その違いは見た目にも明らかだった。この比較実験で、「手洗いの方が細かく洗えるから、汚れが落ちるんだ」「汚れを見ながら集中的に洗えるからいいね」と、手洗いの良さに気付くことができた。

また、「あれ？　手洗いした方の靴下が伸びちゃってる！」という声も聞かれた。つまみ洗いや洗濯板洗いの方が、圧倒的に汚れが落ちた一方で、靴下が伸びてしまったり、毛玉ができてしまったりしたことに気付いた。

まとめの時に、このような意見を出し合い、「洗濯機は全体的に汚れが落ちるが、ひどい汚れは、手洗いしてから洗濯機で洗った方がいい」「強く洗うと生地が傷んでしまうことがあるから、生地によって洗い方を変えた方がいい」と確認し合うことができた。

自分たちで考え行った実験を通して、「手洗いと洗濯機の汚れの落ち方の違い」だけではなく、「衣服の生地の違いによって洗い方も変えた方がいい」ということにも気付くことができ、実験を取り入れたことの良さを感じた。

また、ニンヒドリン試薬を使って見えない汚れを見えるようにしたことで、今まであまり「汚れ」として認識していなかった汗や皮脂の汚れが、どこに、どのように着いているのか、また、どのくらい洗い残しがあるのか分かり、なぜ、洗濯をするのか、「洗濯の必要性」や「汚れを落とすための工夫」を考える上で、大変効果的であった。

(2)基礎的な技能を一人ひとりが身に付ける。

材料の洗い方、切り方、用具や道具の安全な使い方など、基礎を身に付けるためには始めの指導が肝心である。調理に関しては、家庭科室を何度も使うことで、比較的、基礎的な技能が身に付きやすいが、裁縫やミシンによる製作は年に1回しか行わないため、5年での2学期に学習すると、その1年後、6年の学習まで、一度もミシンに触らないでいる子どももめずらしくない。そこで、一人ひとりが確実に技能を身に付け、一人でも使えるようにするためには、とりくみ方に工夫をする必要があると考えた。

①授業参観

そこで、4月の初めての授業参観で、裁縫の授業を公開することにした。参観に来た保護者に先生になってもらい、「玉結び・玉止め」の学習をすることにした。一人ひとりにおとなの目が行き届く状態でとりくんだので、短時間でたくさんの練習をすることができ、その後の練習や製作活動をとてもスムーズに行うことができた。

翌日の本読みカードに、「うちの子は、あまりにもできなかったので、夏休みに家で練習します」というコメントがあったり、「家でも、何度も練習したよ」と、夏休み明けにはできるようになった子どもが増えていたりして、学習内容や子どもの実態を知ってもらい、家庭の協力をお願いするには良い機会になった。

②ミシンボランティアの協力

本校では、ここ5年ほど前から、地域の方にミシンボランティアに協力していただいている。5年生は、上糸のかけ方、下糸の巻き方、ボビンの入れ方、下糸の出し方など、基礎的なことを教える時間に入ってもらえるよう依頼した。1班4人に、1人のボランティアの方についていただくことができたので、一人ひとりに目が行き届いた。一つひとつの作業が、きちんとできているのかどうかを確認しながら学習を進めることができた。

そして、2人で一つのミシンを使用するのだが、一人ひとりが、自分専用の上糸とボビンをもっていて、ミシンを交代する度に、自分の上糸とボビンを装着するというきまりにすることにした。初めのうちこそ、糸の付け替えに時間がかかっていたが、練習布での練習が終わり、ランチョンマットの製作に入る頃には、普段、支援を要する子どもでも、スムーズに糸の付け替えをすることができるようになっていた。

これまで家庭科を担当する時には、「時間がかかるから」と複数の子どもで糸を共有する方法をとっていたが、つまずきやすいと思っていた上糸のかけ方や下糸の出し方も、繰り返すことで身に付いていくことが分かった。結果的に、上糸が外れたり下糸がなくなったりすると「先生！」と呼ばれ、その度に一つひとつ教えるより、時間短縮にもつながった。

ボランティアの力を借りて基礎的な技能を確実に身に付けたことで、どの子どもも自分の力で製作をすすめることができた。

⑶授業でとりくんでいることを家庭に知らせる。
①家庭での実践

　５年生の初め、授業や家庭訪問などで話をしていると、「手伝いをしたいと言っても、やらなくていいって言われる」という子どもの声や、「やらせると時間がかかってしまうから、台所には入れたことがないんですよ」という保護者の声が聞かれることがあった。学校で学習したことを子どもたちの身近な生活の中に広げ、実践力を高めていくためには、家庭の実践や協力が必要である。

　そこで、題材を構想する時に、学習の最後には、学んだことを家庭で実践するという流れを入れることにした。どのようなことを学習したのかが家庭でも分かるように発信し、家族と一緒に実践してもらった。また、できるようになったことを継続して行えるように、「家庭科チャレンジカード」も取り入れた。家族からのコメントを見ると、「ありがとう」という感謝の言葉やアドバイスが書かれており、家庭での実践をすることで親子のコミュニケーションが生まれていることも感じた。また、昨年度から学校でとりくんでいる「チャレンジノート」（自主学習ノート）にも、家庭科で学習したことをまとめたり、さらに調べたりする子どもも出てきた。

②家庭科だよりの発行

　題材構想の最後に、家庭での実践を入れていくと、どうしても家庭に協力をお願いする回数が多くなってくる。協力していただくためには、学習への理解が必要だと考え、授業の進度に合わせて、「家庭科だより」を発行することにした。

　授業の中で、「お母さんはこんなたくさんの仕事をしているんだとわかった。私も家庭の仕事をして協力したい」「いつもやってくれている手洗いの洗濯が思ったよりも大変だった。今度は自分でもやりたい」など、たくさんの良い気付きや学びが生まれてくる。このような子どもたちの姿も、ぜひ、家庭にも伝えたいと思い、学習風景の写真や子どもたちの感想なども入れた内容にしていった。

E．成果と課題
⑴成果

①比較・実験などの問題解決的な学習を取り入れたことで、疑問を解決するための方法を考えたり、失敗からよりよい方法を学んだりする姿が見られた。自分で「このことを調べたい」と目的をもってとりくんだことで、成功したことも失敗したことも、納得して結果を受け止めて、家庭での実践

に生かすことができた。

②初めの指導を丁寧にしたことや、同じことを繰り返し行うようにしたことで、自分の力で作品や料理を作ることができるようになった。

③「学校で練習や実験→家庭で実践」という活動を繰り返したことで、家族と一緒にとりくむ姿が見られた。「家族のために作ろう」「家族が喜ぶみそ汁を作ろう」「家族と過ごす時間を増やそう」など、常に自分の家族を意識させてきたことで、学習したことが「家族のためになっている」という思いを自然ともつようになった。また、「家庭科チャレンジカード」を使用し、普段からとりくんだことを書くことで、継続して行うことができた。

⑵課題

①自分たちで実験方法や比較方法を考えて実践すると、同じ結果でも、個人の感じ方、捉え方、好みの違いから、そこから出てくる結論が様々で、まとめる時に意見が分かれることが多くあった。子どもたちの実験の結果だけではなく、その根拠となる資料も準備をすることが必要だと感じた。しかし、味覚や好みの違いは、それぞれの家庭の習慣や環境が影響している。家庭科では、「これはこうしなければならない。こうあるべきだ」と教えるのではなく、基本の考え方や方法を教えることで、その知識や技能を使って自分の生活をよりよいものに改善していけるようにしたい。

②学校で身に付けた技能を生活の中で活用できるようにするためには、繰り返し実践することが必要である。チャレンジカードの内容をレベルアップしたり、家庭で実践する機会を増やしたりしていきたい。

③「家庭で実践」しているかどうかを把握することが難しい。学校では、「家庭の仕事」として継続して実践してほしいと願っているが、まだ「お手伝い」という認識の家庭も多い。今後も、子どもと保護者双方に働きかけていく必要がある。中には協力が得られない家庭もあるが、そのような子どもにこそ現在や将来の生活に役立つ力をつけさせ、自分の力で力強く生きていけるようにしたい。

保健・体育 第9分科会

1. 開会行事

2. 全体会

3. 保健小分科会

4. 体育小分科会

5. 全体会

6. 総括討論

7. このリポートに学ぶ

　　◎自己肯定感を培う人間教育（体育実践）の一取り組みについて
　　　　　　　　　〈工藤　文　宮崎・県立宮崎工業高等学校定時制〉
　　◎子どもと一緒に考えたい放射能のこと
　　　　　　　　　〈松田智恵子　宮城・大崎市立真山小学校〉

《執筆者》

阿部　真司
青野　典子
里見　宏
長澤　光雄
北田　和美
上西　和樹
長田眞智子

1．開会行事

　オープニングでは、「新潟ろうあ万代太鼓豊龍会」による和太鼓の力強い演奏が会場に響き渡るとともに、参加者の感動の思いが両手を上げてひらひらと動かす手話の拍手で表現され、素晴らしい開会となった。主催者挨拶では、イギリスのEU離脱やアメリカの大統領選挙を例示し世界が内向き志向になりつつあることを危惧するとともに、世界人権宣言の精神に立ち戻って未来にむけた希望と期待を教育の中に見出していきたいという話があった。記念講演では、「民主主義と政治教育」と題して民主主義の危機的状況と社会のあり方や政治の可能性について語られ、最後は魯迅の言葉を引き合いに出して「教育によって道を作っていきたい」と締めくくられた。
　　　　　　　　　　　　　　　　　　〈阿部真司〉

2．全体会

(1)東日本大震災、原発事故を風化させない教育を

　この分科会最初の報告は、宮城（小）から「子どもと一緒に考えたい放射能のこと」であった。その中で、福島からのリポートが無くて心配している気持ちを表した後に、放射能について自分で調べること、それを広げること、つながること、これらのことを意識しながら、子どもの健康を守るために日々努力をしている様子が示された。ただ自分自身も原発事故を忘れる心配があることも述べられた。続いて岩手（小）から「被災地における狭い場所を利用した体力づくりの実践」が報告された。この中では、震災後6年が経とうとしているにもかかわらず校庭に仮設住宅があり、震災直後にあった自衛隊テントの跡地が唯一の屋外運動場となっている実態が示された。その広場は直線が50mしかとれない狭さだそうである。子どもたちの様子では、運動嫌いが増えて体力低下が危惧されると訴えている。そこで工夫を凝らした8秒間ハードル走で技能と体力の向上を図っている様子が伝えられた。
　質問の中に校庭にある仮設住宅の住民と学校の教育活動、特に子どもの声や集会等で流す音楽との関係がたずねられたが、音楽は流しても異論は出ていないが、ボールを住宅側に出せないので体育の活動に制限があると答えられた。子どもの中には3月が近づくと落ち着かない子もいることも紹介された。
　討論の中で、放射能について子どもたちに正しい認識を促す必要性が示された。原爆の被ばく地である広島から、被ばくについて風化がすすんでいると感じていると発言があった。報告した宮城からプールサイドの線量があまり下がらないことや牛乳給食の自由裁量が認められるようになっている実態も紹介された。
　里見共同研究者から、放射能の危険性について正確な情報が示され、青野共同研究者から給食の検査では基準値以下ではあるが、保存検査であるためその安全性に疑問が示された。北田共同研究者から子どもの発達の特性を考えれば、指導要領にかかわらず他の運動でも、効果的な内容があるだろうとの指摘があった。長澤共同研究者から仮設住宅の劣悪な実態と行政の責任を追求することと、学校の運動場を他に転用することの教育上の悪影響が指摘された。
　　　　　　　　　　　　　　　　　　〈青野典子〉

(2)子どもの安心・安全な生活と生命を守る I

　広島（小）から「健康診断は誰のため？」は運動器検診の問診票や運動機能改善運動のお勧めなど現場で使われた資料が多数添付され各県で比較ができ役に立つ。また運動器検診が本当に必要なのかという根本的な疑問を提起した。
　福岡（中）から「子どものための健康診断とは…」は養護教員の申し入れに改善がされず、「運動器検診」と「色覚検査」の2検診についての学習会が組まれた報告。養護教員も納得できないまま実施され、校医も不慣れで要精密者が多くなるなどの問題が報告された。
　大分（小）「子どもの人権を尊重した学校保健のあり方」は健康診断を先輩たちと歴史的に見直した報告。自ら健康診断年表をつくり過去の問題を整理し、根拠が明確でない検診や医療が廃止された理由を確認し、その上で運動器検診などの問題を報告した。
　長野（中・養護学校）「運動器検診に関する調査」は運動器検診に不安や戸惑いの声があり、どのようにとりくめば専門性を発揮できるか養護教員から聞き取った報告。問診票のチェックで検診対象から外された児童生徒がいるなど問診票の再検討が提起された。再検診の子どもが10％以上出た学校があり、過剰な検診が生みだされている不安を報告。
　里見共同研究者は、「養護教員が腑に落ちないのは骨や関節の異常を健康診断でやる必要性を感じていないからであろう」「運動器検診は1998年にスウェーデンの『骨と関節の10年』という『運動』で始まった。WHOが動き日本の整形外科医も『骨と

関節の10年』日本委員会を発足した（現在は『運動器の10年・日本協会』と改名）。学校には10-20％の運動器異常があると予測し『学校における運動器検診体制の整備・充実モデル事業』を展開し今日に至った。『運動器の10年・日本協会』には骨や関節の薬やサプリメントを作る製薬会社が17社も参加している。学校検診で必要以上の教育効果が生まれることを期待しているのかもしれない。今でもインフルエンザワクチンの効果がないのに老人が効くと信じているのが教育効果の実例である」「学校に入ってしまった運動器検診だが本当に必要かどうか調べることができる。養護教員の専門性を生かし検診の結果を解析して効果をチェックして欲しい」と述べた。

岡山（中）「学校教育とがん対策」は中学校に入った尿中ピロリ抗体検査についての報告。医師会より定期健康診断と一緒にという要請があり、市教委では健康推進課の事業として学校が協力することになり、学校で行う問題点を校長会等に報告したが対応はされなかった。ピロリ菌排除に伴う逆流性食道炎や食道がんなどの新しい問題があり、こうした未解明な部分を含む医療をともなった検査について報告された。

里見共同研究者は、「費用を肩代わりしてまでやりたいピロリ菌検査は何か別の理由が考えられる。秋田など一部の学校でも同じことがやられている。研究のフィールドとされているのかもしれない。検査の目的を確認する必要がある」と指摘した。

〈里見　宏〉

(3)体育教育が直面する課題

全体会で体育からの報告は千葉（小）の「誰もが楽しめるボール運動の在り方」と題して、バレーボールの指導でユニバーサルデザインを意識した内容であった。質疑に対する回答から、このクラスに特別な支援を必要とする子はいなかったが、診断的授業評価からバレーボールの学習経験が無く、ルールが分からなく、けがが多いと感じていたことから、子どもが嫌う理由を解消する意図で実践がなされたことが伝えられた。工夫の中にはコートを6分割しそこに番号をつけ、指示しやすくなった経験も紹介された。子どもの声は学習カードから把握し、総括的評価を活用し、写真の掲示をふんだんに用いた指導の工夫が紹介された。ユニバーサルデザインを意識して、「ホットボイス」を心がけていることへの賞賛が討論の中で出された。

共同研究者から、多面的で多様な評価や調査がなされているが多忙にならない配慮が求められた。また、コートを分割し番号をふった工夫に関連して、ネットも領域分けし名前を左中右とつけて作戦を考

えさせる例が示された。子どもたちに作戦を考えさせる時だけでなく、日常の様々な場面において文字化し、名前をつけることで認識が深まる有効性が指摘された。例として、色分けラベルに色の名前がひらがなで記入してあると色弱の子でも迷わないことが紹介された。　　　　　　　　　〈長澤光雄〉

3. 保健小分科会

⑴健康教育と保健指導

　兵庫（小）「児童とともにつくりあげる健康教育」では、ユニバーサルデザイン（UD）の視点を取り入れた健康教育のとりくみの報告。導入・掲示・板書・視覚支援・個別配慮のUDの視点から保健学習を行っている。学習発表会の場を利用し、全校児童や保護者、地域に保健学習で学んだことを発信した。睡眠の保健指導に関して、手作り教材など工夫しているが、「良い睡眠とは何か」など設定そのものの検討が必要。

　神奈川（中）「ヒヤリハット事例から考える〜養護教諭の発信する危機管理〜」では、隠れた疾病に起因するヒヤリハットに焦点を当てた事例検討をとりあげた。また、保健室内に個人情報があふれていることに注目し、保健情報を見直す中で今後の管理するための課題が見つかったという報告。「実践を用いた研修は」「ヒヤリハットの定義は」など今後に生かすべき発言があった。

　静岡（小）「家庭と学校をつなぐ保健教育のあり方〜小中一貫教育の中での養護教員の役割〜」では、中、小、幼・保で連携して「健康10か条（5か条）」を作成し、家庭保健委員会を開催し、基本的生活習慣の指導にとりくんだ。基本的生活習慣が身につくと自尊感情が高まりこころも安定するのではないかという設定だが、会場からは「家庭の事情を含め早く寝ることができない子の自尊感情が下がるのでは」という意見があった。共同研究者から「学校でやることは根拠があること。根拠を調べて」と発言があった。

　山梨（小）「自らの健康つくりに意欲的にとりくむ子どもをめざして〜感染症予防のための手あらい行動の変容にむけて〜」では、感染症（感染性胃腸炎）の正しい知識を指導し、手洗い行動の定着のための継続的な指導を行うことにより、子どもたちの意識や手洗い行動の変容にどのような影響があるかを検証するとりくみ。会場からは「流行状況への影響はあったか」「アレルギーの子のせっけん利用」

「きれいにし過ぎの害は」など検討すべき課題が出た。

　沖縄（中）16年続けてきた紫外線教育・保健指導のとりくみから「子どもの側にたった健康教育をめざして」の報告。「正しい知識をもって行動すれば、紫外線は決して恐ろしいものではない」ことを重要視して伝えるとりくみ。皮膚がんの多い地域・年齢などさらに知見を広げとりくむ視点が見えた。会場の意見で「必要な子は申請してから帽子をかぶる」など、地域による対応の違いもわかった。

　新潟（小）「生涯にわたり自ら望ましい生活リズムを創りだそうとする意欲と実践力の育成」では、睡眠習慣の改善を柱とした「眠育」のとりくみ。夜更かしや不規則な睡眠が原因となっている児童は、意欲の低下や学校や学級での友だち関係における不満等、学校生活に影響を与えていることが分かった。と考察しているが、逆も考えてみる必要があるとの指摘があった。

　愛知（小）一人ひとりの歯みがき習慣や歯の健康状態とむき合った小学3年生での歯科保健活動として「自分の歯を大切にし、みがき残しのない歯みがきができる子どもの育成」のとりくみ。歯科医師との協力の下、自分の歯垢観察や、歯の模型を作ってもらい歯みがきの仕方を学ぶことができた。会場の質問に答え、フッ素洗口を勧められ導入したことが報告された。フッ素洗口は多くの問題があり、今後課題としてとりくんでほしいテーマであり、意見が続いた。共同研究者から「予防歯科だけがすすめている。害がわかっていること。データをくださいと調べて」と発言があった。

　富山（中）「中学生期のメンタルヘルスの『ケア』と『育み』」では、養護教員の専門性を生かした、保健室での「健康相談」のとりくみ。生徒が利用しやすい保健室の環境づくりをし、できるだけ多くの生徒に目を配り、対応し声かけできるように配置を工夫した。保健室と相談室（スクールカウンセラーや心の教室相談員、スクールソーシャルワーカー）の連携・職務分けにより、現在保健室登校生徒がいないという報告。共同研究者から「事例調査は問題の広がりをもっているかが大事」という発言があった。

　討議では「睡眠は個別の事情がある。いろいろな方向から見ていきたい」「フッ素が入るときはバタバタと入ってくると実感」「病気は社会の迷惑というが、どんなに気をつけてもかかる。国の施策の中で健康がどう扱われているかも考えていきたい」な

ど。

共同研究者は、「薬用せっけんは、皮膚上の細菌を減少させることを証明しても感染症の減少など直接的なベネフィットがないことから、成分変更されることが決まった。常識を疑う視点をもってとりくんでいくことが大事」「いいことに違いないと思ってやっていることもわからない。本当に子どものためになっているか検証していくことが必要」と発言があった。　　　　　　　　　　　　〈青野典子〉

(2)世代交代の中で養護教員の専門性をさぐる

千葉（小）「養護教諭が行う事例検討会」は事例で問題点を探し個人差をなくすべく検討した報告。毎年起きる感染症として嘔吐や手足口病、感染性胃腸炎など具体的に検討されている。その結果、新たな情報で多くの気づいたことがあったと報告された。

岩手（小）「気づきで養護力アップ」は09年から「養護教員って何？」という疑問で始まった研究活動の報告。サークルを作り情報の共有化ができることで養護教員の質向上をもたらし、自信となっていった経過を報告。また、清掃や給食事務などが養護教員の仕事とされていると報告された。現場の一面を見せており重要な課題と言える。

長崎（中）「みんなで学ぼう！かたろうやサークル」は佐世保市に導入されたフッ素洗口に不安をもった養護教員が情報交換を始めたサークル活動の実践報告。フッ素問題を抱え、その戦いが個人の枠を超えていることから余裕をなくしたことに気づき、幅広い情報が活動するために必要と気づいていった報告。

熊本（中）「保健室と『養護』実践」は子どもが自分でチェックする健康観察個人カードの意味を担任にも説明し、子どもたちのSOSを見逃さないように努力した報告。事例報告として中1から保健室登校するAが校長にきいたタメ口で起きたズレを子ども自身が修復した事例から「養護とは」という課題を探った報告。

里見共同研究者は、「『世代交代の引継ぎ』が上手く出来ていないため、自分たちでその穴を埋めている活動報告と言える。解決している問題を再度繰り返すという膨大な労力を使わないで済むようにしないといけない」と指摘した。

(3)子どもをとりまく問題へのアプローチ

北海道（小）「食物アレルギーへの対応」は学校給食のアレルギー問題を養護教員の視点から整理した報告。新しい給食センターについて、地教委は学校に連絡せず保護者説明会を開くなど不備があり、その後のアレルギーのある子と保護者との情報交換もうまくいかなかった事例などが報告された。

茨城（小）「チームでとりくむ食物アレルギー対応」はアレルギーの子どもが18人（11.9％）でうち1人がエピペンをもっている学校からの報告。保護者、学校、病院、消防など地域との共通理解をもつことを試みた報告。また、子ども自身が自分の身を守れるようにしたいという実践報告。

里見共同研究者は、「養護教員と栄養教員の情報交換が組まれているがスムーズに動いていない。学校給食は福祉で行われていたものを教育にした矛盾と個人的営みを集団で行う矛盾。自校方式からセンターや民間委託になる矛盾がアレルギー問題にも出ている。これを押さえたうえで対応して欲しい」「また、マニュアルでアレルギーや食中毒は防げない。人為的な間違いで起きていることが多いので対応策は別にある。やり過ぎても問題になるし、足りなくても問題になる。子ども自身が自分を守ることができるようにするという基本を押さえることである。食に関する病気はアレルギーだけではない。学校給食を養護教員の専門性で押さえて欲しい」と述べた。

石川（小・中）「歯と口の健康」は輪島市で虫歯が他の学校より多いという比較の論理でフッ素洗口を推進する歯科校医と養護教員の攻防が報告された。フッ素導入阻止のために資料の作成から学習会など具体的な活動報告。

里見共同研究者は、「フッ素による虫歯予防はエナメル質でフッ素が反応してフルオロアパタイトができるとされていたが、それが間違いであることが実験で確かめられた。根拠が崩壊している。しかし、歯科医にはそれを無視してまだフッ素を推進するものがいる。子どものためにフッ素の危険から子どもを守って欲しい」と要望を述べた。〈里見　宏〉

4．体育小分科会

(1)ゆたかな心身の発達を促す体育実践

実技が中心となる体育教科では、子どもの身体感覚や技能を育てるとともに、すべての子どもが運動の楽しさや喜びを実感することも大きなねらいの一つである。子どもが主体となり、目標をもち、楽しみながら学ぶことのできる体育授業をどのようにつ

くっていくのか、静岡・神奈川・滋賀の小学校、大分・山梨の中学校の実践から探ることができた。

まず、静岡（小）では、主体的な学びが見える化できるよう、各自の目標に合わせて、ビブスを選んで着用するとりくみが紹介された。どんな目標ととりくんでいるのかを子どもに意思表示させ、目標が周りの人にも見えるようにすることは、自分の行動目標を明確にさせるとともに、他の人からのアドバイスを得やすくなる効果も生じた。

次に、神奈川（小）では、めあてをもって主体的な学習ができるには、体育の中で身に付けるべき資質や能力とは何かを明確にし、それを高める指導や手立てを研究していくことが、よりよい実践につながると考えた実践が紹介された。

また、大分（中）では、「わかること・できることは楽しいことだ」と学ばせたい。そうすれば、運動が苦手でも、体育・運動が好きな子どもを育てられる。それは生徒のみならず、体育教員にも言えること。不得意な教材を得意な教員に教えてもらう実技講習会で指導力をアップし、出前授業で先生も生徒と一緒に授業を受けることにより、楽しさを共有でき、盛り上がるという実践が紹介された。

続いて、子どもが生き生きする体力向上をめざし、研究指定を３年間受けてとりくんできた滋賀（小）の事例。初年度は気負いが強く、サーキット型などにとりくんだが、負担が多く続かなかった。たどり着いた方策は、子どもたちにどんな運動や遊びをしたいか聞いて、出来るだけやりたいことができるようにサポートすること。スポーツの始まりは、遊びである。ゲームやスマホにはない、身体活動による遊びの楽しさを伝えることができたら、最高の体力向上につながるのではないだろうか。

一方、山梨（中）では、体力向上をめざし、運動の目的と効果を考え、仲間と５分間だけのプログラムを作ったとりくみが紹介された。生徒たちは意欲的に活動し、自分の体への気づきを高め、今後の部活動・自主的な活用も期待される。自分で考え作り上げた主体的なとりくみなので、意欲も高かったと報告された。

以上の紹介があったが、今回、制限された時間の中でよく整理された発表が多かった。また、引き続きの討議に関しても、主体的な質問、適切な回答が展開され、実り多い充実した時間が過ごせた。討議したことにより、さらに有意義な情報が得られ、自校に戻ったら、すぐこの知恵や工夫を実践に役立てたいという意気込みが会場から感じられ、ここで得

られた学びを次の実践に即生かしたいという思いが伝わってくるようだった。

そんな討議の中から発見できた知見もある。まず、子どもの体力低下や運動する・しないの格差の大きさは、それぞれの現場で共通した課題と捉えられた。一つのスポーツに特化してできるが極端にできないものもある子どもの様子から、幼少時から日常的に外遊びが不足している状況が把握できた。子どもが運動にとりくむ環境づくりでは、遊びの延長で力をつけていく場の工夫が効果的であると得られた視点を参考にしていきたい。

次に、体育活動が盛んな環境を作っていくには、一人の教員が充実した授業をしても期待できる効果はたいして得られない。学校全体の体制をどう作っていくかが重要である。特に小学校では、体育を専門としない教員も体育の指導が苦手な教員も「みんなにできる体育の指導体制」をどう作っていくかが重要である。

３つめは、日頃は自分たちがむき合っている目の前の課題に意識は終始しがちである。小・中・高校の教員が一堂に会して意見交換できたことにより、その時その時の発達段階の子どもが解決しなければならない課題を解決しないでそのまま放置していってしまうと、苦手意識は年齢を経るにしたがって大きく広がっていく。それは、めざす生涯体育につながらないという点に気づかれた参加者も多かったようだ。

共同研究者からは、数値にとらわれないで体力づくりをすることが重要。それが子どもの主体的な学びになっているかが肝心である。数値で表せると、とても説得力があるが、測定しやすいもの、測定できるものしか測定できていない。また、適時性を見極め子どもの発達段階に応じた指導者の判断力を養う必要性がある。平均的な学校や学級は少ない。目の前の学年のこのクラスの子どもに何が必要なのか見極め、何を与えるのかをきちんと説明できる責任がある。教員が研鑽を続ける意味と重要性が語られた。　　　　　　　　　　　　　　　〈北田和美〉

(2)運動文化にふれる体育実践

ここでは先に陸上競技系の種目を取り上げた。

三重（小）から「『遊び』と『運動』のつながりから考える授業づくり」と題して走り幅跳びの実践の工夫が報告された。石川から「リレーの実践を通じて」と題して１分間で目標距離をめざすリレーの紹介がされ、愛知（中）からも中学におけるリレー

の「確かな知識をもとに、アクティブにしこう（試行・思考）を繰り返す体育学習」が報告された。それぞれ目標を達成することで学習意欲を引き出していた。討論の中で、男女共修が実現していない実態や、競争より勝負に意識がむく弊害への対応策が紹介された。

共同研究者から、遊びの価値と男女の違いを超えた学習の例が示された。また、男女共修が女子差別撤廃条約や男女共同参画社会基本法、さらに男女雇用機会均等法の趣旨に添った配慮である点と、体育の学習指導における競争の認識を深める事例がいくつか紹介された。

休憩後に球技系について、兵庫（小）からは「子どもが生き生きと活動する姿をもとめて」バレーボールの指導の工夫、大阪（小）からは「アタックチャンスバレー」と、ネット型球技2本が、鹿児島（小）から「『ボールけり遊び』から『ベースボール型ゲーム』へ」が報告された。福岡（小）から「運動の楽しさを味わいながら、動きを追求する子どもを育てる体育科学習指導」、新潟（小）から「投力を高める指導の工夫」と、両者ともにゴール型のハンドボールに関する指導実践が報告された。

質疑応答と討論の中で、ボールを握り易くするためハンドボールの空気を抜いた工夫や、V字型ゴールやネットに鈴をくくりつけた工夫が紹介された。子どもの投球フォームを撮影して見せることで著しい改善例が見られたことも示された。定時制高校の体育の実態が紹介され、集団でとりくめる唯一の種目がキックベースで、その特性が見直されることも話題になった。

話題が広がり、学校行事における組み体操の制限や禁止は、その危険性から妥当との意見が出された。

長澤共同研究者から球技の分類が紹介され、「ネット型」ではファウストボール、「ベース型」ではクリケットの要素を導入する提案もなされた。北田共同研究者から、男性の優れている部分を示すスポーツが多いことの指摘と、男女同一ルールではなく女子に適したスポーツがニュースポーツと呼ばれる種目に多いことの指摘があった。組み体操に関連し、体重を利用した運動、おんぶなど、発達に有効である点と、スキンシップにより分泌されるオキシトシンの有効性が紹介された。　　　〈長澤光雄〉

5．全体会

(1)子どもの安全な生活と生命を守るⅡ

鹿児島（小）「学校の『伝統』を少しだけ震わせる養護教諭の『ささやき』」では、学校の「伝統」として行われてきた「組体操」より、養護教諭の視点から安全面などを考慮したとりくみの実践報告。「安全に実施するための共通理解」「教職員が語る場の必要性」など、養護教諭だからこそ見える子どもの姿を他の教員に伝えることから学校を少しだけ変えていくことができたという報告。

三重（中）「心身の機能の発達～不安・心配なことに　Answer～」は生徒の実態をアンケート等でつかみながら指導案を作成し、保健体育科教員と連携をとりながらすすめた性教育グループのとりくみの報告。会場からは「LGBTなどを授業でどう取り入れたか」「男女共修か別修か」「女の子に男の子のことは、逆は」など、授業に取り入れるべきテーマが出た。

討議では「LGBTなど勉強不足でもできることがある。ひとことふれて」「組体操は高く積まなくても見栄えがするやり方もある」「伝統の遠泳で、病死となったが裁判になったケースがある。誰かの犠牲のもとにやるのは間違い」など意見が出た。

共同研究者は「昨年、長縄跳びで『離脱性骨軟骨炎』になった報告があったが、目的をもってみんなでやると個体差を超えてしまうことがある。子どもを守る立場に立って言いたいことをちゃんと伝えて」「なぜやっているか子どもたちの実態に合っているかきちんと考えて綿密に計画して、教育効果をあげている実態も学び判断して」「性教育など実践報告は、これはみんなに伝えていきたいというセールスポイントをもった方がいい」「生まれた時から、体の動きも睡眠時間も違いがある。学校は同じことを求めがちだが、みんな違いがあることを大事にして実践してほしい」などと述べた。　　　〈青野典子〉

(2)ゆたかな学びを支える体育

北海道の盲学校、ならびに、宮崎の定時制高等学校による2題の実践が報告された。様々な課題を抱える生徒がいる中、体育授業を通して何をめざすのか、体育の学びにできることが何かについて、改めて考える機会となった。

盲学校では、視覚的障害という個々の課題に寄り添い、安全面に注意を払い、水泳・スキー・ダンス・陸上競技など様々なスポーツにとりくんできた

実践が紹介された。パラリンピックの話題も多くなった中で、インクルーシブなスポーツ社会をめざし障害をもつ子どもが安心して地域で活動できる基盤がまだまだできていない現状を共有できた。また、さまざまな人と一緒にスポーツを楽しむ社会の実現にむけて、何が必要か、具体的にイメージを共有できる機会ともなった。

定時制高校では、つらい生育の中で将来に対する夢や希望がもてない生徒が多い。その問題の深さ・心の傷の深さに直面し、戸惑いながらも真摯にむき合い、寄り添ってきた結果、その闇の中から見えてきた解決の糸口と一筋の灯となる実践の手ごたえが紹介された。成功体験を味わっていない生徒に、自己肯定感を培うことをめざした実践では、現状を改善すべく、ともに授業を創りあげ、ルールやマナーを守り、相手を思いやる心が培われていく過程を確認することができた。

どちらの実践も、教員自身が悩み苦しみながらも、現状の困難な課題に真正面からむき合い、切り拓いていこうとする生きざまが、生徒を新しい世界の入り口に導いていると実感した。また、思いがあっても一人で実現することはできない。周りの人々を巻き込み、理解者と連携していく熱意が必要だ。保健体育分科会の全体会で、全国から参加した小・中・高の仲間とともにこの報告を討議できる場を共有できたことによる意味合いは大きい。今後の展開と広がりを期待したい。　〈北田和美〉

6．総括討論

最後の総括討論では、3日間の議論をふまえ、差別やいじめをなくすことが養護教員の日常の活動や体育の授業実践から可能であることが確認できた。出された主な意見には、原発廃止が必要なこと、核実験が未だに行われていることに対する疑問、健康に関する国の政策が個人の生活に入り込む実態に反対であること、東日本大震災から時間が経って忘れそうになっていたが改めて理解が深まったことがあげられた。また、保健小分科会の参加者の多くが養護教員で体育を担当している教師と意見交換する中で、有益な情報が得られたこと、全国の教職員との協議を経て改めて子どものための勉強と研究を重ねる決意も示された。今回は定時制高校教員や特別支援学校教員の参加があり、視野が広がり感謝の気持ちも表明された。

共同研究者から、参加者全員に敬意を表するこ

と、運動誘発性アレルギーに過度に反応すべきでないと感じたこと、情報を集めることはインターネットで簡単にできるが、偏りがあることを自覚し原典に当たるよう注意が喚起され、マスコミが意図的に報道することもあるので批判精神を保つこと、価値のある学校行事等の教育効果に関心を寄せてほしいこと、女性差別解消がすすまないことに対する憤りも示され、性的マイノリティーであるLBGTに理解を深めるべきであること、いじめと差別は共感することが出来ないことから発生するので、体育はそれを解消する力があること、等々が示された。今後も子どもたちのために、ともに努力するよう呼びかけがあった。

司会者の感謝の言葉で3日間のすべてを終了した。　〈長澤光雄〉

7．このリポートに学ぶ

体育小分科会からは、宮崎（高・定時制）の「自己肯定感を培う人間教育（体育実践）の一取り組みについて」を紹介する。

夜間定時制高校において、さまざまな年代の生徒が通い、仕事をしながら精一杯学んでいることを知り、これまで「集団における孤立感」を味わってきた生徒たちに自己肯定感を培うために「体育」授業を通して立案・実践にとりくんだ。自己肯定感を培うために実践したことは、①成功体験を味わわせる②集団の中で自分の居場所を見つけさせる　③運動を通じて、「楽しいことは継続できる」という人生の法則を学ばせる　の3つの観点を意識した体育授業のとりくみである。

授業では生徒のアイデアや意見を可能な限り取り入れ、実施種目が2種目から5種目に増え、生徒たちのモチベーションが向上した。実施種目を増やすにあたっては、施設・用具等を生徒とともに創意工夫しながらさまざまな道具を代用し、本校独自のルールを制定し、新しい種目を導入することができた。このような授業を経験した生徒たちは、規則やマナーを守る気持ちが学校生活にも生かされるようになった。体育授業のあり方をこのリポートから学びたい。　〈上西和樹〉

保健小分科会からは、宮城（小）の「子どもと一緒に考えたい放射能のこと」を紹介する。

2011年3月の福島原発の事故後、5年8か月が経過した今でも、子どもたちを取り巻く環境は、放射

能汚染に対応した整備が十分に行われているとは言えない。原発事故以降のリポーター自身と周辺におけるとりくみを時系列で整理し、問題の共有化をはかり、時の経過と情報が伝えられないことによる関心の低下、「被ばく問題の風化」を感じる中、事実に基づいた情報発信をしていく養護教員のとりくみが報告されている。

全国各地に自主避難を強いられている子どもたちへの支援はどうなっているのか、福島の現実が教育課題となっているのか、原発の再稼働が実施されている今、脱原発の議論がなし崩しになってはいないか、子どもたちの未来を見据えこのリポートから学びたい。
〈長田眞智子〉

リポート 自己肯定感を培う人間教育（体育実践）の一取り組みについて

工藤　文　宮崎・県立宮崎工業高等学校定時制

A．はじめに

私が勤務する宮崎県立宮崎工業高校定時制は、本県唯一の定時制専門高校（工業系）である。本校は機械科・電気科・建築科の3学科から成り、現在90人（女子9人、高大生2人在籍）の生徒が県内各地から通っている。生徒の就業率は69.6％と大変高く、「働きながら、学ぶ」生活スタイルが身に付いている生徒が多い。しかし、日常的に過労感を訴える生徒も存在する。学校行事においても、歓迎遠足（4月）や修学遠足（8月）、体育館で実施する体育祭（10月）、クラスマッチ（9月、1月）、卒業生を祝う会（3月）など、施設・用具面での不十分さを補いながら、生徒会を中心に創意工夫して取り組んでいる。

B．生徒の現状

本校の生徒は転編入及び中途退学者が39％、中学校新卒者が61％の割合で在籍し（下記グラフ参照）、中学校新卒者の中には、他者からの嫌がらせやいじめによって不登校となり、日々の学校生活を送ることができなくなった者も多い。家庭においても経済的状況が大変厳しく、学校生活以外の時間をすべてアルバイトに充てている者も少なくない。

本校に通う生徒は個性豊かで、実に「十人十色」である。そんな中、生徒たちに共通しているのは、幼い頃から心身ともにつらい経験をしているため、他者の嫌がること、人を攻撃・否定することを極力好まないことである。

本校入学時、新入生に自己の将来・未来について尋ねると、「何でそんなこと、聞くのか」、「質問に答えたくない」、「うぜぇ。そんなの、知らん」、「将来なんて、考えてない」、「自分なんか、どうでもいい人間」、「なぜ一生懸命生きなければならないのか、わからない」、「卒業後も就職せず、アルバイトで生計を立て、病気になったら〝ハイ、それまで！！〟」、「生きている意味が全く見出せない」、「早くこの世を去りたい」など、将来に対する夢や希望が見えず、絶望感や悲壮感に満ちた内容を語る生徒が非常に多く、生徒たちの抱えている問題の深刻さや心の傷の深さを痛感する。

また、生徒たちに中学校時代の話を聞くと、「生きていることが嫌になった」、「自分自身が大っ嫌い！！」、「自分の生きている価値なんてない」、「現実から逃げたかった」、「死にたかった」、「自分のことに気付いてほしかった」、「生きていることを実感するため」、「自分の存在をアピールしたかった」、「先輩や友人がしていて、格好いいと思ったから真似した」、「恋人との絆の証を大切にしたかった」などのさまざまな理由で自傷行為（リストカット、入れ墨（タトゥー）、ピアス）を繰り返したと言い、自分自身を大切に思う心（自尊心）が乏しい生徒も数多く存在することに気付かされる。

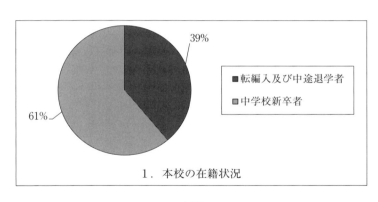

1．本校の在籍状況

C．子どもたちに必要なものは……？

　赴任当初、子どもたちの置かれている状況や現実に大変驚き、教育活動を展開するにあたり、「生徒一人ひとりの生育状況や特質を把握すること」が如何に大切か、身を以て学んだ。定時制においてこれまでの教育実践は全く通用しないと感じた私は、「生徒が生きていく上で何が必要か」、「教員の私にできることは何か」を必死で模索した。その結果、生徒たちへの心理的サポートとして辿り着いたのは、授業や学校行事等を通じて生徒たちに「互いに認め合うことの大切さを伝えること」と「自己肯定感を培うこと」であった。

D．本校で学ぶことの意義（学校行事・体育の授業を通して）

⑴学校行事において

　入学した生徒たちは、学校生活を送る中で「さまざまな年代の生徒が本校に通い、仕事をしながら精一杯学んでいること」を知る。また生徒たちは学校行事を通じて多くの仲間と交流し、下級生は上級生の手解きを受けながら、本校の伝統を受け継いでいく。これまで「集団における孤立感」を味わってきた生徒たちにとって、本校での学びが「集団の中での自己存在」に気付き、仲間との交流を通じて「他者と繋がりを持つことの必要性」や「互いに認め合うことの大切さ」を強く感じることができる「自分の居場所」となっている。

⑵体育授業において

　生徒たちに必要な自己肯定感を培うため、次に挙げる３つの観点を意識して実践に取り組んだ。

> 【「自己肯定感」を培うために体育の授業で実践したこと】
> ① 成功体験を味わわせる。
>   → 運動経験が乏しい生徒たちに運動の基礎・基本を教え伝えることで、「できた」という達成感や充実感を味わわせ、自信をつけさせる。
> ② 集団の中で、自分の居場所を見つけさせる。
>   → １人でできないことも仲間のサポートがあれば成し遂げられること、集団において役割を自覚し行動することが自分の居場所を得るために必要であることを学ばせる。
> ③ 運動を通じて、「楽しいことは継続できる」という人生の法則を学ばせる。

> → 「楽しい＝継続」の過程（プロセス）を経験させることにより、プラス思考で物事を捉えることが生きていく上で必要不可欠であることを学ばせる。

　授業を展開していくうちに、授業に興味を示さなかった生徒たちが運動の楽しさを知って自らすすんで運動するようになり、仲間と協力して準備・後片付けを行うようになった。

E．「生徒たちの取り組みが変わった！！～受動的な活動から主体的な活動へ～」

⑴体育授業における実施種目の変遷

　私が赴任した４年前の体育授業は、施設・用具等に恵まれていないこともあり、「教員が一方的に生徒へ指示し、決められた種目を行うだけ」のいわゆる一斉指導が展開されていた。そのため、生徒の意見や要望が授業に反映されにくく、生徒の活動量も十分確保できない状況にあった。そこで、私はこの状況を少しでも改善したいと考え、全生徒を対象としたアンケート調査を実施し、生徒のアイデアや意見を可能な限り授業に取り入れた。その結果、実施種目が２種類（バレーボール・バドミントン）から５種類（バレーボール・バドミントン・バスケットボール・フットサル・卓球）に増え、生徒たちの授業に対するモチベーションが向上し、「人からやらされる授業」から「自ら取り組む授業」へと変化していった。

⑵本校独自ルールの制定

　実施種目を増やすにあたり、施設・用具等がすぐに調達できないこともあったが、生徒とともに創意工夫しながらさまざまな道具を代用したり、生徒どうしで話し合いながら本校独自のルールを考案したりして、何とか新しい種目を授業に導入することができた。

> 【本校独自の種目のルールについて】
> 1. バレーボール
>   ① サーブの際、女子生徒は前方（アタックライン付近）から打てる。
>   ② 故意にボールを蹴ったら、対戦チームに２点入る。
> 2. バドミントン
>   ① サーブ時、独自のローテーションを

採用。（簡易ルールでの実施）

3. バスケットボール
　① 女子生徒がシュートを打ったら1
　　点、シュートが入ったら4点（通常
　　の2倍）の得点が入る。
　② 正式ルールの適用はしない。（ただ
　　し、悪質なファールは絶対禁止。）

4. フットサル
　① コートの大きさはバスケットコート
　　の広さで行う。（ゴールはカラーコー
　　ン2個を使用。）
　② シュートは、ゴールポスト（カラー
　　コーン）のライン（約70cm）より
　　下方とする。浮いたシュートは認め
　　ず、ゴールキックから再開とする。
　　（簡易ルールでの実施）

5. 卓　球
　① ダブルスのサーブ時のみレシーバー
　　が決まっているが、ラリーにおいて
　　はどちらの選手が打っても良い。
　　（簡易ルールでの実施）

(3)体育授業がもたらしたもの

　「ともに授業を作り上げる過程」を経験した生徒たちは、自分たちの作ったルールを守り、対戦相手やチームメイトのことを考えながら主体的に行動するようになった。体育の授業にて、さまざまな規則やマナーを遵守する気持ちや相手のことを思いやる心が生徒たちに培われたことにより、人に危害を与えるような行為や他者とのトラブルが激減した。学校生活において、授業で学び得た姿勢が見られるようになったことは、大変嬉しいことである。

　生きることに悲観的だった生徒たちが、授業を通じ、ルールを重んじながら少しでも前向きに物事を捉えるようになったり、自信をもって何事にも挑戦してくれるようになったりしたことは、授業実践の方向性が間違っていないことを証明してくれたと感じている。

F.「明るく楽しい人生」を子どもたちが送る
　　ために……

　私は、「学校生活自体が〝社会の縮図〟として成立し、その活動によって生徒一人ひとりが〝一つの個性〟として尊重され、自分の存在価値に気付くようになる。その環境こそが、『定時制』なのだ」と

いつしか考えるようになった。生徒、そして我々教員も「定時制で学べる時間」は自分の教育観や価値観を大きく変える、大変貴重な経験になると強く感じているからこそ、心からそう思えるようになった。

　今、私が授業で取り組んでいることは些細なことかもしれない。しかし、子どもたちに生きていることを実感させ、他者を敬い、自己肯定感を育むための活動が学校全体に広がれば、子どもたちにとって更に学校が「居心地の良い学び場」になると信じている。

　定時制高校には、今後もさまざまな生徒が入学してくる。その子どもたちのためにこれからも授業実践を継続し、学校現場はもちろんのこと、各方面に情報発信しながら自分にできることを全力で取り組んでいきたい。

リポート　子どもと一緒に考えたい放射能のこと
　　　　　松田智恵子　宮城・大崎市立真山小学校

A．はじめに

　2011年3月の福島原発の事故により放射能汚染が広範囲に広がった。宮城県北部は、福島県境と同程度の測定値が観測され、大崎市や栗原市の北西部は特にホットスポットと呼ばれる除染対象地域として検討を要する地域となった（2011年8月30日公表の改訂版文部科学省による航空機モニタリングの結果より）。

　事故当時、震災の影響で数日間停電となり全く情報を得ることができなかった。水も車のガソリンもなく、多くの人々は給水車の長い列に並び、日用品や食料を買い求めるために自転車や徒歩で出歩いた。その中には小さな子どももいた。学校が休みになった子どもたちは外で雪遊びをしていた。当時、どれだけ被ばくしたかが非常に気になる。

　事故後、5年8ヶ月が経過した今でも、子どもたちを取り巻く環境は放射能汚染に対応した整備が十分に行われているとはいえない。原発事故以降の指導実践を、行政や学校の対応や子どもと保護者などの反応を振り返りながら検討してみたい。

B．5年8ヶ月を振り返っての経過
〈2011年〉
3月 • 前任校で職員の児童の**安否確認**の際、雨に当
　　　たらないよう声をかけた。　•新型インフルエン
　　　ザ対策で配付された**マスク**を配付した。**ガソリン**

147

が不足していたので**自転車**で地域を巡回した。

4月・転勤となり現在校で勤務。　・**職員会議**で教育活動の放射能対策をふまえた見直しを話し合う。　・ほけんだよりや掲示物などによる**放射線情報の発信**。

6月・文部科学省から**空間線量計「はかるくん」**を借用し校庭の空間線量測定実施。児童保健委員会で校庭の線量測定を行い、**ほけんだより（図1、2、3参照）**で注意を呼び掛ける。　・「はかるくん」による空間線量の測定によりやっとある程度の状況が見えてきた。　・**職員会議**で放射能の現状の確認と教育活動の対策をふまえた見直しを再度話し合う（体育・水泳・給食指導・生活科・栽培活動・清掃活動など）。　・放射性ヨウ素の被ばくが心配される事から内科校医と相談し健康診断で**甲状腺の触診**を実施。　・県から**プール清掃は子どもにさせないよう指示**を受ける。　・保護者と教職員でプール清掃を行う。　・プールサイドの線量が高いことから、プールサイドは素足で歩かない、**ゴーグルを必ず付ける**。など使用上の注意の確認。

図2

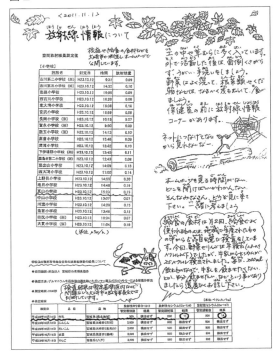

図1

図3

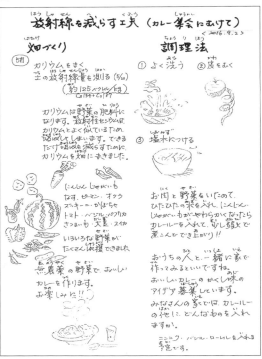

7月・**地区の保健教育部会研修会**で放射能対応について教員間の情報交換を行う。　・地区全体で研修し情報交換を行い、放射能に関する職員・学校毎の意識の違いを埋め大きな力となった。　・心配することはないという行政や管理職に「自分は子どものために仕事をしているのだから……」と主張する養護教諭達がいた。

8月・**地区学校保健会主催の講演会**。講師、県薬剤師会会長。**学校の環境衛生基準に放射能関連の項目**について見直しがあるのかを質問をした。国（文部科学省）では何も見直しはないとの回答であった。　・環境基準の変更は現在も見直しはない。

10月・**市による給食食材の放射線測定**開始。月2回・3品目を検査機関に依頼。　・牛乳にセシウムが検出されたことから牛乳を止めるか希望をとり、数名の児童が牛乳を停止した。

〈2012 年〉

3月・6年生の児童から「中学校へ行ったら放射線の事を気にしなくてもいいのか」と聞かれた。被ばく防護と健康影響についての指導の期間と連携・継続の課題を感じた。

4月・**市の除染計画**が出され校地内の細かな測定が開始された。　・空間線量 0.23μSv/h（地表 50cm）以上の場所は市教委と学校職員で土を取り除き、校舎裏の敷地に埋めた。　・**開放式雨樋**を側溝に流れるように工事を行った。　・**教育計画**の中に放射線防護についてのマニュアルを入れた。

5月・**給食食材の測定器**を市で購入。食材は毎月3品目を市の教育委員会で測定する（下限値 20bq/kg だが公表は 50bq/kg 以下は○印）。また、3校の給食完成品を外部検査機関に測定依頼（下限値 1bq/kg 程度）。　・市の担当者から「国の基準の半分以下であれば問題はない。米は県が測定しているので市独自の測定は考えていない。不安というのであれば**弁当持参や牛乳を止めるなど個々の対応**でお願いしている。測定値は問い合わせに応じる」とのこと。

6月・県より**プール清掃**は昨年に引き続き子どもにさせないよう指示を受ける。プールは市町村各1校の学校のプール水を測定し、不検出のため遊泳に関しては問題なしとの判断。　・学校によっては周囲に常緑樹などが植えてあり葉や虫が容易に入りやすい、全ての学校のプール水検査を要望した。

9月・**大崎市で市民持ち込み食品放射性物質検査**開

始。数値は HP で公表。

10月・**大崎市教委より放射能積算バッジが配布される**。業務員が身に付け測定。対応は各学校で決めるとのことであった。

12月・**学校の職員研修**で放射線についての研修会（伝達講習）を実施。放射能について、外部被爆と内部被爆、内部被爆の防ぎ方など。

〈2013 年〉

4月・**教育計画の中に原発事故に対応する避難訓練**についての内容を入れた。

6月・**プールの清掃**は保護者と教職員で行い、仕上げを児童が行う。　・**給食センターに海産物の測定値**の問い合わせを行った。栄養士が業者に過去1年分（以下3例）を確認した。2013. 3. 4 北海道産鮭：不検出（検出限界 6.1bq/kg）2013. 3. 13 サンマ：検出せず（検出限界値 25bq/kg）2013. 7. 11 カツオ：不検出（検出限界値 50bq/kg）

7〜10月・市に放射能測定を依頼。　・プール水：不検出（検出限界値 2.74bq/kg）　・ブルーベリー（**学校農園**）：不検出（検出限界値 10.5bq/kg）　・サツマイモ（学校農園）：不検出（検出限界値 14.4bq/kg）

〈2014〉

1月・**教職員研修　講演「放射線と子どもの健康」**講師：矢崎とも子氏（内科医）参加者　教職員・保護者・他校養護教諭

6月・プールの清掃は保護者と教職員で行い、仕上げを児童が行う。　・市に放射能測定を依頼。プール水：不検出（検出下限値 4.1bq／kg）ズッキーニ：不検出（検出下限値 10.2bq／kg）

9月・**校庭の土・側溝の土の放射線測定**

〈2015 年〉

6月・プールの清掃は保護者と教職員で行い、仕上げを児童が行う。PTA 奉仕作業による側溝の掃除（土嚢袋で校舎裏へ置く）。

11月・**保健「放射線を防ぐ生活を知ろう」**（4〜6年対象）実施。

〈2016 年〉

5月・**校庭の土・学校農園の土の放射線測定**。

11月・**校庭の空間線量** 0.07μSv/h（市教育委員会測定）。　・校庭の土・砂場の土の放射線量測定。

C．終わりに

放射能汚染の影響はこれから何十年何百年と続く。原発事故前までは、免疫力との関係でウイルスや細菌との付き合い方が重要だと理解し、子どもた

ちには何でもよく食べ、外でたくさん運動すること
が丈夫な体をつくることにつながるということを伝
える指導を続けてきた。原発事故後、低濃度放射線
の影響を最小限にするために食べ物や校庭の土など
多方面にわたって注意が必要になった。放射線の検
査体制が整ってきつつあるが風評被害への懸念に比
べて自治体による測定値の公表は消極的である。情
報がないことは不安や更なる風評被害に結びついて
いる。

　5年8ヶ月という時の経過は、放射能とその影響
が分かりにくいことと相まって次第に被ばく問題の
風化を招き、知識の不足は放射能汚染への関心を薄
れさせ、不要な被ばくの蓄積を続けさせている。

　子どもを取り巻く環境は、放射性廃棄物の処理の
進展に伴い汚染地区だけでなく広範囲に拡散し、被
ばくを強いる傾向を強めているのではないかとさえ
感じる。

　また、宮城には女川原子力発電所がある。そこか
ら60km〜80kmの位置にある大崎市では放射能の
危険性や原発事故を想定した避難訓練などの対策は
今後重要な課題となってくる。

　壊れた発電所は修理が終了次第、再稼働審査が進
められている。

　そもそも原子力発電所が本当に必要なのかどう
か、放射能の健康影響について脱原発の議論の進展
をしっかり見据えながら当事者意識をもって子ども
たちと考え続けていきたい。

【第66集】日本の教育 日教組第66次教育研究全国集会〈新潟〉報告

技術・職業教育 第10分科会

1. 概要と基調

2. 研究討議の柱と内容

3. まとめ

4. このリポートに学ぶ

◎『用地確保から始める土作り重視の作物栽培』
　〜用地のない学校に異動したときの生物育成（栽培学習）の実践〜
　　　　　　　　　　　　　〈小山　繁　鹿児島・鹿児島市立星峯中学校〉

◎子どもたちの長所を引き出す授業実践
　〜評価方法と農業体験学習をとおした地域連携から〜
　　　　　　　　　　　　　〈今野信喜　岩手・県立盛岡農業高等学校〉

《執筆者》

平舘　善明

本多　満正

荻野　和俊

長谷川雅康

1．概要と基調

(1)本分科会の概要

　今次の教研には、中学校16本、高等学校（特別支援学校高等部含む）5本、の計21本のリポートが提出された。

　初日は、共同研究者による基調提案を最初に行った後、全体会「技術・職業教育をめぐる諸問題」の5つの論点の第1「実践の仲間づくり」、第2「情報の技術」、第3「『働く世界』と特別支援教育」について、報告・討論を行った。2日目は、終日、「A 技術教育」と「B 職業教育」の小分科会に分かれて報告・検討を行った。最終日は、再び全体会を開催し、第4の論点「学校統廃合と条件整備」と第5「技術・職業教育による校内外アピール」について、報告・討論を行った。また最終日の最後には、報告者全員からの総括的意見と、共同研究者4人からの総括がなされ、閉会となった。

(2)基調提案

　今次の教研の基調提案は、2人の共同研究者から学習指導要領の改訂動向に焦点化してなされた。

　平舘善明（帯広畜産大）は、「次期学習指導要領の改訂作業における中学校技術科の動向」について、①アクティブ・ラーニングは、従来の優れた教育実践での当然のことのうち、子ども側からの一面的スポットを当てたものでたじろぐ必要はない、②技術科の4単元に変更はなく、これまでの教育実践に自信と確信をもとう、③授業時数や設備などの教育条件整備が極めて不十分なままであり、4単元を均等に扱うことは子どもに何も身につかない結果をもたらしかねないことから、教員の専門性を活かした軽重を、④プログラミング教育は労働過程の根幹と切り離さないスタンスを、と述べた。

　長谷川雅康（東京学芸大）は、「工業高校の実習内容調査をもとに今後の学習指導要領改訂を考える」と題して、一方で、①各小学科での実習の単位数が1976年時点と比較して50〜70％にまで減少し続けていること、②実験にもとづく理論学習の軽視が明らかで、実習内容も軒並み減っていること、他方で、③原則履修科目「工業（技術）基礎」の内実は、各小学科で独自の基礎実習を行っていること、④工業高校卒業者（専門従事者）からは実験・実習科目の充実の要望が最も高いことから、学習指導要領が現状とかけ離れた改訂を行っていることを指摘し、現場主義で対応することの重要性を述べた。

(3)技術・職業教育をめぐる諸問題1
——実践の仲間づくり——

　鹿児島（中）からは、近隣の方からの栽培の専門知識の提供や、保護者による荒れ地の除草の手伝い等を通して、畑づくりと栽培実習の充実がなされていったという、地域・保護者による支援の関係づくりについて報告がなされた。兵庫（中）からは、支部の技術科教員の仲間と大学教員との活発で密な交流・活動に基づく実践研究の積み重ねがなされていること、また積み重ねの成果によって、他教科の教員の理解を得ながら、半学級での技術科の授業が継続していることが報告された。

　討論では、免許外をゼロにするとりくみで複数校兼務や再任用が増えている現状や、組合員の減少や世代の偏りによる実践交流への支障が話題に上るとともに、若手教員の実践交流の場に年配教員を呼んで工作機械整備のレクチャーを受ける等、そうした問題に対する各地の具体的解決策も紹介された。

(4)技術・職業教育をめぐる諸問題2
——情報の技術——

　岡山B（中）からは、「オーロラクロック2」を用いたフルカラーLEDの点滅等のプログラムによる計測・制御学習の報告がなされた。身近な歩行者用信号機にスポットを当て、ワークシート、「光の3原色学習ボード」の教室掲示、信号機の動画等の教材・教具を用いて、子どもの興味・関心を引き出す工夫がみられた。長野（中）からは、無料通話・メールアプリ「LINE」のスタンプを制作し、販売・利用のための審査基準にもとづく模擬審査を行うことを通して、知的財産と情報モラルの学習を、子どもが自分に関わる問題として興味をもってとりくむようになった実践が報告された。

　討論では、次期学習指導要領でプログラミング教育が重視されることに関わり、画面上での何らかの制作に終始せず、その実践のもつ発達的価値の自覚化、アウトプットまでつなげる必要性、情報技術の発展による将来像へのスタンス、「情報の技術」で教え学ぶべき内容等について、確認された。

(5)技術・職業教育をめぐる諸問題3
——「働く世界」と特別支援教育——

　三重（高・特支）からは、特別支援学校高等部の作業学習で「働く人となる」ことを意識し、作業能力や知識・技能を確かめ育てる農作業の実践が報告された。特別支援学校への通学を隠す保護者の心情

や、「療育手帳」取得へのためらい、就職のために単純作業を繰り返し叩き込むことへの疑念、子どものコミュニケーション不足の問題等も語られた。司会者からは、特別支援学級にて、15種類もの野菜・植物を植え、育て、収穫し、毎週のように収穫野菜を使って調理実習を行う生活単元学習・作業学習での実践が報告された。調理したものを毎回職員室にもっていったりピザ釜を製作する等、誰かのためにつくることを繰り返すことで、収穫の喜びだけでなく、多くの教員や全校生徒の感謝を受けて、他人の役に立てる自己有用感を高め、人との関わりの大切さを学んでいる姿が語られた。

討論では、繰り返しじっくりと身につけさせることの重要性、依存できる環境の広げ方、企業の補助金と短期雇用の問題、特別支援のみの教員免許保持者の採用数の増加等、多岐にわたる話題が上がった。

(6)技術・職業教育をめぐる諸問題4
―――学校統廃合と条件整備―――

司会者からは、岩手県の技術科担当者の現状と全国の技術科教員の採用状況について、報告がなされた。岩手県の技術科では、採用数がゼロの年もあること、小規模校が多いために免許外が県内の3分の1に上ること、1人で4～5校に勤務する非常勤講師の存在、免許外の多い地区ではそもそも非常勤講師が確保できないこと等の厳しい実情が語られた。司会者からは、県立高校改革実施計画資料をもとに、「インクルーシブ教育実践推進校」として3校が指定されること、「国際」をキーワードに統合と専門学科の改編が進行していること、また、農業科から総合学科に改編された高校が農業科に戻るケースがあること等が語られた。

討論では、普通科を残し専門学科を統合する地域（大分）、震災で凍結していた再編計画がすすみ始めた地域（岩手）、これから統廃合で総合学科が増加することが予想される地域（熊本）等、各地の高校統廃合の情報が提供された。広島では、統廃合を一定程度終えて小規模校の募集停止が始まり反対運動が起こった結果、「適正規模」をレトリックに入学者を8割確保できなければ廃校か分校とする一方で、留学生を2割受け入れる「グローバルリーダー育成校」の平成31年度開校が計画されているという。

(7)技術・職業教育をめぐる諸問題5
―――技術・職業教育による校内外アピール―――

大分（高）からは、故郷のために知的財産を学び、

ロボット競技部のロボコンへの参加から「パテントコンテスト」への出品・入賞、さらに特許「パイプレール走行装置」の出願・取得という一連のとりくみを経て、それらの成果をもとに県議会にて「中小企業支援策」を提言した実践が報告された。特許取得の成功体験によって、子どもたちが工業高校の素晴らしさを自覚するとともに、「社会は自分たちがつくっていく（いる）」との社会参画の意識が芽生えていった姿が報告された。

　討論では、共同研究者から、技術・職業教育は社会とつながる重要な学び、子どもが人と仕事を理解する契機をもっており、他教科の教員とその学びの価値を共有し、さらには地域に広げることで、校内外アピールとなり、授業時数や半学級等の教育条件整備の改善にもつながっていくとの意見が出された。　　　　　　　　　　　　　〈平舘善明〉

2．研究討議の柱と内容

(1)技術教育分科会

　本分科会では実践計画、指導法、加工の技術、エネルギー変換、食料生産の技術の5つの柱立てのもと、計15本のリポートが提案された。

(a)実践計画

　各地から3年間にわたる技術科の指導計画が報告され、次の2点が主に議論された。①3年間の技術科指導計画として述べられたパターンのうち最も多かったのは、1年木工、2年生物育成、3年情報という計画であった。木材加工を重視した理由としては、失敗できること、材料の性質をつかみやすいこと、道具改良等の加工の歴史を学べることなどが述べられた。②ロボコン学習の位置づけについては、機械を系統的に学ばせることができるか否かと考えるのではなく、技術開発の疑似体験という位置づけで考えることが妥当であると、共同研究者から指摘があった。

(b)指導法

　三重（中）から、ロボット製作と競技（全21時間）の中で、タブレットをコミュニケーションツールとして活用した実践が報告された。具体的には、工具の危険使用にならないように失敗例の画像を見せたり、製作ロボットの問題点を画像上に書くことで考えを共有させること等を行ったという。

　報告後、技術科でのタブレットの活用場面や導入状況について意見がかわされた。リポーターの学校では、個人1台専用で使用しているとのことで、県単位、地区単位、学校単位（導入先進校か否か）での導入状況の差が大きいことが明らかになった。また、タブレットを用いることによって情報共有とアイディアの効率化が行える等の利点が議論された。

(c)加工の技術

　福島（中）から、報告者は本年度3校兼務であり、そのうちの1校にはT定規と製図板が未整備であるため、それらの用具を2時間で製作させることで、「材料と加工の技術」のオリエンテーションとして位置づけるとともに、製図学習の充実をめざした実践が報告された。

　千葉（中）から、グループ内の作業課題がすすんだ子どもが教えることと、作業工程をフローチャート化したことで作業の見通しをもたせるとともに、子どもの話し合いが活発になったことが報告された。治具の活用によって完成度と自己肯定感が高まったという。

　静岡（中）から、「生活に役立つ木製品を作ろう」（全30時間）の中盤に位置する小単元「手工具に使われている技術に触れよう」が報告された。この小単元は、鋸、鉋、きりの工夫を丁寧にやることが技術の原点であるとの考えから編成している。鋸、鉋、きりやげんのうの知識・技能等を育むことができたとのこと。

　以上の報告をもとに、次の2点が主に議論された。①先端技術も手工具が原点であるので、手工具について学ばせることが重要である。②鉋技能の扱いについては、技能を扱っている場合に木端面までにとどめるか木口削りまで扱うか、いずれにしても中学1年生の木工実習で鉋を用いるとコストや体格の点で制約条件が多くなるとの意見があった。共同研究者からは、作品製作から離れて道具や技能を学ばせる教材研究の重要性について指摘があった。

(d)エネルギー変換

　北海道（中）から、電気回路の設計や働きの学習を重視してブレッドボード活用の回路学習実践が報告された。①回路図から回路作成、②回路から回路図作成、③目的の回路を考えての組み立て、の三段編成で授業を行っているとのこと。

　山梨（中）から、「地域教材」となっている水力発電施設を取り上げて、水力利用の場合と他エネルギー利用の発電施設との比較を通して、水力発電の

長所・短所を検討させ、今後のエネルギー変換の技術利用について考えさせた実践が報告された。

報告の後に、以下の2点が主に議論された。①回路の構成を考える学習は大切であり、ブレッドボードを用いることで、基板への学びの飛躍がみの虫結線に比して少ないだろう。②エネルギー問題については、子どもが自分たちの課題と考えやすく、「電気は絶対必要でどう考えていこうか？」で展開する授業や、「電気の地産地消の話」から授業を展開するなど多様にとりくまれている。

(e)食料生産の技術

鹿児島（中）から、畑のない学校へ赴任後、生物育成の用地確保から始め、土づくりを重視した大根等の作物栽培の実践が報告された。内容の詳細については後掲の「このリポートに学ぶ」を参照のこと。

愛知（中）から、土の種類による保水性の違いを確かめる実験を経て団粒構造の重要性を学ばせる授業の後に、レタスに適した土を考えさせた授業が報告された。これらの授業はいずれも問題解決型の展開で行われた。

兵庫（中）から、バジルの栽培に適した土づくりにとりくんだ実践が報告された。バジルはプラスチックコップ内で栽培され、種まきから1カ月後には家庭での栽培に切り替えた。家庭での水やり等の作業からそれらの作業の大切さを子どもは痛感したとのこと。

岡山A（中）から、ナスの袋栽培において害虫対策や追肥に化学物質の使用問題を考えさせた実践が報告された。ある子どもは、食の安全を考えて、害虫対策として「牛乳スプレー」を選択したとのこと。実践の目標を達成できたことが述べられた。

大分（中）から、地域販売用の野菜づくりという売れる作物栽培を考えさせて、きゅうり・ピーマン等の多種類の野菜づくりやジャンボかぼちゃづくり、ピザ用の野菜づくり、1粒からの稲作というように多種多様な栽培が報告された。

広島（中）から、生徒会執行部の提案から始まって、市行政と連携してとりくむことになった学校バラ栽培の実践が報告された。バラ栽培が子どもに根付くことを期待し、子どもには「先のことを考えて」と働きかけているという。

岩手（中）からは、地域の特産物のウニ栽培の実践が報告された。ウニを育てて、2・3年後に売り出す計画であり、協会の栽培法と同様にするために、3週間おきに浄化した海水を水族館からもらってい

るとのこと。

次のことが主に議論された。①栽培（飼育）記録のあり方に関することとして、記録の目的としては、記録簿、授業への導入手段、観察への意識付け、他クラスとの成長の違いの比較のため、現象が出たときに考えさせるため、等が述べられた。そのためにも、記録の項目としては、葉の枚数など様々な変化を書かせたりしているとのこと。共同研究者からは、栽培記録には次回の栽培に役立つという面があるために、気象状況や作物の変化と手入れ及びその結果などを記録することが重要であることと、そのことを学ぶためにも同一栽培を二度行うことが望ましい、との指摘があった。②今後の生物育成でチャレンジしたいこととしては、ウニへの餌を調べる学習を行うこと、地元の特産物を育てること、養蚕を行いたいが動物系では計画的に手当てしても難しいことが述べられた。

上記のチャレンジ構想に対して共同研究者からは、栽培が失敗しても成功しても学べると思われるので、とりあえずやること、力を入れてやることが重要であるとの見解が述べられた。　　　　〈本多満正〉

(2)職業教育分科会
(a)各地の職業教育の状況

鳥取では中学生の普通科志向が強く、工業高校は全体的に定員割れを起こしている。大分では周辺部の工業高校で定員割れが起きていたり、電気科志望者が少なく、機械や建築志望で不合格となった志願者が2次希望で電気にまわるという事態が生じている。電気科志望が少ない点は他県でもある。岩手の農業高校でも定員割れが起きている。総じて専門高校は少子化の中で厳しい状況にある。こうしたことから専門高校の教育を広く知ってもらうために、「地域連携」のとりくみが広がっている。熊本では「小高連携」と称し小学生にものづくりを体験させたり、「課題研究」の中で幼稚園と「木育」活動をとりくんでいる。大分では地元の小学校に出かける「出前授業」や、中学3年生を対象にした「体験入学」、地域の祭りに生徒が作った"人が乗れる電車"やロボットを出展している。一方で、こうしたとりくみが生徒募集につながっていないという声もある。

岩手の農業高校では、入学生の半分以上が非農家庭で、就農する生徒は少ないことや、近年は動物科学や畜産に入学してくる女子生徒が増えているという特徴がある。

(b)工業教育の実践

①大分（高）の「主権者教育を意識した知的財産教育」は、第65次教研集会で報告されたリポートその後を報告したものである。学校が（独）工業所有権情報研修館の研究指定を受ける中で、ロボット競技部からのアイディアを知的財産研究班と共有し特許取得に至る道のりを紹介した。その後、大分県議会の勉強会の講師として議員を前に講演したり、「おおいたものづくり発見ブック」に執筆したりと、特許取得活動が影響を与え、現実社会を動かしつつあることを実感させる報告である。

討論では、研究指定校としてのとりくみについて質問があり、1年全学科の「工業技術基礎」の中で知財教育の授業を行ったり、全生徒に夏休みの宿題としてパテントコンテストや発明工夫展に提出する作品を1人1つ作る課題を出しているとのことであった。知財教育をめぐり、各校でのとりくみやニュースで話題になった「PPAP」と商標権の問題などが議論された。

②熊本（高）の「伝統建築コースにおける職業教育の実践」は、技能五輪代表や若年者ものづくり代表などを輩出している伝統建築コースの実習教育の内容を紹介したものである。このコースでは「実習」6単位（2年3、3年3）の他に「伝統技法」6単位（2年3、3年3）があり、実技教育が充実している。入学生は学校から工具一式を貸与され3年間自己管理する。実習では、鋸の横引き練習からはじまり縦引き練習、鑿を使った単ホゾ差しや二方転びイス・方転びイス等の製図、墨付け、製作を行う。学校には伝統建築部があり、所属生徒は各種ものづくり大会へ積極的に参加している。

討論では、鋸引きの精度や、課題ができない生徒への対応について質問があり、中には不器用な生徒もいるのでその場合はリポート点で加算するなどで配慮している。卒業生の進路は、約半数が大工・宮大工や家具職人で、それ以外の生徒は専門外の仕事に就職する。また、数人がこの学校の専攻科に進学する。実習を教える教員は大工等の現場経験者である、との説明があった。

(c)地域と連携した職業教育

③鳥取（高）の「開かれた学校づくりにおける地域連携の取り組みの実践」は、鳥取砂丘にLEDを使ったイルミネーションを集めた「鳥取砂丘イリ

ュージョン」に出展した実践である。夏頃に出展依頼があり、そこから「課題研究」の授業の中でとりくんだ。製作に参加した生徒たちからは「多くの人に見てもらえたので製作をして良かった」「やりがいがありました」等の感想があったが、それほど喜んでいるようにも見えず、地域連携としては成果があったが、生徒の教育という点で疑問が残るようだ。

討論では地域連携のあり方に意見が集中した。一方で、外部のイベント等への参加が教育計画をくずしている、教育的な意味がよく検証されていないなどの意見があり、他方で、生徒自身がよく理解してとりくめば生徒の変化を感じ取ることができる、社会と関わる中で教員との関係とは違う緊張感をもたらしたり、自信をつけたりしているなどの意見もあった。鳥取からは今年度の「鳥取砂丘イリュージョン」へのとりくみが語られ、女子生徒がたいへん積極的に参加したことが報告された。

④岩手（高）の「子どもたちの長所を引き出す授業実践」は、植物科学科における、自分の考えを表現できる将来の農業従事者の育成をめざしたとりくみの紹介である。授業にグループ活動を取り入れ、1人1役や発表しやすい雰囲気づくりにとりくんだ。また「果樹」の授業では、果樹園に外部の方を招き、生徒が先生役として意欲的に活動している様子も報告された。実験・実習時に使用する学習記録簿への評価法を改善し、他の生徒がよい評価の記録簿を参考によりよいものにする動きもある。

討論では、岩手から「6次産業」と称し生産から加工、販売までを行うとりくみが報告された。「6次産業」とは造語で1次（農林業）、2次（製造業）、3次（販売業）を合わせたものである。また、農業高校での消毒や獣害対策や工業高校での安全対策などが話し合われた。

(d)支援学校における職業教育

⑤三重（高・特別支援学校）の「『働く人となる』学習と支援の実態と課題」は、全校生徒32人という小さな特別支援学校で、就労を意識した作業学習のとりくみと課題を紹介したものである。作業学習は週6時間あり、以前は陶芸、木工を行っていたが、近年は農作業に力を入れている。農作業は働く意味がわかりやすく、技能面が把握しやすいと考えている。障害者枠で就職した卒業生が退

職した例も見られ、困った時に支えてくれる仲間・支援者の存在が必要と思われる。

討論では、工業高校で発達障害と思われる生徒の機械実習時に加配教員をつけてもらった例や、線の始点と終点が理解できない学習障害の生徒に対し「製図」の授業で工夫した例などが紹介された。

㈎工業高校改革の動向をもとに今後の課題を考える

1990年前後の生徒減少期には募集クラスの減で対応していたが、2000年前後には1学科1クラスとなり、クラス減での対応が困難になった。2005年前後には学科の統合で、1校1学科のくくり募集が増加した。2010年前後には普通科や農業、商業、工業と統合して総合学科になるケースが増えた。また、電気科や機械科などまったく異なる学科が統合する例もある。今後、さらに普通科志向が高まり、専門高校の統廃合がすすむと思われるが、専門学科の教員の確保が困難になったり、統廃合のため異なる教科を担当させられてしまうことが懸念される。

〈荻野和俊〉

3．まとめ

総括では、各地の報告者から、"こだわり"をもって子どもの身につくように"繰り返し"じっくりと実践を行うことの重要性や「将来の主権者のための技術・職業教育の重要性を再確認できた」、「全国教研に足を運んだからこそ、日頃の悩みや腑に落ちない点がストンと落ちた」等、「参加してよかった」「明日の実践・職場に活かしたい」といった前向きな意見があふれた。

以下、紙幅の関係上、共同研究者4人の総括を2点に集約し、まとめとする。

⑴技術・職業教育の学びの価値

生産から廃棄までを見通した生産技術を対象とし、素材や材料を知って道具をわがものとして使いこなす等、手と頭で理解してモノをつくり上げることを通して、自分を認識（"できる自分"への肯定等）し、協働の中で他者を認め理解し、互いに依存できる社会へ参画していくという、すべての子どもへの「技術および労働の世界への手ほどき」に自信と確信をもとう。「ものを知り、自分を知り、他者を知って、依存できるようになる」。

⑵子どもの学びを丸ごと受け止める教育実践

アクティブ・ラーニングは、従来の優れた教育実践：①教員の授業の目的・ねらい→②それを実現する手だて→③子どもがそれをどう受け止め認識を高めたか→④子どもの理解と認識を把握するための評価→⑤実践の改善、という大枠の④の評価のみに焦点が当たったものである。しかも、教員による実践の反省的振り返りではなく、子どもの資質・能力を点数化するための評価とその評価にあわせた教育方法の拘束という、評価の目的と手段が逆転した実践が流布する元凶になりかねない。我々の教育実践は、①〜⑤を不断に繰り返すことで、子どもの学びを丸ごと受け止める実践を高めてきたのであって、たじろぐ必要はない。今こそ、技術・職業教育教員の出番であり、他教科の教員ともその成果とノウハウを共有して、学校全体で子どもの学びを保障しよう。「作品を持ち帰るのではなく、学びを持ち帰る」。

〈平舘善明〉

4．このリポートに学ぶ

⑴技術教育

リポート概要――周りの支援を活かし、用地確保から始めた土作り重視の栽培実践

人間が生存のために知恵を出し合い、作りかえてきたものが農作物である。本報告は、このような人間の生存に関わる技術を、畑のない中学校の「土離れ」した「都会っ子」に豊かに学ばせようとした実践報告である。この報告には、地域の作物には必ず関わってきた人がいることを活かして、プライベートの野菜づくりを通して栽培実践の準備を着々とすすめたことが示されている。そして、用地確保や土づくりについても、業者、校長、保護者の助けをかりて実践環境の整備を着実にすすめてきたことが示されている。技術の学びを豊かにしたいとの教員の想いが根底に脈々と流れていることが読みとれる。このリポートにおいては、子どもとともに教員の成長も語られている。想い入れが宿った技術的実践が共有財産となり、さらに発展していくことを期待したい。

〈本多満正〉

第10分科会｜技術・職業教育

リポート 『用地確保から始める土作り重視の作物栽培』～用地のない学校に異動したときの生物育成（栽培学習）の実践～
小山　繁　鹿児島・鹿児島市立星峯中学校

A．本校の概要

本校は、鹿児島市郊外の閑静な住宅街に立地する400人弱の学校である。1970年代から90年代にかけての新興住宅地の開発に伴って創立された学校である。校舎の配置等から察するに、学習環境を熟考した設計とは言い難く、生物育成に必要な畑が設置されておらず、学級花壇も少ない。

B．授業のねらいと栽培用地確保・教材研究

(1)土に触れない子どもたちに対する授業のねらい

「土アレルギーなので、作業をするときはゴム手袋を使用します」と申し出る子どもがいる。また、祖父母らが畑で野菜などを栽培しているが、手伝ったことがない子どもが多数を占めている。そのような中、「生物育成」の授業を通して、子どもたちが「わが家でも何か作物を育ててみたい」と思えるようにしたいとの想いが強くなった。しかも栽培に必須で基本的な土づくりの大切さを五感で感じる授業にしたいと。

(2)栽培用地の確保
①開墾の経緯

「畑がないので、どうにかならないか」と日頃から学校長に相談していた。その後、学校長は「畑として使ってもいいか、緑化係の主事さんに相談してみる」と働きかけ、2年目早々には校長自ら学校内にある余ったブロックを並べて、畑の区画づくりを行ってくれた。大きさは「9.86 m×3.3 m＝32.54㎡」と狭く、後10㎡欲しかった。夏休みまでは畑にできなかったが、愛校作業の折に保護者が手伝ってくれたので畑づくりを始めることができた。
②土壌づくり

2学期すぐに、業者に土を入れてもらった。土壌づくりの費用は、一人当たりの実習費550円とボランティア収益とで対応した。右下の写真は、基本用土（腐葉土と赤玉土の混ぜ合わせ）を入れたときのものである。その後、基本用土にピートモス、もみ殻くん炭、牛ふん、苦土石灰を追加し、耕うん機で耕した。

(3)授業準備のためのプライベート栽培

袋栽培をすることに決めて、種子から苗ができるまでを子どもに見せたいと思い、育苗させてみた。近所に住む農業高校の元校長先生が育苗を教えてくれた。白菜の種と種蒔き用の道具をお借りして、種蒔きをした。こうした経験から、「助けてくれる人が必ずいること」や「プライベート栽培で得た白菜の栽培方法や野菜の成長の様子が授業に役立つこと」を学んだ。

C．2014年度の実践～白菜の袋栽培～

1年目は「種まきから収穫までの技能と知識を育むこと」を一番の目的にしてすすめた。そして、葉物に挑戦したい私の気持ちと、冬に自宅で調理する時に喜ばれる作物で、成長の様子が視覚的にわかりやすい作物の中から白菜を選択した。本当は畑で栽培を行いたかった。しかし、畑がなくても野菜づくりができる方法を学習することで、「自宅でやってみたい」という気持ちを抱く子どもたちも出てくると考えて、袋栽培を選んだ。3年生の9月から12月に実施した。

白菜栽培は病虫害対策を含めた管理が多いため、作物の成長を観察する機会も多くなった。また、それぞれの作業の必要性も学習できた。「野菜の世話はしたくないから、枯れてもいい」と投げ出す子どもはいなかった。私は、「袋栽培によって畑がない学校でも栽培ができる」との自信をもつとともに、袋栽培では「土が見えにくい」、「葉が大きくなってくると袋の中の土を触りにくい」などの学習のしにくさに気づいた。こうしたことから土壌要因を詳しく学ばせるためにも畑で実習させたいとの気持ちが強くなり、根菜類のほうが土壌の学習が深まると考えるようになった。

D．2015年度の実践～大根の露地栽培・レタスの容器栽培～

【その1：大根の露地栽培（9月から12月）】
(1)授業のねらいと想い

完成した圃場(ほじょう)栽培を楽しみに、土づくりを重視した授業をすすめたかったので、大根を育てることにした。根菜類に適した土壌や作物の成長をイメージすると、畝の作り方や土の構造などを学習するのに大根の栽培が効果的だと考えた。大根の栽培を通して、作物の成長に土壌要因が深くかかわることを学び、理解することを目的とした。また、作物を育てることの目的が食することであり、食への安全意

識を高めたいとの考えから「収穫した大根を自宅に持ち帰り、調理して食する。その内容をリポートにまとめる」課題を課した。

(2)実践を通して気づいた意欲の波と作業目的の大切さ

種まきや灌水、追肥の作業の様子を写真におさめながら「楽しそうだなぁ」と感じた。おおむね意欲的に活動をする子どもたち。けれどもその意欲には波があるようだった。発芽の時期や間引きの時期は、興味深く観察していたが、葉がある程度大きくなり、追肥や除草をするだけでよい時期になると、畑に様子を見に来る子どもの数が減っていた。収穫を迎えると、子どもたちの意欲は最高潮に高まり、自分の大根を収穫できた喜びでいっぱいの笑顔を見せていた。意欲が減退しやすい時期の指導が肝心であることを再認識した。

また、「栽培日記」には「間引きするとき、残りの2つの苗を取ってしまったので、かわいそうだった」という感想が書かれていた。このような感想をもった子どもたちに、授業の中で間引き作業の目的をきいてみた。「もったいない」と思っていた子どもも「なぜ1つだけにするのだろう」と真剣に考えていた。ある子どもが「1つだけを大きく育てるため」と答えた。このような経験から、一つひとつの作業には目的があることを子どもに学ばせることの大切さを再認識した。

(3)授業の締めくくりリポート課題

「大根の栽培」学習の締めくくりとして、「収穫した大根を調理して食べたリポートの提出」を冬休みの課題とした。リポートには、それぞれの家庭で調理された料理（煮物やサラダなど）が写真やイラストで紹介され、食事をした感想が書かれていた。リポートには、「大根はあまり好きではないが、自分で育てたこの大根は全部食べた」という感想もあった。作物は食することが一番の目的であり、そのことへの意識を一時的であっても高める効果があった。

(4)露地栽培実践を通して培われた土づくりの大切さ

Aは、「大根に足ができたのは、畑の端に植えたから、何か固いものがあって、成長を妨げたのではないかと考えました。本来なら形が悪いというのかもしれないけれど、特別な感じがして、思い出になりました」という考察を行っていた。この実践をと

おして子どもたちは、大根を良く成長させるために適した土づくりの大切さを学ぶことができた。また、土の種類や性質、使用する目的、野菜の根が果たす役割などの学びを深めていた。

【その2：レタスの容器栽培（11月から2月）】
(1)とりくみの経緯と授業のねらい

11月、鹿児島県中学校技術・家庭科研究会の研究授業として、「プランターを使用した野菜の栽培」を実施した。授業では、3〜4人のグループごとに、栽培してみたい野菜を選択し、これまでの学習をもとに、容量20リットル分の土の配合を考える活動を行った。秋から冬に栽培する野菜の栽培を実践することによって、室内栽培や家庭栽培が定着することをねらった。

(2)栽培実践
①土づくり

土の配合表をもとに班ごとに配合計画をたて、通水実験とPH測定を行った。

8つのグループが自分たちの育てたい野菜に適した土を考え配合した。

1 土の配合を考える（個人）

②定植・収穫・試食

子どもたちと、給食時間にサンチュとレタスを感謝して食した。

(3)授業を振り返って

「どの土をどれくらい混ぜるか？」の問いに対しては、土の性質の知識と測定したPHの値とを根拠として解決策を考えることができていた。野菜がよく育つ土になったことが確かめられたので、子どもたちは自信をつけていった。さらに、立派な収穫物が得られ食したことからも、栽培に対する自信がつき、自宅でもやってみたいとの意欲が高まった。試食会にて、「自分たちの配合した土でも育つんだね」などの会話があり、私もうれしかった。卒業生に電話取材を試みた。そのうちの一人Eは、「小学校時代の手伝い中に生まれた栽培に対する疑問をこの授業を通して少し解決することができた」と話してい

た。Eにとっては、手伝いのなかで見てきた野菜の成長と授業での理論を含めた学びの経験がつながって、そのことが強く心に残っていた。

E．まとめ

このリポートは、私が本校に赴任して2年目、3年目の栽培授業を振り返ってまとめたものである。実践当初は、土を触ったりすることに抵抗がある子どももいた。そのような地域や子どもの実態をふまえて、とにかく露地で五感を使って栽培したいという思いで、土づくりを重視した授業を実践してきた。生物育成ならではの細やかな作業と大きな心構えで臨み、子どもとともに楽しく授業にとりくむ中で、力強く成長する子どもの様子を見守ることができた。

(2)職業教育
リポート概要

本報告は、植物科学科における自分の考えを表現できる、将来の農業従事者の育成をめざすとりくみの紹介である。授業にグループ活動を取り入れ、1人1役や発表しやすい雰囲気づくりにきめ細かくとりくんだ。「果樹」の授業では、果樹園に外部の方々を招き、生徒が先生役として意欲的に活動している。実験・実習時に使用する学習記録簿への評価法を工夫して、他の生徒がよい評価の記録簿を参考によりよいものにする。「6次産業」と称し、生産から加工、販売までを行うとりくみも報告された。日本の農業を取り巻く環境が厳しい中でも、農業の未来を担う人材を育成する任務は非常に重要である。そもそも動物である人間は、光合成をすることができず、生命を維持するためには食糧が必須である。農業技術を用いた食糧生産が人間社会の基盤である。この根源的な事実にもとづき、寮教育を含め自信をもって高校生の人間的成長が育まれている地道な実践に学びたい。　　　　　〈長谷川雅康〉

> **リポート**　子どもたちの長所を引き出す授業実践
> 　　　　　〜評価方法と農業体験学習をとおした
> 　　　　　地域連携から〜
> 　　　　　今野信喜　岩手・県立盛岡農業高等学校

A．はじめに

本校は1879（明治12）年8月12日に修行年限3カ年の獣医学校として創設され、その後、農事講習所・農学校・農業高等学校と改称し、2016（平成28）年度で創立137年を迎えた岩手県内で一番歴史の長い学校である。現在は、動物科学科・植物科学科・食品科学科・人間科学科・環境科学科の5学科で構成され、約600人の子どもたちが在籍している。

また、全国的にも数少ない「農業経営者育成高校」として文部科学省の指定を受け、「寮教育」を実施している。動物科学科・植物科学科は1年間、人間科学科は半年間の義務入寮が定められ、この期間に集団生活を通して、自主的・自律的な精神を育てるとともに助け合うことの大切さを約200人の寮生が学んでいる。

本稿では、その中で私が所属する「植物科学科」の授業から「子どもたちの長所を引き出す評価方法」と「本校果樹園内での農業体験学習」について子どもたちの変化の様子を紹介する。

B．授業実践の計画
(1)動機

授業をすすめていく中で、発言が苦手な子どもたちは多様な考えを持ち、長所があることが分かった。様々な観点から授業の評価を行い、一人ひとりの長所を高く評価し、自信をもたせたいと考えた。さらには自分の考えを表現できる将来の農業従事者の育成をめざしたいと考え実践することとした。

また、「果樹」「総合実習」「課題研究」の授業・実習において、地域の方々と果樹園内での体験学習を通年実施し、子どもたちが教員役となり交流を行うことによって地域活性化、さらには子どもたちのスキルアップにつなげていきたいと思い実践することとした。

(2)手立て

①実習の際に学習記録簿を利用し、記録する。記録のまとめ方は文章・スケッチ等、自分の得意とするまとめ方を指示する。

②グループ学習を取り入れ、1人1役を設定しそれぞれの役割の達成度で評価する。

③聞き手に対し発表しやすい雰囲気づくり（拍手・共感）を指導する。（否定の禁止）

④子どもたちが教員役となり、体験学習の補助役を担う。

(3)教育課程上の位置づけについて

実践①と実践②は、1年次に週31時間中農業科目9時間内の「農業と環境」3時間でとりくんだ。実践②と実践③は、2年次の週31時間中農業科目

14時間内の「果樹」3時間、「総合実習」2時間、「課題研究」2時間でとりくんだ内容である。

なお、実践②は2年間継続してとりくんでいる。

C．実践の記録
(1)実践①「グループワーク・発表」

グループ学習になると、多くの子どもがより活発になり、子ども主体の学習ができる。しかし、中にはコミュニケーションを苦手とする子どもも存在し、全くといっていいほど輪に入ろうとしない子どももいる。授業の完成度を高めるために、私は1人1役を最初に提示し、その学習の様子で評価をすることにした。

例えば、1班6人グループだと、発表者1～2人、記録者1～2人、司会者1人、「うなずき係」1～2人として配置し、評価することとした（表1）。

表1　グループワークの例

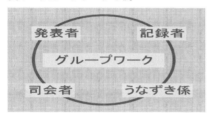

各自の得意な分野で活動することによって意欲的にとりくむ子どもも出てきている。また、「うなずき係」は班員の発表に対して反論せず、相手に対してうなずくことによって聞く側がしっかりできているかを評価に入れている。支援を必要とする子どもに対し、「うなずき係」になってもらい、少しずつ輪に入ることができるようになった。

(2)実践②「実習における学習記録簿の評価」

実験・実習の際に使用することが多い図1の学習記録簿を使い、作物の成長の記録やスケッチなど幅広く活用できている。

毎時間の評価ができ、子どもたちもしっかり最後まで実習する姿が見られた。授業の最初にゴールを示すことで実習のとりくみも以前より改善されたと感じた。

また、ただ記入させるだけではなく、評価簿の右隅に本時の評価を示すマーク（私は野球ボール）を提示し、子どもたちに確認させ、本時の評価基準を理解してもらう。その都度プリントを回収し、チェックを行い子どもたちへ返却、ノートへの保存を指

図1　学習記録簿

示する。

評価の方法として、図2のように色をつけて返却している。私の場合はAが「赤」、Bが「黄」、Cが「青」として評価している。「A・B・C」では評価せず、色で示すことによって子どもたちが自ら考え、周りの子どもたちとの反省会を始めるようになり、子どもたちで評価を考える「振り返り」ができる。また、期末ごとに評価の色を変えている。このように次回の記録簿の完成度が自然と上がっていくようになる（写真1）。

図2　色分けでの評価

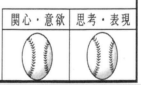

写真1　生徒の学習記録簿
　　　（絵の挿入・色分けでカラフルに）

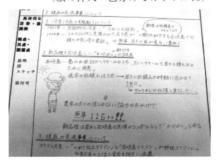

(3) 実践③「体験学習での指導・反省」

本校の果樹園では毎年、幼稚園、小・中・高校、PTA を対象として多くの方々に幅広く体験学習を行っている。ある小学校では、5 月の人工授粉から始まり、月1 回の体験学習を行い交流を深めている。10 月の収穫までリンゴの成長過程を学習し、記録している。また、文字入りリンゴ（**写真2**）を作成し、被災地支援として被災地へ贈る活動も行っている。高校生が教員役となって指導して、学習の手伝いを行っている。

写真2 小学生が作成した文字入りリンゴ

最初はお互いに緊張し合い、言葉や会話が少ないが、回数を重ねることによって打ち解けあい、活発な交流の場になっている。体験者の年齢層も 3 歳から 50 歳代のおとなまでと幅広く、子どもたちは体験者に応じた言葉の表現や声のかけ方を学んでいる。体験学習後には反省会を開き、次回にむけた改善策を考えている。ここ数年で、他国からの訪問団も多く、同年代の子どもたちとの国際交流も盛んになってきている。

この体験学習指導をとおして、子どもたちは地域の方々への感謝や交流の大切さを学んでいると思われる。将来、それぞれがすすむ道への学習の場になってくれることを願っている。

D．子どもたちの興味・関心と変化

学習記録簿の評価方法を「A・B・C」標記ではなく、色で評価することによって子どもたちの振り返りを重視した。評価が気になり、周りの友だちの記録簿と照らし合わせ、より高い評価をもらっている子どもの記録簿を見ることによって、次回の記録簿の完成度が上がっていった。

グループ学習や発表会では、発表者はもちろんだが、司会者、記録者等グループで話し合い、以前より活発なグループ学習になったと感じた。グループに入れない支援を必要とする子どもも「うなずき係」として相手に対して聞く側がしっかりできているかを評価に入れた。最初は教員側から指示を出していたが、慣れてくると子どもたち自らがグループで活動している様子が見えた。また、聞き手の姿勢や共感を示す拍手など、発表しやすい雰囲気づくりが良かったと感じた。否定することがない空間が、子どもたちの自由な考えや発想を生み出していると私は感じている。

果樹の体験学習では、子どもたちの「指導力」が身についたと思われる。特に年齢層に対応した言葉遣いや分かりやすい表現方法を考えながら指導している姿に、私も子どもたちの逞しさを感じた。こうした機会を大事にし、新たな出逢いを求めて日々励んでいきたいと感じている。

今後の課題としては、出前授業の機会を増やすことが挙げられる。現在では年 1 回の出前授業（リンゴの徒長枝を利用したリース作り**写真3**）しか実践できていない。今後は「発信」の形として地域の関係機関と連携を図りながらとりくんでいきたい。

写真3 リンゴの徒長枝を利用したリース

E．おわりに

昨年度は子どもたちが自分たちの発表に満足し、他のグループに対する興味・関心が薄い子どもたちもいるという課題があったが、今年度は聞く側の態度や関心度なども評価に取り入れたことによって、少しは改善できたのではないかと感じている。

しかし、グループ学習にとりくむ際に、支援を必要とする子どもたちがいるのが現状である。この現状に対する方法として、少しでも参加できる「うなずき係」という係を提示したことは少しでも効果があったのではないかと考える。

果樹の体験学習においては、指導をすることを苦

手としていた子どもたちも最後には手をつないで一緒に収穫する姿が見られた。また、この体験学習を経験し、卒業後は保育士や地元の地域活性化のとりくみを行っていきたいという目標をもった子どももいる。

この実践をとおして、子ども一人ひとりが表現しやすい環境を作り、長所を引き出していきたいと感じた。

最後に、農業教育は地域との関わりが他の教科よりも数多く、自分の育ってきた環境に対して深く考えさせられる時間が非常に多い。自ら考えることにより、これからの進路目標や将来に向けてのビジョンが明確になるのではないかと考える。子どもたちとともに私も日々成長しながら授業に臨んでいきたいと感じている。

【第66集】日本の教育 日教組第66次教育研究全国集会（新潟）報告

自治的諸活動と生活指導 第11分科会

1. 概要と基調

2. 研究討議の柱と内容

3. まとめ《総括討論と第67次教研にむけて》

4. このリポートに学ぶ

◎授業創りにおける子どもの参加とその意味
　～ダイヤモンドトークの実践を通して～
　　　　　　　　　　　　〈藤原嵩史　兵庫・西脇市立双葉小学校〉

◎主権者教育の実践からの捉え直し
　～「意見表明」と「権利」が尊重されるために、学校文化を見つめ直すために～
　　　　　　　　　　　　〈賀来宏基　大分・県立日田高等学校〉

《執筆者》

和田　真也

笹倉千佳弘

石井小夜子

大平　滋

1．概要と基調

　私たちの視点・研究は、子どもの"表層"から"根"へと向かうべきである。

　学校や教室は、「社会的諸矛盾が、子どもたちに集積されて噴出する場」である。社会的な矛盾は、個人はもちろん、家庭に入り込む。経済的基盤、家族の時間や人と人とのつながりを壊し、子どもの生活・内面にも多くの影響を及ぼす。そのような中で、学校や教室だけが社会と無関係な場として存在できるはずがない。ましてや、学校が「競争と選別」「管理と統制」という流れに抗しきれず、言わば片棒をかついでいる（かつがざるを得ない）状況であれば、なおさらである。

　学校に、教室にあらわれるのは、子どもの悲鳴である。私たちは「いじめ」「不登校」「暴力行為」などを「言葉とならない問題提起」として受け止めることが必要である。もちろん「いじめ」「暴力行為」等は是認できるものではない。しかし、私たちはまず、子どもたちを「現在の社会・学校の矛盾の影響を最も受けている存在」として認識した上で、あらわされた姿に向き合う必要がある。そしてその上で「なぜ言葉にならない悲鳴としてしか表明されないのか」を考えるべきである。

　いわゆる「いじめ問題」については、「『いじめ』とは人権の侵害である」という明確さが私たちには必要である。「いじめ」を「人権侵害」と明確にすることで、学校における子どもの人権・権利状況が浮かび上がってくる。いわゆる「被害」「加害」「傍観」…どの子どもたちの中にも権利・人権意識が存在していないのであれば、「人権を侵害された（した）」ことにも気づかないだろう。そしてこれは「いじめ」問題に限定すべきものではない。前述した「なぜ子どもたちは、問題提起を、言葉にならない悲鳴としてしか表明できないのか」と深く結びついている。

　コミュニケーションがねじれ、問題が歪んで提起される…それらすべてをまるごと解決するひとつの魔法があるわけではない。しかし学校が「自己と他者すべての存在が権利・人権を有していることを、子どもたちが学び、実感する場」になっていない現状に目をむけずに事態が改善に向かうことはないだろう。必要なのは、「早期発見・対処」「数値化」「対応マニュアル」「厳罰化」などではなく、一人ひとりの子どもの中に人権意識が定着すること、そのために学校に人権尊重の気運・システム・学習を構築することである。

　国家主義教育がすべての学校、すべての子どもたちを覆い尽くそうとする政治状況の中、子どもたちのための教育をすすめようとするならば、子どもの権利条約の理念の獲得は不可欠である。

　私たちは、学校が直接的に担う次の3つの役割を意識するべきである。

1) 権利の主体者である子どもに、権利を伝える（手渡す）こと。
2) 条約をもとに、学校の全教育活動を検証すること。
3) 子どもたちに主体者としての活動を保障すること。

　本分科会がめざすのは、「国家のための教育」「競争と選別の教育」の対極にある、「人間のための教育」「共生と連帯の教育」であり、研究討議はその教育の姿や萌芽を明らかにしようとするものである。そのためにはまず、全実践に対して「これは、主権者意識につながる学び、実践なのか」という視点から見つめること、そして、「権利保障（としての）」というキーワードを付加することができるのか、というモノサシを用いることである。これは発言の条件ではないが、この用語が飛び交いながら行われる討議は、事例の個別性を超えて普遍性をもち、私たちの共有財産となってくれるに違いない。

2．研究討議の柱と内容

(1) 3.11 その後

　岩手（中）の報告は、被災地との交流・学習・支援のあり方と生徒会活動の関連である。生徒会の中心的子どもたちが深刻な被害をうけた地に出向き、東日本大震災を学ぶ。一方、教員は、その重要性を認識しつつ、5年以上の月日が流れる中での被災地とのつながりや学びの難しさを表明する。被災県の中にも存在する「温度差」や社会状況として「風化」への危惧が質疑や意見の中でも示されている。廃炉の見通しさえないまま各地の原発が再稼働する今日的状況や、被災地から避難した子どもたちの悲しみが存在する中、「3.11 と子ども・学校・教職員」はさらに重い課題を抱えていると言えるだろう。

(2) 子どもの権利条約の定着
　　～子ども参画による民主的学校づくり～

　「ずっと背筋伸ばすのがいい姿勢か？　僕はそうは思わない。横の子が困っていて『どうしたん？』

って言うときなんかは、その時にぴったりの姿勢があるはずやから」「意見はたくさん言っているけど、やりとりが先生と1対1になっている。もっと周りの友だちにむかって考えを言った方がいい」…これらは小学生の（他学年の小学生に対する）発言である。兵庫（小）の報告は、子どもどうしの授業検討会「ダイヤモンドトーク」。他学年の授業を全児童と教職員が参観し、次の時間に「子どもたちによる授業検討会」が開かれるというもので、しかもそれはお互いの授業に対して行われる。冒頭の発言は、その中でのものだ。この発言の土台にあるのは本物の主体者意識であると感じる。

子どもの権利条約の学校への具現化をめざす先駆的実践はこれまでにも存在するが、授業そのものに視点をあて、授業と子どもの関係について提起する実践に出会ったことはない。まさしく、子どもとおとなが共に新たな地平にふみ込んだ実践である。「授業とは何か」「学校における子どもの存在とは」という深い問いが発せられたのである。

大分（高）は、「主権者教育の実践からの捉え直し」と題して、昨今の「（選挙ごっこ）主権者教育」の風潮に流されない教育実践を模索する。「18歳選挙権は良いことか」「私のめざす社会を考えよう」などのテーマで討論を行ったり、自分の考え、願いと政策を比較させるなどの時間を大事にしている。

さらに、「若者が選挙に行かないということはどういうことか」「新聞から争点をピックアップしよう」などのクラス討議も実施する。一方、「自分たちが動けば社会が変わる」という意識の対極に学校文化があるのではないかと問いかける。「答えは先生がもっている」「声をあげても変わらない」という学校の日常が、主権者意識が育たない要因ではないかと問いかける。子どもたちとのやりとりの中から、自らの教育実践をも問い返す姿勢に私たちは学ぶべきである。

選挙権（のみ）が18歳以上となり、「投票＝主権者」かのような模擬投票ブームが起きている。しかし、子どもはすでに主権者であり、選挙権・被選挙権などの一部が年齢上制限されているに過ぎない。この根幹を確認したい。そこから、次回以降、中学校の、そして小学校の主権者教育が報告されることを期待している。

(3) いじめ・不登校

宮城（小）は「出会い直しはできるのか」と題して、きわめて厳しい学級状況を報告する。不登校から復帰した子どもらが教室内を立ち歩き、授業の妨害になるほどの私語をし、教室から抜けていく。当初その子らをフォローしていた学級のリーダーたちが疲れ果て、教員に公然と反抗する姿を見せ始め

る。リポーターは自らの姿勢を振り返り、子どもたちへの声かけや視点を変えようとするが、それが変化と結びつかないもどかしさが報告され、参加者の胸にささった。現場で子どもの姿を見ていない者が安易なアドバイスなどできない。ただ、それが問題提起であること、また実践者の苦悩を共有する全国の仲間がいることは記憶してほしいと願っている。

山形（小）は「不登校０へのとりくみ」を報告する。Q-U や SOS シートの活用、校内の連携とともに、学校における子どもの居場所づくりの実践が重要であるとした。「目標を明確に」「伝統を生かす」「６年生を学校の中核に」「子どもの考えを引き出す」「核になる活動を位置づける」「達成感を味わわせる」「『静』の子どもたちに光を当てる」などの視点により、例年主義、前年度踏襲になりがちな学校文化・システムに新たな風を送ろうとする。

兵庫（中）は「組織でとりくむ学校保健委員会」。神戸市中学校生徒会会議で制定された「いじめの無い明るい学校づくり宣言」をうけ、保健委員会という生徒会のひとつの委員会が生徒会執行部とともにこの問題にとりくむ。「仲間はずれ」「本当の友だち」というテーマで、リーダー研修と全クラス討議を行い、その結果を全校生徒に還元し、再度投げかける。保健委員会と生徒会執行部、クラス、全校のとりくみが有機的に連携し、生徒会の大きな運動として展開するようすが示されている。　〈和田真也〉

<u>小学校の実践</u>　小学校小分科会
⑷子どもをどう理解するか
岩手（小）の「『周りを育てる』ってどうするのだろう」では、子どもどうしの関わり合いを活かすことを通して、学級内で起こる様々なトラブルを、子どもが自ら解決できるようになる力を育む実践が報告された。当初は教員主導であったが、経験を積むことによって、教員がけんかをした当事者２人の子どもに若干の働きかけをするだけで、子どもが自らの力で解決に至ったという。子どもの育ちは子どもどうしの関わりによることを示す事例と言える。

山梨（小）の「28 人の個性を認めあえる１年生の学級づくり」では、学級全員で協力してとりくむ活動を通して、お互いを認めあえる学級をめざす実践が報告された。子どもどうしの衝突や心の揺れを経て、少しずつ自分たちで問題を解決するようになる様子が読み取れる。リポーターの「今年度は個別対応が必要な学級だろうと感じていたが、……本当に必要なのは学級全体の指導なのだと改めて思う」

という言葉は大切にしていきたい。

大阪（小）の「この気持ちをみんなに伝えたい」では、自主学習ノートである「MY ノート」等のとりくみを通して、つながり、支えあえる集団づくりをめざす実践が報告された。友だちとの関わりで困難な状況にある子どもが、教員と一緒に MY ノートの文章を検討する中で、少しずつ行動の裏に隠された本当の願いを明確にしていったという。「とことん子どもたち一人ひとりの話を聞く」という姿勢の重要性に加えて、そのような姿勢を支えた同僚性にも注目したい。

鳥取（小）の「関係づくりを土台とした支援教育の模索」では、通級指導教室において指導をしながら、空いている時間に学級に入り子どもと一緒に学習する実践が報告された。個人に重きが置かれがちな認知行動療法に、教員と子ども、子どもどうしの関係という視点を加える重要性が指摘されている。今後の課題として、「子ども主体」と「関係づくり」に、「子どもの権利条約」をどのように位置づけるのかが挙げられている。期待したい。

長崎（小）の「みんなの居場所となる学級集団をめざして」では、生きづらさや困り感のある子どもの理解を通して、その子どもも含めた学級集団がそれぞれの子どもの居場所になることをめざす実践が報告された。たとえばトラブルが生じたら、関係する子どもの声に耳を傾けそれを学級に返すということを繰り返すうち、暴力ではなく話し合いで解決しようとする雰囲気が出てきたという。保護者への共感的なつながりも学びたい。

大分（小）の「『きずなタイム』から『納豆タイム』へ」では、５年生から６年生にかけてのレクリエーション活動等を通して、学級集団がまとまっていく様子が報告された。たとえば、いじめられがちだった子どもが、特別支援学級在籍の友だちも視野に入れた発言をするようになったという。これからどうなるのかまだドキドキしているリポーターに同僚がかけた言葉、「促成栽培をしていないから大丈夫ですよ」は印象的である。

討議では多岐にわたる論点について議論されたが、ここでは、「子ども理解」についてとりあげることにする。私たちが他者を理解しようとしても、その人を完全に理解することは無理である。同時にこのことは、他者から自分のことを完全に理解されることは無理であるということも意味する。「子どもをどう理解するか」という議論においても、子どもを完全に理解することはできないという事実から

出発すべきであろう。子どもを完全に理解することができないからこそ、よりよく理解しようとする、継続的な関わりが生じるのだと考えられる。

(5)学級づくり・仲間づくり

茨城（小）の「小学校入門期における個のよさを伸ばす集団活動の在り方」では、「学級の歌づくり」という集団活動を通して、個のよさが伸びる学級集団をめざす実践が報告された。たとえば、3種類の振り返りカードを用意し、活動内容に合わせて質問項目を変える、教員がそれぞれのカードに励ましのコメントを記入する等の工夫をしたという。なお学習指導要領等は、あくまでも実践の参考である点を確認しておきたい。

千葉（小）の「互いに高めあい　成長できるクラスづくり」では、学級通信の活用を通して、互いに高めあい成長できるクラスづくりをめざした実践が報告された。具体的な工夫としては、保護者にはわかりづらい学校での子どもの様子や、子どもどうしでは見えにくい友だちの良いところを書く、できる限り毎日発行する、というようなことが挙げられている。学級通信と班別会議を有機的につないだとりくみと言える。

富山（小）の「自主的、実践的な態度の育成」では、学級会を中心にSPDCAサイクルを重ねることをとおして、「自ら考え実践する子ども」の育成をめざした実践が報告された。振り返りの視点を実践にきちんと組み込めば、SPDCAサイクルやPDCAサイクルにそれほどこだわる必要はないであろう。実践で大切なのは、子どもの家庭環境等を含めた、目の前の現実から出発するという姿勢である。

愛知（小）の「みんなと一緒に遊びたいなぁ」では、「友だちに自分の気持ちを伝え、かかわる活動」を通して、「友だちと心が通じ合う子ども」の育成をめざした実践が報告された。具体的な手だては、「お話スケッチ」、「1日グラフ」、「みんなでポーズ」、「スーパーヒューマン」の4つである。今後は、外国にルーツをもつ子どもが多数在籍している学校の状況を意識し、多文化共生の実現を視野に入れた実践に発展させてほしい。

滋賀（小）の「つながり大作戦！」では、縦のつながりや横のつながりを意識したグループ活動を通して、どのような集団にいても自分の居場所を築く力の育成をめざした実践が報告された。具体的なとりくみとしては、たてわり掃除、6年生がリーダーシップをとる運動会、あいさつ運動、ちびっこまつ

り、「My City 高島」等である。小中一貫校の特徴を活かしたステージ制と、学校全体でのとりくみの有機的な関係について、さらに議論を深めてほしい。

奈良（小）の「みんなともだち」では、「ありのままを受け入れ、心寄り添える学級集団をめざして」とりくまれた実践が報告された。リポーターによると、少しずつではあるが子どもが友だちに自分の「うれしかったことや楽しかったことだけでなく、しんどかったことや悲しかったこと」も話すようになり、さらに、友だちの話に「『なんでなん？』と知ろうという姿も見られるようになった」という。このようなとりくみにおいて、教員自身が「開くこと」をどのように位置づけるのか。今後の課題にしてほしい。

討議では多岐にわたる論点について議論されたが、ここでは、「居場所としての学級・学校」についてとりあげることにする。ここで言うところの居場所とは、「安全と安心が確保されている居心地のよい場所であると同時に、他者（友だちや教職員）からの存在承認のもとで自分らしさを発揮できる場所」のことである。現在、学校現場には、学力向上にむけた強力な圧力が加えられている。しかし、大切なのは、子どもや教職員にとって、学級や学校が居場所になっていることである。教職員が子どもたちと一緒になって学級や学校を居場所化すること。そのプロセスが「自治的諸活動」になるのだと考えられる。　　　　　　　　　　〈笹倉千佳弘〉

(6)自治の力をどう高めていくか
〜子ども参画にむけて〜

北海道（小）は、児童会活動とたてわり班活動を通して子どもたちが自分らしさや主体性を発揮できるようするためには教員の関わりはどのようなことが必要かを考えながらの実践。たてわり班を母体に自主的実践的な活動をしながら互いに触れ合うなどして豊かな人間関係を築こうとした神奈川（小）。全教員が一致した歩調で"ほめる"から"勇気づける"に転換し、自分への信頼と他者への信頼を築き、共同体感覚を育もうとした静岡（小）。個の成長が集団の成長に貢献するのではないかと様々な活動を通して自治的な力をつけていこうとした新潟（小）。崩れた学級を立て直すのは教職員の指導だけでは難しい、子どもの力が必要、児童会で「自分たちの権利」に対する意識を高めるなどして児童会活動を再生し主権者教育につなげたいという広島（小）。

以上の報告をもとにして、「自治とは、自治の力とは何か?」「その中で教職員の役割」などが論じられた。「皆で決める」ことだが「少数意見が反映されるのが自治」「子どもの権利条約を基盤にした実践が必要だが、どう行うか難しい」「教員の役割は自治をしたくなるような動機付けをすること」、「批判的な視点をもてることが自治には大切」などの意見が出された。ただ、「皆で決めたから皆で守る」の視点は強い個人観が前提になり、守れない子どもの自己責任に陥りがちであることを意識しなければならない。また、「自治」といっても実践になると教員の手の上のものになりがちである。「子どものためというのは傲慢」であり、教員はこうした意識をもつ必要があると警告も出た。〈石井小夜子〉

中・高の実践　中学校・高校小分科会

(7)子どもたちからの問題提起をどう受け止めるか

①いじめ・不登校

　三重(中)の報告は、不登校問題に直面した学級担任を学校体制としてどう支えるか、である。リポーターは、かつて学級担任としてたった一人で抱え込んだ苦い経験をもち、それを個人的な問題ではないと捉える。校内の委員会を軸に、保健室や関連校内組織との結びつきを強め、校外の専門機関とも連携を行う。また、全校生徒の約1割が労働者として来日した家庭の子で、その対応についても発表が行われた。

　質疑応答・意見討論の中では、外国籍の子どもを支えること、とりわけ進路保障の難しさ、校内委員会(適応指導委員会)のあり方についても論議された。

　どんな課題であれ、学級担任が1人で抱え込むことのマイナス面はこれまで指摘されてきた通りである。しかし、横断的校内組織は両刃の剣である。困難さを共有し知恵を出し合う職場に生まれる組織は学級担任を支えるだろう。しかし、上意下達の職場に生まれる組織は学級担任を追い込む。言うまでもないが、横断的校内組織は「そこは、どのような職場なのか」がそのまま形となったものである。その意味では、リポーターの発表の中にあった「子どもが弱音の吐ける保健室」は、職場のあり方にもつながるフレーズであるだろう。　〈和田真也〉

②生徒理解

　鹿児島(中)は、小規模校における音楽の授業と文化祭での活動を中心に生徒たちとつながっていっ

た。昼休みに音楽教室を開放し居場所とする。3年生に文化祭のテーマを生徒に託し、「輝」というテーマで全員合唱を成功させ充実感を感じる。荒れている1年生のAに、寄り添った形で接し、保護者にも丁寧な語りをする。今年の文化祭で全校合唱をした。「子どもたちが安心して心を解放できる場でなければ、思いきり歌うことはできないのではないか」「『真に心からうたいたいと思ってうたう』子どもたちであってほしい」と願う実践であった。

　討論では、学校が荒れている背景には「変なところで厳しい学校のルール」、生徒によっての注意の違い、公平でないところがある。共同研究者からは、一対一の関係を築き、とことん話を聞くことの大切さ。学校文化のルールには正当な理由がないものがある。「正しいかというより、ルールに従うという態度を要求している点」。おかしなルールがある場合は、力関係の場になっており、生徒理解につながっていない点などの意見が出された。

(8)自治の力をどう高めていくか

①学級活動を通して

　千葉(中)は、「互いに認め合い、個性の尊重ができる学級経営〜一人の生徒を通して〜」というテーマ。明るく素直な性格で、部活動が好きだが、授業でも集中力が持続しなく、集団行動が苦手であるA。授業や行事、班活動など丁寧に様子をみて、学年教員にも指導基準の共通理解をはかり、Aの立場と将来のこと、その周りの生徒の立場を考えた支援を心がけた。

　山梨(中)は、生徒の「参加する権利」を保障するため、「生徒に話し合いを通して、自分たちの生活を決める権利を保障すると同時に、ルールを守る指導をしていかなければならない」と考え、日々の学級活動で話し合いができる環境をつくる。学年総会での話し合いでは、自分たちで決め、ブラックワードをなくす活動などにとりくむ。学園祭で、「本当の自由とは何か」では「選ぶことなんだ」との共通理解ができた。そして、「自治の力をつけていく方法」は、教員集団が生徒集団に向き合い、試行錯誤を通して学んでいくほかないのではないかと理解した。

　新潟(中)は、小学校での学級崩壊を経験してきた生徒集団の3年間の学級経営。基本的な生活習慣が身についている生徒とそうでない生徒の差が大きく、おとなや教員に対して信頼感がもてない。1年生では、机の整頓。何かを決めるときは、全員投票

で。きちんと叱る。社会につながる経験をさせる。2年生では部活動、生徒会活動、合唱コンクールにとりくみ自分に自信をもてるようになる。3年生では、卒業と進路実現に集中。学校生活を通して「当事者意識」「参画意識」を、体験を通して学べるかが大切である。

石川（中）は、保育所からずっと同じ仲間と生活してきた人間関係のもとでの中学3年生の修学旅行の班別自主研修の班づくりである。男子12人、女子19人。班の分け方で、くじ、話し合い、先生に決めてもらうなど、結果、話し合いと決まる。話し合いを通して、ゆずりあいもあったが、バスでの一人席、部屋割りでも敬遠されていた生徒が集まるという課題もあった。

②文化活動や行事・生徒会活動を通して

北海道（中）は、全校生徒による自主的・自治的な生徒活動をめざした。「冠中ファミリー宣言2015」は、トイレットペーパーがまるごと便器に投げ込まれるなどが起き、自分たちの課題を全校生徒で向き合い、生徒会を中心に、過ごしやすい学校づくりを行った。「ファミリー宣言」では、一人ひとりに居場所のある学校をつくり、お互いを尊重する仲間になることをめざした。全校集会、生徒総会、全校レク、昼休みの開放教室、あいさつ運動、体育祭などにとりくみ、経験を自信につなげるための時間を保障し、活動の振り返りの重視などにより自治力を育てていった。

埼玉（高）は、運動部を中心とした部活動顧問のあり方の問題提起であった。長時間練習による心身の疲労、顧問を頂点とするタテ関係、自主自立の精神が涵養されないなど顧問と生徒に及ぼす影響は大きい。顧問の超勤問題へのとりくみ。不本意顧問をなくすための「高校部活動顧問登録制度」などの導入による社会教育への移行。総合型地域スポーツクラブとの連携などが示された。

長野（中）は、1995年に「3年生を送る会」から始まった「有志活動」。「3年生を送る会」・学校祭を中心に活動は続いたが、名目だけになっていた。2013年、教員からの提案であるが、給食指導と教室清掃指導を「有志活動」のさらなる自主的な場として行うことになった。「有志」の応募に応じてきた生徒たちにより学校祭でも、生徒会活動として定着した。現在では、生徒会活動の日常的活動に「有志活動」が取り入れられているが、主体的な活動として継続させることが課題となっている。

静岡（中）は、子どもたちの望ましい人間関係を築くことになる相互理解を育てる活動として、ピア・サポート・プログラムを取り入れ、自己有用感を高めている。自治能力を育てることをめざし、体育祭にむけてのソーラン節練習会、合唱練習、生徒会による生徒会アワー（校内放送）、専門委員会による各種活動が紹介された。課題として、「教員が中心となって企画したものが多く、子どもに任せる部分がやや少なかった」と指摘されており、思い切った、子どもに任せた活動の展開が課題である。

愛知（中）は、主体的な活動ができるよう、「西春チャレンジ」のもと、自分で考えて行動するリーダー会議、「自分で決めた道を行け」をスローガンにした生徒会活動、自治集団をめざした部活動、地域と連携した地域の活動。リーダー会議が行ったあいさつ運動、体育大会での対抗競技の練習。生徒会では委員会活動を自主参加制にしたことで活発となる。地域での「親子あいさつ運動」「おやじの会」などにとりくんだ。

広島（高）は、生徒指導と礼節の指導を非常に厳しく行っている工業高校。「どうせ何を言っても無駄」という雰囲気がある中で、生徒主体の生徒会になるために、生徒会規約、「子どもの権利条約」、学習指導要領を確認し、生徒総会は形式的な総会から、意見や要望が出てくるものになった。生徒会担当者には管理職からの指導があったが、主体的な生徒会になるように奮闘中であった。

福岡（中）は、1991年から現在まで続いている「平和集会」。当初、荒れていた学校にとりくむため、差別のおかしさ、人権の大切さ、命の尊さなどについて学習し、「平和集会」では、子どもたちが設定したテーマに沿って聞き取り調査、現地調査を行い、オリジナルの平和劇を上演している。途中、市の教育予算削減の流れで、継続の危機があったが、現在も会場を体育館に移して継続している。平和教育の重要性を強く感じ、「世界一、人権を大切にする学校」をめざしている優れた実践である。

鹿児島（高）は、18歳選挙権にむけた文化祭展示のとりくみ。子どもたちは、選挙制度、各政党の政策、自分たちの要望に分かれてまとめていった。各政党には政策の内容などを電話やFAXで問い合わせ、回答をまとめ文化祭で展示した。この活動を通して、選挙の大切さ、政策の理解、要望の掘り起こしなどを、身近な存在として実感していった。

(9)開かれた学校づくり

大阪（中）は、「『保障を断たれた教育権・奪われし学び』をとり戻す場」である夜間中学校の現状報告。1972年から45年、卒業生は296人。過酷な人生の中で、すでに身体が蝕まれ、自宅療養・通院で登校できなくなることも。クラス編成は、就学年齢時に学ぶ権利を奪われた生徒で、在日朝鮮・韓国人と日本人で年齢構成も高齢であるクラスや中国帰国子女、中国人生徒、ベトナム人生徒など日本語の習熟度別編成のクラスなどである。「学び」が、人間にとってどれほどかけがえのないものであるか、生徒の文集で語られている。

まとめの討議では、主体的な活動の保障と指導のあり方が課題となった。特に、和田共同研究者からは、配布資料の「子どもの活動」4タイプの説明と現在の自分の活動がどのタイプなのかを認識することと、生徒一人ひとりとの絶え間ない対話が大切であることが指摘された。主体的活動をめざしてと言われるが、その「ねがい」はだれの願いなのか、子どもの願いか教員の願いかを自問してみることが重要であること。また、自治的活動が行われたとき、その継続性をどのように維持発展させていくのかなどが討議された。　　　　　　　　　〈大平　滋〉

3. まとめ
《総括討論と第67次教研にむけて》

～子どもの権利条約を学校に定着させるために

最初に前日行われた小分科会報告がなされた。小学校小分科会から、「小学校では自治的な活動が行われているが、中学校ではそれは否定的、小学校時に培われた自治的な力がつぶされてしまう。自治的活動に関しても小中の連携が必要なのではないか」という問題提起があり、それについて意見が交わされた。

指摘のように多くの中学校にはそのような実態があるとし、その要因は、受験・部活・教科担任制・テスト・揺れる思春期等が挙げられた。だが、本当にそれが子どもの自治を認めない要因なのかをきちんと分析すべきではないか。中学校時代生徒会で制服廃止運動をした、そのときは廃止できなかったが3年後に廃止されとても嬉しかった、だから今も児童会に力を入れているという小学校教員。他方、小学校には自治的活動があるというが、教員が植え付けているものもあるのではないか。真に子どもが主

体であるか、子どもの自治か、自身で検証することが大切ではないかという意見も出た。

この後、和田共同研究者から討論の材料のために配布されたペーパー「君の名を呼ぶ」の説明。子どもたちに「どのように呼ばれたい？」と問うことから始める実践である。

"呼ばれ方"はその子ども自身が決定するものであって人権の問題である。日常のことでもあり、それが自分自身の問題であると受け止められやすい。「呼ぶ・呼ばれる」は関係の表現でもある。和田共同研究者自身、子どもの権利を保障する実践をしたいが、「これがそうだ！」というには問題があると感じていた。答えはどこにあるのかを自問。あらかじめ答えを用意して（教員だから用意すべきだという意識も）子どもの前に出る。しかし何か違う。あるとき「あだ名」で呼ばれ続け苦しんできた子どもがいた。そのとき気が付く。「答えは、私と私の目の前にいる子ども、名前のある一人ひとりの子どもの間にある」。子どもと出会うことで答えが形成される。学校内では「参加権」は認めても「子どもの決定権」は認めない。だが、「自分が決定し動いたことが物事を変えていくんだ」、そのことを子どもが感じられるか否かだ。自分の権利を自分の中に獲得した子ども同士では"いじめ"はなくなる。「○○すべき」といった徳目ではなく、子ども自身が自分の権利を獲得し、そのことが実感できること。1日目に配布された「分科会討議を始める前に」を照らし合わせ、いま学校で子どもの権利保障を阻害しているものは何か、いまの状態にあるところからどこに向かいたいかを話し合いたい。この提起をうけて「子どもの権利条約を学校に定着させるために」を意見交換、以下のような意見が出た。

目の前にいる子どもの主体性を尊重しようとしても常に権力者としての教員に流れてしまう、その自覚が必要。子どもの中にある子どもの価値や子どもの目線を理解しよう。権利保障という考えはとても大事。教員が先導しがちだが、子どもが「それ違うんじゃないか」と言える土壌を作っていくべきでは。

共同研究者からは以下のようにまとめの意見が出た。

学校が居場所としてあるのが自治活動ではないか。義務教育は中学校までであるから、中学校までに「社会を変えられる、変えるのは自分たちだ」という感覚を身につける主権者教育が必要。子どもの権利条約はその基盤だ。小学校で力関係だけできたらそのままの関係がずっと続いてしまう。自治には

①力関係ではなく人権の感覚　②自分たちでやっていくという民主主義、という二つが必要。失敗は重要。管理主義的な高校に入り、3年間我慢した子ども、その間子どもを支えてきたのは子どもの決定権を保障する中学校で3年間を過ごしたこと、それを保障する教員の姿だったと言う。連続性がなくても無駄ではない。

　子どもの権利条約を学校に定着させるために、①子どもの権利を伝える、②条約に沿って学校の全活動を点検する、③子どもたちに主体者としての活動を保障する、をスタートする必要がある。

　次期67次のテーマもこれである。〈石井小夜子〉

4．このリポートに学ぶ

リポート　授業創りにおける子どもの参加とその意味〜ダイヤモンドトークの実践を通して〜

　　藤原嵩史　兵庫・西脇市立双葉小学校

A．はじめに

　複雑な生活背景を始めとしたさまざまな要因から、授業中に「荒れ」を見せる目の前の子どもたち。そんな子どもたちは、授業に何を求めているのだろう。これは、教職員が「あるべき授業の姿」を一方的に指導するのではなく、「子ども同士の授業検討会」を通して「理想の授業」を子どもたちが考え続けた実践記録である。

B．ダイヤモンドトーク

　子どもどうしがお互いの学年の授業を参観し合い、その授業の具体的事実を全校生で話し合うことによって、授業は生まれ変わるのではないかと考えた。何よりも、子どもたちが「授業」に対してどのような思いを抱え、どのような望みをもっているのかを知りたかった。

　高学年の子どもたちは、この授業検討会を「ダイヤモンドトーク　〜授業とは何だ　考えよ双葉っ子〜」と名づけた。このダイヤモンドという単語には、「授業中の発言を結んでいくと、先生を介さずに子どもから子ども、また子どもへとダイヤモンドのような多角形が描かれる。先生ではなく、自分たちが輝こう」という子どもたちの目標が込められている。

〈ダイヤモンドトークの具体的な方法〉
・年間4回実施（2・4・5・6年生国語）。

・授業を見る視点（子どもどうしのつながり等）について、子どもたちが話し合って決める。
・授業を参観してもらう学級は、「授業で何を見せたいのか」を話し合って確認する
・2校時　授業参観（全児童・教職員）
　子どもたちが決めた視点を基にしたワークシートを用いて、研究授業を参観する。
・3校時　ダイヤモンドトーク（子どもたちによる授業検討会）
　◆授業をおこなった子どもから、感想。
　◆参観した子どもから、感想や質問、または、アドバイス。協議。
　◆司会によるまとめ。教職員から感想。
　本校では、全校生がこのダイヤモンドトークに参加し、司会進行・板書記録は高学年児童が行なう。基本的に、途中で教職員が口をはさむことはない。
・放課後　教職員による事後検討会
〈教職員が共通理解したこと〉
・授業をする子どもたち、参観する子どもたち、双方ともに「どんなところを参観したいのか、見せたいのか」など、参観の構え・意識を高めるよう事前に働きかける。
・それぞれの子どもが授業を参観して「自分とは違う」「自分のクラスとは違う」と、率直に感じたことをどんどん出し合う。
・「どうしたら、あのようになれるのですか」という質問とその回答が、双方にとってダイヤモンドトークでの一番のポイントになる。

C．ダイヤモンドトークの記録

　第1回ダイヤモンドトークは、6年生の授業を全校児童が参観することから始まった。6年生の授業がモデルとして選ばれた理由は、授業に対する積極的な姿勢と子どもどうしのつながりが多く見られたからである。

　ダイヤモンドトークでは、低学年の子どもから「なぜ、6年生はあんなに授業に夢中になれるのか」「どうすれば、たくさん発表できるのか」等の質問があった。6年生は一つひとつの質問に悩みながらも、丁寧に答えていった。「僕たちの授業には、話し合いがあるから楽しい」「みんなの意見が聞ける。言い合いのようになる時もあるけど、友だちとからみ合えるのが楽しい」「発表で間違えることって怖い？　私は怖くない。友だちを信用しているから。だからどんどん意見が言える」。

6年生の発言に、すばらしかった点が3つある。まず、「授業とは楽しいものだ、ということを知っていた」こと。そして、「その楽しさは、友だちとの関わりによって生まれるということも知っていた」こと。さらに、「その楽しさを、他の学年にも広げたがっていた」ことである。

2回目以降のダイヤモンドトークでは、子どもたちがお互いにアドバイスしたり、批判したりする姿も見られた。「発表は多いけど、先生と一対一のやりとりになっている。もっと、友だちにむかって考えを言った方がいい」「話し合いに参加できていない子がいる。ほったらかしになっていなかったかな?」このようにして、子どもたちは授業観を共有していった。

次年度からは、次第に低学年の子どもたちも授業を参観する視点が「つながり」を意識したものとなり、高学年の子どもたちが低学年の子どもたちを育てようという意識がより高まってきた。「ずっと背筋を伸ばすのがいい姿勢かな? ぼくはそうは思わない。横の子が困っていて『どうしたん?』って声をかけるときには、それにぴったりの姿勢があるはず」「途中から話し合いに参加できなくなってしまった子がいた。あれは、意見が無かったのかな? それとも話し合いに参加しづらくなったのかな? ……今までに話し合いに参加しづらくなった経験のある人は、いますか? そのとき、どんなことを思っていた?」。

また、子どもたちのワークシートには、教職員の動きについても記述があった。授業中、指名されたが答えられない子どもがいた。指導者はしばらく待ってから、「じゃ、また考えて教えてね」と優しく言ってその女の子を座らせた。参観していた子どもはその場面を切り取って指摘していたのだ。「座らせてしまったのがもったいない。もっと待ってあげていたら……。何かが起こるはず」「何か」とは何だろう。それは、困っている友だちを見かねた周りの子どもが、教科書をそっと指さしたり、耳元に口を近づけたりする姿ではないだろうか。放課後に行なう教職員の事後研では、こういった子どもの意見を参考にしながら、授業における教職員の役割を振り返っていった。

D. 子どもたちのドラマを振り返って

このダイヤモンドトークは、2013年度からの実践である。その中でいくつもの人間がもつ優しさ、たくましさを目の当たりにしてきた。非常に厳しい生活背景を抱え、授業中に「荒れ」と見られてしまう行動をとっていたA。「前に見た6年生の授業に近づきたくて頑張っているけど、今の僕たちではまだ無理。6年生の授業は、先生がほとんどしゃべらなかった。それでも6年生と先生はつながっていた気がする。ダイヤモンドトークの時だけじゃなくて、普段の授業でも、僕たちが先生とつながっていけたら6年生に追いつけるのかなって思う」という発言は、今でも胸に残る。

「授業の立て直し」を目的に始まったダイヤモンドトークだったが、「基本的人権として授業創りという場に子どもたちが公的に参加できたこと」「学級という閉ざされた空間とは異なる他者の考えにふれ、協同的かつ自治的に課題に対処することで子どもが刺激を感じることができたこと」「子どもの授業創りへの参加を通じて、教職員が新たな視点や気づきを得ることができたこと」と、目的以上の効果をもたらしてくれた。

私たちと子どもが最も関わる機会は「普段の授業」である。これからも子どもを中心にすえたドラマのある実践を創っていきたい。

リポート 主権者教育の実践からの捉え直し
～「意見表明」と「権利」が尊重されるために、学校文化を見つめ直すために～

賀来宏基　大分・県立日田高等学校

A. はじめに

2016年10月、県高教研地歴公民部会秋季研究大会で、主権者教育の提案授業をすることになったことをきっかけに、様々な実践を模索してきた。

当初は「政治的中立」や「いかに投票に生かせるか」といった「有権者教育」「投票教育」という捉え方が重視されていたように思える。本来は「主権者意識を育むための教育とはどうあるべきか」が問われるべきである。しかし「とりあえず投票に行く」という教育で本当に変わるのだろうか。

主権者教育は、普遍的な教育として、継続的に様々な角度からアプローチしながら、社会へのアクセスの方法を学ぶことである。そして何より「自らの社会を自らがつくる」という意識を育て、それを広く文化・風土として根付かせていかなければならない。実践を通じて今思うことは、主権者教育は民主主義社会における権利の保障であること、子どもの権利条約や基本的人権の視点で捉えていく必要が

あるということである。そのような視点で学校を見つめ直していくと、様々な問題点が見えてくる。

B．実践

⑴本校の概要

本校は現在SSHの指定を受けており、1学年5クラス規模で、日田市の生徒を中心に、その周辺の郡町村から通学する生徒もいる。本報告は、2年次履修する文系「政治・経済」での実践が中心となる。

いずれにせよ、進学指導中心の普通科では、受験対策が求められる現実の中で、時間をかけて考えていく主権者教育を定着させていくことは容易なことではない。

⑵実践1：「主体的に考え、参加する有権者をめざして」
〜投票に至るまでの思考を重視した授業づくり〜

今回の授業では完全な「模擬」とした。

導入として、意識調査及び「18歳選挙権は良いことか」という討論を行った。そして、子育てや景気対策等6項目を設定し課題と対策を考えたが、出される意見は限定的であったため、前回の衆院選の各党の政策を比較した一覧を、政党名を削除し配布した。自分の考えに近いもの、共感する政策を参考にまとめ、グループ内で自分の考えを述べ、他者の意見を聞く。そしてグループを変えながら繰り返し自らの考え方を深めた。

提案授業では選管の方と模擬投票を行うため、「仮想 参議院日田高選出議員選挙」として、公示後、立候補者は3人という場面設定をした。そして「選挙区候補者の主張比較」と「選挙公報」を配布し、自分の考えにあっているものにマーカーを入れさせ、グループごとに自分が支持する政策などについて考えを述べ合い、思考を深めた。

提案授業では、立会演説で候補者が、1人3分の主張を行い、有権者役はそれを評価した。その後、市民討論会として全体を3グループに分け、候補者がそれぞれ質疑・討論を行い、模擬投票を行った。投票の決め手を数人に聞くと、「少子化対策に力を入れていた」というように、1点に絞り込んでベターーの選択をした生徒が多かった。

授業の途中で生徒が、「今まで使っていない思考をしています」と語ったり、候補者役の生徒は子育て支援のあり方を家族で話し合ったという。そのような視点で主権者教育を捉えなおしてみるのも面白

いのではないか。

本実践は、「有権者教育」の要素が強いものであるが、「投票に至るプロセス」を学ぶということ、そして何より正解を答えるということから「自分の考えを述べていい」という意識に変わってきたことなどから、一定の意義はあると感じた。

⑶実践2：日田市議会と連携した地域創生の視点での主権者教育
〜主権者として、主体的に発信する「日田の町づくり」〜

市議会政策研究会より日田市内のすべての高校で意見交換をしたいとの依頼があった。私は、主権者教育の切り口として、「地域創生」は有効だと考えており、良い機会だと考えた。本実践は、答えは存在せず、どの程度の知識・理解を求め、どの程度思考させ、どこまで深めるのか、時間と生徒たちの状況次第である。そのため事前に5時間を使った。

導入として「日田市の10年後・20年後」を考えさせ、地方自治の課題をはじめとした制度理解を行った。その後、「暮らしやすい町」についての討議、日田の魅力、暮らしの中で不便なことなどについてのインタビュー調査を行い、分析。そして、地域活性化の事例調査や課題整理を踏まえて、具体的な「日田市活性化プロジェクト案」を作成した。

生徒と話し合い、「日田×若者＝活性化プロジェクト」と名づけ、それぞれが地域創生案を作成。「こんなこと考えたことがなかった」と頭を抱え、沈黙の時間が過ぎたグループもあったが、地域の問題や自らの認識を問い直す意義深い授業となった。

2クラスで実施したが、8グループ、それぞれ市議が1人入り、生徒たちがA4用紙6〜10枚にまとめたものをもとに紙芝居風にプレゼン。市議やグループ内の生徒と議論した。2組では、グループで作成した案を市議に提案し、一緒に現実的な問題も理解しながら、その案を練り直した。その後、模擬市議会とし「議員提出議案」を想定し、全体に提案し、質疑を受けた。

「観光」「イベントづくり」「商店街の活用」「農林業と連携した雇用づくり」「出店等の企業誘致」「起業の支援」等、2クラス合計48のプロジェクト案が出された。

授業という一場面ではあるが、主体的に地域のことを考え、地域の一員として議員に提案し、市議の方もそのことに真剣に耳を傾け、意見を交わした。生徒の感想から「もっと地域のことを学び、様々な

角度から考え、意見を交わしながら良い案にしていくことが大切だ」「意見を出し合い、みんなで考えていくことから始まると思う」「毎日見ている町の見方が変わった」という感想が聞かれた。民主主義の基本である、「意見表明」と「合意形成」のあり方を少しでも実感できたのではないだろうか。

C．実践を通じて見えてきたこと

①公民科の授業は、いかに「リアリティをもたせるか」が大事だと考えてきた。しかし、高校生の認識や関心、社会的感覚からすると、教科書の内容を現実社会とつなぐことは大変困難なことである。その意味では、ツールとしての「主権者教育」は有効である。

　今回、実践例が少ない中での授業構成となった。参院選が近づくと選管を招いて「模擬投票」を行う実践が多く報道されたが、結局ノウハウを教えることを優先してしまいがちである。しかし、投票の仕方は一回投票に行けばわかることであり、「投票ごっこ」では投票率はあがらないと考える。

　実践1で重視したのは、自らの考えを整理したり、他者の意見を聞いて考えたり、メディアの活用を学んでいくことである。投票に至るまでの何を知るべきか、投票まで、情報収集や他者の考えに触れながら、自らの考えを整理し、表現し、社会問題や自らの生活を変えていくために、どのような道筋があるかといった社会にアクセスする方法を学ばなければならない。つまり「投票に至るまでのプロセス」を学ぶ場にすることが大事である。選挙は、自らの考えを表現できる場、自らが何を社会に求めるのかを考える場、高校生で言えば、学びを選挙で表現する場であることを実感させていきたい。

②このような主権者教育を行っても、継続的な社会参加に結び付くのかは疑問である。それが成熟した社会ということだろうか。自分たちが動けば社会は変わるという体験がない世代である。それは若者だけの話ではない。

　例えば本来、生徒たちの権利保障でもある生徒会活動さえも、教員が「させる」という意味合いが濃くなり、生徒たちも「『先生が求める』ものに応える活動」になっている。それは高校で言うならば、社会の要望に応えるため進学・就職の結果を出すという「道具主義的教育観」が優先されてきたことも一つの要因として考えられる。気づ

きや思いを意見表明し、議論し、合意形成を図っていくという民主主義社会で最も大事なことが、学校教育で見失われている面は否めない。このような「学校文化」の見直しが必要ではないだろうか。それは社会に対しても同じことが言える。このようなことから、主権者意識が育たない。

　これまで生徒総会で出された要望について、従来はそのまま担当の教員がその要望に対する学校の回答をまとめて生徒に連絡していた。今年は特活部が担当の分掌の教員を交え、執行部との意見交換を行っていた。「まさに主権者教育ですね」という話をした。前任校でも執行部が要望事項について校長室に要請に行くというとりくみを行った。

　主権者教育を「流行り」で終わらせることなく、「普遍的な教育」にしなければならない。これまでも「○○教育」というものが出てきて、その時だけ騒がれてきた。「18歳選挙権」によって、主権者教育が生徒たちに近づいたわけであるから、この際しっかりと足下を固めなければならない。そのために身近な課題が生徒たちの考えにもとづいて改善されるという学校文化が作られることなどが必要だと感じる。従来の学校文化を問い直し、動くことで変化するという身近なところからの環境づくり、つまり、「主権者教育の日常化」が必要ではないだろうか。

　まずは生徒会や校則、授業や地域参加に関してなど、様々な角度から見直していくことや、生徒たちが他者の人権尊重を前提に、「意見表明」をして、それを受け入れられる場をつくっていくことが必要である。そのことが変革の第一歩であり、主権者教育の日常化につながると考える。そして、そこでは他者との合意形成が必要であるということを、授業をはじめ学校生活の様々な場面、校外行事等の参加などにおいて実感する場が必要である。生徒たちが主体的に考え、合意形成を図っていき、それを尊重するという学校文化を育むために、日常的に実践される「意見表明」「合意形成」に教職員どうしが気づきあい、学んでいくことが大切だと感じている。

③これまで社会に必要な人材の育成として、知識やスキル重視のいわゆる「道具主義的教育観」により、見えやすい教育に走りがちであった。主権者としての学びは、多様性を尊重することでもある。個別の賛成反対にとどまらず、幅広い視点から、限られた選択が求められる。多様な意見や情

報を活用しながら、現地点の自らの考えを選択していく授業の日常化が大切になってくる。

通常の授業では、○となることを教えることが中心で、私たちに求められてきたのは「正しい答えを教える力」であるが、その権威主義的授業から脱却していく勇気も必要である。

「政治的中立」がよく課題として取り上げられる。そもそも「何が中立か」、捉え方は様々である。様々な制約がつくと、政党を扱うことすら難しくなる。また人権教育などを考えるとわかるように、教育の場においての中立というのは大変曖昧なものである。例えば、よく問題視される新聞などの情報の取り扱いも、生徒が様々な視点で集めたものをみんなで議論していき、学びあえば問題はない。むしろ私たちが集めることができるものよりも多様性があって、深い学びが得られたりもする。そこで授業者ができるのは、つまり資料や考え方を授業者が提示しなければならないという認識ではなく、教材をつくる段階から、生徒を主体とし、教員は学習プロセスをコーディネートすることでもよいのではないか。

また、おとなになると、政治的な話はタブーになりがちである。しかし、生徒たちは純粋である。柔軟な発想で、他者の意見に共感することができる。このような時期に、多様な視点や考え方、捉え方と出会い、そのことをふまえて自らの考えを整理していくことは非常に重要なことだ。

D．まとめ

あらためて「主権者教育」と出会い、必要に迫られたこともあり、主権者教育とは何かを問い続ける機会があった。それをキーワードでまとめると、「主権者教育の日常化」「普遍的な教育」「学校文化の見直し」「意見表明」「合意形成」であるように思う。

プロセスを学ぶ有権者教育も必要ではあるが、主権者教育の実践をすすめるなかで、子どもの権利条約にあるように、生徒たちを権利の主体として捉え、尊重する教育や社会が必要であると考えるようになった。そして、必然的に自らの実践が変わってきたように感じる。

主権者意識を育むことは容易ではない。しかし主権者教育の視点は、教育や社会のあり方を問い直す良い機会だと思う。一定規模の高校での教育活動は、縦割り的にすすんでいく。そのため、一人の実践や気づきを学校全体のものにするのは容易なこと

ではない。それでも自らが可能な範囲で、ささやかな一歩を重ねていくことから変わっていくのではないかと考える。

【第66集】日本の教育 日教組第66次教育研究全国集会〈新潟〉報告

幼年期の教育・保育と連携・接続 第12分科会

1. 概要と基調

2. 研究討議の柱と内容

3. まとめ（次期教研にむけて）

4. このリポートに学ぶ

◎幼児が楽しんで表現するには

〜教員は、幼児の自己表現をどのようにとらえ、援助するのか〜

〈久保田ゆう子　三重・四日市市立内部幼稚園〉

《執筆者》

堀　　正嗣

疋田　美和

南　さおり

延東　省典

佐藤　哲也

井上　寿美

1．概要と基調

　今年度は幼稚園6本、小学校10本、計16本のリポートがあった。「共に育ち合う　小学校のとりくみ」、「共に育ち合う　幼稚園のとりくみ」、「インクルーシブ教育・保育をめざして」、「子ども・家庭・地域とつながる」という討議の柱を設定した。

　地域の様々な子どもたちが共に育ち合う場が幼稚園であり小学校である。そこでは、幼小の連携・接続にとどまらず、制度による分断や経済格差による分断などを超えて、地域のすべての子どもたち、おとなたちがつながり合い共に育ち合う拠点であることが求められている。その際、とりわけ貧困家庭の子どもや障害児、在日外国人など弱い立場の子どもと家庭に寄り添うことが強く求められている。そうした意味を込めて、「共に育ち合う」という柱に関して小学校・幼稚園の順に、連携・接続を含めて討議した。次に障害児や外国につながりをもつ子どもなどすべての子どもを包摂するインクルーシブ教育について、最後に保護者・地域とつながる実践について討議した。

　今年度の特徴は、①インクルーシブ教育の視点からの論議が行われたこと、②幼稚園教育・小学校教育の独自性と共通性についての認識が共有されたこと、③「道徳教育」や能力主義を強化する教育要領・指導要領の改訂に対峙していく人権教育の重要性が確認されたこと、である。

　①に関して、今年度も障害当事者の一般参加があり、「邪魔になるからといって子どもたちを分けないでほしい」という訴えがあった。今日の教育政策は特別支援教育の名の下に「分ける教育」を強めている。こうした動きに流されることなく、自らの意識をとらえ直すことの重要性が確認された。

　②に関しては、幼稚園教育においては、一律の達成目標ではなく、子どもの個別性を尊重して発達支援が行われていることが確認された。また、幼稚園・小学校の共通性として、子どもの個別性と共生共育の両方を大切にすることの重要性が共有された。

　③に関しては、子どもの権利の視点に立った人権教育を、幼稚園教育・小学校教育において目的意識的に実践することと結び付けて連携することの重要性が共有された。戦前の反省をふまえて、恒久平和主義・国民主権・基本的人権の尊重を担える子どもたちを育てることが重要であることが提起された。

〈堀　正嗣〉

2．研究討議の柱と内容

(1)リポートのテーマと概要

共に育ち合う―小学校のとりくみ

北海道（小） 少人数の学級づくり。子ども自身が「なぜ？」を考える機会を作り、「自分たちの生活をよりよいものにするため」、「成長するため」の自治活動の提案。

山形（小） 自主性・思いやりを育む集団づくり。子どもの思いや願いを大切にしたカリキュラムの編成。共通の目的にむけた交流の場の設定、ありのままを認める雰囲気づくり等の実践。

山梨（小） 保育園の様子を知り、入学前の不安や悩みを解消するてだてを考え、保育園と小学校をスムーズにつなげるとりくみ。

神奈川（小） 中学校区の幼小中の一貫教育。リーフレット作成・アンケート実施・互見授業などを通して学びの連続性を大事にするとりくみ。

静岡（小） 入学の期待を高め、不安を解消するための様々なとりくみ。模擬授業や給食参観、保護者アンケートなどの実践。

新潟（小） 学校は楽しいところであるという気持ちを大切にする。保護者にも子育ての楽しさを感じられるとりくみの提案。

共に育ち合う―幼稚園のとりくみ

大分（幼） 園児と5年生の交流を通して、互いに育つものは何かを確かめ合う。きめ細かい園児への関わりの実践。

岡山（幼） 友だちとつながり合いながら、いきいきと活動する幼児をめざし、「集団遊び年間計画表」の作成や、友だちと一緒に楽しむことを意識した環境構成と教職員の援助のあり方の提案。

三重（幼） 幼児の自己表現を「幼児が何を感じ、教員はどう受けとめたか」、「どのような願いをもって援助したか」、「幼児の姿の変容」を細かく分析する子どものとらえ方の提案。

兵庫（幼） 食育を通して、子どもの育ちを支えるとりくみ。栽培、収穫、料理、食事を経験し、子どもが豊かに育っていった実践。

インクルーシブ教育・保育をめざして

岩手（小） 特別支援学級のAとの関わり。入学前から入学後の様子。Aのためのよりよい支援のあり方の提案。

大阪（幼） 外国につながりのある子どもとの関わ

り。日本で暮らしながら、自国を愛し誇りに思うようになるための環境づくり。
石川（小）不登校気味の子どもへの関わり。保護者へのとりくみ、関係がよくない友だちとの関わり等、学校全体で関わった実践。
広島（小）教育委員会から指導を受けた「道徳教育」に対峙し、人権教育に視点を置いた劇活動のとりくみ。「ないた赤オニ」から学ぶこと。

子ども・家庭・地域とつながる
滋賀（幼）保護者とつながるための通信の工夫。それぞれの話し合いの中から学んだことの提案。
千葉（小）地域を大切にする児童の育成の実践。地域のまつりを学び、地域とつながっていったとりくみ。
〈疋田美和〉

(2)共に育ち合う―小学校のとりくみ

小学校から「少人数編成の中で子どもが互いに育ち合うためのとりくみ」「自主性と思いやりを育む集団づくり」「子ども・保護者・就学前施設と連携し、子どもたちが安心して就学を迎えるためのとりくみ」「11年間の子どもの育ちを見通した中学校区での連携」「教職員の連携から小1プロブレムの軽減を考える」等の視点で報告が行われた。

少人数編成の中で子どもが互いに育ち合うためのとりくみとして、自治活動のあり方や縦のつながりの中で話し合うという経験ができるようにしている。自治活動では、自分たちの生活をより楽しいものにするためには、という視点で子どもたち自身が活動内容を考え、話し合いながらすすめていくという報告だった。「なぜ？」「どうして？」をみんなで共有することで、友だちから指摘されても素直に反省し、共感ができるようになったという成果が報告された。「なぜ？」を共有することにより、人の背景もおさえることができる。担任からの押し付けではなく、自分たちで考え、判断し、行動していることが、このような成果に結びついているのだと学ぶことができた。また、少人数編成ではなかなか経験できない話し合いの場を縦のつながりの中で行うとりくみについても報告された。低学年であっても児童会に参加することで、提案・審議・議決を経験している。自分たちがよりよい学校生活を送るためには、必要な経験だと思われる。

就学前の子どもたちが安心して就学するためのとりくみとして、就学前施設の職員と小学校教職員との連携や意見交流、互見授業を通して子どもの育ちや課題を共有する、安心して就学を迎えられるように1年生にアンケートをとる、就学に際して不安だったことを中心にDVDを作成し校区内の保育所で上映する、その際に小学校教職員も同行し保育所の子どもの質問に丁寧に答える、保育所の子どもが実際に小学校への体験入学や模擬授業を経験する等の

とりくみが行われていた。就学前に保護者にアンケートをとり、就学に際しての不安を把握し、入学説明会で補足して話をすることで、子どもも保護者も安心できるという報告があった。子どもたちはたくさんの就学前施設から入学してくるにもかかわらず、交流は近隣の施設としかできていないことが課題にあがった。また、支援を必要とする子どもにとって交流内容が適切であるかという疑問もあがった。

11年間の連続した教育を研究している実践では、中学校区で共通のリーフレットを作り、地域・家庭にも配布し生活習慣について大事にしたいことを共通認識できるようにしていると報告された。しかし、なぜ11年なのか、という疑問もあがった。就学前の子どもの育ちは0歳から始まっている。それならば、乳児の時から考えなくてはいけないのではないか。

[共同研究者より]

この分科会での議論を通して、就学前の教育に興味をもつ小学校の教職員が増えていくのが嬉しい。集団づくりに工夫されている実践を聞くことができた。教育の現場が多様化している今、私たちがふみ外してはいけないものについて考える必要がある。ステレオタイプに惑わされていないか。例えば「早寝・早起き・朝ごはん」というのはよく耳にするが、国があるべき家庭像を押し付けているのではないか。家庭によってはそれをやりたくても貧困・共働き等でできない状況であるということも理解しておかなければならない。支援というものを、行わなければならないものとして捉えるのではなく、「子どもの育ち」から考えた時に必然的に求められる支援について考えなければならない。

連携を考えるうえで大事なことはインクルーシブな連携ができているかどうかである。一番弱い立場の子どもが安心して過ごせる場を作ることが、すべての子どもの安心につながる。どうすればみんなで育ち合うことができるのかを考える必要がある。また、「思いやり」ということをどう考えるか。文科省では「思いやり」を道徳教育だと言っている。しかし、人権教育としての「思いやり」が必要なのではないか。「思いやり」を2つに分けたとき「縦の思いやり」と「横の思いやり」に分けることができる。「縦の思いやり」は、道徳の視点であり同情である。同情は差別を生む。「横の思いやり」は、人権の視点で共感を生む。当事者の話を聞き、当事者の思いに共感するのである。私たちに必要なのは「横の思いやり」ではないだろうか。

最後に討議を進める中で「言葉の大切さ」について考えた。言葉には重みがある。しかし文字に表現してしまうと伝わらない部分も出てくる。「言葉」によって左右されることもしばしばある。「言葉」にはとことんこだわる必要がある。　〈南さおり〉

(3)共に育ち合う─幼稚園のとりくみ

幼稚園から4本（大分、岡山、三重、兵庫）のリポートを受け討議が行われた。

大分からは、幼稚園と小学校との交流を通して、園児と5年生児童の育ちと学びに関する報告が行われた。園児は、5年生児童に優しくしてもらったり、受け入れてもらったりする経験に心地よさを感じ、他者に対して優しい思いをもった言葉かけや行動ができるようになった。また、児童は、園児との関わりの中で、信頼し頼られることで、思いやりの心をもった行動ができるようになった。しかし、ただ交流すればいいというわけではなく、そこには教職員の子どもの育ちへとつながる強い願いがあり、個別の行動の観察と適切な言葉かけ、そしてなにより課題の焦点化と共有が重要であることも確認された。

岡山からは、岡山市内の学校園でとりくんでいる「岡山型一貫教育」についての報告があった。就学前から中学卒業までの15年間で、重点的に育てるべき方向性を一貫し、就学前教育と小学校、小学校と中学校の間の不要な段差の解消をめざしているというものである。また、それをベースにして幼稚園では「集団遊びの年間計画表」を作成し、どの時期に、どのような育ちが見られ、集団遊びをどのように取り入れると効果的かを探っているという報告がなされた。「友だちとつながる」「心を動かす活動」「様々な感情体験」があって、子どもは意欲的に活動するのではないかとの提案もなされた。

三重からの報告は、幼児の自己表現をどのようにとらえ、いかに援助すれば、幼児が楽しんで表現するようになるかに研究の視点をあてたものとなった。様々な場面での事例を具体的にとらえ、分析することで見えてきた3つの視点が報告される中、幼稚園と小学校での子どもの育ちのとらえ方について、何が一緒で、何が違うのか、また、子どもの育ちをみつめるまなざしをどうつないでいくのか、といった柱で意見交換が行われた。共同研究者から、現場が子どもたちを束ねて見るようになってはいないか。一人ひとりの育ちの喜びを共感することの大

切さが、このリポートの本質であるとの助言がなされた。

兵庫からは、「食育」を通して、子どもの育ちを支えるとりくみが報告された。子どもが自分たちで育て、収穫した野菜を口にしたときの感動の中に、子どもの育ちと変容が見られたという実践報告であった。次第に大きくなっていく野菜の姿の観察を通して、その関心は他の野菜にも広がり、子どもの経験をゆたかなものとしていた。また、子どもの育ちの様子を細かに保護者へとつなぎ、共有し合うことにより、子ども一人ひとりの育ちを共に支えるという視点を共有することにつながったとの報告もなされた。「食」に関することということで、保護者にアレルギーについて確認するなど、対応を忘れてはならないことも意見交換の中で確認された。

[共同研究者より]

「共に育ち合う」という柱にそって、幼稚園のとりくみから学ぶべきことは何かを考えてきた。大事にしたいのは、幼児教育の中で大切にとりくんできていることが、きちんと小学校現場につながり、生きているかということを整理することである。

例えば、幼児教育では「ダメ」という言葉を使わないように努めている。それは、幼児期の子どもは依存性が高く、ダメと言われると単純に"そうなのか"と知識としては学ぶが、"なぜダメなのか"ということを自ら考えることをやめてしまうからである。また、マイナス言葉を使うことで、周りの子どもたちにも"あの子はダメな子"と、無意識のうちに教職員が印象づけてしまう危険性があることも考えておかなくてはならない。そうした幼児教育の中で大切にしている部分で、小学校教育との連携と接続を図っていく必要性は高い。

子どもの育ちにともない、自立性が育ってくると、その関わり方を変えていくことは当然である。しかし、"なぜ？"を大切にしていかねばならないことに変わりはないはずである。また、学ぶことは楽しいことであり、多くの経験と失敗を積み重ね、言葉を実感としてとらえられるようにしていくことが重要であることにも変わりはない。しっかりと根のはった自己肯定感を育て、自分を、そして、他者を思いやることのできる心を育てていかなくてはならない。そう考えると、まさに幼年期の教育は、人間教育そのものなのである。

そして私たちこそが、これまでのリポート報告の中に出てくる子どもの言葉や行動、他者との関わりの中に、なぜその子はそうしたのか、その理由を考

え、背景を見つめ、理解して共感する力をもたなくてはならない。また、子どもの背景にある家庭環境、相手の気持ちを感じ取ることが苦手な子どもなど、様々な子どもに寄り添うとりくみを真直に積み上げていくこと等の重要性が助言として提起された。　　　　　　　　　　　　　　〈延東省典〉

(4) インクルーシブ教育・保育をめざして

リポートでは、「特別支援学級のあり方や教員の迷い」「子どもが安心する場の保障」「外国につながりのある子どもとの関わり」「不登校気味の子どもへの関わり」「道徳教育に対峙した人権教育としての活動のとりくみ」等の実践報告があった。

どの実践においても教職員の「迷い」「戸惑い」がある。現在の教育制度への反発や不満を抱えながらも、実際、目の前の子どもの置かれている状況、そして教職員の多忙な現状を鑑みたときには「人的加配」を必要とする現実がある。保護者においてもそれは同じ気持ちである。一方、当事者である子どもの気持ちはどうなのか。私たち教職員は常に「子ども」を真ん中に置いた実践を考える必要がる。会場の当事者からは「分けられて教育された。私は分けないでほしかった。親の意見と自分の意見は違った。でもだれも自分の意見をきいてくれなかった。『分ける』ところから差別が始まる。子どもが行きたい学校に行かせてほしい。やがて社会で生きていくのだから。子どもの生きる権利を奪わないでほしい」という訴えもあった。私たちはこの切実な声を重く受けとめる必要がある。

コミュニケーションがとりにくい子どもへの関わりのリポートに対しては、この子のよさや楽しみは何なのかをじっくりさぐり、教員が一緒に寄り添うことでその子の心地よさが広がるのではないかと討議された。コミュニケーションのツールは言葉だけではない。また、家庭背景を含め子どもをとらえることの大切さを学んだ。また、「なぜ」変容したのかをしっかりとらえることが、その子の内面を知ったり、次の手だてにもつながったりする。意見の中には「不登校」ではなく、あえて「登校拒否」という言葉にこだわりをもつ、これは「拒否」される学校の問題であり、学校が変わらないと何も解決できないという考え方もあった。能力主義がはびこる学校教育のシステムを変えなければいけないと強く訴えた。

そのような学校教育の中で、私たちはどのような集団づくり、学級経営をしていけばよいのか。外国

につながりのある子どもがミドルネームを皆の前で言うことをためらう社会こそ、「みんなが一緒でないと」「違うことはおかしい」という風潮の表れである。違いを認め合い、自分も相手も大切に思い生活できる価値観を、幼年期だからこそつけていくことが大事ではないかと共通理解した。

また、国が求める道徳教育のあり方に疑問を投げかける実践も報告された。「やさしさ」「思いやり」など、文科省の求める評価を含めた道徳教育に対峙した、人権教育の視点を盛り込んだ内容だった。どんな力をつけたくてこの題材にしたのかを常に自分に問いかけていく必要がある。人権教育の根底には「ありのままの自分でよい」という自己肯定感を育むことにつないでいくことが大事である。いつも「がんばる」鬼ではなく「しんどいね」「ほんと、しんどいね」と本音を言い合える集団づくりこそが、人権教育のめざすものであると考える。

［共同研究者より］

子どもの環境を考えていくときに、私たちはどれだけ当事者である「子どもの声」を聞いているだろうか。学校、保護者との話し合いと合意は当たり前のことだが、そこにどれだけ「子どもの声」が反映されているか常に意識する必要がある。子どもの気持ちと保護者の気持ちは常に一緒ではないということである。一緒に学ぶことが「普通」になってくると、分けることが「おかしい」という感覚になってくる。「ひとりの人間」として平等に扱ってほしいという当事者の願いをしっかりと受けとめることが大事ではないか。

幼稚園では「分けない」教育ができている。小学校でも何とかしてできる方法はないか、考えていく必要がある。1対1で個別に力をつけていくことを重視するのではなく、常にまわりに仲間がいて学び合いながら育っていくことが大事である。その子を含めた、誰もが安心して生活できる集団やクラスをどうつくっていくかに力を注ぐ必要がある。

「登校拒否」は学校だけの問題なのか。もしかしたら拒否される学校に問題があるのかもしれないが、それだけではないのではないか。決めつけてしまうと見落としてしまうことがあるように思う。保護者の不安定な経済状況や虐待等、その子の置かれている状況を丁寧にみていく必要がある。教員がしっかりと意識して子どもと向き合うことが求められている。

このような研修会に参加して、様々な考え方や当事者の意見に触れ、気づき、自分の考えを見つめ直

したり、実践を振り返ったりすることで、学びを共に深めていくことができる。同時にそのことが、言葉を大切にしたり、こだわりをもつことへのきっかけになったりする。 〈疋田美和〉

(5)子ども・家庭・地域とつながる

幼稚園から「幼稚園での子どもの育ちを伝えるためのクラス通信のあり方」、小学校からは「地域を大切にする児童の育成」という視点で報告があった。

幼稚園の報告では、幼稚園であった出来事を保護者にきちんと伝えることが難しいことをふまえ、どうすれば保護者に伝わるのか、小学校・中学校の教職員も含めて意見交流が行われた。

伝えたいことばかりを載せたり、長文だったりすると読んでもらえない。写真を載せると自分の子どもだけを見る。伝えたい相手やねらいによって、伝え方は変わるのではないか（子どもむけかおとなむけか）、相手に伝わるように書かなければいけないのではないかと、様々な意見が出たと報告された。工夫できる点としては①興味をもってもらう、②相手の立場になって「読んでみたい！」と思うものにする、③可視化の工夫（写真・見出しの工夫）、何を伝えたいのかをはっきりさせる、④読んでいる相手にも参加してもらえるようにする（例：クラス通信の名前募集など）、⑤感動を伝える、⑥子どもと保護者をつなげる、等の意見を共有することができた。クラス通信はあくまで伝えるツールの1つであり、こちらからの一方通行ではなく相手と両想いになるようにしなければいけないのではないかという提案がなされた。

小学校のとりくみでは、小規模学校がいかに地域とつながり、子どもたち自身が地域とつながり、地域を大切に思えるかという実践報告があった。学校に飾られている「歌」に子どもたちが気づいたことがきっかけで、その「歌」の意味や地域の歴史を調べたり、地域の先生を活用し、昔話を聞くことで歴史を知ったり、自分たちで調べたりすることができた。また、地域にはまつりがあり、そこに学校が参加することで、地域とのつながりを深めている。自分たちが地域について調べたことを発表する場を設けたり、地域の人たちを招待し、子どもたちが育てた野菜を使って豚汁をふるまったりした。関わりの中で自然と会話が生まれたり、地域の方が喜んでくれたりすることで子どもたちも達成感を味わったようである。地域が子どもを育ててくれるということ

を念頭において、これからもいろいろなことを発信していきたいと報告された。

討議ではそれぞれの学校園がどのようなとりくみをしているのかを出し合った。その中で１つの疑問が浮かびあがってきた。「文字を読めない人はいないのか」。外国にルーツをもつ保護者などは読みたくても読めないのではないか、私たちはついみんなが読んでくれていると思いがちだが、それができない家庭もあるということを認識しておかなければならない。外国にルーツをもつ家庭に関しては、通訳の人にお願いして手紙を翻訳してもらうこともあるという話があった。また、文字に残すとうまく伝わらなかったり、傷ついたりする子どももいたりするのではないかという懸念も出された。

地域との交流においては、大規模校になると校区が広くなり、なかなか地域との関わりが難しくなる現状もある。多方面過ぎて、地域の伝統文化の発掘も難しいという意見が出された。幼稚園では地域の人から盆踊りを継承してもらっているなどの話があった。また、学校が地域の行事に参加する中で、支援を必要とする子どもが地域の方と触れ合ったり、逆に地域の支援を必要とする方を子どもが知ったりする機会にもなる。そのような機会を大切にしていかなければならないという意見も出た。

全国的に統廃合がすすむ中で、地域に学校が残ること、子どもがいることは「宝」であるという意見も出された。　　　　　　　　　　　　　〈南さおり〉

(6)総括討論

これまで「共に育ち合う」「インクルーシブ教育・保育をめざして」「子ども・家庭・地域とつながる」というテーマにそって討議をすすめてきた。討議では「言葉にこだわる」（＝言葉をわかったつもりで使ってはいないか）ということを意識しながらここまですすめてきた。

総括討論に先立って、いくつかの視点が共同研究者から提起された。

まず、人にとって必要な知識は生活圏にあり、幼年期の教育にとって、学校や園を通して、地域とつながることは、非常に重要な意味をもつということである。つながるというのは、子どもと子どもだけではなく、子どもとおとな、学校と地域、他にも様々な要素があり、そのどれもが重要な教育的価値をもっていることを、あらためてこれまでのリポート報告を通して学ぶことができたという点であった。しかし、伝統文化＝良きものという前提は怖い

ということも忘れてはならないことである。地域の伝統文化に子どもたちを触れさせるとき、それが本当に子どもたちにとって、良いことかどうかという批判的な視点を常に忘れてはならないという助言であった。

また、あらためて「子育て支援」が始まった経緯を振り返る必要があると提起された。地域のみんなで子どもを育てるという子育て環境から、高度経済成長期を経て、男性は外で働き、女性が家で子育てを担うという子育て環境に変わった。そして女性だけに子育ての責任が押しつけられるという状況は、母親を追い詰めることになり、「子育て支援」が必要とされるようになってきたのである。しかし今、「子育て支援」が「母親頑張れ支援」になってはいないか。女性だけに子育ての責任を負わせてはいないだろうか。また様々な家庭がある中で、子育てが親の自己責任とされることは危険である。大切な事は、子どもを中心におき、社会全体で子どもの育ちをいかに保障していくのかという議論であるとの助言であった。

また、インクルーシブな社会とは、共に育つ社会であり、共に学ぶ社会である。そのために必要なことは、他者の立場になって考えることのできる力を養うことである。したがって、他者の気持ちがわかる人を育てていかなければならない。そのために教育現場で、共に学ぶ環境をどう創っていくかは大きなテーマであるという視点が示された。

これまでのリポート報告や意見交換を通じての共同研究者から助言がある中、次のような意見交流がなされた。

- 母親の立場からではあるが、障害がある子どもに対しての対応が、学校や担任によって異なっていることが残念である。母親としては、学校も担任も、そして自分の子どもも共に育ってもらいたいと願っている。
- 障害のある子どもが高校受験を希望している事を伝え中学校に送った。しかし、校長が替わり、担任が替わり、時間が経過していく中でその申し送りが十分に伝えられず、受験前になって学習がすすんでいないことが判明した事例があった。常に保護者や本人の思いを受けとめながらすすめていく必要性があることを再確認した。
- 幼年期の教育では、親とのふれあいの時間がとても重要である。しかし、働く女性としては、見ていただけるから安心して働ける現実もある。たく

さんの人に支えられている安心感は、母親にとってとても大きい。

- 小学校の教員と話す機会は貴重だった。幼稚園にも様々な子どもがいる。突然歌を歌い出す子どももいる。しかし、友だちが「この子は機嫌がいいときに歌うんだよ」と教えてくれる人間関係がある。それが共に育つということではないかと思う。
- 退職前になって、あらためていろいろな子どもたちがいることに気がついた1年だった。いろいろな子どもたちがいるが、どの子に対しても、見守っていることを伝え、安心させてやりたいとつくづく感じた1年だった。

このように多くの意見や感想が出されたが、共通していたのは、私たちがつながり、共に学び、共に考えていくことの重要性とその価値を誰もが共有しながら発言していることであった。

[共同研究者より]

社会的養護の下で育った子どもの自己肯定感が低くなる傾向がある。社会的養護の下で育った子どもが、「こうのとりのゆりかご」をつくられた慈恵病院の蓮田先生がおっしゃっているように、「自分は決して粗末にされた子どもではない」という安心感を抱くことができるようになれば、状況は変わるのではないかと考えている。私たちの社会がもっている子育ての自己責任論は、子育て中の親を追い詰め、親に育ててもらえなかった子どもを追い詰めていく。子どもは家庭を選んで生まれることができないのだから、どのような家庭に生まれても、子どもの育ちに不利が生じない子育て環境をつくっていく必要がある。

公立幼稚園が認定子ども園へとその姿を変えつつある。社会的要請の中において、仕方がない部分ではあるのかもしれないが、これまで培ってきた公立幼稚園の良いところをどう新しい制度の認定子ども園につないでいくかが大きな課題であると考えている。

教育の本質とは。また、子どもを中心にとはどういうことなのか。この3日間の実践報告を通して、あらためて自分に問い直した。私たちは、子どもの最善の利益、ここを大事にしていかなければならない。子どもは独立した存在であり、子どもにも、親にも思いはある。子どもを社会から預かって、尊重し育てていく責務が親にはある。したがって、その責務が果たせないとき、親としてのその権利を剥奪される場合もある。しかし、だからといって教育は

親の責任だといって追い込むのは危険だし、間違っている。子どもは社会を構成する一員である。ゆえに社会全体で育てていかなければならない。

私は障害をもつ子どもを育てる親に、自分の願いを学校や担任にしっかり伝えなければなりませんよと伝えている。弱い立場の子どもの親の気持ちを現場で働く教職員にはしっかりと聴いていただきたい。そのとき、もっとも大事なことは、障害をもつ子ども本人の気持ちであることを忘れてはならない。様々な形で分断がすすむ現在の日本社会の中で、私たちが大切にしたい教育を取り巻く現状は非常に厳しいものがある。だからこそ、これからも共に学び、共に歩んでいくことが大切なのだ。

共同研究者が思慮深く語る言葉一つひとつに込められた願いや言葉の重みに、本分科会会場に集った仲間とあらためて〝こだわり〟ながら、本年度の「幼年期の教育・保育と連携・接続分科会」の幕を閉じた。　　　　　　　　　　　　〈延東省典〉

3．まとめ（次期教研にむけて）

保育界にも市場原理の波が押し寄せ、〈子どもの最善の利益〉が経営効率や利潤追求の名の下に翻弄されている。「財政健全化」をかけ声に、多くの市町村で公立幼稚園が統廃合・民営化されている。学校基本調査によると、2014年には全国に4,714園の公立幼稚園があり、264,563人の幼児が在籍していた。ところが、子ども・子育て支援新制度がスタートすると、1年後にはその数が4,321園（-8.3％）、238,036人（-10.2％）と公立幼稚園は激減した。認定こども園化が政策的に推進されていることもその一因であろう。その一方で、私立幼稚園は、高額な保育料収入が期待できるブランド園ならいざ知らず、生き残りを賭けて園児獲得競争に奔走している。なかには子どもの最善の利益を蔑ろにして、保護者に教育成果をアピールして歓心を得ようとする園もある。

こうした状況下2018年度には幼稚園教育要領が実施される。しかしその改訂案には看過することができない内容が散見される。小学校以降の学校教育との連続性が考慮されて「ねらい」が「資質、能力を幼児の生活する姿から捉えたもの」と書き換えられた。「能力」が〝できる〟〝わかる〟達成目標と誤解されないか危惧される。特別な支援や配慮を必要とする幼児の育ちを「能力」と捉えることが妥当なのか、また5領域の中から抽出された幼児期の終わ

りまでに育ってほしい「10の力」が演繹型実践の論拠とならないか、様々な注意を要すると思われる。また、歌詞とメロディーが「幼児期にふさわしい」とは言い難い「国歌」が環境領域に登場した。「我が国の伝統」という枕詞が頻出することも気がかりである。「我が国の伝統」というフィクションが偏狭な愛国心教育と結びつくことが懸念されるからである。「解説書」や「指導書」で示されるべき記述が要領内に明記されている点も、統制志向の強まりと見なすことができよう。

幼児教育が大きな曲がり角に差し掛かっている昨今、本分科会の課題について改めて確認しておきたい。

1つめは幼児期の教育・保育の本質をしっかりと捉えて"ぶれない"姿勢を堅持することである。「教育」「保育」は一人ひとりの子どもたちのためのものである。性差、国籍、家庭環境、障害の有無等に関わりなく、いま（時間）・ここに（空間）生きる子どもの幸福と可能性を信じて保障される営みと捉えたい。人権教育・インクルーシブ教育の実現にむけて、地道な実践とその検証を積み上げていきたい。見栄えのよい"花"を促成栽培するのではなく、「生涯にわたる人格形成の基礎」となる"根"の力を育成すべく、今後も努力していきたい。

2つめは、幼児教育・保育に関心を寄せる者どうしの繋がりと絆を深め合うことである。小学校教員や養護教諭による研究レポート報告が年々充実してきていることは実に心強い。幼稚園教諭を中心としながら、他校種で頑張っている教職員との研究交流を益々活性化したいものである。

最後に、逆風に晒されている公立幼稚園の現状や課題について、立場が異なる組合員どうしが共有することである。「職務上の上司の命令」に従わざるを得ないとしてもそれが承服しがたい場合もあろう。そうしたとき、団結して立ち向かうために労働組合が存在する。そのことを忘れてはならないと思う。
〈佐藤哲也〉

4．このリポートに学ぶ

子どもは、自分の周りにある「自らと異なったひと、こと、ものとの接触の中で、異物を受け入れたり、反対に拒否したり、記憶の中に蓄えたりすること」（大田　堯『大田　堯自撰集1　生きることは学ぶこと―教育はアート』藤原書店）を通して、新たな自分を創造していく。時として、保育や教育に携わる者は、このような創造の瞬間に立ち会うことがある。

三重の幼年期の教育における実践研究は、長年、このようにして子どもが自らを創造する瞬間をエピソード記述によって丁寧に切り取り、そこに立ち会えたものとしての保育者の応答をめぐり、教員間で討議を行うという方法を用いてすすめられてきた。もちろんそれは三重に限ったことではない。保育の実践研究では、このようにエピソードを記述し、それを考察するという方法が用いられることが多い。

ではなぜ保育では、このような研究方法が用いられるのであろうか。仮に、子どもが育つということを何かができるようになることであるととらえるなら、発達チェックリストを作成し、スキップができるか／できないかによって〇や×をつけ、跳び箱が何段跳べたのか段数を書きこめば、子どもの育ちがわかり、保育の効果が検証されたことになる。このように考えると、エピソードを用いた実践研究が行われているということ自体に、子どもの育ちは「できる―できない」のモノサシでは測れないという子ども観が表れていると言える。

三重のリポートからは、このような子ども観にねざした保育実践と保育実践研究のありようを学びたいと思う。

具体的には、とりわけ〈実践2〉の下線④に注目してほしい。Ａが自らを創造する瞬間とそれに立ち会った教員の応答が記述されている。Ａの「浮くかな〜」という問いかけに対し、教員はＡを見て同じように「浮くかな〜」と応答した。Ａの船はその材質からして間違いなく浮くと思われるものであった。そうであるならなおさら、「浮くよ」と応答しても良かったはずである。しかし教員はＡと同じように「浮くかな〜」と繰り返した。おそらくそれは、Ａの「浮くかな〜」という言葉から「先生、僕、つくったよ！　一所懸命、工夫してつくったよ！」というようなＡの育ちが感受されたからであろう。だからこそ、教員もまた「浮くかな〜」というようにＡと同じ言葉で、その育ちの瞬間に立ち会えたものとしての喜びを伝えたに違いない。
〈井上寿美〉

リポート 幼児が楽しんで表現するには
〜教員は、幼児の自己表現をどのように
とらえ、援助するのか〜

三重県教職員組合
久保田ゆう子 三重・四日市市立内部幼稚園

幼児は、日々の生活や遊びのなかで身近な環境と関わり、さまざまなことを感じて心を動かし、感性を豊かにしている。感じたことをありのまま表現し、周りの人や友だちと、その感動を共有する経験を重ねることで、表現する喜びを感じていく。

教員は、幼児の表情、動き、ことばなどさまざまな表現から、その幼児が楽しんでいることや、表そうとしている思いを読み取り、表現しようとする意欲を育て、幼児らしいさまざまな表現を楽しめるようにしている。さらに、幼児一人ひとりの表現を大切にし、友だちと考えや思いを受けとめ合い、つながりながらいきいきと遊ぶことができるように援助している。

4歳児 35名

Ａは、入園前から同年代の幼児と遊ぶ経験が少なく、入園後も教員や友だちと遊ぶことに対して緊張感からか抵抗があるようだった。朝の登園後はしばらく母と遊び、教員がその遊びに関わった後、母と離れることができた。自ら選んでする遊びの時間に好きな遊びが見つけられなかったり、いくつかある水道のなかで、どこで手洗いをしたらいいのかわからなかったり、どこに座ればいいのか迷ったりと、自分で決めたり、選んだりすること一つひとつに不安を抱き、教員の腕に触れることで安心する子どもである。

A.〈実践1〉「ねえ、お水もってきて」

5月26日（火）自ら選んでする活動のなかで

Ａは、連休明けから砂場で母と砂遊びをすることでまずはひと安心する習慣があり、この日も砂場の隅で母と砂遊びをしていた。その周りには、カップでプリンを作ったり、スコップで山を作ったり穴を掘ったりしている幼児もいた。教員は、プリン作りやバケツに砂や水を入れて混ぜている幼児のところへ行き、教員「何作ってるの〜？」と声をかけた。「プリン！」「かきごおり！」など口々に言った。砂場の隅で、その様子

に気づいたＡは、母と砂を集めて山を作っていたが、①教員のほうをむいてニコッとした。教員がＡに近づくと、Ａの母「じゃあ、Ａちゃん、そろそろお母さん行くね」と言い、Ａ「うん」と言って母と離れた。教員はすぐに「Ａちゃんはお山を作ってたのね」と声をかけて同じ砂場の空間にいることを意識できるようにした。砂場では10数人ほどの幼児が砂遊びを楽しんでいて「せんせい、みて！」とあちらこちらから声があがった。「おいしそうやな」「チョコレート味かな」などそれぞれに声をかけながら、周りの幼児のところにも行ったり、Ａの様子を見に戻ったりして砂場での遊びをいっしょに楽しんだ。

教員はカップでプリンをいくつか作って、教員②「プリンはいかが〜」など近くにいた幼児やＡにも聞こえるように言った。プリン作りの近くで、バケツにじょうろで水を入れたＢは黙々とスコップでかき混ぜ、茶色の水になっていた。教員③「お〜、味噌汁みたいだね〜」と声をかけた。Ｂ「うん」とうなずいた。砂場の上の藤棚が咲き終わり、インゲンマメのような実をつけていて、それが砂場に落ちていたので教員④「これを入れたらマメの味噌汁になりそうだね」と少し自然物を入れることを提案した。Ａがこの遊びに興味がありそうに寄ってきたので、教員「先生も味噌汁作ろうかな」と言った。Ａ「Ａも」と言って教員が持ってきたバケツでいっしょに作りはじめた。Ａが嬉しそうに砂を入れていると、近くにいたＢに、Ａ⑤「ねえ、お水もってきて」と言った。味噌汁作りをしていたＢは「うん」と言って、じょうろに水をくみ、Ａのバケツに入れると茶色の水になった。その様子をニコニコしながら見ていたＡは、そばにあったザルに砂を入れて「お味噌をとかすんだよ」と言ってお玉をくるくる動かしはじめた。教員が「お家で見たの？ すてきだね」と声をかけると、Ａは嬉しそうな表情でしばらく味噌を溶かすまねをし、Ｂの近くで遊んだ。

《反省と考察、討議内容》

視点① 幼児が何を感じ、教員はどう受けとめたか

下線部①では、Ａは教員が来たことで安心してそこで遊べるという気もちになったのではないかと思う。また、下線部③では、Ｂはかき混ぜることを楽しんでいたのかもしれないが、味噌汁というこ

とばでイメージが膨らんだのだろう。そして、かき混ぜることの意味ができ、B の遊びの楽しみ方が増えていくのではないかと思った。また、下線部④のあと、A が興味をもちはじめ、自分から動き出したことが教員は嬉しくて、その遊びを続けていきたいと思った。

討議では、教員が、A の周りで遊ぶ幼児に声をかけながら A のもとへ行ったことで、A にとって"先生が遊びに来てくれた"と感じられたのではないだろうか。そうした雰囲気があったからこそ A は、安心して母親と離れ、遊びを楽しめたのではないかと話し合った。

視点② 教員はどのような願いをもって援助したか

下線部②について、A が自分から"楽しそうだな""やってみたいな"と思えるように、周りの幼児の遊びを楽しそうだと感じられるような声かけをした。"いろいろな遊びに興味をもってほしい""自分から動き出せるようになってほしい"と願って関わってきたが、ここでは、教員が A の様子を見守り、動き出すのを待つようにした。周りの幼児に少しでも関心をもち、同じ空間で遊ぶことから慣れていけるように関わった。

討議では、教員の「お〜、味噌汁みたいだね〜」ということばが、生活経験とつながったため、ただ混ぜていたことから一つの意味づけができたのではないか。そこから遊びのイメージがうまれ、A も興味をもって参加できたのだろう。5月のこの時期、教員が「味噌汁」と言ったことで、遊びに広がりがうまれるきっかけになったのではないかと話し合った。

視点③ 幼児の姿がどう変わっていったか

下線部④の後、A 自身から「A も」と、少し意欲的な姿を見ることができた。会話は教員とすることが多いが、下線部⑤で B に頼んだ姿に驚いた。また、興味のあることが見つかり、意欲が現れはじめたのだと思う。A の精一杯の表現だと感じた。

討議では、下線部⑤のことばは、A が安心して自ら遊び始めて「やりたい」と心が動いて発せられたことばではないかと話し合った。

B．〈実践2〉「これにしようかな」「浮くかな〜」　7月3日（金）くもり

前日の午後から、スチールパックやヨーグルトカップで船を作り、足洗い場に水をはり、浮かばせて遊ぶことを楽しんでいる幼児がたくさんいた。A は、絵本を見て過ごしていた。

その遊びの続きを楽しめるように、机に船作りの材料を準備し、また、足洗い場の横に昨日遊んだ船をかごに入れて置いておいた。

C「船作ろう」、D「うん」と言って、準備してあったストローやペットボトルキャップ、カラービニールテープなどを使って思い思いに作りはじめた。その様子を見た E も「僕もする」と言って、カップを二つ合わせてテープで貼り、潜水艦のようなものを作りはじめた。A は、C、D、E が船を作っている様子を見ながら、何をしようかいつものように教員や周りの様子を見ていた。教員は、A が船作りのコーナーに興味をもつだろうか、また、A 自身が遊びを見つけ動きだしてほしいと思いながら見守っていた。F「僕も作ろう」G「僕も」と言ってどんどん船つくりのコーナーに幼児が増えていった。船が出来上がった C、D は嬉しそうに足洗い場に行った。A は、船を浮かばせている様子も歩きながら見ているようだった。船つくりをしていた E、F、G がどんどん完成し、さまざまな形になった船を浮かばせに行った。A は、幼児が少なくなった室内の船作りのコーナーの近くに来たので 教員 「A ちゃんもいっしょに作ろう」と言った。① A「しようかな」とニコッとしながら来た。A の意欲を感じ、教員は A のそばで廃材を整理しながら、安心してじっくりと遊びにとりくめるように静かに見守り、A が自分で考えて作りはじめるのを待った。A は、廃材を見ながら②「これにしようかな」と2つのスチールパックを選び、嬉しそうに教員を見た。教員「いいね。どんなのができるか楽しみだね」と声をかけ、周りの幼児が船を浮かばせて遊んでいるところへ行ったり、壊れてきた船を修理する手伝いをしたり、③ A の様子を伺いながら見守った。A は、テープで2つのパックをつなげたり、マジックで名前を書いたりして黙々と一生懸命に作っていた。ときどき、教員「いいのができてきたね〜」と声かけし、再度、船遊びとコーナーを行き来し、見守っていた。A「できたよ」と嬉しそうに見せに来

た。教員「長いお船ができたね！　かっこいいな〜」と周りの幼児にも聞こえるように言った。F「長いな〜」、G「長！」とAの船を見て言った。教員を見て④嬉しそうにA「浮くかな〜」と言ったので、教員「浮くかな〜」とAを見て言った。

　足洗場には、裸足で6〜7人の幼児が船を浮かばせたり、船に息を吹きかけ動かしたりして遊んでいた。Aは船を持って近くに行くが、にぎやかさに圧倒されているようだった。⑤教員「Aちゃんも裸足になろう」とAに言った。A「うん」と言って、上靴と靴下を脱いで、だいじに船を持ってきた。教員「Aちゃんもかっこいい船作ったよ〜」と遊んでいる幼児に声をかけ、少し盛り上がっている雰囲気をAの船を見せることで落ち着かせ、その楽しい雰囲気でいっしょに遊べるようにした。ドキドキしているような真剣な表情のAは、そっと水に浮かばせて、船が水のゆれる動きでゆらゆらとゆっくりと動く様子を見ていた。嬉しそうに自分の船をじっと見ては手で動かして、周りの幼児と同じ空間でしばらく遊びを楽しんだ。

《反省と考察、討議内容》

視点①　幼児が何を感じ、教員はどう受けとめたか

　今までAが興味をもって遊び始められるものは何かと探りながらいろいろな遊びに誘ってきたが、なかなか興味がわかなかったり、気分が乗らなかったりして消極的だった。下線部①で今回はAの興味がある船の製作で意欲を示した。また、船作りコーナーの幼児が少なくなり、Aにとっては、入りやすいタイミングだったと思う。下線部②では、自分で選んで自分で考えて作っていこうとする気もちが伝わってきたので、安心して作りはじめられるように静かに見守っていきたいと思った。どんな船ができあがるのか、教員も楽しみにしていることを伝えた。

　討議では、Aが船や製作に興味をもちはじめていたことを教員がとらえ、環境設定したことがよかった。わくわくする環境づくりが大切で、夢中になって遊ぶことで、緊張感がなくなり心が開放していくと、話し合った。

視点②　教員はどのような願いをもって援助したか

　下線部③では、教員がAの側にいると「どうす

るの？」とたよることがあるので、少し離れて見守ることにした。自分で考えて、自分のイメージで作ることを楽しんでほしいと思った。下線部⑤では、にぎやかな場面で少し不安を感じたようだったので、一歩踏みこんでほしいと思い、励ます気持ちで声をかけた。

　討議では以下のことが話し合われた。教員が「Aにも経験してほしい」、「自ら動き出してほしい」という願いをもって、Aが入りやすいタイミングで声をかけたことがよかった。子どもがどのような関わりを求めているのか、安心感をもって生活するなかで自信をつけ、次の段階へとむかっていく子どもの姿をしっかりとらえながら、教員の関わり方を振り返っていくことが大切である。そのときの子どもの心の動きや育ちに合わせた関わりがあるからこそ、安心して遊びを楽しむことにつながったのだろう。

視点③　幼児の姿がどう変わっていったか

　下線部④では、自分で作った船がどうなるのか、遊びのおもしろさが実感できてきたと感じる。自分でやりたいと思って作ってみたことで自信がつき、試してみようとする次の意欲にもつながっていると思った。遊びに夢中になっているので、自然に周りに幼児がいても緊張することもなくなってきていると感じる。

　討議では、教員を見て「浮くかな〜」と言ったAのことばに、教員への信頼感を感じる。教員との信頼関係と適切な援助があったことで、「作ってみよう」と自ら動きだし、「試してみよう」「遊んでみよう」と一つひとつ気もちが動いていったのではないかと話し合った。

【第66集】日本の教育 日教組第66次教育研究全国集会(新潟)報告

人権教育 第13分科会

1. 概要と基調

2. 研究討議の柱と内容

3. まとめ

4. このリポートに学ぶ
　◎社会を創る一人としての自覚をもつ子どもたちへ
　　～部落問題学習を通して社会の課題に目をむける～
　　　　　　　　　　　　　　〈髙田美穂　福岡・小郡市立御原小学校〉

《執筆者》
池田　賢市
上原　仁朗
森　　実

1. 概要と基調

2016年7月の「相模原障害者施設殺傷事件」はなぜ起きたのか。「障害者差別解消法」が施行された同じ年にこのような事件が起こったことをどのように捉えればよいのか。ともに生きる社会の実現をめざすのではなく、分離を正当化する排除の思想がこの社会の底に流れていることを感じさせる。いわゆる「ヘイトスピーチ規制法」が成立してもなお、差別表現も自由だと強弁される状況もあり、あらためて排除や差別を生みだす社会構造を見抜き、一人ひとりの子どもの生活課題そして地域課題を教育実践とつなげていく視点が重要である。

教育再生実行会議等で語られる教育改革は、障害、不登校、外国人、「学力」の高低等によって子どもたちを分類し、「支援」と称して社会的に有為な「人材」となるよう求めている。人としての尊厳を守り、自由に学び、自己を見つめ、かつ自らを解放していくために、学習は不可欠なのである。人はけっして「人材」ではない。何かのために役立つかどうかといった視線は尊厳を踏みにじる。「道徳の教科化」や「中立性」の要請などが思想・信条に対する統制となり得ることに警戒しつつ、自ら思考し、社会状況に疑問を投げかけ、真実を知り、行動しようとする民主的社会のあり方を考えたい。

部落差別、アイヌ民族差別、在日朝鮮人差別や渡日者・帰国者、性的マイノリティなどの問題の解決は、日本社会の民主化のバロメーターである（日本の在留外国人数は約230万人、2016年6月）。また、失業率（3.0％、2016年10月）を始め、子どもの貧困率（16.3％、2012年）、単親家庭の貧困率（54.6％、2012年）など、国際的にみても軒並み厳しい数字である。

国連は1995年からの「人権教育のための国連10年」を経て2005年からは「人権教育のための世界プログラム」を5年ごとの段階に分けて提言している。2015年からの第三段階では、メディアやジャーナリストを対象とした人権教育の大切さを訴え、ヘイトスピーチ等の差別・排斥への扇動的動きに抗することを提起している。これらの視点も実践の基盤としていきたい。

2. 研究討議の柱と内容

(1)研究討議の柱

①子どもたちの姿とくらしのなかに、差別の現実・解放への願いを読みとる。

生活破壊、いじめや暴力、差別事件が続発している現実は、学校教育に人権という価値観に根ざした教育を求めている。また、被差別の子どもたちの生活と学力の中に、差別の歴史と現実が刻まれている。現代の差別と抑圧の重層構造を明らかにし、その子らがどのように自らの社会的立場を自覚し、自立と共生・解放への展望をきり拓いていったかを明らかにしよう。

②教職員自らの変わりめを伝えあう。

ア）教職員は、自らをどう変えていったか。

教職員が被差別の子と親に出会う中で、自らの差別認識の質を問い直し、子ども観をどのように変えていったか。被差別民衆の教育要求をどう受けとめ、教育実践に生かしていったかを明らかにしよう。

イ）教職員集団をどのように変えていったか。

教職員集団をひきさく競争や評価をはじめ、抑圧構造を明らかにし、解放運動と教育実践・教組運動とを結び合わせ、地域の教育力をどう引き出すか、その道筋を確立しよう。

③子どもが反差別へと反転していく姿を、教育実践の事実に即して明らかにしていく。

ア）子どもたちの自立を励ましながら、被差別の子らを中心とする学級・学校内の子どもたちの豊かな人間関係や集団の自治、解放研活動などをいかにつくりだしたか。

イ）地域の解放子ども会（中学生・高校生友の会など）をどのように組織し、活動をつくりだしているか。

地域の子どもの集団づくりが学校内のそれとひびきあい、その中で子ども自らが自己教育力をどのように身につけ、自立と共生の力を豊かにしてきたかを明らかにしよう。

ウ）進路をきり拓く展望と学力・資質を、子どもとともにどのようにつくりだしているか。

グローバル化による産業・就労構造の激変の中で、被差別の子ども、中卒就職者、高校中退者、高卒無業者、定・通制在学生徒、障害者、児童養護施設の子どもなどの進路を阻む状況が強まっている。進路をきり拓き生き抜く力を伸ばす学力・進路保障と職

業意識を確立するキャリア教育が切実に求められている。「職業選択の自由」と就労保障をめざして、統一応募用紙の趣旨の徹底とさらなる改善、通・就学保障、奨学金制度の確立、大学などへの進学支援のとりくみについて討議しよう。

④反差別、人間解放の授業をどのように創りだしているか。子どもの人権感覚を育て、生きることを励ます学力・文化とは何かを明らかにする。
　ア）部落問題学習
　　地域の部落差別の実態や歴史、文化や願いを掘り起こし、生き方につながる教材を創造しよう。
　イ）アイヌ問題学習
　　アイヌ問題は日本全体の問題である。全国で、アイヌ民族の歴史・文化・生活を学び、和人のアイヌ民族観をただし、同化政策・教育を克服しよう。
　ウ）人権総合学習
　　本分科会でいう人権総合学習とは、「人権・反差別に直接関わるテーマを取り上げてさまざまな角度からさまざまな筋道でテーマに迫る学習」をさす。地域・社会と結んで人権のまちづくりをすすめよう。また、劇化や役割演技、フィールドワークや生活つづり方など、実生活をくぐらせ、子ども自身の主体性を尊重した参加や社会体験を重視する学習を開発しよう。

⑤「07日教組人権教育指針」を活かし、学校と地域に反差別の「人権文化」を構築しよう。
　「人権教育指針」をバネに、各学校と地域に人権教育推進体制を確立するとともに、「人権教育・啓発推進法」や「子どもの権利条約」を生かし、「人権教育のための世界プログラム」を具体化しよう。まちづくりと学校教育との関わりを人権文化の観点から検討しよう。
〈池田賢市〉

(2)報告と討議
　討議の柱①・②
　「差別の現実・解放への願いを読みとる」を柱とした報告が東京（高）、鳥取（高）から、「教職員自らの変わり目」を柱とした報告が新潟（小）、石川（小）、滋賀（小）、鹿児島（小）、熊本（高）、埼玉（中）からあった。
　学校の中で、子どもたちが被差別の状況に置かれていることを明らかにしたのは、熊本（高）からの報告にあるAの涙である。「狭山事件は殺人事件ではありません。部落差別事件です」と部落解放全国高校生集会（全高）で訴え、熊本県人権子ども集会でも8,500人の参加者を前にアピールしたA。そのAが二度目の全高参加に際し、地元支部でのレポート事前研で20人弱の参加者を前に涙した。学校の中でどんどんグループ化し、グループ同士が衝突する。

しかし、グループを外れたときに同じグループの仲間の悪口を言う人もいる。それを聞いたとき、「自分も言われているのだろうな。まわりを大切にしない同級生たちに、自分が学習会で学んでいるなんて言えない」との報告を聞いた参加者が、「そのことを先生たちは知っているの」と問うた。するとAはそこで号泣した。Aの母は、Aが通う高校の卒業生である。その母が言う。「娘の涙は辛い。自分も高校生のときに泣いた。先生は嫌いだった」と。母が高校生のとき、「教科の免許はもっていても、同和教育の免許はもたない」と語る教員集団と論戦を重ね、母の卒業後ではあるが授業参観の日に27の全クラスで部落問題の公開授業をする学校となった、積み重ねられてきた同和教育の歩みが、Aが通う高校にはある。それでもなお母に続いて娘のAが、「先生たちは私の気持ちを知らない」と涙を流す。そこに差別の現実がある。「こん子たちは、学校に行くまでが闘い。石川さんは遠くにじゃない。ここに居る!」「Aが泣いたことなんて1回もない。人前で泣くような子じゃなかった。それが今こうやって顔も上げきらない。それはなんでか。何がそうさせているのか!?」と、その場にいた同盟員からの問いかけに応える言葉、実践を私たちはもち得ているのか。その検証が求められている。

東京(高)、鳥取(高)、埼玉(中)からの報告も、1人の子と関わり、関わる自分を見つめようとする報告であった。とりわけ埼玉からの報告は、祖父、両親、子どもの親子三代に関わる報告であった。解放同盟支部総会資料を孫のDに打たせた祖父。「部落のこと知らない」と語った父。「先生の中にある、キラキラしている部落って何なんでしょう。私には頷けないんです」とDを連れて部落を出た母。「お父さんは、どうしてお母さんに話さなかったのかなあ」「おじいちゃんは、私に伝えたかったのかなあ」と語るD。「私の差別意識をめくり、まっとうな人、教員として生きよと励まし続けてくれた村でした」と語るリポーター。「退職後も話を聞かせてもらいに行こう。Dと会える日を信じて座り続けていこう」という報告が、人と人とが結ばれていくその第一歩は、部落問題との正面からの向き合いであると教えている。

一方で3日間の討議を振り返ると、私たちの認識のあり様が、差別に搦め捕られているのではないかとも思う。部落の子どもが証言している。「部落問題について私が聞くと、困ったような表情になる人がいます。幼い頃からそれが嫌でした。私自身は、そこに生まれて、住んでいて嫌だと思ったことはな

かったのに、『嫌だと思うのが普通だ』と言うおとなたちの思いを押しつけられている気がしたからです。今はそう言われることが嫌じゃなくなった訳ではありません。むしろ、そういう人たちが優しさを知って、よかれと思っていっているのだと気づいて、もっと嫌になりました。自分を否定されているような気がするからです」。この子どもに出会ったリポーターは、「Aが部落差別を過去の問題だと思っていることに気づいた。未だに解消しきれていない部落差別の現実を知るには、あまりに苛酷なことで」と受けとめる。しかし子どもは、「唯一、部落差別と向き合わせてくれたのは祖母でした。いろいろなところに連れて行ってくれました。いろいろな話を聞かせてくれました。今まで、どうしておとなたちはその話をさけてきたのか」とつづっている。リポーターと子どもの「部落差別」の捉え方が180度乖離している。同様なことは他にも散見される。「難聴のわが子は学校の先生にむかない。結婚して生まれる子どもが難聴かも。現実を伝えることは不安を煽ることになるのでは」という言葉。「『特別な子にしないで』と言っていた私もさすがに『Bさん、発達障害かも』」という言葉。これらの言葉の中に、差別が裏づいている。そしてそのことに気づかない私たちの中に差別がある。「私の差別意識」を誰かにめくられることも大事だが、自分でめくるという営為が必要である。「自らの差別認識の質を問い直し、子ども観をどのように変えていったか」が文字通り問われている。

また、「現代の差別と抑圧の重層構造を明らかにし」という討議の柱に沿って、福島からのリポーターは、「現地実行委員会のテーマ『ゆたかなふるさとを未来へ』に違和感がある」と語った。「土壌汚染。重機で川が削られ、海も。これが『ふるさと』を追われた差別。この歌に泣く、泣かされる差別がある」とも。そして中学生が進路先として東京の高校を希望する。「なぜ東京」と問えば、「福島を消したい」との答え。『一杯死んだから僕は生きる』そんな気持ちで全国に散っている。『私は福島だ!』と胸張って生きられる世に」との訴えかけに、どう応えるのか。「福島からの避難者の家に家庭訪問がなされていない」という新潟の来賓からのあいさつもあった。現代の差別と抑圧にどう切り込んでいくのか。あらためて、人権教育の広がりや深さや確かさが問われている。　　　　　　　　　　〈上原仁朗〉

第13分科会｜人権教育

討議の柱③

　子どもが反差別へと反転していく姿を実践の中から明らかにしていこうとする討議の柱③では、まず、三重（小）から、週に1回国語の時間を「つづり方」の時間として活用し、そこで子どもたちの暮らしの具体に迫ろうとする実践が報告された。その「つづり」の中では家庭での親の様子などが書かれるのであるが、それらの中から、たとえば、「がんばったね」と言われたことに対してうれしい気持ちになった子どもの様子が浮かび上がってくる。大分（小）からは、リポーター自身の父との関係、そして教職をめざし努力し「良い先生になろう」としていたかつての姿をふり返りながら、子どもたちと出会っていく中で、「自分は自分でいい」と安心できる教室をつくっていきたいとの決意をもつに至った経過が語られた。長崎（小）からは、いじめが原因で不登校となった子どもに対して、班ノートなどの活用も含めながら向き合い、また、いじめをした子がそのいじめをどのようにとらえ直していくことになったかなどの実践が報告された。

　いずれも「問題」の背景に迫るとりくみであり、その中からあらためて家庭に教員が足を運ぶことの重要性が確認された。子どもたちが「できるようになりたい、わかるようになりたい」という気持ちになっていったのはなぜなのか、自らのいじめ行為をとらえ直し、「私が間違ったことをしたときは言ってください」と手紙に書いた子どもの変化は、家庭でのその子の生活とどのように関連させて把握すべきなのかなど、議論は展開されていった。

　宮崎（小）からの報告は、「差別のある学級だ」としてひきついだ6年生が卒業式を迎えるにあたって、男女別に名前が呼ばれることに対する異議を校長に直接申し立てたことから見えてきた子どもたちの変化についてであった。それは「仲間」を大切にしたいというつよい気持ちとしてあらわれた。岡山（小）の報告には、家庭で孤立し、また父親からの暴言・暴力の中で育ち、「悪い自分でなくては受け入れてもらえないのではないか」と悩む子どもの姿があった。千葉（小）の報告は、ラインでの仲間外れに恐怖を感じながら暮らす子どもの姿、そして、日記や学級通信を活用して子どもたちの本音を引き出そうとする実践であった。

　ここでは、子どもの生活を知るうえで、どうすれば「本音」を引き出せるのかという点に議論がすすんだ。家庭では自分の話を聞いてもらえない子どもにとって最も身近な担任がどのような関係を築いて

いくのか、日記を書くことで子どもたちが変わっていくのか、おかしなことにはおかしいと言える「仲間」の中での一人ひとりの変化、子どもが「本音」を語れる環境とはどのようなものなのかといったように、原理的な問いをめぐる議論となった。

　佐賀（小）の報告からは「部落問題学習」をめぐる課題が示された。Aの入学とともに始まった学習会（旧解放学習会）の6年間の振り返りをしようとの話の中で「部落だからでしょ」と発言したAの姿から「学習」の難しさが見えてきた。熊本（中）からは、人と話ができるようになりたい、頼りにされたいというAが「子ども会」を通して「差別はしてはいけない」ということを学んだと発言する姿が報告された。

　ここでの議論は、「部落」や「差別」を学習していくことに関してであった。それらの学習に関して「きれいごとだ」とする見方や部落差別を「昔のことだ」と認識する子どもたちの姿、また、かつて自分が出会った「部落の人」が「よい人」だったことを根拠に差別に反対すること自体のもつ差別性などが議論された。

　福島（中）からは、震災・原発の被害がある中で学力向上や職業体験などに必死になる行政の姿が報告されると同時に、除染作業員への差別的対応やまなざしの問題について労働教育の観点から実践が報告された。

　鹿児島（高）からは、特別支援学校に在籍していた常時車いす使用の生徒の入学をめぐる学校側の対応の問題が提起された。その生徒は体育祭などで楽しい経験をしながらも、修学旅行に行くかどうかということでは悩んでいる、そのことをどうとらえればよいのか。

　これらをめぐる議論の中で、まず、職業や労働についての認識が差別問題を考えるときに重要な課題となる点が確認された。除染作業員や土木作業員と犯罪を結びつけるまなざしがあるという福島からの報告は、この問題の根深さをあらわしていた。また、「障害」を社会モデルにおいてとらえることは国際的な基準にもなっていながら、それがいまだに定着しない日本の学校現場の課題が、鹿児島の現状から具体的に見えてきた。

　この討議の柱③の全体の議論は、学校現場が「差別」をどう認識していくかという点に関して基本的な問いをめぐるものであったといえる。たとえば、三重（小）の報告にあったように、「がんばったね」と言ってもらったことで子どもがいきいきとしてくるとい

うことについて、どうとらえるか。ここで重要なのは「がんばった」ことの内容そのものにあるのではなく、つまり、実際に何かができるようになったかどうかが問題なのではなく、自分の行為を重要な他者から認められ、承認されることが子どもを安心させ、自らのこれまでの考え方・あり方を客観的にとらえられるようになったという点である。

子どもたちの「本音」に関しても議論となった。しかし、ここでも本音の中身というよりも、なぜ本音を知ることが重要なのか、その本音を引き出す方法として、たとえば「つづる」という行為があるが、書くことによってなぜ本音に近づくことができるのか、そこからどのような変化が期待できるのかといった方向での議論が提起された。限られた時間でこれらを深めることはできなかったが、少なくとも、教員自身が子どもたちの前で本音で話ができなければ子どもの本音にも迫れないということは確かなことだとの認識は共有された。

また、差別に反対することに関して、「職業の貴賤無し」や「悪いことをしていないのに差別されるのはおかしい」といった言い方が、道徳教育として人権をとらえ、良いか悪いかといった価値判断が反差別の文脈で語られることの危険性にも注意が必要である。

さらには、インクルーシブな教育も大きなテーマとなった。「分ける」という発想が差別につながることが確認されたと同時に、それを実際の学校現場で実践していく際の行政との交渉も課題として提示された。　　　　　　　　　　　　　〈池田賢市〉

討議の柱④・⑤

この柱のもとに報告したのは、大阪（小）・兵庫（小）・福岡（小）・北海道（小）・奈良（小）・長野（小）・山梨（小）・神奈川（中）・大分（高）・沖縄（小中）の道府県である。

北海道（小）の報告は、アイヌ民族についての学習だが、それを「アイヌ文化を体験的に学習する」というにとどめず、人権教育の観点から深めていったということである。子どもたちの意識把握から始め、素敵な出会いを組織し、歌や踊り、創作などアートへの挑戦を通して文化を学び、差別について考えるところにすすんでいった。このような学習を深める中で、「自分もアイヌ民族だと分かった」と話す子どもたちが出てきたということである。保護者の思いがいっそう前に出てくれば実践の意義がより明瞭になったであろう。この実践は、従来の北海道の実践をいっそう深めるものだったということができる。

大阪（小）は、「ウシウシ大作戦！」というタイトルで、精肉業や皮革業に関わる学習を展開した報告である。屠畜を生業としてきた人との出会いを通して子どもたちが成長するという実践であった。「命をいただく」という観点をしっかりと含み、自分たちが「死ね」「殺すぞ」という言葉をくりかえしてしまっていることをふりかえり、学習を通して子どもたちの集団づくりにつながった。若手の多い教員がフィールドワークを通してまず自分たちが学び、そこからいきいきした学習を組織するという点で、今後に示唆する点が多い。

兵庫（小）の報告も部落問題をテーマに、差別をなくすためにとりくんできた人に学び、識字を通した人間解放へと結んでいった。兵庫の報告も、若手教員が中心になって自ら学びつつ授業を組み立てている。

両報告とも、識字を位置づけている点に特徴がある。近年、教員の識字への関わりが弱くなっており、教材として取り上げられているわりに実際の識字学級にとりくんでいる教員は減っているのではないだろうか。教育機会確保法が2016年12月に制定されている。識字の社会的意義を改めて位置づけるべきタイミングではないだろうか。

これらの学習に共通していることは、とりくんでいる当事者との出会いを大切にしている点である。どのような人と、どのようなことを学ぶために、どのように出会うのか。そのためにはどのタイミングがふさわしいのか。このような点について、子どもたちのようすを踏まえ、出会ってくださる方と丁寧に打ち合わせている。

出会いという意味では、大分（高）のリポートでも、「見た目」問題を取り上げて、当事者の生き方や思いを最大限活かした出会いを設定した。子どもたちは、リングに上がるプロレスラーさながらの登場に「かっこいい」と感じ、いきなり「アザを見てほしい」というところから始まったことに新鮮な驚きを抱いた。「見た目」問題に焦点を合わせた学習だったが、子どもたちからは自分自身の側湾症や腎臓病、苺状血管腫や「ハーフ」であることなど、自分に引きつけて感想を書いた。部落問題を始め、これまでに学んださまざまな人権課題と結びつけた感想も少なからずあった。こうした感想を読み、講師の方も、難病への理解を訴える自らの「使命」を痛感したという。

系統的な部落問題学習として特徴的だったのは、福

岡のリポートである。小学校での学習において部落問題を正面から取り上げ、歴史や現状、闘いを学んでいく。歴史学習では、江戸時代に終わるのではなく、同和対策審議会答申などまでカバーして現代の識字運動へとつなぎ、自分たちの現在の暮らしに重ねていく。学習の目的が歴史を学ぶにとどまらず、現代社会を自分たちがつくっていくというところにあるのである。部落問題の歴史学習において明治以後を取り上げて現代へとつないでいくことの大切さを実感できる報告であった。

さまざまな社会的課題についての学習と子どもたちの暮らしが結びついていく上で、生活のつづり方をはじめとする生活学習の考え方や方法論は抜きにできない。この点に注目したのは、奈良の報告であった。展開的過去形で生活をつづる力を育みつつ、社会的な課題の学習に結んでいくことによって、自分の差別性や劣等感と向き合えるようになっていく。人権教育分科会にとどまらず、日教組教研全体で大切にしたい実践である。

長野や神奈川は自己肯定感に焦点を合わせていた。また、沖縄の報告では命の授業を展開していた。山梨の報告は未来創造学という概念を打ち出し、子どもたちの問題解決力を高めようとしていた。こうした学習が、具体的な社会的な課題や、それと結んだ子どもたちの生き方にいっそうつながることを期待したい。 〈森　実〉

3．まとめ

分科会で話題・議論になったことを基盤としながら、とくに今後の人権教育の実践の展開にとって重要と思われる観点について整理しておきたい。

第1の観点は、人権教育と道徳教育との混同に注意が必要であるということである。さまざまな人権課題は「思いやり」や「正義感」といった徳目の習得によって解決するような心の問題ではない。人権侵害や差別は政治的・経済的・社会的関係の中で起こるのであるから、その関係性を問う視点が不可欠であり、その関係のあり方を変えていくことが課題とならなくてはならないだろう。議論の中では教員や子どもたちの「変容」が課題となるが、そのことを差別的な言動をしなくなることといったように狭くとらえず、社会に対する見方の変容としてとらえていく必要がある。

しかし、差別等の問題は常に個別・具体に起こることから、実践としては個人のあり方に焦点を当て

ることになる。問題は、個別事例の中に社会構造的な課題がどのように集約されているかを見抜くことである。このような個別への着目に際して注意しなければならないことが、第2の観点である。それは、自己肯定感や自尊感情という概念を「能力主義」的に解釈しないことである。つまり、「できる・できない」という軸の上に子どもを乗せ、何かができたことをもって自己の存在を肯定的にとらえるようになるという発想の危険性への自覚である。「できる」ことが肯定的感情の条件なのだとすれば、子どもたちは常に「成功」し続けなくては自分が保てないことになり、このこと自体がまさに自己肯定感・自尊感情の低さを示すものになってしまう。

第3の観点は、統計化することの限界を意識するということである。そもそも人権教育は社会認識を問う点にポイントがあるのであるから、それを統計的に処理してなんらかの結論を導くためにはかなり精度の高い調査が要求される。子どもや教員に対して、何かに対する感想や意識を尋ねた結果の単純集計では、人権課題にはなかなか迫れない。しかし、ここで問題にしたいのは、調査の精度そのもののことではなく、子どもたちの意識や生活のある部分を調査項目化することで、生活全体の把握という人権教育の実践の基盤を省略してしまうことにならないかどうかという点である。個別性を失わず、常になぜそのようなことが起こったのかを文脈に即して丁寧に問い直していく作業が優先されなければならない。

以上のような観点からあらためて今次教研の報告を検討してみると、それぞれが社会におけるさまざまな「関係性（構造）」をどのように問うているか、問い得るかという側面が浮かび上がってくる。

たとえば、部落差別を「昔のことでしょ？」といった子がちらっと傍らのおばあちゃんの顔を伺ったのはなぜなのか、沖縄戦の学習から平和を考えようとするとき、戦争は多くの人の命を奪うから人権問題なのだという理解の中にも限界はあるのではないか、自分が将来差別にあうのではないかといった不安は、事実を正しく理解することで解消されるものなのかどうか、学校は子どもから「本音」を聞こうとするが、その「本音」の中に何を見出していこうとしているのか、不登校になっているクラスの仲間が「いま何にがんばっているんだろう、そのことを知りたい」というみんなの発言は、一見するとその子を一人ぼっちにしない優しさや仲間意識としてとらえられるが、それのみでよいかどうか、等々をも

う一度「関係性」という観点から整理してみるとどうなのか。

傍らのおばあちゃんの顔を伺った子どもは、いま自分が暮らしているこの社会にある差別の実態を問いかけている。おとなの「本音」が問われている。

戦争で命が奪われることは大きな問題だが、人権課題としてはさらに踏み込んで「誰の命が奪われたのか」、なぜ他の命ではなく「その命」だったのかを問うことで差別の構造が見えてくるだろう。

差別は事実について多くの人が知らないから起こっているのだろうか。「○○の障害があっても」活躍している人がたくさんいるとどんなに事例を示されても、おそらく「障害者」とされている人々の不安は解消しないだろう。この社会において「障害者である」とはどういう社会関係の中で成立している了解なのだろうかと問うてみなければならない。

「本音」を語るとは、自分が置かれている状況をどのようにとらえているか、つまり、今の社会をどのような特徴をもつものとして認識しているかに迫ることであろう。したがって、「本音」を知りたいと思うのだが、その裏には、いまの学校現場は「本音」では生きられない環境にあるとの認識がある。だとするならば、「本音」を語れなくしている学校の特徴（学校文化）をまずは反省的にとらえていかなくてはならない。学校が子どもにうそをつかせてしまうことはよく起こっているのだから。

「今何にがんばっているんだろう」と休んでいる仲間の日常を想像することが、学校に行くことから少し離れて自分なりに時を過ごしているその子どもに対して、常に何かにがんばっていなければ自らの存在が認められないというメッセージを送ってしまうことにならないかどうか。

なお、本分科会では「人権意識」という用語もしばしば使われ、それを高めていくことが重要視される。そのときには、何についてのどんな意識なのかを明らかにしておく必要がある。つまり、ここでの意識とは、けっして道徳的な範囲のそれではなく、社会的な関係性の問題を見抜くことであることを確認しておきたい。したがって、たとえば「部落とは何か」「アイヌとは何か」「障害者とは何か」といったように本質規定（定義づけ）を求めるような問いではなく、この社会において「部落であるとは何か」「アイヌであるとは何か」「障害者であるとは何か」等という問いの立て方が必要なのである。私たちに求められているのは、さまざまな差別の状態を外側から観察してその「客観的な」特質を明らかにすることで

はない。ともに生活している者たちがどうして「部落」「アイヌ」「障害者」等と認められる者として現れてくるのか、そのしくみを教育実践の中から解き明かしていくことである。　　　　　〈池田賢市〉

4. このリポートに学ぶ

リポート　社会を創る一人としての自覚をもつ子どもたちへ
　　　〜部落問題学習を通して社会の課題に目をむける〜
　　　髙田美穂　福岡・小郡市立御原小学校

A.「豊かに生きるために」

小郡市では部落問題学習カリキュラム検討委員会が設置された。部落問題学習を全市的にとりくむことを再確認し、教職員の世代交代にむけての継承・発展を意図したものだ。提案のあった部落問題学習14項目は近現代の学習に重点を置いたものだ。御原小では6年生の9月から「豊かに生きるために」と題して19時間の授業を組んでいる。

> 部落問題学習14項目　①竜安寺の石庭　②江戸時代の身分制度　③「差別された人々」がたずさわっていた仕事や演じた様々な芸能　④杉田玄白と「解体新書」　⑤「渋染一揆」　⑥「賤民廃止令」（いわゆる「解放令」）　⑦「学校にかける願い」　⑧「お茶くみ当番」　⑨水平社創立　⑩日本国憲法と「同対審」答申　⑪「教科書無償運動」　⑫上杉佐一郎と反差別国際運動　⑬小郡市人権教育啓発センター見学　⑭小郡市の「人権のまちづくり」のとりくみ

この提案は、小郡市の名誉市民である上杉佐一郎さんを誇りをもって子どもたちに伝えていってほしいという支部の願いを受けている。上杉佐一郎さんは、小郡市の被差別部落出身で御原小出身だ。生涯をかけて差別をなくす運動を国内外（反差別国際運動：イマダー）で続けた小郡市名誉市民だ。上杉さんを「子どもたちにどう伝えるのか？」は、以前からの課題だった。6年生は上杉さんの展示室がある小郡市人権教育啓発センターを毎年見学しているが、上杉さんの展示室は見ていなかった。これまで、地域啓発をどうすすめるか、「部落差別」「被差別部落」等の言葉を子どもたちにどう伝えていけばよいのか、ということについてなかなか論議がすすまなかったためだ。提案を受け現代においても今なお残

る「部落差別」と闘ってきた歴史を辿っていく学習にとりくんだ。さらに1年生から5年生までの学習をどう組み立てていくのかという検討とともに6年の部落問題学習を全教職員の課題としてとりくむということを確認している。

B．何を子どもたちに伝えたいのか？

　子どもたちが自分自身をしっかりと見つめ、仲間とつながりながら様々なことを学び、物事に立ちむかっていこうとする力をつけていきたいと考える。この部落問題学習にとりくんでいく中で、全同教から1982年に「部落問題学習」の成果と教訓として提起された3原則①被差別の立場の子どもを中心におくこと、②生活に結合した学習でなければならないこと、③仲間づくりの課題と結合されなければならないことをふまえて、子どもたちの生活実態に根差した課題の把握と子どもたち自らが課題を克服していこうとする力の育成をめざしてくことを再確認した。この点をふまえてとりくんでいるのが福岡県同教で何度もリポート提案があった「学級力アンケート」だ。少人数の本校では、クラスの子どものみでなくすべての子どもをわがクラスの子どもとして教職員みんなで見ていくということが可能だと考えている。職員室で年中子どものことが話題になり、名前を聞けば顔が思い浮かぶ。一人ひとりのデータを全職員で共有し意見交流する。国語でもこの学級力の結果を生かし、つながりという項目や関係づくりの項目を分析しながら意見交流の力を育もうと提案している。この学級力アンケートの結果からは御原小全体として「尊重」という分野が特に落ち込んでいてこの落ち込みをどうしていくのかということが部落問題学習や人権学習に託されているといえる。県同教からも「社会力」の育成とそのための学びということが提起されていて、本校でとりくむべきこともまさにこの点だと考えている。

> 社会力
> 主体的に好ましい社会を構想し、つくり、運営し、その社会を絶えずつくり変えていくために必要な意欲、資質と能力。

　部落差別の歴史を学ぶことによって、社会の制度やしくみが人々の意識にどんな影響を与えたのかが分かってくる。「差別することが当たり前」というような社会が生み出されていったしくみの学習だ。歴史からの「学び」をもとに現代社会に残る「差別」についての認識を高め、社会を主体的につくっていこうとする意志や実践力を身につけた子どもを育てたい。その力を養うためにも、まずはクラスの関係性の中で、クラスは自分たちの手で変えられるものだという認識を養いたい。人権学習・部落問題学習は子どもたちの集団づくりの中で、子どもたちが学級を見直し自分たちの力でよりよく変えていこうという原動力になるべきだと考えている。それが人権・同和教育を全教育課程でということに繋がる。

C．部落問題学習
　　「豊かに生きるために」をすすめるうえで

　授業をすすめる側の姿勢や思いの差、教職員の部落認識の差は大きい。「どこで学ぶのか？」は大きい課題といえる。部落問題学習を実施していくにあたり、地元支部と連携をとってきた。その中で何度も考えさせられることがあった。連携する支部があるということ、「差別の実態から突き動かされる」ことの大事さを感じる。連携の中で問題提起を受け、「何を伝えたいのか」「何を伝えるべきか」ということが現実の根拠をもって迫ってくる。

①江戸時代の身分制度の学習の中で
　江戸時代の身分制度についての学習は差別が制度として強められたことを学習する上で大事だ。学校としては「伊勢参り」の学習を入れて組み立てていた。これについては、「何で遠い関西の部落のことで学習を組み立てるのか？」という疑問が出されてはいたが、あまり問題とは思わずすすめようとしていた。支部からは強い疑問の声をもらった。「ごく最近まで〈さんぐ〉（参宮）ということが小郡でも行なわれていて、ひどい差別の実態に苦しんだ人がたくさんいるということはわかっているのか？　誰にも声をかけられず、寄進の品物に記された同期の人たちの名前を見て、自分が外されていたことにずっと後になって初めて気づかされる。そういう実態

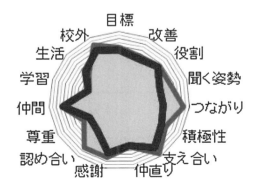

を知らずに、知ろうともせずにこの題材を扱ってい
かれるのか？差別を過去のものにして終わらせるつ
もりか？」という問題提起だった。これらが身分制
度についての授業を大きく変えていくことになっ
た。地元教材としては、「火の玉のはなし」を授業
の中に組むことにした。差別の実態や差別の苦しさ
や悔しさがよくわかり心に迫る題材だ。様々な場面
を学習内容と重ねて考えると人々の思いに近づくこ
とができる。後の授業でもたびたび登場させ振り返
らせると、場面とともに気持ちがよみがえってくる。
「火の玉のはなし」では差別行為として《別火》《別
食》《蔑称》《祭礼からの排除》《ケガレ観》等の記
述が盛り込まれているのだ。

②「部落差別」という言葉を小学校で教えることへのこだわり

　教科書の中では「部落差別」という言葉は出てこ
ない。教えるべきかと迷うところだったが子どもた
ちの周りには「言葉」があふれているという実態も
ある。3年前、塾で「部落差別」という言葉を教わ
ったという子が、授業の中で発言したことで、本校
教職員の意識も変わった。本校では、田中松月さん
の「お茶くみ当番」の中で、松月さんの受けた差別
について子どもたちがその理不尽さに「なんでそん
なことが？」と怒りをもって受け止めたところで、文
中の「私たちが生まれ育った地域は、周りの人たち
から差別を受けてきました。そこに生まれたという
だけで、軽く見られたり、友だちづきあいがしても
らえないのです」という部分で押さえる。教科書で
は「差別された人々」、本校では「別の身分とされた
人々」という表現で被差別部落の人々を表してい
る。「別の身分とされた人々」とは「部落差別」を
受けている人々なんだ……子どもたちの中でこれま
で点と点だったものが、一つの線としてつながって
いく瞬間だった。

> ○田中松月さんは自分が差別を受けて苦しさがわ
> かっているから、差別をなくすための活動にとり
> くむようになったと思います。
> ○生まれた地域で差別されるのはおかしいし、あ
> の人だからといって仲間外れにしたり見下すのは
> ひどいと思いました。自分はこのクラスでそんな
> ことはないし、そんな空気をつくっちゃいけない
> と思いました。　〈授業の感想〉

その後の授業では、「部落差別」という言葉を使っ
て授業をすすめていくことができる。言葉は子ども
たちの世界を広げるものだ。日常的にいろんな場所
で「部落差別」という言葉に接する。部落差別は終
わっていないのだということに気付いていく子ども
も多いと考える。

③同対審答申を授業化する

　同対審答申について、どう授業を組んでいくのか
については小学校では取り上げていなかった。そん
な中、ある日の識字学級で「火の玉のはなし」に出
てくる支部の昔の様子について話題になった。まわ
りは墓・昼でもじめじめした暗い道・まっくらやみ
の中のふくろうやきつね・火の玉が出てきてもおか
しくない……今の支部の様子から想像がつかない昔
の様子をリアルに語ってもらった。話は質問教室の
始まりの頃に及んだ。若い人たちを含めこれらの話
は初めて聞くことだった。次に支部での学習会で「荊
の道」（中央本部作・同対審答申制定当時の全国の
被差別部落の生活の様子が描かれている）を見た。
同対審答申のすごさを教職員は本当にわかっている
のか、本当に「すごい」と思っているのか、授業で子
どもたちに何を伝えるのかと意見が交わされた。「同
対審答申のすごさは、部落差別があるということを
政府に認めさせたことです」「これがどんなにすご
いことかわかりますか？」という明確な意味づけに
はっとさせられた。上杉佐一郎さんが先頭に立って
制定の動きをつくっていった同対審答申。教えなけ
ればならないということが先に立って、同対審のど
こがすごいのか、どこに感動を覚えるのかなどの問
いが、教職員には欠けていた。繰り返し確かめられ
てきたことは教職員の「学び」の大事さだ。「学び」
の中で自分が感じ取ること、感じたことを子どもた
ちにどう伝えるかという思いをしっかりともちなが
ら教材化できたかということを大切にすべきだ。私
たちには「学び」が大きく不足していた。

> ○水俣病は何年も続いたけど最後の最後に認めた
> からなくなったのだと思った。もし認めていなか
> ったら、私たちは今差別していたかもしれない。
> まず現実を認め、とりくみがはじまることが大
> 切だと感じた。心理的差別・実態的差別を知っ
> た。　〈授業の感想〉

④識字学級での気づき

　部落問題学習を教職員全体のものとしていこうと
いうことをすすめていく中で、やはり大事なのは「支
部に足を運ぶ」ということだ。識字学級での「学び」

は全教職員に広げた。

　江戸時代の文化として「歌舞伎」の授業を提案したときは、「歌舞伎」だったら地元で活躍したといわれる「歌八一座」のことを授業に取り入れられたらよかったのに、という話が出た。「歌八一座」のことは知っていたし、祠や歌八の墓が残っていてそれを見に行ったことがある職員もいたが、それを歌舞伎の授業にという発想は出てこなかった。やはり視点が違う。地元の文化という視点が私たちには抜けていた。部落の文化に対する「誇り」を感じる発言だった。上杉さんの学習の提案にも、「上杉さんを学ぶことなく人権教育啓発センターの展示室を見ても、子どもたちは受け止めきれないのではないか」という意見が出た。確かにそれまでの見学で子どもたちが部落差別等の言葉に気づかないことが課題だった。意識に引っ掛かりがないと気づきも少ないものなのだ。この論議を経て、上杉佐一郎さんの一生を描いた「解放の道ひとすじ」という紙芝居を教材として上杉さんの業績を知ったうえで見学を組むという流れができてきた。

　さらに、部落差別について認識を高めるために和太鼓指導者の話を見学前に聞いている。和太鼓指導でふれあうＡさんご自身が受けられた被差別体験・結婚差別、その後の解放運動への思い。子どもたちも教職員も話に引き込まれた。最後に「今日からみんなとは仲間やけんね」と語りかけられ、子どもたちは大きくうなずいていた。これらのとりくみの結果、見学では、熱心に一部屋一部屋を見る子どもたちの姿があった。子どもたちの心に響くとりくみをしてほしいという支部の切実な願いがあることを感じた。

> ○今の日本でも差別がある。その差別を消すことができるのはぼくたちやおとな一人ひとり。今までの差別やこれから起こるかもしれない差別をぼくたちは止めていかなければならない。
> 　　　　　　　　　　　　　〈見学後の感想〉

　見学後は、現在の問題とつなぐために、市の職員から市民意識調査の結果や啓発のとりくみについて話を聞く。そして、歴史学習で学んできた人権・部落問題学習を現在のこととしてつなぎ、今の私たちの問題として考える。この場面で、人権教育啓発センターとは部落差別をなくす拠点だということを学び、「小郡市名誉市民である上杉佐一郎さん」を身近な人として学習したことが生きてきた。この見学とその後の学習によって、これまでの歴史学習と現

在とがつながり、歴史学習の「出口」をしっかりと見据えていくことができた。「差別は現在も続いている」という認識をした子どもたちがかなり増えた。子どもたちは素直に差別はなくしていきたいという気持ちを表している。展示室で、数人の子どもたちが上杉さんが「御原尋常小学校卒業」という記述に「それなら、御原小に銅像があったらいいのに」と話していた。上杉さんをはじめ、多くの先人の活動があって差別をなくすとりくみがすすんできていると考える子どもたちが多くなってきた。4年前から始めたこの学習は「上杉さんの部屋を再現していてすごいと思いました。私も差別をなくしていきたいと思いました」という解放子ども会の子どもの感想にあるように、展望をもてる学習だったのではないかと感じている。この子どもはクラスの友だちが書いた人権新聞や感想を見聞きして、明るい表情で学習にとりくんでいた。

　6年生の歴史学習の中で、解放運動のすばらしさを教えていくのだが、以前は「差別は過去のこと」という認識をもつ子どもが出てきてしまうことが課題だった。水平社ができて「差別」はなくなったと思い込んでいる子どもさえいた。水平社創立後の近現代に力を入れるということで、「差別」は終わっていないという認識に立つ子どもが大半を占めるようになってきた。部落問題学習の検討と、センター見学によって、6年の卒業間際に再度現代につながる差別とそれをなくすために力をそそいだ先人、上杉佐一郎さんについて学ぶことの意義の大きさを確認している。

D．6年生の部落問題学習に向かう5年生までのとりくみ

　「6年生の部落問題学習につながる今の学年」というとらえ方が職員みんなのものとなり、6年生までに解放運動の成果としての地域の「ひと・もの・こと」を出会わせようという意識が強まっている。校区には隣保館が2館ある。この隣保館を保護者や子どもに開かれたものにするとりくみをおこなっている。春の遠足を隣保館方面に変えたほか、夏休み学力補充教室は両隣保館で開設、啓発アニメ映写会も重ねてもらった。3年生で隣保館見学をする。2年生は隣保館に校区めぐりで立ち寄ることで身近な施設として感じ取らせている。建設するときには地域の人たちと何度も話し合いがもたれた（建設委員会方式）ことや上杉佐一郎さんと松本治一郎さんの写真についても説明を加えてもらっている。他学年でもいろ

いろな学習で隣保館を訪れたりするようになった。隣保館がいじめや差別をなくしていくということを推進している場所であり、多くの人が賛同し、みんなでとりくんでいる場所として子どもたちに提起している。このことが自分たちのクラスもみんなでよい方向にしていくことができるはずだということを確信をもって子どもたちに伝えることになり、子どもたちを元気づけてくれている。出会うことによって子どもたち一人ひとりが感じ取るものがとても大きいと感じている。

4年生では、小郡特別支援学校との交流会を2回にわたり実施し「障がい」ということについて考える。5年生では、同和対策事業で建てられた育苗センター・みそづくり加工センターの見学を行っている。解放運動からの気づきとしての安全な食の学習でもあり、ここから「水俣」の学習へとつながり、「差別」の構造について学ぶ。どの学習でも担任や担当とが支部や隣保館と打ち合わせをして連携を図っている。

E．課題と展望

部落問題学習の授業については継承ということが課題である。6年生の担任になるという機会があるかないか、部落問題学習に深く関わるかどうか、支部との関係がつくれるかどうかなど、経験の差は大きいが、少なくとも、各学校で6年生の部落問題学習を追体験することや、一つひとつの学習の意味を共通理解していくということは必須ではないかと、この4年間とりくんできて強く感じる。それさえできていないとすると継承はますます遠のいてしまう。このことを意識して校内研修にとりくんだ。今の社会で、人権を保障するということに対して大きな役割を担ってきた部落解放運動について、それらの啓発と同和教育の継承・発展を自分の問題としてとりくんでいるのだと確認している。

御原小学校の大きな課題である「差別をどうとらえ、子どもたちにいつどのように提起するのか」ということについての論議を続けている。子どもたちの中に日常的に存在する差別や差別意識について教員が見逃さずとりくんでいくことや職員室の会話の中でそのことを常に話しながら、お互いの問題意識を確認することを特に大事にしながら、とりくみをつくっていきたいと考える。

部落問題学習に力を入れて学習してきた6年生が卒業した。卒業間際までたくさんの課題が次々に明らかになった。その度に現実を見つめること・認め

ることからしか始まらないという同対審答申で学習したことが繰り返し現実の課題として迫ってきた。このことから、学校の課題としては、学習したことが子どもたちの中に根づくということの難しさに改めてぶつかっている。

9月の人権学習参観・学級懇談会では部落問題に真正面からとりくんでいる。子どもたちの学習を支える上で保護者の意識は大事だ。学級役員の学級懇談会にむけての打ち合わせ会は、人権教育啓発センターで研修を兼ねて行い、上杉さんの展示がある2階を見てもらっている。若い教職員も含めて、自分のことも語りながら部落問題を中心にした話をしていく。1年生から6年生までの学級懇談会での保護者の学習内容を次のように設定した。1年生：教科書無償・教育条件整備・署名活動のとりくみ。2年生：就職差別と統一応募用紙・奨学金のとりくみ。3年生：結婚差別・隣保館見学・上杉佐一郎さん。4年生：差別落書き・ネット書き込み・障害者差別・特別支援学校との交流。5年生：同和対策事業・部落解放運動・育苗センター見学。6年生：歴史学習・部落問題学習・人権教育啓発センター見学・上杉佐一郎さん。

○教科書無償制度の歴史も再確認し、そのことをきっかけに、これからも子どもたちのために保護者として一人の人として、何かできることがあれば一人の力は小さくてもその力が集まって大きな力になると信じて協力していきたいと思います。

〈学級懇談会後の感想〉

学級懇談会の中で、立場宣言を受けた学年がある。学校や担任・クラスの保護者のことを信頼しての発言だとはとらえているのだが、その発言を引き出した一人としての責任の大きさを感じる。さらに深くかかわり、とりくみを続けていくことを全職員で確認している。

【第66集】日本の教育 日教組第66次教育研究全国集会(新潟)報告

インクルーシブ教育 第14分科会

1. 第67次教育研究活動がめざすもの

2. 実践報告と討論

3. インクルーシブ教育にむけた実践

4. 「特別支援教育」のあり方を問い直す

5. 進路、卒業後の地域における自立生活を念頭においた実践

6. 総括討論とまとめ

7. このリポートに学ぶ

◎一人ひとりが大切にされる教育をめざして
　～「とくべつ」な支援を「あたりまえ」の支援に～
　　　　　　〈井上佑子　兵庫・尼崎市立尼崎北小学校〉

《執筆者》

堀　　智晴

中山　順次

服部　宗弘

大場　康司

田口　康明

1．第67次教育研究活動がめざすもの

　第66次教研では、28本のリポートをもとに6つの柱で論議を行った。①被災地のとりくみから学ぶ、②合理的配慮をどう考えるか、③インクルーシブ教育にむけた実践、④「特別支援教育」のあり方を問い直す、⑤進路、卒業後の地域における自立生活を念頭においた実践、⑥総括討論。総括討論では、5点について議論を行なった。

　これが本分科会の「第67次教育研究活動のめざすもの」となる。

① 障害者権利条約と合理的配慮の観点から自らの実践をふり返る：子どもが意見表明を学ぶと、社会に出ても意見表明をして主権者教育になる。教職員は子どもどうしの関わりを切らないように支援をするのが仕事である。子どもの学習権が奪われているのは社会的障壁があるから。

② 本人の意思・保護者の思いをどう受け止め、どう向き合うか：当事者である子どもの声を聞くと学校での差別が見えてくる。親は専門家に頼ってしまい入学時に特別支援学校、学級を選んでしまう。ともに学ぶことは社会に出てからともに生きることにつながる。就学問題で選ばされる立場に置かれること自体が不利益な状態である。

③ 医療と教育の関係：インクルーシブ教育を妨げる障壁として医療モデルがある。インクルーシブ教育について他の分科会でも議論してほしい。

④ 進路、卒業後の地域における自立生活につながるインクルーシブ社会をどう作るか：進路は生き方。障害のある子どもだけに寄り添うのではなく、すべての子どもを育てる中で一緒に進路を考えたい。

⑤ この教研で学んだこと：分けることは差別であると再確認した。今までの価値観を丸ごとひっくり返された。特別支援教育とインクルーシブ教育は全然違うのに、混同して教えられてきた。「場所も気持ちも分けられたくない」という障害者の言葉に出会えたのは大きかった。

〈堀　智晴〉

2．実践報告と討論

1　被災地のとりくみから学ぶ
(1)報告の趣旨

　熊本（小）　震災の中、障害者の生きづらさが浮き彫りになった。障害のある人は「福祉避難所」という発想は間違っていないか。誰もが安心できるインクルーシブな地域の避難所が求められていると報告した。

　熊本高（特支）　子どもたちの心のケアが重要となったが、支援学校にはスクールカウンセラーの配置がない。また緊急時であってもそれぞれの人権が守られる避難所が求められていると述べた。

(2)質疑・討論

○堀共同研究者「支援学校が避難所となり、地域の方が学校に入ってくることで、学校のあり方がどう変わってきたのか、検証が必要ではないか」。

○大谷共同研究者「被災の中で差別と虐待がリアルに出てきた。現場はそれへの対応を先送りにしていないか。福祉避難所という分断された状況がある。熊本では地域での避難対策の形でがんばってきたが、状況はどうなのか。インクルーシブな形での被災対応が求められている」。

○田口共同研究者「支援学校の休校が長期になったのは給食提供ができないことを理由としているが、その要因は給食調理をアウトソーシングしていることにある。民間委託が子どもたちの教育を受ける権利を奪っている」。

2　合理的配慮をどう考えるか
(1)報告の趣旨

　秋田（小）　集団への支援を基本に、子どもどうしの関わりの視点からともに学ぶ教育をすすめた。予定やきまりの見える化、分かる授業づくり等にとりくみ、子どもらのつながりを高めたと報告した。

　徳島（特支）　医療的ケアを保護者が行うなど合理的配慮のない学校現場の実態を報告した。あわせて卒業後も生活支援が乏しく、就労するも収入が極めて少ないなど、進路保障、生活保障が厳しい現実を報告した。

　長崎（特支）　居住地交流先の小学校で出会った障害のある子どもが地元の学校に通えるよう、本人や保護者の合理的配慮要求の後押し、多様性を認める仲間づくりなどにとりくんだと報告した。

　大分高（特支）　合理的配慮は一緒に活動（授業）

に参加するための変更・調整で、子どもの権利行使を保障するもの。支援とは教職員が教育目標の実現にむけて行うもので合理的配慮とは異なるものと述べた。

鹿児島（小）　授業中に教室を飛び出す、泣き出すなど、ときに興奮した姿を見せる子ども。その姿の背景にある子どもの思いを探り、多様な見方や失敗を次にどう活かすかなどを子どもと丁寧に話し合うことで子どもの姿が変わってきたと報告した。

大阪（中）　医療的ケア（人工呼吸器の使用等）の必要な子ども。看護師の常時配置の中、日々の生活を仲間とともに過ごし、宿泊学習にも参加してきた。合理的配慮とは仲間と一緒に楽しく過ごすにはどうしたらよいかを具体的に考えていくことと述べた。

(2)質疑・討論
○合理的配慮を子どもたちに考えさせるとき、一般化、抽象化して分かりやすい例を示すことがあるが、自分たちの教室の問題から考えることが必要ではないか。
○ともに学ぶとりくみを左右するのは原学級担任の役割。支援学級の子どもが普通学級で過ごす時間も大きく変わってくる。原学級の担任こそが合理的配慮について学ぶことが必要である。
○何が差別なのか、それを見抜き、どう解決するのか、それを考えていく過程が大事だ。病院のベッドを離れられない子どもたちは合理的配慮の対象ではないとする医療ソーシャルワーカー。子どもたちの権利を守るために何ができるのかを考えていきたい。
○子どもの思いを聞くことが大事だ。こうあるべきと子どもに押しつけていることが多い中で、聞くことの大切さをあらためて考えている。また「できる」「できない」など評価のあり方も検討すべき。
○合理的配慮は、あくまでも普通学級の中でするもの。支援学級でするものは合理的配慮ではない。障害のある子どもが普通学級にいるとトラブルが起こることがあるが、そのトラブルをどう解決していくのかが重要だ。トラブルを避けるために支援学級に行くのは違う。
〈中山順次〉

3．インクルーシブ教育にむけた実践

(1)インクルーシブとは何か
①報告の趣旨
埼玉（小）　子どもの心のつぶやきや問題とされる行動の背景にある思いを知ることが大切だ。子どもたちは地域の人と連携した活動を経験する中で多くのことを学んだと支援学級での実践を報告した。

神奈川（高）　通信制高校の体育科のとりくみ。障害のある生徒は体育実技に参加できないのか、この指摘からすべての人に開かれた種目を設定した。生徒の声を聞き、学習の内容や方法を生徒と教員で工夫して創っていくのがインクルーシブ教育の姿と報告した。

新潟（小）　中国残留日本人の３世（中国籍）や障害のある子どもと向き合ったとりくみである。困難を訴える当事者の声を受け止め、その背景に近づくことが重要だ。また、その当事者と周りの人との関係をどう育てるのか、ともに学び合う授業の創造が課題と報告した。

②質疑・討論

○診断名や障害名を使って子どもを語ることが多い。診断名、障害名ではなく、子どものありのままの姿から考えていく必要がある。

○診断名を求める保護者がいるが、なぜ求めるのか、それを考えることが必要だ。

○支援学級で子どもたちに力や自信をつけ、その後に原学級へ入れるとりくみがあるが、それは支援学級と原学級との間に溝をつくるだけである。

○中国残留日本人で帰国された方々は様々な困難、厳しさの中にあるが、それは日本の侵略戦争の結果であることを押さえておきたい。

○堀共同研究者「保護者は子どもが幼い時から専門家の診断に振り回される。また保護者は配慮されたければ診断を受けるよう言われる。そのことを考えるべきだ。また、障害のある子どもを排除して成り立っている授業のあり方を変えていくことが求めらる。この教研での議論を現場にもち帰って仲間、同僚と話し合ってほしい」。

○大谷共同研究者「支援と合理的配慮は全く違うもの。支援の延長線上に合理的配慮はない。交流は支援であって合理的配慮とはならない。合理的配慮は、差別との関係であるもので、区別、排除、制限が差別だとの前提から考えると、排除された空間での合理的配慮は実現し得ない。支援はその子の能力を伸ばすもので周りが変わっていない。また中国籍の子どもについてはアイデンティティの保障が大切。それがないと子ども自身が混乱する。中国人としての誇りをどう育てるのか、中国語を学ぶなど考えていく必要がある」。

討議をふまえたリポーターの発言（特徴的な発言）

○障害者の思いを聞こうとしているのか、当事者の考えを確認しているのか、あらためて考えていか

ねばならない。

○子ども１人と教員の関係ではなく、集団に視点をあて、集団をどう変えていくのか、そうしたとりくみが求められている。

○支援と合理的配慮、その違いの整理が必要だ。

(2)インクルーシブ教育への模索
①報告の趣旨

東京（中）　通級指導教室における「自立活動」の美術科の授業において友だちどうしがハッピーな部屋に招待し合うことで多様な子どもたちの関わり方が変化していく姿から、個別の「特別な支援」が必要ではなく、どんな子どもも安心して過ごせる環境づくり、ともに学び合える授業づくりが必要と考えた実践の報告である。

神奈川（特支）　特別支援学校の通級教室が難聴の中学生に対して、インクルーシブ教育の視点から中学校での授業における合理的配慮として要約筆記の導入などの情報保障、また高校受験時や入学後の合理的配慮の提供を中学校や高校と連携したとの実践の報告である。

石川（小）　新卒２年目の教員が授業中大きな声を出すなどトラブルを起こす子どもとの関わりを通して、友だちどうしが助けあったり、考え合ったりする姿から、自分自身も少し見守るようになるなど、子どもたちには自分たちで自身をよりよくしていこうとする力に気づき、子どもたちを信じてともに歩もうとする実践の報告である。

三重（中）　障害のある子どもに対しての差別的な内容の落書きから、学年全体で差別問題に向き合い、ともに育ってきたインクルーシブ教育の実践があったからこそ、差別を許さない人権意識が育ったという実践の報告である。

兵庫（小）　特別支援学級で出会ったこだわりの強いＡと原学級の子どもたちとの関わりの中でＡの変容や通常学級に在籍するＢとまわりの友だちとの関わりから、ともに生活する中で子どもは子どもの中で成長する、ありのままを受け入れ合える学級づくりのとりくみの報告である。

佐賀（小）　小規模校の特別支援学級１年生のこだわりの強いＡと子どもたちとの関わりの中で、自分自身の差別性に気づき、子どもたちを信じ任せることでお互いが成長していく様子や原学級担任と連携しながら、どの子どもも安心して過ごせる学級づくりの実践を報告した。

大分（小）　特別支援学級に入学したＡとの関わ

りで原学級に行くことを急がず、自分らしく生きることに重点を置きつつも、差別発言などトラブルもありながらもお互いを知り合い理解し合うことで少しずつ友だちとの相互関係をはぐくみ、どんな相手にも「やさしいひらめき」という合理的配慮ができるとした実践を報告した。

宮崎（中）　再会した卒業生のＡが不登校になっていたことを契機に、様々な課題を抱えた子どもや保護者に寄り添いながら、子どもが自分の居場所を見つけながら自信をもって生きていくため、コーディネーターとして「人と人をつなぐために」何が必要かを問い直した実践の報告である。

②質疑・討議
○秋田からは、子どもたちには助け合うコミュニティーを作っていく力がある。助けが必要と声を掛け合うなど子どもどうしの関わりを信じて一緒に過ごすことが大切。次年度の特別支援学級への入級の希望があるかどうかを秋に伺うが、私たちが保護者にともに学ぶことの大切さを伝え、保護者に原学級で学びたいと言ってほしい。自分自身、特別支援教育は必要と教えられて育ってきたので考え方を変えるのは難しいが、子どもの力を信じていきたい。おとなになってもお互いが支え合っていける人間関係を作ることがインクルーシブ社会につながっていくのではないか、という発言があった。
○山梨からは、通常学級から追い出されて支援学級にうつるのは残念だ。教室から追い出すことができるシステムが特別支援教育だというような考えを通常学級の教員がもたれているのは悲しい。自分も特別支援学級にいたので一緒に考えたい。また、特別支援学級と通常学級の意識の差は大きいと感じる。インクルーシブ教育をすすめるには通常学級で学ぶことが必要だ、と述べた。
○三重からは、Ａが通常教室を出て特別支援学級に行っていることと、一方で今までともに育ってきた状況の中で、将来のことを考えるとはたして子どもたちにとってどちらが良いのだろうと思う。ともに育つためにはやさしいひらめきが大事であると思っている。子どもたちはＡができるルールに変えて楽しみだす。遊びの中にあふれている。たまに来るお客さんではルールを変える発想にはならない。いつも一緒にいるからルールを変える知恵が生まれる。ともにいることが大事だと思う、と発言があった。

○滋賀からは、佐賀のリポートに対して、子どもの変容を聞いて交流において支援学級と原学級との関係づくりができている教職員間の関係がうらやましい。さらにリポートでは在籍は意識しないでその子を含めた全員が自分の担任している子どもとして見ていることに共感する。滋賀県は交流学級という言い方をしている。交流学級という名称に問題があると思う。これを変えたいと発言があった。
○大分高からは三重のリポートに、差別は絶対によくない、しかし、「してしまった」子どもはどうなるのかが心配だ。差別する人とレッテルを貼ると、１回の過ちで排除してしまう。これはインクルーシブなのか。そうならないようインクルーシブ教育の関わりを考えていくべきと発言があった。
○熊本からはインクルーシブ教育は分けないのが最低のラインであり、子どもどうしをつなぐのは、丁寧にやっていかなければならない。ありのままを受け入れることが必要と思うとの発言があった。
○熊本の当事者からは、卒業して地域で生きるためには困ったときに周りに頼る力が必要である。自分は支援学校しか行けなかったが、支援学校の教職員の中でも発達保障型と自立型の教職員方に分かれていた。選択するのは自分だが、今は特別支援という言葉にとらわれ過ぎていると思う。障害者差別をなくすのがインクルーシブ教育であるという発言があった。
○熊本高からは人権教育をどうとらえるのか。みんなと過ごすのが最低ラインで人権保障である。分けられないで一緒に育つ子どもの姿が良い。今の制度をどう運用してインクルーシブな教育内容をつくるかは子どもたちが教えてくれる。一緒にというイメージや経験がないと分からない。おとなが変わり子どもたちが変わる姿を見て、一緒の仲間を増やすことが必要と発言があった。
○大谷共同研究者は、支援と合理的配慮との違いについて説明し、神奈川のリポートでは、支援学級の中で支援をした。そして原学級に戻す努力をした。良い形で原学級の中で合理的配慮を工夫した。個別支援の中の通級の中での支援と原学級の中での合理的配慮、そこをつないでいるのは一つの良い形で成功していると思う。石川のリポートでは、最初は個別支援しかしていないが順に言い方を変えていくのは教員の支援である。それを専門家の話を受けて、みんなを見て指導の仕方や席替えをする形で行った。これがある種の合理的配

慮だ。子どもどうしで子どもたちが工夫し、子どもたちが自然発生的に仲間として差別をなくしていく。これが良い形での教育実践だ。これができれば一番良いがなかなかできないでいる。自然発生的というのは差別を生むことがある。良い時はよいが、嫌な奴は排除するという傾向を生むこともある。そのときに初めて、合理的配慮という社会の義務であり、権利として障壁を変えてくださいと要求する権利を示す。自分の権利を行使し、障壁を取り除くこと。教職員が障壁の時もあるが教職員自身が変わることで大きく変わる。請求を受けると変更・調整をしなくてはならない。必ず応えなければならない、これが合理的配慮である。差別がないように何をしたらよいのか要求する。差別があると感じたら、教職員には子どもたちから要求を上手に引き出す義務がある。本人の要求、本人の選択は重要である。しかし鹿児島のリポートでは子どもの意思を上手にくみあげたものの、分離を選択しようとした。本人が求めるものは尊重したいが、インクルーシブな方向にむけた当事者の意思を育てることが課題、と指摘した。

〈服部宗弘〉

4.「特別支援教育」のあり方を問い直す

(1)報告の趣旨

　山形（小）　学級崩壊があり、毎年クラス替えを行う学校で、コミュニケーションの取り方、感情コントロールの仕方、自己認知スキル・自尊感情、自分と周りの人との状況を認識する力をつけさせたいと願い、学級SSTにとりくんだ。

　千葉（小）　入院中の子どもが在籍する病弱・身体虚弱特別支援学級（院内学級）において、退院し、前籍校に戻ることを前提に教科学習、集団での学習を保障する子ども主催の行事活動を行った。病院側と保護者と学校がスクラムをくむことで大きな治療効果につながった。

　山梨（小）　知的特別支援学級在籍のAと、自閉症で通常学級（小4から特別支援学級）在籍のB。障害特性を理解し、できることは任せて、できないことはさりげなく力を貸す。特別支援学級と交流学級の連携で、ともに学び合い、ともに育った子どもたちについて報告した。

　静岡（小）　校内体制を整え、組織で連携を図り、ユニバーサルデザインのチェックリストで生活づくり、授業づくりを検証し、温かな人間関係づくりを行うことで、教員の意識も変わり、「授業が楽しい」「学校やクラスは楽しい」と思っている子どもが増えた。

　愛知（小）　「友だちと仲良く遊びたい」「勉強が分かるようになりたい」という保護者とAの願い。身につけた表現力の活用と社会性の高まりをめざし、4コマ漫画・写真を用いた説明文づくりなどの授業を通し、自分の意見を伝えようとするなど意欲的になった。

　滋賀（小）　知的障害と自閉症・情緒障害特別支援学級合同で、栽培活動を含めたお店屋さんの活動と理科的要素のある体験的活動にとりくんだ。成功体験が自信を生み、上級生のリーダー性が育ち、発見する喜びが意欲となり、活動のエネルギーになった。

　福岡（特支）知的特別支援学校への安易な転学を許さないため、転学対応マニュアルを作成して地域の学校でできることを示した。合意形成の大切さを伝えるなどの実践を通して、地域が少しずつ変わり、全国的な流れとは逆に在籍者数が減ってきた。

(2)質疑・討論

○知的特別支援学校高等部の入学者選抜では、軽度の障害のある受検生の増加で障害者手帳所持を条件にする県がある。発達障害児対象の高等支援学校をつくった県からは、以前は高校へ進学していた子どもを引っ張ってきただけだとの指摘があった。

○保育園で周りの子どもとともに育ち、車いすで小学校に通う子どもの「小学校でも特別支援学級じゃなく通常学級に行きたかった。学校に行くためたくさんリハビリをしてきたけれど、僕の体はまだまだ自由に動きません。体は自由に動かないけれど気持ちはみんなと同じです」という作文が紹介され、特別支援学級や特別支援学校の中だけでの実践を重ねても、この子どもの悲しみに寄り添うことはできないとの意見が出た。

○障害児は努力して、苦手を克服しないと友だちと一緒に仲良くなれないのか、個別の指導では、インクルーシブと逆行してしまうのではないかとの意見が出た。

○障害者は場所も気持ちの上でも分けられたくない。みんなの中で生きていきたいという思いがあれば、どう通常学級に返していくのかを考えなければ、分ける方に加担することになるのではないかとの指摘があった。

○堀共同研究者から「『教員のちょっとした姿勢が、1人の人の人生を決める』『教員のやることがどんな意味をもつのか』を自覚する必要がある」との発言があった。

○大谷共同研究者から「2007年に特別支援教育を通常学級の中でやってもよいといったことで大混乱が始まった。通常学級で特別支援教育や交流・共同教育をやっていればインクルーシブかもしれないと思い込まされてきたが、それは全然違う。違うと認識して実践を問い直してほしい。障害者権利条約の一般的意見（国連権利委員会採択）では『インクルーシブ教育へのアクセスを妨げている障壁の第一にあげているのは障害理解を医学的にとらえていて、そこから離れられないことにある』と書かれている。障害は社会モデル、人権モデルで考える。社会が変われば障害が軽減する。社会の障壁こそが障害を生んでいることに気付いてもらわなければ、インクルーシブ教育へのアクセスができない」との発言があった。

○リポートに使われている「オウム返し」という言葉について田口共同研究者は、「教員自身には差別的な意識はないのかもしれないが、動物にたとえると相手を侮蔑してしまう。また、オウム返しでコミュニケーションがとれないというが、本当にそうなのか。パニック、クールダウンという言葉も子どもの心の動きを遮断する言葉になってしまうので、丁寧に子どもの心、姿を見ていくためにこの分科会では使わない方がよい」と述べた。

5．進路、卒業後の地域における自立生活を念頭においた実践

(1)報告の趣旨

　北海道（特支）　昨年、開校50年の節目を迎えた知的高等養護学校。毎年、不本意入学者がおり、在学中・卒業後に進路変更をする。地域の小中学校で学んだ生徒が定員割れした定時制高校を受験し、定員内不合格になり、今年も受験するとりくみがある。

　福岡（小）　支部教研活動の一環で30数年続いている「語る会」。地域の保育園に通うAの母親も参加した。小・中学校をともに学び、地域の高校進学を支援するための応援団をつくった。高校教員による代筆受験で合格し、現在、高校生活を楽しんでいる。

(2)質疑・討論

○普通高校の進路選択が広がって行くことで、小・中学校も変わると思う。みんなと過ごした小・中学校の延長にあるのが普通高校だ。義務教育ではないが、ともに過ごすことに例外はないと思う。諦めずにとりくんでいきたい。

○東京でのパラリンピック開催にむけ、特別支援学校高等部に部活ができ、日本体育大学が2017年4月北海道に付属高等支援学校を開校との情報提供があった。

○障害当事者からは「障害は治らない、その場所でそのままの状態で地域の学校、地域社会で受け入れてもらう環境をどうつくっていくか。障害当事者のがんばり、努力を強いるのではなく、一緒にいる環境をどうつくっていけるかを考えていけたらいい」との発言があった。

○「高校でもみんなと一緒」という本人の願いを受け止めて、とりくむ必要がある。

○元共同研究者は「分けないのと分けてから一緒にするのは違う。再統合とか交流はともに学ぶためのステップにはならない」と述べた。

○堀共同研究者は「専門家の知見を参考にするのは否定しないが、あくまでも参考にしかならない。『よい先生』はどんどん分けていき、分けるのがおかしいという意識がない。力を付けるためには分ける方がいいと思っている。特別支援教育の目的は、『自立と社会参加』だが、従来の特殊教育と基本的には変わらない。心の中でインクルーシブ教育に変えたいと叫びながら特別支援教育という言葉を使ってほしい。現状をふまえ、理想をめざす、ベクトルのある運動と日々の実践が必要である」と述べた。

○大谷共同研究者は「知的障害者の合理的配慮で非物的調整方法として代替的な評価項目が例示に入っている。高校受験で評価基準の変更が合理的配慮なんだと正面切って言ってほしい」と述べた。

6．総括討論とまとめ

障害者権利条約と合理的配慮の観点から自らの実践をふり返る

○意見表明をしてもよいのだということを学び、受け止めてもらうことを学校でたくさん経験すれば、社会に出たときに意見表明ができると思う。権利があることを知ることで主権者教育にもつながると思う。

○子どもたちが自分たちで話し合ってルールを決め、一緒に活動してきたが、介助員がついたら今

までの関わりを切ることになった。同じ空間の中で、子どもたちの関係を絶ってしまうのではなく、一緒に学ぶことができるために必要な支援をしていくべきだ。

○教員はまじめでよい実践をつくろうと思うが、自信がないので何かしらの大きな看板にすがりつきたいという気持ちになる。授業のあり方をしっかり考え、子どもたちの権利を守るとともに実践の検証をする努力をしていかないといけない。

○子どはおとなが思っている以上にありのままの姿を受け入れる柔軟性があると学んだ。

○大谷共同研究者は「この子の学習権が実現していない理由はいったい何かと考えたとき、社会的な障壁ととらえ、周りが変わることが合理的配慮。できないのはこの子の障害のせいだと考え、治してあげようと考えるのは単なる配慮」だと述べた。

本人の意志・保護者の思いをどう受け止め、それとどう向き合うのか

○特別支援学校から地域の学校に戻すのに2年かかった。真っ先に反対したのが特別支援学校の職員だった。一番大事なのは本人、保護者の声なので、本当の思いを代弁したい。

○当事者の声を聞くことが大切だ。学校で見えてくる差別が多い。おとなの都合で管理することを優先し、子どもの自主性を奪っている。今の職場でできることから声を上げたい。

○保護者は専門家に頼ってしまう。選ぶ権利があるものの就学の時点で特別支援学校、特別支援学級を選んでしまうことがある。地域でともに学ぶことで、社会に出てからもともに生きることにつながるのである。

○受け入れる側の意識改革が必要だと思った。すべての子どものありのままを受け入れることが大切である。

○大谷共同研究者は「本人の意思を尊重するのは大原則である。就学問題で選ぶ立場になく不利益な状態にある。選ぶことは権利だが不利益のままだ。原則としてまだ共学が成立していない段階で自己責任で決定を迫ることになる。教員が選択の不利益を課さないようにしてほしい」と述べた。

○田口共同研究者は「障害児だけが選ばされている。ガイドラインにのっているからということで、本人の意向を無視してやることは合理的配慮でも何でもない」と述べた。

医療と教育の関係

○難しいのは、評価や基準などを変えていく勇気が必要だということである。

○医学モデルを共生共学をめざし、子どもを支援するために使うことはできないのか。

○合理的配慮やインクルーシブ教育について他の分科会でも語ってほしい。合理的排除の理論に待ったをかけるために、つながりを確認して、粘り強くやっていきたい。

○「すべての子どもたちが地域の学校で学ぶことが当たり前の権利である」というが、その中に医療的ケアが必要な子どもが入っているのかとても疑問である。学校に行くと「この子どもたちに意思があるんですか」、「安心・安全が保障されていない」と言われる。看護師を付けるために運動して2年もかかった。スクールナースなどの制度が必要である。

進路、卒業後の地域における自立に関するインクルーシブ社会をどうつくるか

○進路は生き方だと思う。障害のある子どもだけに寄り添い考えるのではなく、すべての子どもを育てる中で一緒に進路を考えたい。

○インクルーシブのパイロット校をつくるとき、現場では大きな混乱が起きた。インクルーシブ教育をすすめていく上での最大の社会的障壁は教職員である。

この教研で学んだこと

○分けることは差別であることが再確認できた。

○一度できたしくみを崩すのは大変だが、やっぱり「みんなが一緒がいい」を再認識したので、なくしていくとりくみをしていかなければならないと思った。

○今までの価値観を丸ごとひっくり返されるような衝撃的な3日間だった。特別支援教育とインクルーシブ教育は全然違うことを知らず、混同されて教えられてきたと気付いた。印象的だった言葉は自分が変わっていくことは悪いことではないということ。子どもたちどうしの方がうまく関われていることに気付かされた。教員が変れば同じ現象でも変わっていく。

○能力で分ける構図に息苦しさを感じてきた。「みんなで一緒に暮らすことの大切さ、障害者は場所も気持ちも分けられたくない。分けないことからスタートする」などたくさんの言葉に出会えたこ

とが大きかった。逆の現状に足を突っ込んでいることを自覚した。

○医療モデルのままのとりくみを特別支援学級でしかやれない、やらないことが問題だ。なぜ普通学級でやらないのか。できるようになることを目標にするが、できなかった時にどうするのかは同様にとりくまれているのか。できなくても困らないようにすることが特別支援学級だけでできるのか。周りの人との関係の中で解決することは周りの人と一緒にやらないと無理だと思う。

○大谷共同研究者は「よだれがでて、食べ物をこぼす子どもと食事をしたとき、それまでこのような経験がなかったので、ショックだった。汚いと思った。私の差別意識、偏見だったと思う。その子どもが高校で友だちが離れていったので、『僕はよだれを垂らします。でも、毎日きれいなハンカチをもってきて拭いています。僕のよだれを汚いと思わないでください』という内容の手紙を書いた。障害があるがゆえの特性をありのまま受け入れ、みんなが変わることが合理的配慮である」と述べた。

○田口共同研究者は「障害者差別や進路保障の問題が多く出された。日教組の人権教育の考え方で進路保障は人権教育の総和であるといわれている。特別支援教育が肥大化し、高等部も増加する一方で、高校へ進学を果たそうという考え方も出てくる。新しい進路のあり方を考えていくことが求められている。ドイツは小学校から留年制度があったが、国連障害者権利条約を批准したことで、いくつかの州で留年制度をなくしている。新しい学びの姿を模索し始めている。私たちも教室の中で学びの姿を見つけていくことが大きな課題になっている」と述べた。　　　　　　　〈大場康司〉

7．このリポートに学ぶ

特別支援学級担任の1年とそれに続く普通学級担任の1年の2年間にわたる、「障害のある子ども」と周りの子どもたちとの関わりについての実践報告である。リポーターは、「分けない」教育の自治体で育ったので、「分ける」ことがあたりまえの地域に赴任して戸惑いを見せる。支援学級担任では交流学級担任と考えが合わず、多くの「残念な」思いをしている。一方、普通学級担任では、保護者の「やっていけるかどうか不安」「とりあえず、1年間だけ」との思いに寄り添いながら、子どもが変化し、周り

の子どもとともに育つ様子がよく理解できる。そして保護者はこれからも普通学級でという思いに至る。

障害者差別解消法や改正障害者基本法によって「可能な限りともに」が原則となった。それぞれの実践を比較して読むことによって、学級づくりや子どもがともに育つことがよく理解できる。

〈田口康明〉

リポート　一人ひとりが大切にされる教育をめざして
　　　～「とくべつ」な支援を「あたりまえ」の支援に～

井上佑子　兵庫・尼崎市立尼崎北小学校

A．はじめに

私が子どものころ通っていた宝塚市の小学校には、「特別支援学級」は存在しなかった。5・6年生のとき、同じクラスに耳に「障がい」のある友だちがいたのだが、誰に教えられたわけでもなくその友だちと話す時はみんな大きな口をあけてゆっくりと話して、コミュニケーションをとったり、遊んだりしていた。本来、友だちとの関わり方は、その子と直接かかわり、知っていく中で自然と身に付くものであり、誰かに教わったり押しつけられたりするものではない。私の中で、「障がい」のある子もない子も一緒に学び、遊び、成長していくことや、相手がどんな子で、何に困り、何を思っているのかを知ろうとすることは特別なことではなく、あたりまえのことだった。そういう感覚で私はおとなになり、この仕事に就いた。

B．Aと出会えたことから
【2014年度　特別支援学級（自閉・情緒）】
(1)Aさんとの出会い

尼崎に赴任して4年目、それまでの特別支援学級担任（以下支援担）の異動で、私に支援学級を引き継ぐバトンがまわってきた。何度かの交流学級（原学級）担任の経験を経て、機会があれば支援担もやってみたいという思いもあり、受けた。この年は、学級びらきの準備に始まり、子どもとの関わり方、授業づくり、学校行事、自分の立ち位置など、今までやってきたことが全く通用しない、全てひっくり返されたかのような感覚を、数え切れないほど味わうことになる。その中で、「子どもと子どもをつなぐ」大切さと難しさ、「一人ひとりに合った支援を考える」意味、「子どもは子どもの中で成長する」、「交

第14分科会｜インクルーシブ教育

流学級の担任の意識がいかに大切か」を子どもの姿から学ばせてもらった。

特別支援学級（自閉・情緒）で、3年生2名、2年生1名の学級。3年生のAは、非常にこだわりが強く、失敗することを嫌い、感情表現ができにくいという特性があった。また、学年も変わる、担任も変わるで、4月当初、Aはかなりの不安感を抱え、ストレスを感じた状態でのスタートだった。私にとっても、何から始めればよいかわからず、毎日が戸惑いの連続だった。自分がいかに支援学級の子どもたちと、本当の意味で関わっていなかったかを思い知らされた。

そもそも、何のために「特別支援学級」があるのかと考えた。そのときの私が出した答えは、周りのいろいろな友だちやおとなと関わっていくためスキルを身に付け、自信をもって、安心してみんなの中で過ごせるようにすること。たとえばコミュニケーションのスキル、読み書きのスキル、気持ちが落ち着かなくなったとき、わからなくて困ったときの対処法などを一緒に考えて、あくまで「交流学級の友だちの中に帰していくこと」を目的にした。しかし、それがうまくいかなかった。交流学級の先生は前の年もAの交流担だったので、Aのことは私よりもよくわかっていたし、Aとの交流の仕方を全て指示される。私が交流担だったときは支援学級の子どもとかなりの時間を一緒に過ごしていたので、そのギャップにかなり違和感もあったし、こんなに別々なのかと、さびしい気持ちにもなった。水曜はラッキータイムといって、給食のあと掃除がなく昼休みに入る。それ以外の日は掃除があるから来ないでほしいと交流担にいわれた。一緒に給食を食べるものだと思っていた私は月曜にAと一緒に行くと「月曜にA連れてこられても困る！」と私が叱られ、追い返されたこともあった。

保護者とは、家庭訪問や電話、連絡帳などを通して、主に母親と話を重ねていった。すると、多くの友だちと関わり合うよりも、Aがにこにこと楽しく学校に行って帰ってきてほしいと願っているように感じた。だからAの苦手なことや嫌がることは極力させたくないようだった（激しい癇癪を起こす、泣く、叫ぶ、物を投げるため）。

(2)Aの給食

Aが前年度まで交流学級で過ごしていたのは、図書・体育（行けないときもあったそうだ）、特別活動、校外行事のみであり、給食は週に一度、水曜の

みだったという。Aが交流学級で給食が食べられない原因が、極度の偏食だ。出会った当初、Aが食べるものは家でも学校でも「白ごはん」「豆腐」のみだった。それではさすがに栄養が偏るだろうと、少しずつ食べられるように特訓したいという旨を伝えるが、保護者はあまりよい反応ではなかった。

Aに合う量を見つけて完食できるようになり、Aが少しでも楽しく交流学級でみんなと一緒に食べられるようになってほしいと願い、給食の練習が始まった。繊維の多い野菜や、肉などは一切口にしない。気分によっては、小指の爪ほどの薄あげを口に入れることもあったが、結局呑み込むことができず、泣き叫ぶ。しかし、よくよく観察を続けていると、Aの食べられるものとそうでないものや、声かけのタイミングが少しずつわかるようになってきた。咀嚼と嚥下の力が弱く、口は動かしているが頬の中に入ったまま噛んでいないこともわかり、白ごはんは大好きだったので口の中で混ぜる練習をした。そうして、一つひとつ食べられるものを増やし、ほめて自信をもたせることで、少しずつ食べられる種類が増え、癇癪を起こすこともずいぶんと減っていった。自分から給食の献立を確認し、「今日はハンバーグが出るね〜。ひき肉が入っている？」などと話しかけてくるようになり、食べることに対して興味がもてるようになった。「楽しく頑張れるような声かけや手だてを行うこと」と「無理強いしないこと」を意識した。ある日、みかんが飲み込めなかったときに、「わかった、じゃあ次のみかんのときは飲み込めたらいいね」と声をかけると、すぐに「給食もりつけ表」のところに行って、「井上先生、次のみかんは○月○日です。がんばります」と自分からめあてを立てた。そして、なんと有言実行することができた。次にとりくんだのは、「なんでも一口は必ず食べる」こと、そして、「完食」すること。調理師さんへの感謝の気持ちを込めてAの量でよいから食べることの意味を話した。前年度までは昼休みまで給食を食べていて、あとの掃除もほとんど参加できていなかった。2学期には、時間内に食べるようになり、みんなと一緒にごちそうさまのあいさつをして掃除ができるようになっていった。しかし、完食の強要はしなかった。

2学期後半頃から毎週水曜には確実に交流学級に行けるようになり、友だちからの声かけも増え、励みになっているように思えた。私は「子どもが子どもを育てる」「子どもは子どもの中で育つ」ことをひしひしと感じた。保護者もAの成長を本当に嬉しそ

うに喜んでくれたが「じゃあ家でもやってみる」とはならず、Aの中では「学校は頑張るところ」ということらしかった。

(3)友だちと完走！　クロスカントリー

　前年度は1人で走れなかったクロスカントリー（マラソン大会のようなもの）。前年度は支援担がそばにつきAに声をかけながら走らせていた。今年は友だちの力を借りようと思い、休み時間に、寒いのが苦手なAを励ましながら外へ連れ出し、自主的に走る練習をしていた交流学級の友だちのところへ連れて行った。すぐに友だちがAに気付き、声をかけながら一緒に走ってくれた。最初は渋っていたAだったが、友だちが手をつないだり背中を軽く押したりして一緒に走ってくれたのが嬉しかったのか、その日から毎日休み時間に外に出て、走っている友だちの近くまで行くようになった。交流学級の友だちも特別支援学級の教室に迎えに来てくれることもあり、友だちとかかわり合いながら、Aは少しずつ走る距離を延ばし、本番は1人で最後まで完走した。Aがゴールに近づくと、たくさんの友だちが応援し、喜ぶ姿があった。さらに驚いたのは、A1人でゴールテープをくぐらせてくれた。

(4)「落ち着きスペース」誕生！

　Aはひとつ何かひっかかると、泣き叫んでしまう。たとえば、寒くて手がかじかんでボタンがとめられない、歩いているときに手にもっているものを落としてしまう、たし算の問題を一問まちがう、等だ。そのようなときは落ちつくために、雑談してみたり、深呼吸したり、くるくる回ってみたり、歌を歌ってみたり、その時々で効果的な方法をとってきた。それまでのAは、しんどくなったり困ったときには癇癪を起こして物を投げたり泣き叫んだりの感情表現をすることが多かった。ある日、ダンボール箱があって「Aなら入れそうな大きさやなあ」といったら「ぼく入るー？」といって入ったまましばらく出てこなかった。気に入ったようだ。それからは毎日のように「入っていい？」といってくるので、そんなに気に入ったのならと「落ち着きスペース」と名前をつけ、交流学級の友だちと一緒に飾りつけをした。この「落ち着きスペース」を交流学級に置かせてもらえていたら、Aが交流学級で過ごす時間が増えたかもしれない。そしていつかは段ボールではなく、Aの心の中に「落ち着きスペース」が描けたらよいなと感じていた。

(5)「交流」ではなく、一緒が当たり前に……

　正直なところ、「交流」という言い方に自分自身がかなりの違和感を感じていた。「交流」とは、母体が「特別支援学級」であり、交流学級に「交流」しに行く「お客さん」のような気がしていた。同じ学年の友だちと、一緒に居て当たり前にしたかったし、周りの子どもたちにもそう思ってほしかった。しかし、「調子の悪いときは、交流に来てもお互いのためによくない」「支援学級の担任は、交流学級の担任におんぶにだっこでお世話になっているんだから、迷惑や負担をかけてはいけない」という考え方をする教員が、おそらく少なくないと思う。なかなか私の考えを伝えることができないまま、1年が過ぎてしまい、自分の至らなさ、力不足を感じた。

C．Bとともに
【2015年度　通常学級（1年生）】
(1)Bとの出会い

　Bは特別支援学級（知的）に入ると聞いていたが、保護者の強い希望で、通常学級籍で入学することになった。事前に管理職が幼稚園にBの様子を見に行くと、一斉指示では動けないが、周りを必死で見て一生懸命みんなと活動する、けなげで頑張りやの子だという。これは、何としても応援したいと強く思った。保護者の願いは、「学習面で絶対についていけないのはわかっている。いずれはまた考えるが、とにかく1年生の間だけでも通常学級でたくさんの友だちと関わってほしい」とのことであった。入学式では、みんなと一緒に行動ができた。しかし、式後のトイレ休憩のとき、トイレの個室から突然泣き声が聞こえてきた。鍵が固くて開かず出られなくて不安な思いをしたようだ。その日のうちに校務員さんにお願いして、ひっかけるタイプの錠に替えてもらった。放課後、保護者と話をすると、B本人は思いのほかケロリとしていて、「学校楽しかった～」と帰ってきたそうだ。Bには重度の吃音があり、入学当初はなかなか声を出そうとしなかった。しかし多くの子どもたちにとっても小学校はまったくの未知の環境である。あせらずに、「学校は安心して過ごせる場所だ」と子どもたちが感じられるのを待った。

　私の学級経営の一番の中心には、いつもBがいた。Bと周りの友だちをつなぐこと、Bがいきいきと安心して活動できる学級。Bにとってのそんな学級は、ほかの子どもたちにとってもそうなると思ったからだ。そんな思いを持って、2015年度がスタ

ートした。

(2)Bと友だちとの関わり

　Bが吃音でつまったときも、話そうとしているのを感じれば待つことにした。「待つ姿勢」が子どもたちにも広がり、クラスの中にBだけでなく友だちの頑張りを「待てる」空気ができあがっていった。また、学級の空気をつくるのも、授業の主役になるのも、子どもたち自身だということを4月からずっと伝え続けてきた。「まだ1年生だから」と、教員があれこれ手をかけて、教員主導ですすめていくのは簡単だし混乱も起きにくい。しかし、子どもたちが自分のクラスのこと、友だちのことを「自分ごと」として考え、行動する力を育てるためには、多少時間はかかっても子どもたち自身で考え、行動し、時には失敗も経験しながらみんなの力で乗り越えていく体験を多くさせたいと思った。日々の学級活動や授業、そのほか様々な場面で、友だちの発言に対して反応することや、納得したりわからなかったりしたことを言える雰囲気、みんなで解決して、みんなで納得してすすんでいこうとする姿勢がぐんぐんと育っていくのを感じた。「困ったときも、友だちどうしで助け合う」ことが自然にでき、それを楽しめるような学級に成長していった。

(3)Bの"放課後ラッキータイム"

　水曜の放課後は、Bとゆっくり学習する時間をつくり、終わらなかったテストの続きを一緒にしたり、計算練習、漢字やカタカナ練習をしたり、スピーチの練習をすることもある。周りの子どもたちは、最初は不思議そうに「何してるん?」とBの様子を見て学習を応援してくれる子どもが出てきた。Bも、友だちが周りを囲んで応援してくれることが嬉しかったようである。

　次第に他の子どももBの学習のお手伝いをしたり、「あ、ぼくも今日の算数わからんところあったから、Bと一緒にやってもいい?」などといいながら隣で学習し始めたりと、にぎやかであたたかい時間になっていった。ここでも、子どもたちの大きな力を感じた。

(4)Bの歌声

　「Bは、人前で歌うことができません」。母親からこう聞かされた。歌詞を覚えられない、覚えても吃音のためリズムについていけないということだった。そんなある日、6年生と合同で音楽をして、6年生が1年生に校歌を教えてくれることになった。1年生1人に対して6年生が1人か2人がついて、一緒に歌いながら教えてくれた。しばらくするとBとペアを組んでいた6年生が、「あ! B、今、声出てた! そうそう! それで合ってるよ!」と、手をたたき、興奮しながら応援してくれた。それを聞いて、近くのグループの友だちと輪になって笑顔で一緒に歌うBの姿があった。朝の会や音楽の時間でも、全部ではないがBの声が聞こえるようになった。

(5)Bのスピーチ

　2学期、朝の1分間スピーチで、Bが日番だった。スピーチは保護者の協力を得て家でも学校でも友だちと一緒に練習している。しかし本番になると、声がどうしても小さくなり後ろまで聞こえない。どうするかなと子どもたちを見守っていると、ある子が「じゃあ、Bの周りにみんな集合! そしたら聞こえるやろ!」といってみんなが席を立ちBの周りに座ったのである。

(6)B専用ワークシート

　他市の教員から教えてもらった「リライト教材」に学び、国語の「じどう車くらべ」の単元で、B専用のワークシートをつくってみた。保護者とも連携をとり、どんなワークシートにすればBが迷わず書けるかを模索し、授業の中で使ってみた。音読カードの保護者からのコメントもヒントになり、通常よりも少し文字を少なくする、穴埋め式にする、なぞり書きができるようにするなど、いろいろと工夫してみた。B以外にも、書くことを苦手な子、書くのに時間がかかりストレスになってしまう子など、支援の必要な子はたくさんいる。Bのためにつくったワークシートだったが、その後の学習は2パターン、3パターンのワークシートをつくるのが私には当たり前のことになり、Bだけでなく子どもたちが自分の力に合ったものを選べるようにした。全員が意欲をもって学習にとりくみ、最後までやりとげられるようになっていった。

(7)大勢の前で

　秋に生活科で「のりものにのって」という活動をした。1・2年生がグループになり自分たちで切符を買い、間違えずに電車に乗り、二駅先の公園まで出かける。1年生が「出発式」、2年生が「帰校式」の司会進行をすることになり、学級で出発式の立候補を募った。すると、Bを含め8割近い子どもたち

が手を挙げた。子どもたちだけの話し合いがスタートした。ある子が「ねえ、Bが手を挙げるのって、今までなかったんじゃない？　私、Bを推薦する！」といい周りの子も賛同して、Bと他2人が代表に決まった。この話し合いの間、別のところでも輪ができ、「司会の言葉考えてるの！」「だって、いうのは代表の人が頑張ってくれるけど、言葉はみんなで考えなあかんから」と笑顔で返され、こちらが一本取られた思いがした。Bがまた一つ新しいことに挑戦することができたのだ。4月には、「おはようございます」というのにも10秒ほどかかるくらい、吃音もあったし、話すことに対して積極的でなかったB。それが、当日の出発式は、友だちに挟まれて、1・2年生70人以上の前で1人で担当する言葉も見事にいうことができた。1人で口をあけて話しているところを写真に撮ったので、夕方家庭訪問してその日の様子を伝えると、保護者も信じられないといった様子でBの成長と頑張りを喜んでくれた。

D．おわりに

　年末に保護者との面談をもち、次年度の話をした。通常学級のまま進級するか、特別支援学級に入るか、最終的には本人の意思を最大限に尊重して本人と保護者が決めることだが、判断の情報として、Bが通常学級でいきいきと過ごせている様子や、Bがいることで周りの子どもたちもいろいろなことを学び、感じているという事実を、できるだけ多く伝えたいと思っていた。入学前は、「1年生の間だけでも通常学級で……」と願っていた保護者は、Bのことを、周りと「合わせることができない」子、周りに「ついていけない」子、みんなに「迷惑をかけるかもしれない」子だと思っておられたのかもしれない。Bと出会い、日々を過ごしていく中で、私自身のこれまでのことを振り返ることも多くあった。まだこの仕事に就いて間もない頃、私自身、学級の中で集団行動ができにくい子ども、衝動的な行動をとりやすい子どものことを、そんなふうに見ていたことがあった。子どもの行動のみを捉え、「周りと合わせなさい」「みんなと一緒にやりなさい」「何でそんなことするん」……そんな言葉を、何度子どもにむかって発してきただろう。「困らせる子」として見ていたのだと思う。

　子どもの生活は、学校だけで成り立っているのではない。子どもの行動には必ず理由があり、思いがあり、背景がある。そのことに気付かせてくれたのが、前年度、特別支援学級の担任をしたときに出会

ったAや周りの子どもたち、そして保護者だった。今年度、Bの保護者は迷わず通常学級を選択し、Bは通常学級でたくさんの友だちと楽しく学校生活を送っていると聞いている。一人ひとりの個性が大切にされ、"ありのまま"を受け入れ合える学級・学校づくりをめざして、今後も子どもたちをしっかりと見つめ、誠実に向き合っていきたいと思う。

【第66集】日本の教育 日教組第66次教育研究全国集会(新潟)報告

国際連帯・多文化共生の教育 第15分科会

1. 足もとからの国際化をどうすすめるか
2. ゆたかな世界認識と地球規模でものを考える教育を
   どう創造するか
3. 総括討論
4. このリポートに学ぶ

◎多文化共生の社会をめざして～日本語支援のとりくみを通して～
〈福岡裕城　福岡・久留米市立金丸小学校〉

《執筆者》

林　　二郎

広瀬　義徳

榎井　　縁

1．足もとからの国際化をどうすすめるか

(1)民族的自覚をもって生きる力を育てるとりく みを通して

この討議の柱での報告は8本であった。まずは神奈川（高）の報告について。リポーターの高校に「在県特別枠」で入学した各学年10人のうち、来日3年以内の生徒への「取り出し授業」のとりくみが報告された。1年次では体育、芸術、英語以外のほとんどの授業で「取り出し」授業を実施。2年次は、選択授業の関係で「取り出し」は大幅に減った。必修科目の「世界史」で「取り出し世界史」は16年度、ヴェトナムA、D、ブラジルE、フィリピンF、中国G、ネパールH・I・Jの8人。Cは取り出しを拒否し、Bは中途退学した。釈迦の話では、生誕地のルンビニを、「インドの人はインド、ネパールの人はネパールと言う」との説明に、H・I・Jの3人は一斉に立ち上がって「ちがう！　ネパール！　ネパール！　だからインド人嘘つき‼」と反応。古代中国史はGの独壇場で、「秦の中国統一」では、「秦」の中国音Chinをめぐって、ポルトガル語（ブラジル）では「シーナ」、ネパールでは中国のことを「チン」だと主張した。あげく試験中の途中退出の可否をめぐっては、「答案を出して帰る」と言うネパールやフィリピンとの違いを指摘した。1年生の「現代社会」の取り出しは、フィリピンとつながりのある6人、中国人3人、スリランカ1人で構成。不本意に来日し、日本での生活になじもうとしないKは、日本の高校卒業後はフィリピンの大学への進学の了解を家族から得られて落ち着きを取り戻した。Mは、テストさえ受ければ単位が取れるフィリピン流に10月中旬までの長い夏休みをフィリピンで過ごし、戻っていきなり受験をした。10人は、「国際交流フェス」にむけ、中国からの3人は瀋陽、河南、福建それぞれの出身地の食べ物の日本語紹介、スリランカの生徒は複雑な民族の説明、フィリピン・チームはバンブーダンスの披露へと、それぞれ練習に精を出す姿が報告された。

石川（小）から、問題を抱えていても、言葉で表現できないから黙っていて、自尊感情が低くなっていた子どもとの出会いの報告。金沢市で小学校に設置された唯一の日本語教室は、少数在籍校から30人ほどが通級してきている。インドネシアから、母の金沢大留学で来日した6年生のAの指導を開始して早々の5月末、在籍校の担任から「最近休みがちで、翌日の運動会も不参加かも」と連絡があるま

で、Aが学校生活に不適応をきたしているとは夢にも思わなかった。

Aは、出身国ではリーダー的な立場だったのに、言葉も文化も違う日本に来て、カルチャーショックを受けた。自分が人の手を借りないと何もできない無力な存在と感じ、置かれた環境を受け入れられなくなっていた。またイスラム教文化で育った中で、運動会の組体操の練習も強いストレスだった。在籍校の担任に把握できた状況と柔軟な対応や配慮を要請。2学期の連合音楽会などの行事を通じ、クラスの仲間からも受け入れられ、学校生活になじんできた。本来、母国にいれば感じる必要のなかった思いを抱えながら、それでも精一杯生きていこうとしている姿をみとめ、課題を乗り越えることができるよう、寄り添い、支援していきたいとリポーターは結んだ。

三重（小）から、全校子ども255人中、外国につながる子ども119人（約5割、国別はフィリピン・ボリビア・ブラジル・中国・タイ・ペルー・インドネシア等）、要援護・準要援護家庭の子ども171人（約7割）、2002年度に失効した特別措置法対象地域に居住する子ども108人（約4割）がいる。また、子ども養護施設から通学する子ども15人、特別支援学級子ども25人で、保育園3・幼稚園1・小学校1・中学校1の保幼小中一体となった保護者や地域との連携の中でのとりくみが報告された。

地域の「初期適応日本語指導きずな教室」や母語で子どもや保護者の支援をする巡回指導員、校内の日本語指導教室、ポルトガル語・スペイン語・英語を話す教員（2人の日本語指導常勤教員）で取り出し授業やTTに入って学習サポートや生活の支えをする。自分の思いを綴るとりくみ、通称名ではなく本名を名のろうと思った子どもの思いをクラスに開いていく授業研究、ペア学習・グループ学習を意識して話し合いの活性化への手立てにとりくんだ。どの学年もクラスの半分に外国につながる子どもがいる。リポーターは22人中フィリピン8人・ブラジル2人・ボリビア1人の6年生のクラスの中で、3年生の6月に来日したフィリピン出身からのAと、3月に来日したばかりのBについて詳しく報告した。6年になって欠席が増えたAに対する丁寧で粘り強いとりくみがあった。また、来日間もないBが、校外の「初期適応日本語指導きずな教室」通級後、校内の「移動きずな教室」でビサヤ語を話すクラスメイトに支えられたことや、9月のクラス全体で短い言葉でお祝いする「きずな」卒室式の温か

第15分科会 | 国際連帯・多文化共生の教育

い雰囲気でのとりくみなどが報告された。

　兵庫（小）は、教科指導を通じて「日本語で学ぶ力」を育成する指導法（教科指導型日本語指導）の、外国にルーツをもつ子どもにとっての学習効果と校内指導推進の成果の紹介と報告であった。まず、言葉にこだわった授業づくりをするために、教科用語理解などの子どもの実態把握をしたうえで、教科の目標に加えて日本語の目標を設定して単元の授業に入る。例えば、4年算数の〈面積〉での日本語の目標は、「補助線の意味の理解」と「立式の意味の説明」、4年音楽の〈指揮で自分の思いを表そう〉での日本語の目標は、「せんりつ」「リズム」「音の重なり」など『音楽のもと』や、「うきうきする」「パワフルな」「はげしい」「ひっそりとした」など『感じを表す言葉』を提示し子どもの使える語彙を増やす。5年体育の〈器械体操〉での日本語の目標は、「両手をしっかり開く」「ひじをのばす」「首筋をそっとマットにつける」など『上達ワード』を使って、自分の身体の動きを言語化。国語科〈書写〉での日本語の目標は、「始筆」「送筆」「終筆」「左払い」「右払い」「とめ」「折れ」など『書写用語』や、筆の動きを表す言葉を学習して、作品を仕上げ・鑑賞するなどである。

　また、①視覚情報を多用した日本語や学習内容の理解を促す支援（わかる）、②自分の意見の根拠を言える表現支援（使う）、③学習言語に触れる機会を多く設ける（覚える）の3つの支援を取り入れた授業展開や、子どもが問題を解いたり、考えたりする時の手がかりになる言葉や文章であり、その授業で何を教えたいのかがわかるターゲットセンテンスの意識化が重要である。

　このとりくみの3年めで、コミュニケーション能力が向上し、生活面でも効果・成果が上がり、「学校環境適応感尺度（アセス）」のアンケートにもとづく子どもの適応感にも向上が見られたという。このとりくみと合わせ、加配の日本語指導推進員による取り出し指導や、スペイン語・中国語・ポルトガル語の3人の多文化共生サポーターによる、入り込み個別指導や生活指導面での保護者への連絡などで、子どもと保護者の困り感は軽減されてきた。様々な問題を抱える外国にルーツをもつ子どもへの支援は、大きな人権課題ととらえて、とりくみは続く。

　鳥取（高）から、リポーターが勤務する地域の専門高校で、フィリピンと日本にルーツをもつダブルの生徒Ａとの関わりから見えてきた課題についての報告があった。年度初めの職員会議で外国にルーツがあるＡの存在を知る。前年度からもち上がる担任は「特に注意することはない」と言う。5月の調理実習中にごく自然にペアの生徒との会話でフィリピンに触れたことをきっかけに、Ａ自身の口から母がフィリピン人で祖父母がフィリピンにいるこ

219

とが話され、周囲の生徒も多くが知っているという。6月に県内の外国にルーツのある生徒交流会のチラシを見せて誘ってみる。部活との兼ね合いで即答はなかったが、「18歳までの国籍選択」に問題意識をもっていると返事。日をおいて、会場までの地図も準備しあらためて声をかけ、結果的に母親の友人の子ども（中学生）と参加し、終始笑顔で初めて聞く話や自分の話ができ満足した様子であったという。

Aは、卒業生Bとともに、8月に行われた東京・町田市での生徒70人・全体で100人規模の2日間の全国交流会にも参加し、中国ルーツの生徒が、尖閣問題で批判ばかりで話し合わない両国や、学校での中国に対する良くない意見が多いことについて、家でも、学校でもこのことを話題にできず、本音を話せない苦しさの吐露に衝撃・感動した様子だった。帰りの列車内で、国籍選択の悩み、中学時代の母親と学校の関係での嫌な思い、保護者に教職員を会わせたくない気持ち、生徒交流会参加で揺れる気持ち、自分のルーツに周り（特に教職員）が必ずしも意識していないことなどを話し合い、多くの課題が明らかになった。これらの課題の背後にあるものが見えていない中、もっと話し、まわりの意見をとらえ、これらの課題を掘り下げられたらと考えている。

広島（高）から、2014年に入学した、父親が韓国籍のAの3年間を追う報告があった。5月、外国籍生徒の実態把握のため新入生の住民票記載事項証明書を確認していて日本籍ではあるが父親が韓国籍のAを見つけ、担任にリポーターが話したがっていると伝えるよう依頼。夏休み前になって、やっとAと対面できたという。「地域で在日韓国・朝鮮人生徒をつなげる活動している」と自己紹介すると、「でも、俺は日本人です」と返事。日をおいて、家庭訪問をすることを伝え、日程を決めるために家に電話をして父親と話すも家庭訪問は断られた。しかし、会って確かめてくれと食い下がったリポーターは、父親から「Aのことは好きにしたらええ」と返事をもらい、9月の「ウリマル講座」（広島県東部地域で日本の学校に在籍する在日韓国・朝鮮人生徒の自主活動を保障する集まり）に誘了解を得るとともに、校内で2年生の韓国籍生徒Cとも出会わせた。歓迎会を兼ね朝鮮料理をCや指導員（在日本朝鮮青年同盟から）と共に作る活動をかわきりに、国籍も日本で、ことさら韓国を意識したこともないというAだったが、ウリマル講座には一

度も断ることなく出席した。12月には在日朝鮮人のジャグラーパフォーマンスと講演の企画にもスタッフとして関わる。2年生になってからも毎月の講座や7月の宇部・唐津へのフィールドワークにも淡々と参加した。1学年上のCの卒業祝いを兼ねたお別れ会には次年度一人になってしまうことを気にしてか欠席。3年生になり、別の高校から参加するようになった在日韓国・朝鮮人生徒Dと仲良くなり、滋賀県へのフィールドワークにも積極的に参加した。就職の面接練習を何度か頼んできたり、趣味のラップを「ラップのバトルって、基本相手をディスる（バカにする）」から嫌になって止めたりと、リポーターはAがずいぶん変わったと感じた。

ウリマル講座で出会った者たちから自分のルーツについて何かを得てほしいと思い、付き合ってきたが、いろいろなことを話せたり体験させることができた。一人でも多くの在日韓国・朝鮮人生徒をつなげていくため、この活動を今後も継続していきたいとリポーターは結んだ。

神奈川（小）からは、1992年から行われ、今年で25周年の節目を迎えた、ヨコハマ・ハギハッキョのとりくみと、ハギハッキョで生まれた新しい出会いやつながりを継続していく場としての「チャンゴグループ」のとりくみが報告された。ヨコハマ・ハギハッキョは、厳しい差別と偏見に晒され、ルーツを隠して暮らしていた子どもたちに、一日だけでも本名を名乗り自分のつながる韓国・朝鮮の文化や歴史を知り、仲間を作ってほしいという願いから生まれた、年に一度だけの学校（ハッキョ）だった。この一日の中で、在日の子どもたちはルーツを隠すことなく過ごし、まわりの子どもたちも同じ空間を共有しながら韓国・朝鮮の文化を楽しむ場所がつくられてきた。やがて参加者の中から、自分を振り返り、思いを語ったりする韓国・朝鮮人やルーツをもつ子どもたちが現れ、外国につながり、そのことをプラスに受け止めにくかった子どもたちも参加するようになり、ルーツは違うけれどハギハッキョの中で輝ける場所を見つけ、意欲的に継続して関わる子ども、外国につながる友だちを受け止め、寄り添おうとする日本人の子どもたちも現れた。

今年で25年の歴史に一区切りをつけるが、このハギハッキョの「日常化」ともいうべき場所として、幼稚園生から社会人、おとなまでが集まる場所として、チャンゴグループの活動を続けていくと結んだ。

福岡（小）の報告は、「このリポートに学ぶ」で

詳述する。

(2)民族教育権と進路保障のとりくみを通して

　この討議の柱での報告は１本、奈良（高）からで、「帰国生徒等特例措置による入学者Ａと関わる中で」であった。特例措置による受け入れは、１年２人（中国ルーツ）、２年１人（ネパール）、３年６人（中国ルーツ４人、タイ、日本人学校）の９人を含め、外国にルーツをもつ20数人が在籍し、母語保障・日本語補充・取り出し授業を受ける。

　Ａは、小学５年の時、タイから渡日した現在高校３年生の一人である。日常会話はできるが、漢字を中心とした学習言語としての日本語の運用能力が著しく低い中、試行錯誤のとりくみが続く。中学時代、いじめにあい欠席がちで、時々学校に行ってもゲームをして遊び、不定期に一斉授業から取り出され基礎からの積み重ねがないことが今の学力不足につながると推測される。高校入学後、独自の時間割で、取り巻く友人関係も上手くいき楽しそうな毎日を送っていたが、中間考査の結果は惨たんたるものである。タイ語の音声と日本語の音声の違いによる聞き取りの不正確さ、タイ語の左下から一気に一筆書きする表記からくる影響、タイ語の語彙数の不足などが深刻で、放課後に補習・日本語補充・一斉授業での別問題を使用したり、家庭では電子辞書購入などの改善策をとるが、２年に進級後も、校長まで動員して取り出し授業を増やし、最終学年進級後は19時間にまで増やしても、漢字学習は小学３・４年レベルから上がらなかった。そのような中、三者懇談や家庭訪問で進路相談をすすめ、大学・専門学校・就職の選択肢から最終的に本人が興味をもつ実習時間も多い専門学校への進学を決めた。会話を絶やさず、校長をはじめたくさんの教職員が関わったことで、Ａは学校を続けることができた。自分たちに「見守る」という体制ができている限り、生徒たちは安心して学校生活を送ることができる、と報告は結ばれた。　　　　　　　　　〈林　二郎〉

2. ゆたかな世界認識と地球規模でものを考える教育をどう創造するか

(1)確かな歴史認識を育てるとりくみを通して
（侵略・加害責任の自覚と友好平和の視点）

　近年、この討議の柱に位置づく実践報告が少なくなっている中、大阪・（小）から、「『私は、韓国人なのです。みんなの前で言いたいのです。』から

わたしの『在日外国人教育』へ」と題する報告がなされた。こうして在日韓国・朝鮮人の教育について取り上げた実践報告にはなぜか「歴史認識」を問う視点が明確にあるのに、新渡日子ども・生徒の教育について取り上げた実践報告には「歴史認識」を問う視点が弱い、この点はその理由をよく考えてみる必要がある。

　リポーターは、自分自身が朝鮮人が集住する地域に生まれ育ちながら、「在日朝鮮人教育」を受けた記憶がないという。周りに差別的な現象や言動がたくさんあったのに深く考える機会のないまま公立学校教員となる。新任で着任した1980年代初頭は、勤務校のある自治体で一人の在日韓国人の子どもの本名宣言から、その地での「在日外国人教育」のとりくみが始まった頃であったそうだ。初めはどうすればよいか、何を話せばよいか分からない緊張感から出発したが、次第に韓国・朝鮮の子どもたちやその保護者と出会う中で「正しく出会いなおして」向き合っていくようになったと経緯が語られた。

　新任４年目には同自治体で初めてハギハッキョ（＝夏季学級）が開催され、2016年で第33回目を迎えている。また同時期より「民族子ども会」を立ち上げ、その活動発表の場所として「韓国・朝鮮の文化にふれるつどい」を開催してきた。近年では多文化の子どもが増えたことから「ともに生きるつどい」と名称変更しているが、そのつどい等で得た民族的自覚・誇りをもって生きるマイノリティの子らが「日本人（日本社会）に訴えていこう」という趣旨で運営しているという。

　学校でのとりくみは、授業の内部にとどまらず、現状の社会の中に偏見や差別があることを前提に、それらを見過ごすことなく「問題」として取り上げ、当事者の子どもたちに寄り添い、思いをぶつけあう「指導」の重要性から様々に展開されている。在日韓国・朝鮮人の子どもたちは、差別の残存や世代交代もあり、家庭の朝鮮文化の継承が難しくなっている中で育っている。そして今は、韓国・朝鮮の子どもたちだけではなく多様な民族的マイノリティが日本で定住生活する時代である。ここには、「韓国・朝鮮の人たちがたどった道（＝日本植民地支配期からの歴史）を、渡日の中国の人、フィリピンの人、ベトナムの人、ブラジルの人などに味わわせないため」に「私たち日本人」がどのような社会を作っていくのかという課題があり、そこに反差別を視点とした「在日外国人教育」の独自な意義を見出すものであった。　　　　　　　　　〈広瀬義徳〉

(2)ゆたかな世界認識を育てるとりくみを通して
（日本の課題をふまえた世界認識）

ここでは、5本の報告があった。新潟（小）からは「わたしたちにできることをしよう」と題した報告。全校生徒60人ほどの小規模校での3年生、中学年合同、全校授業で、ユニセフの研修視察で行ったベトナムを紹介することを契機に世界に視野を広げてもらい、実際自分にもできることを考えさせるという目的をもった教育実践である。実際にベトナムで撮影してきた写真をもとに、首都ハノイの賑わった様子、山奥の少数民族の子どもが土砂崩れがよく起こる山道を通って学校に行く様子、栄養失調の赤ちゃんにユニセフが栄養補充のクッキーを渡している様子などが伝えられ、ベトナムの子どもたちが自分たちはあって当たり前と思っていることが無くて困っていることに気づかせる。子どもたちが、授業の中で「子どもの権利」を自分たちが知らなかった世界的な視野で学び、考える機会を与えられることは貴重である。

しかし、度々言われるように、子どもが世界の問題に出会った時に、教員が「できること」を考えさせるのはやや急がせすぎではないだろうか。今回も絵を描いて出すと一枚につき100円ずつ寄付できるコンクールに意欲的にとりくんで、主催者から感謝状をもらって照れくさそうでも誇らしげにしていた、という報告や、地域の方に手伝ってもらい畑に畝を作り全校の子どもたちで植えているサツマイモを、音楽発表会でたくさんの地域から来ていただいた方のために販売コーナーを作って売り、得たお金をユニセフベトナム指定募金に送って満足そうであった、という報告についてはもう少し考えなくてはならない。

つまり、子どもたちが深く学んだ子どもの権利について、世界にむけられた目が、寄付や募金で停止する危険性があるのではないかということである。日本の地域にも様々な課題はたくさんある。世界と足もとのことをクロスオーバーさせるようなとりくみ、「できること」もいいが募金では「できないこと」や「自分事として」にも是非視点をあてて実践を深めてもらいたい。

質疑では、やはり現在激増している在日ベトナム人についての知識をふまえての実践や、ベトナムや外国につながる子どもがもしクラスにいた場合にも学習する子どもの権利は、自分たちの権利として自覚できるのか、といったことが取り上げられた。

千葉（小）は「国際的な視野をもち、平和を願い、実践する子どもの育成〜全校でのとりくみ〜」と題された実践で、自分と友だち、自国と他国のよさや違いを認められて理解できれば、平和のために自分ができることは何かを考え行動できるという仮説のもとに全校でとりくまれたものである。4年生では「韓国と友だち〜世界の国からこんにちは〜」という韓国の小学校を題材にしたもの、5年生では「米の旅〜世界の米料理〜」として米のルーツを探り、アジアの食文化をつなげるもの、6年生では戦争体験者の戦時中の話をインタビューするというものであった。学校は分離してから創立43年で、約30年間韓国の姉妹校と交流し、自文化と異文化の相互理解を深める活動を行ってきたが、この2年間途絶えているという。また、外国につながる子どもがいることも把握されている。「自分たちでつくったお米で日本と韓国の食べ物を調理し、文化の違いを味わうことができた。おいしいものを食べたり、出会った人に親切にされたことは、後々になっても心に残っていく。そのような草の根の交流が日韓の友情の基盤となってきた。30年続いてきた韓国との交流は今後どうなるか分からないが、韓国に対する絶えざる関心や好奇心をもつ努力をする子どもを育成し続けたい」という5年担当者の報告からも伺えるように、財産ともいえる学校の中に積み上げられた交流を重ねてきた土壌を継続し、是非絶やさないでほしいと思う。

富山（小）「フィリピンと日本をつなぐ教育」は、リポーターが知人の紹介で知りあったフィリピンに住む日本人を訪ね、フィリピンの生活や日本のNPOの活動を低学年、中学年、高学年用にプレゼンテーションを行い、子どもたちのフィリピンへの理解を促す実践である。「フィリピンの人は水道が来ないようなところで生活している」とプレゼンの際の他の教員の補足にショックを受け「発展途上国の固定されたイメージではなく、フィリピンの人たちの貧しくても明るく前向きに生きている姿を知ってほしかった。日本人のBさんのようにフィリピンに住んでフィリピンの人と交流しながら現地の人のために活動している人の存在を知ってもらいたかった」との報告には様々な質問が寄せられた。

多くの教員がクラスにフィリピンルーツの子どもがいるかもしれないことを前提に、その子どもがいても「貧しくても明るく生きている」と伝えることができるか、また、その際フィリピンルーツの子どもがそれを誇りに感じられるかというものである。さらに、他の報告とも重なるが、日本がフィリピン

に歴史的に何をしてきたのか、経済的に何をしてきたのか、という責任への自覚を少なくとも教員はもたなくてはならないのではないか、ということである。1970年代に自分の父はフィリピンに居たが、民間の人々の日米軍への敵意は「友好」のかけらも感じられないほどの恐怖だったという会場からの発言は、私たちが歴史という視点を忘れ国際を語ってはならないということを再確認させられた。

福井（中）は「国際人として21世紀を生きる生徒の育成〜生徒の発意を大切にし、生徒の想いを具現化する教員の支援〜」の実践である。中学2年生の総合的な学習のテーマを学級で話し合い「外国の文化を知ろう」にとりくんだ。1年かけて、地域に住む外国人やJICA職員との出会いを通してのモチベーションづくり、学びから途上国支援のための企画提案とその具現化、最終的にそれを全校の前で発表する、という過程を教員として支援していくというものである。生徒たちは5班に分かれ、全校生徒から途上国への募金活動を行った班、エコキャップ、ベルマーク、カートリッジリサイクル、プルタブなど環境運動の仕組みを調べた班、市内のブータンミュージアムを通じて不要未使用の文房具をブータンの子どもに贈った班、支援の輪を広げるための地域への広報新聞を作成した班、在住外国人インタビューと新聞作成をした班の実践とその中での子どもの成長が報告された。「現在当たり前に豊かな生活を送っている自分は、地球上では少数派なのだということがわかり、感謝しないといけないと思った。さらに、途上国の人々に対しては、自分にできることを自分からしていくことも必要だと感じている」という生徒の感想は、へたをすると「日本に生まれてよかった、途上国の人にはできることをすればいい」と自分と途上国を切り離してしまう落とし穴にはまってしまうかもしれない。

南北問題の根底には植民地主義があり、そこへの先進国の歴史的関わりを考えれば、国際協力は決して美しいものではない。この分科会で国際協力が報告されるとき、ユニセフなどの国連機関や、JICAなど日本の支援について批判的なまなざしがほとんどないこと、その意味で教員という特権があるからこそそのような国際的な研修に参加できているということにも注目してほしい。

大分（中）は、世界の子どもの貧困問題の解決には国際協力が必要なことを理解させるために、JICAの「教師海外研修」でシリアとルワンダを訪問した経験を生かしてとりくんだ「大切なものは何

ですか〜全ての子どもが教育を受けるためには〜」の授業報告である。リポーター自身、教科課程に「JICA出前講座」、「国際協力エッセイコンテスト」や、生徒会活動に「世界の笑顔のためにプログラム」、授業公開で「世界一大きな授業」「STAND UP TAKE ACTION」などに長年とりくんでおり、生徒だけでなく保護者や同僚にも世界の国々を身近に感じられるような変化が見られているという。2015年にミレニアム開発目標（MDGs）の達成期限を迎え、新たに2030年をめざした持続可能な開発目標（SDGs）について触れられていた。

このSDGsは、途上国／先進国という二項対立的な考え方を超えて、貧困撲滅と環境保全を統合した「持続可能な開発」を据えたこと、すべての国を対象にした女性の権利、エネルギー、雇用、防災・減災、生産・消費という目的を設置したこと、国内外を問わずすべての格差の解消をめざすこと、項目毎に細かい対象が規定されていること、すべての目標に実施手段が明記されていることが特徴であるとされる。SDGsの基本理念である「誰一人取り残さない（No one will be left behind.）」は、どのような社会にあっても排除される人々をつくらないことを強く打ち出している。

また、その目標を達成するために子どもや若者などの当事者の参加が必然であること、政府がその参加を促進保障することを促している。国際協力や南北問題を扱う時に、切り離されがちであった、自分たちの社会にある目の前の問題や足もとの課題といったことをしっかりとつなげて当事者として考える、そのような時代になりつつあると思う。今後の教育実践にも是非そうした視点を取り入れてほしい。　　　　　　　　　　　　　　〈榎井　緑〉

3．総括討論

総括討論では、ヘイトスピーチなど今あからさまな差別的言動の台頭の一方で、「差別（の構造）」が見えにくくなっている中で教育の課題をしっかり見据えることの必要性が指摘された。日本在住の外国人・民族的マイノリティも世代交代し、国際結婚や国籍変更がすすんで、多様化している。他方では、メディアの偏った報道に感化される人々やより深刻な社会的無関心が広がっており、社会問題が放置され深刻化する状況がある。その意味で、これまで展開してきた反差別・人権の視点に立つ「在日外国人教育」「国際理解・開発教育」の必要性はむしろ高

いということであった。

しかし、討論の中にも出てきたが、その担い手を見てみると各地の教職員集団・市民団体にも世代交代の課題があり、その一部は活動停止や活動縮小を余儀なくされている実態がある。近年、この分科会でのリポート数減少傾向も気になる。だからこそこの第15分科会に集う教員は相互につながり、またその人と人のつながりや蓄積してきた実践方法・認識を地元にもち帰って還元する役割が期待されている。地域によっては、学校の内部のみならず、特に若い参加者と活動や認識を共有するために間口を広げていくやり方を試行錯誤されていることも分かった。

毎年議論し、確認されてきたことだが、この分科会では、外国人・外国にルーツのある子どもたちが抱える課題（アイデンティティ、仲間・居場所、進路、学力など）を実践の中心に置きつつ、差別・偏見のある社会のマジョリティ自身が自らの生き方をどう変え、どう他者との関係を構築し直し、人権と多文化共生を基盤とした社会づくりを推進できるかが重要であるということであった。その上で、手段として日本語指導の技術や取り出し授業のノウハウ、加配教員の配置促進などの学校体制、そして入試特別枠・措置といった制度的な仕組みはお互いに活用していこうと位置づけてきた。その根底には、「日本人中心主義」や「日本語中心主義」、そして「学力（能力）主義」を撃つことなく、それらの価値秩序を前提にその中でマイノリティに「生き抜く力」を保障しようとする「支援」の方法・仕組みだけ整えて問題を回収するなど欺瞞的ではないかという問いがあるためだ。

今次教研は、報告・討議における参加者のさまざまな発言から、私たちのめざすものが何かを改めて意識させられる3日間であった。中には世代を問わず真意をはかりかねる発言もあり刺激的であったが、それ自体議論となったことも記しておきたい。特に教員による国の関係をめぐる紋切型（ステレオタイプ）な言い方は、現実の人々の内部的多様性を見えなくさせ、二項対立の政治的敵対関係として市民を分断する危険性がある。また、文化を国単位で比較し語る言い方にも、国内的な民族的・人種的多様性を看過し、偏見を助長するリスクがはらまれており、これらには常に警戒が必要だ。

最後に、討議の柱立てについて、それをより今の時代にあわせて表現を変えることができるか共同研究者・司会者から提案がなされた。次年度の分科会も含めて討議を深め、この分科会が大切にしてきた考え方を全体で共有・継承しながら、もう一方では新たな言葉によって問題関心を喚起し、実践（報告）の広がりを促すことのできる設定を考えてみたい。

4．このリポートに学ぶ

リポート　多文化共生の社会をめざして
　　　　　〜日本語支援のとりくみを通して〜
　　　　　福岡裕城　福岡・久留米市立金丸小学校

「模索の連続」としての日本語支援のとりくみ

福岡県は、全国的なデータで見れば、特別永住者以外の留学生や定住外国人の数は多くなかった。そうした実態から、リポーターは、その言語・宗教・生活習慣などの異なる子どもたちへのとりくみが、公立小中学校の「重要共通課題」として認識されてきたとはいいがたいと述べている。この報告からはそれを「重要共通課題」としていく途上にある福岡の足元からの貴重な実践の息吹が伝わってくる。

リポーターの勤務校の小学校では、現在34人の外国にゆかり（ルーツ）のある子どもたちが在籍しており、日本語支援担当教員が2人配置されているという。この学校は、「国際色を活かして学校全体に多様な価値観を広げ」、この小学校に学ぶ「すべての子どもたち」を豊かにする日本語支援の在り方を模索し続けてきた学校だと自己規定している。

この報告の要点は、「個別の支援への充実を図りながら、学校全体として授業の中で国際理解につながるプログラムを教育課程に組み込んで推進していること」「保護者から学ぶ教職員の学習会や地域に開かれた交流会を持つこと」「同じ立場にある者どうしがゆるやかにつながり、解放される場を持つこと」などであり、今後も福岡県下で増え続ける「外国にゆかりのある子どもたち」を迎え入れる学校が、組織としてとりくむべきことを示唆する内容となっていた。

加えて、このリポートに学ぶ対象に選ばせていただいた理由の一つにもなるが、リポーター自身が日本語支援担当者となって、かつての自分の認識や実践を誠実にふりかえりながらとりくみを報告している点が新鮮であった。ともすれば、制度的な裏付けを得て、高みから「困った子」を「支援する側」として振る舞うことに疑問を感じない権威的な専門家も存在するが、報告では、子どもだけでなく、リポ

ーター自身がとりくみを通して「学ぶ主体」として、しなやかに変化していったことが分かる。

リポーターのとりくみ内容を具体的に紹介する前に、2016年度の福岡県教研における「人権教育」分科会での諸報告とその議論の中で確認された3つの課題というものに言及しておきたい。

第1が、「進路保障」の課題であるが、学力保障が必要であるというにとどまらず、それを「超えて」個々を見つめて必要なところに必要な情報を届ける上で、校区のみならず小学校から高校までつながる教職員連携の重要性が確認されたという。また、教職員だけでなく地域住民・NPOなどの市民団体とも関係構築する必要性が確認されている。教職員が個人として課題を抱え込むのではなく、子どもが生きる周囲に存在する多様な人々や機関がゆるやかに連携して対応する必要性である。

第2が、「言葉の獲得」という課題で、これは、日本語指導が必要な子どもたちに日本語能力を獲得させて学力を向上させるといった意味とは違う。異なる文化的背景をもつ子どもたちの姿が、所属する社会や学級集団の問題を浮き彫りにするのであり、そこで何が語られ、どんな言葉を創りだし、獲得されたのか、そうした営みにこそ肯定的なアイデンティティを基礎づける力があるとの認識である。この認識は、多くの識字学級や夜間学級の実践からくみ取られてきたもので、「学び」を「学ぶ人」に取り返していかなければならないとするオルタナティブな価値観が宿っている。日本語支援といっても、学習する子どもたちの主体性を剥奪し、「支援」の名の下に検定で測られるような日本語能力スコアの向上が目標として独り歩きすれば、かえってそこに生きる学び手の人生や生き方を裏切ってしまう場合もないとは言い切れない。「支援する側」が使う「あなたのため」という言葉が、その実、教員の社会観や教育観に「学ぶ人」を従わせていく過程の正当化である危険性の問題だ。

そして第3が、「継承」の課題である。こうしたとりくみには、繰り返されて劣化を招くものと、再生されて前進するものとがあるという認識である。システムの構築と内容や方法の蓄積が必要であるとともに、ただとりくみの結果を渡すのではなく、その「道筋ごとに引き渡せるよう一緒に歩む姿勢をもつことの必要性」が確認されたという。人権課題へのとりくみに限らないだろうが、社会運動全般でもこうした基本的な姿勢は再確認されるべきものだ。過去を知らない若い世代にしてみれば、状況・条件は変化しているのに、運動・実践の成果を誇り従うのが当然とするような先輩活動家は、それ自体権威化してしまっていて、素直に受け入れにくかったりする。状況を一定切り開いた過去の仕組みややり方には、今も尊重し忘れてはいけない意義と同時に改善の余地が常に残っている。社会に差別がある限り、こうしたとりくみは「模索（＝試行錯誤）の連続」でしかないから、先行世代と後続世代がともに歩み出したところからは、世代を「超えて」一緒に試行錯誤が始まる仲間となるわけだ。たしかに世代間で距離を感じる場合、お互いがこの「継承」をめぐって求められる姿勢とは何かという点は重要なポイントの一つになるだろう。

A．当該小学校（区）の状況と日本語支援担当教員について

久留米市のほぼ中心部に所在し、小学校区の真ん中には西鉄大牟田線が走っている。国道が南北に、またJR久大線が東西にあり、市内でも交通量は多く、高層マンションが建ち並ぶことからうかがえるように新規の居住者とそれに旧来からの居住者が混在して住む場所に、当該小学校は置かれている。

当該小学校は、2016年10月現在、全24学級（特別支援学級5クラスを含む）計658人の子どもが在籍し、久留米市内では比較的規模の大きい学校で、通級教室である「ことばの教室」（難聴1・言語3）も設置されている。さきほど述べたように、この中に、34人の外国にゆかりのある子どもが含まれている。

「日本語支援担当教員」とはどのようなものか。2016年度、久留米市には「日本語支援担当教員」が小学校7校、中学校3校に14人配置されているという。この小学校にも2人の「日本語支援担当教員」が配置され、リポーターはそのうちの1人ということである。業務としては、担当の2人で、子どもたちの実態に応じた時間割を作成し、在籍するクラスに入ったり、「ワールドルーム」と呼ぶ教室で個別学習指導を行ったりしている。また、放課後学習を週3日「ワールドルーム」で行い、宿題を中心に外国にゆかりのある子どもの学力保障を行っているという。それ以外にも、学校全体に課題を投げかけたり、とりくみを提案するなどして、子どもたちが安心して過ごし、学べる学校づくりをすすめている。

この「日本語支援担当教員」とは別に、久留米市には「外国人子ども生徒支援員」制度があり、年間

75時間であるが、フィリピン出身のAさん、中国出身のBさんの2人が外国にルーツのある子の支援をしている状況である。

校内でどのようなとりくみがあるかについて具体的に紹介すると、まずは①授業の中で、多様な食文化や挨拶の交流に始まり、国語科の授業で在日韓国人の方を招聘して交流したり、道徳の時間に当該小学校の「外国ゆかりの仲間」を取り上げるなどしている。高学年では、「韓国朝鮮の歴史・文化学習」（6年生）なども設定し、文化イベントだけに終始しない学びの広がりをもたせている。また、②教職員の学習として、教職員の学習会で、年一回だが外国にゆかりのある子どもの保護者から話を聴く機会を設けている。そして、③地域への発信としては、中学校区人権のまちづくりのプランにのせて、地域住民とともに多文化共生について話し合うとりくみを実施している。

B.「日本語支援担当教員」になるまでの歩みを振り返りながら現在まで

リポーターが小学校4年生のとき、同じクラスには母親がフィリピン出身の子がいたそうである。クラスの他の子どもたちは、その母親が学校に来ると「フィリピンやフィリピンや」と揶揄するような発言をしていたのを記憶されている。そして自分自身は「傍観者として見ていただけ」だったと述懐している。それが今は差別の容認であったと振り返る。今その子の辛さに想いを馳せてどれほどであったかと思う。高学年になるとその母親を学校で見かけることはなくなっていたそうである。リポーターが記録する学校での原初的な差別の風景である。

成人して講師となったリポーターは、2年間講師をする間に担任として外国にルーツのある子を4人受けもったという。しかしこの時も、保護者に対しては学級通信にルビふりをするなどしていたが、内容を説明したり、家庭訪問したりすることはほとんどなかったと語る。こちらの話が伝わらないから仕方ない、文化が違うから仕方ないと関わることを諦め、正当化していた自分をそこに見出している。また、前任校でも担任ではなかったが、同じくフィリピン出身の母親をもつ子がいて、廊下ですれ違うとき「その子はいつも一人でいたような気がする」と述べる。ずっと話し合いがもたれながらも、その担任が保護者と連絡がつかないこと、その子の学習の定着の厳しさを嘆くのを聞いたときも、どこか連絡がつかないなら「仕方ない」と他人事に思っていた

という。

ただ、当時「その子はいつも一人でいた」ことを気にして記憶にも残っていたリポーターには、やはりどこかでその子が置かれた状況がおかしいという感覚があったのだと思う。おそらく積極的に実践的なとりくみをすすめる教員と違和感をもちながらもどこか消極的な関わりでとどまっているように見える教員の間には共約不可能な感覚の対立・裂け目があるのではない。両者には現代社会の日常を生きる人間として共通する何かがあるのであって、その表れが様々なきっかけで異なっているに過ぎない。おそらくリポーターは、関わることをしようとしなかった自分の過去を否認せず受け止めるがゆえに、いま関わることをしようとしていない教員に対しても、対話を放棄はしないだろうと思われる。そして関わることを始めた今の自分を驕ることもない。

外国にルーツのある子どもたち34人の内訳は、フィリピン22人、中国5人、韓国3人、イギリス1人、タイ2人、ルーマニア1人で、それぞれ家庭事情は異なる。それでも12の家庭で母親が夜働いており、子どもだけで夜を過ごすことになっているケースが少なくないといった特徴がある。これまで日本語教育を受けることのなかった子が4人いて、うち2人が今年度から来日して登校している子である。日本生まれ日本育ちの子どもがほとんではあるが、日本語を文法上正しく使えなかったりする子や、意味が伝わらない言葉を発する子、日本語での表現力や文章読解力がついていない子もいるという。家庭で日本語の会話が子どもの学習面や友人関係にも関連していると感じている。

そうした中、リポーターは、「日本語支援担当教員」として、日本語の生活言語はできているが日本で生きていく上で必要な学力をつけるための練習を教科での個別学習や放課後の「ワールドルーム」での宿題学習をしているCや、同じ外国にルーツのある知り合いがいることもあって当該小学校に通学するようになったものの、日本語は少しできる程度で初歩的な日本語学習から始めるDと関わっている。Cについては、中学校進学を見据え、中学校の教職員や保護者との連携を課題にしたいと述べている。他方、Dには、「外国人子ども生徒支援員」がついて、様々な場面で「母語で」話を聴いてもらったり、学習面の支援もしてもらっており、たくさんの友人と楽しく過ごす姿があることを伝えている。

また、低学年のEは、家庭の中ではフィリピン国籍の母親と2人暮らしで、母親の労働の事情から

言葉だけでなく朝の早起きにも難しい面があったという。それでも次第に生活習慣を合わせられるように変化してきたのと、低学年への個別学習に指導経験のなかったリポーターも創意工夫しながら基礎的なリテラシーである算数や国語の学習面を支援しつつ、クラスでの支援にそれをつなげていく課題意識から関わっている。これからはもっとE自身の生き生きとした姿を周囲の友だちへ発信し、クラス内での友人関係を大切にしていきたいと抱負をもった。

放課後学習については、「ワールドルーム」と呼ぶ外国にルーツのある子どもたちの居場所で学習会が行われている。5年前に、宿題をやることで困っている保護者の助けと子どもの実態把握を目的に作られた学習会だそうである。子どもたちはそれぞれその場所で宿題をやり、分からないときに教員が関わるかたちをとっており、補充学習として教授中心にはなっていないそうだ。以前より多くの子どもたちが集まって活気が出てきたというが、「子どもたちどうしの会話も大事にしている」という教員側のスタンスが参加する子どもに息苦しさを感じさせない理由の一つなのではと想像する。Fが「俺フィリピンのハーフやん」というと、それに呼応して「俺もやーん！」という声がこだまするエピソードから、そこがマイノリティの子どもたちが安心して自分を出せる居場所になっていることをうかがわせる。

こうした関わりは、放課後前の授業でも様々に試みられていることと連動している。先に述べたように、授業では在日韓国人2世の方をお呼びして、3年生や6年生で朝鮮文化や植民地支配期からの歴史について学ぶ異文化理解・歴史理解の活動を組み入れたりして、周りの日本人の子どもたちへのメッセージも発信しながら行っている。

C．教職員の「学び直し」と連携、子どもや保護者が抱える課題の由来、地域での課題共有

リポーターは、「保護者に学校に来てもらうことをめざしている」と述べる。保護者の「困り感」をキャッチし、支援していきたいとその思いを語る。そのためには、家庭訪問や電話で直接話すことをはじめ、参観や懇談会行事を知らせて、（入学時の）手続きやアンケート作成の手伝いもする。

1年生の担任を経験していないリポーターが教員としても驚くほど、入学時の書類手続きそれ自体が煩雑で難しいのだ。保護者の「困り感」というと、どこか個人の心理的な説明に聞こえる。だが、手続きができない母親個人（の能力）に困難の原因があるというより、それほど煩雑で難しい書類作業を保護者にさせるのに、多文化・多言語的な支援が整備されていないまま済ませている日本の公立学校の運営にこそ問題の原因があることは明らかである。外国にルーツのある子やその保護者が困っているとき、それは、多文化化されていない日本の公立学校側の立場、あるいは日本的な教育観や指導観の方を「正しい」と前提して、それに馴染めない、ないし対応能力のないマイノリティの側に問題の責任・原因を押し付けてしまうことこそ危険である。そうした困難を抱えているのは、日本の学校が多文化化されておらず、単一文化・民族的な発想を十分転換できていないがために他ならない。ただ、普段からそうした発想にどっぷりと浸かって生活している教職員にとっては、何が本質的な問題か問われてもすぐさまピンとこない場合はありえる。

こうした教職員の状況も視野に入れてであろう、2015年度から、この久留米市では「日本語支援担当者連絡協議会」が学期に1回開催され、それぞれの実践や悩みを語り合い、教材などの情報交換をするようにもなっている。そうした中で、リポーターは小中校間の連携の大切さを実感したというが、担当教員が各勤務校に帰ってからそこでの情報を教職員全体に還元することで、教職員全体が「学び直し」認識を深めたり改める契機になるだろう。

さらに、教職員にとどまらず、人権課題の認識を共有するとりくみが、この中学校区では、人権のまちづくりをテーマとする「レッツ井戸端会議」なる場でもなされている。学校の教職員、保護者そして地域住民が一緒になって、部落差別問題、共生教育、多文化共生という3つのテーマで少人数グループでの対話と交流が実践されている。当事者である外国人保護者をはじめ、小学校として3つの関係者も入って、次第にそれぞれの喜びやつらさを語る当事者が出てきて、地域ぐるみのとりくみになっているという。

もちろん、こうした様々なとりくみを通した多文化共生社会の構築は、まだ模索と挑戦が続く。校内においても、先日、子どもどうしの喧嘩では民族差別ともとれる発言が子どもから出てくるケースがあったようだ。それを言われたDが「ワールドルーム」にきて悔しさを話してくれたことから、「ワールドルーム」がそのような自分の思いを語れる場に

なっていることの意義を再確認するとともに、日本の子どもたちの中に存在する偏見や差別意識の問題を改めて突き付けられている。

道半ばにある当該小学校でのリポーターのとりくみは、そうした状況下で、自分や保護者の出身・素性・境遇などを肯定できず、自分の生活・人生をマイナスに捉えていると感じる子たちの「心の叫び」に寄り添えるかどうか教員である自分の側が問われているのだ、とまとめている。

最後に、リポーターは、「自分が当たり前だと思っていたことが、保護者にとっては当たり前ではないことに気づき、支援していくことの大切さを知った」と締めくくっている。そのため、どんな「些細なこと」でも「気になったら」すぐに家庭訪問などして「直接話を聞く」ことを大切にする教員になりたいと願いを語った。

教員にとって「些細なこと」でも、日本に生きるマイノリティ当事者にとっては「大きな難事」である可能性は小さくない。リポーターは、自らの違和感を言い訳によって封じ込めてしまう惰性から身を剝がし、その「些細なこと」の背後に隠れた「大きな難事」を見逃すまいと意識しているかのように見える。そこには、問題を傍観してやりすごす怠惰や誘惑から自らを引き戻そうとする誠実さも感じられる。また、「日本語支援担当教員」として「できることを、これからも少しずつ続けていく」というその慎重なスタンスの表明は、そうであることで「支援する側」が抑圧的になってしまう危険性を避け、当事者から「直接話を聞くこと」を重視する姿勢と重なり合っている。教職員の中にはとかく「理解してもらうために説明、説得をすること」が前に出てしまう者も少なくない。

おそらく「国際連帯・多文化共生の教育」に集う教員の少なからずが、子どもが抱える様々な課題と向き合おうとするとき、どれだけ「支援」しても相手の人生などコントロールできないことを知りながら、それでも寄り添って課題に応答するとはどういうことかを常に問い続けてとりくんできた。

例えば、進路保障が課題であるにせよ、いくら学力向上をと当事者を「支援」しても、全体の賃金労働者の約4割が非正規雇用である現状の経済構造は不問にしたままでよいのだろうか。学力を保障しても必ずしも就職できる保障など失われた現在の社会で、「支援担当」であろうがなかろうが、何をどう「支援」することがよいことなのか悩まない教員の方がかえって不思議だ。こうした簡単な答えなどな

い悩ましい問いを問いとして引きずりながら、当事者との関係性を重視する中で絶えず「模索」しつつ歩む「前進」以外に、私たちが蓄積してきた実践知のエッセンスを「継承」していくことは難しい。

〈広瀬義徳〉

両性の自立と平等をめざす教育 第16分科会

1. はじめに
2. 性の教育
3. 意識・習慣の見直し
4. 労働・家族
5. 第67次教研にむけての課題
6. このリポートに学ぶ

◎「母の仕事」と向き合う～「仕事とくらし」を取材し続けて～

〈久木田絹代　熊本・合志市立合志中学校〉

《執筆者》

宮内富美子

池上千寿子

藤田由美子

古田　典子

1．はじめに

　冒頭、ジェンダーの視点から見た現状・情勢と、この分科会での議論のはじめとして、古田共同研究者から話があった。

○現状・情勢

　アメリカ・トランプ政権についての報道が過剰なほど行われているが、トランプ政権に比べると安倍政権はマシかのような論調や、安倍内閣の支持率が高止まりしていることに危惧を抱く。安倍首相は2005年の自民党の『過激な性教育・ジェンダーフリー教育実態調査プロジェクトチーム』の座長となり、ジェンダーフリー教育は日本の家族を壊すものとして日教組をバッシングし、それで名を上げたことを成功体験としている。権力の暴走を批判する健全なマスメディアの言論が弱まっている点では、アメリカより日本の方がより深刻と言える。権力分立という点でも、アメリカが連邦制で各州や司法の歯止めなどが見られるのに対し、日本では安倍政権の憲法の破壊を食い止める勢力が小さく、歯止めのしくみがない。

　マスメディアにおいて批判的な言論が自由になされていない傾向も顕著である。稲田朋美防衛大臣は、安倍首相とオバマ大統領の真珠湾訪問に同行した直後に靖国神社参拝をしたが、それが大きな問題とされていない。第一次安倍内閣での小池百合子氏に続き、女性弁護士である稲田氏を防衛大臣にし、女性を軍事のトップに置くことで、軍備の増強や産業や学問の軍事化をカムフラージュする役割に使っている。

　軍事の責任者に女性が就き、社会の軍事化の旗振り役となることが私たちの希望する「女性活躍」なのだろうか。

○家族・「家庭教育支援法案」

　今回、分科会の小テーマの１つ「労働・家庭」を、「労働・家族」に変更してみた。自民党が議員立法で「家庭教育支援法案」を国会に提出しようとしている。「家庭教育」は、「学校教育」と対になる概念で、大日本帝国時代の日本は、学校のみならず家庭にも介入し、国家に貢献する少国民を育てよと隣組を作って戦争に駆り立てた。家庭教育支援法案を推進する勢力は、「親学」推進論者とほぼ同じであり、「支援」してお金を出すということは、介入することにつながる。支援法案には、「地域住民の

責務」の規定があり、地域住民が国や地方公共団体の実施する家庭教育支援に協力するよう努めなければならないとされる。新たな隣組制度を作り、相互の監視システム、密告社会を作ることになりかねない。自民党は改正憲法草案を作り改憲を狙っている。24条を変えたいのが本音であるが、24条の明文改憲は反発が大きいため、まずは「家庭教育支援法」で「日本の伝統的な家族」を押し付けたいのではないか。

　改正教育基本法において、教育の目標の中に「道徳心」「伝統と文化を尊重し、我が国と郷土を愛する心」などが盛り込まれた。教育基本法の中にもすでに「家庭教育の支援」の文言はあるが、法案はそれをさらに踏み込もうとするものである。

　長時間労働、貧困、保育園不足など、子育て世代の困難さを是正することこそ必要であるのに、「家庭教育」を支援するというのは、貧困などの困難な環境を自己責任とし、「男らしさ・女らしさ」の押し付けを含む性別役割分担のある伝統的な家族観を浸透させたい狙いがあると思われる。

○労働

　広告代理店最大手・電通の新入社員だった高橋まつりさんが過労自死をして労災認定された。電通では1991年にも入社２年目の男性の過労自死事件が起こり、訴訟となった。

　今回の高橋さんの自死も極端な長時間労働に起因しているが、上司からのパワーハラスメントがあったことも分かっている。そのパワハラ文言の一つが、「女子力が低い」であった。ほとんど睡眠時間が取れない過酷な働き方をさせておきながら、さらに、「女なのだから美しく身ぎれいにせよ」「気遣いをせよ」と求めたのであろう。「女らしさ」「女子力」の押し付けは、人間を傷つけるものであることが端的に表れている。

　安倍首相は「働き方改革」を提唱し、「同一労働同一賃金」というが、いわゆる「正規労働者」の賃金を破壊して低い方に合わせるものであってはならない。「非正規という言葉をなくす」とも発言したが、言葉の問題ではない。短時間労働を希望する人がパートタイマーとして働くことは何ら問題ではない。

　問題は、差別や貧困、権利行使ができない劣悪な労働環境であり、それをなくすことが必要なのである。安倍政権が提出を予定している労働基準法改正案では、労働を「時間ではなく成果ではかる」と標

榜しているが、今の日本では、労働時間の管理をする建前の法制度であっても、過労死・過労自死が出ている状況である。労働時間をはからず、残業代をゼロにすることは、働く者の健康・命がさらに危険な状態となるおそれがあり、悪法というほかない。

〈宮内富美子〉

2. 性の教育

性の教育では昨年同様にLGBTに関わる教育実践リポートが多くよせられた。これは2015年の文科省通達「性同一性障害に係る児童生徒に対するきめ細やかな対応の実施等について」をうけてのとりくみが続いていることを示しているが、今年度は、LGBTについて当事者の語りを通してなどで「理解する」だけではなく、子どもたち自身のとりくみにより理解から行動へとつながる実践報告があがってきた。複数の発表を予定していたのだが、発表予定者2人が緊急の事情で不参加となり、発表は大分（中）からのみとなった。

開校4年目の中学校（全校200人程度、支援学級を含む）、人権と男女共同参画の教職員と子どものとりくみ。

開校以来、LGBTやデートDVなどについて教職員研修や授業実践を続けており、子どもたちの人権意識が高まっている。2014年体育祭のおり、支援学級児童の活躍の場が少ないことに違和感をもった生徒会長が、「同じ人として、違いを超えて支えあえば、みんながすごしやすい環境になる」と訴えた。2015年度には図書館の七夕短冊に個人攻撃のいたずら書きがあり、生徒会執行部が緊急生徒集会を開き、再発防止のために毎月1回人権集会をもち、みんなが「いじめゼロ宣言」を紙に書くなどした。国語科では「社会に対する意見を作文に」というとりくみをしているが、教員と生徒会の合意でLGBTについての作文を人権集会で紹介した。人権集会を生徒会執行部からうけついだ文化委員会は2015年度の最後に「ピンクシャツデー」を企画、みんながピンクのシャツを着て「Born This Way」にあわせてダンスをするチャリティイベントを開いた。ピンクシャツデーはゲイへの偏見に対する抗議からはじまっている国際的なとりくみだ。2016年度には開校記念日で人権劇を発表、新入生にいじめゼロやピンクシャツデーのとりくみなどを伝えた。なお、この学校のトイレは全室個室の洋式トイレで、このため「男トイレ」についてメディアの取材が多いが、応じているのは生徒会執行部の男子である。

ピンクシャツデーとは、カナダでピンクのシャツを着た学生が「ピンクシャツ＝女＝ゲイ」という連

想からいじめをうけ、仲間たちがそろってピンクシャツを着て登校し、偏見差別に抗議したことからSNSで世界中に広まった運動である。なぜ「ピンクシャツ＝女＝ゲイ」でゲイ差別なのか、共同研究者が補捉説明をした。ゲイへの偏見の土台に「男どうしなのに男女のまねごとをする」ことがあり、したがってゲイカップルとみると「どっちが女役（征服される側）か」などと関心をもち、男が「女」役をするのも、「男」を相手にするのも「変態」ときめつける態度である。これは異性愛というメガネを通してしか人間や関係をみることができないという異性愛至上主義（ヘテロセクシズム）であり、ゲイ差別の根っこにあるものである。

討議では主に3つの点で議論がはずんだ。

まず、言葉の問題。

性的多様性の理解がすすんできているが、「両性の自立と平等」という分科会名は「両性」のままでよいのか、という点である。「両性」の言葉をとり「自立と平等研究会」に変えた例もある。おなじことだが、「男女混合名簿」を「性別によらない名簿」に変えた例もある。いずれにしろ学校現場では「男子○名、女子○名」、「男子はこちら女子はあちら」という性別区別が日常的であるが、少なくともこの分科会では男女別や「両性」などのきめつけに敏感でなければならない、という指摘がなされた。これは当然の指摘であり、第16分科会では分科会名についてすでに議論してきた。そもそもは、女性差別をはねのけて自立と平等を勝ち取ろうという目的でスタートした分科会であるが、そこから男女は基本的に平等だという理解、さらには人間の存在は性別をこえて多様であることにまで深まってきた経緯がある。「両性」という表現は多様性の排除ではなく、存在の平等を象徴的に示す歴史的な意味もある表現だという認識にたち、「両性」という表現を残した。「自立と平等」では「だれの」ということが曖昧になってしまう。また、憲法第24条の「婚姻は両性の合意のみに基づく」という表現は同性婚を排除してはいないことが説明された。

つぎに、LGBTのとりくみについて。

文科省の通達により、LGBTについてのとりくみがさかんだが、良い面と注意すべき面がある。注意すべきは、管理職などからの圧力で「やらされる」気配すらあること。通達による「特別な配慮」をすべき特別な子どもを探しだし、「特別な配慮」をすればすむ、という態度にもつながりかねないこと。通達の特別な「配慮」はトイレや制服などの「特別扱い」でそのこと自体、ジェンダーによる縛りの強化になり、当事者をさらに追い込みかねないこと。文科省の通達は、障害についての医療モデル「障害について専門家の協力により、障害を軽減し自助努力で障害を克服する」にのっとっており、おなじ人間としてともに生きていこうとする方向（社会モデル）ではないことを忘れてはいけないという指摘がされた。通達に併記された「特別な配慮」は、裏返せば学校（あるいは校則）がジェンダー規制の強化の場であることを示すわけで、そこから見直すべきだという指摘もされた。一方で、LGBTのとりくみがすすみ、子どもたち自身が学び、気づいて、考えて行動するところまで深まってきたり、単に性のことではなく人権課題だという理解もすすんできたりしている。しかし、学校教職員の中にも当然いる性的少数派の人が、職員室でカミングアウトできないという現実の中で子どもが安心してカミングアウトできる環境が作れるのか、という問いもだされた。また、LGBTと一口にいうが、トランスジェンダーの人たちばかりに焦点があたってはいないか、それはなぜかという問いもでた。ここにも「かわいそうな障害者を専門家（医療）でなんとかし、あとは自己責任」という医療モデルによる「個人の問題」へのすりかえがありそうだ。いまLGBTをとりあげやすい状況で、社会モデルのとりくみこそ大切だという意識、態度が不可欠だろう。

自分のこととして。

3つめの点は、「自分のこととして」という視点だ。たとえばいじめ問題では、教職員がいじめにいかに気づくかが問題となったり、いじめにあったらどういう気分になるかを子どもに教えたりして予防につなげる、などが取りざたされるが、それでいじめ対策といえるのだろうか。それよりも「いじめを見逃した自分に気づこう」という視点が教職員にも子どもにも必要ではないかという指摘があった。そのとおりだと思う。文科省の通達により性の多様性を扱わねばならず、少数派はだれかと探し、特別な子へのレッテルをはるのではなく、自分のこととしての性の理解や、人権課題としてのとりくみにつなげて広げていかねばならない。「LGBTとりくみ熱」はいずれおさまる。そのときに現場になにが残っているのかが問われる。当事者であるないにかかわらず、性についてはどのような課題であっても自分のことでもあるという認識がなければ、やっかいな課題が消えた、ということでしかない。ピンクシャツデーではないが、ゲイへの差別や偏見は異性間

の女性差別と基本で通じているわけで、そこを理解すれば「自分のこととして」気づくことができる。こういう広がりに向けた展開が期待できる活発な討議であった。　　　　　　　　　　　〈池上千寿子〉

3．意識・慣習の見直し

　静岡（小・中）の報告「わたしらしく　あなたらしく　生きるために～アンケートと授業実践を通して～」では、賀茂支部における男女共同参画に関する授業実践の定着をめざすため、2012年度に作成した実践事例集の点検・整理とデータ化、教職員を対象にした男女共同参画に関するアンケートの実施（2015年度）、男女共同参画推進委員会の開催と各分会への授業実践依頼、実践報告書の集約、保護者アンケートの集約と分析、といったとりくみが報告された。教職員アンケートの結果、2010年度に比べ男女共同参画に関する授業のとりくみが増えている一方で、色の区別など「隠れたカリキュラム」やジェンダー意識が残っていることが明らかになった。また、各分会での授業実践を通して子どもや教職員の意識が高まっているとのことであった。たとえば「男の仕事？　女の仕事？」の授業で、多様な職業に就く人々を取り上げるなどの工夫がなされていた。授業実践で使いやすい事例の充実や、意識・慣習におけるジェンダー・バイアスが根強い地域・保護者への発信の工夫が課題であるとされたものの、各分会でのとりくみのあり方を提示するものであったといえる。

　千葉（小）の報告「互いのよさを認め合い、共に生きる社会をめざす子の育成～子ども、家族、地域と共に学ぶ学習を通して～」では、子どもたちが生活の中にある男女の偏見や差別に気づかないのではないかという問題意識から、子どもたち自身の気づきと互いの良さを認め合えることをめざす、学校人権教育の中に男女平等教育を位置づける全学年での授業実践が提案された。5・6年では、「総合的な学習の時間」で「外科医の話」から「あたりまえ」なことの中にある思い込みについて考えた後、人の権利についてのマインドマップを作成し、調べ学習を行った。その後子どもたち自身が提案した「はーもにい集会」で学習発表や男女平等について考えるミニ劇が行われた。発達段階に応じた子どもへの支援のあり方と保護者の関わりを促進するための工夫がさらなる課題として掲げられていたものの、子ども自身による男女平等についての主体的な学習を支援

する実践の可能性が提示されていた。

　山梨（小）の報告「じぶんのたからもの～小学校1年生　国語科の実践報告～」では、性別にとらわれない子どもと男の子らしさ・女の子らしさにこだわる子どもがいる状況をおさえた上で、子どもたちが性別にとらわれず自分の思いを主張し、お互いに相手を認め合うことをめざした授業実践が提案された。子どもたち自身による「たからもの」の発表の後に「男の子が、宝物としてネックレスをもって来たら、どう思いますか？」「女の子が、宝物として仮面ライダーの本をもって来たら、どうなのかな？」の発問によって子ども自身の性別へのとらわれを明らかにしていくことで性別にとらわれない選好のあり方に気づかせたことが報告された。男の子がネックレスをもってくることは女の子が仮面ライダーの本をもってくることよりも偏見をもたれやすいこと、子どもの授業中の「オネエ」「オカマ」といった発言への即時の反応、ジェンダー・バイアスの掘り下げ、教員自身におけるジェンダー平等意識の醸成などの課題が浮かび上がったものの、教科教育の中での実践可能性が示唆された。

　各報告の後、3つの討議の柱に沿って議論がすすめられた。第1の柱「子どもたちや教員が、ジェンダーに敏感な視点を身につける」では、まず、子どもたちの状況については、色や遊びなどに性別へのこだわりを示していることが多い一方で、子ども自身がおとなへの問いかけをすることもある（例「スカートを女のものと決めているのは人間」）といった子どもの多様性についての意見交換が行われた。つづいて、教員社会の問題については、教員自身が子どもたちに「男だから・女だから」に関する暗黙の刷り込みを行っている可能性、教員社会におけるジェンダー秩序、教員自身もジェンダー・バイアスにとらわれているのではないかという気づき、について意見交換が行われた。さらに、基本的な前提に関して、「男女（の存在）」を暗黙の前提とする認識に回収されてしまうことの問題点が指摘され、教育実践を通して何をめざそうとするのか、ことばへのこだわりも含めて問い直す必要性が提起された。

　第2の柱「男女平等の視点で学校・地域社会の制度や慣習を変革する」では、まず、学校における制度慣習に関して、学校自体がジェンダー秩序を再生産している場であるという指摘がなされ、各リポーターによって服装指定や服装検査などの具体的事例が紹介された。また、人権より効率が重視されていることや政治家による干渉など、学校現場の現状に

ついて考察が行われた。つづいて、地域社会との関わりに関しては、男女差別とアイヌ差別が問題となっている地域がある（北海道）など、男女差別問題が他の人権課題と関連していることが指摘された一方、本分科会のOBが地域で活躍することにより学校慣習が改められた事例があることが紹介された。

第3の柱「子どもたちが自尊感情を保ちながら固定的な男女のあり方にとらわれず自立する力を育む」では、下記の議論が行われた。まず、女の子が赤い字で示される「男女混合名簿」（東京）、今なお男女別を前提とする体育教育（大阪）、「副」の役割になることを喜ぶ女の子（鹿児島）、米軍基地の存在によって地域住民の自尊感情が育たない（沖縄）といった事例のように、特に女の子の自尊感情が育ちにくい環境の問題が挙げられた。また、学校だけではなくキャリアにおける「ガラスの天井」やテレビCMも固定的役割を提示していることが指摘された。あわせて、教員として生きる自らの姿を示すことの必要性が提起された。具体的には、仕事だけでなく家事育児介護などの役割を担う教員としての自らの生き方をロールモデルとして示している、子どもの頃のジェンダーの呪縛から解放された姿や自らがジェンダー・バイアスに縛られ悩む姿を子どもに示したい等の意見が出された。

池上共同研究者は、先に議論されたテーマ「性の教育」に関連して、「医療モデル」と「社会モデル」について補足説明を行った。「医療モデル」は、当事者への治療や疾患の予防をめざすモデルであり、「社会モデル」は当事者がどうすれば生きやすくなるかを考えるためのモデルであり、両者は敵対するものではないこと、HIV陽性者への施策が医療モデルに偏していることによる問題を例に、「医療モデル」と「社会モデル」の議論は性の平等を含むあらゆる社会問題に関連していると提起した。

古田共同研究者は、第2の柱の議論で言及された制服の問題に関して、制服の強制は憲法第13条に違反すること、制服を男女で分けることは男女差別撤廃条約に抵触することを踏まえた上で、服装の選択は単なる個人の「わがまま」ではなく権利の問題であると提起した。

藤田共同研究者は、いずれの討議においても教員によって自分史の振り返りがなされたことに意味があるとし、授業実践で使えることばに制約がある中で子ども・保護者・地域により的確に伝えていく必要があると提起した。また、新しい考えが登場したとき古い考えを打ち壊していくことになるがその時

に直面する課題はさまざまであることから、今後も現実を問い返していく試みを続ける必要があると提起した。そして、「男女共同参画」「ジェンダー」ということばは多義的であり二元論に回収される危険性もあることを踏まえ、子どもの人権を保障することを重視する必要があると提起した。

〈藤田由美子〉

4．労働・家族

労働・家族の分野では、熊本の中学校、岩手の中学校、三重の小学校での実践が報告された。

(1)熊本（中）の「『母の仕事』と向き合う～『仕事とくらし』を取材し続けて～」では、中学校の日本語（国語）の授業で、子どもたちに母の仕事を取材して作文させるという授業の実践が報告された。子どもたちの作文から、低賃金の非正規労働で働く母たち、長時間労働を強いられ、健康を奪われた父たちの姿が浮き彫りになる。しかし、日本の働き方のひどさ、差別に気づかせるだけではなく、「働き方は変えられる」ことを教えるため、「オランダ型ワークシェアリング」の学習もしたという（「6．このリポートに学ぶ」を参照）。

(2)岩手（中）の「就労意識を高める実践」では、中学校の進路指導の中で、中学2年生では男女の働き方の格差、女性の労働力率のM字型カーブなどを学習し、3年生では12年後の働いて得られる収入と生活費支出の想定シミュレーションを通じて、経済的自立のイメージをもたせる授業が報告された。

(3)三重（小）の「いろいろな家族～『ちがい』を知って『自分』になる～」では、性別違和のある保護者をもつ友人との出会いと少女の気づきを描いた物語を使った実践が報告された。教員が物語を自作し、小学5年生のクラスで自分がその登場人物であったなら何と答えるかを考えさせ、次に3人で役割演技をし合い、最後に感想を書かせるという7時間の授業を行った実践が報告された。

(4)討議は、①性別にとらわれない多様な職業・豊かな人生設計を構想する。②労働実態や性差別の実情、労働者を守るしくみや権利行使を教える。③家事労働のとらえ返し・多様な家族のあり方について考える。の3つの柱で行われた。

①では以下のような意見が出された。

・友人や家族が夢をもって保育士・幼稚園教諭になったが、生活できるだけの賃金がもらえず、退職せざるを得なかった。女性が多く就く仕事の賃金

が安すぎる。男女で賃金格差がある。

- 社会貢献はしないといけないのだろうか。お金のために働き、定時に帰り、趣味に生きるという生き方があってもよい。むしろ、かっこいいし、豊かな生き方とも言える。
- 学校を1日も休まないことを「皆勤賞」と言って表彰するが、1日も休まないことを褒めたたえる学校では、教員も休めなくなるのでは。
- 「ニート」が良くないとただ教えるのではなく、働けない子に寄り添って考えることが必要。中国残留孤児の祖父に伴って日本に来た子どもは、「ダブルリミテッド」で思考する言語ができず、日常会話はできても履歴書を書くことができなかった。コミュニケーションが苦手な子はいる。疾患をもっていることもある。
- 生き方、将来設計を考えさせるとき、多様なシミュレーションをした方がよいと思う。
- 夢を語らせるだけでなく、挫折してもよい、挫折に負けない力をもたせることが必要ではないか。
- 家族の仕事について、「その仕事で大学の学費は大丈夫なのか?」などと教員が干渉する発言をして子どもが傷つく例もある。
  ②の柱では、
- 行政の考えている職業教育では、働く者の権利や労働者を守るしくみが教えられない。
- 連合の「働く人たちのひみつ—みんなを守る労働組合」というマンガを置いておいたら、小学4年生でも読んでいる。
- 夢を語らせるより、現実を見る労働教育が高校までになされるべきだ。
等の意見が出された。
  ③の柱では、
- 家庭科の授業は歴史的に国策を反映している。家庭科の教科書には注意が必要。あるべき家族を教えようとしている。
- トランスジェンダーの当事者の家族自身は、仲が良く幸せな家族なのに、普通じゃないとして、周りが違和を覚え、いじめ始める。
- 家庭科の教科書の中から、「ジェンダー」がなくなった。家族の価値に重きを置いた記述が増えている。個の自立があって家族を形成するはずなのに、家族の形や絆が強調されている。
等の指摘があった。
(5)共同研究者から以下の発言があった。
(藤田)　教科書には国策が擦り込まれるので注意が必要。知らないと気づかないし、怒りも沸かない。

知ることが重要。

(古田)　女性の低賃金は構造的に作られたもの。敗戦直後の1947年の労働基準法第4条で、世界で一番早く、賃金の男女差別禁止規定ができたにもかかわらず、男性を標準とし、終身雇用・年功序列制を保障する代わりに長時間労働をさせるという日本型労使慣行、社会保障制度（税金の配偶者控除や社会保険の第3号被保険者制度）等により、女性の労働は生活補助的労働・標準ではない労働とみなされ、低賃金であり続けた。憲法第14条で経済的・社会的な性差別も禁止されたが、最高裁は、民間企業には憲法第14条は直接適用されないとして、募集・採用や仕事の男女差別を禁じなかった。

保育士・幼稚園教諭・介護士など、女性が多く従事している仕事は、責任が重く、身体的にもきつく、専門性も高いにもかかわらず、女が家でする無償の仕事の延長とみなされ、賃金において差別されている。男女の職域分離を是正するとともに、職務評価をして女性が多く従事している仕事の賃金を上げるしくみ（ペイ・エクイティ）も、欧米ではできている。

1979年の女性差別撤廃条約を批准するため、1985年に男女雇用機会均等法ができたが、それと同時に、コース別雇用管理や労働者派遣法ができ、やはり、賃金の男女格差は残された。

- 劣悪な労働や差別を是正するためには、有期労働契約を厳しく規制すること、及び長時間労働を規制することが必要。
- ひどい労働条件には、労働者が団結して労働組合を結成し、団体交渉・団体行動をして改善することが憲法では想定されている。
- 文科省も労働法の教育が必要という通知を出しており、法律を教えることが不当とされることはない。労働法の知識のすべてを教員が正確に知ることは難しいかもしれないので、労働者側弁護士を招いた授業もあってよいのではないか。
- セブン-イレブンのアルバイトから罰金を取るなど、明らかに違法な事例が起こるのは、労働法の教育ができていないこととも関係があると思われる。
- TBSテレビのドラマ「逃げるは恥だが役に立つ」が昨秋大ヒットした。家事労働をテーマにしており、「結婚したら家事に給料を払わなくてよくなる」というプロポーズを、「愛情の搾取です」とヒロインは断る。働く権利、家事労働。これらは、永遠のテーマでもあり、子どもたちが生きて

いく上で必要なこと。自信をもって面白い授業を作っていってほしい。　　　　　　　　〈古田典子〉

5．第67次教研にむけての課題

第66次全国教研の全体会、分科会討論をふまえて、今後の課題を「疑う、気づく、つなげる」とした。

初日の全体会で山口二郎さんが、目下の深刻な問題として情報の操作（偽情報を流通させるなど）、言葉の意味のすりかえ、目的と手段が逆転する政策などによる危機的状況だけでなく、現政権は教育基本法を変えて学校教育に介入してきた。さらには個人より家族が大事という文脈の中で家庭教育についても介入しようとしていると指摘した。分科会でも家庭科の教科書の記述が家族主義的伝統に偏向しているとの指摘があった。

このような状況をふまえ、まずは「疑う」ことの重要性を確認したい。たとえば男女共同参画という言葉は中立的で使い勝手がよい。しかし、男女共同参画基本法にもとづく行動計画は定期的に見直されるが、見直しの基本姿勢が「男女特性論」にもとづくとなると、ジェンダー不平等の強化につながったりする。言葉の定義を曖昧にしたままであると、同じ言葉を使いながらまったく逆の意味をもつことがおこりうる。相手が○○と言うときの定義はなにになのか、つねに疑問符をもつこと、必要なら明確にすること、自分が使う場合の定義はかくかくと自覚すること、などである。

憲法改正についても「押しつけ」憲法だから自前でという主張のもとに「家族を大事に」という条文まで提案されているが、ここで大事なのは「そもそも憲法とはなんだ」という疑問ではなかろうか。憲法とは政府の横暴から国民を守るものであり、国民のあり様を政府が押しつける手段にはなり得ないものである。この原点に戻れば改正案が基本的におかしいことに気づくことができる。

教科書の記述も「疑う」ことによってあらたな教材として活用できる。たとえば、第2次性徴での「男女のちがい」の記述は子どもたちと話し合う格好の教材になる。教科書に引用されるデータについて、鵜呑みにしないこと。データ（調査結果）というのは調査者の価値観がはいるし、データの解釈は解釈者によって異なってくる。2グループ（たとえば男女）で調査をすれば平均値の違いは必ずでてくる。データ上の性差はあって当然である。問われる

のはその差をいかに解釈し利用しようとするのか、である。人はデータの集積で理解できるものでもないことに気づきたい。

分科会での活発な討議を経て見えてきた、気づいたこととして、以下の点があげられた。学校は「疑うな、気づくな、つなぐな」という環境になってはいないか。「疑わない、気づかない、つながない」という自分がいたのではないか。

第16分科会は女性差別への抗議からはじまったが、「疑い、気づき、つなげる」ために「人権をものさし」にすることが大事ではないか。第16分科会の統一課題は「人権」ではないか。「大多数＝ふつう」としてしまうことを疑おう。とはいえ、学校現場では「なぜ？」「どうしてそうなの？」という問いが減ってはいないか、という指摘もあった。「疑う」まえにまず「知る」も大事である。女性差別が示すように多数でも差別はあり、「マイノリティだから差別」というのはおかしい。差別の問題は「数」ではない、これは重要な気づきだろう。

同時に、職場での「さん」づけが、学校のジェンダー規制をとりはらうことにもつながる。地道な活動のつながりが環境を変えてゆく例だ。

最後に共同研究者から、「人権＝わがまま」という図式が社会に広がっているが、これにどう対抗するのか、人権獲得の歴史をきちんと学び言語化しておかないと「わがまま」という感情的一言で否定され、議論にもならないという事態になりかねない。子どもの頃から人権についてきちんと知っておきたい。そのためにも教職員は労働法をきちんと理解し教えること。労働者の権利がどう得られ守られてきたのかを知らなければ不当な態度や政策に気づけないし、訂正することもできなくなる。以上の2点を加えた。　　　　　　　　　　　　〈池上千寿子〉

6．このリポートに学ぶ

リポート 「母の仕事」と向き合う～「仕事とくらし」を取材し続けて～
　　　　久木田絹代　熊本・合志市立合志中学校

A．はじめに

1987年から「くらしを綴る」ことをテーマに、ほぼ毎年「綴る」ことにとりくんでいます。子どもたちに、仕事とくらしを取材して綴ってもらうのです。

B．法律の変化がそのままくらしに表れる

1999年、忘れられないできごとがありました。

Aは、「お母さんは、私が帰った時も寝てたりするから、取材は難しい」と言います。聞くと「5月から、夜中も仕事に行くようになった」とのこと。IC工場の生産ラインでなぜ？　あ、この4月に女性の深夜労働が解禁になった、それがそのまま出てるっていうこと！

正確な勤務時間、いつから、どんなふうに変わったのか、それでくらしはどう変わったのかなど「詳しく取材してきてね」と声をかけ、綴られてきた文章を、教室でみんなで読んでいきました（共同推敲）。

当然ながらAは、変化の理由を法律の改正と結びつけてとらえることはできません。共同推敲では、1997年に男女雇用機会均等法が改正され、同時に労働基準法の「女性の深夜業の規制」が撤廃されたこと、その施行が99年4月だったことを、簡潔に資料で補います。深夜勤務によって、お母さんの負担は重くなる。そこでAがさまざまな家事を「手伝い」始め、お父さんも「協力」し始める様子が綴られています。

法律が変わりくらしが変わったことが、そのまま作品の中に表れてきたのです。

これ以降、毎回、Aのように法律や制度とくらしが重なってみえるようになります。深夜労働、長時間労働、非正規雇用、家事労働や介護の担い手のアンバランス、いろいろなくらしがそのまま綴られてきます。

C．働き方について考える

2000年、中学1年生、3学期の文章です。

中1　B

（前略）父のことは、あまり知りません。僕が小さいころ離婚したからです。でも別に悲しくありません。家には、祖父と祖母がいるからです。

さて、母の仕事です。まず、母は朝の十時ごろ起きてお風呂に入ります。そして化粧をして仕事に行きます。お母さんの仕事はY（スーパー）に行ってJ（レストラン）に行きます。たいへんそうだなーと思います。

Yでの仕事は主にレジをします。レジはなれるとかん単だけどなれるまでがかなりの努力が必要だそうです。（中略）あと、お母さんはYでとく別な仕事をまかせられています。このまえその仕事を見

たら、あの人は何時から何時まで働くというのを何十枚も書いていました。とてもきつそうでした。

夜はJで料理を作っています。

料理を作るのに最初のほうは、ほうちょうとかでてを切ったりして家に帰ってきたときはびっくりしました。YとJの働く時間を合わせると16時間です。

なんでお母さんがこんなに働いているかというと僕を育てるためです。給食費とか僕が習っている物とかでどんどんお金が減っていくから、お母さんは二つの仕事をかけもちして生活を安ていさせているわけです。（後略）

中1　C

いつも、お母さんは、家の家族の中で、一番に起きます。お父さんや私の兄弟に合わせてです。（中略）今の仕事は、朝8時ごろから午後の2時か3時ぐらいまでです。今の仕事についたのは、自由に時間が選べるし、休む日も選べるからだそうです。ガソリンスタンドの苦労は、一日中走り回るということです。（中略）始めたころは、体重が、たくさんおちたそうです。今はなれたからそういうことはないそうです。

お母さんは、ガソリンスタンドから帰って来てもまだ、たくさん仕事は残っています。お母さんの仕事は、せんたく、りょうり、そうじ、まとめると家事です。あとは、ガソリンスタンドと内職です。ガソリンスタンドのあとも内職をがんばっています。

内職は1こで0.5円とすっごーく安いです。（後略）

3学期は、取材して綴った文章を全員が発表していきました。教室には、あたたかさが広がります。発表のあとは「返し」をもらい、みんなとてもうれしそうでした。

でも、それだけでいいのでしょうか。

Bのお母さんは、二つの仕事をかけもちできなくなったらどうするのでしょう。Cのお母さんは「まわりにとって」都合のよい、安い働き方のままでいいのでしょうか。「すごいね」「がんばっているね」「子どものことを思っているんだなあ」だけでいいのでしょうか。そんなはずはありません。

D．これからどんな働き方ができるようになったらいいだろう

私は、どうにかして「希望」を学習に入れ込みた

いと模索していました。

最初の「希望」は、弁護士の中島通子さんから教わりました。キーワードは「オランダ型ワークシェアリング」。今の働き方は、固定的なものでも何でもない。私たちによって変えていける。視野を広くもとう。そして自分たちが考えることが大切だと。

これ以後、共同推敲では「働き方は変えられる。では、どんなふうに変わっていくとよいのだろう」という視点をもって、考えるようにしています。

さて、BもCも、3年生になりました。自分のくらしの中のどこに、どんな差別があるのだろう、というテーマで授業にとりくみました。

まず、教材文「母の仕事」(『きずな』所収　熊本県人教発行)を読み、資料として、日本のM字形雇用と男性を100としたときの女性の賃金指数を補いました。

中3　C

うちのお母さんはパートです。パートのおばちゃんはふつうの人の何倍も給料が安いです。ふつうの社員の人たちと同じ仕事をしているのに給料がどうしてちがうのだろうとか、思ってたことがあったけど、その関係には差別があるからだとわかりました。(中略)はっきり言ってお母さんは、パートが差別だということに気がついていないと私は思った。だって、私も、アルバイトやパートが、差別でつながっているとか全然思わなかったから。

ここで差別は、Cのお母さんの問題、Cの問題、いえいえ教室にいる私たちみんなの問題になります。

では、どんな働き方ができたらいいのでしょう。いろいろ意見を出した後、図と新聞記事を使って「オランダ型ワークシェアリング」を紹介します。

図では、ペイドワーク(賃金を得る仕事)をピンクで、アンペイドワーク(無償労働)をグリーンで表すことにします。仮に、生活に必要なペイドワークを一つの円「1」で、アンペイドワークを半円「0.5」で表すと、二人で子育てして働いている場合、二人はそれぞれ0.5ずつのペイドワークと0.25ずつのアンペイドワークを担えば、生活が成り立つことになります。

「先生、働くおとながひとりだったら?」とさっそく質問がくる。「オランダでは、公的な制度(手当の支給や様々な機関を無償で使える制度)で、0.5が補ってもらえるんだ」と説明し、「じゃあ日本

ではどうかな?」と尋ねる。「日本では一人親だったら、二人分のピンクと二人分のグリーンを、全部一人でやってる」「1.5人分を一人でやっている」。

さらに、再び賃金指数を示します。控えめに言っても、未だ女性の賃金は男性の半分でしかありません。「日本で、一人親が『お母さん』だった場合」を考える。Bのお母さんが、昼も夜も、寝る時間を削ってでも働かなくてはいけない理由はそこにある。決してBのお母さん個人の問題ではないことがわかるのです。

と、学習をすすめていたら、Dが叫びました。「先生、オランダのには白のままのところがあります。その…白いとこは、一体、何ですか?」目が、図に釘付けになっている。オランダの図では、円の0.25はピンクでもグリーンでもなく残っています。改めて新聞記事を見ると、そこには、おとな二人での仕事・子育て、そして大学生もやっているオランダのお母さんのくらしが載っています。

一方、Dのお母さんは、3年間まじめに働いてきたにもかかわらず、「有期雇用」契約だったため、3月で仕事を辞めなければならなかった。しかもそれは、なんの法律違反にも当たりません。Dは、お母さんがやりがいをもって働いていることを取材で知っていました。「先生、なんでお母さんが辞めないかんと。わからん!」全くその通りです。

ところで残念なことに、以前と比べて今の方がもっと働きにくくなってきています。非正規雇用一つみても、「女」なんだからしかたがないと女性への差別が見過ごされている間に、今では男性も組み込まれ、さらに若者たちが組み込まれてきています。

この働くことがきびしい世の中に、卒業したらみんなででていきます。「そんなこと何も知らない」ままでは卒業させたくない。できることが少しでもあるなら、やっておきたい。そう考えて、一昨年は、3年生の卒業前にも「これからどんな働き方ができるようになったらいいだろう」という点について考えることにしました。

日本語の教材文「何のために働くのか」を読んだ後、自分たちが将来働くことについてどう考えているか意識調査を行い、それをふまえて考えてみました。女性の生涯賃金のグラフ(結婚・育児などを理由に一度仕事を中断した場合、生涯で6千万〜1億8千万円の損)、さらに非正規雇用で働く場合は、賃金はずっと上がらず、その上「妻」(3号被保険者)には103万円の壁と130万円の壁があることもふまえて考えました。

多くの子どもたちが「生きるために本当に必要なことを学びました」と言って卒業していってくれました。

E. 暴力の連鎖を断ち切る

最後に、家庭内暴力（DV）に向き合い、乗り越えていった子どもたちの綴りを紹介します。実は1987年から今日まで、家庭内暴力（DV）にふれた文章がでてこなかった年は、一度たりともありません。

「俺が嫌いだった父」　　　　　　　　　中3　G

僕は父が嫌いでした。今も好きではしょうじきないけど、そんな中で月日がたち、僕の気持ちも変わりました。ある日を境にして。

ぼくは今、五人家族です。昔は父さんがいて六人家族でした。でも、父と母は僕が中学二年生のとき離婚しました。だけど僕は父と母と兄弟の前では、いくら兄弟が泣いても俺は、泣きそうなくらい悲しかったけど、いかりのほうが大きく僕はあまり泣きませんでした。僕が子どものころはあまり仲は悪くなかったけど、小学校に入ってからしばらくしたころから、よくケンカをし、ぼくは兄弟をつれてよく違う部屋に行って「大丈夫、大丈夫だから泣くな」とよくいってきた思い出があります。正直もう僕はなれていたのでしょうか、もう涙よりムカツキが大きかったのでしょうか。父は酒を飲んではあばれ、母をけったりし、僕はただ怖くて、ただ、その姿を泣くのをこらえて見ていただけでした。

そしてそんなこんなで一年たち、僕は子どものころから「ぜったい泣かん」と心にちかい、ぼくはそれを自分で決め生きてきました。まあ、僕は、父さんや母さんに最初本気でイライラして「ぶっころす」とか「消えろ」とか、もう二人ともきらいでした。

そして僕はたまに父さんと会う日や、父さんからの電話をすべて無視したまま今年の夏まで一年ずっとつづけてきました。でも夏にそんなに会いたくない父さんになぜか急にとても、一日だけでいいから父さんの姿を見たくなりました。なぜでしょう。今でもわかりません。

そして勝手に塾を抜け出し今年の夏、一人、自転車をこいで父の家に行きました。（中略）そして俺は父さんに会いました。一年ぶりで距離感ができたのか、二人ともしばらく無言の空気もちょっとあったでしょうか。やっぱりきまずかったです。でもそ

の壁を父さんはぶちこわし、俺に「元気にしてたか」そう言いました。「してる」そう僕は言いました。「母さんも兄弟も元気にしてるか」と言われ「みんな元気にしてる」そう言いました。俺は最初「今さら父親みたいなこと言われても俺は許さない」そう思いました。そしてまあ、いろいろ話しました。「離婚してからのおたがいの生活」「離婚してから兄弟の成長」そんな時間が僕はとても心に残っています。そしてその日一日は父さんの家に泊まりました。そして、次の日「なんかほしいもの買ってやろうか」みたいなことを言われました。そして、俺は、たくさんめっちゃあったけど「いや、ないからいい」と言いました。

そしてもう夕方になり、俺は、帰ることになりました。

すると父は、「すまん、G、またこいよ」そう言いました。俺はそのしゅんかんすぐに涙があふれ出てきて、泣いてしまいました。泣かないと決めたのに。俺は泣いたけど「また来る」と言いました。俺はあれほど泣きながら一人帰ったことは今までありません。俺は、ものとかじゃなくて、父のあやまりが一言でもいいから聞きたくて、自分でも分からなかったけど自分の意志で父さんに会いに行ったんだと思いました。

俺は帰って兄弟に話しました。あれほどうれしそうに兄弟に父さんの話をはなしたことがありません。今は好きではないが俺は父さんを許しました。（中略）中学三年生の長い夏休みでした。

3年生のGは、私が何を求めているのかすぐにわかったようでした。もう逃げ場はないよ。自分に向き合うしかないよ。ぐいぐい綴って一番に持ってきました。「先生、隠さなくちゃいけないことじゃないもんね」。教室のど真ん中でそう話したら、「まだ書き加えることがあります」といったん席へ戻りました。

このやりとりを聞いていた子どもがいます。小さい頃お父さんが家を出ていったHは、すぐに、それはもうすごい速さで、生活を支えているお母さんのことを綴りました。そして「先生、Iも書かにゃんことのあるもん。ちょっと言ってくる」4年前、父親が急死したIのそばに行きます。「おれ書いたけん。おまえもがんばって書けよ」Iはとうとう綴りました。

中3　I

（前略）僕のお父さんは店長をしていました。店長をしていた時のお父さんはめっちゃいそがしそうで、あまり家にも帰って来ずに車の中で寝ていたそうです。

お父さんが久しぶりに帰ってきたと思ったら、あまり元気がなくすぐ寝てしまいました。その時ぼくはまだ小さかったので、あまり状況が分かりませんでした。でも後からきいたらリストラされたそうです。

そんなお父さんにぼくは、「今日仕事行かんと？」とか聞いていました。今考えると、この言葉を聞いても笑って、休みになったと言っていたお父さんを思い出すと涙が止まりません。（後略）

待遇以上に責任の重い仕事、長時間労働、リストラ、そして若くしての急死。Iが中1の頃、少々元気すぎる姿を見せていたのは当然のことではないでしょうか。現実を受け止められないだけでなく、自分を責め続けていたのですから。

「女である」ことを理由に強いられる貧困。「男である」ことを理由に強いられる長時間労働。「当たり前」に思われているくらしの中に差別は存在する。それを教室で出し合うのです。

多くの場合、綴った文はみんなの前で読んでいきます。もちろん、家の人の了解を得ての話。聞き手は「返し」をします。「こんな中身じゃGへの『返し』にはならない。先生、書き直していいですか」。綴りは深まり、進路公開がすすんでいきます。

Gは「暴力の連鎖」を、自分の力で断ち切ったのではないでしょうか。

子ども・教職員の安全・健康と環境・食教育 第17分科会

1. 今次教研集会の課題

2. 実践報告と討論—今次教研の課題を探る—

3. このリポートに学ぶ

◎福島県双葉郡浪江町「希望の牧場・ふくしま」
　ボランティア活動から生徒間交流まで
　～考え・行動する人をめざして～　　　〈竹島　潤　岡山・岡山市立旭東中学校〉

◎「食育～正しい食事で、心もからだも健康に！～」
　のとりくみについて　　　〈伊勢勤子　岩手・県立大船渡高等学校定時制〉

◎がんとリハビリ～生活の拡がりを生み出す運動～
　　　　　　　　　　　　　　　〈青木知広　公立連合・近畿中央病院〉

《執筆者》

真下　俊樹

後藤　忍

並河信太郎

石塚　哉史

前川慎太郎

小林　芳朗

三浦　俊彦

楠本　昭夫

山内ゆかり

合﨑　眞理

1．今次教研集会の課題

⑴体験授業をどう「指導」すべきか？

かつては学校と家庭の外に遊びの空間があり、子どもたちはその中で自然や社会と直に触れ合うことで、この世界を知り、その中での自分の立ち位置を築き上げていくものだった。だが、今回の教研集会で、「今は地方でも、自然や社会との触れ合いを学校が用意する必要が出てきた」との認識が共有されていた。研究報告でも、自然や社会などナマの現実世界の中へ子どもたちを連れ出し、その体験を通して身の回りの問題を考えさせる実践報告が大半を占めた。

自然や社会の中での実体験を「教育」として行う場合、一つの問題が生じる。その実体験が、指導者が「用意した」ものであり、それを通して子どもたちが現実を「知覚」し、「認識」する際に、指導者の意図にもとづく方向づけ（誘導）が多かれ少なかれ介入せざるを得ないことだ。実際の対応では、今日の世界を支配している構造を子どもたちに気づかせることを重視する立場から、たとえ子どもたちが意図した方向から外れても最大限自主性を尊重する立場まで、介入のあり方や度合いは、子どもの成長段階とも関わって多様にあり得る。分科会の討議でも意見が別れたように、そのサジ加減に「正解」はなく、個別現場で対応するほかない悩ましい問題だ。

この面では、分野は異なるが、フランスの「食育」が参考になるかもしれない。最近フランスの小学校の初学年に導入された「味覚教育」では、習慣や先入観を捨てて、子ども一人ひとり独自の感じる力（味だけでなく五感すべてによる知覚能力）を開発し、同時に自分が感じたものをありのままに表現（分節化）することで「賞味」する力（認識能力）を育てることに主眼が置かれている。そうすることで、子どもは現実世界の中でより豊かなアイデンティティーを形成し、個人としてよりよく発達できると考えられている。地域の生産者や食品の加工・流通業者の仕事の実地見学や、食品が大量に廃棄されている一方で、先進国・途上国に満足に食べられない人がいるといった社会構造の問題は、小学校高学年〜中学校で、ファクトベースで導入される。高校では、遺伝子組み換え食品の問題や有機農業のメリットなど、指導者個人の価値観を反映した指導も相当程度認められている。これは、高校生であれば、こうした指導者を現実世界の一部として相対化し得るだけの「個人性」が確立されていると見なされているためだ。

以前なら、学校での指導者の役割は、子どもたちがすでに積み重ねている実体験を分節化して意味を与えることだった。だが、今日では分節化される前のナマの現実世界がもつ複雑さ・豊かさをも同時に知らせることが指導者に求められている。そこでは、これまでのような「結論ありき」の指導はもはや不可能であり、複数の結論（解釈）があり得ることを前提に、「なぜ他の結論ではなくてこの結論なのか」を根拠とともに説明できること（アカウンタビリティー）が求められるのである。

この課題は、グローバリゼーションに対する民衆の反乱が、アルテルモンディアリスムではなく、ブレグジットとトランプを生んでしまった今日の世界が私たちに突きつけている課題とも通底している。

〈真下俊樹〉

⑵真実を見出す感性・知性を育てるために、批判的思考力の育成と知的理解の促進を

本分科会では、2011年に発生した福島第一原発事故や、公式確認から60年が経過した水俣病など、あらゆる環境問題・公害の歴史と教訓からいかに学ぶかについて、多くの教育実践が報告された。事前に「予想される討議の柱」として挙げていたように、原発事故・公害問題における加害—被害の問題構造を捉え、被害者の立場で「自分事」として理解し、問題解決のために行動できる子どもたちを育む教育方法について、活発な議論が行われた。

討議では、リポーターの報告内容と、フロアの方々からの発言の背景にある考え方の間に、ややギャップを感じる場面も見られたが、それらも含めて、有意義な討議の場になったと感じており感謝したい。

総括討論では、「命と健康を守る闘い・とりくみ」を全体テーマとし、1）真実を知る感性・知性を育てる、2）教訓に学び・真実を伝える、3）仲間に、社会に拡げる、の3つの柱で討議が行われた。その場で私が指摘させていただいた点を踏まえながら、特に1）と2）に関する課題について、改めて2点ほど述べたい。

1つは、子どもたちの「批判的思考力（批判力）」をいかに育むかについてである。批判的思考力は、「真実を知る感性、知性を育てる」うえで、中心に位置づけられると考えている。批判的思考力は、持続可能な発展のための教育（ESD）における「育みたい力」の一つとしても位置づけられている。しかし、明示的にそれを育むことを目的とした教材や教育実

践はまだ少ないのが現状である。特に、原子力・放射線教育の分野で指摘されているように、ESDを推進している文部科学省が発行した副読本などの公的な教材が、実際には内容が偏っていたり、真実が書かれていないなどの問題点がある。このような公的な教材を使用する場合には、子どもたちの思考および授業で扱う内容の枠が決められてしまう「フレーミング効果」の可能性に注意が必要である。そして、そのような教材に書かれていない真実について、いかに見抜くことのできる感性・知性を育むかが課題であり、そのためにも批判的思考力に関する教育実践が求められる。たとえば私は、福島県教育委員会が2015年に作成した放射線教育のための学習教材（DVD）を自身の講義で使用し、講義前後の印象の違いを認識することで、教材の「フレーミング効果」について批判的に考察する教育実践を行った。このような教材で扱われていない真実を子どもたちに気づいてもらう教育実践は、教員自身の学びや力量に拠るところも大きい。討議の場においても「教員の無知は罪である」といった旨の指摘がなされたが、そのような気概をもった教育実践を今後も期待したい。

2つめは、人権教育における「知的理解」の観点から、社会的ルールを教えることの重要性である。社会的ルールを知ることは、人権侵害の可能性に気づくうえで必要であるが、授業で教えられていないことが多い。たとえば、放射線被ばくの問題について、一般公衆の追加被ばく線量限度や放射線管理区域の線量基準、福島県での避難指示区域の線量基準、また、被災者支援のために制定されたいわゆる「原発事故・子ども被災者支援法」等について、文部科学省の放射線副読本にはほとんど書かれていない。人権教育に必要な内容は、人権教育の指導方法等に関する調査研究会議（2008）によれば、「人権に関する知的理解」と「人権感覚」の2つであり、それらを育むために、「知識的側面」、「価値的・態度的側面」、「技能的側面」の3つの側面が必要とされている。法律、基準などの社会的ルールは「知識的側面」に位置づけられる。教育現場においては、いじめの問題を取り上げたりすることで「人権感覚」については扱われるが、「知的理解」については不十分になっている現状がある。今後は、「知的理解」についても扱っていくことが求められる。

かつてジャン・ジャック・ルソーは、「ある真実を教えることよりも、いつも真実を見出すにはどうしなければならないかを教えることが問題なのだ」と指摘した。真実を見出すために有効な批判的思考力の育成や知的理解の促進について今後の教育実践の展開を期待したい。　　　　〈後藤　忍〉

(3)安全・安心な学校給食の確立と食育のカリキュラムの充実を

今次教研では、夜間定時制高校、共同調理場の栄養教職員からのとりくみをはじめとした幅広い立場からの報告があり、内容も教科の中で食育を意図的に取り入れた活動、味見当番、おにぎり給食、料理コンテスト、稲の栽培など多種多様なものであった。各学校での食育の実践がすすめられ、一層の充実がはかられている。今後にむけて三つの観点から述べる。

第一に学校給食の安全・安心である。最近、共同調理場で調理された学校給食を原因とする食中毒が発生した。学校給食の衛生管理は国が定めた学校給食衛生管理基準にもとづいて行われているが、食中毒が発生した。地方公共団体の財政事情は極めて厳しい中、予算措置が十分にされ、学校給食の施設・設備の整備や調理に従事する人員の確保が適正にされていたのだろうか。ウイルス・細菌等を原因とする食中毒を防止する対策の一層の充実が求められる。

第二に食物アレルギーである。国は2015年3月の食物アレルギー対応指針において、「食物アレルギーを有する児童生徒にも、給食を提供する」「安全性確保のため、原因食物の完全除去対応（提供するかしないか）を原則とする」と示している。食物アレルギーのある子どもに学校給食を保障することが基本であるが、調理能力や教職員の指導体制等で確実に対応できる内容を明確にしていくことが重要である。そして、食育において、すべての子どもが食物アレルギーの基礎基本を理解し、必要な対応ができる力を培うことが必要である。

第三に食育のカリキュラムの充実である。昨年12月、中央教育審議会より「学習指導要領等の改善及び必要な方策等について」が答申され、食育は現代的な諸課題に対応して求められる資質・能力の項目で、「教科等横断的な視点で育むことができるよう、教科等間の連携を図っていくことが重要である」と示されている。そこで、食育としてとりくむ目標・内容を明確にしていくことが必要である。そのためには、学びにより形成された学力を明確にしていくことが重要である。答申では「学習評価は学校における教育活動に関し、子どもたちの学習状況を評価するものである。学習の成果を的確に捉え、指導の改善を図るとともに、子どもたち自身が自らの学びを振り返って次の学びにむかうことができるようにするために、目標に準拠した評価をさらに進めていく」「教育目標や内容の再整理を踏まえて観点別評価は、『知識・技能』『思考・判断・表現』『主体的に取り組む態度』の3観点に整理する」としている。たとえば清涼飲料水の砂糖の量は理解しているが、日常生活で利用する量は変化していないことをどう評価するかが必要になる。形成された学力を明確にすることにより、カリキュラムの充実につなげていくことができる。

食育は子どもたちが主体的に自分や社会の健康を考えて、食に関して望ましい行動変容ができる力を培うことをめざしている。行動変容段階モデルでは6か月以上その行動が定着することにより維持期としている。継続した学力の形成状況を把握するとりくみが求められる。今後、とりくみの成果がさらに拡がり、食育の充実が図られることを期待したい。

〈並河信太郎〉

(4)子どもの食と農林水産業を次代につなげるために

今次教研の本分科会において食教育関連報告は14報告あり、その主要なテーマを整理すると「食教育・食育」「給食」「防災」「食体験」「安全性」「アレルギー」と多種多様となっており、さらなる拡がりを示している。分科会の開催期間を通じて、共同研究者の立場で食・農林水産業関連する政策・制度や経済動向という分野を中心に情報提供を行った。以下では、前述の視点から、分科会の討議において関心の高かった「食品ロス」と「子どもの肥満の要因」2点について整理し、その内容を踏まえ、今後の食教育を検討するうえで必要な事象を述べ、まとめとかえさせていただきたい。

第一に「食品ロス」であるが、現在世界では年間13億トンの食料廃棄が確認されている。このことは日本も例外ではなく、毎年2,800万トン程度の食料廃棄が確認されている。その中で、まだ食べられる状態であるにもかかわらず、廃棄されたものは632万トンも存在している。国内での米の生産量は1年間で約800万トン、同様に世界全体の食品援助に仕向けた総量が600万トンである点を鑑みると、いかに膨大な数量が廃棄されているのかが容易に理解できよう。

第二に、北東北地域における子どもの肥満であるが、このことはリポートを担当した岩手県のみでなく、青森県、秋田県も含めた共通の古くて新たな問題（北東北地域は全児童のうち、約20％が肥満と確認）となっている。討議において、前述の肥満の要因として、①冬場の通学路の降雪や凍結による保護

者の車やスクールバスでの送迎による通学・帰宅の運動量不足、②屋外での運動の機会の少なさ、と解説した。さらに、近年は東日本大震災・原発事故の被災地である東北沿海部において肥満率が顕著となっている点を補足した。このことは仮設住宅から学校までのスクールバスによる送迎、校庭等屋外活動の制限が影響している。

以上のように近年の食と農林水産業を巡る情勢をみると、深刻な課題が山積している。周知の通り、近年の日本における食料自給率は39％（カロリーベース）で停滞傾向を示しており、先進国の中でも最低水準という由々しき事態である。そうした事態であるにもかかわらず、農林水産省が公表した食料・農業・農村基本計画をみると、2025年の目標数値として45％を掲げているが、その達成にむけた見通しは不透明なままである。それに加え、新たなトピックとして、2051年に農林水産省が提起した食料自給力という国内の潜在的な能力を示した食の指標があげられる。この食料自給力の具体的な内容の一つとして、花卉等食用作物以外の耕作面積や耕作放棄地に芋を栽培した場合の数値を想定している。この指標であれば、米・麦・大豆は50％、芋は90％という見方もできなくもないため、食料自給率の低い現状を直視せずに、食料自給力のみで判断すると、日本の食の未来に対して楽観視を引き起こしかねないというミスリードの可能性を秘めていることが否めず、専門家の一人として懸念しているところである。

以上のように、食や農林水産業を巡る情勢は日増しに厳しいものとなっている。しかしながら、このような事態であるからこそ、学校をはじめ、食教育を支援する地方自治体、農林水産事業者・団体、専門家などが連携し、リアルな実情を学習や体験を通じて子どもへ提供することにより、食および農林水産業にかかる知識を醸成していただきたい。

最後に本分科会の議論が、参加者全員の食教育にとりくむうえで有益なものとなり、今後の子どもたちの食に関わる問題の解消および健全な食生活を送るための一助となることを願っている。〈石塚哉史〉

⑸学校と医療機関が互いに顔の見える連携を

今次教研の「医療」の分野においては、病院職員、養護教員からの報告があった。その内容については今までの「子どもたちをとりまく環境と医療」「教職員をとりまく環境と医療」に加え、「緊急時の対応」という視点を加え、3つの柱で討議され、現状の問題点が確認された。昨今、子どもたちや教職員をとり

まく環境に関するメディア情報は多く存在している。それらの情報と教育・研修の結果、正しい知識と技術は広まってきた。しかし、知識や技術を「知っている」だけではなく、「実行に移すまでの支援」が必要であると、保護者、教職員、医療機関等、様々な立場において確認できた。他職種が繋がりをもち、各々の立場から様々な意見を出し合い、現状や課題を共有することによって、解決策を模索できる可能性を見いだせた。

以下に教育現場と医療現場との連携に関する現状の課題について述べる。

学校内の救急処置場面では明らかな原因がわからないことが多く、時に命に関わる事故に遭遇する場合もある。子どもたちから受傷機転を聞き取りながら、受傷後の経過を観察し、症状の変化や医療機関への受診の要否を予測するという困難さを伴う。専門教育を受けた養護教員であっても、経験年数にかかわらず緊急時の判断や対応に困ることが報告されていることもあり、一般教職員が救急処置に対応する際に判断に窮することは想像に難くない。養護教員の配置がすすんだ現在においても、最初に負傷した子どもたちに接するのは学級・教科担任、部活動顧問他、一般教職員の場合が多い。養護教員がいる場合は、その後の救急処置を行なうことになる。養護教員が一般教職員にむけて、いつ起こるかわからない事故やけが等に対し「子どもを預かる教職員として当然応急処置に関わってほしい」「応急処置の知識や技術の指導が必要である」といった要望があったことも報告された。

慢性疾患をもつ子どもたちに関して、医療現場と教育現場が治療やその後の対応についての情報を共有し、子どもたちに、よりよい環境を提供する必要があるのはいうまでもない。にもかかわらず、医療と教育現場の連携がスムーズに行われていないのが現状である。医療と教育現場の連携を阻む要因として、養護教員は業務の繁忙さや個人情報に関する問題（主治医等の医療関係者と直接話すことの難しさ）など、法律上の課題や医療的ケアの実施における学校の体制に関する問題点も多く認められた。しかし、双方の連携が慢性障害を抱える子どもたちへの支援にとって重要であることは医療・教育現場双方の共通の認識である。これらの解決のためには、養護教員がキーパーソンとなり、学校内外に積極的に働きかけると同時に、教職員の増員や医療的ケアに関する制度の改善など支援のための条件整備が必要であると考えられた。これまで以上に、子どもた

ちを中心に、養護教員・保護者・医療機関等が「互いに顔の見える連携」の充実が必要である。

今後は、学校と医療機関、地域、行政等の関係機関等が役割を明確にし、それぞれの専門性を活かして互いに連携する必要性がますます求められる。
〈前川慎太郎〉

2. 実践報告と討論
―今次教研の課題を探る―

(1)全体会
①討議の柱 「環境・公害」

福島（中）からは「原発事故を伝え、健康と生命を守る放射線教育」をテーマに放射線教育対策委員会のとりくみが報告された。事故から5年たち子どもたちの震災、放射線の記憶が薄れ、小学校には震災の記憶すらない児童が入学している。補償金によって分断された、楢葉町の帰還も始まる。学校がまず再開され、子どもたちが安全のだしに使われる。学力向上・体力向上が県の重点施策となっている。3～6回も転校を余儀なくされてきた子どもたちに学力向上……。教職員の苦悩はつきない。

福島では放射線を心配する家庭は他地域へ避難していき、残った人たちは安全と思いたい状況の中、「放射線教育といっても、何をどのように指導してよいか分からない」「押しつけの放射線教育には反対だが、学活の時間に担任が授業を行うのが難しい」と福島の教職員の悩みが報告された。

三重（小）からは「四日市公害から何を学び、どういかすかを考える～忘れないように～」をテーマに、リポーター自身が作成した『四日市公害と人権』のテキストを活用して学習をすすめたとりくみが報告された。

初めは喜びで迎えられたコンビナートは、「多少の犠牲はやむを得ない」という考えがまかり通っていた時代に住民の命を脅かしてきた。コンビナートの会社に勤める家族、その煙でぜんそくになる家族、「公害病はうつる」といった偏見の苦しさ。子どもたちは被害を具体的につかみながら、公害裁判に立ち上がり「一人ひとりが大切にされる」時代へと変えていった人々に学んでいった。

「今では恥ずかしい限りだが、自分も偏見をもっていた」と率直に語るリポーターが、子どもたちを「これからの四日市を一緒につくる仲間」と考え、実践したとりくみに感嘆の声が挙がった。

②討議の柱 「食教育」

岩手（小）からは「『70杯のごはん』給食の残食から食品ロスを考える」と題して残食に気づき、減らしてきたとりくみが報告された。1個のおにぎりを捨てることは、それに繋がる水、肥料、労働力、運搬のガソリン等も捨てることだ、日本の食料廃棄量は全世界の食料援助の1.6倍であると子どもたちは知り、飢餓や地球温暖化への気づきへと発展していくすぐれたとりくみであった。参加者からは残食の原因として給食時間を十分取らない担任の考えや食器の回収時間がネックとなるセンターの影響など、残食が増える様々な要因の指摘があった。また、子育ての経験がない若い参加者から、「発達段階に応じた給食指導のあり方を知りたい」と会場全体に問いかけられた。

佐賀（中）からの「学校における食物アレルギー対応のとりくみ」の報告は、食物アレルギーの子どもへの対応を通してよりよい給食経営と学級経営をめざし、適切な食品選択と献立内容の見直しで給食経営の改善につなげていこうとするとりくみだった。しかし、現在勤務するセンターは文科省の「学校給食における食物アレルギー対応指針」に沿わない対応を、保護者からの求めのままに容認するなど基本的な運営のあり方に課題がある。学校の対応能力を超えるような無理はせず「安全第一」に、学校・教育行政・救急等も含めた「広い連携」と、医師の診断による「正確な情報」をもとに、食の専門家として保護者や子どもたちを支える大きな力になる、と力強く報告された。

③討議の柱 「医療」

岩手（小）からの「東日本大震災で避難所になった保健室にて」の報告は、学校救急看護学会から震災時の貴重な経験を広めてほしいと要請を受けまとめられた貴重な報告であった。津波被害がなかった勤務校に被害を受けた近隣の小学校の子ども全員と家族、教職員、近くの施設の人など500人以上が避難してきた。保健師常駐までの10日間を「応急処置期のニーズ対応」、それ以後、避難所が体育館に移動するまでを「回復期のニーズ」と分け、物資も少ない中、力を合わせてできることを精一杯、知恵を働かせて避難者を支援した報告に固唾をのんだ。被災地を復興させるには長い時間がかかるが、神戸に修学旅行に行った中学生が「17年たてば元通り復興するんだ！」と言ったというまとめの言葉に、リポーターの強い決意がみなぎっていた。〈小林芳朗〉

(2)「環境と公害」小分科会

①原発事故・環境・公害教育

1）公害

新潟（小）からは、「自然環境保全の意識を高めるとりくみの工夫〜地域の自然環境から新潟水俣病学習へ〜」をテーマに、地域の自然環境に触れ合いながら、身近な川から県内で起こった公害に迫る実践報告があった。

熊本（中）からは、「何のために水俣病学習をやるのか、問い続けてきて」をテーマに、当事者に学ぶことや事実を正しく知ることに重点を置き、水俣病学習の実践や教職員の研修について提起した実践報告があった。

愛知（中）からは、「身近な社会的事象に関心をもち、多面的・多角的に追究して考えを深め、よりよい社会づくりに生かすことができる子どもの育成」をテーマに、社会科の授業においてエネルギー政策にスポットを当て、自分たちの学校から始め、日本の将来のエネルギー政策について考える実践報告があった。

岡山（中）から、「福島県双葉郡浪江町『希望の牧場・ふくしま』ボランティア活動から生徒間交流まで〜考え・行動する人をめざして〜」をテーマに、自身のボランティア活動をきっかけに、福島からの講師を招くなど2校2年間にわたる実践が報告された（3.「このリポートに学ぶ」参照）。

大分（小）から、「真実を見抜き、考えをもてる子どもたちをめざして〜原発問題から考える〜」をテーマに、電気エネルギー、東電福島第一原発事故をの学びを通して、身近にある四電伊方原発について考える実践報告があった。

鹿児島（高）から、「避難より屋内退避、安全な場所と防護服」をテーマに、九電川内原発から30キロ圏内にある在籍校で、避難のあり方について考える実践が報告された。　　　　　　〈三浦俊彦〉

②自然から学び持続可能な社会にむけて

1）山・森から学ぶ

北海道（小）は、「石狩の環境教育—エネルギー概念から考える環境教育—」をテーマに、林業体験・農業体験だけでなく、小学校でエネルギー概念をしっかりと指導するためにも教職員の実技理論研修を充実させた実践報告があった。

岩手（小）からは、「早池峰・新たなる希望—自然とともにあらんことを—」をテーマに、山頂垂れ流しトイレの携帯トイレ専用化へのとりくみ、ニホンジカから高山植物を守るとりくみ等を経て、ユネスコ・エコパークをめざしている実践報告があった。

長野（小）から、「子どもの『内なる自然』を豊かにする地域素材『炭』の実践」をテーマに、炭焼き体験で終わりではなく、炭の特徴を実験で確認し、新たな利用方法を発信する等の活動を通して環境リテラシーを育んだ実践が報告された。

2）川から学ぶ

茨城（小）から、「自然環境に対する豊かな感性や見方、考え方を育成する総合的な学習の時間のあり方—ESDの視点をとりいれた、地域と学校の学びのネットワーク構築を通して—」をテーマに、地域の川・沼・里山での体験・課題解決学習の実践報告があった。

静岡（小）から、「自分自身を取り巻く環境に対する豊かな感受性を高める教科指導〜図画工作科からのアプローチと子どもの変容〜」をテーマに、身近な題材から川の調査・清掃・議論、汚染源工場の見学、行政要望へと能動的に発展していった実践の報告があった。

福井（小）からは、「郷土九頭竜川中流域の魚類と河川環境教育」をテーマに、魚類・生物等の現地調査・飼育、地域アンケート、食体験・文化再生のとりくみを通じて、環境保全意識を向上させた実践報告があった。

3）池・田から学ぶ

兵庫（小）から、「地域とつながる環境体験学習」をテーマに、米どころにもかかわらず米づくり体験の少ない子どもたちが、地域の協力による体験学習を通じて、自然や人とのつながりを学び、成長した実践の報告があった。

鹿児島（小）から、「教育実践の中に『環境』を取り込む〜子どもの原体験を豊かにし、韓国と日本をつなぐ実践〜」をテーマに、自然豊かな地域でも自然との関わりが薄い子どもたちが、たっぷりと自然の中で遊び、自ら問いを組織していった実践の報告があった。

4）海から学ぶ

千葉（小）からは、「地域の自然に触れ、環境を大切にしようとする児童の育成〜金田の干潟からアクション！〜」をテーマに、年3回6年間の干潟体験継続で、遊び→学習→調査→発信へと成長した実践報告があった。

神奈川（小）から、「地域の特色を生かした海の環境教育」をテーマに、海と関わる活動を地域の施設・団体等と協力し6年間継続することを通して、

課題設定・解決能力を育成した実践報告があった。

5）ゴミから学ぶ

大阪（小）から「ごみをより身近なものにする環境教育〜『なぜ？』から『そうか！』へ〜」をテーマに、ごみの行方を追い、ごみ処理施設見学や出前授業を通して、ごみ減量を意識していった実践が報告された。

東京（小）から、「ゴミと環境―教材開発とその実践―」をテーマに、「資源ゴミは本当に資源？」、「リサイクルに意味がある？」等の疑問を出発点に、ゴミ問題の本質に正面から迫る教材を開発し、子どもたちがともに学び視野を広げていった実践報告があった。

討議では、次のような活発な意見交換がされた。

- ESDはどこに焦点を当てるかをしっかり見極めて、地域を巻き込んでとりくむべき。
- 文科省の環境教育に放射能の危険性は入っていない。
- 炭焼きから林業やエネルギーへと可能性も広がり始めている。子どもたちに可能性を教え、地元を見直すきっかけを作ることは大切。
- 子どもたちの自主的な発想を伸ばし、社会的な活動へと発展させていくとりくみは重要だが、要望して「困難」で終わりではなく、問題の本質を考え追及し続ける姿勢の育成が大切。
- 「ごみを減らそう」等のライフスタイルを教育しても個人的解決でしかなく、効果は限定的。科学的にものを考える力を育て、しくみを少しずつでも変え、社会を変える力をどう育てていくかが問われている。　　　　　　　　〈楠本昭夫〉

(3)「食教育」小分科会
①討議の柱「子どもたちと考える学校給食」

北海道（小）からは「食教育の望ましいあり方〜大規模給食センターにおける現状と課題〜」をテーマに「今の給食センターの問題が全て出ている」という声が挙がる程厳しい状況が報告された。小1から中3まで揚げ物や焼き物は同じ量で提供、袋麺をもう一度蒸す、消毒保管庫不足、人手不足のため栄養教職員の調理作業常態化など課題が山積する。給食の内容は施設設備、人員、予算等に影響される。学校給食に関する問題を、栄養教職員だけの問題としない体制づくりが望まれる。報告した栄養教職員の給食に対する熱い思いが伝わってきた。

千葉（小）からは「給食センター勤務の栄養教諭の在り方〜食に関する指導の継続した実践を目指して〜」をテーマに、食に関する指導を所属校、受配校、家庭と連携し、継続したとりくみとしていく実践が報告された。市教委の学校教育課指導班が給食センターと学校のパイプ役となり、出前授業の申請書や指導案・ワークシートも共有され豊かで充実した体験活動を行っている。このことで児童が自分自身の食を振り返り、給食を食べようとするきっかけとなっている。日々の給食の献立作成や衛生管理の徹底をはかることを第一に、食に関する指導をすすめたいと決意が語られた。

長野（小）からは「子どもに寄り添う給食の実践〜子どもたちの育ちをどのようにとらえるかを考える〜」をテーマに、子どもの給食でのやりとりを記録に残して次のやりとりに活かすとともに、記録を見返すことで子どもの成長に気づく、長年にわたる長野県の実践研究の積み重ねが報告された。施設の大小や子どもとの距離に違いがあっても、「食教育の学級担任」として、気持ちを込めた給食づくりを通して、心豊かに成長してほしいと願っている栄養教職員の思いが共感を得た。

大阪（小）からは阪神淡路大震災、東日本大震災、熊本地震を振り返り「防災と食〜非常食の条件を考えよう〜」をテーマに非常食について考えるとりくみが報告された。22,000食を作る給食センターには災害に備えてα化米が備蓄され、移動釜や大型のガス炊飯器もある。阪神淡路大震災の1月17日に計画された全校一斉おにぎりの日（給食はなし）は保護者も意義を理解し、全児童がおにぎりを持参した。「黙祷した後作った」という親からの感想に、災害を風化させない、リポーターのとりくみに理解が広がっていることが伝わってきた。

長崎（小）からの「大型の学校給食センターに勤務して」の報告は、大型の給食センター勤務の共通の問題点が明らかになった。新設された8,000食対応の大型センターでは兼務の所長は週1回来るか来ないかで、職員の勤務時間管理ができていない。民間委託業者とのやりとりは栄養教職員任せ、給食管理は大規模になればなるほど大変になり、献立作成、発注、人員管理、行事への対応、食材の問題、調理の失敗など何が起こるか分からない状況である。常駐の所長、アレルギー対応の栄養士の配置をまず第一に求め、栄養教職員が少しでも働きやすくなるよう、みんなで考えていこうと提案があった。

沖縄（小）からは、若い栄養教職員にこれまでとりくんできた「食の安全性〜郷土料理の継承と地産地消の推進〜」をテーマに、郷土料理と地産地消も

すすめていこうというとりくみが報告された。関係機関との連携がまだ十分でない状況もあるが、経験豊かな先輩の思いを受け継ぎ、子どもたちに沖縄の食文化を伝えていこうとする、若い栄養教職員の姿が報告にあふれていた。栄養士会製作の郷土食カレンダーも注目を浴びた。　　　　　　　〈小林芳朗〉

②討議の柱「子どもたちと考える食教育」

岩手（高）からは、「『食育〜正しい食事で、心もからだも健康に！』〜のとりくみについて」をテーマに夜間定時制の高校で生徒会の「食育コンテスト」を中心にした食教育の積み重ねにより、生徒が食に関心をもち、将来の進路への意欲ももつようになったとりくみが報告された。岩手県の肥満問題が話題となり、特に沿岸部では、震災後の肥満率が増加している現状から、肥満解消のための指導の難しさを考える時間となった。

神奈川（小）からは、「豊かな人間性を育てる食教育〜食事のマナー〜」をテーマに市内栄養教職員組合員に食事のマナー10項目のアンケートを行い、栄養教職員として子どもの気になるマナーや各学校でのとりくみをまとめ、報告された。食事のマナーは本来家庭で行われるべきであるが、現実的に学校での役割は大きい。栄養教職員と担任が協力して指導を行うこと、配ぜん図やはしのもち方など見える化すること、具体的な指導方法について意見が出された。

山梨（小）からは、「児童生徒の健康を考えた教育〜食に関する年間指導計画に沿った指導案の作成及び実践〜」をテーマに食教育部会での実践が報告された。町で統一した食の全体計画を作成し、学年ごとの月別指導資料を作成・配布し、学級の実態に合わせた指導が継続して行われている。学級担任と栄養教職員が協力した授業づくりが効果的で、児童の意欲が高まっただけでなく、家庭へのレシピ提供により実践につながる成果があった。

三重（小）からは、「健康や食文化に焦点をあてた食教育のとりくみ〜一年生でのとりくみをとおして〜」をテーマに担任や調理員と連携し、1年間継続して行ったとりくみについて報告された。単独校であることを生かし、調理員と直接交流をもたせた"味見当番"やおにぎり給食での調理員の指導、学期ごとの調理員からの手紙は、調理員と教職員、子どもをつなぎ、子どもたちの食への関心を高め、食べることへの意欲を育てている。

兵庫（小）からは、「心も元気　体も元気　未来の自分へ Jump！〜食に関心をもち、食を楽しもうと

する子の育成をめざして〜」をテーマにこれまでの食の全体計画をリセットし、計画的・組織的・継続的・意識的に、教育活動全体の中で食育を実践してきたことについて報告された。特別活動や家庭科だけでなく、他教科においても"ちょこっと食育"（食育の視点を入れた指導）を加え、教職員が意識的に指導をすることで、児童の変化だけでなく保護者の変化もみられたという内容であった。

広島（小）からは、「委員会活動を通しての食の体験・啓発活動」をテーマに共同調理場勤務の栄養教職員が所属校で委員会活動を担当し、田畑のほとんどない地域で、食の生産やそれに関わる仕事を見る機会のない児童にバケツ稲づくりの体験をさせることで食への興味をもたせるとりくみが報告された。勤労生産活動はなるべく地域の方にお願いをして、栄養教職員1人が苦労しないようにできる工夫がほしいと意見が出された。　　　　〈山内ゆかり〉

(4)「医療」小分科会
①討議の柱「子どもたちをとりまく環境と医療」

徳島（国府支援）から「障害と薬」というテーマで、学校の2階から飛び降りてけがを負った子どもの症例をまじえ、薬の効能や副作用に対する疑問、統合失調症の告知に対する悩みなどが報告された。これに対し、公立連合の薬剤師からの説明と精神科医からのアドバイスがなされた。この支援学校に通う子どもたちの生活背景は厳しく、親と離れ、様々な事情で何度も転校を余儀なくされる者も多い。そのような事情から主治医が頻繁に変わり、薬も変わっていくのに医療との連携がとりにくい現状がある。しかし特に服薬している子どもには、医療と連携することで、今回のような命にかかわる危険行動を未然に防ぎさらにきめ細やかな教育を行なっていくことができるのではないかということが確認された。

公立連合（東海・薬剤師）から「発達障害とその治療」というテーマで、発達障害の中の注意欠如多動性障害（ADHD）にしぼった薬物使用のガイドラインとアルゴリズム、副作用などについて報告された。先のテーマと関連深く、実際に教職員が保護者と一緒に主治医に面談し直接話を聞くことで、落ち着いて子どもに対処できるようになったという報告もあった。

②討議の柱「緊急時の対応」

公立連合（近畿・救急認定看護師）からは「学校現場における緊急時の現状と対応」というテーマ

で、アレルギー疾患の数や症状が出るまでの時間、通報してからすべきこと、実際の発症数、エピペンの使用基準の説明、などが報告された。命を守るためにはアナフィラキシーショックが疑われる症状が出た時に副作用はないので迷わずエピペンを打つことが重要であることが確認された。

公立連合（東海・看護師）からは「ACLSチーム・BLS講習を行って」というテーマで、子どもを含むすべての人の中で一次救急救命ができる人材を増やすことが、心肺停止による死亡を減らすことにつながるということ等が報告された。学校でも起こり得る、心肺停止時の命を守るための知識と具体的な方法を確認することができた。

③討議の柱「教職員をとりまく環境と医療」

公立連合（近畿・理学療法士）からは「がんとリハビリ〜生活の広がりを生み出す運動〜」というテーマで、がんと共存する時代になり増加するがんサバイバーに対する身体的、精神的なサポートとしてのリハビリの具体的な方法等が報告された。

公立連合（近畿・検査技師）からは「検診結果が出るまで〜検体検査を中心に〜」というテーマで、検査の内容と必要性について報告された。

公立連合（北陸・薬剤師）からは「香りの活用アロマテラピーについて」というテーマでアロマの効用の説明と使用上の注意、実践での効果などが報告された。子どもたちの命を守り、よりよい教育実践を行なうためには、教職員自身が身体的、精神的に健康でなければならないという当たり前のことを実行できているかどうか、各自が立ち止まって考える機会となった。

少人数の分科会ではあったが、医療職と教職員との連携なしには子どもの命を守れない、教職員の健康も守れないという確認ができた。また、教職員からは、具体的な実践への一歩を踏み出せる勇気と安心を得られたという意見も聞かれた。しかし、討論を行なえるまでには至らず、今後の分科会のあり方が課題である。　　　　　　　　　〈合﨑眞理〉

(5)総括討論

まず、「医療」・「食教育」・「環境・公害」小分科会での討議概要について報告した後、「命と健康を守る闘い・とりくみ」をキーワードに、3つのテーマで総括討論を行い、44人から次のような活発な討論があった。

①真実を知る感性・知性を育てる

- メガソーラーが自然公園内に初設置された。太陽光はアセスメントの対象外なのが問題。仮設住宅が撤去された後に搬入される土の放射能を調べもせずに安全だと納得する人も多い。思考停止せず科学的・客観的に考えることが大切。そのためにも全国で環境公害マップを作りもち寄ることで闘いの歴史に学び、共通認識を作っていこう。

- 原発被害当事者に直接聞くことで、「次の真実を知りたい」、「何が自分にできるか」と考え、子どもたちが自らつながり行動する知性へと育っていった。

- 文科省のガイドラインでは、調査→結果→問題解決というが、子どもレベルでは解決しない。安易な成功体験で終わらせず、川の汚染なら3面張りの問題等社会構造に迫る力を育てることを大切に。

- 放射線に安全量はない。100mSv以下でも障害は起こりうる。当局の基準は本当に安全か、真実か。

②教訓に学び真実を伝える

- 教員が真実を見抜いているかどうかということは簡単には知ることができない。現場に行って直接自分で調べるしか突破口はない。真実を知る勇気をもとう。

- 「教員の無知は犯罪」との言葉がある。大阪府立高校のアスベスト露出事故に対して専門業者から危険が指摘されていたにもかかわらず、校長・府教委の判断で放置された問題がその典型だ。

- 福島避難児童へのいじめ問題が頻発している。水俣病がうつると差別された歴史と同じ構造。公害の教訓に学び、しっかりととりくんでいこう。

- 真実を知るためには、膨大な資料を読み解き「一番大切なのはどのデータか」を見抜かなければいけない。データを取り続けることも大切だ。

③仲間に、社会に拡げる

- 子どもたちにどんな力をつけたいか、仲間に拡げながら、いろいろな面から考えることが大切。

- 学校給食は命を守るが大前提。放射線チェックをしているというが本当か？ 安全な国内産を使っているというが本当か？ 逆に外国産は本当に危ないか？ もっと勉強しないといけないし、仲間に拡げたい。

- 未来へ繋ぐ医療が印象深い。がんサバイバーが増え、病名告知も共感している伝え方が大切だ。

- 栄養教職員の多忙化は大問題。全校配置でないた

め兼務も多く、労務無法地帯と化している。まずは、勤務時間記録管理運動にとりくみ、不足数を明らかにしよう。教職員の安全・健康が大前提だ。
- 郷土食のよさ・長寿県だった昔のよさを若い教員にどう伝えるか。平和でなければ伝えられない。森をつぶしてできた基地は沖縄にはいらない。給食を通じて基地のない平和な沖縄を伝えたい。
- 「世界は可哀想、日本は恵まれている」の小さな優越感で終わらせないよう世界を知らせ考えさせたい。
- 青年部アンケートで、14時間以上勤務、疲れて帰宅し、夕食が食べられない青年の実態が多く出ている。これではちゃんと仕事し、真実を知る努力をすることなどできない。
- 真実を知ることは難しいが、知ろうとすることはできる。他人事を自分事として興味関心をもたせるとりくみをしたいが多忙だ。まずは教員がしっかり意識しよう。
- 分かったつもり、知ったつもりだった。知らないことだらけだと知れてよかった。本気で分かってほしい授業は伝わるので、しっかりしていきたい。
- 子どもの心に灯をともす教育を、「一人の一歩より百人の一歩」でとりくんでいこう。
- 真実を一人で知ることは難しい。教職員ネットワークを形成し、皆でデータベース化していこう。

〈楠本昭夫〉

3．このリポートに学ぶ

リポート 福島県双葉郡浪江町
「希望の牧場・ふくしま」
ボランティア活動から生徒間交流まで
～考え・行動する人をめざして～
竹島　潤　岡山・岡山市立旭東中学校

A．はじめに

東日本大震災で東北地方が壊滅的な被害をうけた2011年3月11日。それから4年半が経つ時、私は岡山から福島県双葉郡浪江町にある「希望の牧場・ふくしま」でボランティア活動をされている橋本省吾さんを中心とした市民運動グループの活動に参加し、衝撃をうけた。生徒に伝えたいという思いが、現地活動の継続、生徒や教職員とともに考える展示、デジタル紙芝居づくり、絵本読み聞かせ、講演会、生徒間交流などとつながっていった。生徒たちは、現実そのものを知ることに加え、批判的に情報や社会に向き合うことの大切さを学んだ。そして、何よ

り「自ら主体的に考え、行動する」ことの大切さを学んだ。

B．実践報告
(1) ボランティア活動
- 2015年9月18日（金）～22日（火）
- 2015年12月25日（金）～28日（月）
- 2016年4月28日（木）～5月1日（日）
- 2016年12月29日（木）～1月2日（月）

(2) 2015年度実践（京山中　第1・2学年）
①展示（9月末～10月末）
　全教職員にリポート配布するとともに、模造紙大に拡大コピーした壁新聞を作成し、多くの生徒が通る昇降口から階段にかけてのスペースに展示させてもらった。閲覧した生徒からは「家畜が殺処分されているとは知らなかった」「4年も経つのにまだこういう状況とは驚いた」などの声が寄せられた。
②講演会にむけた事前学習（1月）
　事前学習の資料として、朝日新聞連載記事「プロメテウスの罠」の一部を活用した朝読書、図書委員会による絵本「希望の牧場」の読み聞かせ活動を行なった。読み聞かせを何度も練習した生徒の中には、読み聞かせ中に涙を出してしまう生徒もおり、心を打たれた。
③学年合同授業（1月）
　9月・12月の現地ボランティア活動の内容について、1・2年生の生徒たちに報告した。ボランティア活動への意欲関心を高めることにもなり、生徒の地域ボランティア参加が増えた。
④講演会（2016年1月29日（金））
「考え、行動する人になろう～福島県双葉郡浪江町から～『決死救命・団結、そして未来へ！』」

写真1

福島県より本校講演会のために駆けつけてくださった吉澤正巳さん（写真1）を生徒たちは、温かく歓迎し、熱心に話を聞いた。また講演の最後には、意見交換として20人近くの生徒たちが自分の感想や意見を吉澤さんに伝え、双

写真2

方向の交流とすることができた。
　吉澤さんの活動を象徴されるモニュメント「望郷の牛」(**写真2**：九州大学の知足美加子氏作成寄贈)を中庭に展示し、生徒や教職員が鑑賞した。
　また、歓迎懇親会や岡山市ESD推進課と協働による「ESDカフェ」などを開催し、現地情報、思い、学校での実践について情報共有や意見交換を行った。
⑤浪江中学校とのスカイプ交流
　　　　　　　　　　　　　（2月中旬～3月中旬）
　吉澤さんの講演会により、「地震も津波も原発もない、安全な岡山にいて、本当に浪江の中学生たちの気持ちがわかるのだろうか」との問いを見出した。そこで、浪江中学校（福島県二本松市に避難）に連絡をとり、1・2年生徒より有志を集めて、交流活動を行った。事前学習では、絵本「請戸小学校物語　大平山をこえて」（NPO法人団塊のノーブレス・オブリージュ作）を、放送部の生徒が朗読した作品を活用した。
　テレビ会議当日には、20人以上の有志生徒が参加し、事後の学年の仲間へのプレゼン報告会も含め、主体的にとりくんだ（**写真3**）。

(3) 2016年度実践（旭東中 第3学年）
①総合的な学習の時間（防災・いのちの学習プログラム）として
　仲間づくりの原点は、「自他の一度きりの人生といのちを大切にすること」であり、防災学習と関連付けた構想を学年会で検討し、実施することとした。なお、各種機関の連携協働による教育実践として、岡山市ESD推進プロジェクトに申請し、その活動助成のもとで行った。
②防災学習（5月13日）
　岡山市危機管理室より講師をお招きし、熊本地震の現実、岡山市の震災支援などについて、写真やご講演を通して知るとともに、災害対応ゲーム「クロスロード」を体験して、防災への意識を高めるとともに、多様な考え方があることを学んだ。
③道徳「生命の尊さ」（6月）
　講演会の事前学習として、価値項目「生命の尊さ」について、請戸小および希望の牧場に関する絵本作品を通して、個人およびグループ話し合い活動により考えた。
④講演会（6月10日）
　前年度と同じく、福島県浪江町より吉澤正巳氏をお招きして「考え、行動する生き方をしよう～福島県双葉郡浪江町から～『決死救命・団結、そして未来へ！』」と題して行った。
⑤芸術鑑賞と対話型講演会（11月11日）
　神奈川県藤沢市より画家の山内若菜さんをお招きし、芸術鑑賞講演会および対話型講演会「世界と私、自分探しと表現～福島の母、牧場展から～」を実施した。鑑賞作品は「牧場」(15m×2.6m)、「福島の母」(5m×3.6m)をメインとし、グループおよび全体での意見交換により鑑賞した。作家の思いや考えを知ることで、作品のテーマである、「ふくしま」「原発」「エネルギー」「人権」「いのち」「人生」などについて、生徒は深く多様な視点から考えられた。

写真3

写真4

また、「表現すること」そのものの大切さにも気づけた（**写真4**）。

⑥特設展示（2017年1月～2月）

年末年始の現地活動についての特設展示を校内および学区内店舗で行った。写真入りカラー模造紙5枚、パネル写真、総合的な学習の時間のとりくみ（概要）を、生徒・教職員はもちろん、地域の方々、地元選出の市議・県議の方々などに見ていただくことができた。現地の現状をお伝えするとともに、学校の教育実践および現地支援についての情報共有をすすめることができた。

C．おわりに

生徒の感想やそれ以降の行動に、気づきや変化を見ることができた。京山中学校では、熊本地震が起こった際に、生徒の中から「何かできることを行動しよう」と声があがり、校門前での街頭募金活動などが市内一早く開始されたり、生徒会会長選挙で今までになく大勢の生徒が立候補したりした。旭東中学校では、これまで学校の勉強、部活動、遊びにしか関心のなかった生徒の中に、世の中のことを知ることの大切さ、いのちや人生のかけがえのなさなどへの気づきが高まり、進路選択の時期と相まって、生活面を中心に落ち着いた態度が見られるようになった。

生徒は、震災6年目が経とうとする現地・現状を知ることをとおして、社会をより多面的批判的にみる力を育む機会にできたと思う。

今後とも、自身が主体的に考え行動することにより得られる体験・知見をもとにした教材や学習プログラムの提案・実施をしていきたい。そして、生徒が自ら考え行動できる人として成長できる機会をつくっていきたいと思う。 〈楠本昭夫〉

リポート 食育

「～正しい食事で、心もからだも健康に！～」のとりくみについて

伊勢勤子　岩手・県立大船渡高等学校定時制

A．はじめに

岩手県立大船渡高等学校定時制は、夜間定時制の高校であり、全校で20人（男子15人、女子5人）の小さな学校である。ほぼ100％の子どもが小・中学校や前籍校で不登校を経験し、80％の子どもがアルバイトで家計を支えている。様々な困難を抱える子どもが多い。

健康面では肥満の子どもが多く（14年度50％、15年度44.5％、16年度40％）、体調不良を訴える子どもが多い状況である。岩手県全体も肥満が多く、15年度・16年度も全国ワースト1位の学年が複数存在する。特に東日本大震災で被害の大きかった沿岸南部で深刻である。本校定時制の子どもたちの肥満を減らすことができれば、岩手県の肥満の問題解決につながると思い、教職員と子どもたちが一緒に食育にとりくんでいる。

B．食教育のとりくみ

以下に、16年の食育のとりくみを示す。

月	位　置	とりくみ
4月	生徒会	**夕食会①**：学年ごとにカレーライスをつくる。
7月	学習・生活指導	**食育講習会**：地元の管理栄養士による、調理器具の使い方とわかめを使ったヘルシーお弁当の調理講習。
9月	学習・生活指導	**食育コンテスト**：地元のわかめを使った、ヘルシーお弁当のレシピにもとづく料理コンテスト。
10月	学習・生活指導	**食育発表会**：コンテストで使った食材や栄養等の調べ学習を行い、弁当の工夫や食材についてプレゼンテーション。
	学習指導	コンテスト入賞者のメニューを地元（陸前高田市）のカフェで提供。
12月	学習指導	サイエンスキャッスル16年度東北大会にて、食育のとりくみを子どもが発表。
	生徒会	**夕食会②**：おかず、スープ、デザート、ご飯の班に分かれて調理。

C．16年度の食育コンテスト

7月の食育講習会、夏休みの課題提出、3時間の総合的な学習の時間を経て、9月に食育コンテスト（地元のわかめを使ったヘルシーなお弁当メニューコンテスト）を行った。ルールは、①お弁当2つで

400円以内、②1つの弁当あたり野菜を100g以上入れる、③必ず子どもが誰の力も借りずに作る、④時間は炊飯を含めて1時間30分以内などであった。

レシピ未提出の子どもに対する指導は、例年になく困難であった。しかし、子どもたちはコンテストにむけて気持ちを高め、コンテスト当日は大変がんばった。20人中16人の子どもが参加した（欠席は不登校2人、休学1人、風邪1人）。出席したすべての子どもが諦めず弁当を完成させ、達成感があったようだ。最優秀賞、優秀賞、アイディア賞、ヘルシー賞、いろどり賞を表彰した。

D．16年度食育コンテストの感想文より

- 最後の食育コンテストでしたが、上手くできたと思います。ひじきのハンバーグは、予想以上にひじきが多く、ひき肉が少ないという事態になりました。また、肝心のわかめおにぎりはきれいにできたのですが、しょうゆを入れなかったので味が無い。これが、一番悔しいです。自分で作った弁当を持って遠出してみようかなと思いました。（4年）
- 私は、昨年のこの時期は学校を休んでいたので、1年生以来の食育コンテストでしたが、なんとか完成させることができました。家で試作したときのように上手く作れました。今回のコンテストを参考に、家でもしっかり料理できるようにしたいです。（3年）
- 台風10号のためもあって、前回より食材が高く、少ないお金で食材を決めなければいけなくてとても大変でした。しかし、その分、アイディアを昨年より出したと思います。今回の弁当づくりで、美味しい作り方がわかった気がするので家でも生かしたいです。1年生と組むことで不安もありましたが、何も問題がなくできたので良かったです。（3年）
- もっと考えておくべきだったなと思うことがあります。1つは分量です。ごはんに鮭フレークを使ったのですが、予定していた10gは思っていた以上に少なくて、混ぜる予定だったのに、かけるだけとなってしまいました。2つめはいろどりです。野菜炒めでいろどりをつけようと思っていましたが、キャベツが白っぽくて緑色が少なくなってしまいました。飾りにキュウリをつけておけばよかったなと思いました。（2年）
- 今日の食育コンテストでは栄養のことやいろどりのことなどいろいろなことを考えることができま

した。ワカメを洗い忘れただけで、卵焼きやおにぎり、あえものの味がすべて変わってしまいました。今度ワカメを使うときは、同じ失敗をしないようにしたいです。（1年）

E．学校での食育が生徒を変える

食育の授業は子どもたちが楽しみにしており、とりくみの状況も大変良かったと思う。食育講習会においてもしっかりと講義も聞き、一人ひとり調理も行っている。メニューの課題やコンテストをがんばる子どもの姿が見られた。15年度からは、コンテストの入賞者のメニューを陸前高田市内のカフェで提供することができるようになった。子どもたちにとっては大きな励みになっているようだ。また、今年度は食育の趣旨に賛同していただき、岩手県漁業組合連合会からコンテストでわかめの支援を受けたため、地元の食材に興味をもたせることができたと思う。

県内専門学校主催の調理・製菓コンテスト（チョリコン）に、15年度の弁当のレシピをアレンジして参加し、入賞することができた。定時制高校では初めてのことであり、大変良かったと思う。また、受賞した弁当を文化祭で展示し、地元の老人ホームで提供することができた。軽食等を作るボランティアにも積極的に参加する子どもも出てきた。今年度は、子どもたちに岩手の食材に対して興味をもたせるために、「岩手県食育標語コンクール」にもとりくみ、2年生が岩手県漁業協同組合連合会会長賞を受賞した。

さらに、食育を通して調理師になる夢をふくらませ、専門学校に進学する子どももいる。

F．今後の課題

食育にとりくんで3年。いまだに大船渡高校定時制の肥満率は高く40％である。岩手県の児童生徒の肥満の割合も相変わらず高い。今後は、食事調査や体重コントロールを子ども自らが行い、適正な体格で健康的な生活ができるように定時制全職員でサポートしたいと考えている。また、障害のあるまたは疑われる子どもも含め、子どもたちが自分で生きていくための技術を身に付けさせたい。　　　〈山内ゆかり〉

リポート　がんとリハビリ
〜生活の拡がりを生み出す運動〜
青木知広　公立連合・近畿中央病院

人口の高齢化とともに、わが国における悪性腫瘍

（以下、がん）の罹患者数は年々増加し、生涯でがんに罹患する確率はほぼ2人に1人である。2011年推計で年間約85万人が新たにがんと診断され、その3割が20〜64歳の就労世代であった。仕事をしながら、がんで通院している人は約32.5万人（2010年国民生活基礎調査に基づく推計）。入院日数は減る傾向にある一方、外来患者は増えている。現在、がんの5年生存率は、全体のがんの平均が約62％であり、乳がんにおいては90％以上に達している。がんの治療を終えた、あるいは治療中のがんサバイバーが500万人を超えようとする現在、がんが"不治の病"であった時代から、"がんと共存する時代"になりつつある。今後、高齢者雇用がすすめば、がんはますます「働く世代」の問題になる。

がんの診断を受けた人は、治療が効果をあげてよくなった人、現在治療中の人も含め、生涯を全うするまで、がんサバイバーと呼ぶ。現代のがん医療は、がんが治るか治らないか、克服するか克服しないか、ということではなく、誰もががんになる時代に、がんを知り、よりよく生きること、がん患者が安心して暮らせる社会をつくることが重要となる。

がん自体に対する治療のみならず、初期治療が終了してからも、いつ起こるかわからない再発への不安、手術や抗がん剤などの初期治療の後遺症、症状緩和や心理・身体面のケアから自宅療養や復職支援などの社会的な側面までしっかりサポートしていくことも必要である。

しかしながら、がんの治療後の社会復帰は、思うようにすすんでいないのが実情である。

がんと診断された後に仕事を辞める人の割合は正規雇用者で3割を超え、非正規雇用者は6割を超え、多くの退職理由が、「体力がおちた、価値観が変わったなど、身体的な要因や精神的な要因に応じた働き方の変更が難しく、仕事の継続が困難である」であった。「仕事と治療」その両立の難しさを前に、多くの人が自らのキャリアを頓挫させてしまったと考えられる。

仕事復帰を阻む理由の一つに、がんの進行や治療に伴う「後遺症」がある。手足の機能障害などに苦しみ、働き続けることを断念する患者も少なくない。そうした中、注目されているのがリハビリテーション（以下、リハビリ）である。治療の前後からリハビリを行うことで後遺症や合併症を未然に防ぐ効果が実証されている。がん患者にとって、がんそのものに対する不安は当然大きいが、がんの直接的影響や手術・化学療法・放射線治療などによる身体

障害に対する不安も同じくらい大きい。がんの進行もしくは治療の過程で、がん性疼痛やしびれ、全身倦怠感、呼吸困難などの症状、精神心理的問題、認知障害、摂食嚥下・発声障害、運動麻痺、廃用性等による筋力低下、病的骨折、上下肢の浮腫などのさまざまな機能障害が生じ、起き上がりや起立・歩行等の基本的動作や日常生活活動に制限を生じ、生活の質の低下をきたしてしまう。これらの問題に対して、症状の緩和や二次的障害を予防し、運動機能や生活能力の維持・改善を目的としてリハビリを行うことは重要である。

そしてもう一つの理由に、職場での労働問題や経済的な支援制度も問題となっている。がんが判明した時、今の仕事を継続できるかどうか、職場の理解や支援制度はどうか、改めて、健康な時に振り返ってみてはいかがでしょうか。

がん対策推進基本計画の中では「がんになっても必ず働くべきだ」ではなく、「働くことが可能かつ働く意欲のあるがん患者が働けるよう、両立を支援する」と記している。病気をきっかけに人生観が変わり、仕事以外を優先させる選択肢もある。ただ、現状では「職場に迷惑をかけたくない」と考えて辞めてしまう人が少なくなく、職場側も「がんになったら戦力外」と考えることがある。働く意欲と能力がある人が、その働く力を公正に評価されて働き続ける社会にしていかなくてはいけない。

これらを背景に厚生労働省が、がんなどと闘病しながら働く患者が治療と仕事を両立できるよう支援するガイドラインをまとめ、2016年に発表した。ガイドラインは闘病しながら働けるようにするためで、就労中の患者と医師、企業などの連携をすすめ、情報交換を密にするよう求める内容で、病気を理由にした退職勧奨の防止や、治療よりも仕事を優先させる労働環境をなくすことなどの狙いがある。また、がんだけでなく脳卒中や心疾患、糖尿病など継続治療が必要な病気も対象にしている。ガイドラインは、両立支援のための環境整備として、企業管理者への研修や相談窓口の設置、時間単位休暇・時差通勤制度の導入などを求めている。就労中の患者と医師、企業が情報共有する方策として、主治医が病状や就業上望ましい措置や配慮を所定文書に記入、これを就労患者が企業に提出することなどを定めた。企業側は、産業医らの意見を聴き、就労患者の意見も聴取したうえで適切な措置を講ずることが求められる。

しかし、こうした制度がつくられたとしても、うまく機能するかどうかは、患者本人と職場のコミュニケ

ーションにかかっている。病気や治療が自分の仕事にどんな影響があるかをきちんと理解しなければいけない。それが一番わかるのは主治医ではなく患者本人である。治療スケジュールや副作用などをできる限り把握し、必要な配慮を職場から引き出すための説明力と交渉力をつけることも重要になってくる。

今後の課題として、がんサバイバーが500万人を超える時代を迎える今、がん患者の復職や就職は依然として難しいのが現状で、がん患者とその家族は、肉体的、経済的負担だけでなく、治療と仕事の両立が難しいなど心理的、社会的負担と苦痛も抱えている。がんになっても法の制度や、職場内の休暇制度、社会保険や労働保険制度を利用し、職場では何ができて何ができないのかを、がんサバイバーからしっかり聴いたうえで、職場内の調整を行うことが大切である。話し合いをもとに作成された公正なルールは、がんサバイバーだけでなく、職場全体の働きやすさにつながると考える。　　〈前川慎太郎〉

【第66集】日本の教育 日教組第66次教育研究全国集会〈新潟〉報告

平和教育 　第18分科会

1. 今日の情勢をふまえ、平和教育とのつながりをみすえて、地域・職場に根ざした「平和運動」をどのように組織的に創造したか
2. 学習指導要領を創造的にのりこえ、新しい教育課程の編成としての「平和教育」の教育内容をどのようにつくりあげたか
3. 総括討論―今次教研の成果と課題
4. 分科会討議を振り返って
5. このリポートに学ぶ
   ◎沖縄修学旅行のとりくみ　～戦争と平和を少しでも実感できるように～
   〈泉　博子　日私教・駿台学園高等学校〉
   ◎伝えよう　平和へのメッセージ
   　～授業や学校行事を通して平和への思いをつなげよう～
   〈大西　徹　三重・度会町立度会小学校〉

《執筆者》

豊坂　恭子

仲里　博恒

浦瀬　潔

國貞　守男

新倉　裕史

上杉　聰

1. 今日の情勢をふまえ、平和教育とのつながりをみすえて、地域・職場に根ざした「平和運動」をどのように組織的に創造したか

(1)教職員の社会認識をどのようにとらえ、平和教育や平和運動の組織的体制をいかにつくりあげたか（組織的学習会、平和の旅、フィールドワーク、平和教育推進委員会のとりくみなど）

提案：鹿児島（高）　「人を撃てるか」～教え子を再び戦場に送るな！～

関連：兵庫（小）　子どもとともに高め、語り合い、発信していく平和教育～教職員の学びを子どもたちにつなぐ～

　　　沖縄（小）　沖縄戦から現在の課題につなぐ実践

鹿児島（高）　教え子が戦場や戦闘区域に送り出される危機がせまる今、これまで分会教研を大切にしてきた。自分たちの学習を未加入者に広げ、情勢について意見を交わし、授業実践にもつなげた。「教え子を再び戦場に送るな」の理念のもと、私たちが平和教育にむかうべき根本的な話題で本分科会が始まった。

兵庫（小）　「自主教研平和教育部会」のとりくみについて、氷上支部では現地研修を行っている。本年度は、原爆投下の被害の側面であるヒロシマ、かつて毒ガス製造を行っていた歴史のある大久野島を研修した。被害・加害の両面に目をむけて学び続けた成果は、小・中学校の修学旅行にも活かされている。

沖縄（小）　沖縄戦から現代的課題につなげるというテーマで、普天間基地がつくられる前の字宜野湾の集落について平和教育分科会で学習した。沖縄戦の避難壕が残るそばに世界一危険な基地。繰り返される屈辱の歴史と押し付けられる危険。本土で知らされない詳細な報告に連帯の声があがった。

(2)地域・保護者・子どもと連帯し、平和教育や平和運動にどのように組織的にとりくんだか

提案：福岡（小）　「教え子を再び戦場に送らない！！」～戦争に突き進む情勢下にある現実を、教職員をはじめ多くの人に伝え、憲法九条を護る子どもを育てる平和教育を進めよう～

関連：東京（小）　ヒロシマの心をつたえる～平和のバトンを未来へ～

　　　大分（小）　平和教育の日常化を求めて2年生

と考える「へいわってどんなこと」

福岡（小）　筑紫支部では、修学旅行における平和教育を充実させるため長崎フィールドワークを充実させた。被害・加害の両面から被爆地を歩き人と出会った。また青年部では、「島唄」をモチーフにした朗読劇を行い、連合のメーデーで連帯の絆を深めた。先輩方からの思いを受け継ぎ、見える形で平和運動をすすめた実践であった。

東京（小）　東京・広島子ども派遣団は33年前に西多摩教組から他単組に輪を広げ、1990年から東京都教組全体でとりくんでいる。本年度は広島へ足を運んだ。直接語られる言葉の強さの一方で、被爆者が高齢化している現実も知る。事後学習で学んだことを再確認し、その心を受け継ぐことを大切にしたいと報告された。

大分（小）　「平和教育の日常化」をテーマに支部教研で長く続けてきた。小学2年生が考えた平和の大切さ。保戸島空襲や『かわいそうなぞう』から戦争の凄惨さや不条理を学び、2年生から上級生へ、また中学生から本を読んでもらうなど学年を超えたとりくみが行われた。子どもたちは、言葉を伝えることの大切さを学んでいった。

(3)平和教育（運動）を取り巻く状況をふまえ、どのようなとりくみを展開したか。

提案：神奈川（高）　平和運動推進委員会の活動と「原子力と放射線」教材作りと実践～放射線安全神話に騙されないために～

関連：熊本（高）　平和について考える授業づくり

神奈川（高）　原子力と放射線に関する教材と実践の報告。教職につく前に2年間原発関連の仕事に従事した経験から、1985年から発行された「かながわ平和通信」は178号となった。原発の危険性を想定し、授業の中では実体験と科学的根拠にもとづき、とりくんできた。また2011年以降は、マスコミが報道しない福島県内の現状を広く伝えるために、教職員研修ツアーも重ねてきた。リポーターは、最後に、被曝労働者の現状から"被爆者を大量につくることを前提にした豊かさとは何か"と問うていた。

熊本（高）　平和の定義とは何か、平和学の権威ヨハン・ガルトゥングの概念を提示し、1年生現代社会、3年生の政治・経済の中で実践を試みた。1年生では長崎原爆投下後の"焼き場に立つ少年"から何が想像できるかたずね、そこから「知る」こ

とをはじめた。また、3年生では、「囚人のジレンマ」ゲームを通して、紛争の解決や個々の葛藤などを知り、乗り越えるべき課題について話し合った。「平和」は抽象的な理念や理想の面もあるが、具体的で主体的な行動選択であるということを子どもたちから教わったとりくみだと報告された。

【討論】

「市民性（シチズンシップ）」とは何か。日本国民としての役割を果たしているかという強制力として使われていないか。現政権にみられるような言葉のすり替え（誤用）に注視し、深い意味を考えなければならない。一方で「市民意識」とは、今ある現実を知ろうとし向き合うこと。「今日的課題は、現実に出会わなければならない」という意見も出された。各報告にある"戦跡を歩き、人と出会う""沖縄をはじめとした基地問題を考える"ためのフィールドワークは、まさにこの言葉を具体化したものである。また共同研究者は、このようにも述べている。「オスプレイの演習は今基地の置かれている土地だけが抱える問題ではない。日本中、どこでも通過し私たちの日常は危険と隣り合わせである。安保法制が覆っている自分たちの問題であることを意識しなければならない」。

また今次は「棄民」という言葉がキーワードになった。福島原発事故から5年経っても高線量の土地がある。帰還をうながされても個々の実態は異なる。ま

たコミュニティの再分断につながっていることも報告された。沖縄の問題について広がる「無関心」「無反応」もまた同じこと。高江のヘリパッド建設やオスプレイの墜落事故、米兵により繰り返される事件に対し真摯に向き合わない政府が、12月の北部訓練場返還式典で「基地問題解決の大きな前進」と唱えても、うわべだけであるという発言もあった。

参加者は、分科会後も情報交換を続けていた。この情熱をもって「史実」「今日的課題」を学びたい、子どもたちの未来を守りたいという思いが会場全体に溢れていた。具体的には、青年層の一歩踏みこんだとりくみや連帯、保護者にも共感を呼ぶようなしなやかなとりくみ、未加入者へ丁寧に私たちの運動を伝えるなど日々地道にとりくんでいる報告がされた。厳しい状況を打破するための希望の言葉が、リポーターから伝わってきた。

〈豊坂恭子〉

2. 学習指導要領を創造的にのりこえ、新しい教育課程の編成としての「平和教育」の教育内容をどのようにつくりあげたか

(1) 現代的諸課題に対してどのような平和教育実践にとりくんだか

提案：福島（小）　はじめての「平和教育」実践リポート

関連：石川（小）　子どもと共に考え続ける平和教育

福島（小）　教育課程の中に、平和に関する内容が社会科（「新しい日本、平和な日本へ」）以外に位置づけられていない学校で、リポーターは意識的に平和学習の機会を設定した。青年部の集会（TOMO-KEN）の交流で知った絵本の教材をもとに、広島原爆を教材化し、6年生の児童に「平和」について考えさせた。またリポーター自身が震災により避難経験をしており、分断された地域の実情を交えながら、「東日本大震災と東京電力福島第一原子力発電所の事故の影響」を子どもと語ったことを報告した。

石川（小）　夏休みの全校登校日に合わせて行う平和学習を通しての実践報告。今年は耐震工事と重なっているため全体集会を行わなくてもよいのでは、という意見が出る中、平和学習をすることに意味があるという意見により、変則的な形で実施した。また、4年生に対して絵・写真（少年兵）を通して、戦争の被害や加害について考えたり、憲法について学ぶ機会を作ったりした。

(2)総合学習としての平和教育実践にどのようにとりくんだか

提案：山形（高）　平和の種を蒔く生徒たち

関連：千葉（小）　平和を伝えよう～ともに考える平和～

　　　沖縄（高）　宜通初！ひめゆり学徒の足跡をたどる平和学習フィールドワーク～通信制での総合学習の取り組み～

山形（高）　進路指導の一環としてキャリア教育総合実践プログラムで関わった生徒が自分のルーツを見つめ、将来の夢へ繋げていくという内容と、それを同級生がドキュメントとして取材・紹介する中で、山形の歴史・満蒙開拓団を通して平和について考えるという実践報告。

千葉（小）　戦争体験者が減り、児童の身近に戦争を語れる人が少なくなっている。子どもたちに戦争中の様子を伝えるために、退女教の方から当時の話などを語っていただききっかけを与えた実践報告。

沖縄（高）　通信制の総合的な学習の一環として初の試みでフィールドワークを実施し、教職員誰もがガイドをできるように「ガイドシナリオ」を作成し、とりくんだ実践報告。

(3)教科を中心とした継続的な平和教育の実践にいかにとりくんだか

提案：新潟（小）　長崎派遣で学んだことを子どもたちに伝えるために～第1学年「へいわってなんだろう」～

関連：東京（高）　「国語教育を通しての平和教育（贈り物としての読み聞かせ）」

　　　宮崎（高）　『沖縄の手記から』の授業実践～「国語総合」をとおしての平和教育～

新潟（小）　長崎派遣に参加したリポーターが「日本は本当に平和なのか」と考えさせられたことをきっかけに、道徳の時間を利用して計画的に平和教育にとりくみ、子どもたちが家庭の人から話を聞く機会を作ったり、「教室でできる平和」について学級会でとりくんだりした実践報告。

東京（高）　「平和教育が当たり前」と思っていたが、そうでなくなっていると痛感。高校での沖縄修学旅行やガマの体験やひめゆり平和祈念資料館を子どもと訪れたり、「読み聞かせ」を通して平和について考えるきっかけになればと『山月記』など文学作品を紹介したりした実践報告。

宮崎（高）　10年近く前まで沖縄戦について無知であったが、『沖縄の手記から』を授業で扱ってから、子どもたちに戦争の悲惨さを学ばせた。それを語り継いでいくことの大切さを再認識させ、日常生活で私たちができることは何かと考えさせた実践報告。

【討論】

討論では、「地域の方とのつながりを大切にし、地域教材に着目するなど試行錯誤しながらも平和教育・平和集会にとりくむ青年層の報告に新鮮さを感じ、原点にかえった」という意見も多くあった。一方で、継続的にとりくんできた人でもその指導内容は個人にゆだねられているケースが多いという声もあがり、今後の課題となった。その継続的なとりくみの中には、憲法を学ぶことや戦争被害・加害の事実を伝え自分の考えをもつような子ども像を描きながらとりくんでいるという報告もあった。

また、「道徳的内容と平和教育はどうつながるのだろうか」という議論もあった。

共同研究者は、「これまでのように語り部の方が足を運べなくなっている現状等からするとこれからは私たちが自ら積極的に地域に足を運び、追体験のできるフィールドワークが大切になってくる。そのためにはともに活動できる仲間づくりやガイドシナ

リオづくりもすすめたい」と述べた。また「沖縄戦をはじめとした戦争の凄惨を知るために文学・音楽などの芸術の力を借りて入り易いところからアプローチしていけばよい」と平和教育への間口を広げる示唆が与えられた。

さらに、今回も若いリポーターが増えたことに感銘をうけ、「この先が心強い。決して、ひとりだけでとりくむのではなく、先輩方の力も借りてこれからも平和教育にとりくんでもらいたい」と次世代の平和教育の担い手に期待が寄せられた。〈仲里博恒〉

⑷平和集会や文化祭など、子どもたちの自主的活動を通して平和教育の実践にどのようにとりくんだか

提案：三重（小）　伝えよう 平和へのメッセージ～授業や学校行事を通して平和への思いをつなげよう～

関連：広島（中）　中学校の平和教育～「核」「ヒバク」を考える～

　　　長崎（小）　１年生の平和教育

三重（小）　夏休みの課題として戦争について調べ、それをもとに学習を深めていった実践が報告された。直接聞けなかった子は、聞けた子から学び合いながら、学習が深まった。社会科では、墓石を調べた子や「七保戦没者遺族会通信」をもとに、戦没者の戦没年と戦没場所を白地図にまとめる作業を行った。また、読み聞かせ（群読）では、「大人になれなかった弟たちに（米倉斉加年　著）」を題材として選んだ。そしてそれを学習発表会で発表することによる子どもたちの育ちや変容が報告された。

広島（中）　是正指導により、職員会議もなくなり、平和カレンダーを教室に掲示することさえ禁止され、沖縄修学旅行も東京に変えさせられるなど、広島の置かれた現状についての報告があった。そのような状況の中で、平和集会を続けてきた実践について報告された。事前学習を大事に行い、子どもたちの得意な分野にそれぞれを割り当てて、子ども中心の活動を行った。被爆２世として「人権」「核」「ヒバク」の問題にこだわり、平和集会・文化祭の劇・美術の授業・修学旅行などにとりくんできた実践報告がなされた。

長崎（小）　小学１年生では「永遠の会」の朗読会を行った。「おはなしをきいて　かなしかったよ。『ぴかどんを　ゆるすな！』といわれて　しんじたよ。ぼくは『ぴかどんを　ゆるさないぞ！』とおもった

よ」など、子どもたちの率直な感想が出された。また、家庭訪問時に各家庭で「いのち　きらきら」の授業の主旨を説明し、「お子さんが生まれるまでのこと、名前にこめた願い、どんな子に育ってほしいかなどを書いてほしい」と頼み、道徳の授業に組み入れた。一人ひとりがかけがえのないいのちである授業につなげた実践報告がなされた。

⑸平和教育をいかした修学旅行のとりくみをいかに実践したか

提案：日私教（高）　沖縄修学旅行のとりくみ～戦争と平和を少しでも実感できるように～

関連：岩手（中）　行事や教科指導を通しての平和教育～沖縄学習旅行、被災地訪問、社会科の授業における実践～

　　　大阪（小）　今の日本って平和なん？

日私教（高）　十数年前から沖縄で修学旅行を行ってきた。平和学習は修学旅行の一つの柱となっており、ひめゆり平和祈念資料館、平和の礎、県立平和祈念資料館、入壕体験、戦争経験者の方のお話しなど、生徒たちに戦争と平和の問題を自分に関わることとして受け止めることをねらいとした。そのために、修学旅行前には、事前学習に時間をかけてとりくんだ。子どもの感想では、「人としてということと、基地の問題は別」という言葉が印象に残ったという子どもが一番多く、修学旅行を通して子どもの変容がみられた発表がなされた。

岩手（中）　岩手県内では修学旅行の目的地を東京方面にする学校が多い中、2009年から修学旅行の目的地を沖縄とし、平和学習を行っている実践が発表された。子どもたちの実行委員会を組織して実施し、帰校後は、学習したことを新聞にまとめて文化祭で展示した。また、「ガマの中で」という演劇に挑戦し、戦争の愚かさと平和の尊さを舞台で訴えた。修学旅行とは別に、「復興教育」として、陸前高田市の人たちと交流するなど、「被災地訪問」にとりくんでいる実践報告もなされた。

大阪（小）　修学旅行にむけて４月からテーマ別の調べ学習などの平和学習をすすめてきた。修学旅行で、実際に原爆ドームを見た子どもたちの「ほとんど吹っ飛んでるやん」「うわぁ……」「なんやこれ」と何とも言えない感情でつぶやく様子が発表された。修学旅行後、どうすれば平和になるのか、自分に何ができるか悩み考える児童が出てきた。平和学習を通して「知らないことを知ることの

大切さ」「知ったことに対して疑問をもち調べるすめていくことの大切さ」を、リポーター自身が学んだ報告がなされ、「知ること」がその後の討論のキーワードとなった。

⑹夏休みの特設平和学習や、年間計画・カリキュラムにもとづいた系統的平和学習にどのようにとりくんだか

提案：山梨（小） オバマ大統領の被爆地訪問から考える〜原爆の災禍を越えて〜

関連：北海道（中） 中学３年間を通して平和教育をすすめる

岩手高（高） 放射線の研究の始まりと原子爆弾投下までの歴史を眺める授業〜世界史に科学史を織り交ぜて〜

山梨（小）「原爆はどこに落とされたか？」「日本の他に原爆が落とされた国はどこか？」など、子どもたちへのアンケートを行った結果、原爆に関する認識が低いことが分かった。そのためきちんと平和教育を行わなければならないと考え、オバマ大統領の広島訪問と坪井直さんの発言を教材にした実践報告がなされた。「どうしてアメリカの大統領は広島に来るのに71年もかかったのだろう」と問いかけ、被爆した当時の坪井さんの気持ちや写真資料を通して子どもたちに考えさせた。「憎しみをぶつけずに優しさをぶつける」など、実践を通して変容した子どもたちの様子が報告された。

北海道（中） 北教組の沖縄視察から、１年生、２年生、３年生と学年に応じて沖縄戦と基地問題について学び、現在の日本の問題につなげ自分たちにできることを考えさせた。「沖縄地上戦が、日本人の一般人被害が大きかった唯一の地上戦であること」を知り、その悲惨さを伝えなければならないと考え、沖縄戦を取り上げた。分会として組織的にすすめてきた平和学習も２年目となり、平和学習・平和教育の重要性を改めて確認することができたなどの成果について報告された。

岩手（高） 放射線研究・原爆製造の年表を作成し、子どもたちに考えさせた実践が報告された。科学が戦争に与えた影響が大きく、戦争が科学の発達を促した側面があるととらえ、理科の教員こそ平和や歴史認識について関心をもち授業をつくる必要性があると考え、年表を作成した。その資料をもとにして、疑問や質問を出し合い、感想にまとめる授業実践の様子が報告された。

【討論】

討論では、「平和についての定義」、「系統的平和学習のあり方」、「知ることと伝えること」について議論が深まった。

鹿児島（高）からは、「平和を考える時、ヨハン・ガルトゥングの言う『飢餓・貧困・差別』などに視点をあてすぎると、『戦争』が薄まってしまう。私たちは『平和』の概念で『戦争』を絶対に落としてはいけない」と指摘があった。また、この点について共同研究者からは、「『戦争が最大の人権侵害だ』ということと、ガルトゥングの積極的平和主義、つまり『戦争（直接的暴力）だけでなく、飢餓、貧困、差別、人権抑圧、宗教・民族対立などの構造的暴力を解消すること』の両方を視点において『平和教育』の実践を積み重ねていく必要がある。その点で、今回のそれぞれのリポートはきちんと認識されている」と指摘された。

鹿児島からは、「系統的平和学習について、各学年の系統性を考え、計画的に行うこともちろん重要だが、とにかく教員が「これだ！」「伝えたい！」というテーマや事例を教材化し、子どもたちに触れさせることが重要。それが、自分が子どもの時に長崎で受けた平和教育だった。今回のリポートでは、若い先生が分からないと迷いながらも実践を行っていることがうれしい」と意見が述べられた。また兵庫からは「戦争の犠牲者の賛美による、『自己犠牲』に焦点を当てた授業もときに見られる。しかし、それは平和教育としておかしい。事実をもとにしてどのように子どもたちに伝えるかが大事である」と指摘があった。宮崎からは「私が私でいられなくなる気持ちになる。チーム○○のように、学校全体や教員全員が、同じ方向をむいて、全く同じことをしなければならないというような雰囲気の中で息苦しくなる」と心情が語られた。系統的平和学習については、現在も若い教員や先輩教員、未組織者も巻き込んで組織的にとりくむことができている単組と、昨今の厳しい状況の中で孤立無援の中で細々ととりくまざるを得ない単組の地域差が浮き彫りになった。

「知ることと伝えること」について、大阪から「事実を知ることが大切だが、カリキュラムに入っているからやらんとあかんな、と思うのも事実。では実際にやろうとした時に、子どもたちに失礼の無いように、教員がたくさんの情報を知ってから実践を行うべき」と意見があがった。広島からは、「事実を知る・伝えるということに関して、リポートにあった『めぐみ』（拉致問題を扱ったDVD教材）も、それ

はそれで事実だが、じゃあ『慰安婦』の問題はどうなるのか。『PM2.5』はあんなに報道するのに、福島の放射能についてはきちんとした報道がされているのか。事実のバランスやリテラシーをつけなければいけない」との指摘があった。

共同研究者からは、討論の中で指摘があったガルトゥングの「積極的平和」について、そもそも「平和教育の法的根拠」は、日本国憲法の前文、そして改訂前の教育基本法を念頭に行っていくことが重要だとの指摘があった。

「系統的平和学習」に関しては、低学年のうちは基地問題や世界の情勢などの事例を教材化するよりも、命の大切さについて学ぶ実践や、「戦争ってこわいなぁ」など子どもたちの感性に訴える実践の必要性について触れられた。

また、修学旅行でのとりくみについては、「事前・事後学習の大切さ」について指摘し、日私教・岩手・大阪それぞれの修学旅行における事前・事後学習の丁寧なとりくみについて、子どもたちの意識が大きく変容した事例を成果として挙げた。特に大阪の実践で「子どもたちが本音で語っているのが良かった。平和教育をすすめていく中で、教員も子どもたちと一緒に考えていく姿勢が大事である」と指摘した。

最後に平和教育をとりまく現状として「各単組が置かれている状況が違う。北海道のようにカリキュラムを作って組織的にやっているところもあれば、分会員そのものが少なくて平和教育を組織的に創造できないところもある。それぞれの単組の先輩方が行ってきた今までのいろいろな実践や、今日新たにそれぞれの地域で実践されたリポートを、ぜひ受け継いで、各地域で広めていってほしい」と締めくくられた。　　　　　　　　　　　　　　　　〈浦瀬　潔〉

⑺戦跡・戦争体験の堀り起こしなど、地域の教材化にどのようにとりくんだか

提案：鹿児島（小）　国語科教材「ちいちゃんのかげおくり」を通して

関連：宮崎（中）　「何より"命"が大事!!　健康も幸せも平和な世の中から」

鹿児島（小）　保護者世代も戦争体験者が少なくなっていく中で、国語科教材「ちいちゃんのかげおくり」を通して時代背景を知ることが困難になっているため、夏休みに親子で「平和について考える」課題を出した。また、教材を読み込んだり、学級で話し合う機会を作ったりしながら平和につ

いて考えたという実践報告。

宮崎（中）　「支部沖縄平和の旅」で訪れた対馬丸記念館で、加久藤小学校に沖縄から疎開の引率をされてきた方との出会いをきっかけに、文化祭で対馬丸についての劇にとりくんだり、退職教や近所の方とつながったりした実践報告。

⑻人権教育の課題（部落、障がい者、在日外国人、アイヌ、女性など）

提案：神奈川（中）　キッズゲルニカ〜平和へのメッセージを発信しよう〜

**　　　神奈川（中）**　3年サイクルで「人権・福祉教育」を行っており、テーマによって計画を立て、それぞれの教科と連携を取りあってすすめている。今回は美術「キッズゲルニカ」を中心としたとりくんだ実践報告。

⑼侵略・加害の事実をもとに、子どもたちの国際連帯の認識と行動を育むために、アジアとの歴史観共有化をはかる実践にどのようにとりくんだか

提案：長野（中）　「君は満州へ行くか」─地域の課題に目を向けた平和学習（総合学習）

長野（中）　これまでの積み重ねをふまえて3学年の「総合的な学習」の中で「平和学習」として満州開拓団や自分のルーツについて調べた。また、その背景について考えさせ、その集大成を文化祭で発表したという実践報告。

【討論】

討論の中で、平和について教育課程にくみこまれていない県があると知って驚いた。リポート報告を聞いて「知ることの大切さ」がキーワードとなった。その一方、携帯電話やインターネット等で気軽に情報を入手できる昨今であるからこそ、刺激的なものだけに目をむけてしまわないよう、確かな目をもてるような子どもたちを育てていきたい。そのためには、私たち教員のアプローチが不可欠であるため教員間の連携も大切であると再確認することができた。

共同研究者からは、「平和についてとりくむときは子どもたちの発達段階を無視してはいけない。戦争の不条理さについて視点を置くことも重要である。また、外国にルーツをもつ子どものとりくみのリポートでは、戦争体験者の時代背景をしっかり理解し見つめることが大切である」という指摘がされた。

地域と子どもたちに寄り添うことによって、これまで頑なに拒んできた方々が、孫へ語り始めている今だからこそ、地域を巻き込んだとりくみができるチャンスが生まれてきている。　　〈仲里博恒〉

3．総括討論―今次教研の成果と課題

　事実と虚構の境がみえづらい世界で、憎悪は助長され、国内外でも嘘を正当化するような強い圧力とそこに同調する圧力がある。その中で反対や批判の声はますます上げづらくなっている。地域によっては、平和教育が偏向教育とみなされている現状や、原発に関して不安を言葉にすることが憚られるような厳しい"空気"がある。「真実がどこにあるか、常に意識しておきたい」というのが、参加者の共通の認識であった。戦争が始まる時に教育が、最初に犠牲になるのは真実である。歴史が証明してきたはずである。

　私たちは真実に裏付けられた史実を学び合い、子どもたちには「メディアリテラシー」「科学的思考」をしっかりと育てたい。またフットワークを使って記憶と記録を掘り起こす作業を丁寧に継続したい。五感で学ぶことで、先人たちの思いに気づき戦争の全体像を知ることに近づいていく。疑問も生まれ、学びは深まる。具体的には、北海道の十勝空襲や三重県四日市の集団疎開、長野県の中国残留邦人の聞き取りなどが報告された。さらに、「戦争の不条理をどう気づかせるか」「また戦争につながる国策にどう対峙すべきか」など平和教育の本質的なあり方を問う場面もあった。若い世代と経験を重ねた報告者が情報交換をしながら、明日の教育実践へつないでいこうという意欲もみられ、次年度教研へ希望をつないだ3日間であった。

【共同研究者からの成果と課題】

國貞　第7回広島平和教育研究所による「平和意識調査」をもとに、過去の調査と対比すると、「是正指導」によって平和教育がつぶされ、原爆投下や戦争に関する知識が下がってきている。危機的な状況である。一方で、原爆投下の目的は「対ソ戦略」であるという回答が増加し、戦争の非人道性を唱える割合も高い。平和教育のとりくみの成果でもある。子どもたちは学びたいという意欲はもっている。そのような中で、私たちもまた放射線の教材化や加害と被害の歴史認識、憲法学習など今日的課題をふまえた平和教育をすすめていく必要がある。今次教研では平和学習を系統的にする

め、推進をしていく必要性も論じられた。真摯に学びたいという若いリポーターも増え、そこに希望がみえる。

新倉　共通の思いをもつ者どうしだけではなく、垣根を越えて立場が異なる人にも会いに行き対話をすることも必要である。例えば自衛官の人たちの命をどう保障するのか案じている間に、彼ら自らが「戦争をするために入ったわけではない」という価値をもって、配置転換や補職願いを出すなど静かな抵抗をしている現実もある。本分科会においても、「教え子を再び戦場に送るな」のスローガンのもとに、自衛隊問題にふれた内容もみられた。声高に危機感をあおるよりも、静かな中で気づかされ、本当の意味で対話があったと思う。ここもひとつの現場であることを感じさせられた。

上杉　改憲勢力が3分の2を超えた今、憲法を改正し自衛隊を国軍としたい狙いがある安倍政権。一方で、彼らは日本会議という宗教集団との関係性が可視化され、天皇の退位問題で慎重にならざるを得ないため動きが止まっている。「非武装中立、絶対的平和主義」が日本社会の中で憲法9条を守り続けてきたことは明白である。しかし今、彼らは自衛隊の存在が憲法に明記されていないことを理由に憲法9条改正をもくろんでいる。9条の理念を守るために、あえて憲法9条が「専守防衛」を認めているという視点があることを提示したい。非常事態の中で世論が改憲を後押しし、「絶対的平和主義」は崩されていくおそれがある。だからこそ、「専守防衛」を根拠に、アメリカの軍事力を補う"傭兵"となる道を選ぶのではなく、アジア主導で軍縮を行っていく道を選ぶという選択である。　　〈豊坂恭子〉

4．分科会討議を振り返って

(1)真理と平和を希求する人間の育成

　原爆被爆者の坪井直さんは核廃絶はもちろんだが、戦争そのものをどのようにしてなくしていくかが大きな課題だと語る。平和教育の狙うものは「真理と平和を希求する人間の育成」である。そのためには、まず戦争の事実について、「知ること」である。そして戦争がいかに残酷で人権をないがしろにするものか「学ぶこと」。さらに疑問に思うことを調べ「深めること」。そして、どうして戦争が起きるのか、どうしたら戦争がなくなるか「考えること」。学んだこと・考えたことを「伝えること」「発信すること」。

平和教育の成果はすぐにはあらわれない。学習したことが将来的になんらかの「行動すること」につながればよいと考える。

「戦争は絶対悪である」ということを押さえることによって初めて9条の理念が生かされる。それゆえに戦争の事実を抜きに、道徳的な思いやりや仲良し集団づくりだけでは平和教育にはならない。ただし、低学年においては命の大切さや戦争はいやだという思いを感性的にとらえさせるべきである。そして、学校現場においては、とりわけ身の回りのいじめや差別をなくすことも平和を求める行動化の一つであろう。また、戦争につながる経済格差や貧困・差別（構造的暴力）について学び、考えることも重要な平和学習である。

教育現場では次期学習指導要領の改定案が公表された。「我が国固有の領土」を明記することや、幼稚園から「公共の精神」「我が国と郷土を愛する態度」「伝統と文化の尊重」にふれるなど、これまで以上に愛国心を求める内容となってきている。一方で、学習指導要領に書かれていないにもかかわらず、いつのまにか「儀式的行事」である「卒業式」が「卒業証書授与式」という「儀式」にすりかえられたり、男女混合名簿から男女別名簿に戻ったり、元号が徹底的に強制されたりと学校現場での戦前回帰・右傾化が進んできている。私たちはこうした動きを敏感に察知し、抗うことも必要である。　〈國貞守男〉

(2)本当に大変なとき、人々は静かに語る

危機感を強調するという形のリポートがなかった。本当に大変なとき、人々は静かに語る。そんな3日間だった。

質問がリポートの魅力を引きだすように発せられていた。3日間のやりとり全体を見ても、見事な対話になっているように感じた。

第一次資料を手に入れる場としての「現場」の重要性が多く語られた。「そこ」に落とし穴がないか、という意見もあった。さらに「そこ」に行かなくても「現場」は作りうるという意見もあった。時間の経過とともに「現場」を語れる体験者がいなくなるという課題をまえに、「ここ」を現場にする努力が求められているということなのだろう。私たちが生きている場の「現場性」とどう出会えるか、考え続けたい。

戦争と平和の「定義」をめぐっても、多くの意見が交わされた。「定義」はより確かな認識にたどり着くための道しるべではあるが、「定義」に寄り掛かり過ぎると、現状とのずれが生じかねないという指摘は、大切だと思った。今ある「定義」を手がかりに、私たちは繰り返し、今日的な「私の定義」を語ることが求められているように思う。「積極的平和主義」という言葉を例にとっても、本来の意味とはまったく逆に使われている政治状況がある。「私の定義」、あるいは「新たな言葉の発明」（上杉聡）が求められていると思った。

自衛官の問題に直接触れたリポート報告・意見が少しずつ増えている。自衛隊のインド洋・イラク派遣での依願退職自衛官は791名。自衛官の応募も減り続けている。平和推進を求める側が、自衛官・家族に助けられているという現状にも注目したい。

〈新倉裕史〉

(3)「憲法改正」の嵐が起こる前の備え

今年の平和教育分科会もたいへん充実したものだった。ただ3日目の「総括討論」において私は、「こうした平和で充実した分科会は、あと1～2年で終わるかもしれない」とも述べさせていただいた。

平和な状態が「あと1～2年」というのは、憲法「改正」の嵐が始まるからである。遅くとも新天皇のための大嘗祭が2018年11月に終わると、確実に巻き起こることが予測される。それらへの対応を、私たちはこの1～2年の間にすすめなければならないと思う。

憲法「改正」の論法は、9条に自衛隊の存在を明記させるという最低限の内容を装いつつ、実は自立した国軍の創設をもくろむものとなるだろう。これに対抗し、これまで私たちは「非武装中立の憲法を守れ」という絶対平和主義の立場から応じてきた。しかし、それが実は私たちの存在基盤を長期的には失わせ、孤立させる道となってきたのではないだろうか？　1～2年後に起こる改憲の嵐の中、「非武装中立」は有効な反撃になるのだろうか？

もし私たちに勝利の可能性があるとすれば、「非武装中立」から「専守防衛」への論理的転換を、早い段階で意識的にすすめていく必要があるのではないか。「専守防衛」とは、防衛力のみを認め、日本の軍備を周辺国の水準以下にすることを意味する。単純な自衛隊合憲論ではなく、周辺国との軍縮交渉を可能とし、相手の出方によっては、論理的には軍備ゼロも視界に入れるものだ。軍事費の平和転用の議論も容易となる。

実は、9条の内容とは、この「専守防衛」であることが、1995年まで密封され、以後公開された国会の

秘密会（憲法改正小委員会）の議事録により明らかになった。この「秘密会」の存在と内容については、これまで憲法学者もほとんど触れてこなかったが、昨年、拙著『日本会議とは何か』（合同出版、2016年5月）の第3章で詳しく紹介した。

「9条は空論である」という非難を論破し、現実的な平和路線のなかで憲法9条を守るためにも、論理的転換についての議論が必要ではないだろうか。

〈上杉　聰〉

5．このリポートに学ぶ

今次教研終了後、共同研究者・司会者で協議をした。その結果、本年は2本の実践リポートを紹介することに決めた。1本目の東京の泉さんの実践は、私立学校で十数年にわたり沖縄にこだわり、修学旅行にとりくむ中で子どもに基地問題の本質を考えさせたものである。2本目の三重の大西さんの実践は、戦争体験者が減りつつある中で、私たち自身が「語り継ぎ部」となるべく子どもたちに地域の戦争について調べさせ、平和とは何か考えさせたものである。いずれも子どもたちの思いを大切にした授業のあり方を示していただいた。2人の熱意と実践に学びたい。

〈國貞守男〉

リポート 沖縄修学旅行のとりくみ〜戦争と平和を少しでも実感できるように〜

泉　博子　日私教・駿台学園高等学校（東京都）

A．はじめに

勤務校の修学旅行は、以前は九州中心で、長崎で原爆資料館・爆心地公園・浦上天主堂などの見学や被爆体験講話を行ってきた。十数年前から沖縄で修学旅行を行ってきた。本報告は、2014年度に実施した修学旅行に関するものである。平和学習は修学旅行の一つの柱となっており、ひめゆり平和祈念資料館、平和の礎と県立平和祈念資料館を見学するだけでなく、ガイドの方に案内されての入壕体験を行い、戦争経験者の方（主にひめゆり学徒隊の方）のお話を伺ってきた。しかし、それらのとりくみは生徒の心に一定のことを残しつつも、どこか遠くのでき事として受け止め、「今は平和で良かった」で終わってしまうことも増えたように思う。そこで、戦争と平和の問題を少しでも自分に関わることとして受け止められるようにすることを目標に、いくつかの工夫を試みた。柱にしたのは、沖縄の人の話を伺

う機会を増やすことと、多角的で興味のもてる事前学習を行うことである。

若い教員たちに平和学習への思いを伝えていくことの難しさを感じながらも、自分が考えてきたことや試みてきたことを次の世代にバトンタッチしていきたい。

B．とりくみ

秘密保護法、集団的自衛権の閣議決定など、「教え子を再び戦場に送るな！」という言葉が極めて現実味を帯びてきた。集団的自衛権の閣議決定からしばらく経ったころ、教室で「俺らは戦争に行かされるのか？」と質問されたことは忘れられない。過去の戦争と現在の状況をつなげて考えられるようになり、戦争と平和を自分の問題としてとらえられるようになってほしい、そのために修学旅行を活かしたいと考えた。そのために、まず、沖縄の人の話を伺う機会を増やそうと考えた。今を生きている人の話は身体感覚で同時代のこととして受け止められるからだ。

(1)事前学習

勤務校は、学校の方針として事前学習にきちんと時間をかけようというとりくみを続けてきた。

ある程度の知識をもって行かなければ、体験していることの意味が分からない。だから、事前学習を多角的で、子どもにとっても興味のもてるものにすることを心掛けた。文献資料を用いた学習だけでなく、映像も利用し、知的理解と身体感覚での理解の両方を深めていけるように事前学習を組み立てた。また、様々な角度からの情報を提供するように努め、考えるきっかけになるようにした。

話を聞きっぱなしにしないように、基本的に毎回ワークシートを配付し、感想や考えたことを書くようにした。ファイルを配付し、すべての資料はそこに綴じこんでいくように指導した。

事前学習は、TBS『テレビ未来遺産』の「報道ドラマ生きろ〜戦場に残した伝言〜」（2013年8月7日放送）の視聴から始めた。テスト後の時間を利用したため最初はけだるい雰囲気だったのに、島田知事が中学校時代から野球のスタープレーヤーだったという描写で野球部をはじめとする運動部の生徒たちの表情が変わった。その後、戦場で追い詰められた島田が中学時代の試合を回想する場面もとても熱心に見ていた。

別の日には、映画『GAMA　月桃の花』も業者

時間	内容	場所	備考
1	ドラマ「生きろ〜戦場に残した伝言〜」（DVD）	小ホール	
2		小ホール	沖縄ポスター配布
3	沖縄の自然について	小ホール	パワーポイント
4	タクシー研修班編制	各教室	
5	旅程概略説明・見どころの紹介	体育館	旅程表配付・修学旅行委員説明
6	世界遺産（琉球王朝）DVD「グスクとその周辺」	小ホール	
7	学習テーマ決定・タクシー研修企画	各教室	
8		各教室	「沖縄ナビ」配付
9	琉球の歴史①（DVD『歴史は眠らない』）	小ホール	
10	沖縄の文化について	小ホール	パワーポイント、演奏
11	八重山諸島（石垣島・西表島・竹富島）について	小ホール	パワーポイント
12	ホテル部屋割り・タクシー研修企画	各教室	
13	歴史・基地（DVD『探検バクモン』「沖縄入門」）	小ホール	
14	映画『GAMA　月桃の花』（沖縄戦）	小ホール	業者委託
15		小ホール	沖縄戦朝日新聞社資料配付
16	タクシー研修企画書確認・事前リポート提出	各教室	
17	基地問題（DVD「基地に一番近い学校」）	小ホール	
18	沖縄の産業について	各教室	
19	沖縄コンベンションビューローの方の話	小ホール	パワーポイント
20	琉球の歴史②（DVD『歴史は眠らない』）	小ホール	
21	基地問題最近の状況	小ホール	パワーポイント
22	修学旅行事前指導会	小ホール	
23	L. H. R.	各教室	

に依頼して上映してもらった。二つのドラマを比較して見ることで、いろいろな視点から戦争をとらえさせたかった。ちょうどこの年、朝日新聞社が『知る沖縄戦』という資料を無料で配布していた。その中に、『GAMA　月桃の花』の主人公のモデルとなった方のことが載っており、映画上映の直後に配って説明することができた。

NHK『探検バクモン』の「沖縄入門」（2012年7月14日放送）は、嘉手納基地の司令官のインタビューが印象的だった。沖縄に住んでいる人々の様々な発言と合わせて、立場の違いによる考え方の違いがよくわかった。『NHKアーカイブス』の「NHKスペシャル基地に一番近い学校〜卒業生4800人のいま〜」（2012年5月13日放送）は普天間基地に近い小学校を卒業した5人の生活を追いながら基地に対する様々な考えを紹介していた。辺野古新基地建設については当時のテレビニュースを録画で見せたり、パワーポイントを作って歴史的経緯を説明した

りした。

主な見学地については生徒の修学旅行委員に割り当てて調べて資料を作ってもらった。ひめゆり平和祈念資料館、平和の礎、沖縄県立平和祈念資料館、嘉数高台公園、辺野古新基地建設予定地、あるいは美ら海水族館、等々。資料は全部で11枚にもなり、それを全生徒に配付して説明をしてもらった。修学旅行委員は少し照れながらも一生懸命話し、聞いている生徒もイメージがわいてきて楽しそうだった。

楽しいことも大切だ。理科の教員が自作の「沖縄の自然」のパワーポイントを見せながら話してくれた時は、様々な動植物の写真や動画を映しながら生徒たちをわくわくさせてくれた。文化については民俗、工芸、料理などの写真を紹介しただけでなく、テレビ番組を使って沖縄のことばを紹介した。また、教員に三線も弾ける人がいるので、その人に頼んで民謡を弾いてもらった。さらに、歌のうまい教員に「島唄」などを歌ってもらい、生徒は大喜びだった。

総合的な学習の一環として、冬休みには、テーマを設定して調べ学習を行い、リポートにまとめた。図書室に協力してもらってインターネットの調べ方のパスファインダーや参考文献リストを配付し、的確な資料探しができるよう援助した。また、班別タクシー研修をそれと関連付けて計画するようにした。

出発の2週間くらい前には、沖縄コンベンションビューローの「事前事後学習支援アドバイザー派遣」事業を利用して、沖縄の方のお話を伺った。たくさんの写真を使って、気候と自然の特徴、歴史と文化などについて、民謡やクイズも交えて沖縄がぐっと身近になるような内容だった。特にその方の母校である首里高校が戦後初めて甲子園に出場して、甲子園の土を持ち帰ろうとしたときに検疫の問題で処分された話や、沖縄返還以前は東京に来るのにパスポートが必要だった話に生徒は驚いていた。生徒は、「1月に桜が咲くんだよ」という話にびっくりした。沖縄への期待が高まっていった。

私の祖父は、軍属としてフィリピン沖で戦死しているという話もした。顔も見たことのない祖父のことをお盆になると祖母や母から聞かされて育ってきたこと、だから、苦労した祖母や母の痛みを受け継いで伝えていかなければならないと思っていると話した。

(2)修学旅行当日

旅は那覇空港について、食事をした後、ひめゆり平和祈念資料館で、元ひめゆり学徒隊の方のお話を伺うところから始まった。元ひめゆり学徒隊の方は、2015年3月末で証言活動を終えることが既に発表されていた。軍国教育の様子、動員されて働いた時の様子、追われて雨の中を南に移動し、ついに解散命令が出た時の様子。同級生や先生が亡くなったと後で聞いたこと。お話は憲法9条の大切さと、「命どぅ宝」という言葉で結ばれていた。生徒は真剣に聞き入り、一生懸命メモを取っていた。ひめゆり平和祈念資料館の見学は、お話を聞いた直後だけに、ワークシートに熱心に書き込んでいた。

それから、ジャージに着替え、轟壕（カーブヤーガマ）・マヤーガマ・山城陸軍病院本部壕の三つに分かれて入壕体験をした。轟壕は、映画『GAMA月桃の花』の舞台であり、島田知事一行が過ごした場所でもあるので、入り口を見ただけで生徒は映画を思い出し、中に入って映画でのイメージよりずっと小さいことに衝撃を受ける。マヤーガマも山城陸軍病院本部壕も、はじめは地元住民の避難場所となっており、後に、日本軍が住民を追い出して使った場所だ。中はじめじめして、平坦な場所もなく、長く居住できるような場所とは思えない。そして、一斉に懐中電灯を消す暗闇体験は、夜でも明るい東京の生徒にとっては本当に怖い。壕から出てきたときには、明るさをありがたがり緊張が解けてほっとしていた。ガイドの方のお話も工夫されていてわかりやすかった。

2日目は、摩文仁の丘、平和の礎と県立平和祈念資料館の見学から始まった。映画にも平和の礎は出てくるので、そのイメージで生徒は見ている。ハングルの並ぶ区域を重点的に見ている生徒もいた。県立平和祈念資料館は、ワークシートを埋めながら見学し、残酷な写真に息をのむ姿が見られた。また、摩文仁の丘に「島田県知事・荒井警察部長終焉の地」の石碑を探した生徒もいた。

その後、班別タクシー研修に出かけた。必修見学地は、嘉数高台公園と首里城で、楽しみながら立てた計画に従って生徒はそれぞれの場所に出かけて行った。嘉数高台公園からは、普天間基地や米軍のヘリコプターが墜落した沖縄国際大学が見下ろせる。オスプレイが何機も止まっており、戦闘機が離着陸を繰り返す訓練が行われていて、低空で通り過ぎる怖さや騒音が実感できた。また、沖縄戦の激戦地でもあり、陣地壕の跡や京都の塔・嘉数の塔などの慰霊碑もある。

3日目は、辺野古に向かった。ただし、キャンプシュワブ前は訪れていない。打ち合わせ段階から、できれば建設予定地の砂浜を見学するが、状況によっては離れたところからということになっていた。大浦湾の汀間漁港というところで、名護市の職員と落ち合い、説明を受けた。のどかな漁港から見える対岸までの青い海の大半が、辺野古新基地ができると埋め立てられ、巨大なビルのような建築物になってしまうという話だった。あいにく雨だったので長くは外にいられず、市の公民館に移動して、資料をいただきお話を伺った。

名護市民にアンケートをとったら、辺野古新基地建設に98%が反対だったこと。また、沖縄戦で県民の四分の一が亡くなり、どの家族にも犠牲者が必ずいること。基地を認めることは、子孫に戦争の環境を残すことになること。原発などと違って、地元が米軍基地を誘致したことはなく、すべて米軍の一方的な強制収用によること。にもかかわらず、様々な事件、事故が起こり、そのたびに理不尽な対応をされてきたこと。計画されている新基地は、普天間

基地の単なる移設ではなく、機能がいろいろ強化されていること。名護市の宝は、美しい海、自然であって、観光産業が重要だということ。だから、辺野古新基地建設は将来の名護市の構想に合わないこと。市としてこの計画に反対すること。

質疑応答の時に、ある生徒が「アメリカ人は嫌いですか？」と尋ねた。「そうではありません。地域のお祭りには米兵も一緒になって参加するし、街で買い物するなど日常的にも交流があります。人としてということと、基地の問題は別なんです」ということだった。その言葉が印象に残ったという生徒が多かった。

この日は、昼食後、今帰仁 城 跡と美ら海水族館を見学し、生徒は美しい景色とイルカのショーを満喫した。修学旅行においては、自然の美しさに感動することも大切だと考えている。東京は緑が少なく、コンクリートばかりなので、命の根としての自然を実感しにくい。自然と触れ合う経験をもたないと、自然界の一員としての自分という実感も持ちにくく、環境保護への関心も生まれないと思う。

翌日は、竹富島へ向かった。人口400人にも満たない小さな島は、東京とはまったく環境が違う。夕食は、民宿の方々が共同でバーベキューをやってくださった。沖縄そば、おにぎりもあって、すべて手作りである。食後は交流会ということで、三線を弾いて民謡や「島人ぬ宝」などを歌ってくださった。お返しに生徒も歌を披露し、波の音を聞きながらの楽しい時間となった。後に、民宿の方々が協力し合って明るくてきぱきすすめていく姿に、人と人のつながりの大切さを感じたと語った生徒がいた。住んでいる所にもよるが、地域コミュニティが希薄な環境で育っている生徒が多く、家族と教員以外の大人との関わりがほとんどない生徒も少なくない。あるいは、家庭も色々で、おとなとの会話が本当に少ない生徒もいる。人の温もりを感じる経験が少ないと、平和のありがたみを実感しづらいという感じがする。実施後のアンケートでも竹富島が印象に残ったという声が多かった。

(3)旅を終えて

修学旅行の後には、総合的な学習の一環として、現地を訪れて分かったことを中心にリポートをまとめた。ある生徒は、後半が楽しかったと言いながらも、でも、前半で大事なことを学んだと言っていた。後半だけでは修学旅行として不十分だ、と。また、医療職をめざしていたある生徒は、壕体験から改めて生と死について考えを深め、志望をより明確にしていった。

6月に「23日は何の日か」と教室で問うと、「沖縄で指揮官が自決した日」と、いたって正確な答えが返ってきた。沖縄全戦没者追悼式で朗読される平和の詩を一緒に読んだ。ちょうどこの年は高校生の作品だったため、生徒は関心をもちつつも、その高校生の身近に戦争経験者がいることに驚いていた。

ちょうどその頃、安保法制が国会で審議されていた。ある日、教室で二重国籍をもつ生徒どうしが、日本が戦争にむかっていくなら日本国籍を離脱した方がいいかどうか議論していた。日本国籍の生徒も二重国籍の生徒も外国籍の生徒も、肌の色だってさまざまな生徒もいる学校で、日常的には級友として、あるいはクラブ活動の仲間として仲良くしている。戦争は、そういう仲間関係を引き裂くものだということが現実味を伴って感じられる議論だった。

安保法制反対の国会前行動が様々にとりくまれていた頃、それを見たかったと「社会見学」と称して国会議事堂周辺を見て歩いている生徒たちにも会った。

こういった生徒たちの振る舞いが、修学旅行と直結するかどうかははっきりとはわからない。だが、わずかでも考える種をまくことができたのだとしたら、企画した甲斐がある。

C．おわりに

沖縄で修学旅行を始めてから何回も企画に携わり、ささやかながらいくつかのことを残してきたと思う。また、他の教員たちの工夫やとりくみに助けられて実現できたこともたくさんある。担当者によって関心事や修学旅行へのかかわり方は異なるが、意見交換を重ねながら作ってきた。自分が試みたことが定着することもあるが、そうでないこともある。若い教員たちに平和学習への思いを伝えていくことの難しさを感じながらも、自分が考えてきたことや試みてきたことを次の世代にバトンタッチしていきたい。

リポート 伝えよう　平和へのメッセージ
　　　　　〜授業や学校行事を通して平和への思いをつなげよう〜
　　　　　大西　徹　三重・度会町立度会小学校

A．はじめに

戦後70年をむかえた2015年、テレビや新聞等では例年より早い時期から戦争についての話題が取りあげられ、戦時中の人々の体験談や遺族の苦悩など、

資料1

> 戦争について、みなさんはどんなことを知っていますか？
> 簡単に紹介すると・・・
>
> 1900年代、日本は世界各国を相手に大きな戦争を立て続けに行いました。
> そして1945年、広島、長崎に原子爆弾（原爆）という人類史上最恐最悪の兵器が
> 投下され、たくさんの人の命が亡くなりました。
> 日本は降伏（こうふく）することを決め、8月15日に戦争の終結をむかえました・・・。
>
> 今の日本は、戦争をせず平和なくらしを送ることができます。
> では、当時はどうだったのでしょう。
>
> 　　人々の生活は大変だったのでしょうか？
> 　　みんなが戦いをしていたのでしょうか？
> 　　戦争なんてやめようとうったえた人はいなかったのでしょうか？
> 　　日本人も、外国人を殺したのでしょうか？
> 　　だれが戦争をするよう命じたのでしょうか？
> 　　自分の意思で戦争をしていたのでしょうか？
> 　　小学生も戦ったのでしょうか？苦手な算数はしなくてもよかったのでしょうか？
> 　　恐くて、にげた人はいなかったのでしょうか？
> 　　食べ物や日用品はじゅうぶんだったのでしょうか？
> 　　そもそも、だれが、どんな理由で、どの国と戦争を始めたのでしょうか？
>
> 考えれば考えるほど、様々な疑問が出てきます。
>
> 今年は2015年、つまり、「戦後70年」という節目の年です。
> このまま時が流れていけば、戦争について知らない人ばかりになってしまいます。
> 日本人として、戦争の時代についてもっと知ること、そして、「平和」な世の中を続けて
> いくためにはどうすればよいか、次の世代のあなたたちは考えていくべきだと思います。
>
> そこで、以下のように学習を進めましょう。
>
> > ① 教科書 P.132～147 を読む。
> > ② 戦争に関わる本を読む。（物語、詩、資料集なども OK）
> > ③ 内容をしぼって調べる。
> > 　（当時の学校について　食べ物や日用品などの生活について　兵隊さんについて
> > 　原爆などの兵器について　日本と外国の関係について　一般人について　　など）
> > ④ 戦争に関わるテレビや新聞を見る。（日付や放送局、新聞社も記録する）
> > ⑤ 戦争を体験した人（戦争体験者）の話を聞く。（お名前と年齢も記録する）
> > ⑥ 戦没者（戦争でなくなった人）の墓石を調べさせてもらう。
> > 　（墓石には、氏名、戦没地、戦没年、亡くなった年れい等がのっているので、記録をする）
>
> 調べたこと、見たり聞いたりしたことを、<u>プリント5枚以上</u>にまとめます。
> 　（内容は、複数ある方が、先生がうれしいです。）
>
> 戦争の話を聞かせてもらえる人を、先生がさがしています。2学期に「学校に行って話し
> てあげてもいいよ」という方がみえたら、ぜひ教えてください。

広く紹介されていた。こうした時代の節目こそ戦争について学び、平和について深く考えるよい機会であると考えていたわたしは、6年生の担任ということもあって平和学習の重みを強く感じていた。

B．とりくみ

(1)夏休みの課題～戦争について調べよう～

　社会科で太平洋戦争について学ぶのは、教科書の指導計画に従えば2学期末であるが、戦後70年として話題がクローズアップされているからこそ、この夏休みに有意義な学習をしてほしいと考え、夏休みの課題を子どもたちに提示した（**資料1**）。特に強調して子どもたちに伝えたことは「戦争体験者の話を聞けることが一番望ましい」ことである。戦後

70年を過ぎ、戦争体験者がどんどん少なくなっていること、子どもたちの祖父母でさえ戦後生まれであること等から、体験者の話を聞く機会がなくなっている。身をもって経験したことほど説得力のあるものはなく、そうした話を聞かせてもらえる最後の世代かもしれないと子どもたちには伝えた。

(2) **資料集をつくろう**

夏休み明け、子どもたちは課題をしっかりやり終え、全員が提出をした。事前に伝えてあったように、それぞれがまとめたことを印刷し、資料化(冊子化)した。これは、自分が調べなかったことについて知ることができるためである。子どもたちの調べたことをカテゴリ化してみると、大きく6つに分類することができた(「戦争の概要」「原子爆弾(核兵器)」「戦争体験者の話」「兵隊・出兵」「七保の戦没者(墓石調べ)」「戦時中のくらし」)。

(3) **疑問を出しあい、さらに調べよう**

自分たちのがんばりでできあがった資料集を子どもたちは喜ぶとともに、友だちが調べてきたことに興味をもちながら読みすすめる姿が見られた。こうしてたがいに情報を共有していくなかで「これってどういうこと?」「もっと詳しく教えて?」と聞きあう姿が見られた。そこで、疑問に思ったことを書き出し、さらに調べる時間をとった。授業時間中にはPCや図書でしか調べられないため限界もあったが、聞き取りをした人にもう一度聞き取りに行き、教室で伝えるという積極性が見られる児童もいた。

(4) **七保の戦没者について調べよう**

夏休みに墓石調べをした子どもたちが数人いたが、七保地区が広域であるため全地区の墓石や殉国碑を調べるのは、子どもたちの力量面のむずかしさだけでなく物理的にもむずかしいところがあった。そこで、わたしの手元にあった「七保戦没者遺族会通信」をもとに、戦没者の戦没年と戦没場所を白地図にまとめる作業をおこなった。

作業を終えた子どもたちは、七保の戦没者が142人もいたこと、家族・故郷から離れた遠い地で亡くなったこと、自分の家族や親戚もそのなかにいたことなど、それぞれが事象の重みについて感じているようだった(**資料2**)。

(5) **七保っ子祭にむけて計画を立てよう**

七保小学校の文化祭「七保っ子祭」では、例年、学習発表会と称して各学年によるさまざまな発表がされている。これまでに踊りや歌・劇などを披露してきた子どもたちで、最後の七保っ子祭も楽しい発表にしたいという思いはあったであろうが、長い時間をかけて学習し、考えてきた平和についての思いを発表してはどうかと提案したところ、子どもたちは賛同してくれた。そして、以下のように発表内容を計画していった。

a 読み聞かせ(群読)

低学年の児童に戦争について伝えるにはむずかしいところがある。そこで、絵本の読み聞かせをすることで、戦争の辛さや平和の大切さが伝わるのではないかと考えた。選んだ題材は、「おとなになれな

資料2

＊シールの色は青、黄、赤の3色に、年別に分けてある。

かった弟たちに（米倉斉加年　著）」である。

b　呼びかけ（学んだこと・自分の思いを伝える）

　自分たちが学んできたこと、思っていることで何を伝えたいか相談する際に、一人ひとりの興味について確かめた。学習発表であるため、個々の思いをばらばらに伝えるのではなく、学級としてのまとまり、統一感をもたせたかったわたしは、子どもたちの発言を聞きながら、大きく4つの内容でグルーピン

グをした（「配給」「疎開」「出兵・戦没者」「原子爆弾」）。

c　合唱

　歌声が非常にきれいで、大勢の人の前でも堂々と歌う子どもたちが多かったので発表の最後は歌で締めたいと考えていた。選んだ楽曲は「HEIWA の鐘（仲里幸広　作詞・作曲）」である。初めてこの曲を子どもたちに聞かせたときは大いに喜び、賛同して

資料3

「一人の笑顔が笑顔を生む」（A）

　日本は、戦争の被害者なのだろうか。この疑問が私の頭にある。なぜなら、日本から攻げきしていった国もあり、日本だけが攻げきされたのではないからだ。世界中の人たちが、苦しみ、悲しみ、泣いたのが戦争だ。だから、日本が戦争の被害者のようになるのはおかしいと私は思う。

　夏休みに戦争のことについて勉強していて、「原子爆弾」という核兵器が気になり、「ぼくは満員電車で原爆を浴びた（11歳の少年が生きぬいたヒロシマ）」という本を読んだ。この本を読んだのには二つの理由がある。一つは、「満員電車で」というキーワードがひっかかり、くわしく知りたいと思ったからだ。二つ目は、11歳の少年という、私たち6年生と同じくらいの年れいの子から見た、原子爆弾が書かれているからだ。この本の最後に「ぼくはたまたま生きているけれど。」という文がある。この文を聞くと、死ぬのがあたりまえのように聞こえる。それほど、原子爆弾の力は強かったのだろう。

　しかし、原子爆弾という最強最悪の兵器を落とされたのは、日本だけだ。そう考えると日本は、戦争の被害者のように思うだろう。でも、日本は、原子爆弾を2回も落とされるほどのことを外国にした。アメリカ軍が日本に原子爆弾を落としたのは、理由があるのではないかと思い、自分で考えてみた。日本は、アジアなどに攻めていき、調子にのっていた。それがどれだけの被害をもたらしたのか日本に分からせようと、原子爆弾を落としたのではないかと考えた。

　そして、もう二度と戦争を起こさないようにするためには、今の時代を生きていく私たち一人一人が平和であって幸せでいることだ。そのためには、笑顔が平和、幸せの証だと思う。それから、一人の笑顔が笑顔を生むから、みんなが平和、幸せの証をつけていよう。

「人のことを考える」（B）

　ぼくが、考える平和というのは、人を思いやる気持ちを持つ人がたくさんいることだ。このような人がいることで、もっと明るい未来が来ると考える。

　夏休みに、おじいさんから戦争中の話をいろいろ聞いた。戦争中の食事や生活の様子を聞いてみると、今の時代は、平和で幸せなんだと、改めて感じた。

　もっと戦争のことを知りたい。そう思い、本をいろいろ読んでみた。その中には、中国人の人など敵の国の人を差別していたことも書いてあった。そんなときに、ぼくが考える、人を思いやる気持ちを持った人がいっぱいいたら、みんなが平和になれると思う。

　ただ、人はそれぞれ気持ちがちがう。確かに、みんなが同じ気持ちだったら、まず戦争は起こらない。だけど、少しだけ人のことを考えてみる。すると、その人たちのことがわかって優しくなれると思うのだ。

　今の時代は、とても最高だ。だから、このことを今も戦争をしている国に教えてあげたい。そうすると、世界はもっと平和になると思う。ぼくは、人を思いやる気持ちを持つことと、戦争を二度と起こさせないことをできるようにがんばりたいと思う。

「私たちの未来が平和であるために」（C）

　自分たちの未来が平和であってほしい。これは、私が願っていることだ。そのためには、身近な人といつでも仲よく、いつでも楽しく暮らせることが大切だと私は考える。

　私たちのクラスでは、夏休みの宿題や社会の授業で戦争のことを勉強している。そして、もう二度と戦争はしてはいけないし、核兵器など地球上には必要ないと分かった。

　私は、身近な人たちと今の時代のように毎日がおだやかな生活でいられることは本当にうれしいことだと思っている。しかし、永久にこの平和な暮らしが続くとは限らない。

　そこで、小さなことでも、自分たちにできることをやっていくことが未来の平和な暮らしが続くことにもなると思った。

　しかし、私は、自分の生活をふり返ってみて、友達に言葉や態度などで、いやな思いをさせてしまったこともある。さらに、弟とけんかをして、お母さんを困らせてしまうこともある。だから、これからは友達にいやな思いをさせないよう、言葉や態度を考えて使うようにしようと考えた。さらに、家族を困らせてしまったら、その場ですぐにあやまりたいと思った。

　今の暮らしがずっと続いてほしい。そして、身近な人といつでも仲よく、いつでも暮らせることを続けていくために、自分にできることをしていきたい。

くれた。

(6)平和についての意見文を書こう

こうして発表の大筋が決まった後は、練習をしたり、詳細を子どもたちと詰めたりという日々がつづいた。呼びかけの4グループを群読にも利用し、一文ずつA→B→C→Dの順に、グループごとにリレー読みをさせた。また、合唱については毎日の帰りの会で練習を重ねた。

ただ、呼びかけのシナリオについては、子どもたちの思いを強く反映させたいと考えていたため、わたしが一方的にシナリオをつくるのもどうかと思い、ある程度の素案は出しながらもできる限り子どもたちに考えさせる場をつくった。そして、七保っ子祭直前の二週間ほど前に、国語科「未来がよりよくなるために」の教材で、これまで学んできたことや考えてきたことをもとに、戦争や平和に対する思いを意見文として書く学習をおこなった。これは、期日がせまってきた七保っ子祭にむける気もち、意気込みがさらに高まることを期待していたからである（**資料3**）。

そして、子どもたちの話しあいや意見文のことばを取りいれながら、呼びかけのシナリオを完成させることができた。

(7)学習発表会～伝えよう　平和へのメッセージ～

小学校最後の学習発表会であることに、子どもたちは強い意欲・やる気を見せていた。体育館での練習期間は一週間あまり。わたしが指示するところはもちろんあったが、うれしかったのは、群読や呼びかけの練習を子どもたちが自主的におこなったことである。練習の時間には早々と体育館へ入り、指定の位置にグループで集まっては、大きな声を体育館に響かせるのがとても印象的だった。また、声を出しにくい子に対して、もっと出せるようにと責めるのではなくアドバイスをしたり、体育館の後ろへ行っては声の聞こえ方を確かめたりと、温かい雰囲気で練習をする子どもたちがとてもほほえましかった。

そして迎えた七保っ子祭当日。練習の成果が十分発揮できた学習発表会であったように思う。ちなみに発表の補助として、PCのスライドで挿絵・写真・歌詞等を提示した。子どもたちの思いを会場中に伝える一助となったのではと思っている。

C．おわりに

幼少のころ、一時期ではあるが祖父母の家で育てられたことのあるわたしは、そのころから昔話をよく聞かされていた。当時、嫁いだばかりの祖母を残して祖父が出征したこと、生活に苦しみながらも祖父の帰りを待ち望んでいたこと、祖父が生きて帰ってきたときには涙がこぼれ落ちたことなど、当時の心境を何度も繰り返し聞かされた。そうした経験もあってか、戦争がいかに理不尽で、多くの人々を苦しめるものであるかということを幼いころから感じとっているつもりである。

しかし、冒頭にも述べたように戦後70年を過ぎ、戦争体験者が年々少なくなっている現状がある。そして、いつかは戦争の語り部がこの世からいなくなる日が来る。当時の人々の思いが時代の流れによって風化されていくことは、仕方のないことなのだろうか。わたしは、そうは思っていない。わたし自身、戦争を体験したわけではないが、祖父母だけでなくこれまでにたくさんの方々に話を聞かせていただいた。そうした経験が、今のわたしの戦争や平和への思いを強化してくれているのだと感じる。

そして、目の前の子どもたちにできることは何か。やはり、自分が教わったことを伝えていくこと、「平和とは何か」を問いつづけることなのだと思う。ゲームなどの架空の世界で簡単に人を殺したり、自殺にまで追い込むほどのいじめをしたりと、子どもたちの現実と空想の感覚のズレには大きな課題があると感じる。今回とり上げた子どもたちも例外ではない。ただ、平和学習をすすめることと同時に、わたしの体験談や思いも機会を見つけては伝えてきた。そして子どもたちにも、「戦争体験者から聞ける最後のチャンスであること、君たちが次の世代の語り部になること」も伝えてきた。

今回の実践の大きな反省は、戦争体験者を学校に招くことができなかったことにある。夏休みに聞き取りをした子どもたちからも、学校で話をしてくれるように依頼させたり、わたしも、保護者をつうじてお願いしたりと努めたが、地域性もあるのか学校に出むいてまで話をしたくないという方々ばかりであった。この点については非常に残念でならない。

ただ、子どもたちは今回の活動をつうじて大きく成長できたように思う。何より、自分たちで考え、活動する姿が大いに見られたことを嬉しく感じた。「身近な人と幸せな生活を送ることが平和である」との意見がとても多かった子どもたち。この思いをいつまでももち続け、個々に思う平和の実現のために努力し、さらに成長していってほしいと遠くから願っている。

メディア・リテラシー教育と文化活動　第19分科会

1. 本分科会の課題と基調

2. 実践報告

3. このリポートに学ぶ

◎読書教育による新たな「生きる力」の育成
　―読書会活動による読書の新たな魅力発見と読書行為の価値向上―
　　　　　　　　　　　　　　　　〈林　広美　千葉・千葉市立幕張中学校〉

◎児童の協働的な振り返り活動を支援するICT活用の実践
　　　　　　　　　　　　　　　　〈山村勝人　三重・伊勢市立有緝小学校〉

◎進化する「千種学」〜故郷を愛し、故郷へ還る生徒の育成〜
　　　　　　　　　　　　　　　　〈井原幸嗣　兵庫・宍粟市立千種中学校〉

《執筆者》

赤尾　勝己

工藤　宏司

末永　暢雄

1. 本分科会の課題と基調

基調1:「メディア・リテラシー教育と文化活動」全体会

メディア・リテラシーについて、ジャーナリストの菅谷明子は、「メディアは現実を構成したものである」、「ニュースというものは、その媒体がもつ特性、メディア企業のイデオロギー（リベラル・保守など）、地域性、読者層、商業的な判断、記者の興味、国情など、様々な要素によって形作られているもので、決してひとつの『真実』が存在するわけではない」「メディア・リテラシーとは、ひと言で言えば、メディアが形作る『現実』を批判的（クリティカル）に読み取るとともに、メディアを使って表現していく能力のことである」と述べている（菅谷明子『メディア・リテラシー』岩波書店、2000年）。また、鈴木みどりは、「メディア・リテラシーとは、市民がメディアを社会的文脈でクリティカルに分析し、評価し、メディアにアクセスし、多様な形態でコミュニケーションを創りだす力を指す。またそのような力の獲得をめざす取り組みもメディア・リテラシーという」（鈴木みどり編『メディア・リテラシーの現在と未来』世界思想社、2001年、4頁）。

私たちはメディアについて分析する際に、階級については、労働者階級がどのように描かれているか、性については、女性と男性がどのような力関係に置かれているか、人種については、白人と有色人種（colors）がどのように描かれているか、民族については、自民族中心主義（ethnocentrism）になっていないか、障がいや性的指向が差別的な表現になっていないか、という観点に着目することが必要である。こうした観点は、学校文化や地域文化を分析する際においても有効であろう。

今日、従来の「正解」が一つしかない問題をいかに早く解くかに力を発揮した行動主義や認知主義とは一線を画した、構成主義や社会構成主義にもとづく学習理論が興隆を見せている。構成主義では、学習を状況への参加による学びとしてとらえ、学習者は個人レベルで、学んだことを自分の内側で能動的・主体的に構成することになる。また、社会構成主義では、学習者は他者との協働によって集団で問題を解決することが求められる。そこでは、「異質な他者」とのコミュニケーションと協働が前提となる。OECDによって2000年から3年おきに実施されているPISA（国際生徒学力調査）に象徴される

「学力のグローバル化」によって、これまで日本の子どもたちの学力が、正解が一つに絞り込まれた多肢選択問題において力を発揮できるものの、対立する意見についてどちらに賛成するか、その理由を述べて解答する記述問題に弱点を抱えていることが判明したことで、にわかにアクティブ・ラーニングの必要性が喧伝されている。そこでは、「異文化としての他者」と協働してどのようにして「解」を作るかという「協働学習」が要請されているのである。

そこで本分科会では次の4点を研究課題として提示したい。①アクティブ・ラーニングは、子どもたちの確かな「学力」を保証するものになりうるか。②「学力低下」をもたらさないようにするには、アクティブ・ラーニングをどう活用していけばよいか。③アクティブ・ラーニングを導入した授業で、ICTをどう活用していけばよいか。④アクティブ・ラーニングを導入した教育実践で学校図書館には何ができるか。

ただし、アクティブ・ラーニングには、子どもたちが授業の場面で何かを発表しさえすれば内容は問わないという形式的な態度主義の風潮を生んだり、子どもたちにグループワークをさせている時間、教員がそれを放任することで、教員の役割が一斉授業よりも後退することが指摘されている。私たちには、「アクティブ・ラーニング万能主義」に陥ることなく、その功罪を見極め教育実践に生かしていくことが求められるのである。

基調2:学校図書館活動

メディア・リテラシー教育と学校図書館活動が交差する教育実践として、同一の事象が複数の情報源でどのように書かれてあるかを比較することが挙げられよう。例えば、新聞記事を、五大紙（朝日、毎日、読売、日経、産経）さらには地方紙で、同一の事件がどのように報道されているか比較検討する授業が考えられる。その際、なぜ各紙によって報道内容に差が出ているのか、その理由を子どもたちに考えさせることが重要である。この問題には、新聞社がよって立つ「政治性」が大きく絡んでおり、18歳選挙権が実施される今日の日本社会において生きた「政治学習」にもなりうる。また、書物とインターネットでの同一事象についての情報の比較にもとりくみたい。その際には、どれが真実を表していると言えるのか、子どもたちにどれを選ぶのか、それはなぜかという「理由」を考えさせ表明させることが肝要である。どれを選ぶのか多数決をとって授業

をまとめてしまってはならないであろう。なぜそう考えるのかについて、他者にわかるように説明していく力を子どもたちに育てていくことが肝要である。

読書は本来、人が一人で行う行為であり、私たちは読書を通して日々自らの認識を構成している。これを他者との関係の中で行うならば、自分一人では及ばない認識と出会うチャンスが増えてこよう。それが読書会、あるいはリテラチャー・サークルと呼ばれるものである。ある子どもが、自分はこの本を読んでこう思う、だけどAは違う感想をもっている、Bはさらに違う意見をもっていると仮定しよう。その場合、なぜAやBはそう考えたのであろうかと考えを巡らしていく中で、自分が最初思っていたことが変わっていくかもしれない。そうして、同一の本について多面的な読み方に直面することになる。それが、読書をより豊かで深い知的営為にしていくのである。こうした他者との出会いによって、読書の世界がより広くより深くなっていく機会を、私たちは学校の教室や学校図書館で与えていくことが期待されよう。

これを学習理論で言えば、「構成主義」から「社会構成主義」への架橋ということにもなろう。構成主義では、子どもが本の内容と向き合い自分一人で認識を構成していくが、社会構成主義では、子ども が他の子どもたちと交流する中で、他の子どもたちの認識を自分の中に取り入れながら、また、自分の認識が他の子どもたちにも影響を与えていく中で、一致点を探していくことになる。読書会やリテラチャー・サークルは、子どもたちの本による学びをより主体的・能動的に広げていく機会になる。また、これを社会学的に言えば、本という「文化資本」から、本を読む仲間との交流という「社会関係資本」への架橋ということになろう。こうした読書会は、子どもたちの文化資本と社会関係資本をより豊かにしていく可能性を有しているのである。

さて、本分科会は、学校図書館に関わっている教職員と、ICT教育に関わる教職員が出会う場でもある。そこで、子どもたちの能動的な学びを、双方から支援していくという発想が必要になってくる。本分科会の歴史において、これまでこうした営みはある程度成功をおさめてきたと言えよう。時代は、アクティブ・ラーニングが流行しつつある。しかし、これはこれまでの長年にわたる本分科会に集う教職員によってなされてきた営みでもある。改めて、学校における「調べ学習」において、本というメディア、ICTというメディアの有する光と陰の両側面を見据えたメディア・リテラシーにもとづく実践が期待される。将来的には人工知能（AI）の開発によって、人間の学習のあり方が大きく変化し

ていくことが予想されるが、長期的観点から本分科会のリポートが充実していくことを期待したい。

〈赤尾勝己〉

基調3：メディア・リテラシー教育

昨年次から本分科会の名称に取り上げられた「メディア・リテラシー」という概念は、種々のメディアが発信・伝達する「情報」に関わる全般的な能力を指す。こうした能力の涵養が盛んに取りざたされるようになった背景には、PCやスマートフォン、タブレットなど、情報メディアが多様化・大衆化したことを受け、インターネットを利用した情報検索や取得が、ますます手軽に可能となったことがある。また、IT（Information Technology）からICT（Information and Communication Technology）へと呼び名が変容したことに象徴されるように、これらは、情報の受け取りだけではなく、積極的にこれを発信し、他者とのつながりを生み出すことをも容易にした。LINE、Twitter、facebookなどSNSやオンラインゲームの普及・拡大は、子どもたちの生きる世界や他者と関わる機会を物理的対面状況に縛られない空間へ波及させ、そこには可能性と懸念の双方が潜む。

このような状況下における「メディア・リテラシー」とは、多様な情報を批判的に読み解き、その中から適切なものを引き出す能力にとどまらない。情報発信に伴う責任や危険性の自覚、すなわち情報モラルを含んだ「発信者として身に付けるべき能力」をも伴う概念として、これを理解すべきだろう。加えて情報発信者の多様化は、情報の量拡大と並行した質低下の懸念をも生じさせており、その状況がさらに批判的読み解きの重要性を喚起するという循環が見て取れる。

ゆえに、「メディア・リテラシー教育」とは、ICT機器を物理的に活用できる能力を身に付ける教育ではない。むしろ、従来のアナログ・メディアを含んだ情報メディアの多様化・拡大によって変容する「知の伝達過程」それ自体への理解や、批判的検討に裏付けられた情報や知識の活用を、適切かつ積極的にすすめられる能力の涵養こそがめざされるべきだろう。

こうした認識を前提にすると、近年、文科省が積極的に推しすすめるICT機器の導入や情報教育の指針整備、すなわち「ICT機器活用による新しい教育の構想」という前向きな議論そのものについても、批判的読み解きの重要性が理解されよう。文科省が出した『教育の情報化に関する手引』や種々の研究報告では、ICT機器が生み出す可能性や懸念についての検証を、「学力向上への効果」といった枠内でのみ捉えるものが少なくない。しかし、たとえばICT機器の得意とする「視覚化」「見える化」など、従来「見えなかったとされる部分が見えるようになること」が、当の子どもたちに及ぼす多様な影響については、より一層の「批判的検討」が同時に必要となるだろう。

たとえば、デジタル・デバイドという問題がある。原初的な情報メディアである「言語」について、教育社会学者のバジル・バーンスタイン（Basil Bernstein）は、子どもたちの出身階層ごとに異なる「言語コード」の存在が、学校教育における成果達成に有意に影響することを指摘したが、同じことは新しい情報メディアについても言えるだろう。そのとき「見える化」の陰に隠れがちな、子どもたちの多様な可能性や能力、いわば「見えない力」への想像力を、私たち教員がいかにもてるのかが重要な課題になるはずだ。

「新しいメディア」は、便利で効率的で、特定の目的に資する機能性を備える。しかし「人」の成長や可能性を、そうしたテクノロジーに沿った理解の枠に切り縮めてしまうならば本末転倒だ。新しい情報環境における「リテラシー」は、我々教員の側にこうした意味においても求められていると考えることができる。

〈工藤宏司〉

基調4：「学校・地域における文化活動」

数年来、本分科会は「情報化社会と教育・文化活動」と名称していた。家庭でのパソコンの利用が普及し、教育現場にも導入されると、その情報量の多さに、子どもたちの生活も一変した。更に携帯電話やスマートフォンの台頭により、子どもたちに押し寄せる情報過多の現状は、豊かでそしてたくましく生きる力につながる以上に、心のゆがみやモラルの低下が多く指摘され、孤独感や閉鎖性が助長され、犯罪に関わるケースも引き出している。

こうした状況において、学校では情報リテラシー教育や情報モラル教育が必要視され、本分科会も昨年度より「メディア・リテラシー教育と文化活動」と改名された。

今次提出されたリポートの中に「そんなときこそ、文化に頼ろう」という一文があった。情報リテラシー教育や情報モラル教育の必然性を現実視しながらも、だからこそ学校における文化活動の重要性

が見直されていいのではないか。歌や演劇、遊び等を通した豊かな文化活動の導入によって、子どもたちは「学びあい」「つながりあい」、自信と協調を身に付けていく。

学校における文化活動の実践報告から見えてくるものは、『子どもたちの輝く瞳』や『創造的な行動力』や『言語能力』、そして何よりも『コミュニケーション能力の増大』である。つまり『つながる』『創造性』『積極性』といった生きる力が文化的な活動からはぐくまれるのである。学校で、地域で、そうした生き生きとした子どもたちの活動が随所に報告された。

また、この分科会では、総合的な学習の時間のとりくみの報告がある。総合的な学習の時間が導入されてから16年になる。その間、学校教育の実情や学校環境や子どもたちの実態が研究され、指導計画（カリキュラム）が創意され、現在に至っている。なかでも『地域』に関わり、地域にある題材や人材から学び取っていくという実践が定着している。今次教研の報告の中にも、30年を超える"伝統的"なとりくみがあった。

地域の歴史、自然、産業、芸能等々、学校をとりまく環境には子どもたちにとりくませたい、あるいはとりくみやすい学習要素が多い。ただ、「なぜとりくませようとしているのか」「どのようにとりくませるのか」、他教科、領域との関連、その発表の仕方（紙新聞にするのか紙芝居にするのか、演劇にするのか）、それらをどのように投げ込むことで、子どもたちの積極性や創意が生まれるのか、目の前の子どもたちを見据えたところから研究、実践していくことが重要だと思われる。

人形劇や紙芝居、文芸など、教職員の文化活動に関する報告は少ないものの、教職員自身が生活の中に、生活リズムとして文化性を追求することも大変重要なことであり、無理に結びつける必要はないが、教室の子どもたちの教育にもその豊かさは伝わるはずである。子どもたちは思いもよらぬ発想をもち、びっくりするような新しい力を生み出していく。子ども主体の場面を多く設定する中で、学校における文化活動、地域活動をすすめていただきたい。　　　　　　　　　　　　　　〈末永暢雄〉

2.　実践報告

(1)学校図書館活動

今回、学校図書館関係のリポートは8本であっ

た。初日の全体集会では、千葉（中）から「読書教育による新たな『生きる力』の育成」という非常に水準の高い発表がなされた。主題設定の理由は、複雑化した社会において「生きる力」は「状況に合わせて、自分なりの解を作り出す力」「どんな人とも目的を共有し、その達成のために協働できる力」を培うことである。そして、従来の読書は、静かに一人で行うという静的なイメージが強かったことから、読書会、なかでもリテラチャー・サークルのような「読みながら話し合う」活動を行うことで、一人で読んでいるときには気が付かない新たな解釈に出会い、また自分の読みもメンバーの読みに影響を与えていることが実感できることが報告された。こうした対話を含む読書会活動は、常に自己の価値観を相対化し客観化し続ける活動でもあり、実は個々の納得解を探す作業であることを見抜いている。これはまさに、社会構成主義（social constructivism）にもとづく「協働学習」（collaborative learning）と大いに関係を有しているのである。

2日目には6本の発表があった。北海道（小）の「学校図書館の整備とそれにかかわる連携について」では、学校司書が小学校に入ることで、週1回とはいえ、人のいる学校図書館が実現できたこと、学校司書とともによりよい授業を行うことができたことが成果として報告された。今後、学校司書との授業について、学校全体に広げていくことが課題であり、司書教諭の専任化へのとりくみもたゆまず続けていくことの必要性が語られた。東京（高）の「理系専門高校の"図書館づくり"」では、図書委員会による「理科読本」展示、図書館入口の「理科読本」ポップ掲示や、工夫を凝らした展示がなされている様子が報告された。惜しまれるのは、この発表が教育課程の編成に寄与する「内的事項」よりもその外側の「外的事項」に力量の多くを傾注させていたことである。せっかくスーパーサイエンススクールに指定されているのだから、授業への積極的な学校図書館による関与があってもよかったと思われる。

大阪（小）の「読書指導も情報活用指導も」では、小学校家庭科専科の司書教諭による週1時間の「図書館の時間」で、6年生の自分たちの町づくりを考える実践が報告された。調べ学習をすすめる流れとして、第1.自分の地域のとりくみを知る、第2.他の地域のとりくみを知る、第3.その校区はどんな所で自分はどう思うか、どんな町にしていきたいかをピラミッド・チャートを使って考える、第

4. どんな町にしたいかと重なる他地域の実践を調べる、第 5. 発表の準備、と 5 段階の流れが確認された。第 1 段階の自分の地域のとりくみを聞き取り調査で行い、第 4 段階の他地域の実践を知る際に PC で調べているが、これは同じ第 1 次資料である聞き取り調査で一致させることのほうがより有効である。つまり、第 1 次資料どうしで比較することが研究の基礎となるのである。

愛知（中）の「生徒の学びを支える学校図書館づくり」では、ユネスコ・スクールでもある中学校において、ESD「持続可能な開発のための教育」に基盤をおいた環境教育、防災・減災教育、国際理解教育の実践の様子が報告された。「自分の思いを根拠をもって伝えるために、適切に情報を活用できる生徒の育成」にむけて、学校司書と連携しながら、くま手チャート、キャンディ・チャート、ピラミッド・チャートなどの思考ツールを活用している意欲的な実践である。思考ツールには様々あるが、フィンランドの小中学校で実践されているマインド・マップも試してみるとよいかもしれない。

長野（小）の「子どもたちと本を『つなぐ』ために」では、絵本から物語への移行をさせるために、本の楽しみ方を子どもたちに伝えていくことが、子どもたちと本を「つなぐ」ために大切なのだという報告があった。このあたりは、教育と学習が予定調和的ではないことが露わになる局面である。先生がこの本はおもしろいから読んでごらんと薦める本を、子どもたちは読むとは限らないからである。子どもたちは先生から薦められない本であっても主体的に読んでいくことがある。教科書に載ったり、先生からのおすすめ本であったりすると、かえって読まなくなるという傾向もある。このあたりは読書教育の根本問題であると同時に、教育学の根本問題～教育と学習の予定調和の破綻～をも示唆しているのである。

沖縄（高）の「借りる権利を行使し返す義務を果たすことのできる生徒の育成～職員・生徒図書委員とともに取り組む返却指導のシステム化～」では、学校図書館で借りた本を返却期限が来ても返却しない子どもたちにどのようにして返却してもらうかについて、4 つの段階で考えている。第 1 段階は、ポスターの掲示、図書委員の校内放送、担任の呼びかけ、第 2 段階は、督促状の配布、クラス別未返却者一覧の配布、第 3 段階は、放課後の生徒面談、第 4 段階は、朝読・朝学時、授業時の生徒面談である。これらの段階を踏むことで、返却達成率が約 16 ％、

約 63 ％、約 85 ％、約 100 ％と順に上昇したのであった。これは借りたものを返すという市民社会で当たり前のことが不得意な子どもへの指導として参考になろう。しかし、該当する子どもに「反省文」まで書かせているが、これは学校司書がやるべきことであるのか疑問が残った。他の高校の状況とも照らし合わせた実践が要請されよう。

3 日目には、山梨（小）から「本好きな子どもを育てるための実践的研究～学習指導に役立つブックトークの実践～」という報告があった。これは仕事に関する「～をまもる」「～をつくる」「～をすくう」「～をさがす」という 4 種類の本についてのブックトークを行った結果、貸出冊数が飛躍的に増えたということである。ブックトークの効果が確かに出ていることがわかる。しかし、ここからさらに、ブックトークを行った結果、読みたくなった本ベスト 3 の結果について、なぜ「～をさがす」の『バーナムの骨』が第 1 位で、「～をすくう」の『思い出をレスキューせよ！』が最下位になったのか、その「理由」についての分析が必要であると思われる。

〈赤尾勝己〉

(2)メディア・リテラシー教育

報告は 6 本あった。内訳は、情報リテラシー教育関連が 2 本、ICT 機器の視覚化機能を利用し、教材や子ども自身の実践を「見える化」して教育に取り入れたものが 3 本、そしてタブレットの携行性を活かし、地域と連携した学習の試みが 1 本である。

新潟（小）の「子どものメディアにかかわる能力・態度の育成をめざして」は、資料を多角的・批判的に読み解く力の涵養を意図したメディア・リテラシー教育と保護者を巻き込んだ情報モラル教育の実践である。前者は、4 年生の社会科「事故・事件のない町をめざして」の単元において、写真や本、動画や見学、見学先で撮影された写真など、多彩なメディアで集められた情報を相互に比較・検討し、背後にある社会的なしくみへ子どもの思考を導こうとした実践である。ICT メディアの大衆化を受け、情報の量的増加と質の多様化・低下が並行してすすむ状況下で、複数メディアからの情報を比較検討する能力形成は極めて重要な意味をもつ。情報モラル教育では、日曜参観の機会を利用し、保護者と子どもたちが一緒に学ぶ機会を作られた点が興味を引く。ゲーム・インターネットの利用や時間管理について、精選された市販教材を用いて議論をすすめ、そのうえで保護者と子どもが家庭でのルール作りを

した実践である。

類似の関心でとりくまれたのが静岡（小）の「教職員・家庭・子どもが連携して取り組む情報モラル教育」だ。ICT機器に馴染みのない教員には、情報モラル教育といっても何をどうしたらよいか、そもそも何が問題なのかがよくわからない状況がある。そこで「e-ネットキャラバン」の「e-ネット安心講座」という学習教材を用いた研修を2年間実施し、教員間の情報共有と意識向上を試みた。そして次に、学級ごとに同じ内容の話ができるように共通資料を作成したうえで、懇談会を利用して保護者へこれを発信した。作成資料のもとにしたのは同様の試みをする元小学校教員の書くインターネット・サイトだが、サイト情報自体を伝えることで、保護者がその後もこれを参照できる配慮もされている。そうしたステップを経て行われた子どもたちへの情報モラル教育は、子どもたち自身も感じていた課題をそれまでの実践から明確化し、講師へ具体的な依頼を行ったことで、彼らの関心・興味を惹く実践ができたと評価されている。

いずれの報告も、教員や保護者など「情報格差」のあるおとなの側にまず働きかけた点が興味深い。教科教育の枠外のこうした試みには得てして困難が伴いそうだが、簡便で手軽な教材を探し、それを学校や子どもたちの状況に合わせてカスタマイズしたことが意義を高めたと思われる。

ICT機器の「視覚化」機能をうまく使った実践が、神奈川（小）の「自らの考えを表現し、認め合い、高め合う子〜具体物とICTを生かした分かりやすい算数の授業〜」および、愛知（小）の「自らの課題に気付き、その解決にむけて努力し続けることのできる児童の育成〜ICT機器を活用した話し合い活動を通して〜」だ（三重（小）の実践は「このリポートに学ぶ」で紹介する）。視覚に訴えることで子どもの興味・関心を高め、理解向上をはかろうとしたこと、および、それを子どもたちの協働に結び付けていることが注目される。

神奈川（小）実践は、2年生の算数科「長方形と正方形」の単元で、電子黒板の「大写し」機能を利用し、子どもたちが関心をもちそうな「ゲーム」要素をそれに組み合わせた点が興味深い。「形あてゲームをします」と授業をはじめ、解答者の子どもを電子黒板に背面して立たせる。他の子どもたちは電子黒板に写された「直角三角形」について、思い思いにヒントを出す。その際、授業で習った「構成要素」を意識したヒントづくりが促されることで、子

どもたちは「ゲーム」を通して抽象化の思考を自然に行うことになる。この実践が意義深いのは、「ゲーム」にすべての子どもが何らかの役割をもって関わることで、構成要素を考える実践に全員が参加できることだ。一人でなら無機質で平板になりがちな作業を、皆で楽しみながら知らず知らずのうちに行えるのが、見事な工夫だろう。

愛知（小）の実践は体育実技（鉄棒とマット運動）における「見える化」の試みだ。自身の実技を映像でチェックする「自己の客体化」をICT機器で可能にする試み自体は、それほど珍しくはない。愛知（小）の実践の興味深い点は、そこにペア（あるいはグループ）学習を組み込み、子どもたちの協働につなげたことだろう。この実践において、子どもは映像を通して自身の課題に自分で気付ける可能性が高まるわけだが、その過程をペアで実践することを通じて、協働の意義や方法を同時に学ぶことになる。鉄棒やマット運動など個人競技にそうした要素を組み込むことで、「機器とのやりとり」に陥りがちなICT教育を、開かれたものにしようと試みた意欲的な実践と言える。

兵庫（小）の「私たちの地域に学ぼう〜タブレット端末を使った八瀬家子どもガイド〜」は、この広がりをさらに地域へつなげようとした実践だ。リポーターは「ICTである必然性はないかもしれない」と評されたが、私にはICT機器を使った新たな可能性を開示した報告に映った。

兵庫県たつの市の指定文化財・八瀬家住宅を舞台としたこの試みは、子どもたちの学びを、観光客向けの「子どもガイド」としての活動実践に結び付けた点に特徴がある。八瀬家は江戸期からの大庄屋で、リポーターは6年生の総合的な学習の時間「私たちの地域に学ぼう」でこれを取り上げた。11月の一般公開にむけ、子どもたちは調べ学習や、ゲスト・ティーチャーからの聞き取り、実際に足を運ぶ、といった方法で学びを深めた。子どもガイドのアイディアはその過程で子どもたちが出した意見だったようで、それもあり、余念なく準備にとりくんだことが伝わった。報告では、ガイドする子どもの様子を動画サイトで観たことで彼らの前向きな姿勢がよくわかり、リアリティは高まったが、同時に、その映像がリポーターや子どもたちの知らないところで撮影され、許可なくアップされていたものであることがわかり、そのこと自体の問題性や、それを子どもたちに伝えることの重要性も指摘された。

〈工藤宏司〉

(3)学校・地域における文化活動

　この小分科会に関連するリポートは７本。長く「学校・地域における文化活動」を掲げ、実践を中心に論議をすすめてきた経緯からすると、大変にさびしい思いはするが、ICT機器の導入、ITやスマートフォン等による情報、とりわけLINE等SNSによる問題が多く指摘される、社会と教育実践の必要性を如実に語っているのだろう。しかし、こうした問題に直面しながらも、当小分科会で報告されたリポートには、『そんなときこそ』という教職員の熱い思い、学校教育における文化の必要性が伝わるものだった。

① 学校・地域における文化活動

　福島（小）からは、３年生の総合的な学習の時間の実践として、地域に残る「喜多方事件」（自由民権運動の中、圧制に立ち向かった農民たちの事件）を題材にした実践が報告された。担任から子どもたちに「喜多方事件」のとりくみを提案。資料の読み聞かせ、図書館での調べ学習、現地めぐり、郷土史家の説明等々、学習を深め、子どもたちは学習発表会で劇化して発表した。

　リポーター（担任）が３、４年の年月をかけて集めた多くの資料をもとに「喜多方事件」のとりくみに結びつく。学校のカリキュラムを再度研究し、このとりくみ自体の価値（学年、調査方法、発表手段等）を検証され、ぜひ全教職員で共有できる方法等を検討していただきたい。

　千葉（小）からは「伝統芸能を取り入れたふるさと学習」が報告された。運動会で発表する「銚子大漁節」の由来、踊り、歌詞について子どもたちはとりくんだ。調べ学習やゲスト・ティーチャーから学んだことをもとに、運動会では地域の方や保護者を踊りの輪に誘いこむなど、「地域の伝統に対して強い誇りをもつことができた」「歴史、地理、産業などに視野や関心を広げることができた」と報告。

　地域の伝統文化が学校教育の中に取り入れられる例は多い。このリポートのように、運動会等の発表をもとに地域から学び地域と共に体感するという手法に共感できた。子どもたちの生き生きとした発表や、地域の温かいまなざしが目に見えるような発表だった。

　山梨（小）からは、今年度で32回を数える「わんぱく大行進」というフィールドワークが報告された。特徴としては、６年生を中心（リーダー）に組織された縦割りの班活動で、地域の方々とのふれあい（出会い）を大切に、子どもたちに「地域を知る楽しさ」を伝える学校行事である。「32年間も続けられてきた」という実績には、①縦割り集団　②子ども主体　③遊びの要素　④全教職員による下調べなどが挙げられるだろう。特に縦割り集団の活動は、低学年に上級学年への「憧れ」をつくることで、進級によって主体性が自覚されてくる。ここに大変重要な、〈行事へのとりくみ〉に終わらない教育効果を見ることができる。同時に、地域の方々の学校を支える協力体制も大きな要因になっていることを学ばせていただいた。

　大分（小）からは、落ち着きのない学級が「けん玉」の導入によって変わっていく様子が報告された。個人の挑戦がやがて集団の挑戦に変わり、他学年との交流にも発展する。「多くを語らなかった子ども、学校を休みがちだった子ども、しっかりした意見をもっているのに言えなかった子どもたちがいつもと違う一面を見せてくれるようになった」という。遊びは、子どもたちの生活の中に集団性をはぐくむと同時に、過程を通して起こる失敗、成功、悩みや喜びを通して自分を表現し、自分を変えていく要素をもっている。地域で年齢を超えた遊びが少なくなった今日、教室で、学年の柵を外して子どもの遊びを創り出していくこともまた重要になっている。

　兵庫（中）からは、総合学習における体験型郷土学習が報告された。この郷土学習は多数の内容を含んでいるが、なかでも「たたら製鉄」の学習は1997年からとりくまれてきた。「千種を知り、千種を愛し、千種に誇りを」を学習のスローガンに、茶摘みと製茶、千種の産業、文化財等々をプログラミングし、１〜３年生を通年として実施されてきている（「3．このリポートに学ぶ」を参照）。

② 職員の文化活動

　岩手（小）からは、昨年に引き続き、「道徳教育に地域教材を」という観点から新たに創作された「アテルイの友だち」が報告された。「アテルイ」は９世紀、朝廷軍と戦った地域のリーダーである。このリーダーと敵将との友情を道徳の地域教材として創作している。作者（リポーター）は、「身近な地域の話題は、子どもたちに興味・関心をもって受け止められる」としている。道徳教育の視点からするとまた違った視点が見出されるものと思うが、「地域の題材」をこうした観点で創作、研究されていることに敬意を表し、同時に子どもたちの学習に活かされることを願う。

　三重（小）からは教職員による「人形劇」の公演

までのとりくみが報告された。研究テーマは「豊かな文化と創造～手づくり人形劇を通し、子どもたちとともに楽しみ、味わえる活動をめざして～」で、32年も続いてきた教職員グループの活動である。「映像ではない生の舞台」で「子どもたちの反応を見てせりふを待ったり」子どもたちとの「やり取り」によって「生の舞台の良さ」を提供、追究している。「生の良さ」はすなわち人形の前の子どもたちの表情を、演じる側が共有できることにある。こうした教職員の活動の輪を、もっともっと広げたいものである。　　　　　　　　　　〈末永暢雄〉

3. このリポートに学ぶ

(1)学校図書館活動

　今次教研で最も傑出したリポートは、千葉（中）による「読書教育による新たな『生きる力』の育成―読書会活動による読書の新たな魅力発見と読書行為の価値向上―」である。紙幅のため一部を省略・改変しながら紹介したい。

> **リポート**　読書教育による新たな「生きる力」の育成
> 　　　　　　　―読書会活動による読書の新たな魅力発見と読書行為の価値向上―
> 　　　　　　　林　広美　千葉・千葉市立幕張中学校

A. 主題設定の理由
(1)社会の変化による「生きる力」の変化と読書

　現在の日本は、戦後の高度経済成長期に代表されるような成長社会を終え、成熟社会に入っている。成熟社会では、これまで「みんな一緒」であった価値観が多様化し、一人ひとりが自分の幸福を設定し、それにむけて課題を解決しながら生きていく力が必要となる。

　また高度に国際化された社会では、国内の価値観と全く異なる価値観で生きてきた人々と目標を共有し、協働して課題を乗り越えていく必要がある。そのためには、自分のもつ価値観と相手の価値観を相対化して、客観的にみつめ目標に近づくために新たな価値を生み出す必要がある。

　このような複雑化した社会における課題には、唯一絶対の正解はなく、また一人で解決できる問題も少ない。こうした社会を生き抜くために必要な「生きる力」は、「状況に合わせて、自分なりの解を作り出す力」と「どんな人とも目的を共有し、その達

成のために協働できる力」をさす。

(2)読書の魅力

　従来の読書は、静かに一人で行うという静的なイメージが強かった。また、自分で読みすすめるというエネルギーが必要となるため、他の情報メディア（テレビやインターネット）に比べ、手軽にとりくみにくいという特徴があった。

　しかし、読書会、中でもリテラチャー・サークルのように、「読みながら話し合う」活動を行うと、読書という行為はとても動的なものであることに気付く。自分の読みとメンバーの読みを比較したり、メンバーの読みの延長で、自分の読みを見つめ直したりすると、一人で読んでいる時には気が付かなかった新たな解釈に出会う。また。自分の読みもメンバーの読みに影響を与えていることが実感できる。このように、読書会活動は、学習者に読書の新たな魅力（＝複数人読書の魅力）を発見する機会を提供できるのである。

B. 単元の流れとそのねらい
(1)単元の概要

◇単元名　「旅」を考える
◇期間　2015年7月1日～7月17日
◇対象　千葉市立高洲中学校3年生　5クラス
　　　　164人
◇使用テクスト　さまざまなジャンルのテクスト
◇単元の流れ（全5時間扱い）＋ミニ・レッスン

第1時　○前回の読書会を思い出す。
　　　　○今回の読書会テーマ「旅」についての話を聞く。
　　　　○資料や補足資料を参考に本を選ぶ。
　　　　○同じ本を読んだ者同士がグループになり、読書計画を立てる。
　　　　　・小テーマ　　・役割
　　　　　・テクストの読書計画
第2～4時　○各グループの計画にしたがって、読書会を開く。
第5時　○各グループで話し合った内容を学級で共有する。
　　　　　・グループから二人が他のグループに聞きに行く。
　　　　　・残った二人は、自分たちのグループで話し合われた内容を、他のグループから来た二人に説明する。
　　　　　・役割を入れ替えながら2ターン繰り返したあと、他のグループから聞い

てきた内容を、基のグループで共有する。

○「旅」について考えたことを個人でワークシートに記述する。

C. 成果と課題

(1)読書会実践による新たな読書の魅力の発見

本単元は学習者に複数人で読書するという新たな読書の魅力を知る機会を与えた。これまで個の努力や嗜好に任されがちだった読書を、グループの力を使うことで活性化できた可能性がある。

(2)読書会実践による読書の価値向上

単元実施前には、単なる暇つぶしや精神的な癒しの対象であった読書行為の価値を、自己を高めたり、コミュニケーションツールとして使うという経験をすることによって、学習者の中でそれぞれ高めることができた。

(3)新たな「生きる力」との関連

対話を含む読書会活動は、常に自己の価値観を相対化し、客観視し続ける活動であるとも言える。自己と他者の価値観を比較し、目的に合わせて検討していく作業はグループ活動に見えて、実は個々の納得解を探す作業なのである。

(4)今後の課題

単元実施直後の学習者の読書傾向に変化は見られたが、その効果がどこまで続くかは調査できなかった。また、読書会で他のグループが読んだ本には、興味をもつものの手にとって読むという行動までつながっていないことが追跡調査によってわかった。読書会で得たきっかけを読書活動までつなげるための活動や仕掛けを作ることが今後の課題となる。

また、読書会活動によって、学習者にとっての読書の価値は高まった。しかし、相対的に見ると、まだまだ他のメディア（TV、インターネット、ゲーム）に比べ、その価値は低くとどまっていると感じられる。学習者が、読書ならではの価値を見いだし、欲求や目的に応じてメディアや使い方を主体的に選択でき得る力を身に付けられる単元が必要だと考えられる。　　　　　　　　　　　〈赤尾勝己〉

(2)メディア・リテラシー教育

リポート 児童の協働的な振り返り活動を支援するICT活用の実践
山村勝人　三重・伊勢市立有緝小学校

今次分科会（情報教育・学校図書館教育）におけ

る報告では、子どもたちの思考プロセスの可視化を試みた実践が複数見られた。「見える化」「視覚化」はICT機器が得意とする機能の一つだが、従来、たとえば体育実技などでなされた「自己の客体化」を、子どもたちの学びの振り返りに応用したのが、この報告の特徴だ。またこの報告は、2年間に亘る試行錯誤の成果であり、1年めに見えた課題の分析と対応を適切に行ったことが、研究の意義を高めていると評価できるだろう。

リポーターが勤務する小学校の研究主題は「わかる・つながる・高め合う子どもをめざして」だが、その過程でリポーターが重視されてきたのは、算数科における言語活動を通して、思考力・判断力・表現力を伸ばすことだという。その際、従来型の知識定着を見る振り返りだけではなく、思考や判断の過程の見直しを重視する振り返りを実施することが、この実践の問題意識だ。ICT機器はその達成のために導入されるのだが、同時にもう一つ、「3Sカード」という「アナログ・メディア」をそこに組み合わせることで、成果を引き出そうとしている点が注目される。

「3Sカード」とは、特定テーマについて3つの文章で表現するという、それだけを見ればシンプルなプレゼンテーション用発表フォーマットだ。これを応用し、授業課題（たとえば「面積の求め方」）について、子どもたちに自身の気付きや理解を3つ書かせ、学習成果や思考過程の可視化を試みた（たとえば「習った形に変えると面積を求めることができた」「友だちの求め方のほうが自分の考え方より簡単だった」「色々な形の面積を学んだ方法で求めてみたい」）。そして、子どもたちは各自のカードをまずはグループで発表し、気付いたことを出し合い、比較や共有をすすめる。そして最後はクラス全員でこれを共有し、協働学習へと発展させるのだ。

ここで導入されたのは、タブレット機器とベネッセ・コーポレーションの「ミライシード」というタブレット型PC学習プラットフォームである。子どもたちが書いたカードはタブレットに写真として取り込まれ、リアルタイム共有機能をもつ「ムーブノート」を使って共有スペースに取り出される。子どもたちは、大写しにできる電子黒板や手元のタブレットでそれを確認し、個々のカードにコメントを書いたり、「花丸」をつけ合ったりしながら、互いの気付きや振り返り内容を共有する。

授業後の子どもたちの反応も概ね良好だ。3Sカードについては90％近くの子どもが「自分の考え

を書きやすくなった」「発表しやすくなった」と回答し、タブレットの利用により自身と友だちの振り返りを「とても比べやすい」と回答した児童は84％に達する。

授業のすすめ方にも工夫が見られる。まず3Sカードでの振り返りに子どもたちが慣れるように、振り返りガイドを作ったり、はじめの単元では3Sカードを書画カメラで拡大し、共有するまでにとどめている。そこで児童の反応を見つつ、次の実践からタブレットやムーブノートを導入するが、はじめは機器に慣れていなかったり、機器の不調やLAN容量の問題などもあり、必ずしもスムーズにはいかない。こうした「試行錯誤の過程」を余さず報告に入れてくれたことで、聞き手の我々も、その過程を共有し、自身の教育活動への取り入れをシビアに判断することができるだろう。

タブレットと電子黒板の併用の意義について、一覧確認の電子黒板と詳細確認のタブレットといった機能分化が可能になることや、発表の有無にかかわらず、全員の振り返りを学級内で共有できること、それにより子どもたち個々に新たな気付きや振り返りの見直しを促すことが可能になった、とまとめている。また、3Sカードについては、書くという表現だけではなく、発表支援における効果を強調されている。興味深いのはタブレットPCだけでは協働的な振り返り活動は難しいだろうとまとめられていることで、3SカードがICTとアナログ的活動を効果的に接続したと分析された。

もちろん課題もあった。一つは3SカードとタブレットPCが容易に一体化しにくいという問題、もう一つはICT環境、特に通信容量の問題である。研究実践の2年目に、これらは市教育研究所との連携、協力を深めていくことで対応されている。さらに前年の成果を念頭に、ICT活用による振り返り活動を、低学年（紙ベースの活動）、中学年（3Sカード導入）、高学年（タブレットPC活用）とステップ化する計画を立てられてもいる。こうした行動力にも強い熱意を感じる、学ぶべき点が多い実践であるだろう。　　　　　　　　　　　〈工藤宏司〉

(3)学校・地域の文化活動

リポート　進化する「千種学」〜故郷を愛し、
　　　　故郷へ還る生徒の育成〜
　　　井原幸嗣　兵庫・宍粟市立千種中学校

宍粟市立千種中学校は、中国山地の山間に位置する全校生徒70人の小規模校。千種中学校では1997年から総合的な学習の時間に「たたら製鉄学習」にとりくんできた。これは地区にある「天児屋鉄山跡」に端緒した「宍粟鉄を保存する会」の協力を得て継続されてきた。文科省から「コミュニティースクール」の指定を受け、地域との結びつきをより一層強くするために2011年度に「地域総合学習・千種講座」（千種学）をスタートさせた。

「千種を知り、千種を愛し、千種に誇りを」を学習のスローガンに「千種の自然、歴史、文化、産業を学ぶことにより、千種に誇りをもち、千種を伝える力を育成する」を目標としている。手漉き和紙作り、千種の農村歌舞伎、地元企業見学、茶摘みと製茶、千種川の生物等々、3年間を通したカリキュラムをつくり、幅広く郷土学習を取り入れてきた。2015年度の「千種学」講座実施要項からその主だった活動を一部紹介させていただくと、

○「千種の農村歌舞伎」（1年、1月・地域の講師）
　　千種に現存する農村歌舞伎舞台の歴史的意義を学び、保存に尽力する地元住民の願いを知り、地域文化を継承する意欲を高める。
○「茶摘みと製茶体験」（1・2年、5月・地域の講師）
　　学校農園茶畑での茶摘みから製茶体験（炒る、揉む、乾かす）を通して、千種の農家に伝わる豊かな茶文化を体験する。
○「たたら製鉄学習」（2年、9〜10月、地域の講師11人）
　　古来より当地で営まれてきた伝統「たたら製鉄法」によりたたら製鉄を実習する。製鉄に関する歴史学習を通して、先人の知恵を学ぶ。
○「学校周辺の文化財から千種の歴史を学ぶ」（3年、6月、地域の講師）
　　学校前庭の「河呂大森（弥生）遺跡」、戦国時代の宇野氏にまつわる「お塚さん」、農村歌舞伎舞台を実地調査し、豊かな文化財に学ぶ。

このリポートでは、学習後の生徒の感想がたくさん紹介されている。

「…僕たちはこれらの体験を誇りに思い、生きていきたい…」（2年）

「田舎は発展していないけれど…できれば帰ってきたい…」（3年）

少子化と超高齢化にあわせ人口の減少がすすむ中で、自分の生まれた町に誇りをもってほしい、そして将来町を離れても、最終的には千種に還ってくる、そんな生徒を育てたいという想いから、学校・

家庭・地域が一体となった地域総合学習の報告だった。
　このとりくみから「千種学」として長く継続され実践を可能にしてきたのかについて学びたい。まずは、地域と学校教育の融合を大切にした実践であるということが言える。例えば全国の学校でも地域調べにゲスト・ティーチャーを招くことはあるだろうが、この千種中学校のように、年間延べ30数人の地域講師を招くという例はほとんどないだろう。これは"千種学"のねらいや目的が地域や家庭に浸透し、「地域で子どもたちを育てる」ことと学校教育が融合しているといえる。
　二つめは、学期ごとに学年のとりくみを配置している点。1学期は3年生、2学期は2年生、3学期は1年生を対象に実施されている。これは、他教科・領域、学校行事とのバランスとともに、全教職員で全学年の活動を支えるという態勢ができていることを示している。ここにいたるまでの教職員による「総合的な学習の時間」についての果敢な研修がくり返されてきた結果であろうと推察される。年間20講座というのも、長く続いてきた"千種学"の要因と考える。生徒数の減少などにより講座を精選しているとの報告を受けたが、この学校では常に"千種学"本来のねらいを確認しつつ、さらに継続、発展させることができるだろう。　〈末永暢雄〉

たたら製鉄の実習

【第66集】日本の教育 日教組第66次教育研究全国集会(新潟)報告

高等教育・進路保障と労働教育 第20分科会

1. 進路保障・入試制度と高等教育

2. 教育保障

3. 総括討議・第67次教研にむけて

4. このリポートに学ぶ

◎神奈川アルバイト問題調査ワーキンググループのとりくみ

〈中山拓憲　神奈川・県立神奈川工業高等学校／

福永貴之　神奈川・県立大師高等学校〉

◎進路保障をキーワードとした特別支援教育の課題

〈上田清貴　兵庫・県立東はりま特別支援学校〉

《執筆者》

本間　正吾

石川多加子

伊藤　正純

この分科会は、義務制から高校・大学にわたる様々な問題を議論することができる。それだけに問題は多岐にわたり、各リポートをどのように位置づけるか判断に迷うことも多い。リポートを紹介するに当たっても、キャリア教育、労働教育、入試制度を含む進路保障、高等教育に関わるものを先にまとめ、特別支援や定時制・通信制などを含めた教育保障に関わるものをその後にまとめた。分け方には無理があり、リポーターの意図とずれることもあるかと思うが、整理の都合上とご理解いただきたい。

1. 進路保障・入試制度と高等教育

(1)キャリア教育

最初は山形（高）から、地域の小中高間の連携をとる中でのキャリア教育の報告があった。リポーターの高校がある南陽市では幼稚園も含めた「幼保小中一貫教育」のとりくみがすすめられている。児童と園児、児童会と生徒会の交流、さらには小中合同のボランティア活動などの試みがなされている。その上で高校を含めたキャリア教育を考えている。地域の結びつきに支えられて、高校を含めた連携はかなりの程度成立していると言える。ただ肝心の学校から社会、職業への移行がスムーズにできていないのが悩みだという。職業についての教育を行っても手応えを感じることができない、とリポートの結びにも記されている。学校間の連携の先が問題になる。ただ、それは受け入れる社会の問題とも言え、学校だけで解決がつくものではない。キャリア教育がかかえる限界でもある。

次の神奈川は中学校における実践の報告である。リポーターの中学校は三浦半島に位置し、地域のつながりが密なところである。ただ学校選択制もあるため、学区外から通学する生徒もいる。1年次は地域のつながりの中での福祉体験・自然学習、2年次はキャンプと職場体験学習である。キャリア教育を職業体験学習に終わらせることなく、広く社会とのつながりを考える場にしていく必要がある。つまりは地域とのつながりの中のキャリア教育である。リポーターの学校のキャリア教育は、地域体験学習に発展する可能性をもっている。とくに自然や環境、防災、特色など、班ごとにテーマを立てて地域に入って、取材・調査をしていく、1年次の「地域調査」の学習など、豊かな成果をもたらす可能性がある。

山梨からの報告が続く。これは各教科の中でのキャリア教育の可能性を探ったものであった。もとも

と学校に課せられた役割は多岐にわたる。時間も人員も限られている中ですべてをこなすことはかなり難しい。とくに山梨県でも少子化により学校の小規模化が急速にすすむ。各教科の活動の中にキャリア教育を入れて考えようとするのは、小規模化に応じたひとつの方法かもしれない。また、キャリア教育を特定の教員が関わるものではなく、学校全体で関わるものにするという意味もあると思う。しかし現実には難しい問題が多々出てくる。実践報告を見ても、数学等の教科学習の中にキャリア教育の視点をもち込むことは、かなり難しいと感じた。さらに改善が必要であろう。ただ、教科の時間の中でキャリア教育を考えるというとりくみは大切にしたい。今後の工夫に期待したい。

キャリア教育に関する報告の最後は愛知である。大都市圏の中にありながら穏やかな田園地帯にある中学校からの報告である。「控えめな子ども」が多いとリポーターは見ている。「控えめ」であることは、他者と協調し安定した関係を結ぶことを可能にする。しかし自分らしい生き方を実現するためには、「生き方を考える」ことが必要である。この学校では福祉についての学習を手がかりに「生き方を考える」とりくみをすすめている。行事の中でも社会との関わりの基礎をつくろうとする。こうしたとりくみは貴重である。ただ成果の確認を急いではいけない。長い人生の中で結果は問われる。また不登校の子ども、障害をかかえる子ども、外国につながる生徒、あるいは「学び直し」が求められる子どももいる。多様な子どもを受け入れ、長期的な視野で見守っていく、その方向へと教育システム全体がむかっていかなければならない。

ここまでのキャリア教育についての報告を受け、確認したいことがいくつか浮かび上がった。一つは「職業を探すこと」が目的ではないということである。将来つきたい職業を見つけたとしてもそれは変わっていく。変わるのが当然である。二つめは「職業への適応」を追求することも目的ではないということである。適応を求めても、子どもたちを追いつめるだけに終わる。すでに将来の職業のあり方そのものが見えない時代になっている。だからこそ、「学校にいるときに職業について共に考えた」という経験は貴重である。キャリア教育に意味があるとすればここだろう。

(2)労働教育

神奈川（高）から、高校生アルバイトの実態調査報

告があった。いま高校生のアルバイトは便利な労働力として「いいように」使われている。働いている高校生にワークルールを教え、権利を守る手だてを考えさせることは喫緊の課題である。神奈川のとりくみもまだ始まったところである。昨年も埼玉における同種の調査を紹介した。データを残す意味もあり、今回も紹介リポートとして後に載せることとした。

次が新潟からの「就業における差別や不利益を受けないために」というタイトルの実践報告である。子どもへのアンケート調査から始まる。「ブラック企業」「ニート」等の言葉は、子どもたちも知っている。もちろん内容をどこまで理解しているかは分からない。しかし、マスコミ等で流される情報を、関心をもって受け止めていることは確かだろう。こうしたアンケート調査は興味深い。この実践の場合は、調査だけで終わることなく、就職時の差別の問題へとすすんでいくところに意味がある。子どもは、授業がすすんでいく中で、「差別はだめだ」「かわいそう」といった感想だけでなく、差別を自分の問題としてとらえることもできるようになっていく。労働にかぎらず権利についての学習は、「自分の問題」ととらえるところまですすんで意味をもつ。大事な指摘があった。「子どもたちの頭の中に浮かぶ働く人の姿は誰だろう…もしかしたら私たち教職員もその中の一人ではないだろうか。私たち自身が自分らしく、生き生きと働いている姿を子どもに見せることだと思う」。

広島からは「人間らしく協働して『働く』ための学習」というタイトルの報告があった。これまでのキャリア教育がマナー学習に終わっていること、また職場体験学習が「無報酬」のバイトのように扱われている実態などへの問題意識から、労働教育を組み立てようとしたのであった。教材は東京都のパンフレットなどを参考にして作成した。すでに各地の労働部局等が作成した教材が数多くあり、それを使うことができる。また忙しい中でも、この実践のように「総合」の時間等をやりくりして使うこともできる。まず始めることだ。リポートには「労働教育のスタートとして」というサブタイトルが付いていた。これからの発展、広がりを期待したい。ただ、報告の最後でふれているように、こうしたとりくみが広がっても、その枠から外される子どもたち、高校で学ぶことが許されない子どもたちがいる。広島で起こっている「定員内不合格」の問題は深刻である。後の鹿児島の報告と併せて総括討論で考えたい。

働くことについての権利を知り、権利を守る手だてを考えることの重要性は、これまでもしばしば指摘されてきた。しかし具体的な実践報告は少なかった。ここで、ややまとまった形でリポートがそろってきた。今後増えていくことを期待したい。ただ学校における労働に関する学びの難しさにもふれてお

きたい。高校生のアルバイトが広がっているにもかかわらず、多くの都道府県の全日制高校では原則禁止であり、見えないものにされている。アルバイトだけではなく、労働の問題はこれまで軽視されてきた。これは学校だけの責任とも言えない。労働について学び、権利を守ることより、できるだけ有利なコースにすすむことに社会全体の関心がむいているのである。だからこそ学校現場は現実を直視し、生徒とともに労働の問題に向き合う必要がある。同時にそれは教員が自分たちの置かれている状況を直視することでもある。教員の働く職場が、「それってブラック企業」と子どもから言われるようなものなのだから。

(3)入試制度

　最初は兵庫からの報告である。一昨年、兵庫県では16から5へと学区統合が行われた。報告にもあるように、選択できる高校が増えたように見えることは確かである。「特色選抜」という学校の特色に応じた子どもを集める選抜方法を利用して、自分の希望にかなった進路を選んだ子どももいる。しかし、だからといって一人ひとりの子どもの選択幅が広がったとは言えない。成績が十分でなければ、届かない学校が増えるだけであり、むしろ他地域からの受検者が増えることで地元の学校には入れない結果になる。第一希望が通らず1時間以上の通学時間をかけて第二希望の学校に通わざるを得なくなった子どももいる（第一、第二希望の複数志願制がある）。リポーターは課題を整理する。「一部の地域や学校に対する過剰な人気や偏り、経済的に苦しい子どもの進路保障、地元の学校を育てていくという意識をもつこと」。全国に共通する課題だろう。

　石川からは推薦制を中心に入試の問題をとりあげた報告があった。全国で高校入試制度は一時期めまぐるしく変更された。いまは一段落している。そうしたところで石川県では推薦制の問題が浮かびあがってきた。部活動推薦では中高の校長会で協議が行われている。ところがクラブチームの問題もあり、混乱が起きている。推薦制は、合格を確実に手にしたい受検生にとっても、「望ましい」生徒を確保したい高校にとっても、魅力ある制度である。そして明瞭とは言い難い基準による合否判定であるだけに、不満も、不透明感も残る。もとより学力検査だけを重視することには大きな問題がある。しかし推薦制がかかえる問題も大きい。また報告の中には不登校の子どもが専修学校に進学し、その費用が高額になっ

ている指摘もあった。配慮を要する子どもに大きな経済的負担をしいるのは、「合理的配慮」からはほど遠い対応である。

　鹿児島のリポートは「小学区制・総合制・男女共学制」の大原則に立ち戻った実践、「高校三原則の理念をふまえ、高校全入運動をどうすすめたか？」というタイトルのものであった。リポーターの勤務する中学校では学級に入ることができない子どもが数人いる。そうした子どもにとって、進路が大きな壁になる。定時制高校へ進学しても通学に1時間以上かかる。負担は重い。しかも鹿児島県では、100人を超える「定員内不合格」が出ている。だからこそ「高校三原則」をつねに確認する必要性がある。なぜ重い課題を抱えている子どもに限って入学を許さないのか。「厳しかった中学校時代を高校で変えよう、自分で変えようとして進学を希望する子どもたちがいるはずである」、とリポーターはいう。その一方で、莫大な費用を投じたエリート校、県立全寮制中等教育学校の楠隼がつくられている。その志願者は減り続け、今年の高校部の志願者にいたっては募集定員の半分にも達しなかった。「だまされた」と語る地元出身の子どももいる。

　高校入試は矛盾を抱えている。数字上は中学卒業生の全員を受け入れることも十分に可能である。ところが、相変わらず入試は行われ、選別はむしろ強化され、競争は激しくなっている。こうした高校入試のあり方は直接的には行政の姿勢がもたらすものである。しかし、選別、競争は、学校、教員の意識、さらには社会全体の意識の中に深く根をおろしている。学校現場、教員の意識を問い直し、外へと問題を提起していくとりくみがつねに求められる。

(4)高等教育

　2日目午後の後半は高等教育がテーマである。今回は2本のリポート参加があった。

　日私教（日本私立学校教職員組合）からの報告は「世界の高等教育がかかえる課題」というものであった。ガーナで開かれた国際会議に出席しての報告である。アフリカ諸国の参加が多かった。アフリカ諸国の高等教育機関がかかえる問題は深刻である。公共の資金提供が不十分であり、教員の待遇は悪く、学問の自由は侵害され、私立大学の激増が質をむしばんでいる。不思議にも、こうした指摘は経済大国であるはずの日本にもそのまま当てはまる。民営化は世界的にすすんでいる。利益を得ているのは教育産業である。その中でも日本は最先進国だろう。す

でに国立大学は「法人」となり、高額の授業料が徴収されている。また、学生による教員評価の問題も指摘された。日本の大学のように匿名で評価する場合、悪口雑言の羅列になってしまう。名前をあきらかにし、議論することにより、評価は意味あるものになり、大学における主体、さらには社会の主体としての学生を生み出すことも可能になるだろう。

日大教（日本国公立大学高等専門学校教職員組合）からの報告は、「スーパーグローバル大学創成支援事業」を取り上げている。この事業は大学の国際化をすすめようとするものである。外国人教員を増やし、海外からの留学生を受け入れ、海外の大学と交流するだけではなく、日本の大学の中で外国語による授業（場合によっては100％まで）を行おうとするものである。日本人の学生相手に日本人の教員が外国語で授業を行うというのは喜劇（悲劇）以外のなにものでもない。大学の教育レベルを高め、研究実績を上げる結果になるとは誰も思わないだろう。この愚かしい試みが施策として堂々と打ち出されるところに異常さがある。しかも投じられる資金は不足している。留学生宿舎は満室状態になり、さまざまな支援も不足している。

高等教育のあり方が教育システム全体に大きな影響を与えることは、これまでもしばしば言われてきた。たとえば国立大進学者何人というような数値目標を立てている高校も多い。その学校独自の判断でやっているわけではない。教育政策として各県、全国で展開されているものである。進学目標を掲げることにより高校教育は歪んでいく。その高校への進学競争にむけて、中学校の教育は歪められていく。そして最後に位置する大学も、無意味としか言いようのない目標を掲げ、競争し、歪んでいく。教育システム全体が崩壊の危機に瀕している。立ち止まらなければならない。それだけに、小中高さらに大学といった、校種間の交流、問題意識の共有も求められる。

高等教育の議論の中で、朝鮮学校で学ぶ生徒の権利侵害についての問題提起があった。朝鮮学校への補助金は打ち切られ、教育活動に大きな影響が出ている。また、朝鮮学校には学校教育法上の位置づけがなされず、大学等への進学が妨げられる結果になっている。このように朝鮮学校は、経済、制度の二重の差別を受けている。重い課題として受け止め、次にまとめる教育保障の討議と併せ、今後も考えていかなければならない。　　　　　〈本間正吾〉

2．教育保障

2日目最初の宮城は、教育を受ける権利を主題として、人権保障の意味や憲法の役割を実感させる意欲的なとりくみである。高校入試があること、後期中等教育及び高等教育を受けるには私費負担が当たり前と思っている子どもたちに対し、小学生も憲法裁判を提起するコスタリカでの憲法の使い方を紹介することから始める。次いで、日本国憲法第3章「国民の権利及び義務」から高校進学に係る条項を探させ、「高校三原則」等にも言及しながら、26条及び23条の保障内容をともに考えていく。さらに、日本の奨学金（教育ローン）制度、尼崎高校不合格処分取消訴訟をとりあげた後、中高等教育の漸進的無償化を定める「経済的、社会的及び文化的権利に関する国際規約（A規約）」13条2項(b)・(c)の留保撤回（2012年）の経緯を説明し、人権が必ずしも守られておらず、立憲主義に反している現況を具体的に気づかせるというものであった。今般の安倍政権は、教育の無償化実現に必要と称して26条の改正を言い出し始めていることからも、そもそも同条は全ての市民が、就学前から高等教育に至るあらゆる段階での学校教育はもとより、広く社会教育も無償で受け得るよう国に義務付けていることを正しく子どもに理解させる必要がある。憲法教育を基盤とし、平和教育、労働教育ともあわせ、主権者として社会を変えていく力を育む内容となっている。

三重からは、夜間定時制普通科高校からの報告である。不登校の経験があったり、授業について行けない等「居づらさ」を感じる子どもたちに対して安心できる環境を整えることが急務と説く。担任する過年度生Bがスクール・カウンセラーから発達障害に係る検査受診を勧められた折には、スクール・カウンセラー、職員とともに検査の意義や検査後のサポート、外部機関との連携等について丁寧に説明して子どもの意思決定を待ち、その後、保護者にも同席してもらうという段階を踏んだ。また、BのきょうだいであるCは、中学校での授業をほとんど受けられなかった。入学後も不安感は治まらず、Bと一緒でないと登校できない状況が続いたが、高齢のAとともに過ごすことで楽な気持ちになれたという。戦争経験者であるAは1年間で退学したが、その「ずっと高校に行きたかった」希望を叶えた嬉しさや熱意、半生の様々な体験と思索が、孫のような生徒たちに良い影響を与え得たのだと思う。「療育手帳等の取得にたどり着くことで、幸せに生きていけ

るケースもある」とのリポーターからの発言を受けて鹿児島（高）から、就職試験時に同手帳の有無を問われることへの違和感を訴えた子どもに対し、「あなたがあなたらしく生きていくために、手帳をもつのは当然の権利」と説明したところ、実際に生徒が試験官に「私は極端に苦手なことがあるので手帳を取得しました」と答えた例が紹介された。

大分は、小中高連携型一貫教育に関するリポートである。全国各地で学校統廃合の流れが止まらないが、安心院・院内地区も例外ではない。「高校を守ることは地域を守ること」という思いでPTA、教職員、市民が連携するようになったのは、県教委による高校統廃合計画が明らかになった1998年頃、高校存続を訴えて活動したのを端緒とする。2000年に安心院高校が中高一貫教育研究指定校、郡内4中学校が研究指定協力校とされると、県教組、高教組、市郡PTA連合会から成る実行委員会主催で、「もっと語ろうよ、子どものこと、そして創ろう子どもの夢が育つ高校」をテーマに掲げたシンポジウムを開催し、「地域の子どもは地域で育てよう」、「私たちで独自の高校再編像をつくっていこう」、「受験体制が今の教育を歪めている大きな原因。生徒数減少をマイナスととらえず、『希望者全員入学』と『30人学級』実現の機会としたい」、「子どもたちがゆとりをもって、夢を育てられる多様な科やコースのある高校をつくりあげたい」といった問題提起と議論があった。その後、2010年度には「言葉の不思議科」（小中）及び未来探究科（高）が、2016年度には「地球未来科」（小中高）がそれぞれ新設されたが、後者の開校にあたっては、「地域特有の文化や歴史、自然等を学びながら、論理的思考と英語をツールとしてグローバル社会を主体的に生きる児童・生徒の育成」という狙いの具体化等をめぐり、夏季休業中に小中高校の教職員が参加して学習会を開いた。併せて、安心院高校では毎年、小中高校教職員と保護者の混成グループが「児童・生徒にはどのように成長して欲しいか、そのために家庭でできることは？」を主題に話し合う小中高合同地区懇談会を続けてきている。なお、2016年度からは、中学校の英語科教員が毎週小学校へ出向いて5・6年生に授業を実施している。英語・数学科における中高教員の乗り入れは、2000年より始まっている。リポーターが、連携（簡便）入試で入学するため、子どもたちが受験で力を使い切らずに安心院高校でゆっくり学べる点が何よりの長所であると述べていたのが印象的であった。

熊本（高）からは、専門学校のAO入試をめぐるとりくみである。料理人をめざすAらが入学を希望する専門学校は、AO入試へのエントリーシート提出が未だ1学期の成績評価もしていない6月1日となっていた。まず、専門学校の九州地区担当者に来校してもらい、大学との申し合せで願書提出は8月1日からになっていること等を伝えたところ、「申し合せがあるなら8月第1週までにエントリーし、願書は後日提出するように」と言われた。しかしながら7月中旬になると、専門学校からAが希望する学科ではAO入試の定員が残り僅かである旨連絡があったので、学年主任が改めてAO入試での受験を電話で要請した。その後、学年担当、進路指導部及び人権教育担当教員で話し合い、「言わない・書かない・提出しない」とりくみの趣旨を踏まえ、あくまでAO入試を受験する方針を確認した。加えて、保護者、学年主任、進路指導主事、副担任が参加して再度専門学校と協議し、入学を熱望する子どもの思いや不安等を知らせる等し、その結果AはAO入試を受験し、合格することができた。AO入試は、少子化に伴う受験生数減少対策としての青田買いと言えるが、余りに早い入学選考は子どもから進路選択の自由を奪い兼ねないという主張には、耳を傾ける必要があろう。

広島（高）は、昼間定時制課程に通うAの4年間の変化を通し、合理的配慮を必要とする子どもの進路保障に関する実践である。卒業にたどり着ける生徒が50％に満たない状況のもとで粘れる子どもには、Aのように、仲間がいる、保護者が協力的である、教員と対話できる、就労がうまくいっている、目標があるといった共通点があるという。単なる勉強嫌いではないと思えるAは、漢字の読み・書き、板書の縦書きが苦手なので、試験問題はゴシック体にする等の対応が必要であるが、同僚間で同意を得るのは中々困難であった。しかしながら、特別支援教育に係る校内研修の際、個別に必要な支援として、まずはプリント類へのルビ振りを初め、できる工夫をすすめていくことで理解が得られた。オートバイが好きなAは、ふり仮名つきの筆記試験問題で受験して初めに水上オートバイ（特殊小型船舶）免許を、次いで9回目の挑戦で普通二輪免許の取得に成功している事実からも、合理的配慮の有無が人の一生を大きく変える場合のあることが分かる。他方、情報担当教員からの提案により、Aに情報処理検定試験受験を勧めたところ、IMEパッドを駆使し、「驚きの術で」パソコンを使って合格、その後はプレゼンテーション作成検定試験にも合格することができた。

Ａは自動車整備士になる目標をもっており、受験希望高のオープンスクールに同行し、国語や数学の個別指導を続けてきたが、「学びの定着」の難しさを感じると述懐する。福山葦陽高等学校定時制課程では、居酒屋で週５日働くＡを初め、約７割の生徒が就労しており、ブラックバイト、賃金及び労働時間問題といった社会のひずみは定時制生徒にとりわけ色濃く伸し掛かっている。とは言え、リポーターが説く「荒れている時も社会に出る時も社会に出る姿を描かせ」、「諦めさせない」仕掛けを必要としているのは、すべての子どもたちであろう。

鹿児島（高）からは、通信制におけるとりくみの報告である。勤務校では、卒業するのは４人に１人程で、除籍者は200人を超える年度もある。様々な悩みを抱える子どもが多く、１人でも多く関われる環境づくりをと考え、特別支援と教育相談をチームで実施することを職員会議で決定した。中学校や前籍高から引き続き支援を要する子どもには、「移行支援シート」や「プロフィールシート」をもとに、「個別の支援（指導）計画」を作成し、担任及び特別支援教育推進委員会が中心となって支援し、保護者との連絡を行う。他方、入学後に支援が必要と判断した子どもについては、配慮もしくは支援を希望する子ども、保護者と担任等が協議することからスタートし、同様に支援・連絡を行う。また、教育相談では、担任等が新入・転入・編入生の保護者から、子どもの状況やリポート提出もしくはスクーリング時の配慮、スクール・カウンセラーとの面談希望等に関して話を聞くという流れである。なお、今年度は新たな試みとして、子ども及び保護者を対象とする教育相談会を７地区で開催すると共に、学習や学校生活に困難を抱える子どもの保護者が集まり、お互いに悩みを語り合い、情報を交換する場として、「聞き合う会」を開いた。保護者が安心して安定すれば、それが子どもにも伝わる。報告者は、前籍校の教職員の言動等で、通信制に負い目をもっていたり、不登校や発達障害、貧困といった辛い環境にある子どもが少なくないと指摘する。「いつでも　どこでも　誰でも学べる」通信制であるからこそ、子どもたちが生きることを肯定的に捉えられるよう、まずは子ども・保護者とつながり、子どもと保護者どうしがつながることを大事にしたいという思いが響いた。

最終日の冒頭は、北海道から高校での合理的配慮をめぐるリポートである。「普通科単位制高校」である勤務校は、文科省及び道教委から習熟度別・少人数学習を求められており、小樽市内に２校しかな

い普通科の一つなので、何としても入学させたいと考える保護者が多い。2011年に、聾学校に在籍する聴覚に障害をもつＡと、特別支援学級に所属していて視覚障害があるＢの入学につき、問い合わせがあった。職員会議で協議し、道教委と連絡を取り合いながら別室受検、試験時間の延長、拡大読書機の使用、代替問題等の配慮を行い、両人とも一般入試を受検し、合格した。入学後は、Ｂが授業についていくのが難しい状態で、とりわけ情報の時間には、コンピューター操作やキーボード入力が困難であることが分かった。このため、副担任と教科担任（報告者）で特別支援学校を訪問してアドバイスを受ける等した。加えて、授業で参考書や問題集を多用するようになっており、定期考査の度に自宅から拡大読書機を持参することがＢの保護者に大きな負担を掛けていることから、同機を公費で購入・配置してほしいと同教委に要望したところ、２年次には実現し、学習環境が大きく改善された。卒業後の進路として、Ａは教員を志望し、Ｂは心理学専攻を希望するようになり、いずれも指定校推薦で合格することができた。しかしながら、北海道では今年度、ある高校で受検生に合理的配慮を為さず、定員内不合格を出した。合否判定理由には、「総合的に判断」とあったが、これは、具体的根拠を示し得ない、あるいは真の理由を隠す意図があるからであろうというリポーターの指摘は、恐らく正しい。障害者差別解消法施行から１年を迎えようとしているが、実際にはまだまだ課題が山積している。合理的配慮の実施は、むしろ公正さの担保であって、日本国憲法14条が定める平等の実現にとって不可欠であることを、まず私たちが自信をもって主張し行動していかなければならないと思う。

続く兵庫（高）からの報告は、特別支援教育におけるさまざまな課題を整理したものである。具体的事例をあげながら、「合理的配慮」として行われるべき特別支援教育が手段ではなく目的になっている事態を指摘している。インクルーシブ教育のあり方を考える上で参考になると考え、紹介リポートとして後に載せた。　　　　　　　　〈石川多加子〉

３．総括討議・第67次教研にむけて

本分科会では、経済効率優先の選別・差別化の教育政策が一層強化されている中、それに対峙して、すべての子どもに教育を保障する教育政策をめざす組合員の活動をいかに展開するかを討議した。石川共同

研究者によれば、日本国憲法第26条第1項が、「すべて国民は、法律の定めるところにより、その能力に応じて、ひとしく教育を受ける権利を有する」と規定しているように、教育機会の保障は国民の権利であり、保障義務は国家をはじめとする公共機関にある。同条第2項の「義務教育は、これを無償とする」の無償対象を最高裁は「授業料」に限定する判決を下した。しかし、それでは第1項と整合しない。憲法の精神は国連「経済的、社会的及び文化的権利に関する国際規約」第13条が規定する「無償教育の漸進的な導入」とほぼ同じである。

　民主党政権は、中等教育の無償化を定めた同条bの「留保」を撤回し、2010年度から公立高校授業料無償化（私立高校生には同程度の就学支援金）を導入した。これは普遍的福祉にかなう制度で、教育保障を公費で賄う、ヨーロッパの多くの国が採用している合理的な政策であった。ところが、自公政権に代わった途端、高校授業料無償化はバラマキだと言って廃止され、所得制限のある就学支援金制度に替えられた。これは、選別的福祉と言われるもので、これでは教育保障は実現しない。教育保障は教育への公財政支出が十分に大きくなければ実現しない。だが、矢野眞和他『教育劣位社会』によると、政府規模を考慮に入れた、2010年の日本の「一般政府総支出に占める公財政教育支出の割合」はOECD平均〔（　）内の数字〕よりはるかに小さい。全教育段階で9.3％（13.0％）で、その内訳は就学前0.2％（1.1％）、初等中等教育6.7％（8.6％）、高等教育1.8％（3.1％）である。義務教育と高校からなる初等中等教育においてさえ、日本はOECD平均より約2％も低く、高等教育に至っては半分程度なのである。

　現在起こっている教育上の困難は、例えば子どもの貧困や奨学金破綻、過剰な学生アルバイトなどは、その根源に、日本政府（国と地方）の公教育費支出の削減と、教育費の私費負担への置換がある。それにもかかわらず、自民党の憲法草案の第24条には「家族」がでてくる。「家族は、社会の自然かつ基礎的な単位として、尊重される。家族は、お互いに助け合わなければならない」と。なぜ、日本国憲法にはない「家族」なのか。教育や社会保障に関する公的責任を回避し、それを「家族」に押し付けようという意図が丸見えである。いま日本では、「小さな政府」と家族依存という新自由主義的＝新国家主義的な教育政策が推しすすめられている。それを当たり前に思う心には、教育によって植え付けられた「公共」観の保守性がある。2022年度から、高校では「現代社会」が廃止され、「公共」が導入されようとしていることを忘れてはならない。

　では、もっと具体的にみていく。報告で多かったキャリア教育・労働教育は教育保障＝進路保障の一環と位置づけられる。非正規雇用者が4割にも達する中では、さすがに官制のキャリア教育のような報告はなかった。労働教育の報告は精度が高かった。神奈川（高）の高校生のアルバイト調査は、高校アルバイトでも生活費のためという割合が高いことを明らかにした。アルバイトを人件費が安い実践的な労働力とみる使用者との間で衝突・トラブルが多発している。また、新潟の労働問題に関する子どもの意識調査も斬新であった。

　教育保障＝進路保障のもう一つ大きな柱は「選抜」である。戦後の民主改革の成果であった単線型教育を実現した高校三原則（小学区制、総合制、男女共学制）は男女共学を除いて崩壊している。全県一学区やエリアの拡大（学区数の減少）がすすみ、高校多様化の名のもと多種多様な高校が生まれた。しかし、その実態はスーパーエリート校と教育困難校を両極とする戦前の複線型教育の復活＝再生なのである。高校入学者選抜試験は憲法施行直後の新制高校にはなかった。それが高校入試をかならず行わなければならないようになった（宮城の報告）。1963年に学校教育法施行規則が改正されたからである。そこには、入学者志願者が定員を超えない場合でも、学力検査を行う。「高等学校の教育課程を履修できる見込みのないものを入学させることは適当でない。高等学校の入学者選抜は、高等学校教育を受けるに足る資質と能力を判定して行うものとする」と書かれている。適格者主義・排除の原理で、高校全入が否定された。

　高校入試での「定員内不合格」は適格者主義の表れである。「定員内不合格」は形容矛盾である。定員があるのは、定員を満たせという意味である。それなのに不合格者を出してあえて欠員を作るのだからである。広島では、文部省の是正指導以降、「定員内不合格」者が多数出ている。それでも組合活動が盛んな地域ほど不合格者の数は少ない。神奈川など、「定員内不合格」を出さない県もある。ただそうした県であっても、「定員内不合格」を出さないというとりくみをつねに確認していく必要がある。

　特別支援学校の高等部が増設されている。その一方で、高校の統廃合による高校数の減少がすすんでいる。では、誰が特別支援学校高等部の増設を希望しているのか。保護者ではない。教育行政が分離教

育を推しすすめている。これは国際標準であるインクルーシブ教育の原則に反する。これも複線型教育の復活である。義務教育段階まで健常者も障害者も一緒に勉強していた関係をなぜ壊さなければならないのかという意見が多く出た。なお、神奈川では特別支援学校高等部増設の動きは止まったという。それは建設コストが予想以上に高くつくことがわかったからである。また、伊藤共同研究者はスウェーデンの学校教育制度には聴覚障害者のための学校を除いて、日本のような特別支援学校がないことを紹介した。

鹿児島（高）から、自己肯定感を高めるとりくみをしている公立の通信制高校の報告があった。通信制高校は高校生の最後の砦なのだが、生徒数の大半を私立の広域通信制高校が占めている。サポート校まで含めると授業料等が高いという難点があるが、何よりも教育内容の保障ができていないところに大きな問題がある。

大学の組合からの報告で気になった点だけ書く。EI 高等教育会議を紹介した日私教の報告に「学生組合」についての言及があった。かつて日本にも大学自治における三者（学生・教員・職員）自治があった。それが、「学生による授業評価」などに矮小化されている。スウェーデンでは、民主主義のルールとして、学校の決まりは各構成員の代表（少なくとも教員と学生は入る）が参加した会議で決定される。日大教の報告では　文科省が推奨する大学改革の一端が見える。そこに「大学ランキング評価」が出てくる。それはイギリスの教育団体 IELTS のものである。上位 100 大学を見ると、その多くは英語圏のアメリカとイギリスの大学である。スウェーデンの名門カロリンスカ研究所でさえ 28 位、日本は東大 39 位、京大 91 位だけである。この評価は正しいのか。評価に関しては、OECD の PISA ランキング国際比較に対しても疑問の声が上がった。OECD に「公教育の市場化」という意図があるからである。質的同一性の成立を前提に、評価基準を数量化しないと、比較評価はできない。言い換えれば、各国の教育が、また各大学の教育がもつ質的な差異＝特色を捨象しない限り、比較できない。そのような比較を「評価」と読み替えていいのか。OECD の PISA 評価は、新自由主義的なグローバル企業が教育投資対象国を選定する基準に使われ始めているという研究さえ出てきている。　　　　　　　　　　　　　〈伊藤正純〉

4. このリポートに学ぶ

リポート　神奈川アルバイト問題調査ワーキンググループのとりくみ

中山拓憲　神奈川・県立神奈川工業高等学校
福永貴之　神奈川・県立大師高等学校

A. はじめに

労働社会で若者が使い捨てられている。厚労省が発表した 2014 年「就業形態の多様化に関する総合実態調査」によると、パートや派遣などの非正社員が労働者に占める割合が 4 割に達したという。大学生のアルバイトの劣悪な労働条件も話題になっている。では、高校生はどうなのか。

こんな話を聞いた。……

• 「労働調整」というもっともらしい理由で、バイト中のおしゃべり等を理由に時給から引かれた。
• テストで成績がふるわなかった子どもに、追試験の連絡をすると、バイトのシフトが入り、変更は無理という答えであった。
• 授業中によく寝る子どもに訳を問うと、部活動が終わった後にできるバイトを探したところ、居酒屋しかなかったという。
• 登録型の日雇いの仕事をした。賃金が支払われない。

中には、生活の助けに、進学費用を作るために、働いている子どももいる。不当でつらい体験をしても、家庭が機能を果たしていない子どももいる。

若者が社会に出るためのセーフティーネットとして労働教育が必要である。しかし、学校はその一翼を担っているだろうか。……高等学校教職員組合も教研や学習会を重ね実践をすすめてきた。しかし、高等学校の教室にはいっこうに労働教育は広がっていかない。教研や学習会に集まるメンバーの中で高校生対象の労働教育の鍵の一つはアルバイトにあるのではないかという話になった。高校生のアルバイトに関しては、学校単位の実態調査はあるものの全体像がつかめない。県立高校に勤める教職員 8 人で神奈川高校生アルバイト問題調査ワーキンググループ（以下アルバイト調査 WG）を作りとりくむこととなった。WG では以下に紹介する子どもの実態と学校の対応についての 2 種類の調査を行った。

B. 「高校生のアルバイト実態調査」

（調査時期：2015.10.13〜24、調査対象：県立高校 35 校に在籍する高校 2 年生 1,311 人）

在学中から現在までアルバイトをしている。

…1,311 人中 677 人（51.8%）

①職種（複数回答）　次の４種が多い。

コンビニ・スーパー…32.2%

ファーストフード、コーヒー店…16.2%

ファミリーレストラン…15.2%

居酒屋…9.1%

②労働時間

学校のある日の一日あたり

0〜2 時間 13.2%、3〜4 時間 56.4%、

5〜6 時間 30.0%、7 時間以上　0.4%

休日　0〜2 時間　3.1%、3〜4 時間 24.7%、

5〜6 時間 39.1%、7 時間以上 33.1%

週あたり

0〜10 時間 28.9%、11〜20 時間 58.0%、

21〜30 時間 11.4%、30 時間以上　1.7%

③賃金（神奈川県の最低賃金 887 円）

時給　886 円以下 4.7%、887〜899 円 24.4%、

900〜999 円 61.6%、1,000〜1,099 円 8.8%、

1,100 円以上 0.5%

一ヶ月あたり

0〜2 万　9.6%、2〜3 万 16.8%、

3〜4 万 17.8%、4〜5 万 17.3%、

5〜6 万 16.1%、6〜7 万 10.8%、

7〜8 万　6.5%、8 万以上　5.1%

④使い道

交際費 37.1%、学校にかかる費用 17.6%、進学費用 11.9%、家計の足し 8.1%、部活動にかかる費用 6.6%、その他 18.9%

⑤実際に働いてみて経験したこと

おかしいと思ったことはなかった 37%

おかしいと思ったことがあった 63%

おかしいと思ったことの例

• 希望しないシフトに勝手に入れられた。

• 急にシフトや勤務時間を減らされた。

• 商品販売のノルマがあった。

• お店の商品を買わされた。

• 暴力・嫌がらせを受けた。

⑥入学以来アルバイトを替えたか

0 回 59%、1 回 26%、2 回 9%

替えた、辞めた理由（複数回答）

職場の人間関係 32%、仕事が合わなかった 32%、体力的にきつかった 27%

⑦アルバイトをやっていて勉強や生活に支障をきたしたこと

1 位　睡眠時間が十分に取れず、授業中に眠くな

る 15%

2 位　試験勉強の時間が取れなかった 15%

3 位　定期試験の当日も仕事を入れられた 11%

⑧困ったときの相談先

1 位　友人 33%、2 位　家族 31%　…　7 位　学校の先生 1.3%

⑨生徒は労働法の知識をどれほどもっているか（一部紹介）

アルバイトのトレーニング期間は最低賃金の 8 割が基準である　　　　　　　　　✕53%が不正解

アルバイトは労働時間が短いので有給休暇はない

✕53%が不正解

労働時間が 6 時間を超えた場合、少なくとも 30 分の休憩が必要　　　　　　　　　〇83%が不正解

C.「高校生のアルバイトに対する学校の対応調査」

（調査時期：2015.9.12〜10.24、調査対象：91 校）

①生徒のアルバイトに対する指導の原則（回答校中の実数）

禁止制 1、許可制 7、届け出制 12、決まりなし 18、わからない 0、その他 3

②届け出・許可制の場合、指導を行っているか

指導をしている 13%

• してはいけない職種の徹底

• 口頭での一般的な注意

• ワークルールのプリント配布

③過去 1 年間で、報告や相談を受けた子どものアルバイトのトラブルはあるか

ある 10%、ない 38%

• 話をよく聞いて本人にできることを一緒に考えた。

• アルバイトと学校生活の両立ができない子どもがおり、アルバイトを辞めさせた。

• 就業時間が 22 時間を超える子どもがおり、アルバイトを変えるか、行政機関に相談するよう指導した。

• 代わりのアルバイトを探せと言われたことに対し、本人の責任ではないと指導した。

• 総合学習をつかい労働教育を行った結果、違法バイトの報告や訴えが数々あった。行動や方法を教えても、対応する子どもは今のところない。おかしくても声を上げないのが現状。

④基本的なワークルールを教える学校全体のとりくみはあるか

ある 10%

- 全校集会 ・産業社会と人間 ・総合学習
- 現代社会 ・学校設定科目

D．広がる実践

　現在、さまざまな教科、さまざまな領域を使い、多くの学校外の機関と連携した労働教育のとりくみが広がり始めた。以下の実践は労働教育研究会や県教研で実践交流したとりくみである。中にはワーキンググループが行った調査結果を子どもに紹介して話し合うとりくみもあった（金沢総合高校）。

- 総合的な学習の時間をつかったとりくみ
  （湘南高校定時制）
- 産業社会と人間をつかったとりくみ
  （鶴見総合高校）
- NPO法人「POSSE」と連携した「人権学習」でのとりくみ　　　　　　　　　　（座間高校他多数）
- NPO法人「労働職業病センター」と連携した保健体育の授業でのとりくみ　　　　（緑園総合高校）
- 世界史の授業での「産業社会と労働問題」のとりくみ　　　　　　　　　　　　（神奈川工業高校）
- 現代社会での労働教育のとりくみ
  （大楠高校他多数）
- 家庭科での「道行く人へのインタビューから労働教育を考える」　　　　　　　　　（荏田高校）
- 神奈川労働センターと連携した家庭科での労働教育のとりくみ　　　　　　　（中央農業高校）
- 保健委員会のアルバイト調査　　　（港北高校）

　このようにそれなりにとりくみは広がっている。しかし現在のところ、学校は子どもたちの相談先にはなり得ていない。労働教育の実践もまだ不十分である。その理由は教職員の多忙化や教職員が労働法を十分に認識していない職場にいることが主な理由と考えられる。しかし、子どもにとって身近な相談先として機能し、地域の労働行政、労働組合、弁護士等の専門家、NPO等と連携しながら、学校がとりくみを一歩すすめて違法なアルバイトから子どもを守るワンストップサービスのハブになることが求められるのではないだろうか。

　最後にアルバイト問題調査WGの5つの提言をあげる。

①学校が子どもたちのアルバイトに関与する必要性があり、学校が子どもたちのワンストップサービスになること。

②困ったことがあったときの相談窓口が必要であること。

③アルバイトと学業の「ワークライフバランス」を

教える必要があること。

④嫌なことを嫌といえるような人間関係を構築できるコミュニケーション能力を身につけさせること。

⑤職場の環境を自分たちで変えていく力を育成する必要があること。

リポート　進路保障をキーワードとした
特別支援教育の課題
上田清貴　兵庫・県立東はりま特別支援学校

A．はじめに

　近年、全国的に特別支援学校への進学希望者は増加、毎年、特別支援学校への入学希望者は過去最高を更新し続けている。兵庫県においても同様である。そのため、県立の特別支援学校4校、分校1校、高等学校内分教室3校が新設された。また、神戸市においても2校の新設と肢体不自由特別支援学校が規模を拡大し知的障害にも対応するようになった。そして、2018年度にはもう1校、神戸市内に県立高等特別支援学校が開設される。その中で阪神昆陽特別支援学校は私たちが要求しつづけたインクルーシブ教育をめざした学校である。そこには多部制単位制高校が併設され、授業やホームルーム、そして職員室においても、特別支援学校と高校の間で子どもや教員が日常的に交流している。また、高校内分教室も私たちが要求し実現したものである。

　県教育委員会は特別支援学校への進学希望者の増加理由について、「特別支援教育が浸透し、保護者や子どもたちがよりよい支援を求めている結果である」という見解を示している。しかし、本当にそうなのだろうかと疑問に思えてならない。2005年の答申「特別支援教育を推進するための制度の在り方について」において、「特別支援教育は特別な場で行うものではない」と記されている。だが、この理念はどうなってしまったのかと疑問をもたせるような事例が増えている。

B．事例を通して

(1)兵庫県立高等特別支援学校（船脇吉広）

　本校は軽度の知的障害の子どもが集まる、就労支援目的の高等部のみの特別支援学校である。1クラス8人×5クラスの40人が、学校見学、7月の教育相談、10月の体験入学、入学者選考を経て入学してくる。事前の相談、体験入学もあり、本人・保護者の意向、意欲を確認した上での入学である。

　だが残念なことに、例年数人の不本意入学がある。

不本意入学は大きく2つに分けられる。

①社会性・対人関係ともに大きな課題はなく、教科の学力以外は高校でやっていけるだろうと思われる子ども。

②本校入学は妥当だと思われるが、障害者として生きていくことをいやがっている子ども。

①のケースは、中学で通常学級に在籍していた子どもが多い。友だちと一緒に高校に行きたいという希望があっても、全日制・定時制の高校では十分な支援が期待できず、高等特別支援学校ならば、支援を受け、障害者就労もできる、という理由から、不本意ながら入学する。

②のケースは、本人自身に障害者への偏見があることが多い。特に家族や親族に差別心と偏見をもつ人がいて、療育手帳所持と特別支援学校在籍を秘密にしている場合がある。日常的に周囲から比較、見下げられ、自尊感情をもてず、本人自身も障害者に対する差別と偏見をもつ場合が多い。とうぜん卒業後も差別される恐れを抱いている。

(2)「障害のある子どもと共に」（増住　恵）

普通科夜間定時制の楠高等学校には、現在210人の子どもが在籍しているが、1/4近くの子どもが療育手帳を所持している。

学習についての配慮としては、「教育的配慮を要する生徒」について、共通理解をすすめる会議をもっている。とくに国語、数学、英語においては基礎クラスをもうけて対応している。通常クラスから基礎クラスにかわる場合、その逆もある。

就職については次のように配慮している。あけぼの学園という職業訓練施設に通園して訓練を受けている子どももいる。可能な子どもにはアルバイトを紹介している。進路指導部の担当が企業と連絡を取って、対応することもある。18歳になってもどこにも所属していない場合は、就労事業所や就労支援センターと連絡を取り、できるだけ繋いでいる。またハローワークの特別支援コーナーとも連携し、保護者も含めた4者面談なども行っている。

「親の会」も年5回の例会を開き理解を深めている。特別支援教育コーディネータも支援計画の作成等で重要な役割をはたしている。

(3)　知的障害特別支援学校高等部における事例
（上田清貴）

①児童養護施設に入所するA

Aは児童養護施設に入所している。小中学校は普通学級に籍を置き、部活動にも積極的に参加し、良好な交友関係を築いてきたが、学力は低かった。中学校側は夜間定時制への進学を勧めた。しかし施設側は、サポート体制を考えると療育手帳を取得して特別支援学校に進学する方がよい、と判断した。Aは施設の指導に従った。

Aが担任に「俺、ほんまはここに来たくなかった、でも、まぁ、ええねん」とつぶやいたことがあった。特別支援教育において、学校が福祉や医療、行政と連携せよと言われている。しかし、福祉や行政側がもっと個別対応をし、教育の専門性と個々の生徒のニーズに寄り添っていただきたいと、このAの事例から感じる。

②日本語を母語としないB

Bは日系ブラジル人の子どもである。小学校入学時は普通学級に入ったが、言葉の壁もあり学習の遅れがめだつようになった。当時の担任が何らかの障害を疑い、子ども家庭センターに相談し、小学校3年で療育手帳を取得し、特別支援学級に籍を置いた。疑問がわく。日本語を母語としない子どもに対し、日本語で発達検査をしたことである。また本人や保護者の希望を無視した就学指導が行われたことである。

(4)療育手帳A判定で高等学校に進学した子どもの事例（本間正泰）

Cは、小中学校ともに地域の子どもたちの中で体験を積ませたいという保護者、本人の強い希望から、特別支援学級に在籍しながら、同じ学年の子どもたちとほとんど一緒に授業を受けてきた。確かに学習の遅れはあるものの、子どもどうしの良好な関係を築いて学校生活を送ってきた。中学卒業後は農業科の高校に推薦で合格することができた。授業の理解についてはかなり難しいものがあり、高校側、家庭の負担は大きい。地元の特別支援学校に高校側から相談があった。高校側（学年、担任など）が抱え込まないこと、本人・保護者との丁寧な相談・情報交換、行政福祉課・相談支援センターとの情報共有、校内での情報交換、関係者のつながりを大切にして、今できることを積みあげる、こんなアドバイスがあったと聞く。本人も学校生活を楽しんでいる。

C．終わりに「課題の整理」

改めて「Nothing About Us Without Us　私たちなしで、私たちのことを決めないで」という言葉の重みを感じさせられた。本来はすべての子どもたち

は多様な学びの中で育まれ、そこに「合理的配慮としての特別支援教育」が行われるべきはずである。ところが特別支援教育が手段ではなく目的になってしまっている、と感じる。

第1の課題は、「特別支援教育が特別支援学校で実施されるべきもの」という社会の風潮である。これにより、今の学校教育のシステムが「障害を生み出すことに繋がってしまっている」ことにもなる。結局は「教育の複線化」になってしまっている。

第2の課題は、「高等学校が特別支援教育の当事者になりきれていない」ということである。高等学校においても通級指導が始まろうとする今、高等学校がインクルーシブ教育システムの理念をふまえ、適切に特別支援教育を実施することが求められている。

第3の課題は、学力の高い発達障害児への支援（認知の歪み、人間関係の形成など）が適切に行われているかという問題である。

このように課題を整理してみたが、これが今後のインクルーシブ教育にむけた「叩き台」になればと期待したい。

カリキュラムづくりと評価 第21分科会

1. 本分科会の課題と論議の基調

2. 研究討議の柱と内容

3. このリポートに学ぶ

◎形骸の打破の先に

〈浅倉　修　岩手・二戸市立石切所小学校〉

◎わかる授業を成立させる教科指導と子ども理解を基本とした
生徒指導の両面をいかした授業と評価のあり方を探る
〜子どもを理解し、輝かせる評価のあり方を考える〜

〈雨宮勇人　山梨・笛吹市立一宮西小学校〉

◎総合学科高校ってどんなことをする学校？〜第3の学科の奮闘と課題〜

〈日小田祥子　大分・県立日田三隈高等学校〉

《執筆者》

長尾　彰夫

澤田　　稔

遠藤　淳一

大和田健介

宮田　賢一

1．本分科会の課題と論議の基調

―学習指導要領の改訂を直前にひかえて―

　今回の全国教研は新たな学習指導要領の改訂を目前にした状況の中で開催された。事実、全国教研の終了の2週間後の2月15日、文科省は学習指導要領の改定案を示し、3月には告示された。新学習指導要領は小学校では2020年より、中学校では2021年より全面実施されることとなっている。

　この新学習指導要領は、それこそグローバル化社会への対応を基軸とし、新しい資質・能力の獲得を要請し、アクティブ・ラーニング（これは学習指導要領では姿を消し「主体的・対話的で深い学び」となった）、カリキュラム・マネジメントの重要性と必要性を強調している。そして、「特別の教科・道徳」を先行実施させ、小学校の3年からの英語教育の導入を図っている。加えて、教科間・学校間の連携、プログラミング学習、キャリア教育、等々といった多くの新しい課題を求めるものとなった。その一方で、従来からの教育内容はまったく減らされることなく、実に盛沢山なものとなっている。また新学習指導要領では、総則部分が大きく変更され、教育法規的な背景が強調されながら、本来、教育現場の自律的な創意と工夫のもとにあるべき「教育課程の実施と学習評価」や「学校運営上の留意事項」といったことまでもが、その総則に明記されることになったのである。

　こうしたことからして、今回の改訂は学習指導要領の構造的とも言える大きな変化をもつものとなっているが、最も私たちが注目し、批判すべきは、それがまったく教育現場の実態、事実と現状をふまえることなく、あれもこれもと頭ごなしの上から目線での、権力的で官僚的な教育行政の押しつけとなっている点である。とは言え、新学習指導要領への批判を抽象的、一般的に繰り返しているだけでは、現実は何一つ変わっていくことはない。教育の現場に身を置き、教育の事実と実態を一番よく知っている私たちが、日々の教育実践の中から、学習指導要領の矛盾、問題性、課題と限界を明らかにしつつ、新学習指導要領を批判的に乗り越えていくような実質と実践を探り出し、創りだしていくべきなのである。全国教研とは、そうした場に他ならないのだが、「カリキュラムづくりと評価」という本分科会は、まさしくそうした課題に大きく応えようとするものなのであった。

　本年度の当分科会の課題は学習指導要領が新しく改訂されるという差し迫った状況の中で、カリキュラムづくりのあり方と内実をいかに明らかにしていくのかという点において従来にも増して論議の深まり、充実が期待されるものとなっていた。

　本分科会では、小学校から8本、中学校から6本、小中一貫校から1本、高校から2本の計17本のリポートが寄せられることになっていた。そこで、討議の柱として、

(1)学校・教職員の実態とカリキュラム編成

(2)カリキュラム編成の多様な創意・工夫　～授業づくりに関わって～

(3)カリキュラム編成の多様な創意・工夫　～カリキュラムづくりに関わって～

の三つを立て、報告と討議を展開することになった。報告と討議は限られた時間的制約の中でも大いに活発になされたことは言うまでもないが、本分科会では一般参加者からの発言も多く、それはここ数年のこの分科会の大きな特徴ともなっている。

2．研究討議の柱と内容

(1)学校・教職員の実態とカリキュラム編成

　カリキュラムづくりの中心となるのは、実際の教育現場としての学校であり、そこに身を置く教職員であることは言うまでもない。ところがその学校と教職員は、極めて多忙な状況に置かれており、カリキュラムづくりのために十分な時間を取ることが困難になってきている。こうした学校と教職員の多忙化の実態については、繰り返し問題が指摘され、批判されてきたところである。カリキュラムづくりの前提として、まず、学校と教職員の実態を明らかにしようとするところからこの討議と報告の柱がたてられたのである。以下、報告と討議の順に沿ってその内容を紹介していくことにしたい。

① 報告の要点

　まず、岩手（小）からは、「形骸の打破の先に」というリポートが報告された。ここではいっこうに減らない多忙化の中で、どのようにすればカリキュラムづくりの実際が可能になるのか、そのための視点と方法を考えようとするものであった。そこではまず既成の業務に対しての大胆な見直しが必要であり、何とはなしにこれまで続けてきていることが、ある種の「形骸」となってきているのではないか、そのためには一見民主的なルールとも見える、みんなで話し合って決めるということの中ですら、ある

種の「形骸」がみられるのではないか。むしろ、勝手に、突然に、覚悟を決めて学校にはびこっている「形骸」を点検し、打破していくことが大切となってきているのではないか、という視点からの実践の報告がなされた。

続いて茨城（小・中）からは「関本小中一貫校開校に向けてのとりくみと実践」が報告された。ここでは、小中連携が地域の学区を中心とした構想であることを踏まえ地域・保護者の願いや子どもたちの実態をもとに学校の特色を生かした、創意工夫のある教育活動をめざしている。そのためには、教職員どうしの共通理解や小中間の連携が不可欠であり、そうした視点の下で様々な研究、実践が試みられていることが、多くの具体例とともに報告されることになった。そこでは9年間の一貫教育で、学ぶ意欲を育む教育課程の試みが数多く紹介された。

静岡（小）、「『和田の授業づくり』を充実させるための教育課程の工夫～午前5時間制の導入～」の報告があったが、ここでは午前5時間制の試みが紹介されることとなった。これは午前中に45分の授業を5回行うことであるが、それによって午後の打切り授業が減り、授業時数が増え、確かな学力の獲得をめざそうとするものであった。報告の中では午前5時間制の中でどのような変化が子どもたちに見られるのかといったことの具体的なデータも示されることになっていたが、「午前5時間制が本校の子どもに合っているのか、よい方法なのか、まだ2年という短い期間ではよくわからないのが現状ではある。しかし2年前、私たちは、このやり方が今の子どもに合っていると判断したので挑戦をしている」とのまとめがなされた。

長野（中）からは、「学力向上に向けた取り組み」が報告された。これは校区の小学校との連携を図り、数年後に見られるであろう日本社会の大きな変化を見据えながら、小・中連携の中で、9年間の見通しをもって新しい学力の獲得（「結い」プラン）をめざそうとするものであった。そこでは「目標を子どもたちが20歳を超えたときの姿におき、より大きな価値を共有できるようにしていきます」という観点を大切にしながら、幼・保、小、中、高の連携、家庭学習にも目をむけた地域や家庭との協力の中で、これからの子どもたちに求められる新しい学力の形成をめざそうとする試みが報告された。

続いて北海道（中）からは『『道徳の授業』をどのように行っていくのか」の報告があった。道徳の教科化は子どもの「心」を評価の対象とし、検定教科書が導入されようとしている現状については、厳しく批判されなければならない。しかし、また「子どもの生活経験を尊重し、子どもたち自身が抱えている現実的な課題についての解決する方法や力を育

成することを意識して、本当の意味での『私たちの道徳』を作り上げていくとりくみが大切になる」。こうした問題意識に立ち、全教職員の共通理解を図りながら、「人格の完成」をめざし「主権者教育」につながっていく道徳の授業にむけての、視点と方向が紹介された。

1日目の最後として、大分（高）より「総合学科高校ってどんなことをする学校？」が報告された。総合学科の高校は、幅広い選択科目の中から、将来の職業選択を視野に入れ、進路への自覚を深めながらの学習をめざすものとして1994年度から始まった。この高校では「産業社会と人間」や「総合的な学習の時間」との連携を図りながら、「3年間を通じて、社会で活かせる『生きる力』を身に付け、進路目標を達成する」ことを基本にしつつ、様々な試みが報告された。その中でもその高校の卒業生が30歳になった時、それまでの道のりや生き方を振り返り在校生の前で行う、「30歳のレポート発表」は大きく注目すべき実践報告となっていた。

② 討論の要点

以上の6つの報告を受けた後、討論に移ることになった。討議の過程では、それぞれのリポートに対する再度の質問や、リポートに関わっての意見交換がなされることになった。それは、必ずしも討論の柱を立ててといったものではなかったが、要点をつぎのようなものとしてまとめておきたい。

1つは、カリキュラムづくりに限ったことではないが、現在、教職員が時間的余裕のないきわめて多忙な状態に置かれているという深刻な事態をどうとらえるかということであった。教職員が深刻な多忙化の中にあることが、実際のところ子どもたちにとっても、どのようなものとなっているのかをしっかりと捉え直し、点検してみるべきではないか。中学校の部活動にしても、そうである。「子どものため」ということが教職員の一方的な犠牲をすらもとめていくことになる中で何が起こっているのかをもう一度見直すことで、多忙化の問題をとらえ直していくのはカリキュラムづくりの何よりもの前提なのである。そしてこれは最終日の総括討論の中で出されたことであったが、現在もある教職調整額（4％）の中で、歯止めのない「超過勤務」が教職員に求められてしまうといった労働条件のあり方について批判的に検討していくことも今後さらに重要とされなければならないとされたのである。

2つ目には、現在、様々なカリキュラムづくりの

多様な創意工夫が見られていることであった。特に小学校と中学校の連携を図ろうとする試みや、1日の中での授業時数の設定の方法、道徳教育についての独自の新たな視点からのアプローチ等々、それぞれの地域や学校の独自な課題にとりくもうとするカリキュラムの試みがあった。こうした試みの特徴は、それが個人的なものではなく、あくまでも学校の教職員の協力と合意の下で、組織的、継続的なものとしてとりくまれている。カリキュラムづくりには、個人的なレベルでのもの、学校を単位としたもの、さらにはそれを超えて広がりをもった視野からのもの、といったように範囲と課題を異にしたとりくみがある。しかし、その大きな中心とされるのは、それぞれの学校に基礎を置いたカリキュラムづくりなのであろう。その点ではカリキュラムづくりは、やはりそれぞれの学校を基礎にしたカリキュラムの開発（スクール・ベースド・カリキュラム・ディベロップメント）なのであろう。そしてその点ではそのカリキュラムづくりの評価、何をめざし、どの点が良かったのか、今後の課題がどこにあるのかを絶えず自らが点検し、改善していくことが求められているのである。新しい学習指導要領の中で、盛んに言われている、カリキュラム・マネジメントといったこともそうしたことに他ならないのである。

3つ目には、いくつかのリポートの中では、カリキュラムづくりの最も根底ともなる課題、つまり子どもたちが獲得するのはどのような学力＝力なのか、それをもう一度問い直そうとする視点が模索されていたことである。10年、20年先の大きな変化が予想される中で、今学校で子どもたちは、何をどのように学んでいくべきなのか、その答えを見つけ出そうとするのは容易なことではない。しかし、子どもたちが実際の学校の生活や学習の中で、学び身に付けようとしていることが、子どもたちの今後の人生と生活にとってどのようなものとなっているのか、それがその後の子どもの成長の過程でどんな意味をもつことになるのか。そうしたところからカリキュラムづくりの課題を考えようとするのは、実は子どもの成長、発達の積み重ね、ある種の履歴の集積としてカリキュラムをとらえようとすることとつながっていく。それはカリキュラムと言われるものの最も深い、本質的なあり方とつながっていくのである。討議の中では、そうしたことについても考えていく、多くのヒントが出されることになっていたのである。 〈長尾彰夫〉

(2)カリキュラム編成の多様な創意・工夫～授業 づくりに関わって～

標記の第2の論点は本分科会2日目午前に扱われ、山梨（小）・愛知（小）・滋賀（小）・兵庫（小）・神奈川（中）・兵庫（高）の計6本の報告があった。どの報告も、ここ最近文科省によって示された教育改革指針に概ね沿う実践事例が紹介されていたという感が強い。このことは、ある意味で、日教組の全国教研で蓄積されてきた子どもの主体的な学びを重視した教育実践が、公式の教育課程でも認知されてきた結果であり、時代が日教組に追いついてきたのだと見立てることもできるのかもしれないが、同時に、日教組が重視してきた「ゆたかな学び」とは何なのか、また、それは、文科省を中心とする官制の改革でめざされている教育とどう違うのか、両者は違わなくていいのかという基本的な問いが私たちに突きつけられていると言ってもいいだろう。この問題は、当日の一般参加者を交えた議論でも、一定程度明確化されたところがある。

以下では、6本の実践報告の概要を発表順に振り返っておきたい。

山梨（小）からは、6年生の一学級における、「評価言」を工夫することによる学級集団づくり・授業づくりに関する実践報告があった。この「評価言」という言葉は、教育学者の山下政俊が用いたものだが、評価的言明、あるいは学習評価につながる声がけを意味する。リポーターは、この「評価言」に、教員から子どもに対するものだけではなく、子どもどうしの声がけ、さらに、言語的評価だけでなく、ジェスチャーや拍手など非言語的な評価的表現も含めて捉えていることを補足していた。リポーターは、学年スローガンとしての「全力・協力・思いやり」という目標を評価規準に据えて、上記のとりくみをすすめていった。そこでは、教員も子どもどうしもできるだけポジティブな気づきや声がけを重ねることで、集団形成にも、学習活動にも生き生きととりくむ子どもの姿がめざされていた。こうした実践の積極的意義は、学習評価が学力テスト体制のもとでテスト結果による数値化された評価に偏重しがちな現状にあって、個人内評価を含む、より「質的な評価」に照準した実践になっているという点に認められよう。他方で「全力・協力・思いやり」といった価値の強調は、ある種の全体主義に転化しやすいという危険性にも注意を払いたい。

愛知（小）の報告では、いわゆる活用型学力の重視に伴う「言語活動の充実」という改革路線に沿っ て、「自らの考えを表現する」及び「伝え合う」という側面に重点を置いた複数の学校での実践事例が紹介された。そこでは、子どもたちに、いくつかの異なるタイプの表現の場を設けることで、多様な子どもたちの多様な表現を引き出すことがめざされていた。その中で、「ここまでは分かるけど、ここからが分からない」と具体的に言えるようになったという子どもの声が印象深く紹介されていた。また、扇型や半円をつないだ図形の面積を求める学習では、ピザの写真を用いて、子どもたちを学習へ動機付け、様々な図形的認識に導くという技巧的趣向も注目された。

滋賀（小）からは、コンテンツ・ベース（内容項目中心）の教育課程からコンピテンシー・ベース（資質・能力中心）の教育課程への転換という改革動向を背景として、コンピテンシーと各教科の学習内容との接合を明確に意識し、学習内容を通して資質・能力を育成し、資質・能力を引き出しながら内容の習得を図り、その学習過程を、子どもたち自身が対象に関心をもった上で、学習に関する見通しをもつ「つかむ」、それを他の子どもあるいは考え方と比較したり、結びつけたりしながら、さらに思考を広げる「つなぐ」、その上で習得したことを他の単元・内容や実生活に活用し、自らの成長に対する気づきを得る「つくる」というキーワードで捉え返し、各段階で子どもたちが主体的に学習にとりくめるような具体的な工夫が施される意欲的なとりくみが報告された。その中で、自分の考えを言葉でうまく伝えられず、しばしば「キレてしまわはった」子どもが、他の子どもたちや教員との関わりの中で、徐々に落ち着きを手にいれたという印象的なエピソードも紹介された。

兵庫（小）からは、県内のある市の全校区でスタートした小中一貫教育におけるアクティブ・ラーニング（AL）の充実化をテーマとして、ペア／グループ／全体での話し合い活動を織り込んだ授業研究がすすめられているとの報告があり、いくつかの技巧的な工夫も紹介された。たとえば、小1算数の文章題では、その読み取りをすべての子どもが的確にできるように、問いの情報をスクリーンで提示しその文字をテロップ方式で流す、あるいは、ノートの取り方のガイドとなるようなプリントを活用するという方法が採用されていた。特活では、いわゆる縦割り班による活動で、新聞を活用した子どもの主体的とりくみが図られていた。同時に、学力・学習意欲向上にむけて家庭学習プロジェクトが展開されて

いるという。

神奈川（中）からは、子ども一人ひとりが主体的に学ぶことを通して、自己肯定感が高められるような学習活動の実現をめざし、学級・学年や教科の「壁」を超えた授業研究のとりくみが報告された。一般に、中学校では、様々な理由で、子どもを中心とした授業改善を、教員どうしが互いに支え合い切磋琢磨しながらすすめる機会を確保することが難しいと言われるが、ここでは、学年や教科の壁を取り払った5つの教員グループを編成し、上記の目標を共有しながらも、各グループがサブテーマを設定して、授業を参観しあい、授業実践シートと呼ばれる振り返り用の書式を作成し、その感想をお互いに交換して、ファイルに蓄積していくという方法が採用されていた。

兵庫（高）からは、担当するすべての授業（現代社会と世界史A）でいわゆる一斉指導をやめ、生徒どうしの「学び合い」活動を中心とするアクティブ・ラーニング（AL）に切り替えたという実践事例が報告された。学習活動は、定期テストのような問題が記された演習プリントによるもので、その前時に関連する予習プリントを課しておいた上で、その演習プリントが授業の最初に配布される。定められた時間内にクラス全員が課題を達成することを目標にして、授業中席を立って移動して活動することが奨励され、理解のない暗記にならないように注意して展開される。その際、プリントを解き終えた生徒は、黒板に貼られている名札をそれとわかる位置に移動させ、まだ解き終えていない生徒は名札を移動させた生徒に働きかけて教わるという手順をとることで、学び合いの促進が図られるとりくみであった。

さて、以上の6本の報告を見る限り、教育委員会等から下りてくる路線に沿った実践事例が並んだ。たしかに、不毛なイデオロギー対立は避けるべきだし、以上の実践には授業者が精力的に授業にとりくんでおり、学ぶに値する多くの工夫や配慮が随所に施されていることも事実である。しかし、これらの報告は、こうした改革路線が抱える問題点・否定面をあまりにも等閑視しているように思われる。たとえば、日教組で重視されてきた「人権・平和・環境・共生」というキーワードで示される視点が、これらの報告でどれほど意識されているだろう。これでは、日教組の全国教研という場で発表される意味がどこにあるのかが見えにくくなってしまう。現場でのこうした努力は大いに尊敬に値するが、その指

針に対する省察的・批判的視角の可能性も顧慮されるべきであろう。この問題は、障害をもつある一般参加者から投げかけられた、改革の中で生じている「排除」という問題に対する十分な回答が、リポーターからなされなかったという事態に現れている。逆に言えば、官制の授業研究や教育課程編成論（これを全否定する必要はないし、学校現場では教育委員会の方針に沿わざるを得ないという事情も理解できるが）を、「人権・平和・環境・共生」という視点で、あるいは、何か望ましい価値を実現するということに向かう前に、まずは目の前の一人ひとりの子どもに寄り添うという視点で、改めて捉え直し、自らの実践にこうした視点の一部でも明確に位置付けようとすることで、よりゆたかな学びを実現できる可能性が高まるかもしれない。全国教研前の各単組教研などの場において、こうした問題についても議論を深められることを請いたい。

(3)カリキュラム編成の多様な創意・工夫～カリキュラムづくりに関わって～

標記の第3の論点は本分科会2日目午後に扱われ、福島（小）・大分（小）・石川（中）・福井（中）の計4つの報告があった。

福島（小）からは、時間的余裕を生むと同時に、子どもたちが生き生きと学べる授業を実現する上で可能な方策としての「教科融合型カリキュラム」に関する実践が報告された。これは単元レベルの「合科的・関連的な指導」により剰余授業時数を生み出して有効活用しようとするものである。たとえば、社会科の歴史単元と国語のパンフレットづくりの単元を関連づけることで、重複する学習活動の部分をどちらか一方の教科の授業時数としてカウントすることで、他方の教科時数にゆとりが生まれるということである。これによって、子どもたちの主体的な学習活動をより余裕をもって展開できるというわけである。こうした工夫もさることながら、さらに特筆に値するのは、パンフレットづくりを「絵でごまかした」子どもへの共感的まなざし、「時にはさぼらないとダメ」という子どもへのメッセージ、繰り返し書くという行為の蓄積の中で子どもたちが示す文章の量質両面での成長ぶりに対する感嘆の言葉であった。

大分（小）からの報告は、3年生のあるクラスでとりくまれた学級経営の実践に関するものであったが、その特徴は、それが発達障害をもつAとAを中心とした子どもたちと担任教員の物語として語られ

たことにあった。何よりも特筆に値するのは、リポーター＝担任のすべての子どもたちに対する温かなまなざしと、常にAの理解に努めようと、支援員や通級教室担当教員とも協力して多角的なコミュニケーションを重ねて蓄積されていった省察的認識の豊かさである。Aはよく攻撃的になる子どもだったが、同担任教員は、Aから「ぼく、イライラしたときは怒ってるんじゃなくて困ったんだ」という言葉を引き出すまでの関係を構築し、Aにみんなと同じことをさせようとし過ぎていた自分に気づき、むしろAが「…に困っているよ」と言える環境を整えようとすることが重要なのだという認識をもつようになった。ここには、インクルーシブ教育に通じる可能性をもつ合理的配慮が看取できるように思われる。この発表は「教育課程」を主題としていないが「履歴としてのカリキュラム」に関する優れた実践報告であることは疑い得ない。

石川（中）からの報告は「土曜授業」の実施状況に関するものであった。本来(1)「学校・教職員の実態とカリキュラム編成」で行われる予定だったが、リポーターの日程上の都合により、ここで発表された。周知のように、完全学校週5日制のもとで、2012年安倍政権発足後、代休なしで土曜授業が可能になるよう学校教育法施行規則が改訂された。リポーターの学校では、金沢市による「学校力向上支援事業」の一環で土曜授業実施に関する指定を校長が引き受けたことによって実施された。しかも、同県では振替休日を取得する期限が3ヶ月先まで延長できるよう条例改正されたため、振替日は夏休みや冬休みに取得せざるを得ない状況が生じている。このように、この施策は教職員の労働条件の悪化に確実につながっており、しかも、2年にわたって実施されたこの土曜授業の生徒登校率は80％台にとどまったという問題も無視できない。教育課程編成権が学校にあるということは、このように時の校長の立場や見識に左右されるということでもある。このような問題が生じた時に現場に必要なのは、今後の「盾」となるよう詳細な記録やデータ（インタビュー結果などを含む）を負担にならない範囲で協力して残すことであろう。

福井（中）からは、地域の伝統・文化を活かした地域連携に関わる総合的な学習の時間・特別活動の実践が報告された。地元の魅力をアピールしようと「清水活性化プロジェクト」と名付けられたこの活動で最も注目すべきは、それまで教員主導だったとりくみを、生徒主導に転換したことで、生徒の意欲

や地元への関心が高まり、地元のみならず、生徒の活動が活性化したという実践者の手応えであろう。望ましいと思う方向に教員が導くということの重要性も否定できないが、総合学習や特活では、いかに生徒主体の探求活動や自治活動が展開されるかが重要になる。その意味で、教員は不安を抱えても、生徒に任せて見守るという局面を拡大させていく必要があろう。その際に、教員にとって同時に重要なのは、子ども一人ひとりに焦点化した振り返りではないだろうか。

この点に関連させて、最後に一つ重視したい視点を確認しておきたい。こうした報告では、たとえば、最も多くの課題を抱えている子どもにフォーカスして、そのとりくみをノンフィクション物語として描くなど、個々の子どもの声や姿が、つまりは、履歴としてのカリキュラムが明らかになるような叙述が採用されてよい。その好例が先の大分（小）の報告であるが、それだけではない。福島（小）から主たる報告とは別に紹介された震災後の子どもたちやその保護者たち、それを見る教員たちの物語は、教育課程とは別の「カリキュラム」を浮き彫りにする貴重な補足であった。

昨年度のここでも触れたが、私たちは何であれ、有意義だと考える教育を実践した時に、それが有意義だと言えるエビデンス（証拠）を求められることが多い。その証拠は、量的・数値的データだけでなく、子どもや教員の変化・成長の記録を画像や文章で残した信頼に足る質的なデータとして蓄積していくことが重要ではないだろうか。したがって、これぞという教育課程の編成・実施においては、あるいは、学校で無視できない問題が生じていると感じた場合には、記録・データの残し方に関しても一定の見通しをもってとりくんだり対応したりすると、報告の際に役立ち、より実りが多くなる、あるいは問題の解決に近づけるのではないだろうか。難しく考える必要はない。期間限定の日記をつけるだけでも、貴重なデータになり得よう。　〈澤田　稔〉

3. このリポートに学ぶ

リポート　形骸の打破の先に
　　　　浅倉　修　岩手・二戸市立石切所小学校

A. はじめに

私たちが働く学校現場で、ここ数年一番の大きな問題として叫ばれ続けているのは「多忙化」であ

る。年々増え続ける膨大な業務、それに追い打ちを
かけるように国を挙げての学力向上施策の一方的な
押しつけなど、私たちの職場環境は悪化する一方で
ある。このような状況の中で、本リポートでは多く
の学校現場に存在する「形骸」ということに視点を
あて、「形骸」を打破することによって生じた多忙
化の解消や教員の意識の変化、更には子どもたちの
変容など、具体的なとりくみの事例を挙げながら明
らかにしている。

B．学校にある「形骸」を打破するための実践的なとりくみ

1　「スポーツ集会」（児童会行事、体育委員会主催）

(1)形骸化していたスポーツ集会

　毎年９月に児童会行事の一つとして異学年集団で
運動競技を競い合うイベントとして行われていた。
競技種目は毎年「長縄跳び」の１種目で、中心とな
って運営に参加する体育委員会の子どもたちも、
「決まったことをやるだけ」という雰囲気で盛り上
がりに欠けていた。正に集会が形骸化したものとな
っていた。

(2)形骸を打破したスポーツ集会

　毎年同じ種目ではなく、その年の体力・運動能力
調査の結果をもとに、向上を図りたい種目の要素を
取り入れた運動を体育委員会の子どもたちと考えた
ものとした。体力・運動能力の向上の要素も含まれ
るので管理職の理解も得られた。これまで行われた
競技は次の通りである。

2014年度・・	課題種目	「長座体前屈」「ボール投げ」「立ち幅跳び」
	実施種目	「ボール送り」「コーン的当て」「長縄跳び」
2015年度・・	課題種目	「50m走」「ボール投げ」「立ち幅跳び」
	実施種目	「カウントリレー」「コーン的当て」「長縄跳び」
2016年度・・	課題種目	「長座体前屈」「50m走」「上体起こし」
	実施種目	「ボール送り」（ボールを後ろの人に前屈や体を反らして渡す）「カウントタイヤ引きリレー」（タイヤを引いてリレーする）「長縄跳び」（旋回している長縄に入って跳ぶ）

　このように毎年種目を変えて実施した形骸の打破
により、様々な波及した効果がみられた。子どもた
ちの種目の練習期間中は毎年種目が変わることで、
やる気も向上し、異学年集団という特性から、子ど
もたちどうしで教え合ったり、協力したりする姿が
多くみられた。また、「タイヤ引きリレー」のタイ
ヤ等、保護者からの用具の提供もあり、新たな保護
者とのつながりもできた。その中でも特に一番の大
きな効果は体育委員会の子どもたちの意識や行動の
変化だった。体育委員会の子どもたちは、学校の中
でも生活面で注意を受ける児童が多かったが、自分
たちで集会を企画し、運営できたということを周囲
に認められ、自己存在感を得ることができたことが
自信になり、その後の様々な活動でも自主的な行動
がみられるようになり、教員が細かく指示をしなく
ても自分たちで考え行動できるようになった。形骸
を打破したことにより、先述したような効果もみら
れたが、負担や課題が生じたのも事実である。実施
種目を決めるための体力・運動能力テストの分析は
新たな負担である。また、自分が担当として行って
いる期間はよいが、人事異動がある我々の職場事情
を考えると担当者が変わった時の新しい担当者の負
担が生じることは課題である。

2　特設スポーツクラブ

(1)特設スポーツクラブの形骸

　二戸市には学校が関わる対外的なスポーツ行事が
年間を通して数多く存在する。それらは、特設スポ
ーツクラブとして学校でチームを編成し参加してい
る。５月の陸上交流会に始まり、６月、９月の相撲
大会、８月の水泳大会、11月のミニバスケットボー
ル大会、２月のフットサル大会等である。また、本
校はマーチングクラブがあり、特設スポーツクラブ
以上の活動量である。指導は教員が分担して行って
いる。特設スポーツクラブについては、大会の１ヶ
月くらい前に参加募集をし、担当の指導のもとで練
習を行い、大会に参加している。この特設クラブの
練習であるが、自分が赴任する以前は勤務時間を超
えての練習が常態化していた。「よい成績のために
……」「マーチングクラブの担当は、特設スポーツ
クラブより大変だから……」などの理由から、勤務
時間外の練習をなくすのが困難な現状にあった。

(2)形骸を打破した特設スポーツクラブ

　自分が2015年度から特設スポーツクラブの主担
当となり、「子どもたちの生活リズムの確保や教員
の負担軽減の観点から練習は勤務時間内に終了す

る」ということを提案し、「勤務時間内終了」の活動が認められるように次のとりくみを行った。

①練習内容の効率化

技能習得の基本ドリルメニューを毎年同じにすることで、前年度に経験した上学年の子どもたちが下の学年を教えられるようにした。教員が細かな指示や指導をしなくても子どもたちだけで主体的に練習にとりくむことができた。

②体育学習の利用

高学年の体育学習を特設クラブの各大会の実施時期に合わせてカリキュラムを編成した。子どもたちがその種目に興味をもち、参加者の増加にもつながった。また、体育の学習が練習にもなった。

③練習時間確保の弾力運用

これまで、固定化されていた練習時間を弾力的に運用することで、教員や子どもたちの負担軽減を行った。校外施設を利用する特別練習は、管理職や教員の同意もあり、6校時からの練習とした。夏休みの水泳練習も現状の非効率さなどを訴え、練習時間が短縮され負担が軽減された。

このような形骸の打破によって様々な変化があり、効果もみられたが、市のスポーツ行事が数多く、学校現場の負担の中で行われているのは事実である。市に対しても種目や大会の改善を働きかけていく必要がある。

3　生徒指導

(1)生徒指導会議の形骸

学年が2クラス以上あった時の名残で、生徒指導の諸問題を職員会議に生徒指導担当が提案する前に、事前に学団(低・中・高学年)の代表が集まり各学団の問題を話し合っていた。しかし、学年1クラスとなった現在ではあまり意味がないものとなっていた。

(2)形骸化を打破した生徒指導会議

年度途中にその会議の無意味さに気づき廃止した。その代わりとして、教員から直接、問題を生徒指導担当にあげてもらい、それを職員会に担当が協議事項として提案した。現在の学校では、児童や教員が減少しているにも関わらず、これまで行っていた会議を継続している場合がよくある。形骸化して意義があまりない会議を見直すことは、今の現場ではとても大事なことである。日常での職員室での語り合いのほうが、意味がある場合も多くある。

C．おわりに

「形骸の打破」には大きなエネルギーが必要となる。現状に対する怒りをエネルギー源として燃焼し、打破の先に幸せを求めていきたい。形骸の打破は本来、組織として、ルールに従って改善していくことが正式だが、それにはより多くのエネルギーとストレスが必要である。そこで自分の前にある些細な活動について、「自分勝手に」「ある日突然に」「覚悟を決めて思い切って」とりくんでみることも一つの方法ではないか。組織で動こうとして改善できないのなら、個(数人の仲間)の動きで、形骸を打破できるのではないか。その先に子どもの輝く様子を得たとき、それが何よりもの効果ではないか。学校現場には、教員が入れ代わるという特殊性もあり、形骸が多く蔓延している。一人ひとりが「おかしい」という視点を常にもち、行動に変えていくことが必要ではないかと考える。　　　〈遠藤淳一〉

リポート　わかる授業を成立させる教科指導と子ども理解を基本とした生徒指導の両面をいかした授業と評価のあり方を探る〜子どもを理解し，輝かせる評価のあり方を考える〜
雨宮勇人　山梨・笛吹市立一宮西小学校

A．はじめに

リポーターの所属している研究会では、「子どもの全面発達をめざした授業の創造」をテーマに掲げて本年度の研究をすすめてきた。この研究をすすめる上でリポーターが重要視したのが、教科指導と生徒指導における、教員の子ども理解をもとにした適切な評価である。「子どもと出会い直し、評価を繰り返すというスパイラルが日常的に行われることによって、子どもの学習意欲の向上、信頼関係を築くこと、一人ひとりの成長や学級力の向上につながっていく」と考え、本リポートのタイトルである「わかる授業を成立させる教科指導と子ども理解を基本とした生徒指導の両面をいかした授業と評価のあり方」に行き着いた。

以下に紹介していくのは本分科会で議論されるべきテーマの一つである、「評価」に焦点をあてた実践の記録である。リポーターは教員の言葉かけや、ジェスチャーや拍手などによる非言語的な評価、子どもたちどうしによる言葉かけや拍手など、教員や子どもたちのみとりによる、個々や学級の成長につ

ながる言葉かけや評価のことを「評価言」と呼び、この「評価言」を活用した授業づくり、学級づくりを行った。私たちはこの実践から多くのことを学ぶことができるであろう。是非、本分科会に参加されなかった多くのみなさんにも、このリポートの概要を読んでいただき、今後の研究及び実践の参考にしていただきたい。

B．〔評価言を活用した学級集団作り〕
評価言を活用する目的は、以下の3点にまとめられている。
①自分をふりかえるため、自分を意識して見つめなおすため
子どもが評価言をもとに自分自身をより客観的に、より主体的にふりかえる。
②社会性をはぐくむため
評価言をもとに集団の中における自身、他者や集団全体をふりかえる。
③人間関係づくりにいかすため
上記の①、②を繰り返すことで、子どもたちは自己を見つめ、他者を認め、集団としてのあり方を追求することになる。子どもたちが、自分自身も他者も集団も成長させていく力をつけていくことにつながる。

こうした目的をもって、評価言を活用した具体的なとりくみとして紹介されているのは、まず「教員による評価言」である。具体的には、例えば誰かの話を聞いている児童に対して
「話の聞き方がいいね！」……意欲づけ、聞く意識や態度の向上、他の児童への意欲喚起
「相手の目を見て聞けていいね」……よい聞き方を具体的に示す
「上手に聞いていて〇〇についてよく理解できそうだね！」……学習理解へ
「人の考え（思い）を受けとめられてすてきな人だね！」……行動を価値づける
などという言葉かけをしていくことである。ここで気をつけることは、子ども理解をもとにどの子にどのような評価言を使うかということだという。聞く意識がすでに高い子に「話の聞き方がいいね」と評価し続けても、その子をより伸ばすことにつながらないと考えるからだ。

他に紹介されている具体的なとりくみは、「日記のとりくみ」や「今日の宝（帰りの会で仲間、学級のよかったところやがんばりを発表する）」である。こうしたとりくみからは授業のみならず学校生活全般において評価言を意識させていることが伺える。

そのような中で、子どもたちが成長していっているのにも関わらず、子どもたちが教室でかけあう評価言に変化があまり見られないということにリポーターは気づいた。そこでリポーターは「自身の評価言が具体的でなかったのではないか」と考察し、自身の評価言を見直すことから改善を始めた。

その改善のとりくみの中で生まれたのが「6-1 DREAMERS パワー」である（**写真下**）。

「6-1 DREAMERS パワー」とは,
・〇〇の力などを評価言の観点として具体化したもの
・それらを掲示することで見える形にしたもの
・「今日の宝」などで、子どもたちがお互いのよさを見つけ、伝えるてだて
・子どもたちが見つけたよさや力を子どもたちも評価言として作成
・道徳で話し合ったことを評価言の観点としたもの

この「6-1 DREAMERS パワー」によって、子どもたち自身がどのような力がのびたかを実感したり、子どもたちどうしがこれらの言葉でお互いの成長をたたえあったりするようになったという。さらには「この力がまだ足りないから、こんな行動をしていこう」という次への活力にもつながっていったのである。

もちろんどの学級でも、お互いを認め合う場面や雰囲気をつくるために腐心していることだろう。しかし、写真のような掲示物がどの学級にもあるかというとそのようなことはない。子どもたちのよさを、具体的で多様な言葉にして評価する、という活動を地道に続けた結果がこの掲示物に現れている。

また、「○○力」というネーミングの中には子どもたちの考えたものもあるという。「君のその良さは○○力があると言えるね」と具体的に価値づけをし、お互いを認め合っていく。評価言を介して互いを認め合う子どもたちの様子は、注目に値するのではないかと考える。

C. 〔評価言を関連させた授業づくり〕

リポーターは授業での学びも評価言と関連させていくことで、「より主体的に自己を見つめ、対話をより活性化させ、深い学びへとつながっていき、成就感や次への意欲、成長を実感できる」と考えた。例えば、授業の中で出てきた発言をもとに評価言を作る、学習した言葉を評価言として日常で活用する、学び合いの場面で評価言を活用する、などのとりくみが紹介された。一日の大半が授業時間であるからこそ、授業の中でいかに評価言を意識させるかについては、最も大切なとりくみと考えられる。

D. 総括

評価というと、学力テストや体力テストに代表されるような数量的な評価がイメージされがちである。ありとあらゆることを数値化し、評価する。そして数値目標が課される。こうした時代の流れは今、学校現場にも押し寄せてきており、様々な弊害が生まれている。本リポートは、数量的な評価が全てではない、ということを教えてくれるものであり、まずこの点に注目してもらいたい。

ただ、ここで留意したいことは、評価言には評価する側の主観（善悪の判断等）がどうしても入ることである。とりわけ教員という立場で子どもたちに価値づけをすると、教員の価値観に子どもたちが誘導される可能性も考えられる。こうした課題もある中で「教員による価値の誘導」のようないやらしさを本リポートからは感じられなかった理由は、リポーターの「教員と子どもがつながるために、子どもと子どもがつながるために何をすればよいか」という真摯な思いが全ての出発点になっているからではないかと考える。リポーターがめざす評価言は、人と人とがつながるための方策であり、他者と楽しく生きるための方策なのである。だからこそ、子どもたちからも自然に「○○力」と名付けるとりくみが生まれたのだろうと考える。

また、評価とは教育活動の点検と修正である。ともすれば点検の方ばかりに気を取られがちで、具体的な修正にとりくめない、ということもあるが、本リポートでは赤裸々に失敗談が語られ、しっかりと修正のとりくみが紹介されていることにも注目したい。本分科会において、改めて「評価」ということについて学ばせてもらった本リポートに心より敬意を表し、この実践紹介の結びとしたい。

〈大和田健介〉

リポート 総合学科高校ってどんなことをする学校？
〜第3の学科の奮闘と課題〜

日小田祥子　大分・県立日田三隈高等学校

A. はじめに

「総合学科」は、「普通科」（普通教育を主とする学科）と、「専門学科」（専門教育を主とする学科）に並ぶものとして、1994年度に導入された。

導入から20年以上経つが、中学校の教員や中学生の保護者から「総合学科高校はどんな学校か分からないから、子どもたちに勧められない」という声がでる。

「総合学科」における教育の特色は、次の3点である。

- 幅広い選択科目の中から生徒が自分で科目を選択し学ぶことが可能であること。
- 生徒の個性を生かした主体的な学習を重視すること。
- 将来の職業選択を視野に入れた自己の進路への自覚を深めさせる学習を重視すること。

子どもの自己決定を重視したカリキュラムづくりを実践し、試行錯誤しながら21年目を迎えた大分県立日田三隈高等学校のとりくみの一端である。

B. 日田三隈高校の概要

1996年に総合学科が設置され、研究大会での発表の機会や先進校視察を経て、2003年に「Mikuma PAS System」を策定、その後さらに改訂を加え「新Mikuma PAS System」の策定を行い、現在に至る。

総合学科高校の大きな特徴は、「総合的な学習の時間が充実」していることである。一般的な高等学校では、「総合的な学習の時間」は教育課程の編成

上、他の教科・科目と同様に扱われているが、日田三隈高校では「総合的な学習の時間」が「それ以外の全ての教科」と、1：1の割合で取り扱われている。

　生徒たちは、6月下旬に「科目選択ガイダンス」「教科別ガイダンス」を受け、各教科・科目の説明や、先輩方からの助言を参考にしながら科目選択を行う。選択の際には生徒に任せきりにするのではなく、生徒が選択した教科・科目は4人の教員との面談によって精査される。話し合いを重ねる中で自己の目標を改めて明確化し、「自分だけの時間割」が完成する。

　「Mikuma PAS System」は、日田三隈高校独自のキャリア教育システムである。「PAS」の意味は、3年間そして卒業後も常に
「P（Plan）＝計画立案」
「A（Action）＝行動」
「S（Support）＝（とりくみに対して）サポートを受けながらすすめていく」
のサイクルでとりくむという考えである。また、生徒たちには、
「P（Progress）＝進歩」
「A（Achievement）＝達成」
「S（Satisfaction）＝満足」
してほしいという願いも込めている。

　「PAS System」の特徴は、「3年間を通した知識・実践・検証のスパイラルにより、徐々に力を積み重ねていく」ことである。

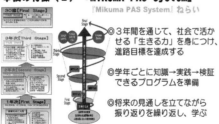

C．各学年における主なとりくみの内容

(1) 1年次「この人に学ぶ」

　入学後の4～5月の進路学習を終えた生徒がとりくむ。自分の興味関心のある仕事に実際携わっている方に、仕事のやりがいや大変さ、その仕事に就くためにどのような進路を辿るべきなのか等について、インタビューする活動である。

　調べた内容は、レポートにまとめると共に、全員がクラス発表を行う。年間3度の発表機会があり、人前で話すスキルは格段に上がっていっている。

(2) 2年次「インターンシップ」

　1年次で身に付けた「知識」やスキルを「実践」する。インターンシップにおける、アポイントメント・依頼文や履歴書作成・事前訪問・実施後の礼状作成を生徒自らが行う。

　体験後には、全員が自分の体験を発表し情報共有することで、職業理解が深まり仕事を通して社会に参画することの重要性を認識できる。

(3) 3年次「個人研究」

　これまで身に付けてきた「知識」「実践」のスキルを「検証」に活かす。自身が課題を設定し、調査研究・実験・作品制作等を通じて課題の解決を図る。10～12人を1つのゼミとし、例年16ゼミほどで週2時間とりくむ。

　2年次までは、各学年のチーフと呼ばれる教員が作成したプリントを活用して授業をすすめるが、3年次では、ノートを活用して生徒自らがすすめる。そのノートには研究のすすめ方や主だった施設の連絡先、日々の記録を書き込むようになっている。

(4) 卒業後「30歳のレポート」

　「総合学科教育の成果は、高校卒業時点でのみ図られるものではない、長いスパンでの検証が必要である」という評価の観点に立ち、「30歳になった歳に、高校卒業後の12年を振り返り、高校3年間の学びが果たしてその後の人生に役立ったのか、レポートを通じて振り返る」というとりくみが「30歳のレポート」である。

　このレポートにとりくんだ卒業生は、「『学校と未だに繋がっているな』と感じることができた」「自分の中にあった思いを、多くの人に見てもらうために整理するよい機会となった」という感想を寄せている。

　このとりくみは30歳になった時点で、それまでの道のりや生き方を振り返り、今後の人生の決意を新たにする機会としての位置づけがなされている。

D．日田三隈高校の抱える課題

　こうした活動では個人の主体性や臨機応変さを求めるものが多いが、年々入学してくる生徒のもつ基本的な力が低下しており、活動するときは教員の大きなサポートを必要としたり、個人活動をグループ活動にしなければならなかったりして、生徒の自主性を大切にした教育活動が難しくなってきている。

Ｅ．日田三隈高校「総合学科」が大切にしていること

　日田三隈高校の生徒は、卒業後上級学校に進学しても、いずれ地元に戻って地域活性に尽力したいと考えている生徒の割合が多い。そのため、在学中から地元との関わりを密にしておくべきだと考え、様々なとりくみを行っている。実際、特別支援学校との交流や、地域の小さなイベントへのボランティア活動参加、といった催しに多くの生徒が参加している。地元の祭りでは、自分の住む地区の山車の引き手になったり、補助員になったりと、地域の方々と触れ合う機会が多くあり、そのことが「社会と関わる」「地域社会での自分の居場所を実感する」気持ちを醸成している。

　また、部活動においても、商店街の空き店舗を借りて、週末にオリジナル商品等を売ったり、様々なイベントで販売活動を行ったりしている商業部「三隈マーケット」や、小中学校や地域の祭りで出張演奏を行っている「ギターマンドリン部」など、地域に積極的に関わっている。

Ｆ．総括

　本リポートのとりくみの興味深いところとして、カリキュラムを生徒自ら編成していることがある。２年次以降は進路希望や関心に応じて科目を選択し「自分だけの時間割」を作る。今年度は受講希望者がたとえ一人でもその講座を開講したそうである。まさに、子どもを中心に据えたカリキュラムづくりとなっている。「将来の進路があいまいな生徒は三隈へ行け」という雰囲気が地域にある中、それを正面から受け、「諸活動の中から、自分のすすみたい道を高校で見つければいい」と、個に応じた教育、生徒の居場所を確保する教育を実践している。

　また、「30歳のレポート」も興味深い。カリキュラムとは自分の学習の履歴であるという考えをするならば、カリキュラムは卒業後もずっと続くものであり評価はその時点の一時のものでしかない。高校で身に付けた力を卒業してから12年後に自分自身で評価する試みは、他県からも注目されているという。「30歳のレポート」を発表する人は成功している人ばかりではないという。その時点でうまくいっていなくても、高校の３年間の経験をその後の生き方に生かしていこうとする生徒を育てている。

〈宮田賢一〉

地域における教育改革とPTA　第22分科会

1. 基調報告
2. A 小分科会　民主的な学校づくり
3. B 小分科会　PTA・地域の連携
4. C 小分科会　過密・過疎、へき地の教育
5. 全体会（最終日）総括討議—第67次教研にむけて—
6. このリポートに学ぶ

◎北薩労安対策会議の歩み〜衛生推進者になって超勤削減！〜
〈帖佐幸子　鹿児島・阿久根市立山下小学校〉
◎地域と共につくる学校組織　　〈井手上大樹　神奈川・横浜市立上永谷中学校〉
◎学校統廃合と地域づくりのあり方〜函館市における学校統廃合へのとりくみ〜
〈三浦友和　北海道・北海道函館養護学校〉

《執筆者》

森山　沾一

岩崎　政孝

相庭　和彦

大橋　保明

齋藤　尚志

1．基調報告

(1)地域の現状と分科会の意義

地域とは国際関係にも影響される国家や自治体・行政の政策に対し、生活共同体に脈々と伝わる慣習・制度とがせめぎあう空間であるとも言える。「地域からの教育改革」とはこの両者のせめぎ合いの中で、そこで生活する子ども・人々の立場から、長期的に幸福が持続するための制度や社会システムの確立をめざすことである。

昨年の日本の参議院選挙結果、英国のEU離脱、米国トランプ政権登場（すべて僅差による決定だが）を経て、日本にもますます戦争の危機が押し寄せている。ちょうど百年前の1917年、レーニンは「帝国主義戦争を内乱へ」と名著『帝国主義論』を出版した。ITの発達や経済・人の移動の国際的大変動があろうとも、地域に暮らす私たちは持続可能な地域社会を実現させる必要がある。子どもたちが育ち活躍する営みの教育は「百年の計」なのだから。

そのために私たち教職員は、〈地域に根ざし、地球に翼を拡げる〉視座をもち、この分科会での実践交流や討論による課題の明確化が期待される。

第22分科会は「職場の民主化」「地域からの教育改革」「過疎・過密・へき地の教育」の三分科会が全国教研再編の中で、10年ほど前から合同し、この分科会となった。1990年代の日教組運動は「参加・提言・改革」のもと、教育政策への提言と推進活動を行ってきた。21世紀も17年を経た現在、職場では文書伝達主義・管理強化・教職員の孤立化がすすみ、地域も核家族・単身家族化・コミュニティの崩壊・消滅集落化がすすむ。このような動きを全国的に把握し、克服するためにも、この分科会は大切な分科会であろう。

(2)今回リポートの特徴

「民主的な学校づくり」小分科会では組合員の組織拡大、世代継承、青年部拡大のとりくみが福岡や兵庫などから報告されている。少子化、過疎化、財政緊縮の名目で採用削減され、管理職数拡大の中、組合員数の減少を跳ね返すとりくみであり非正規労働組合の組織拡大とともに体験交流をする必要がある。

「PTA・地域の連携」小分科会では「震災被災地と地域をつなぐ教育実践」や「PTAのP（ペアレント）が協力し参加する」活動報告があった。前者は6年前の東日本震災とともに熊本・大分地震、安心・安全を保障する防災教育などである。また、後

者は石川県のPTA会長や北海道の母と女性教職員の会が参加して報告・発言し、討論が深まり、盛り上がった。

「過密・過疎、へき地の教育」小分科会では「地域との関わりを深めるふるさと学習」や「過疎・へき地で育つ子どもたちが自分のふるさと意識をもちそのふるさとへの自信と誇りを身につける実践」などが報告されている。

これらの報告の中から分科会に共通するか、共有してほしい実践を初日の午後、分科会で福岡、滋賀、岩手、秋田から発表してもらった。100人以上が集う全体会を通しての議論は、職場の超勤・超多忙化状況を組合の権利としてどう解消していくか、コミュニティや家族の崩壊状態を学校と地域とのつながりでどう克服するか、絶滅町村となりつつある地方の学校統合に対し、どのように子どもたちの自尊感情（セルフエスティーム）を伸ばしていくかの報告であった。

(3)初日と最終日の全体討議を経て

ここでは、初日や最終日の総括討議で出された今回の特徴を述べたい。

若手や中堅、すなわち20～30代の元気のある報告・討論が行われたことをあげたい。世代交代が行われつつある中で、討議も教育委員会・自治体や政策への批判から実践交流分科会的な要素が強くなってきている。最終日、岩手から「組合教研と官制教研の違い」について意見が出た。「組合教研は教育委員会、学校内、地域の非民主主義的あり方を作り変える、権力構造を変えていく教育実践」だろう。どこの地域・校区でも時には隠れたり、露骨に表ざたになる権力関係がある。未来社会を担う子どもたち、そして私たち教職員自身のためにも、こうした不公正な権力関係を民主主義にむけて変革していくとりくみが必要であろう。組合の原則運動論を唱える県と教育委員会との共同教育実践を報告する県との違いを討論の中で建設的に深める課題がある。国民投票総数は多かったにもかかわらず大統領になれなかったヒラリー・クリントンの著書『村中みんなで』（あすなろ書房、1996年・アメリカインディアンの子育てに学ぶ）も、この文脈で読み解く必要がある。

(4)全国教研共同研究者を終えるにあたって

1991年の第40次全国教研（東京）より関わり26年間が経過した。今回が最後の全国教研である。この間「地域における教育改革」「教育格差を超えて～

316

人間の森つくり～」なども執筆してきた。私の場合、「高校の受験教育への疑問」を主な志望動機として九州大学教育学部に入学した。そして偶然かかわったセツルメント活動により、学生時代から民間教育運動、教研活動や全共闘運動に関わってきた。当時の教員たちは未来への希望と夢と社会変革への意思をもっていた。今もそうだと信じる。今後ともこうした教職員と生涯学習を通して再会できることを楽しみにしている。

全体講演で法政大学山口二郎教授が最後に魯迅を引用していた。共感することの多かった講演だった。私を20代から今日まで支えてきた東西の二つの言葉をここに記して筆を擱こう。

「絶望の虚妄なること、
　希望の虚妄なるに相同じい」
　　　　　　　　　　（魯迅『野草』1925年）
「教えるとは、共に希望を語ること
　学ぶとは誠実を胸に刻むこと」
　　　　　　　　（ルイ・アラゴン
　　　　　　「ストラスブール大学の歌」1943年）
　　　　　　　　　　　　　　　〈森山沾一〉

2．A小分科会　民主的な学校づくり

(1)「教職員の諸権利、労働条件をめぐるとりくみ」に関連して

分科会合同報告では、教職員の権利を支える組織拡大のとりくみとして、青年層が少なく優れた教育実践の継承が必要という問題意識から、①思いを込めて活動の素晴らしさをはっきりと伝える、②こまめに連絡し、生かせる学習会を開く、③組織会議やロールプレイで対策を練る、④分会活動を大事にする、⑤SNSを活用し情報を広げる、等の実践報告があった（福岡・小）。討論では、①採用直後の勧誘が大切で、②年齢が近い青年層の声かけや触れあいが安心感を与え、③組合加入で全国につながる広がりの意識を伝え、④普段から組合員・未組合員の隔てなく皆で議論し、⑤活動に組合員の人間力を生かすことの大切さ、の指摘が印象的だった。

次に、臨時・非常勤教職員の問題として、年度毎の任用と任用の間の空白期間に引継業務を行うことや経験年数が増えるほど賃金格差が開くという不合理な実態が指摘され、労働条件が一番厳しい人が良い職場と思える職場を作りたいという願いを込めた着実な改善のとりくみが報告された（滋賀・小）。臨時・非常勤教職員が学校現場で正規と実質的内容に差がない職務を行っている事実に照らせば、期限付

き雇用の継続による期限なし雇用への転換や同一労働・同一賃金による評価を求める民間労働の昨今の労働条件適正化の流れは、学校現場の公務労働にも敷衍されるべきである。同じ仕事で処遇が違ってもよいのかという当然の疑問に向き合い、自分の将来を語れない臨時・非常勤教職員に寄り添った運動の構築が求められる。

今次も超勤・多忙化解消にむけたとりくみの報告が多数あった。業務の効率化の視点から工夫や経験を交換する共有フォルダの活用や印刷物の精選、行事の見直しの視点から運動会の改善等が紹介され、必要な業務でも変えられること、削減するだけではなく改善すること、他校との提携や全員でのアイデアの交換の重要性が指摘された（北海道・小）。同様に、効率化の視点からデジタルデータの活用・共有化やカラー印刷機の導入、業務の見直しや意識改革の視点から勤務実態記録を作成して自己管理の視点をもつこと、部活動への外部人材の活用や複数顧問制の導入が報告された（山梨・小）。職場環境の改善の視点からは、安全衛生委員会の開催、勤務実態改善計画の機能化、職場の実態交流をすすめたうえで、分会では、つながりを大切にするために、週1回の職場集会を行い、計画年休や月1回の職場レクにとりくんでいる実践が示された（大分・小）。

このように超勤・多忙化解消にむけたとりくみを、毎年継続・進化させている単組が少なくない。今後は、過去数年間に遡ったとりくみを集約・分析し、諸々のとりくみの有用性をふまえて、学校の種類や規模毎に分類した具体的な未来の処方箋を示すような総括的かつ創造的な報告にも期待したい。

また、学校の統廃合政策のもとで、生徒募集に力を入れ学校の統廃合を避けるために学校活性化委員会が設置された結果、過重な業務となった実態が生じ、職場全員アンケートを実施・分析することで管理職に真摯な改善を求めた報告があった（鹿児島・高）。

多忙化の中で、給食指導のために休憩時間が保証されない現状に対する疑問から、現状の不合理さを指摘しながら、勤務時間・休憩時間についての当然の意識を学校現場に浸透させていく具体的なとりくみも報告された（広島・中）。休憩時間中に具体的な業務を組み込むのは矛盾であり、自由利用の法原則に反し違法である。休憩時間の確保は、健康に関わる重要な労働条件であることを銘記しておきたい。

労働安全衛生に関しては、今年も積極的なとりくみが報告された。市教委に労働安全衛生委員会の立

ち上げを求め、各校で委員会が機能していない状況を是正するとともに、自校での安全衛生委員会を機能させ、「職場環境チェック」や「勤務時間外状況調査」を行い、扇風機の設置、ノー残業デーの設定や周知等の改善をすすめた報告があった（岩手・小）。また、労働安全衛生が学校を変える突破口になるという視点から、①組合員が衛生推進者を担うという方針を立て、②衛生委員会を毎月開催し、アンケート等も活用して超勤削減目標を設定した上で、職員会議等で議論するという学校毎のとりくみをすすめるとともに、③「基礎からの労安セミナー」等を行い各校のとりくみを交流して、先進例をモデルに全体の水準を高めていくという継続的な実践例が報告された（鹿児島・小。詳しくは、後掲「6. このリポートに学ぶ」を参照）。「安全・健康配慮義務」を履行すべき責任者は使用者で、労安推進の基本原則が事業者責任であることを前提にして、労働者が積極的かつ対等に意見を言える衛生委員会のシステムを作り上げ、それを活用して自校の使用者の責務を問いながら、他校も含めた地域全体に拡げた多忙化の解消や職場環境の改善につなげるという労働者保護法制を生かした総合戦略性に再び着目したい。

〈岩崎政孝〉

(2)「民主的職場づくり、組織強化・拡大」について

「民主的職場づくり、組織強化・拡大」を討議の柱として報告されたリポートは、神奈川・小、宮崎・高、沖縄・中、長崎・小、沖縄・高から計5本である。神奈川・小のリポートは若手が中心となり、自発的な研修グループROOKIESを組織し、ICT機器の活用や「ドッジビー」などの研修活動を行い、この活動を通して職場の繋がりを強めていったというものである。若手組合員の連携と活動の魅力はこれからの青年部の強化に欠くことのできない視点である。宮崎・高の報告「民主的な学校づくりに向けて」は、一人分会であるにもかかわらず、始業時間と勤務時間がずれている問題、夏休みが短くなっている問題など職場の基本的な課題にこだわり、その改善を少しでもすすめるという活動の報告である。一人分会にもかかわらず組合の存在意義を問う貴重な報告であった。沖縄・中の報告は、沖教組からのチラシの配布を契機として仲間が広がっていく様子や夏休みを活用して分会学習会を組織するなど日々の活動とこれからの展望の報告である。資料の配布や分会学習などは組合の主柱である。沖縄の報告はそ

の重要性を明らかにした重要なものである。長崎・小からは「職場の問題」とのテーマのもと、職場の様々な問題を洗い出し、分会黒板や組合チラシの配布などの活動が報告された。沖縄・高の報告は「沖縄県における呼称『実習教諭』を認められるまでの経緯と交渉結果報告」である。「実習助手」の呼称は生徒を教職員のチームとして指導していく場合、好ましくない点を挙げ、それを実習教諭と変えさせるまでの交渉経緯を報告したものである。学校教育は、教職員がチームとなって行うことは当然であり、そこに分断を持ち込む可能性のある事は変えていく。沖縄・高の報告はこの重要性を指摘したものである。

(3)民主的な学校づくり

討論の柱である「民主的な学校づくり」では都障労組、奈良・中、千葉・小、静岡・小からの４本の報告がなされた。都障労組「管理強化と同時に進行する子どもの振り分けと分断」では、都障労組の結成から職場での闘いの歴史が報告され、子どもが「障害」を理由に分断されてきた都の政策に対して闘いを展開してきた実践が報告された。差別と分断こそが教育現場の統制を強化する極めて有効な手段である点を明確化する貴重な報告である。奈良・中「いつまでも甘えてたらあかん！自分たちが立ちあがらんと！」は、青年部が中心となり校内若手勉強会「ONE UP！」の発足とその活動を報告したものである。職場に存在した組合の伝統や同和教育などの成果を受け継いでいく活動や仲間の本当の思いを理解し、なんでも語り合える関係づくりを若手の視点から報告したものである。青年部の活動をいかに作っていくのかということは今後の組合活動に欠くことのできない点であるが、この報告は組合全体のつながりを強める方策を打ち出した報告であった。千葉・小「働きやすい職場づくりをめざして」は、実態把握のための職場の民主化アンケートを行い、その分析を行い、それをもとに部活動指導のマニュアルを作成したり、情報の共有化を行ったりしたことの報告であった。この活動は青年部が中心となり、青年部層の力量の向上や多忙感の解消をめざして行われた調査であり、丁寧に現状を報告しているものであった。小学校の部活指導という問題も明らかにした貴重な報告である。静岡・小「教職員のストレスを和らげ心が安定して働ける職場づくり」は、ストレスをためない、発散するとりくみと組織づくりを青年部のアンケートをもとに実践化した報告であ

る。職場ストレスの原因、それを克服するための仲間づくりの重要性を指摘した重要な報告であった。

「民主的職場づくり」、組織強化・拡大、「民主的な学校づくり」の２つの柱で報告検討されたことで特に重要なことが、ベテランと若手の組合員の連携である。ベテランが築きあげてきた組合の意義を若手が受け継ぐ、また若手の視点でベテランは組合の組織強化・拡大を展望することが重要である点が語られた。同時に教職員の管理強化が差別と分断を作り出していく流れに対して仲間のつながりの重要さが確認できた討議であった。　　　　　〈相庭和彦〉

3. Ｂ小分科会　PTA・地域の連携

はじめに、共同研究者から基調提案があった。森山共同研究者からは、社会学者・見田宗介氏の言葉を援用しながら、「根をはり、翼を広げる教育実践」をキーワードとして、現代社会において衰退しつつある公共の子育ての再構築の必要性が指摘された。また、大橋共同研究者からは、前次教研の還流と本次教研の討議の柱の確認の後、中央教育審議会答申「新しい時代の教育や地方創生の実現に向けた学校と地域の連携・協働の在り方と今後の推進方策について」（2015年12月21日）で言及されている学校運営協議会制度（コミュニティ・スクール）や「社会に開かれた教育課程」等をキーワードとした教育政策的な議論が教育現場にどのような影響を及ぼすかを考えるうえでも、「ひらかれた教研」活動が今後ますます重要になるとの指摘があった。

初日の全体会報告では、Ｂ小分科会から岩手のリポートが選出された。「被災地（大槌）と地域（平舘）をつなぐ米づくり」（岩手・小）は、前任校での被災地訪問活動と現任校で求められた総合学習「米づくり」の活動を丁寧につないだ教育実践であった。身近な地域と遠くの地域のどちらかを選ぶのではなく、両者をうまく結びつける中で、学習発表会での「かぜのでんわ」朗読劇や収穫したもち米の販売や交流など新たな活動も生まれ、学習活動が校区をこえて地域の中で展開され始めていた。活動の継承やボランティアの組織化等に難しさはあるが、被災地の厳しい現実を忘れない地道なとりくみが続いていくことを期待したい。

(1)地域とつながる教育・学習活動

「地域・PTAと連携した活動の中での主体的な児童の活動」（福井・小）は、PTAや地域とのつなが

りの中でとりくまれる「文殊の火祭り」の実践や学習を通じて、学校へ通うことが楽しいと思う子どもたちが増えつつあるという報告、「夏に負けずに!! いっぱい笑って楽しもう」（三重・小）の全校児童21人の小規模複式校において30年以上続く「夏の子ども学校」の盆踊りや遠泳等のとりくみは、地域とともにある学校／学校とともにある地域であることを皆が共有しているからこその活動であった。「高雄の人と自然を愛する児童の育成」（兵庫・小）では、総合的な学習の時間等の「授業」や地区連合運動会等の「行事」、子ども見守り隊等の「日常生活」、避難訓練等での「校種間連携」など、一つひとつのつながりを大切にする中で子どもからおとなまですべての人に地域への愛着が育まれており、「地域に根ざした教育活動をどうすすめるか」（大分・小）では、地域素材としてあまり知られていない山城について、試行錯誤しながらも子どもたちとともに活動する中で、多くの人と出会い、学びが深まったことが報告された。

今回は4本すべてが小規模小学校の報告であったが、地域とのつながりは教員の醍醐味であり、地域資源を自ら発掘することの意義は一定程度共有された。ただ、一方で、超勤・多忙化問題は横に置けない課題であり、各校での情報共有や全市的な共有フォルダの活用、社会教育施設との連携のあり方なども併せて議論された。

(2)地域を変える教育・学習活動

「『おやじ』の力で地域をおこす」（山梨・小）では、12年前に発足したおやじの会によるウサギ小屋づくり等の奉仕作業や米づくり等の授業支援を通じて、学校と地域とに互恵関係が生まれ、地域を愛する心が育まれている。「地域とのかかわりの中で子どもが変わる地域も変わる」（新潟・小）は、只見線70周年を記念して子どもたちが毎日手を振り始めたことをきっかけに、只見線沿線会議やJR東日本との連携がうまれ、「只見線に手を振る条例」の制定へと至ったことや、地域の民話を短期間で習得した子どもたちが、デイサービス訪問で民話を披露したところ、社会福祉協議会から声がかかり、新たなボランティア活動へと繋がった報告であった。地域とともに歩み、成長する子どもたちへのまなざしに対する新しい視点の提起であった。「学校行事を保護者の力で町の行事に」（石川・小）は、PTA会長と教職員との共同発表であったが、両者の協力で開催した宇出津っ子ロードレースをきっかけに、商店街や地域を動かし、町の活性化につながり始めているという報告、「育ちあうまち・三島をめざして」（大阪・小）は、サポータークラブ「学びあい隊・応援し隊」による学習支援活動や地域と出会う人権総合学習等、「地域で子どもを育て、地域で活動すること」を大切にする中で地域が好きになるという報告であった。

地域を変える教育・学習活動の展開は、子どもたちのゆたかな学びや成長を中心にして、教職員と地域住民とで負担は分担、想いは共有されることで継続していく。学校と地域の視点をもつコーディネーター（橋渡し役）の重要性はたびたび指摘されるが、日常的なつながりの中でそれぞれの立場から相互に理解を深めること（学校理解、地域理解）の大切さを4本のリポートは示唆してくれた。

(3)教育運動と組織づくり

「子どもたちの明るい未来のために」（北海道・小）では、第43回「上川母と女性教職員のつどい」が約250人の参加を得て開催され、平和、人権、環境など8分科会で活発に議論されるとともに、集会宣言（後述）が採択された。「子どもたちのコミュニケーションについて考える」（千葉・中）では、第14回「教育シンポジウム in ICHIHARA」（地域教育協議会）が約300人の参加を得て開催され、子どもをとりまく環境や携帯電話の扱い等について積極的に意見交換が図られた。「地域と共につくる学校組織」（神奈川・中）では、地域防災をテーマにした全校生徒参加の地区懇談会のとりくみをきっかけに、多様な人々との交流機会が増え、ボランティアへの意識も高まった（神奈川・中＝「6. このリポートに学ぶ」参照）。

「体育で学校を変えたい」（長野・中）では、保健体育の授業改善と子どものスポーツ要求に応える生徒会活動（体育委員会活動）のとりくみにより、社会体育としての部活動を捉え返す必要があることが提起された。「地域住民・保護者は、教職員からのアプローチを心待ちにしている」（鹿児島・小）では、CAPワークショップのとりくみを通じて学校と家庭がより近い存在となり、2010年以降の鹿屋市学校統廃合政策に対しても、地域住民や保護者とともに学校づくりをすすめたいとの決意が示された。

ここに、上川母と女性教職員のつどいの集会宣言を引用する。

「わたしたちは、ここに誓います。子どもたちの未来を脅かすあらゆるものに立ち向かい、守り

抜くことを！　手をたずさえて『平和と人権』を守る声を出し続けることを！　世界に誇るべき平和憲法の改悪を許さないことを!!

『すべての子どもたちに生きる喜びを！』今日のつどいからさらに運動をすすめていきましょう！」

トップダウンの教育政策が矢継ぎ早に打ち出され、教育運動の新たな展開や組織拡大が難しい今こそ、「根をはり、翼を広げる教育実践」が求められるのであり、市民の連帯を生み出す「ひらかれた教研」活動が意味をもつのである。　　　　〈大橋保明〉

４．Ｃ小分科会　過密・過疎、へき地の教育

初日全体会では秋田・小が２年後に統廃合となる小学校のふるさと学習のとりくみを報告した。小さな学校ならではの地域の人たちから学び、支えられる田植え等の体験学習を通して子どもを含む地域の人びととをつなぐ学校の姿が示された。地域における学校の役割、その存続ないし廃止と地域のこれから、学校統廃合問題が、今次の共通テーマとして意識された。

(1)地域の今と、学校・教育の"かたち"

北海道・養は市の学校再編計画に対するPTA、市民、組合等の諸団体との連携による反対運動を一小学校PTAと市との具体的な交渉を事例として報告した。「学校統廃合の問題は、決して教育だけの問題ではない」。学校統廃合にとまらず、学校や教育についてラディカル（根本的）に意見交換する貴重な機会となった。

山形・高と鳥取・高からは高校の統廃合に関する報告があった。前者は４つの高校が統合され生徒・教職員数約1,300人のマンモス校になった。統廃合前における設備設置への業務外労働の問題や各学校文化の調整等、高校の統廃合ならではの問題が提示された。後者は県の高校再編計画に対して高教組として地区集会を開催した。両報告を通じて、「競争社会ではない生き方」と高校教育、多様な子どもの居場所としての高校、人口減少がすすむ地域社会にとっての高校進学の意味等について討議した。

山梨・中は町の義務教育費無償化のとりくみとして教具の公費化や町との予算交渉等について事務職員からの教育支援を紹介した。予算・経費に応じた活動なのか、活動に見合う予算・経費なのか。「子どもの最善の利益」からいえば、活動に見合う予算・経費をもっと要求していい。教育活動を支える基盤への関心を促してくれた。

(2)地域とつながる教育活動

岩手・小は20数年前から続く稲作体験の継続の危機に際し、地域ボランティアを募り、子ども・教職員・保護者・地域の人たちとの対話を重ねて、稲作体験と収穫祭にとりくんだ。行事の背景やそれに関わる人たちの思いや願いに耳を傾ける姿勢に学びたい。

静岡・小は地域の伝統技術である伝馬船「櫓こぎ」を支援する学校体制づくりを報告した。年一回の櫓こぎ大会には大学生等の元子どもたちも参加する。学校が地域の人たちを確かにつないでいた。「地域の行事を地域に戻していく」ための今後のとりくみを期待する。

地域の願いと学校の願いをもとに協働して地域学習「佐渡学」にとりくんだ新潟・小。ゲスト・ティーチャーは年間100人とも。リポーターは佐渡の廃校になった学校調査にも参加しており、リポーター自身の佐渡という地域に対する願いも伝わってきた。

児童数14人の完全複式校でゆるキャラの制作と活動（保育園等の訪問）にとりくんだ岡山・小。子どもたちはその活動を通じて地域の人口減少や行事の廃止、地域のために活動する人たちの存在に気づき、地域への思いや願いを育んだ。地域と子どもをつなぎ、子ども自身の思索や子どもからの発信を大切にしたとりくみであった。

福岡・中は離島での中学校分校生徒数７人での「相島サミット」（島の活性化のための島民と中学生との意見交換の場）等のとりくみを報告した。中学生の島の未来への願いをどのように形にしていくのか。社会教育や地域づくり活動、福祉・医療や就労保障等との今後の連携に期待したい。

(3)小規模校からの学びの発信

兵庫（丹波）・小は40年近く教職員、子どもたち、保護者、地域の人たちをつないできた金管バンドのとりくみを報告した。コンクール等への参加はせず、自分のため、地域のために金管バンドに熱中する子どもたち。「子どものため」「地域のため」「やりがい」と多忙化との関連を考える機会になった。

小規模校の課題の一つとされる子どもどうしのコミュニケーションの停滞に対話やグループ学習を取り入れた授業を展開した愛知・小。子どもたちは授業の中で他者との「違い」と「同じ」を知り、自信

を育んでいた。「上手に人を頼ること」が大事だ。

三重・小は複式学級における「ひとり学び」とガイド学習（同時間接学習）、「ふるさと学習」の創造としての観光ガイド活動を紹介した。教員こそが地域の人たちや観光客との出会い、その時々の子どもとの出会い直しを楽しんでいる点に学びたい。

兵庫（淡路）・小は極小規模校ならではの地域とともに作りあげた運動会等のとりくみを報告した。5年間で児童数58人から9人にまで激減。統廃合の賛否は反対派が多数となったが、その後に統合予定校への転出者が続出したことも一因だった。学校統廃合問題によって分断される地域、その深刻さと危機感が強く印象に残った。

全校児童10人の極小規模校でのトンネル探検等の地域学習にとりくんだ大分・小。現地に行き、地域の人たちに問い、聴き、学び合う。小さな学校だからこそできる、子どもたちの「知りたい、学びたい、伝えたい」の思いを大切にしたとりくみであった。

(4)生存（生活）・社会問題としての学校統廃合

現在、学校統廃合は人口減少とグローバル化に対応した地域再編、公共施設および政策の整理・統合政策のもとにすすめられている。それは就学前施設の統廃合、バス等の交通網の縮小・廃止、商店（街）の衰退、市町村合併後の行政サービスの整理統合とともにある。学校統廃合問題は、教育にとまらず、福祉、医療、雇用、財政、社会保障等と複雑に絡み合い社会的に生成される社会問題として、そこに生きる人たちの生存（生活）の問題としてある。

また学校は本来「地域コミュニティの場」の一つであった。公民館や神社・寺なども「地域コミュニティの場」である。路地裏や「井戸端」のような小さな交流の場も地域の人たちにとっては何気ない日常の一コマでありながら、人間関係を紡ぐ重要な場であった。いつしかそれらの場は縮小・消失し、地域の教育機能は学校に集約化され、学校が地域の人びとをつなぐ唯一の場になった。「地域コミュニティの場」が学校しかない地域は、すでに「学校を核とした地域づくり」（2015年12月中教審答申）を行ってきた。現在、核であるはずの小学校を失う地域は年200～300ある。学校以外の地域コミュニティの場づくりをいかにすすめていくか、それに学校がどのような関わりをもつかが問われている。「地域とともにある学校」（同答申）のありようをラディカルに問い続けたい。

なお、最終日全体会総括討論では、新潟・小がC

小分科会の概要を報告してくれた。　〈齋藤尚志〉

5. 全体会（最終日）総括討議 ―第67次教研にむけて―

各小分科会の共同研究者より、第67次教研にむけて総括および提言があった。

C小分科会の長谷川共同研究者は、多忙な労働環境の中では「小規模校だから……できない（低い）」という発想に取り込まれやすいが、小規模校にこそ教育の原点があり、一人ひとりを見られる状況にあるのだから、表現の苦手な子どもにも丁寧に関わっていかなければならないことを自らの経験も交えて話された。また、体験活動は大切だが、子どもたちに何を伝えるのか、体験の先にあるものは何か（例えば、地域の人々の生き方など）をしっかり考えてとりくむ必要のあることが指摘された。

B小分科会の大橋共同研究者は、学校運営協議会制度（コミュニティ・スクール）の設置努力義務化や地域連携担当教員の配置等、マクロな地域教育政策が積極的にすすめられる状況下においては、より高いアンテナを張って職場のミクロな課題を考えることが重要である。社会的・文化的・経済的に弱い不利な立場に置かれた子ども、原発事故等で避難を余儀なくされている子どもを含むすべての子どもたちのゆたかな学びを保障するためには教育労働運動と市民運動との連帯が不可欠であり、そうした連帯は本分科会で報告される職場の民主化や地域における教育実践の地道なとりくみによってこそ可能になることが指摘された。

A小分科会の相庭共同研究者は、同僚性、多忙化、自発性の3つのキーワードを掲げ、権力による子どもや教職員の分断がすすむ中、連帯し、多様性を認め合う同僚性を守ることこそが平和と民主主義を守ることにつながることを再確認する必要がある。パワハラ等で教職員がいじめられていることは、未来の子どもたちが泣いていることと同じであり、だから負けてはいけないのであると力強く語られた。

最後に、今年度かぎりで勇退されるB小分科会の森山共同研究者は、冒頭、生涯現役宣言とともに、多くを学んだ26年間の教研活動に対して感謝の意を表された。各単組の組織率や行政との距離感はさまざまであるが、共通しているのは国家権力を相手にしているということであり、国家がどのような様態であってもこの権力関係を絶対に忘れてはならない。初日の山口二郎さんの講演でも指摘された言葉

のすり替えには敏感であるべきで、ゆでガエルにならないよう先を見通しながら、次代を担う子どもたちのために大胆かつ細心に闘っていってほしいとエールが送られた。

これらの総括や提案、各小分科会で得られた成果が地元の仲間に還流され、それぞれの地域における教育実践や組合活動がより一層深化拡大することを期待したい。〈大橋保明〉

6．このリポートに学ぶ

(1)民主的な学校づくり小分科会

リポート　北薩労安対策会議の歩み
～衛生推進者になって超勤削減！～
帖佐幸子　鹿児島・阿久根市立山下小学校

Ａ．はじめに

厚生労働省が学校の労働安全衛生の改善・整備を勧告した1997年以降、2010年頃になっても学校の労働安全衛生体制は整わずとりくみもすすまない。そして、学校はいつまでも超勤がなくならず多忙化した状態が続いていた。そこで、2012年度に「北薩労安対策会議」を発足させ、「（可能であれば）組合員が推進者を担う」という方針をうち出しとりくみをすすめてきた。

Ｂ．北薩労安対策会議の基本的な考え方と概要
(1)基本的な考え方
○組合員が衛生推進者を担い、学校の労働安全衛生

のとりくみをすすめる。
○衛生委員会を毎月開催する。
○超勤削減、多忙化解消を学校の労働安全衛生の中心課題としてとりくむ。
○各学校の衛生委員会のとりくみ（実践）を交流し、とりくみを深める。
○労安に関する学習を深め、組合員の疑問や相談、期待に応える。

(2)北薩労安対策会議の概要

当初、支部としてのとりくみを検討し学習を深めていたが、衛生推進者有資格者も増えてきたため、2014年度1月から有資格者、各分会にも参加を呼びかけ、とりくみの交流をしながら意見交換したり助言し合ったりしている。ほぼ毎月開催し、10月までに49回を数えた。

Ｃ．これまでのとりくみ
(1)衛生推進者を増やすとりくみ（図1）
①衛生推進者養成講習の受講

2012年度までは、推進者をしている組合員は1人であった。組合員がそのポジションをとりやすくするために、2013年度から「衛生推進者養成講習」の受講を促進し、支部で受講料を補助した。その結果、少しずつ有資格者が増え、2015年度までに35人となった。
②実際に衛生推進者になる

2013年度から「衛生推進者になる」ための学習ととりくみの交流をすすめてきた。新たに推進者になった学校のとりくみとメリットを紹介し、推進者に

図1

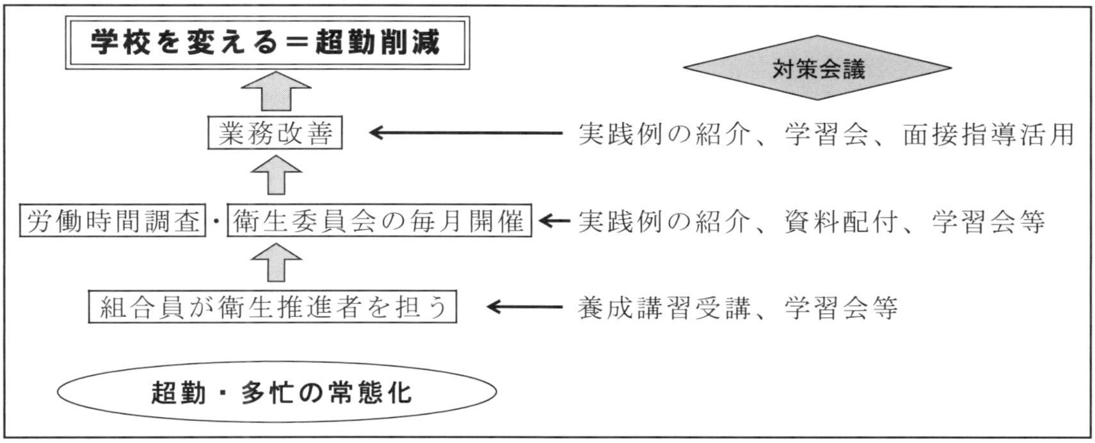

323

なるとりくみを提起した。

紹介されたメリット
（分会員が衛生推進者をしたことによってできたこと）

○労安に関する規程、通知等の職員への周知が確実に行えた。

○労働時間把握の結果をいかし、業務改善をし、超勤を減らした。

○学期1回しか開催していなかった衛生委員会を毎月開催にした。

○職員の健康診断の実施手順を作成して実施者や担当者を明記し、スムーズに実施できるようにした。

○衛生委員会に推進者以外に分会代表が入るので、衛生委員会に分会員が2人入ることができた。

　2014年度からは夏に「基礎からの労安セミナー」、秋に各地区での学習会、年度末に衛生推進者有資格者会議を実施している。2014年度のセミナーでは基本的事項の学習が中心であったが、2015年度からは実践報告も行い、具体的なとりくみを知ることができると好評だった。セミナーにあわせて『組合員のてびき　衛生委員会編』（2014）や『校種・規模・職種別労安実践報告集』（2016）を作成し、全分会に配布している。

③衛生委員会の毎月開催

　ほとんどの学校で学期1回しか開催されていなかったが、労働時間把握の結果をいかすためにも毎月開催しなければうまく機能しないことから、衛生委員会の毎月開催についても大きな柱としてとりくんできた。各地区集会で「衛生委員会の毎月開催にむけたとりくみ」の学習会を実施し、毎月開催している学校の毎月開催に至る経緯と成果（7校分）を報告し、意見交換を行った。2016年度は11校で毎月開催している。

⑵労働時間把握と事業仕分け等による超勤削減

　労働時間把握が始まった2013年度以降、出退時刻調査の結果をもとに超勤削減をするとりくみについて学習し、それ以降毎年、出退時刻調査をもとにした教育課程編成期の事業仕分けについて提起し、とりくんでいる。

教育課程編成期の事業仕分けの方法
（ECRSの原則を採用する）

ECRS（イクルス）の原則

E	（Eliminate）	やめる	廃止
C	（Combine）	へらす	統合、選別、回数、頻度、時間・期間、種類、規模、抽出
R	（Rearrange）	かえる	順序、手順、方法、場所、分担、時期、軽重、意識
S	（Simplify）	簡単にする	省略、簡素化、単純化、効率化、省力

E→C→R→Sの順序で試すと効果が高いといわれている。

①労働時間調査の結果を分析し、超勤削減目標（時間）を設定する。

②目標時間数を達成できるよう、何を削減するべきか自由記入式の一次アンケート調査を実施する。

③一次アンケート調査で出された業務を数値化（ジョブサイズ＝所要時間×人数×回数）して、削減希望調査をとる（二次アンケート調査）。

④二次アンケート調査の結果をまとめ、（校長と協議の上）衛生委員会で論議し、その結果を教育課程編成会議・職員会議で提言する。

　このとりくみにより各学校で改善された内容は、年度末にアンケート調査を実施し、各分会に紹介した。

　衛生推進者が増える中で、このとりくみもひろがりを見せ、各学校で工夫しながら（月ごとにアンケート調査を実施、各学年の安全衛生委員会ファイルを作り月末の学年部会で月の業務〈校務整理・超勤削減〉の意見集約 等）とりくみをすすめている。

事業仕分けにより業務削減された内容例

[ ]の数字は削減時間
（ジョブサイズ＝所要時間×人数×回数）

暗唱大会の廃止［5］

集団下校を月2回→1回［22.5］

交通教室2回→1回［8］

発育計測3回→2回［4.5］

プール開き廃止［6.7］

土曜日の朝活動縮小［13.5］

学年朝会の廃止 ［87］　　職員体育削減 ［197］

お別れ遠足の廃止 ［111］

日課表の見直し・整理（朝時間帯整理・教材研究
　時間確保）［900］

1学期中間テストの廃止 ［14］

委員会活動通年化 ［56］

創意の時間を縮小 ［24］　　学年通信の廃止 ［33］

運動会練習の削減・変更・期間短縮 ［31］

水泳・陸上記録会練習の縮小 ［30］

問題集・ワークシート集の購入による教材準備の
　時間短縮 ［54］

調査物集計時間確保 ［14］

職員ボランティア組織の自主性確保 ［128］

全体研修の廃止（個人研修へ）

企画委員会の廃止

　そのほか、各学校の出退時刻調査の結果を各市町に情報開示請求を行い、一覧にまとめて北薩労安のホームページに掲載したり、「長時間勤務者に対する産業医等の面接指導」を活用するとりくみを提起し、バックアップを行ったりしている。

(3)その他

　対策会議では、ホームページを開設し、労安に関するさまざまな資料や情報を提供している。北薩のこれまでのとりくみについても、ホームページに網羅されている。また、労働安全に関する相談窓口も設置しており、ホームページを通して県内外から問い合わせや相談が寄せられている。

D．とりくみに確信をもって

　対策会議が発足してから4年半、これまで一貫して、「組合員が衛生推進者を担う」ことを中心にとりくみを構成してきたが、それまでの方針（教頭に推進者をさせるべき）とは真逆のとりくみであり、当初は支部内の組合員の中にも、戸惑いと疑心があった。それでも、少しずつ学習を積みながら、諦めずにとりくみと学習を続けてきた4年半であった。それは、まだまだ少ないながらも、組合員が衛生推進者を担った学校で、確実に衛生委員会が機能し業務改善をしているという実績があったからである。そして、今は、北薩支部がとりくんできたことを、鹿教組本部も方針に据え、他支部へと輪がひろがっている。

　学校の労働安全衛生のいちばんの課題は超勤（長

時間労働）である。「組合員が衛生推進者になることで、衛生委員会を毎月開催し、労働時間把握の結果をもとに業務改善をする」ことで超勤を削減でき、学校が安心して働ける職場となり、ひいては「学校教育の質の向上」にもつながっていく。今後も、さらに多くの学校で組合員が衛生推進者を担うことができるようとりくみを工夫し、ひろげていきたいと考えている。

(2)PTA・地域の連携小分科会

リポート　地域と共につくる学校組織
　　井手上大樹　神奈川・横浜市立上永谷中学校

A．全校生徒参加の地区懇談会をつくるきっかけ

　2014年7月、『東日本大震災に学ぶ地域防災』をテーマとし、地域の方々をお招きして、地区懇談会を開催した。第一部では、岩手県盛岡市より、東日本大震災を生徒と共に経験された先生をお迎えし、そのご経験と、学校や地域、そして中学生が災害の際にできることについてお話を伺った。第二部では、地域の方々や小・中学校の教職員が小グループに分かれ、第一部の感想を交えて意見交換を行った。そこで、私たち教職員は、地域の方々が中学生とのかかわりを望んでいることや、有事の際に限らず、日常生活においても中学生の働きが地域に求められていることを改めて実感した。

　この地区懇談会をきっかけとして、中学生がすすんで地域のために活動するために、自分たちの住む地域についての理解を深めたうえで、地域に住む方々と顔を合わせ、日常的に関わりをもてるよう、さらなるコミュニケーションの深化をすすめたいと考えた。

B．全校生徒参加の地区懇談会のとりくみ

2014年度

7月11日（金）　地区懇談会

- 『東日本大震災に学ぶ地域防災』をテーマに、岩手県盛岡市立の小学校の校長先生による講演を聞いた。

- 講演の内容についての感想を交え、地域防災に関して意見交換を行った。

2015 年度

6月8日（月）　地区懇談会のオリエンテーション

- 朝会で生徒たちに昨年度の地区懇談会の成果を紹介し、今年度地区懇談会を行う意義を伝え、全校で共有した。
- 1校時に全校生徒が地区ごとに分かれ、平均5人のグループを作り、当日の役割分担や地域の地図づくりをした。

6月13日（土）　地区懇談会

- 中学生と地域の方々が小グループに分かれ、「地域の方々と中学生の顔の見える関係をつくる」ことをめざして話し合いの場をもった。
- 5・6人の生徒のグループに、地域の方、小学校の教員、PTAの方も加わった。

2016 年度

6月6日（月）　地区懇談会の事前指導

- 朝会で生徒たちに昨年度の地区懇談会の成果を紹介し、今年度地区懇談会を行う意義を伝え、全校で共有した。
- 話し合いを行う教室の確認・話し合いを行うグループの確認とメンバーどうしの顔合わせ
- 話し合いの目的、内容、流れの確認
- 司会者、記録者、発表者の決定
- 地区ごとに地図を作成→地図への地区情報の記入

6月18日（土）　地区懇談会

- 体育館にて、校長より「何故、全校生徒参加の地区懇談会を実施するのか」に関してプレゼンを行った。
- 各教室でアイスブレイクゲーム「簡易版HUG（避難所運営ゲーム）」の実施
- グループ会議
  - ●簡易版HUGの感想

- ●地域の特徴や情報
- ●地域の行事
- ●実際に災害が起きたら、どうするか
- ●地域が中学生に期待すること
- ●中学生として地域に貢献できること　など
  - グループごとの発表

C．地区懇談会の実施内容

⑴自己紹介

全校生徒が地域ごとに112のグループに分かれたところに、およそ200人の地域の方々や保護者、そして小・中学校の教職員が加わって自己紹介を行った。

⑵上中版「HUG」避難所運営ゲームの実施

上永谷中学校、及び近隣の小学校を避難所として想定し、マグニチュード7.0規模の地震が発生した場合に、どのように対応するかを各グループで話し合った。

⑶地域についての情報交換

自分の住む地域の周辺地図に印やメモをしながら、情報交換を行った。

⑷地域のあり方についての意見交換

完成した地図から読み取れる、地域の特徴を共有し、めざすべき地域のあり方や、地域から期待される中学生の役割、中学生が地域のために貢献したいことなどに関して話し合った。

⑸発表

各教室で、同じ地域に住むみんなで、各グループで話し合った内容を各地域ごとに共有した。

D．2016 年度地区懇談会の振り返り

⑴生徒アンケート結果

★生徒反省コメント（抜粋）

- 班のメンバーが顔見知りだったこともあり、意見が生徒、地域の方、そして小学校の先生からもたくさん出た。1年生が司会だったこともあり、進行がスムーズにすすまなかったけど、顔見知りになる、という点が達成できた。
- 自分の地域の防災のことについて、地域の方とお話ししてわかりました。HUGをすると、実際に

地震が起きてしまったときにどうすればよいのか
を考えることができた。

- やっぱり、こういう地域との触れ合いはいいと思った。
- いろんなボランティアに参加してみようかなと思いました。

(2)地域の方・学校職員の感想

★地域の方の声（抜粋）

成果

- 小・中・地域・生徒と様々な交わり方で話せることは非常に大切なことだと感じた。
- これからも地域と関われる学校であってほしい。
- 防災について（HUG）を行うことで子どもたちと一緒に話し合いができてよかった。
- この地区懇談会が今後の地域の活動につながると良いと思う。
- 子ども目線での地域の見方、要望などが聞けて良かった。

課題

- 地図に付箋やシールがあるとよかった（HUG）。
- 他の班の話やメンバーとも意見交換できる時間がもてると良かった。
- やりたくない気持ちの子どもには逆効果な時間になる。

E．地域における変化

全校生徒参加の地区懇談会の成果の一つとして、地域における行事にむけて、**中学生ボランティアを募集**してくださる地域が増えたことが挙げられる。中学生はボランティアの募集を見つけて、地域のお祭りのお手伝いをかって出るようになり、地域の清掃活動や美化活動に参加する生徒も増えてきた。

2015年には、**地域防災**に高い関心を示す中学生の姿も見られるようになった。上永谷中地区の防災訓練の前日準備では、中学生ボランティアが26人集まって意欲的に作業を行った。訓練当日は中学生ボランティア23人を含む、136人の参加者が集まった。防災訓練の後、「もし避難所開設となった時には力を貸してもらえますか？」という声掛けに対して、中学生から「もちろんです！」という頼もしい返事も聞かれた。2016年には、さらにボランティアの人数が増え、学校で人数を把握するのが難しいくらいの状態になっている。

F．まとめ

上永谷中学校では、今年度より地域、保護者の代表者が学校運営に参画するという意図から、学校運営協議会を立ち上げた。昨年度は、中学生が地域へボランティアとして出ていく道筋をつくるのと同時に、学校支援本部を立ち上げ、地域の力を学校に生かす道筋も作った。今年度は、その学校支援本部が中心となって、放課後学びの時間を週1回、1時間実施するようになった。

今後も、全校生徒参加の地区懇談会の内容をさらに深めるとともに、地域とともにある学校づくりをすすめていきたい。

(3)過密・過疎、へき地の教育小分科会

リポート　学校統廃合と地域づくりのあり方
　　　　～函館市における
　　　　　学校統廃合へのとりくみ～
　　　三浦友和　北海道・北海道函館養護学校

A．はじめに

全国の各自治体では、学校やその他の公共施設、行政サービスを合理化し、この人口減少社会に対応しようとしている。

函館市でも、2012年3月「函館市立小・中学校再編計画」を策定した。この計画の基本指針は、市内の小・中学校を7つの再編グループに編成し、順次慎重に、学校教育審議会の審議を経て統廃合をすすめるものであった。

しかし、函館市は、今年7月、突如残りの5グループの再編について、一括ですすめるとし、その統合先の学校の位置まで案として提示をした。

本リポートでは、これまでの学校再編の動きを整理しながら、今回一括での再編案が示されたことによる、北教組や諸団体、市民、そしてPTAのとりくみについて紹介し、人口減少社会と地域づくり、そして学校再編について考察する。

B．函館市の人口減少の実態について

2015年10月に策定された「函館市人口ビジョン」によると、函館市の総人口は、1980年の345,165人をピークに減少し、今後、最も人口減少がすすむ推計値として、2060年には、113,000人と予測されている。

函館市は、これらの実態や推計値をもとに、行政サービスの縮小・廃止も想定にいれなければならな

第22分科会｜地域における教育改革と PTA

いとしている。

C．函館市における学校再編の経過

　函館市の人口減少の推移や児童生徒数の減少を理由に函館市教育委員会は、2012 年「函館市立小・中学校再編計画」を策定した。

　これまでに、第 2 グループの 3 つの中学校が統合・再編された。現在は、第 2 グループの小学校の統廃合について議論がすすんでおり、具体的に統合校も決まりつつある。

　これまで慎重に検討をすすめられてきたが、2015 年の教育委員会制度改革を期に、首長の意向が強く教育に反映され、この基本が崩れ始めた。

　2016 年 7 月、突如として教育委員会は学校教育審議会に残りのグループの統合再編について一括諮問を行い、組合せ案を提示した。これは、これまでの慎重な議論を蔑ろにするもので、学校教育審議会の委員からも多くの非難をあびた。しかし、教育委員会は原案として統合先の学校名をあげて学校教育審議会へ提示した。

D．学校統廃合の各分会への影響

　この間、学校現場では学校統廃合による多くの影響が出始めた。主な点は以下の通り。

- 統合委員会の開催時刻が、勤務時間外に設定されているにも関わらず出席を余儀なくされる。
- 統合前の学校でとりくんできた内容、例えば男女混合名簿などが、統合されることで振り出しに戻ってしまう。
- 統合に関わる学校給食施設の問題点。

E．一括諮問に対する地域・保護者の心配・反発の声、市議会の反応

　突如として一括諮問された学校再編案が、8 月 18 日各新聞を通じて報道され、保護者の多くから心配の声が上がった。一部の学校では PTA を中心に、統合先校の位置案や統合の理由に納得ができないとして、反対の運動が巻き起こった。

　函館市議会では「適正規模とは何かをしっかり議論しなくてはいけない」との声や、「登下校の距離が長くなってしまう」という指摘があった。さらに、「学校統廃合後の敷地面積を計算すると、市がめざす行政施設の合理化の目標をはるかに越えてしまう」という意見も出された。

　先陣を切って再編計画に反対する声を上げたリポ

ーターが会長をつとめる旭岡小学校 PTA は臨時の PTA 総会を開催し、教育委員会事務局の統合原案に反対し、原案の根拠を求める質問書を提出する決議を行った。臨時の PTA 総会の開催については、管理職より「学校としては中立でなければならない」という趣旨の発言があるなかで、『PTA 総会』の開催も危ぶまれたが、学校施設の利用まで制限することはおかしいとして抗議し開催することができた。

質問事項

1　児童数の推移について
2　児童数の今後の見込みについて
3　施設の状況について
4　学校給食について
5　スポーツ少年団活動について
6　通学距離について
7　スクールバス運行について
8　スクールバス通学について
9　新外環状道路建設について
10　コンパクトシティーについて
11　市の都市建設部局との協議について
12　北海道との協議について
13　市の防災担当部局との協議について
14　旭岡地区に各種施設を設置する法人との協議について
15　市教委方針を決定する際にどのような検討を行ったか
16　旭岡小学校を廃止校とし、上湯川小学校を存続校とする理由について
17　市教委方針を撤回する考えはあるか

　教育委員会は PTA 役員と町会関係者への事前の説明時に、統合の理由の一つとして「コンパクトシティー化」をめざしたいとしてきた。後日、質問書に対しての回答では「社会に開かれた教育課程を実現するため……」という表現に置き換えた。

　旭岡小学校 PTA では、函館市教育委員会の回答を受け、早期に旭岡小学校での、学校教育審議会の「意見聴取会」を開催することを求めた。

　旭岡小学校 PTA は、人口減少社会における地域づくりの中での学校の必要性を強く指摘している。学校施設は、地域コミュニティの中核をになうことができる可能性を秘めている。また、地域防災の観点からも非常に重要だ。

　学校統廃合の問題は、決して現在の子どもたちや

その保護者だけの問題ではなく、地域全体そして函館市の都市計画の問題でもある。

Ｆ．支部としてのとりくみ、他労組・団体との連携

　函館支部としてもこの間、学校教育審議会の委員として意見反映をしてきた。「適正規模」という数値で機械的に統廃合を行ってはならず、地域の声に耳をすませ、慎重に議論をすすめるべきだという主張をしてきた。函館市役所の労組である市職労と「学校統廃合と地域づくり」というテーマで一緒に年度内にシンポジウムという形で、学校統廃合問題に詳しい有識者を招き講演を行うことを決定した。

Ｇ．おわりに

　「統廃合問題」は、「地域づくり」に直結する問題である。人口減少社会の中、消極的な「撤退作戦」だけでは、人口減少を加速させることは間違いない。函館のような地方都市でも、「都市内過疎地域」が生じかねない。今まさに教育委員会が行おうとしている市内小・中学校の一括再編は、地域づくりを無視した行政の合理化にほかならない。北教組のとりくみは、とかく教育に与える問題だけをとりあげているだけに思われがちだが、地域住民と対話を重ね、また、自治労など他労組と連携する中で、この統廃合問題にとりくんでいく必要がある。行政サービスの撤退だけが、人口減少社会に対する解決策ではないのである。北教組がこれまでも積み重ねてきた、魅力ある学校づくり、その地域に住みたくなる特色ある教育づくりが今まさに強く求められている。

教育条件整備の運動 第23分科会

1. 子どもの就学・修学保障と保護者負担軽減、教育予算要求のとりくみ
2. 東日本大震災・原発事故をふまえての教育条件整備
3. 子どもの学習権を保障する安全で安心な学校環境整備のとりくみ
4. 学校運営と学校事務
5. 教職員の労働条件等の確立のとりくみ
6. このリポートに学ぶ

◎『生活の場』を考える 〈早瀬美穂子　北海道・赤平市立茂尻小学校〉
◎教育予算を効果的に子どもたちへ還元するために
〈上間啓史　沖縄・恩納村立喜瀬武原中学校〉

《執筆者》

横山　純一

末冨　　芳

吉田　和男

1. 子どもの就学・修学保障と保護者負担軽減、教育予算要求のとりくみ

子どもの就学・修学保障と保護者負担軽減、教育予算要求のとりくみについては、次の6本のリポートがあった。「『学校輝きプロジェクト』チームの取り組み（中間報告）―組織的な運動としての取り組みをめざして―」（岩手・小）、「教育予算増額と教育費の保護者負担軽減の取組」（福島・小）、「よりよい教育環境を実現するために～子どもたちの学びを保障するためのとりくみ～」（千葉・小）、「いきいきと豊かに育ち学ぶ学校予算のありかた　夢教育21推進事業のとりくみ」（神奈川・中）、「教育条件整備の運動」（福岡・小）、「教育予算を効果的に子どもたちへ還元するために」（沖縄・中）である。

千葉・小と福岡・小のリポートは、近年深刻な問題となっている子どもの貧困問題について、就学援助制度を研究する中で、その制度改善を事務職員だけではなく、教員等と連携しながら学校全体でとりくむことをめざしたすぐれたリポートであった。このため、この2本を中心に紹介したい。

千葉・小のリポートは、1市3町で構成される香取支部で学校事務職員として就学援助制度の充実にむけて継続した研究を行ってきたことの報告である。まず、2015年度に各自治体の状況アンケートを事務職員対象に行った。さらに、各市町の「教育長さんと語る会」で就学援助費の充実・改善を要望し、支給内容の改善を具体的にはかることができた。2016年度は2015年度の成果を踏まえ、さらなる制度の改善につなげようと試みた。そこで、教員と連携したとりくみが重要と考え教員対象にアンケート（抽出校）を実施した。さらに、各市町の「教育長さんと語る会」で就学援助費の充実・改善の要望を行った。

2016年度には次の点が改善された。1市3町では小学校・中学校ともに校外活動費（宿泊なし、宿泊あり）は実費（ないしは実費相当額）支給だが、2016年度から小学校ではその上限について宿泊なしが1,570円、宿泊ありが3,620円となり、2015年度に比べ、それぞれ20円、50円の改善がなされた。また、中学校では上限について宿泊なしが2,270円、宿泊ありが6,100円となり、30円、90円それぞれ増額となった。さらに、1市3町のうち1自治体だけがこれまでクラブ活動費の支給がなかったが（中学1年のみ支給が1自治体、中学の1年と2年に支給が1自治体、中学校の全学年支給が1自治体）、中学1年

に限り2016年度から実費相当額が支給されることになった。これらは要望の成果ではあったが、すべての自治体で校外活動費が増額されたのは国の要保護児童生徒援助費補助金の単価の増額が行われたことに準じたものである。1自治体でのクラブ活動費の新設は、「教育長さんと語る会」での提出資料である支給費目一覧が改善の一助になったと考えられる。

このほかにも、1自治体で新入学児童生徒学用品費の支給時期が6月末から5月末に変更されたが、これも「教育長さんと語る会」での要望による改善である。さらに、リポートでは、就学援助制度の申請案内文書の配布方法・配布時期、保護者への確実な周知、認定可否の通知文書の通知時期、申請書類の保護者の提出場所、市町村教育委員会提出時の確認者等についても調査したことが報告された。そして、リポートは、就学援助制度では、費目や支給額の充実だけではなく、支給時期、申請案内文書の申請時期や申請書類の配布方法等についても配慮する必要があると述べているのである。

また、このリポートは、教員アンケートの結果から教員の制度への理解不足があることを指摘したうえで、次のようにむすんでいる。つまり、「認定の際には世帯や子どもの状況について詳しく把握する必要があるが、プライバシーの問題もあり、事務職員だけで対応するのは難しい。管理職や担任の協力が必須であるため、グループでの共同実施だよりや各校の学校事務マニュアルの活用をして、制度内容等について共通理解をはかることが必要である」「就学援助事務に関しては、事務職員がほとんど行うため教員が携わることがあまりないという認識があることが分かった。それでも、受給要件や手続きについて知りたいという前向きな意見もあり、制度内容の周知に加えて校内での対応の共通理解をはかるなど、担任・管理職もかかわる協力体制づくりをしていく必要があると考える」、と。

福岡・小のリポートは、まず、子どもの貧困問題に対する事務職員の役割に言及する。子ども食堂等の支援活動が現在広がりつつあるが、そのような事業を知ることで教員や保護者に情報を提供することができる。事務職員の場合、直接子どもにかかわることは少ないが情報を収集し、教員に提供することで間接的に救える子どもがいる、と述べる。

続いて具体的な実践が述べられる。まず、経済的困窮について学校内で援助内容等を共有できれば強力な連携がとれると考え、教員にわかりやすく情報

第23分科会｜教育条件整備の運動

提供した。次に、学校では新1年生には入学説明会（2月）と入学式当日に、在校生へは3月に、転入生には転入した際に、色用紙に印刷した保護者むけの就学援助のお知らせを配布しているが、学校からの配布物が多く、保護者がすべての書類を確認できていない現状に気づかされた。そこで、教員それぞれがもっている情報を手がかりに、困窮家庭の就学援助受給へつなげる実践を行った。たとえば、⑦徴収金が4か月滞納されているため担任に事情を聴き、母子家庭で保護者が病気がちで仕事に行けていないことが判明。何度かの電話、就学援助のチラシ・申請書配布により就学援助を受けることができた。④保護者が外国人で役所に行くことをためらっていることが教員との話し合いで判明。書類取得のため役所に同行した。

さらに、教員には就学援助制度の理解が難しいとする者が少なくないことも感じた。そこで、金銭や制度自体の説明だけではなく、学力や人権の観点からも説明する努力を行った。たとえば、なぜ子どもの学力が低いのかを考えるとき生活背景から入る。保護者に多忙さ、低所得、障がい、心の余裕がない等の問題があることを説明し、共有する努力を行った。

最後にこのリポートは次の点を指摘する。つまり、経済的困窮の早期発見のためには、教職員の共通理解がどれだけ得られるのかが鍵になる。お金を徴収している事務職員だから気づけること、子ども

と接している教員だから気づけることを常に共有していくことが重要である。さらに、SSWや学習支援などの学校外の関係者ともつながっていくこと、学校や地域で小さくともとりくみを継続させることが重要である、と。

岩手・小のリポートは、教育予算の削減、要保護・準要保護児童生徒の増加、いじめ・不登校の問題等学校現場が抱える問題が多岐になっているとし、このような学校現場の現状を少しでも改善し、子どもたちにより良い学びの環境をつくるとともに、教職員が健康で働き続けることができる職場づくりをするために、A市でプロジェクトチームを発足させたことの報告である。とりくみは緒についたばかりだが、今後発展させたいとしている。

福島・小のリポートは、保護者負担軽減措置が充実していた旧二本松市と、安達町、岩代町、東和町の4自治体による市町村合併が行われた二本松市（新自治体名が二本松市）で、福島県教組安達支部や事務職員部の学校配当予算の増額、旧二本松市の保護者負担軽減措置の継続などの教育予算要求運動により、市の教育振興教材等整備推進事業が成立し、合併前の保護者負担軽減措置の多くが継続することになったこと等の報告であった。

神奈川・中のリポートは、川崎市教育委員会が2005年4月からスタートさせた夢教育21推進事業について、事業内容、推進事業費の内容、各校における実

践例（9小学校、2中学校）について紹介したものである。実践例としては、小学校の場合、和文化や地域の伝統文化、動物との触れあい、野菜や花づくり等が多かった。

沖縄・小のリポートは「このリポートに学ぶ」で詳述されているのでそちらをみてほしい。〈横山純一〉

2. 東日本大震災・原発事故をふまえての教育条件整備

今次大会では、2016年4月16日に起きた熊本・大分両県での震災を受け、大分・小より「望ましい教育環境はどうあればよいか〜避難所としての教育環境はどうあればよいか〜」と題した報告があった。

災害はある日突然やってくるが、由布市では消防署や行政の素早い対応と共に、町内在住の教職員が参集し、行政の主導のもとで学校の教職員が補助的業務にあたった様子が報告された。印象的であったのは、由布市の行政や消防が、主導権をもち避難所運営にあたったことで、東日本大震災の時にしばしば教職員が主導権をもたないと避難所運営ができなかった事例とは対照的であったことである。

緊急時の教職員の行動マニュアルの必要性、大分県においては児童生徒の救援業務もしくは学校管理下の教職員活動でなければ特殊勤務手当が支給されないといった課題が指摘された。

また学校事務職員の視点から、災害後の就学援助申請を教職員に周知したり、避難所としての学校のあり方（土足厳禁ルールの徹底、建物自体の空調断熱機能、太陽光発電の学校利用、網戸・日よけ等の整備）など、きめ細やかな視点からの指摘が多く、参加者一同にとって非常に有益であった。

東日本大震災後6年、熊本・大分地震後1年を経過しようとしているが、改めて子ども・保護者・地域住民を守る場としての学校の重要性を認識できる貴重な報告であった。

3. 子どもの学習権を保障する安全で安心な学校環境整備のとりくみ

子どもの学習権を保障する安全で安心な学校環境整備のとりくみの報告があった。

北海道・中から「名寄市内の特別支援教育支援員の配置・増員のとりくみ」、北海道・小から「『生活の場』を考える」の2つの報告があった。「『生活の場』を考える」については、「6. このリポートに学ぶ」を参照されたい。「名寄市内の特別支援教育支援員の配置・増員のとりくみ」では、学校間で特別支援学級の運用や支援員一人あたりが担当する児童生徒数に大きな差がある現状、支援員の増員や待遇改善のための市への要望活動のとりくみが報告された。特別支援教育支援員は、インクルーシブ教育の実現のためにも重要な存在であるが、官制ワーキングプアであるという認識のもとで、待遇改善を求める姿勢は重要である。

石川・小中からは、義務教育学校1年めのとりくみについて報告があった。全国的にもまだ同一敷地内に校舎のある義務教育学校が限られており、貴重な報告となった。中1ギャップ解消のメリットもあるが、9年間同じメンバー（かつ同じ校舎）で過ごすことにより、いじめ・不登校が長期化する潜在的リスクや、学校統廃合が一層すすむ懸念などもあることが指摘された。また施設設備面では、トイレや机・椅子、階段の段差など、小学校と中学校の違いがあること、教室配置の課題などもあるという。また事務処理については、小学校（前期課程）と中学校（後期課程）で異なる事務処理を、学校事務職員の一人配置でこなさなければならないという課題がある。これは、学校事務の適正処理や学校事務職員の多忙化解消という観点から見て大きな課題といえるだろう。研修出張に要請される教員の多さ、学校行事、会議なども小学校・中学校を合同で行ったあとにそれぞれ行うなど多忙化も進展しやすく、義務教育学校が子どもたちのための教育条件整備として妥当な改革であるのかどうか、今後も検討を要する課題であるように思われた。

愛知・小からは「子どもの学習権保障のために」と題し、やはり特別支援教育に注目し特別支援学級の教員配置基準変更により小学校の子どもたちの教育条件が厳しくなっているという報告があった。一方で中学校の配置基準は改善されたものの、小・中学校ともに特別支援教育への人的支援が必要な状況が、豊橋市内の特別支援学級数および在籍児童生徒数のデータからも指摘された。特別支援学級担当教員の配置基準の改善要望も教職員からは切実に認識されていることが判明している。また、特別支援学級の学習におけるタブレット端末の重要性も報告された。小学校特別支援学級においてタブレット端末を使用して知的障害をもつ児童への通学路の歩き方の学習を行った事例、算数アプリを使ってお金の数え方の理解を深める学習、中学校でもタブレット端末を用いバスケットボールのランニングシュートを

練習した事例などが報告された。タブレット端末の普及・整備はインクルーシブ教育の観点からも重要であるという報告は示唆的である。

これらの報告からは、子どもたちに豊かな学習を保障するための教育条件整備が、単に少人数学級（教員の増員）というだけではなく、特別支援学級の教員や特別支援教育支援員等含め、子どもたちの教育に関わる専門職集団をどのように充実させていくかという視点が重要であることが示唆される。中央教育審議会「チーム学校」答申にあきらかなように、教員だけでなく学校事務職員、スクール・ソーシャル・ワーカー、スクール・カウンセラーや特別支援教育支援員、地域人材等が協働する中で、子どもたちの日々の学校生活を豊かなものにしていくことが必要な時代となっている。こうした中で、「同じ職場で働く仲間」として、特別支援教育の教員や支援員の配置や待遇の改善を求めることは、重要な動きといえる。

また、子どもの学習や生活をより良いものとするために、子どもアンケートから子どもの休み時間の過ごし方などを分析したり、タブレット端末の効果を授業観察や教員からの聞き取りで把握するなど、子どもたちへのきめ細やかな視線をもった活動が行われることは子どものための専門職としての学校事務職員の重要性を発信するうえでも重要であると思われる。　　　　　　　　　　　　　　　〈末冨　芳〉

4．学校運営と学校事務

「学校運営と学校事務」では、長野・中、静岡・小、新潟・小、三重・中、大阪・小、鹿児島・中から6本のリポート発表があった。リポートでは、事務室・共同実施組織からの情報発信、地域との連携、学校運営組織における事務部運営を通じての学校経営への参画、校納金担当者としての保護者負担軽減のとりくみ、給与費の政令市移譲をひかえた課題提起など、今後、事務職員としてとりくむべき方向性が実践をふまえ示されている。

長野・中からは、事務室から職員、保護者むけの事務室だよりによる情報発信の実践が報告された。内容としては、修学旅行費のあり方、施設破損への対応など職員に対する課題提起のほか、保護者にむけては、高校進学のために必要となる費用、就学援助制度の周知など多方面にわたっており、事務職員からの情報発信として参考とすることができるものとなっている。また、紹介された事務室だよりでは、保護者負担の軽減や就学保障に関わる内容となっており、情報の発信により事務職員としての職域が十分に生かされたものとなっている。

事務職員の職務について、日教組事務職員部の調査では、これまでの定型的な業務から「企画・調整、判断、情報管理・発信」等を中心とした職務により関わるべきとの調査結果もあり、今後、リポートにあるような職員、保護者、地域住民へのきめ細かな対応が重要となってくる。

静岡・小からは、2017年4月に政令市移譲をひかえた浜松市の現状が報告された。政令市に勤務する教職員の給与費が県から市に移譲されることとなり、この間、政令市のある道府県では、移譲にむけての準備がすすめられてきた。とりわけ事務職員の給与、配置、任用等については、各政令市でまちまちであり、一定の方向性は見えてきているものの未確定な部分もあることから、4月以降の状況を検証していく必要がある。

浜松市では、市内に学校事務センターを設置し事務職員の複数配置校を一人配置とすることにより一部業務の集中化をはかるとしている。これにより、多忙化が懸念されるほかセンターと学校との連絡・調整など新たな業務も予測される。定数増がないなか、設置者負担による事務職員の任用も視野にとりくむ必要がある。また、外部監査の結果を反映させた予算要求も継続していく必要がある。

政令市移譲に関わっては、政令市当局にも不確定な要素が多いものと考えられる。給与、定数、服務、予算配当、センター運営など、今後1年をかけて課題を洗い出し、トータルで改善を要求していくことが重要となる。

三重・中、大阪・小からは、学校事務の共同実施組織を活用した地域とのかかわりについてリポート発表があった。共同実施については、文科省による実践研究を経て、第7次教職員定数改善において加配措置がスタートし、全国的に広がりを見せ、学校事務のスタンダードとなりつつある。この間、各県・市町村において様々なとりくみが展開され、事務の効率化、学校事務の平準化、若年層への研修効果、学校間の相互支援等を通じ、学校経営の円滑化、教員の多忙化解消など多くの成果が報告されている。今後は、教育支援をさらにすすめていく必要があり、その成果を教育活動に反映させ児童・生徒の就学保障につなげていく必要がある。

地域とのかかわり、地域連携については、次期学習指導要領にむけた審議のなかでも「教育課程の実

施にあたり、地域の人的・物的資源を活用する」と
しているほか、「次世代の学校・地域創生プラン」に
おいても「地域とともにある学校」への転換が求め
られており、今後の学校経営において地域との連携
がより重要視されるものと思われる。

　また、日教組事務職員部でも、今後、事務職員が
関わるべき職務として地域連携を提起しており、共
同実施の横の広がりを活用したとりくみの充実が期
待されている。具体的には、学校支援地域本部、コ
ミュニティースクール等に関わって、共同実施組織
が地域の教育資源・情報を管理、発信することを基
本に、各学校で事務職員がその事務局的な役割を担
う必要があるとしている。しかしながら、実践例が
少ないことから、業務量・時間外勤務の増加、職務
内容が不明確といった不安の声も多く、今後、実践
を重ねるなかで職務内容の精査が必要といえる。

　大阪・小では、ポスターにより事務職員の職務を
地域にアピールするほか、校区カレンダー、ガイド
誌「そうぞう」の発行による情報提供を通じ地域と
の連携をすすめており、共同実施のネットワークを
活用した地域学校経営を実践している。また三重・
中では、様々な不安材料はあるものの、共同実施組
織に「地域連携担当」を置き、地域との連携業務の
支援をすすめるとしており、今後の実践とその成果
が期待される。

　新潟・小からは、校務分掌における事務管理部の
設置と学校経営への関わりが報告された。事務管理
部（事務部）のあり方については、これまで日教組
事務職員部においても検討されてきており、そのな
かで「事務職員の職務が教育活動をはじめ、学校経
営のすべてに関わっていること」「事務部門は学校
運営組織上、独立しており、他の職種の下に位置づ
くものではないこと」等が確認され、学校運営組織
のイメージ図も示されている。

　とりわけ、学校財務については、学校経営全体に
関わりをもっており、教育活動をすすめていくうえ
で必要不可欠な要素として捉える必要があることか
ら、事務管理部は他の部門や各校内委員会と並列で
はなく、すべてを包括する位置づけであることが確
認されている。また、一つの部として学校経営に関
わることから、経営計画を提示するほか、必要に応
じて部会を開催し予算の執行状況や課題の検証など
を通じ、円滑な学校経営をすすめる役割を果たす必
要がある。学校経営への参画については、事務職員
の職を整備するうえで重要な課題であり、事務管理
部における事務職員の役割と教育課程の編成・実施

を関連づけてとりくむ必要がある。

　鹿児島・中からは、校納金担当として学年会計・
給食費・PTA会費等の業務を通じた保護者負担軽
減にむけた実践が報告された。学校予算というと市
町村からの配当予算である公費が一般的である。し
かしながら、義務教育無償とはいうものの、現在の
学校経営は公費だけでは賄いきれず、多額の校納金
（保護者負担・私費）により補填されている。そのほ
かにも学校研究などの委託金等もあり、これら、公
費・私費等が学校経営の一連の流れのなかで教育活
動に還元されている。したがって、両者を学校経営
のための予算と捉える必要がある。

　事務職員は、多くの学校で財務担当として公費の
執行にあたっているが、近年、校納金である私費の
担当となっている実態も多くなっている。事務職員
が公費・私費の担当となることは、学校経営に関わ
る予算全体を把握することとなるため、「効率的な執
行」「公費負担の拡大による保護者負担軽減」「教員
の多忙化解消」「未納金対策（就学援助制度の紹介）」
など、事務職員、教員、保護者それぞれにとってメ
リットがある。

　また、公費・私費の両者を予算とすることから、こ
れらの予算全体を学校財務と捉え校内予算委員会で
扱う必要がある。予算委員会で検討することにより、
公費負担をより拡大し保護者負担を軽減することが
可能となるほか、就学援助金の上限を超えない範囲
で保護者負担額を決定するなど就学保障の観点から
も有効といえる。

　さらに、事務職員がすべての予算を扱うことから
「校納金取扱要綱」等、執行にあたっての一定の基準
を策定する必要がある。要綱では、「取扱者は事務職
員であること」「校納金の額は予算委員会で決定する
こと」「保護者、職員代表による監査」等を規定し、
執行にあたっての透明性を確保することが重要となる。

　リポートでは、収納業務の効率化・簡素化をはか
りながら保護者負担軽減をすすめた実践が紹介され
ており、事務職員が校納金を扱うメリットが最大限
発揮された実践として評価できるものといえる。

5．教職員の労働条件等の確立のとりくみ

　「教職員の労働条件等の確立のとりくみ」では、新
潟・高、山梨・小、熊本・中、鳥取・高から障害のあ
る教職員の勤務条件整備、5S活動を通じての教育
条件整備、組合員の意識調査を通じての組織拡大の
とりくみ、寄宿舎指導員に関わる課題が報告された。

新潟・高からは、障害のある教職員の勤務条件整備にむけた実践が、リポーター自身のとりくみを中心に報告された。近年、学校現場では、インクルーシブ教育の進展に伴い、特別支援学級と普通学級在籍児童・生徒との交流の機会が増え、共生社会を展望した教育実践がすすめられている。しかしながら、学校施設は、依然としてバリアフリー化が遅れており、障害をもつ児童・生徒への支援も十分とはいえない状況である。また、教職員についても「障害者雇用促進法」にもとづき採用はされるものの、その後の配慮がなされていない実態がある。現状の学校施設、人的配置を鑑みれば受験を躊躇する状況も生じているものと思われる。このことは、義務制の場合、採用は県、学校施設は市町村といういわゆる「ねじれ」の関係、あわせて教職員配置が定数法により定められていることも関係していると思われる。学校現場に障害のある教職員が在職することは、共生社会実現の基本であり、児童・生徒、教職員のインクルーシブ教育に対する理解にもつながる。教職員組合全体の課題として対応していく必要がある。

山梨・小からは、教育条件整備をすすめる観点から5S活動のとりくみが報告された。昨年も同様のリポートがあり、教育条件整備の新たな一面として注目できる。これまで教育条件整備というと物品の購入や施設の改修、人的配置など予算の必要となるイメージが定着している。これに対し5S活動は「片付けることも仕事の一部」として整理・整頓を基本に環境整備をはかるものであり、学校運営費の削減が続くなか、発想の転換をはかったとりくみといえる。これにより、効率的な物品の使用によるコストの削減、一括管理、多忙化解消、児童・生徒の安全確保につながるなど、事務職員が中心となりすすめることの意義は大きいと思われる。また、教職員のメンタル対策にも有効であり、今後も継続していくことが望まれる。

熊本・中からは、事務職員の任用変更、センター設置等により勤務環境が大きく変化することに対する意識調査を通じ、組織拡大・強化にむけてのとりくみが報告された。近年、事務職員の採用にかかわり知事部局等との任用を一本化する動きがいくつかの県で見られる。また、教育委員会事務局との任用もあり、このことが組合への加入率を引き下げる一因ともなっている。これに対し、組合も厚生活動、学習会などとりくみを強化し組織強化・拡大につとめている。とりわけ若年層へのとりくみは、各県とも重要課題としているが、成果が上がらない状況もあ

る。この間のとりくみやその成果を周知することも重要であるが、若年層が何を求めているのかを把握し対応する必要がある。

鳥取・高からは、特別支援学校の寄宿舎指導員に関わる課題が提起された。寄宿舎指導員は国庫負担対象の教職員であり定数法も適用されている。しかしながら、極めて少数職種であることから、その勤務条件の改善が遅れている実態がある。とりわけ教育職給料表2級格付けについては、ワタリの廃止や採用条件等も影響しており厳しい状況となっている。寄宿舎指導員は、児童・生徒の生活面での指導を職務としており、寄宿舎ごとに指導計画、重点目標等を設定し、本校教職員とも連携して寄宿舎運営、生活指導にあたっている。教科指導はないものの教育職としての役割を果たしており、今後、勤務条件の改善にあたり、教育的側面で何らかの役割を付与することにより2級相当職への格付けを求める必要がある。また、家族の介護等を必要とする職員の変則勤務については、定数増により柔軟な対応を求めるほか、勤務時間の弾力的な扱いを拡大させるなど、現行制度を活用したとりくみも検討する必要がある。 〈吉田和男〉

6. このリポートに学ぶ

リポート 『生活の場』を考える
早瀬美穂子　北海道・赤平市立茂尻小学校

A. はじめに

北海道の学校事務職員の研修では「学校は子どもたちの生活の場」として、子どもたちが1日の大半を過ごす学校を、"生活"という視点で環境整備することが重要なテーマのひとつである。

このリポートでは、2013年度から今まで4年間の茂尻小学校とA小学校・B小学校との統合前後に行った「休み時間の子どもたち」にスポットをあてた子どもアンケートと生活の場について報告する。

B. 【2013】3校共通子どもアンケートを実施するまで

統合に関わり、大きなとりくみのひとつは統合学校事務職員で行なった「3校共通子どもアンケート」だったが、当初はこの子どもアンケートについて以下の要素があるため無理に実施する必要は無いと感じていた。

◆閉校予定学校A・B小は教育委員会から予算要望

書を求められない
◆A小はこれまで子どもアンケートを実施したことがない
◆閉校予定の学校には期限付き事務職員が配置されており、その2人に過重な負担を与える
◆他学校に介入することになるのではないかという私自身（茂尻小）の不安

しかし、2012年度にはすでに「統合となってもアンケートにとりくむ」と確認されていたこと、2013年度初めにも「統合後の学校環境について閉校するA小、B小の子どもたちも同じ立場で意見反映すべき」とあらためて市内事務職員より意見があったことなどから、予定通り統合3校で同内容の子どもアンケートを実施することとなった。

実施にあたっては、以下の3つを共通の目的として、予算要望書のためというよりも「意識調査」のような形で集約することとなった。

アンケートのねらい
1. 統合に対する不安を少しでも解消し前向きな気持ちで過ごしてもらうこと
2. 統合後も臆せず自分の学校環境に対しての意見を言える雰囲気をつくること
3. 子どもたちの普段使用している物品を出来るだけ移管出来るようにすること

アンケート内容〈対象：全校児童〉
1. 休み時間はどこで過ごすのが好きですか？
2. 休み時間は何をして過ごすのが好きですか？
3. 好きな勉強は何ですか？
4. 必要に感じている物はありませんか？
5. 学校で危険な箇所や直してほしい箇所はありませんか？
6. その他学校生活の中でお願いしたいことはありませんか？

C.【2013年】統合前の各学校それぞれの「生活の場」

アンケートの結果、その学校の施設、設備、備品や消耗品、生活ルールなどにより、子どもたちの学校生活が予想以上に違うことがわかった。

アンケートの結果
(1)休み時間のきまりによる生活の違い

	茂尻小	A小	B小
パソコン教室	曜日毎に学年割当	使用不可	3年生以上が自由に使用
音楽室	自由に使用	使用不可	自由に使用
体育館ボール使用	昼休み曜日毎に学年割当	使用不可	使用不可

(2)休み時間の遊びの違い

茂尻小	A小	B小
パソコン教室が人気	使用不可	パソコン教室が人気
音楽室が人気	使用不可	
一輪車はあるが使っていない	一輪車無し	一輪車が人気
	鬼ごっこなど集団遊びが人気	
トランプ等教室に整備なし	教室でのカルタ・トランプ	トランプ等教室に整備なし

(3)施設設備による生活の違い

茂尻小	A小	B小
遠く急な坂道のためグラウンドでは遊ばない	グラウンドで活発に遊ぶ生活	
廊下側に開く扉がある	広く曲がり角の無い廊下	
	トイレの数が多い	

2013年度の茂尻小職員会議ではこの結果を受け、「統合後は、学校生活環境の変化で戸惑う子が多く出るであろう」ことを確認した。

D.【2014年】統合後の子どもたちの生活
～教職員学校生活アンケートの実施～

統合後「統合後の子どもたちの実態を教えてください」という内容の調査を教職員向けに実施した。統合前の3校共通子どもアンケートと今回の教職員調査を比較し、統合前と後で子どもたちの生活の変化をまとめた。

◆グラウンドで遊ぶ子が減った⇒茂尻小はグラウンドが遠く行かなくなった為
◆遊具の不足⇒以前と比べ遊具で遊べない子がいる
◆トイレの数の不足⇒待たないとトイレが出来ない状況になっている
◆図書、パソコン、ハードル等備品の不足⇒使いたい時に使えない状況が生まれている
◆体育館を使えない日ができた⇒休み時間の居場所に変化が生じている
◆狭い校舎で走りまわる⇒危険度が増している
◆音楽室利用のきまりが増えた⇒ルールの変化で窮屈に感じている子がいる？
○「並ぶ」という習慣が発生⇒並ぶことに慣れていない子がいる？
◇パソコン教室を使えるようになった
◇体育館でボールが使えるようになった
◇好きな時に楽器練習が出来るようになった
◇集団遊びが出来るようになった
◇水飲み場の水をストレスなく飲めている

調査により統合前後の環境の違いで、子どもたちの生活が豊かになったり、制約されたりしていたことがわかった。

又、"学校生活のきまり"も子どもたちの生活の場に大きく影響があることもわかった。

おとなが安心して子どもたちに使用させることができる教室環境整備も大切である。

E. 課題

3校共通子どもアンケートについて、反省点は以下のとおりである。

- ベースとなる学校施設設備自体が違うため、集計作業が複雑であった。
- 集計結果の考察も難しく、労力に対する効果に疑問を感じた時期もあった。

- 各学校の習慣や学校のきまり、職場の空気、職員の学校事務職員への理解度、事務職員の立ち位置がさまざまなため他学校への助言が適切であるかどうか不安であった。

F.【2015年～2016年】
生活実態の継続的な把握から具体的整備へ

統合後3年が経過し、統合前におこなった共通子どもアンケートの集約結果は統合後も役立ち、同内容のアンケートを現在まで継続してきた。特にアンケート項目の「1. 休み時間はどこで過ごすのが好きですか？」「2. 休み時間は何をして過ごすのが好きですか？」について、過去のデータと比較し、子どもたちの居場所が「屋外から屋内に移動」し「遊具で遊びたいが屋内にいる」課題を明らかにすることができた（【資料】）。

茂尻小学校は小さな中庭に遊具が数台あるだけ、グラウンドも通路が急な坂道で危険であり、水はけも悪く時計も無いため、グラウンドで遊ぶことが出来る環境ではなかったからである。

そこで屋外施設の充実を2014年度の予算要望の重点とし、2015年グラウンド改修工事、2016年春のサッカーゴール設置が実現した。

今年度、これまでは遊ぶことがなかったグラウンドで子どもたちが遊びはじめ、今回の子どもアンケートの結果にもその変化が反映されている。施設、環境整備、備品整備などで、子どもたちの生活に大きな変化があることをデータとしても確認でき、事務職員として生活の場改善の実感を得ることができた。

G. おわりに

北海道では教研をはじめとする多くの場面で、当たり前のように子どもアンケートの報告がされ、とりくみが定着している。そこに至るまでには、支会事務職員部・事務職員協議会や各市町村教育振興会学校事務部会等で連携し組織的に研修を重ね、一人ひとりが一歩を踏み出した結果である。

全道的に10年以上子どもアンケートを実践している学校が増えている。この間に、事務職員個々のとりくみから、市町内連携、教委との連携、校区内共通アンケート、生徒会活動への移行等さまざまな形のアンケートに広がってきている。

茂尻小学校では「自治的意識」や「意見表明権」「予算要望書の資料」だけではない、生活実態把握も目的とした子どもアンケートで、子どもたちが普段、何をして遊び、どこに居場所を求め、どんな学校生活

【資料】 子どもアンケート1.2. 回答―3年間の推移

1. 休み時間はどこで過ごすのが好きですか？（複数回答）

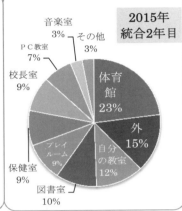
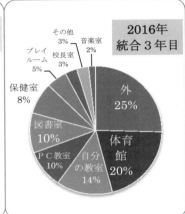

2. 休み時間は何をして過ごすのが好きですか？（複数回答）

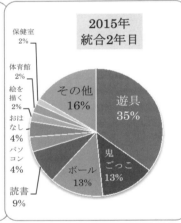

を過ごしているかをとらえ、そのデータを長期的に比較することで生活の変化を把握し、事務職員としてより良い生活の場づくりにつなげていく方向性を見出した。

学校環境で子どもの生活がどう変化するのかを学校財政を担う事務職員がもう少し突き詰めて論議していければ、「子どもたちの生活の場」に対する事務職員の役割がもっと見えるのではないかと考えている。

事務職員間および教職員と連携しながら、多種多様なとりくみの成果を引き継ぎ、子どもたちのため、各々の現場で生き生きと学校事務の創造が出来る環境となるよう、これからもみんなで力を合わせていきたい。

2014年度は統合前の生活のまま外に出ているが、遊び場所が無いのか自分の教室で友だちと過ごす子どもの様子もみえる。

2015年度になると休み時間の遊び場所が外から体育館に変化している。しかし遊びたいのは外遊具であり、外遊び環境が整っていない可能性がある。

2016年度、グラウンド整備とサッカーゴールの設置により、遊具で遊ぶしかなかった中高学年の居場所がグラウンドに変化し、場所と動きが一致した。だが、低学年の遊具はまだ不足であることがわかる。又「一人で過ごすのが好き」な人が増加している。休み時間の選択肢を増やしていくことも検討していく必要がある。

リポート 教育予算を効果的に子どもたちへ
還元するために

上間啓史　沖縄・恩納村立喜瀬武原中学校

A．はじめに

教育予算は子どもたちへ等しく還元されるべき予算である。それらは教育予算に携わる教職員だけではなく、学校全体で考えていかなければならないと私は考える。

そこで喜瀬武原小学校・中学校に赴任して2年目である今年度は「教育予算とそれに関わる情報をいかに全体で共有できるか」ということを中心にさまざまな試行錯誤を行ってきた。

今回のリポートではその時に行った工夫や実践内容を報告する。

B．恩納村の教育予算について

恩納村における学校教育予算の項目は小中合わせて概ね45項目ある。

これらの項目の中で今回は**小学校の教材消耗品費**を題材とした。その理由は次の2つ。

ひとつは教材消耗品費がもっとも子どもたちに効果を還元できる教育予算であるため。そしてもうひとつは中学校の教材消耗品費と比べ、昨年度は効果的な使い方ができなかったためである。

表1は、昨年度（平成27年度）の教材消耗品費の執行状況を小学校と中学校で比較したものである。

●昨年度の考察

共通項目の執行割合を見ると小学校は中学校と比べて**17.8%**高い。その要因のひとつに教科担任制をとる中学校とは異なり、小学校では専科以外をすべて学級担任が受け持つため項目の細分化がされにくいことがあげられる。

共通教材はその性質上、子どもたちの**発達段階**や**実態**に合わせた教材購入をすることに適さない。つまり共通項目の執行割合が高いということは、教育予算の子どもたちへの還元が不十分であると言える。

C．教育予算執行におけるシステムづくり

「予算はあといくら残っている？」

昨年度受けた質問の中でもっとも多かった質問である。この質問が多いということは質問をした教職

表1

【　小　学　校　】

項目	執行額	執行割合
理科	13,960円	6.4%
体育	17,830円	8.2%
音楽	9,936円	4.6%
総合	811円	0.4%
教材園	12,822円	5.9%
共通	162,475円	74.6%
合計	217,834円	100.0%

【　中　学　校　】

項目	執行額	執行割合
国語	13,692円	3.6%
理科	55,082円	14.5%
体育	56,500円	14.8%
音楽	19,500円	5.1%
技術	5,000円	1.3%
家庭科	5,532円	1.5%
美術	9,282円	2.4%
共通	216,353円	56.8%
合計	380,941円	100.0%

※共通：画用紙、方眼紙など特定の教科等に用いる教材ではなく、学年に跨がって使用される教材

表2　平成28年度 教材消耗品費（小学校）予算案

項目	管理職員	平成27年度	平成28年度	前年比		備考
1学年	○○　△△	―	10,000	10,000	―	新項目
2学年	●●　□□	―	12,000	12,000	―	新項目
3・4学年	☆☆　◇◇	―	12,000	12,000	―	新項目
5・6学年	▽▽　◆◆	―	24,000	24,000	―	新項目
理科	■■　★★	14,000	18,000	4,000	129%	
体育	☆☆　◇◇	18,000	15,000	△ 3,000	83%	
家庭科	☆☆　◇◇	―	2,000	2,000	―	
音楽	●●　□□	10,000	5,000	△5,000	50%	
総合	■■　★★	1,000	2,000	1,000	200%	
教材園	■■　★★	13,000	10,000	△3,000	77%	
共通	上間　啓史	162,000	97,000	△65,000	60%	
合計		218,000	207,000	△11,000	95%	

資料1

員自身が自分の必要と考える教材を必要なときに購入することができていないということである。

そこで昨年度の課題と合わせて今年度は教育予算について2つの工夫を行った。それは**教育予算案の改変（表2）と管理袋の導入（資料1）**である。

まずは教育予算案の改変から説明を行う。今年度の予算案は昨年度の課題解決のために次の2つの改変を行った。

①新たに**各学年の項目**を追加し、項目の細分化を図る。
②各項目に管理職員を設置。

①については学級担任制に合わせた改変を行い、子どもたちへの効果的な還元に繋がるように工夫した。

②については、教職員一人ひとりが子どもたちのために教育予算を活用することができるという意識をもってもらうことを目的に取り入れた。

次に管理袋の導入について説明を行う。管理袋は項目ごとに作成し、それぞれの管理職員へ配布した。この管理袋は教材購入時に使用する。まず管理職員が教材を購入。納品請求書等は管理袋に入れてから事務職員へ渡すものとした。そして受け取った納品請求書等をもとに決済処理を行い、管理袋の表に執行額と残額を記入したのち再度管理職員へと配布するようにした。

このような管理袋を用いた購入システムを構築するメリットは事務職員が支出項目を瞬時に把握できるということ。そして管理職員は常に教育予算の残額を把握できることである。しかしこの管理袋導入の本当の目的は教育予算についての情報を常に提供し、教職員に教育予算は子どもたちへ正しく還元すべきだという意識をもってもらうということであった。

私はこれら2つの工夫によって、子どもたちの**発達段階**や**実態**に合わせて教職員が効果的に教育予算を活用し、子どもたちへの還元を行っていくことができると考えた。

D．情報提供の重要性とラポートトーク

しかしこのシステムは一学期終了時点ですでにとても残念な結果を私に突きつけてきた。

表3は一学期終了時点（7月21日）での教育予算執行率状況をまとめたものである。

●考察

各学年の項目での執行率が著しく低い。これら2つの工夫だけでは学校全体に教育予算の活用を意識づけることは**不十分**であると考えられる。一方で、

表3 平成28年度 教材消耗品費（小学校）予算執行率状況

平成28年7月21日時点

項目	当初予算	執行額	残額	執行率	備　考
1学年	10,000	0	10,000	0.0%	
2学年	12,000	810	11,190	6.8%	
3・4学年	12,000	0	12,000	0.0%	
5・6学年	24,000	2,095	21,905	8.7%	
理科	18,000	8,046	9,954	44.7%	
体育	15,000	13,200	1,800	88.0%	
家庭科	2,000	0	2,000	0.0%	
音楽	5,000	0	5,000	0.0%	
総合	2,000	0	2,000	0.0%	
教材園	10,000	8,462	1,538	84.6%	
共通	97,000	63,903	33,097	65.9%	
合計	207,000	96,516	110,484	46.6%	

資料2

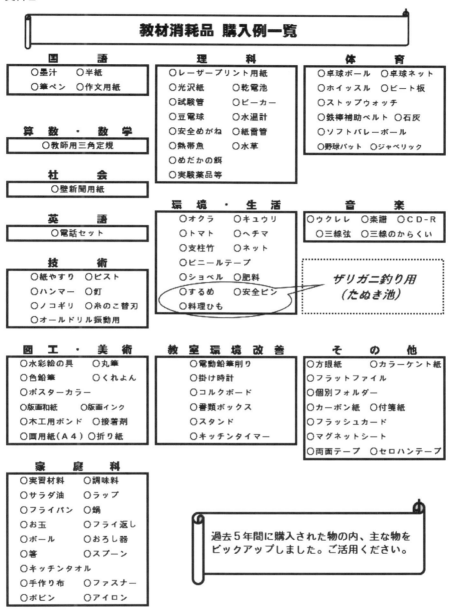

理科・体育などの専科においては比較的執行率が高く、2つの工夫に一定の効果を認めることができる。特に理科においては管理袋のやり取りを数回くりかえしており、子どもたちの実態に合わせた教育予算の効果的な活用が見られる。

●対策

　一定の効果は認められるものの、学校全体で教育予算の活用を意識するための情報が不十分であるこ とから、私はさらに次の2つの行動を起こした。
　①過去5年間、教材消耗品費として購入されてきた教材をすべてピックアップ。
　②小・中各部会で教育予算に関わる情報について発言する時間を設けてもらう。

　まず、①については過去5年間、教材消耗品費として購入されてきた教材を調べ一覧（資料2）にし、情報提供を行った。一覧に目を通した教職員からは「これも買えることを知らなかった」「実はこ

第23分科会 | 教育条件整備の運動

表4 平成28年度 教材消耗品費（小学校）予算執行率状況

平成28年9月9日時点

項 目	予算（修正）	執行額	残 額	執行率	備 考
1学年	10,000	0	10,000	0.0%	
2学年	12,000	7,608	4,392	63.4%	
3・4学年	12,000	8,330	3,670	69.4%	
5・6学年	24,000	2,095	21,905	8.7%	
理科	21,000	20,573	427	98.0%	共通より3,000円流用
体育	15,000	13,200	1,800	88.0%	
家庭科	2,000	0	2,000	0.0%	
音楽	5,000	4,050	950	81.0%	
総合	2,000	0	2,000	0.0%	
教材園	10,000	8,462	1,538	84.6%	
共通	94,000	74,091	19,909	78.8%	理科へ3,000円流用
合計	207,000	138,409	68,591	66.9%	

表5 平成27年度 教材消耗品費（小学校）予算執行率状況

平成27年9月9日時点

項 目	予算（修正）	執行額	残 額	執行率	備 考
理科	14,000	0	14,000	0.0%	
体育	18,000	0	18,000	0.0%	
音楽	10,000	0	10,000	0.0%	
総合	1,000	811	189	81.1%	
教材園	13,000	8,132	4,868	62.6%	
共通	162,000	54,883	107,117	33.9%	
合計	218,000	63,826	154,174	29.3%	

れが必要だった」との声をもらった。

次に、②については直接的な情報提供が必要であると感じたためのとりくみである。より多くの情報を全体で共有することを目的に部会のたびに事務職員が発言する時間を設けてもらった。

8月に入ってくると部会の回数が減り、全体で教育予算についての情報を共有する機会も少なくなった。しかし、そのことで情報共有の機会が失われたわけではなく、雑談中に教職員から「今度、あれ買うからよろしくね」などと言われることが多くなっていた。

この時期の実践として**ラポートトーク（私的会話）** を強く意識していた。これは**リポートトーク（仕事上の会話）** では得られない情報を得ることを目的に取り入れた実践である。

その結果が先の会話に繋がったと断定することはできないが、情報共有という面では大きな役割を果たすことができたと考える。

E．二学期開始時の教育予算執行率状況について

新たなとりくみを行ってきたことで徐々にではあるが変化が現れてきた。**表4**は二学期開始時（9月

9日時点）の教育予算執行率状況をまとめたものである。

●考察

全体の執行率は**66.9％**と高く、昨年度の同時期（**表5**）と比較しても、**37.6％**高い。

また項目別で見ると2学年と3・4学年ではそれぞれ**56.6％**、**69.4％**と大きく上昇。専科に至っては3項目で高い執行率となっている。

「教材消耗品 購入例一覧」提示後に執行率が増加したことから、情報の提供量が増えるほど執行率が高まっていくと考えられる。

一方で、1学年や5・6学年の項目では執行率の増加がほとんど見られない。これは他の学年に比べラポートトークが少なかったためと考えられる。しかし直近の部会でそれぞれの学年から教材購入計画の情報をもらうことができたため経過を見守ることとなった。

その後は順調に教育予算の執行が行われており、さらには教職員と一緒に保護者の負担軽減について考える機会も増えた。保護者の負担軽減に教育予算の活用をとりいれることは今回のとりくみの最終的

表6 平成28年度 教材消耗品費（小学校）予算執行率状況

項　目	予算（修正）	執行額	残　額	執行率	備　考
1学年	10,000	9,940	60	99.4%	
2学年	13,000	12,230	770	94.1%	共通より1,000円流用
3・4学年	9,000	8,330	670	92.6%	家庭科へ3,000円流用
5・6学年	10,000	9,575	425	95.8%	家庭科へ14,000円流用
理科	21,000	20,573	427	98.0%	
体育	15,000	13,200	1,800	88.0%	
家庭科	19,000	0	19,000	0.0%	3・4学年、5・6学年より15,000円流用
音楽	5,000	4,050	950	81.0%	
総合	2,000	0	2,000	0.0%	
教材園	10,000	8,462	1,538	84.6%	
共通	93,000	85,823	7,177	92.3%	2学年へ1,000円流用
合計	207,000	172,183	34,817	83.2%	

表7 平成27年度 教材消耗品費（小学校）予算執行率状況

項　目	予算（修正）	執行額	残　額	執行率	備　考
理科	14,000	0	14,000	0.0%	
体育	18,000	2,830	15,170	15.7%	
音楽	10,000	0	10,000	0.0%	
総合	1,000	811	189	81.1%	
教材園	13,000	8,132	4,868	62.6%	
共通	162,000	54,883	107,117	33.9%	
合計	218,000	66,656	151,344	30.6%	

な目的でもあった。

以上のことが今年度の実践内容である。最後に最新の教育予算執行率状況をもとに今回の実践に対する最終考察を行っていきたいと思う。

F．最終考察

表6は10月7日時点での教育予算執行率状況である。

●考察

教材消耗品費全体の執行率は**83.2％**まで上昇。昨年度の同時期（**表7**）と比べても効果的な執行がなされていることがわかる。

また項目別では新たに設置した各学年の項目すべてで高い執行率となっている。「**教育予算を効果的に子どもたちへ還元する**」ことを目的に追加した項目が高い執行率を示していることからシステムとしての予算改正案は効果的に機能していると考えられる。

さらに家庭科の項目への大幅な流用も新たに行われた。これは私の保護者負担軽減への思いを各担任に伝えたところ、担任の方から「保護者の負担を減らすために一部を流用したい」との提案があったためである。「教材消耗品 購入例一覧」で示した通

り、恩納村では家庭科の調理実習材料費を教育予算から支出することができる。これは衛生面を考慮した対応であったが、昨年度はこのような執行することができていなかった。

このような教職員の意識の変化から今回のとりくみが「教職員一人ひとりが子どもたちのために教育予算を活用することができる」という意識を持つきっかけになったと考えることができる。

●結論

今回の実践を通して情報の提供次第で教職員の教育予算に対する意識は変わるものであるという認識を得た。さらにはそれぞれの思いを相互に伝えるということも大切である。

また管理職との連携も重要である。教育予算の活用は学校経営の一角であり、そのため教育予算は学校経営計画やその理念のもとに執行していかなければならない。今年度は昨年度以上に管理職との話し合いをもった。そこで教職員からの要望を伝え、それに対する管理職からの意見や助言を受けることができたことは学校経営参画という視点から見てとても意義のある実践であった。

今回の実践を通して少しずつではあるが、子ども

たちにより近い項目で教育予算の執行が行われている。このことから今回の実践の目的である「教育予算を効果的に子どもたちへ還元する」という目標の実現に大きな手ごたえを感じた。

「教育予算をもっている学校事務職員として何かできることはないだろうか」「教育予算についてもっと学校全体で考える環境をつくるにはどうしたらよいだろうか」この2つのことを常に意識しながら教育予算に携わることが、結果的に**教育予算を効果的に子どもたちへ還元すること**につながっていくと考える。

子どもたちのために私ができることを新たなアイディアとともに、今後の実践も全力でとりくんでいきたいと思う。

【第66集】日本の教育　日教組第66次教育研究全国集会（新潟）報告

総合学習と防災・減災教育　第24分科会

1. 概要と基調

2. 研究討議の柱と内容

3. まとめ―岐路に立つ日本の教育と総合学習の行方―

4. このリポートに学ぶ

　◎鹿島台の歴史から学んだこと
　　―「8・5豪雨」から「満州分村移民」へ―
　　　　　　　　　　　　　　　　　〈小野寺勝徳　宮城・大崎市立鹿島台小学校〉

　◎子どもたちが生き生きと活動できる学びの創造に向けて
　　～つながりを大切にして～
　　　　　　　　　　　　　　　　　〈舟井綾子　福岡・嘉麻市立熊ヶ畑小学校〉

《執筆者》

小野　　行雄
河東　　嘉子
青木　　作衛
佐藤　　正成
吉野　　裕之
善元　　幸夫

1. 概要と基調

中教審は、次期指導要領に関する答申の中で、新しく「資質・能力」「カリキュラム・マネジメント」という用語を打ち出している。「資質・能力」は、資質と能力を一緒にしてしまうという乱暴さはあるものの、中身に新鮮味はなく、たしかな学力、主体性、他者との協働など従前の価値観や能力観と変わるところはない。一方「カリキュラム・マネジメント」という枠組みは、調査やデータをもとに教育内容を組み立て、指導の先に何ができるようになるかを明確化しそれを評価するという、成果主義の方向性を示している。全教職員が参加するカリキュラム・マネジメントという考え方は認めるにしても、授業を職能トレーニングと同列にみなす視点は、教育の矮小化と言っても過言ではない。

喧伝されてきたアクティブ・ラーニングは「主体的・対話的で深い学び」との語に置き換わりつつある。子ども自身が興味をもって積極的にとりくみ、自己のキャリア形成につなげていくこと、子どもどうしの協働をうながし、多様な表現でそれを教職員や地域の人との対話につなげていくことなど、この概念に異論はない。これこそ私たちがめざしてきたものであり、総合学習の実践により積み上げてきたものである。答申でも「総合的な学習の時間」は不動の位置にある。高等学校においては名称変更を示唆してはいるが、これまでの成果は国際的にも評価されているとしており、現場の教職員たちがこれまで築いてきた総合学習が「総合的な学習の時間」として学びの先端を切り開いてきたことは間違いない。

総合学習は、なによりも、社会の生きた現実を教材として、自分の生き方、社会への参加など情緒的な発達や市民性の発達を推進してきた。自己を見つめる力は、学校や生活の中で獲得した知識や技能を使い、自己と社会との関係性の中で捉えなおし、自己を理解するという力につながる。総合学習は、このような主体性を大切にすることによって多様な広がりを示してきたのである。

社会的圧力を背景にした、教員としての主体的・創造的生き方を縛りつける教員免許科目やプログラムが膨張している。教員の生き方についてこれほど締めつけが強化されているときはない。それに対して総合学習は、教員の生き方にも希望を与えていることが実践報告の中でも見てとれる。ともに学び、ともに感動する、これは教員の喜びでもある。

今年も優れた実践が全国から報告された。街を歩き、出会う人々から地域や歴史を学んでいく実践、動植物を育てる中から食や自然・地域との関わりを学ぶ実践、防災や減災を学ぶ中で命と向き合い世界の人々に思いをはせる実践など、そのどれもがまさに学びの地平を切り開くものだ。子どもが主体性を発揮して自ら問いを立て、答えを探すなかで新たな世界を切り開いていく。それに寄り添う教員も、子どもたちと一緒になって学び、新たな発見をし、次の地平に立ち上がる。私たちが誇るべき総合学習の実践である。

安倍政権が示してきた道徳教育を教科化する方向は、戦前の徳目主義を思い起こさせる。答申では「道徳的諸価値」そのものは具体的に示してはいないものの、そのねらいは愛国心を強調し、決められた一定の徳目をそのまま注入しようとするもので、欠けるのは精神の自由である。総合学習の実践はこのような方向に対して対抗しうるものだ。総合学習は問題解決学習であるよりも、まず問題発見学習であり、探求学習である。その中で精神は新たな自由を獲得していくことができる。こうした全国の仲間たちの多彩な活動の積み上げをさらに確かなものにしていくことが今次教研の目標であり成果である。

〈小野行雄〉

2. 研究討議の柱と内容

(1)全体討論のためのリポート

三重（小）からは、自尊感情が低くトラブルが絶えなかったAをクラスの中心に据え、保護者にも寄り添い、地域とも一体となったとりくみが報告された。児童館で子どもたちを見守る方々や、「かすづくり」を50年も受け継いでいる方々に学び、報告に意欲的、そして友だちと関わるAに変わっていった。周りの子どもたちも不平不満を言うことが減り、友だちの良さに目がいくようになった。討論では、「2年生でここまでしたことがない」「学校全体で、地域とつながることにこだわって6年生の部落問題学習につなげているところが素晴らしい」という意見が出された。共同研究者からも、「お母さん、子どもの変わりめが克明に見えてくるリポートだ。祖父の時代から続く『かすうどん』など、凄く良いものが地域にある。子どもたちの自尊感情を高める材料がたくさんあって素晴らしい実践だ」と評価された。

富山（小）からは、教員が子どもの願いや思考を中心に据えて、節目などで様々なしかけをし、主体

的な活動をめざしたとりくみが報告された。子どもたちは、レーダーチャートで自分の成長も自覚し、「自分で決めて活動することが楽しかった」「自信が出てきた」と振り返っていた。討論では、「水槽15個のとりくみに敬服」「豊かな自然、生き物が息づいている川というまとめがもっとできていたら、子どもたちの心に強く残るのでは」などの意見が出された。共同研究者からは、「どこに辿りつくのか分からないのがワークショップのおもしろいところだが、最後の評価の仕方がおもしろい。しかけを上手につくって、それぞれ学んだことをクロスさせ、丹念に記録している。自分の思った以上の子どもたちの反応を先生が楽しんでいることが素晴らしい」とのコメントがあった。

北海道（小）からは、三笠市では「地域科」が設立され、教育研究所作成の指導案をもとに、各学校でとりくまれているが、「米作りから三笠を学ぼう」で、その案に「自分なりの考えをもてるように」と、工夫をした報告だった。子どもたちは「なぜ、三笠米として売り出すことはできないのか」を、意欲的に調べ、農家の人々の思いも聞き、考えを深めていった。討論では、「ペットボトルの米は97円で、水よりも安い。農業の問題は、農家の問題でなく消費者の問題として追究させていくことが大切」「自分たちが動くことで町のためにプラスとなるような活動をさせたかった」などの意見が出された。共同研究者は、「町の人口6万人が、炭鉱の閉山で一気に1万人になった三笠。かなり厳しい状況の中で、米づくりを通して自己実現している人々や、玉ねぎを作ってでも米を作りたいと頑張る人々との出会い。子どもたちは生命観、人間観を学んでいる」とまとめられた。

福島（中）からは、被災地での小・中・高が連携して行っている「ふるさと創造学」について報告された。小学校1年生までしか住んでいない浪江町のウェブマップに発想豊かに書き込む1年生。3人で82問作成できた「なみえ検定」づくり。討論では、「震災に向き合い、アイデンティティーを取り戻す、そんなモデルとなる人々と出会わせることが大切」という意見が出たが、担任の先生そのものが、そのモデルのように思えた。共同研究者からは、「ベトナムから来た子どもたちが、自分のルーツを調べることで落ち着きを取り戻した例もある。自分が何者なのか知ることが大事。おとなでも大きく揺れている現状の中、これからを歩いていく子どもたち。自身も厳しい中、しっかり向かい合わせてもらって後押しをしてくれる先生。今、地域をつくっているのは学校だけ。学校に背負わされていることが、過酷さもあり、あるいは可能性もあり、いろいろな論点を含んだ報告だった」と、まとめられた。

埼玉（小）からは親子での総合学習が報告された。『みんなの放射線入門』という一冊の本との出会いで変わっていった４年生の息子。そして、６年生での「保養」体験と「あんなかっこいいおとなに会ったのは初めてだった」と振り返った素敵な出会い。自由研究にまとめられた学び。卒業文集で「自由により、いろいろな物事を深く、素直に考えられるようになったと思う。僕にとって自由とは楽に楽しくなる他に、自分の考えを深めるために必要なのかもしれない」と綴った。討論では、「偏見による差別の現状は、今、各地で報告されている。汚染地なのに、今、不思議なくらいそんな会話がない。『保養』のとりくみをされている方々との対極的な動きがここにある」という現状を共有できた。共同研究者からは、「このリポートこそカリキュラムの手本。学びの履歴書がよくまとめられている」「子どもの状況を踏まえて教員が考えていくこと、人々の思いを想像すること、答えが出てこない、そんな不安を楽しむこと。葛藤があってこそ、次の学びが出てくる。そんな学びが素晴らしい」と、まとめられた。　　　　　　　　　　　　　　〈河東嘉子〉

(2)生活科

愛知（小）からは、子どもの「やりたい」という思いを引き出す「導入の工夫」と、「子ども自身の工夫」を引き出すための「友だちと関わる場の設定」の二つの視点から報告があった。「導入の工夫」では、「遊び計画書」を作る活動を取り入れ、「こんな風に遊びたい」という願いを高めることをねらっていた。さらに、「工夫を引き出すため」に、関わりが生まれるようにいっしょに遊ぶ場面を設定していた。討論では、子どもの現状から、遊びにくさを覚える子どもたちへの支援としての「計画書」であったが、遊ぶときに「計画書」は必要なのかという議論があった。また、活動に浸り込んでいった後で、思いや願いの高まりを「計画書」や「ふりかえり」として言葉として取り出すことの大切さが交わされた。

静岡（小）からは、「気づきの視覚化」をキーワードに、「自分のよさやがんばり、可能性に気づくことで、自己肯定感を高める」こと、「豊かな経験を積み重ねることで、自信をもって自分の力を発揮する心を育む」ことに関わって報告された。討論では、自分のできるようになったことを確かめる「できるよハート」が増えていくことや、仲間や他者（保護者やまわりのおとな）から自分の頑張りを認

めてもらう活動の方法や意義を交流した。その中で、自分がまわりの人とつながっている自覚をもてるようにすることの大切さが確認された。さらに、小学校１年生の子どもたちの「自己肯定感」について考えなくてはならない現実について議論が深められた。

熊本（小）からは、２年生の地域学習で、人と関わること（働く人の姿を見て思いを受け止める）や自分の生活に結びつけること、作物を育てる活動から「命を育てる」ことを関係づけ考えを深めること、気づきを表現活動として組み替えること、さらに、保護者の仕事に注目し、自分と家族について考えることに関わって報告された。討論では、地域の人に出会っていくための順序や媒介する「もの」のはたらきなど、大きな単元を仕組んでいくときに考えなくてはならないことを確認し合った。加えて、地域の素材をいつ、どのように学んでいくかについても検討された。さらに、厳しい状況におかれている家庭といっしょに学習を作っていく大切さと難しさが交わされた。

茨城（小）からは、生き物を探し、捕まえ、飼育する体験活動を通して、一人ひとりがいきいきと楽しく学ぶことができる学習を求めて、協同的な学習活動の展開について報告された。プールにいたヤゴの救出をきっかけにして、ゲストティーチャーの助言をもとに、捕まえ育てる生き物の範囲を広げ、身近な生き物とのつながりを深めていく様子や、自然博物館として仲間とともに学習のまとめをしていく姿が話された。

山梨（小）からは、小グループで８種類の生き物を育て、自然環境や生き物への親しみをもつことや命の不思議さを大切にしようとする心情を育むことをねらった実践が報告された。実践の中で、育てて気づいたことや感じたことを１年生に報告する機会を設定することで、子どもの中の気づきが明確になっていったことも成果として挙げられていた。討論では、学校周辺の探索から捕まえてきた生き物を長期にわたって育てることで、気づきを認識へと変えていく大切さを確認することができた。また、時間をかけてとりくむことで、子どもの変容を見取っていく方法と大切さを交わし合った。さらに、生き物を巡る子どもたちの実態（生活環境）についても話が出され、学習で機会を準備しないと全くふれあう機会をもたないままの子どもがいることも話題となり、学習が担っている役割・意味や価値を確かめた。学習を構成する際、ゲストティーチャーのはた

らき、発表という学習のまとめの効果も話題となった。

鹿児島（小）からは、「命のつながり」についての認識を深めるために、「化石」を媒介物としてアプローチした実践が報告された。小学校期は「過去に関する認識」の形成が難しい中で、小学校低学年で何ができるかという意欲的なとりくみであり、岩や化石といった「もの」は入り口として可能性があることについて話がされた。具体的な子どもの発話をもとに、認識の深まりの経過を丁寧に追った報告がされた。討論では、「過去への認識」が話題となったが、「命のつながり」までも実感するには、課題を残すのではないかという意見が出た。しかし、子どもの興味関心は高く、「石の中に生き物がいる」という具体物のもたらす、興味・関心づけは今後の学習のもとになるのではないかという意見も出された。　　　　　　　　　　　　　　　　〈青木作衛〉

(3)生き方

岩手（小）からは、特別支援学級に在籍する子どもたちが日常の栽培活動に責任をもってとりくむ中でお互いに教え合う関係がつくられていった実践が報告された。栽培することから食べることへつなげ、子どもたちの興味関心を重視した展開であったことや、作業を通じて他者への思いやりが育まれたことが評価されたほか、自然に触れる実体験の重要性について指摘された。共同研究者からは、校内での栽培活動のみならず他校との調理実習などを通して子どもたちが周囲との関係を作り上げていったことや、その過程において学校や保護者が積極的に関わることよりも見守っていく姿勢を重視したことが評価された。

愛知（小）からは、将来のあこがれと現在の自分自身を比較することで、基本的な生活習慣をさらに向上させていくための目標を設定し、日々の生活を振り返っていく実践が報告された。討論では、自己評価を可視化することで自己理解を深められていった点や、毎日のとりくみが子どもたちの自信につながっている点が評価されたほか、自己評価や相互評価の基準を設定する難しさや様々な職業について考えることの重要性、評価を毎日行うことへの負担感などが指摘された。共同研究者からは将来のイメージをもつことは、現実から遠いものであったとしても自己について考える良い材料だが、いくつかの現実を見て考えることも有効であると指摘された。

(4)地域

千葉（小）からは、世帯構成の変化などにより地域とのつながりが希薄と指摘されている現在において、地域に関心をもたせるために近隣の介護施設について調べ、施設利用者との交流と振り返りにより、知識の深まりだけではなく心のつながりも深まった実践が報告された。討論では子どもたちの成長過程や相手に応じた準備や配慮が必要であること、交流によって子どもたちにあらわれた認識の変化について議論された。共同研究者からは、相手先の事情により訪問交流ができなくなったときに子どもたちが次の展開として新たな交流の方法を作り出したこと、活動を通じた子どもの変容が評価された。

三重（小）からは、子どもたちが自然栽培の米づくりにおいて楽しさだけではなく苦労することや工夫することを経験し、地域の農業に対する感謝の気持ちを抱き、自然栽培による効果を発信した実践が報告された。討論では米づくりの授業実践では多面的な応用学習が可能であること、地域から学んだことは地域への還元が必要なこと、不採算であることや後継者不足など課題を抱えながらも農業を続ける実態について考える必要があることなどが議論された。共同研究者からは、総合学習では生産性の追求も重要であるが体験することそのものが重要であることや、自然栽培のとりくみが地域を動かしたことが評価された。

新潟（小）からは、地域活性化を総合学習のテーマとしたゆるキャラ制作が校外との連携によって拡大し、学年を超えて引き継がれていった実践が報告された。討論では、計画を具体化する過程において校内外の組織が連携してすすめられたことへの評価、地域の良さをどのようにして気づき生かすためには様々なツールがあることなどが議論された。共同研究者からは、子どもたちが困難に直面しながらも夢を実現させるプロセスを保障した実践であったことが評価された。

兵庫（小）からは、地域の基幹産業である観光を中心に調べ学習やインタビューを展開し、神戸の歴史や良さを学ぶと同時に、パンフレット作成やプレゼンテーションなどにより観光客へ伝えるという活動へつなげた実践が報告された。討論では、子どもが行動を起こすときにはどれだけ地域を知っているかが重要であることが指摘されるとともに、一般の観光客も対象として活動をすることで、伝える内容という知識だけではなく伝える技術も求められる実践となったことが評価された。共同研究者からは、

子どもたちの主体的な活動により学習が深められていく過程、地域と連帯した総合学習を展開していく校内体制が評価された。

滋賀（中）からは、2日間かけて琵琶湖を自転車で一周するという毎年行われている活動を通じ、子どもたちが責任感や達成感をもつと同時に、地域に対する愛着を深めていくという実践が報告された。討論では、子どもたちの変容や活動の支援体制について評価された一方、学校行事を総合学習に位置づけた場合、どのような目的をもたせて整理していくのかという課題も提起された。共同研究者からは、総合学習と行事の境界線ははっきりせず、遊びの要素も含めて様々な可能性をもつものであると提起されるとともに、「安全」をキーワードに地域や保護者とのつながりも感じられる実践であったと評価された。　〈佐藤正成〉

(5)人権・自尊感情

長野（小）からは、絵本を通して、多様な考え方を学び、レジリエンスを育てたいと始まった実践。昨年度の岩手の大会で本に出会い、「これを教材に」と、アンケートの項目も作成し、専科としてとりくまれた実践が報告された。「いくらでも子どもたちに出会わせる絵本や教材があることがわかった」「私たち教員のレジリエンスも大切」という意見が続き、「3時間の題材展開が子どもの実態にあっていた」、「何にでも、すぐにあきらめてしまう『気になる子』が、相撲大会で一度負けても『気持ちを変えて絶対に勝つ』とがんばった姿」も付け加えて報告された。共同研究者からは、「レジリエンスの意味は、めげずに生きていく。レジストの意味、我慢するではない。学校は、失敗の練習をするところ」との意見が出された。

石川（特支）からは、子どもと保護者の思いに寄り添った特別支援学校中学部のとりくみで、連絡帳などを通し、保護者との連携を深めた記録が発表された。討論の中で「しゃべると、後で振り返られない。書いて残すと、保護者に考えてもらえる。その書いたことで『あれっ』と思ったら、会って話したらいい」と「綴る」ことへの教員の思いも明らかになった。「始めに受け入れてもらえる安心感を保護者がもてたら、連絡帳でこれだけ書ける。その安心感が、子どもにも伝わって素晴らしい」と意見が続いた。共同研究者からは、「先生の話し方が素晴らしい」「自己肯定感を高めることと、多様性を認めることは、セットで考えられる。子どもの支援のや

り方を支援学校の先生に学ぶことが多い」と評価された。

(6)平和

広島（中）からは、是正指導の名のもと「締め付け」が厳しい中でも、「地域の掘り起こしや地域の方々とのつながりをつくることを通して、子どもたちに戦争と平和を身近なものとして学ばせたい」と始まったとりくみが報告された。近くの公園で行われていた呉空襲の慰霊祭が、昨年で最後になるというニュースが飛び込んできたことによりスタートした。個人で慰霊祭を長年されていた89歳のMさんに学び、慰霊祭を平和集会として引き継いだ。討論の中では、旧海軍に関連した行事に参加させられたり、新しい憲法を考えようと出前授業が行われたり、足元から平和がおびやかされている現状や、大久野島で学んだことなどが出された。共同研究者からは、戦後の平和教育の変遷を報告してもらい、戦後70年過ぎた今の平和教育の必要性を感じることができたと発言があった。

山梨（小）からは、「未来が不安となるような出来事が続く今、そんな時だからこそ、未来の主権者となる子どもたちに平和な未来を築いていってほしい」と始まったとりくみが報告された。PTA学習会でコンサート、ボランティアによる「平和の本」の読み聞かせ、地域の戦争体験者を招いての講演会、平和の標語づくりなど、学校全体のとりくみとして行われた。「幅広い学年の子どもたちが書いた感想が素晴らしい」と意見が出され、「いろいろな活動の中で自分の考えを残していくために『書く』ことの積み重ねが大切である」と意見が続いた。コンサートの後、学んだカンボジアに学用品を送るとりくみへと広がっていったことも付け加えられたが、共同研究者からは、「『何を送ることが、その人々にとっていいのか』をしっかり考えさせていくことも大切」という新たな視点が出された。

〈河東嘉子〉

北海道（小）からは、児童数千人以上の大規模校における組織的な平和・人権カリキュラムについての報告である。時数減の総合学習の現状がありながら、きちんと教育課程の内容に位置づけ、毎年改善を図りながら実践の記録化、ファイル化、保存を行ってきた。学びが単発的にならないように、計画的にとりくみ、掲示コーナーや学級だよりなどを通じて学年間や保護者に発信している点が評価された。

共同研究者からは、全体講演での山口二郎さんの話とつなげ、民主主義が脅かされ、企業の論理や教育が全面に出てきている現状の中で、今一度人権や平和のとりくみの意義を確認したいとの指摘があった。

宮城（小）からは、地域の歴史を知る中で水害について調べ、その中から出てきた地域の課題が、満州への分村移民として国策に応じていった過去の歴史を明らかにしていった報告だった。子どもたちの学びの目が地域から過去の歴史のなぞを解く追求の道となっていく展開がおもしろく、総合における学びの連続性のモデルとなる実践になっていた。また、地域における自然災害からどうやって身を守るかという防災の視点や国家の命令で多くの人の命が奪われた戦争の実態に気づく側面から、現在にもつながる課題としても見ることができた。共同研究者からは、ダイナミックな学びの展開や歴史の中で埋もれる弱者、差別の視点にスポットを当てた点が評価された（「4．このリポートに学ぶ」参照）。

(7)防災・減災・震災

岩手（小）からは、「子どもたちに生き抜く力を！」と題した被災地の小学校からの現状報告だった。震災当時に2、3歳だった子どもたちが小学校に入学し、6年経った今も落ち着いた生活とは言い難く、職員全体で共有した課題①体力 ②防災 ③心のケア についてのとりくみが報告された。特に③の心のケアについて「よいことノート」と題した記録には、子どもたちの目標と担任、保護者の励ましが記される。家庭環境や地域環境の二次的な生活ストレスがある現状と向き合い、担任やスクールカウンセラーが「無理をしない」原則を踏まえながら、支援してきた。討論では、防災訓練の配慮、被災地と未災地の分断、悲しみを受けとめることの意味などについて話し合われた。共同研究者からは、心のケアに寄り添う担任の真摯な姿への共感と同時に教員自身のケアについても忘れてはいけないことが指摘された。目の前にいる子どもをどうするのか、安心、安全、命と死の教育をすすめていくことの大事さが話された。

大阪（中）からは、中学生がとりくむフィールドワークと防災学習の元気が出る報告だった。若い教員たちが先輩教員たちの財産を参考にしながら、9つのコースを設定した。子どもたちが自分の思いを出し合いコース選択、課題追求することによって、学びの質が高まることがわかった。フィールドワー

クで学んだことをもとに、防災教育においても地域の様々な場に関心を寄せ、中学生らしい学びを獲得していった。討論では、子どもたちの学びの眼を開かせるには、地域にある魅力的なものを教員がいかに気づかせるかが大事であると確認できた。共同研究者からは、フィールドワークの位置づけや「CROSS ROAD」のとりくみなど生徒に関心をもたせるとりくみの良さについて話された。

新潟（小）からは、地域とつながる安全教育の報告があった。年間を通しての避難訓練や多くの人と関わり合うことで防災・減災の意識を高めている。また、同じ地域に住む子どもたちでグループを作り（防災5人組）、学校外における危険場所・避難場所を共有し、みんなで災害を乗り越える意識を育てた。学校外の組織との連携では、学校や地域の役割を明確にし、どうコミュニケーションを取っていくかに課題があることがわかった。討論では、学校・保護者・地域がつながる防災のとりくみの大事さと「子どもが変わればおとなも変わる」ことへの展望をもって、防災教育をすすめる意義について話し合われた。共同研究者からは、災害は地域の状況によって全く違う、「マニュアルがないのが、マニュアル」との視点を出してもらった。

神奈川（中）からの報告は、災害に対してどれだけイメージする力をもつことができるかを課題にした報告だった。「防災巻」（自分を主人公とした生きるための物語）を使った2度のとりくみは、子どもの学びの道筋がよくわかり、自分の命を守るための防災教育の視点が明確になっていた。特に2回目では、最悪の状況を想定したり、グループで疑問を出し合ったりして、具体的なイメージをもつことができるようになっていった。討論では、防災巻についてとりくみやすく、災害発生からの設定などを独自に作ってみたいという声があった。また、現実に地震が起きた時などにシミュレーションする経験を積み重ねることが必要であるとの指摘があった。共同研究者からは、五感を使ったイマジネーションが現実の災害に対して行動できる力を育て、子どもは、その能力が高いとの話があった。

大分（小）からの報告は、海に近く津波被害が懸念される地域にある学校として合併がもち上がり、学校・保護者・地域が防災・減災をすすめていくことを確認し、存続が決まった学校の報告である。4校合同避難訓練や防災スタンプラリー、防災新聞づくり、「臼杵のみんなをまもり隊」の活動など様々なとりくみが行われた。中でも、まもり隊の避難道調

べの学習は、リーフレットづくりへと展開し、表現・交流する中で歴史と命の論議など子どもたちの生きた学びとなった。さらに子どもが見つけた問題点から行政が動く結果も創りだした。討論では、4年生が幼稚園の子を連れて避難道を案内するとりくみが素敵だとの声があった。共同研究者からは、総合学習における防災の視点が、子どもの学びにふさわしい内容になったと評価された。

兵庫（小）からは、「私たちのBOSAI」と題した報告があった。初めに東日本大震災から多くの教訓を得、防災をすすめる意義の説明があった。中でも「最も優先すべき命に関わる学習」であることや「楽しく学ぶ」という視点に賛同する声が上がった。災害時には、自分で自分の命を守る（自助力）を最優先とし、学習前に自助力をチェックし、災害・防災に対するイメージを広げた。災害時におけるリスクについて「災害発生時」「発生後～1日」「1日～数週間」に分けて考え、それに対応する方法を3つ（避難・応急処置・避難所運営）の中から選んで学んだ。さらに、学んだことをロールプレイやビデオなどでシミュレーションし、より実践的で一人ひとりが判断できる経験となった。共同研究者からは、総合学習に「防災」の視点が入って3年。「防災教育は、命を守る教育」として子どもの学びから出発できる学習になってきたと評価された。〈吉野裕之〉

(8)全体討論のためのリポート

長野（小）からは、身近な自然や地域の人・友だちと関わりながら、思いや願いをもち、活動をすすめる中で思いや願いをふくらませる子どもを育むために、ふるさとや友だちとの関わりから、気づきの質を高める支援について報告された。具体的には、地域の素材として多目的に活用され汎用性のある竹を素材として学習を組み立てた。支援としては、①事象との出合い　②伝え合うこと　③試行錯誤の場と時間の保障　④成就感を味わうこと　と4つの視点を定め、子どもの姿を丁寧に見取った報告であった。竹を加工する中で、仲間との関わりが生まれ、学習に自分の居場所を見つけていく子どもの姿が印象的であった。討論では、気づきと認識の違いについて意見が交わされた。部分的、断片的な気づきが連なりをもった認識になっていくためには、竹を巡る分厚い経験が求められることを確認した。また、記録し残すことで、認識の変化を求めることができるのではないかという意見もあった。

沖縄（小）からは、「法律と私たちのくらし」と

して、子どもがもつ固定概念に問いかけるとりくみが報告された。単元の構成はともかく、社会的な問題を人ごととせず、自分の問題として考えるきっかけとして、さらに、子ども自身が自分の中にある、決めつけた考えや理解を突き崩していく方法を提示するという意味で議論が生まれた。総理大臣ならできるもの、自分には変えられないもの、と勝手に理解している対象を「自分が考える事柄としていく方法」について議論することができた。討論では、為政者の判断を吟味することが主権者としての構えであり、その意味で、「できない・やってはいけないとあきらめている」現状を問うために必要なとりくみであることが確認された。さらに学習内容は主権者教育として見ても優れた実践であり、学習方法のアクティブ・ラーニングとしても優れていると共同研究者からも話があり、汎用性の高い提案であることが共有された。

福岡（小）からは、小規模特認校の特性を生かし、米づくりを巡る学習について報告された。3・4年生が米づくりから販売まで手がける過程で、子どもが広島の水害で同年齢の子どもを亡くした人の新聞記事を見つけ、自分たちにできることと米づくりを結んで学習を深めていく様子が丁寧にまとめられていた。教員が仲立ちをしながら、地域や関係者を巻き込んで子どもたちをつなぎながら、学年をまたいだ実践に学ぶべきことが多くあった。さらに、子どもが自分にできることを問い、掘り下げていく姿に学びのもつ可能性を再確認した。討論でも、想定していない出来事をどう学習につないでいくかに関わって、前例踏襲ではなく子どもの声に応えていく学習の大切さを確かめ合うことができた。点数学力を競い合わされる現実を超えて、学校行事の修学旅行の行き先を変えたり、災害に遭われた方との交流の継続が子どもの一生の話題を生み出したりする可能性をもつ総合であるからこそ、今後さらに大切に学習を作っていかなければならないことを確かめ合う時間となった。

総括討論では3日間の討論で、報告者がそれぞれの学びを交わし全国での交流の意義を確かめ合った。発言として、被災したすべての子どもの調査を日教組としてすぐにでもとりくみ、現状を明らかにする必要があるという提言があった。そして、私たちのめざす教育像をもう一度しっかり描き、その像にむかって実践を積み重ねたいという発言で総括討論は締めくくられた。〈青木作衛〉

3．まとめ
―岐路に立つ日本の教育と総合学習の行方―

(1)今年度の成果

全国的に地方の実践報告数が減少しつつある現在、今教研報告は従来に比べ充実し、参加者教員が今後の教育実践にむけ共有できるものになった。とりわけ東日本大震災から7年を迎え、総合学習に「防災・減災教育」が加わり、その整合性が問われていた。今回、震災の現実と向き合い、目の前の子どもを中心にすえた本格的な実践報告がなされ、総合学習と防災教育がつながってきた。それは「単なる災害から身を守る防災の視点」から、「命・人権につながる教育」になった。福島原発事故に見られるように偏見による差別の問題が明らかになった。人権を大切にする教育、まさにこの分科会の中心に据えられる方向性である。

また、このことは総合学習のあり方を問う問題提起にもなり、私たちは改めて総合学習の多様性と重要性を意識し、この学習が学校教育の根幹に触れると確信した。一見無駄があるような学習、答えが見つからない学習、これらは実は方向性のある学習であり、そこで求められていたのは方法知であり学び方の学びの模索でもあった。次期学習指導要領改訂は「総合的学習の時間」が新設され3期目を迎えるが、「ゆとり世代」などと言われ、総合学習に対する風当たりは必ずしも良くなく、それが総合学習の時間の削減や教科英語の新設にもつながった。今、総合学習を取り囲む状況は、学習を詰め込む教育が懸念され、教員の現状は限界を超える多忙化を強いられる中で実践が築かれようとしている。では、こうしたことをふまえつつ次期改訂を射程に入れ、総合学習のこれからを論じてみたい。

(2)総合学習の実践とその行方

今後、総合学習はどのような行方になるのであろうか。今回の実践では教員の仕事とは何か、授業とは何かを問いかけている。

ある少年はまわりとうまく関係が取れないでいた。教員はその問題を解決するために町の「きらきらさん」探しを始める。人との出会いである。そこに気づく教員は、子どもになくなりつつある地元産業の中で細々続ける「食堂」のきらきらさんと立ち会わせた。生きがいをもって働くきらきらさんの生き方を見ることで少年の生き方も変わっていくのである。

また日本の産業構造の転換の中で急速にさびれていく街、炭鉱の閉山、そして農業の転換、そこでの教育実践の可能性は何か。気が遠くなるような現実、教員は単なる教育技術やありきたりの目標では授業を作れない。現実社会を、この世界をどう把握するのか。そこでまず求められているのは世界観、社会観、人生観、労働観、職業観などの「観の形成」である。観とは知識と技術を統合するもので、そのような視点での授業構築である。今回の研究では一つひとつがこのようなかけがえなき貴重な財産である。

今年は学習指導要領改訂の年である。現行の学習指導要領は、2008年に改訂され告示され、改訂作業が本格化している。その全面改訂に先行して、道徳を教科とする「教科道徳」が先行し、小学校英語の教科化も行われる。そこで、各教科の目標・内容を見直し、それらを横断するような「資質・能力」を強調することによって、従来の教育課程の構造を全面的に変えようとしている。

(3)岐路に立つ日本の教育

3日間の真摯な討議の中で、課題は何なのかが見えてきた。この分科会はまさに第66次教研のスローガン「平和を守り、真実をつらぬく、民主教育の確立」とあるように、「平和が脅かされ、真実が覆い隠され、何よりも民主教育が壊されようとしている」中で行われた。3つのことが明らかになった。

1つは総合学習が「子どもを教え込みの対象としない、授業とは子どもと教員が築く学びの共同体」であるということである。これらの報告には「一人も切り捨てない教育の実践」の作風が見られた。

2つめは学習の素材は目の前の現実にあり、そこから地域に目をむける実践も見られた。次期学習指導要領改訂では教育目標、学習方法に合わせて評価さえも規定する、いわゆる指導と評価の一体化である。評価は「何よりもまず学習者のため」でなくてはならない。はじめに子どもがいてこそ、その結果として子どもに授業がどう届いたかを検証するための授業評価である。国家が教育政策の是非を問うために学力を把握することは重要だが、教育行政は授業づくりの評価や学力まで教員に決して介入してはいけない。

3つめは「アクティブ・ラーニング」ブームである。2014年11月の文部科学大臣による諮問以来、次期指導要領の大きなポイントだと受け止められて

きた。この学習は従来私たちが行ってきた学習といわれてきたが、その背後にはICT教育があり、またその背後には教育産業が見え隠れする。また教育現場では生産管理や品質管理などの管理業務の手法「PDCA」の（計画）・（実行）・（評価）・（改善）もはやり、授業方法が先行している。「教員は授業で勝負する」、今教研はそれらを裏打ちするかのようなゾクゾクワクワクの授業に満ちており、私たちは自信と誇りをもって来年も教育実践の交流を行っていきたい。　　　　　　　　　　　　〈善元幸夫〉

4．このリポートに学ぶ

リポート　鹿島台の歴史から学んだこと
　　　　　―「8・5豪雨」から「満州分村移民」
　　　　　へ―

小野寺勝徳　宮城・大崎市立鹿島台小学校

A．はじめに

　鹿島台は「品井沼の干拓」で有名であり、宮城県では4年生の社会科の地域教材として取り上げられている。かつて品井沼だった所は、現在は水田になっている。その風景から、そこが沼だったと想像できないほどである。しかし、1986年8月5日の豪雨によって、鹿島台周辺に降った雨は吉田川や鶴田川などの河川を通じて集まり、堤防を越え、そこにかつての「品井沼」が出現した。鹿島台の歴史を振り返ってみると、「3年に1度」（鹿島台町史）の割合で水害に見舞われていたという。度重なる水害によって被害を受け、ある人は住み続け、またある人は移住・移転せざるを得なくなってくる。品井沼干拓事業の成果がありつつも、その後、「満蒙開拓」のための「分村移民」が鹿島台でも行われることになった。

(1)「極端化する気象」を観て

　NHKの番組「極端化する気象」のビデオを観た。
　自然災害といっても、自分たちの課題としてとらえることは難しい面もあるので、導入の一つとして、取り上げた。2015年9月11日には、発達した南岸低気圧に伴い北上した雨雲により、関東で水害が発生し、その後、大崎・古川でも河川の堤防が決壊し、水害が発生していた。

(2)「8・5豪雨」の授業

　1986年8月5日の水害を取り上げた。そのときの写真から、水害の実状を知るとともに、これから学習していく内容を説明し、「体験」を聞いてみたいと思ってほしいと考えた。

(3)鹿島台総合支所長さんの体験を聞く

　実際に「8・5豪雨」を体験した鹿島台総合支所長さんの話を聞いた。総合支所長さんは、当時鹿島台役場にいて、そのときの避難、被害状況、対策などを実体験していた。
○ぶたや牛などのにおいがして、他の所から来た人が「鹿島台がくさいと思った」と言っていて、そうとうくさかったんだなあという事が分かりました。
　写真では伝わらない匂い、動物の死がい、そして、ゴミの量などを話していただいた。さらに、雨量について「1㎡に1L」（支所長さんは牛乳パックで何本）と考えると、271㍉という雨量のすごさを児童が実感することができた。

(4)あれから29年「8・5豪雨」の記録

　家族から「8・5豪雨」の体験の聞き取りをして、記録に書いてくることにした。
○母方のおばあさんによると、「とにかく、くさかった。水がひいても、どろからにおった」と言っていた。実ににおいはかいでないんだけど、言い方でとてもくさいのが伝わった。

(5)品井沼の「開墾」と鹿島台の「満州分村移民」

　その後の総合では、「満州分村移民」についてとりくんだ。これまで、水害の被害を受けながらも、品井沼の水を松島湾に排水し、そこに水田を開くことで、水害を防ぎ、「食」の確保と「職」の確保をするために、新田開発が行われてきたことを調べた。しかし「恐慌」と「冷害」の影響を受け、農村は疲弊していく。そこに「満州分村移民」の計画が「国策」として始められた。鹿島台小学校の教員だった佐藤あつ子先生が書いた「ああ満州」の紙芝居を読み、12月4日に「戦争を語り継ぐ会」の方のお話を聞いた。
○発疹チフスでどれだけ苦しかったのかは分からないけれど、栄養失調のあつ子さんが、ぼうやが死ぬ前に水をこぼして、怒ってしまったことを後悔していたと思います。
○77人が1946（昭和21）年に日本の土をふんだと

思うと、他の人たちは、死や行方不明なんだろうな。自分がなってたらどうだろうと怖くなってきました。

B．終わりに
　3年前に「新しい東アジアの近現代史」という本をテキストに学習会をしていた。講師は、1931年9月18日の満州事変の始まりの日に奉天にいて、大砲の弾が頭上を跳んでいく音に腰を抜かした祖母のことが「最初の記憶」になっている方である。その本を読んでいると、「条約改正」の過程から、不平等条約を結んだつけが何十年にも影響することを思い知らされる。
　やっと手に入れた「関税自主権」が、「TPP」ですっかり失われてしまうのではないかと心配になってくる。社会的経済的な「災害」（人災）をしっかり自覚できる力をつけることも広い意味での「防災」だと気付かされた。

リポート　子どもたちが生き生きと活動できる学びの創造に向けて　～つながりを大切にして～
　　　　舟井綾子　福岡・嘉麻市立熊ヶ畑小学校

A．はじめに
　熊ヶ畑小学校は、全校児童16人の小規模特認校である。現在は5・6年7人を担任している。この子たちが3・4年のころも担任をしたが、今回のとりくみはその3・4年から今まで、子どもたちが生き生きと活動する（主体的に学んでいく）ためにどのように学習が展開していったかを報告したい。

B．実際のとりくみ（「熊っ子水田から発信！」）
1　熊っ子水田の米づくりについて話し合い、学習課題や学習計画を立てる

熊っ子水田でたくさんお米を育てて、熊っ子祭りで劇にして発表しよう。

2　苗を育てる

元気な苗を育てるためにはどうしたらいいのだろう。

(1)塩水選を体験する。
(2)籾まきをする。
(3)苗を育てる。

3　田植えをする
(1)田植えについて話し合う。
(2)田植えをする。
(3)田植えの振り返りをし、課題を見つけ、調べる。

4　稲を育てる
(1)稲の育て方について話し合ったり調べたりする。
(2)考えた方法をGTに聞いてもらい、これからの活動計画を立てる。
(3)「熊っ子水田」を見学したり、バケツで稲を育てたりする。
※2014年8月の広島土砂災害で被災し、子どもを亡くされた平野さんの記事より、自分たちにできることはないかと考えた子どもたち。
・大切に育てているもち米を食べてもらおう。
・被災されて困っている方々には、もち米を売ったお金や募金したお金を送ろう。

校長先生に許可をもらうために、計画書を5回ほど書き直していった。
※これから先は、どんな活動をする時にも、「平野さんのために、被災者の方々のためにしているんだ」という意識になっていった。

5　収穫を楽しむ

育てたお米を収穫して「道の駅うすい」で販売しよう。

(1)稲刈りから精米までの作業について調べる。
(2)稲刈りをする。
(3)天日干しをする。
(4)収穫について振り返り、お米の販売計画を立てる。
　①収穫量の把握と市場調査をする。
　②販売価格の決定と収益の活用について話し合う。
　③お米のパッケージ調べをする。
　④自分のお米のパッケージを考える。
(5)お米の販売の準備をする。
　①お米のシールづくりをする。
　②チラシづくりをする。
　③のぼり旗づくりをする。
　④呼び込み・募金のお願いや販売の模擬練習をする。
(6)「道の駅うすい」でお米の販売をする。

(7)お米の販売の振り返りをする。

(8)餅つき大会をし、お世話になった人にお餅を配る。

6 劇づくりをする

これまでの活動をまとめて、劇にしよう。

(1)シナリオを作る。

(2)劇の練習をする。

(3)熊っ子まつりで発表する。

7 これまでの学習を振り返り、心に残ったことや自分自身の成長についてまとめる。

C．その後のとりくみ

この子たちが4・5年生になり、私自身は1・2年の担任となった。クラスはみんながバラバラになったわけであるが、平野さんとのつながりを切らさないように、平野さんからいただいたバラに花が咲くと（植樹した）、写真を撮って子どもたちの手紙とともに送った。すると、夏休みに会いに行けたら、と返事が届き、それは現実のものとなった。昨年の夏休みに、平野さんと親戚の方総勢7人で熊ヶ畑小学校に来てくださったのだ。子どもたちは、「自分たちがやってきたことは間違いではなかった」と大変喜んだ。前もって平野さんから「ぽっかぽか」という曲を一緒に歌いましょうとCDをいただいていたので練習して全員で楽しく歌ったり、運動場でサッカーをしたりと一緒に楽しむことができた。また、この年も、「平野さんにもち米を送りたい」と子どもたちから相談があった。「昨年も送ったから」ではなく、「いつまでもぼくたちは平野さんのことを応援しています」という気持ちを届けたい、というのだ。そのためには、もち米を作るために関わってくださった方々の許可をもらわないといけないので、みんなで手分けして行うことにした。

今年、またこの子たちの担任となった。本来なら今年の修学旅行は山口県であるのだが、広島県に行けることになった。原爆ドーム、資料館、広島城の平和学習を通して、核兵器の恐ろしさや平和の大切さを学んだほか、平野さんたちとの再会も果たすことができた。1日目の夜に、平野さん家族、「ぽっかぽか」の作曲者のこうだfusai、作詞者のモニカさんが演奏会を開いてくださり、心温まる修学旅行となった。さらにうれしいことに、今年の「熊っ子まつり」には、こうだfusai、モニカさんが広島から来て、演奏会をしてくださった。

D．おわりに

日頃の生活の中で、些細なことでも「自分だったらどう感じるだろうか」と子どもたちに考えさせることはなかなか難しいが、そこを大切にしていかなければならないと強く感じている。今回も、広島の土砂災害の記事を目にしても、その後の行動までには結びつかなかったかもしれない。

「平野さんは、ぼくたちと同じくらいのお子さんを、目の前で、しかも二人も亡くされたから、どんなにつらいだろう」と気づき、「平野さんのために、少しでも力になれないだろうか」と考え、実行に移し、それが平野さんの心に届いたとき、「自分たちのやってきたことは間違いではなかった。よかった」と実感することができたに違いない。この心の交流が2年たった今も続いていることに感謝したい。

子どもフォーラム
「ゆたかなふるさとを未来へ
　〜わたしたちにできることは何？〜」

特別分科会

1. 分科会の概要
2. 第1部　子どもの活動発表
3. 第2部　子どもシンポジウム

《執筆者》
朝野　雅子
桜井智恵子

1．分科会の概要

特別分科会ではこれまで、社会への発信を目的として、喫緊の教育課題（いじめ・不登校・学力・震災からの復興など）を中心に、講演・シンポジウム形式での議論や参加型ワークショップを行ってきた。第59次山形教研（2010年1月）から、子どもたち自身が参加するシンポジウムを毎回設定し、特別分科会という名の「定例」子どもシンポジウムを重ねている。毎回のシンポジウムでは、自由な発想でものごとの本質を突く、するどい子どもの声が反響を呼んでいる。

また、第61次富山教研（2012年1月）からは、文化活動のとりくみとして、集会開催1〜2週間前から公共施設等で特別分科会のテーマと連動した写真展を開催し、子ども・保護者・地域住民に特別分科会への参加を呼びかけている。

第65次岩手教研（2016年2月）では、東日本大震災の被災地岩手で、震災に関わったおとなの思いをもとに子どもの暮しや学びについて話し合う「おとなシンポジウム」と「子どもシンポジウム」を開催した。「おとなシンポジウム」では、それぞれの立場から、震災に関わるつらい体験や思いが語られ、全国からの参加者もその思いを共有することができた。また、「子どもシンポジウム」では、小学生から高校生までの幅広い子どもの参加のもと「あなたにとって大切なものとは？」をテーマに、学校のこと、復興のことについて意見を出し合い、学校や暮しの中で大切なものとは何かについて考えさせられるものとなった。

今次の特別分科会も、子どもの声から知るという特徴を大事にして、「子どもフォーラム」として子どもの活動発表とシンポジウムを企画した。

第1部では2つの活動を発表した。1つめは、約500年前から柏崎市女谷地域に伝承され、重要無形文化財に指定されている「綾子舞」である。柏崎市綾子舞保存振興会（高原田保存会）に所属する高校生が演じた。2つめは、長岡市立南中学校の中学生が長岡空襲について調べ、平和と地域の人々の思いやふるさとの大切さを学びながら自分たちで作り上げた平和劇のDVDの上映と発表を行った。

第2部では、第1部で活動発表した子どもの代表に、新たに中学生・高校生・大学生の4部を加え、シンポジウムを行った。「長岡空襲」についての学びを通して感じた一人ひとりの思いを平和劇で表現する子どもたち、伝統芸能の保存・伝承活動を通して地域の文化を受け継いでいる子どもたち、震災支援活動で地域の復興に協力する子どもたちなど、さまざまな立場から「あなたにとって社会って？」「あなたにとって暮らしのゆたかさとは？」「未来の地域のイメージは？」などについて近年のIT社会などについても話し合い考えることができた。また、フロアの参加者からも、感じたこと、考えたこと、聞いてみたいことを発言してもらい、シンポジストからの応答をもとに、全体で課題を共有することができた。

2．第1部　子どもの活動発表

(1)柏崎市綾子舞保存振興会（高原田保存会）による重要無形文化財「綾子舞」

重要無形文化財に指定されている「綾子舞」は、柏崎市女谷地域に約500年前から伝承されている伝統芸能である。現在、高原田と下野の2つの地区に座元があり、小学校の伝承学習での指導や全国各地での公演を行っている。

今回は、小歌踊「小切子踊」と狂言「海老すくい」が演じられた。「小切子踊」は、高原田地区のみに伝わる演目で、舞台後ろに座る囃子方の演奏と室町時代の華やかさを表現した小歌に合わせて2人の踊り手が演じるものである。また、「海老すくい」は、殿様と冠者（召使い）を能狂言風に演じたものである。これらを小学生の頃から綾子舞を習い始め、地域の人々とともに綾子舞の伝承活動を行ってきた高校生が、いきいきと演じた。囃子方と踊り手が互いに息を合わせて演じる姿からは、地域のおとなに支えられ、子どもどうしが教え合い、のびのびと育つ姿が感じられた。また、「綾子舞」を次の世代に伝えていく伝承者としての誇りとふるさとへの思いが感じられた。

(2)長岡市立南中学校による平和劇2016「結ぶ願いを、そして未来へ」

長岡市立南中学校では、2年次に地元の長岡空襲について調べ、自分たちでまとめたものを平和劇として上演している。1年間をかけて、自分たちで調べたものをまとめ、さらにそれを平和劇として作り地域の人たちに見てもらうという一連の流れで毎年行っている。この平和劇は、脚本の制作や配役、大道具・小道具の制作などのすべてを子どもたちが話し合いながらすすめている。

今回は、2016年3月に平和劇を上演した3年生（当時の2年生）が、平和劇「結ぶ願いを、そして未来へ」を記録したDVDの上映と活動発表を行った。

この平和劇は、2年次の総合学習の時間の調べ学習の内容と修学旅行で行った広島での学習の内容をもとに作ったものである。長岡空襲の被災者からの話をもとに、戦時中の子どもの様子や空襲当日の逃げまどう人々の様子などが描かれていた。また、広島市の「原爆の子の像」のモデルとなった佐々木禎子さんが、自身の白血病からの回復を願って薬の包み紙などで折り鶴を折り続けた様子や子どもを亡くした家族の悲しみ、戦争のない平和な世界を願う人々の様子も描かれていた。

　子どもたちは、「この平穏な暮らしの毎日が、とても大切であるということ」「71年前の戦争の悲劇と惨劇を忘れずに風化させないこと」「この平和への思いを未来へつないでいくこと」が、今を生きる自分たちにできることであると訴えていた。

　子どもたちの平和への思いが胸を打つ発表であった。
〈朝野雅子〉

3．第2部　子どもシンポジウム

　子どもシンポジウムでは、「ゆたかなふるさとを未来へ」をテーマに新潟県内の中学生、高校生、大学生6人のいきいきとした意見を引き出しながら、会場の方々と共に考えた。

　シンポジストは塩澤大地さん（大学4年）、落合優花さん（短期大学2年）、山田綺佳さん（高校3年）、笹崎宣貴さん（高校2年）、矢尾板若葉さん（中学3年）、小松玲央那さん（中学2年）、そして桜井智恵子がコーディネーターを担当した。

本当のゆたかさって、どんな風に考えている？

　はじめに、笹崎さんが次のように話してくれた。「私が将来農業をやりたいというのは、巻総合高校に入って、いろいろな農業の勉強をして、農業というのはとても大事なんだなと、人間が日常的に生きていくには農業はとても欠かせないものだなと思っています。私は大学で農学部に入って、将来は地域で農家レストランを経営したい。今、私の地元は少子化とか高齢化とか耕作放棄地とかの問題で農業がとても衰退している状況です。それで、自分は農業という分野で地元を盛り上げていきたい」。

　しばらく地元の話をやりとりしながら、以下では「ゆたかさ」を学校に引きつけたやりとりを中心に紹介したい。

リアル学校をどう考えている？
「無言清掃」

（桜井）　もう5年ぐらい前から、全国教研の中で、

特別分科会｜子どもフォーラム

「無言清掃」の実践がリポートされ始め、全国的に広まっていて、黙って掃除をすることが、子どもたちの学力を上げるための集中力になるとか、子どもたちが自分を見つめる機会になるというふうに、現場の中でぐいぐい広まってきているのです。昨日の分科会では新潟市内から２つ報告があったとのこと。一つは「無言清掃」も進化していて、「親切清掃」。「他の人が、気が付かない細かいところを気が付いて掃除するような、無言でするような人になりましょう」という形態です。２つめは「自問清掃」。自らを問う。自分はきちんと挨拶ができただろうか。あのテストの点数はどうして悪かったのだろうか。自分を問う。「自問清掃」の報告がリポートの中に出てきたということで「心配だ」と共同研究者が話していました。「無言清掃」に関してはどう思いますか。
（シンポジストたちの中には経験者がいないので、フロアに聞いてみた。）
　若い先生たちが結構支持しているようです。私のゼミの学生は２人経験者がいました。長野、富山、静岡でそれぞれ経験してきて、「無言清掃」を体験した人たちが言うには９年間を通して「従順な体」が育ったというのです。言われたことは必ずするとか、黙々と仕事をするということが育ったから素晴らしいと。相手に反論したりしない自分になれたと言っていました。フロアの中に来てくださっている小学生や中学生のみなさんで「無言清掃」を体験された方はいらっしゃいますか。
（フロアの中学生）　僕は中学３年で今は不登校です。よろしくお願いいたします。「無言清掃」は、僕は中学３年からは行っていないですけれども、２年の時に経験したことがあります。中学２年生の頃は皆、非常にギスギスした感じで、生徒どうしの会話はあまりなく、正直言って、生徒はあまりしゃべることはせずに清掃するのが一番だというふうに思っている先生方が多かった。
（桜井）　どうして学校や先生は、そんな状況を行うことに追い込まれていくのかというふうに考えたいと思います。その学校や先生の問題だけに矮小化しないでおきたいので、学校の話を皆で考えていきましょう。学校現場に余裕が無くなっている中、さっき学力テストの話が出ましたけれど、全国学テについて思うことを教えてください。

「全国学力テスト」
（塩澤）　全国学テの目的としては全国一斉にテストを受けることによって、子どもの基礎学力を確かめる。それによって今後どういった教育対策というか、どういった教育をしていけばいいのかということを知る、そういう目的が挙げられるのですけれども、その全国学テによって、格付けがされてしまう、どうなのかと私は考えています。
（落合）　私は希望制にしてみたらいいのではないかと思います。
（塩澤）　今の社会自体が決められた能力、そっちの方を評価するようになっている。「個性を尊重する」「個」を大事にするという言葉がよく聞かれるのですけれども、能力の話になってくるとどうしても万人受けというか、「こうあるべきだ」という理想像みたいなものがあって、それに合っている人は例えば「合格」、合ってない人とかは「不合格」そういう感じの格付け社会になっているんじゃないかと思う。だから、評価されない人が評価されるにはやはり社会自体が変わっていく必要がある。
（笹崎）　私は小学校、中学校で全国学テを経験したけど、何のためにやっているのかって正直思っていました。今思えば、全国学テだけでははかれないこともももちろんあるので、やっぱり、人には得意不得意があるので、希望制がとてもよいのではないかと思いました。
（山田）　私も小学校、中学校と全国学テをしたんですけど、学力テストがすべてじゃないと思っていて、人には人なりのよいところがあるし、テストで勝手に決めつけて欲しくないなと思うので、学力テストはいらないかなと思います。
（矢尾板）　テストを重要視する制度が私はあまり好きではありません。
（桜井）　全国学テは皆問題があると思っている。もう既に破たんが始まっているのかもしれない。そうやって、学力による人の分類・排除を正当化しているということ。それに対して、今回のテーマである「豊かさ、故郷、これから」の「これから」を若い人たちはちゃんと知っているのかもしれない。学校はそういう意味では「やらなければいけないこと」と、「本当はやっちゃいけないこと」を考えなければいけない。

〈フロアの質問と感想〉
（小学校男性教員）　先程、「出会っていいなと思った先生」というところで、矢尾板さんが「従順過ぎる子にはあまりなりたくない、あまりよろしくない」というような言い方をしていたのですね。僕

特別分科会｜子どもフォーラム

自身も従順過ぎる教員にならないように注意をしているというか、そういうふうに考えているのです。矢尾板さんがそういうふうに考える訳を聞きたいといます。

（矢尾板）　自分の思ったことと言われたことが違ったら、それを納得するまで考えるし、ちゃんと追求していくし、対抗していくというか、向き合っていく人がいるのです。そういう知人の姿を見ていて「格好いいな」と。子どものうちから教育とかで潰さないようにして欲しいという思いから、そういう先生がいいなと思って。小さい子は結構おとなに言われたことを信じちゃうと思うのです。私がそうだったのです。

　あと、幸せっていうか、孤立感がなくなると思うのです。「皆違って皆いい」みたいな。価値観がいっぱいあるってすごく面白くて、よいことだと思うので、そういう先生がよいと思いました。

（桜井）　研ぎ澄まされた言葉にドキドキします。「皆違って皆いい」というのは多様性だから孤立感がなくなる。哲学的だけど、全くその通りですよね。

（新潟小学校教員）　さっき「学ぶことで広がってくる」っていう話があって「きっと机に向かってドリルとかをやるのが勉強って思っているから辛いのかな」と思うのと、さっき掃除の話があったのですけど、本来きれいにしたり、皆のところが気持ちよくなったりするのはそんなにつらいことじゃない。

　でも、それを「無言でやりなさい」とか「時間中は自分で親切でやりなさい」とか、そういうふうに言われるからきっと嫌なんですね。ただ悲しいかな、私も新潟県で教員をやっていて全国学テもやっていますし、それで点数を上げるために練習問題もしています。

　新潟県ではWEBテストと言って、毎月全県一斉に同じ問題が配信されてやるという制度もあります。そのための過去問をやって、サポート問題をやって、発展問題を毎月やるということも実際にしています。さっきの学年×10分の宿題も学校全体のとりくみだけじゃなくて、市全体でそういうことをとりくんだりもしています。

　例えば、小学1年生の子はすごく目を輝かせて宿題をやってきます。そういう喜びの中で積み重なっていったら、きっと皆さんぐらいになった時に、「何を学ぼうかな」って考えられる子になるのかなと、「そういう力を育てるのが小学校の先生の務めかな」と思いました。今日ここに来てよかった。

（北海道小学校教員）　小学校で4年生のクラスをも

363

っていたのですが、教員経験が20年近くあるのですが、一番大変なクラスで、さっきの「無言清掃」などあり得ないくらいやかましく、給食時間もとんでもなかったのですけど、個人面談でどの保護者に会っても、「学校楽しいって言っています」って言ってくれて、「それならいいか」って、授業も全然成り立たないくらい全然聞いてない状態だったのですけど、「楽しいというのならいいか」という感じだったのです。

僕は「宿題なんかやらないでいいんじゃない」と思っていて、ただ、学校で出すということになっているので、プリント1枚ぐらいは出すのですが、やってこようがこまいがそれは本人の問題だと思っているのです。やらなきゃいけないなと思ったときにやるのだろうと。先程、自分で勉強するようになったということを聞いて、「その通りだ」と。僕は自分が必要だと思ったときに勉強する、勿論分かり易い授業をしようという努力はするのですが、それでいいかなと思っているのです。みなさんは学校でしている勉強を必要だと思っているのですか。

（フロアの中学生） 理科の先生が「俺はテストで全員に50点以上取らせたい」と言うのですね。気持ちは分かるんです。多分高得点を取っている人は、ちゃんと勉強しているので、先生も扱いやすいと思うのですけど、それで皆幸せかと言ったら、皆違うと思うのです。「俺は30点でも構わない。遊びたいのだ」そういう人もいると思うのです。東大行って社会に出ている奴が皆偉いかって言ったら、そういう訳でもないし、中卒でも偉い人がい

ると思うのです。何が悪いかって言ったら、テストとかで、90点取ったから偉い、10点取ったから悪い、そういうテストの点だけで決めている社会が悪いと思うのです。その人が一番幸せになるものを与えてあげるのが先生だと思うのですよ。「勉強が好きだ。勉強するのが幸せだ」という人もいれば、「遊んでいるのが幸せだ」という人もいると思うのですね。人をそういうふうにするのが学校の役目なんじゃないかと思うのです。

〈まとめ〉

（桜井） いろいろな所が子どもシンポジウムを行うようになってきましたが、老舗である全国教研の子どもシンポというのはスペシャルです。深く突っ込んでいく。シビアな話が出てきて、聞いておられる先生方にはドキドキされる方もいらっしゃる。

子どもシンポのコーディネーターとしての環境づくりは次のようです。1つは、子どもの気持ちを聞かせてもらう姿勢を見せるということ。「聞かせて、どんなことでもいいよ」そして、シンポ中の発言は「何を言っても全部私が拾う」と伝えます。「どんなボールでも投げてね、全部拾う。言っちゃいけないことは何もない」と私は覚悟してこの役割に臨んでいます。

2つめは、おとな側がラディカルさを見せるということ。ラディカルというのは、当たり前を徹底的に問うということ。ですからここは「素と素」の話で出会って、作っていくというシンポです。「言ってもいいんだ」と、どんどんと本音の話が出てくる。ですから、子どもシンポは本当に質が高い。

今次の子どもシンポジウムも、子ども・若者たちがどんどん思いがけない意見を述べてくれました。最後には「伝えづらい風潮は学校での関係を劣化させる。それは学校の中から新しい風を外にむけて発していくのにすごく残念だ」という話をそれぞれの表現でおとなたちに伝えてくれました。学校に携わる者たちは、子どもたちのこの言葉の意味と重みをきちんと受け取りたいと思います。
〈桜井智恵子〉

リ ポ ー ト 提 出 者 名 簿

第 1 分科会：日本語教育……………………………………366
第 2 分科会：外国語教育・活動……………………………366
第 3 分科会：社会科教育……………………………………367
第 4 分科会：数学教育………………………………………368
第 5 分科会：理科教育………………………………………368
第 6 分科会：美術教育………………………………………369
第 7 分科会：音楽教育………………………………………369
第 8 分科会：家庭科教育……………………………………370
第 9 分科会：保健・体育……………………………………370
第 10 分科会：技術・職業教育………………………………371
第 11 分科会：自治的諸活動と生活指導……………………371
第 12 分科会：幼年期の教育・保育と連携・接続…………372
第 13 分科会：人権教育………………………………………373
第 14 分科会：インクルーシブ教育…………………………373
第 15 分科会：国際連帯・多文化共生の教育………………374
第 16 分科会：両性の自立と平等をめざす教育……………374
第 17 分科会：子ども・教職員の安全・健康と環境・食教育…375
第 18 分科会：平和教育………………………………………376
第 19 分科会：メディア・リテラシー教育と文化活動………376
第 20 分科会：高等教育・進路保障と労働教育……………377
第 21 分科会：カリキュラムづくりと評価…………………377
第 22 分科会：地域における教育改革とPTA………………377
第 23 分科会：教育条件整備の運動…………………………378
第 24 分科会：総合学習と防災・減災教育…………………379

■ 第1分科会・日本語教育 ■

池亀 祐美子	北海道	三笠市立三笠中	「考える・話す・書く・交流する」のサイクルで作文を書く
中村 亮子	岩手	久慈市立来内小	日記をもとに生き生きとした生活作文を書かせる指導
福内 智子	千葉	南房総市立南三原小	事実に自分が考えた文章を加えて説明文を書く指導（3年生）
臼井 良子	神奈川	清川村立緑小	国語科と総合的な学習の時間のつながり
松坂 奈津希	山梨	笛吹市立一宮西小	「はじめ」「中」「終わり」の構成を意識し、事例を挙げて文章を書くために
小泉 一磨	長野	飯田市立追手町小	「書くこと」でつながり、広がった「わたしたちの飯田」を元気にする作文
山川 奈津子	新潟	五泉市立五泉南小	説得力のある意見文を書くための指導の工夫
鶴田 佳恵	愛知	豊田市立萩野小	主体的にとりくみ、相手を引きつけ伝わりやすい話し方ができる子の育成
西村 昌晃	三重	県立相可高	「国語表現」でのとりくみについて
橋本 巧	滋賀	高島市立マキノ中	みんなが主役！ 60秒間の言語活動
上野 澄子	大阪	池田市立秦野小	「かきたいことあんねん」
梶川 誠	鳥取	県立鳥取緑風高	コラボ授業の提案
陶山 光恵	広島	尾道市立重井中	「いま・なま」新聞!!!
井上 勝子	福岡	筑後市立松原小	生活を見つめ、つづり、思いを伝え合う子どもを育てる
宇都 幸枝	鹿児島	志布志市立原田小	人は、なぜ書くのか 私たちは、なぜ子どもに書いてほしいのか
堀切 博子	鹿児島	県立加世田常潤高	個別学習を授業に取り入れた学びのスタイルへ
大川 俊秋	北海道	北竜町立北竜中	日本語の学習
佐藤 由之	岩手	花巻市立湯口小	「こうすれば よくわかる にっぽんご」を使ってみて
土谷 桃子	岩手	県立高田高	より深い読解をめざして
佐藤 深雪	山形	酒田市立亀ケ崎小	読解を助けるノート指導の一工夫
髙萩 志津子	福島	いわき市立白水小	複式学級における、言葉を大切にしながら文章を正しく読み取らせる授業の実践
小池 隆夫	埼玉	さいたま市立原山中	常用漢字2010年追加分についての分析と考察
比良 亜希子	千葉	千葉市立有吉中	読みを深めるための指導の工夫
竹林 能暢	神奈川	川崎市立西有馬小	友だちとの関わりの中で、自分の思いを生き生きと表現する子をめざして
高野 真一	山梨	富士川町立増穂小	読みを深める指導
北澤 沙弥香	長野	千曲市立治田小	自ら文章を読み深める子どもを育てるための読むことの指導の実践
富田 康仁	静岡	浜松市立西部中	意欲的に学び続ける子どもの育成
西川 武秀	新潟	柏崎市立新道小	文を読み深める力を育む学び合い
西脇 智恵子	石川	七尾市立山王小	自ら学びとる喜びがもてる授業をめざして
本田 敏倫	愛知	豊明市立沓掛中	他者との対話的活動を通して、自分と向き合うことのできる児童の育成
奥山 博之	三重	鈴鹿市立桜島小	ことばの力をいかして学びあい表現しあう子をめざして
冨岡 加納子	兵庫	たつの市立神部小	言語活動を効果的に取り入れ確かな学力と豊かな心を育てる
荒巻 那司美	大分	竹田市立南部小	主体的に読む力を育てる説明文指導のあり方
山﨑 兼雄	大分	県立佐伯鶴城高	日本社会はどこへ行く
大城 勝政	沖縄	南城市立佐敷小	特別支援学級におけるかな文字指導

■ 第2分科会・外国語教育・活動 ■

尾崎 智勝	茨城	常総市立三妻小	外国語活動における課題解決的な単元構成と方略的能力を意識した授業実践
江澤 真里	千葉	鴨川市立天津小	コミュニケーション活動を充実させるための、インテイク活動の在り方に関する研究
小宮山 公仁	山梨	甲州市立塩山北小	意欲的に英語学習にとりくむ児童・生徒の育成
松倉 邦幸	長野	北相木村立北相木小	小学校英語教科化に向けた「英語モジュール」の実践
北島 桂子	静岡	牧之原市立萩間小	コミュニケーション能力の素地を養う外国語活動
古沢 敦子	新潟	妙高市立新井小	子どもたちが進んで外国語を話すための課題設定の工夫
伊東 啓一	富山	黒部市立荻生小	コミュニケーションを楽しむ児童の育成をめざして
白坂 由美子	石川	珠洲市立大谷小中	小学生に英語をおしえてみて…
油谷 拓朗	三重	玉城町立田丸小	フォニックスや「レゴ」を用いた実践報告
羽渕 弘毅	兵庫	朝来市立生野小	小学校からの英語教育を共創する
加賀谷 かおり	北海道	平取町立振内中	効果的なコミュニケーション活動について

前原　貴央里	山　形	山形市立第一中	探究型の授業づくりをめざして
桑原　典子	宮　城	利府町立利府西中	中学1年「主語・述語」の授業
浦辺　雄一郎	千　葉	木更津市立木更津第三中	英文を正確に、速く読める生徒の育成
田中　穂積	神奈川	足柄下郡真鶴町立真鶴中	コミュニケーション能力を高めるための指導法の工夫と改善
日比野　規生	神奈川	県立藤沢総合高	総合高校におけるスペイン語・中国語講座の連携
潮田　央	〃		〃
山下　誠		県立鶴見総合高	
齊藤　貴之	山　梨	甲府市立上条中	4技能を統合的に活用できる表現力の育成
竹内　大輔	長　野	飯島町立飯島中	ペア学習を基礎としたアクティブラーナー育成の実践
戸倉　かおり	静　岡	袋井市立袋井中	めざす子ども像を明確化し、自己表現力を育成するための手だてと評価の工夫
森　瑶子	新　潟	糸魚川市立糸魚川中	表現力を高める課題解決型学習における指導の工夫
落合　一人	愛　知	瀬戸市立幡山中	技能統合型の言語活動を通して、主体的に学ぶ子どもの育成
吉水　慶太	三　重	松阪市立鎌田中	実践報告
山本　徳子	兵　庫	豊岡市立但東中	ハッピースクールプロジェクト
池末　義孝	福　岡	桂川町立桂川中	共に学び、共に高まる授業づくりをめざして
熊谷　天香子	大　分	竹田市立竹田中	一人ひとりを大切にする「わかる授業・楽しい授業」をめざして
時枝　武敏	大　分	県立由布高	「分かる」英語をめざして
中村　幸夫	熊　本	県立天草工業高	Do You Know Matsuo Atsuyuki?
小野原　恭佳	鹿児島	姶良市立加治木中	修学旅行にむけてのとりくみ
内間　杏里	沖　縄	那覇市立松島中	Enjoy English Class

■ 第3分科会・社会科教育 ■

髙橋　薫	北海道	斜里町立斜里小	社会科自主編成のとりくみ
伊藤　弥	福　島	須賀川市立白江小	次の時代を予測し、討論する小6歴史の授業
宮川　拓史	千　葉	佐倉市立間野台小	自らの生活が歴史の上にあることをとらえ、自らの生き方を考えていこうとする社会科学習の在り方
安岡　千絵里	神奈川	藤沢市立片瀬中	「知られざる戦没船の記録」から考える日本の戦争
萩原　義晃	山　梨	甲府市立北東中	原始・古代の日本と世界
中村　広登	長　野	阿南町立阿南第二中	大正時代の授業づくり
山田　信彦	静　岡	三島市立山田小	「身近」を意識した社会科（歴史）学習
小林　朗	新　潟	新潟市立石山中	主体性の開発をめざす中学歴史学習
毛利　豊	富　山	滑川市立滑川中	18歳投票権と「米騒動」のあとさき
白谷　祐史	愛　知	豊橋市立五並中	社会に参画していこうとする子どもの育成をめざし、仲間とかかわりながら問題の解決を図る社会科の授業
谷本　博史	三　重	津市立成美小	思考し、話しあい、感性を磨く社会科学習をめざして
本田　芳孝	兵　庫	宝塚市立宝塚中	安保法制成立前夜、中学生はどう考えたか
渡邉　圭	北海道	北広島市立西部中	アイヌ民族とともに生きる社会をめざして
熊谷　貴典	岩　手	一関市立千厩中	地域振興政策を考え主権者意識を育てる実践
鈴木　昭彦	山　形	三川町立東郷小	庄内平野の子どもたちが考えるTPP問題
石井　宜	宮　城	仙台市立八木山中	労働法教育から主権者教育へ
白木　裕隆	千　葉	館山市立第三中	社会認識を深め、生き方にせまる社会科教育の研究
條　冬樹	千　葉	県立船橋北高	「はじめての選挙」参議院選挙をテーマとした討論・参加型授業
細水　大輝	神奈川	横浜市立稲荷台小	自分の考えをもち、自ら社会参画しようとする子どもの育成
佐藤　貴史	山　梨	大月市立七保小	社会に参画する力を高め、楽しく学ぶ社会科学習
近藤　克彦	新　潟	妙高市立新井南小	社会的事象への認識を広げる社会科授業作りをめざして
土師　満	石　川	野々市市立富陽小	社会を変える情報から
佐合　雄大	愛　知	名古屋市立金城小	地域社会の一員としての自覚を育てる社会科学習
服部　拓史	三　重	亀山市立井田川小	地域の掘り起こしと、主体的に活動できる社会科授業のあり方
水谷　佳南子	大　阪	茨木市立耳原小	校区探検
村本　知里	島　根	安来市立伯太中	思考力・表現力を育てる授業をめざして
秋末　裕壮	広　島	三原市立深小	今につながる昔のくらし
髙林　公男	山　口	県立萩商工高	基本的人権を学ぶ
古賀　朗	福　岡	福岡市立箱崎中	3年間を通してとりくむ「部落問題」授業
矢田　倫一	大　分	佐伯市立佐伯小	「楽しい」「考える」「わかる」授業をどう組み立てるか
下原口　謙二	鹿児島	県立中種子養護学校	特別支援教育における社会科教育の実践
末吉　康司	沖　縄	豊見城市立豊見城中	中学校社会科（公民的分野）の「社会参画」の疑似体験を通した生徒の主体的・協働的な学習の実践

■ 第4分科会・数学教育 ■

丹尾 春彦	北海道	長沼町立西長沼小	少数のかけ算とわり算
石川 正広	岩手	釜石市立双葉小	2年生のかけ算の指導
佐藤 昌伸	山形	酒田市立西荒瀬小	思考力を高める算数教育の実践
橋本 倫一	福島	天栄村立広戸小	算数を学ぶことの楽しさや意義を実感できるために
桐原 美佳	茨城	古河市立古河第五小	自分の考えを表現できる力を育てる学び合う算数科学習指導の在り方
土井 徹哉	千葉	八街市立交進小	並べ方や組み合わせ方の学習における関心・意欲を高める指導の工夫
宮西 洋平	神奈川	鎌倉市立植木小	授業に笑顔を!
阿部 千春	山梨	甲府市立伊勢小	算数をつくり、いかす授業の創造
小滝 恵子	新潟	妙高市立妙高小	一人ひとりが意欲的に学び、確かな学力を身につける指導の工夫
加賀 珠美	石川	珠洲市立大谷小中	基礎的・基本的な学力を支えていくために
稲垣 有希	愛知	岡崎市立男川小	算数的活動を通して子どもたちがかかわり合い、主体的に学習できる授業の実践
福井 慎	三重	玉城町立田丸小	児童にあった指導の工夫を常に意識した"たし算"、"ひき算"の指導
林 大祐	滋賀	長浜市立虎姫小	自分の考えをもち、主体的・協働的に学び合う児童の育成
森 咲恵	大阪	豊中市立中豊島小	みんなが楽しめる算数をめざして
駒谷 太進	兵庫	明石市立山手小	生き生きと学び、共に伝え合う算数科学習
菊池 敦史	福岡	久留米市立南薫小	5年生における「単位量あたりの大きさ」の実践
尾造 泰之	大分	中津市立沖代小	図に表して考える
和田 公介	熊本	小国町立小国小	長さ ～手作り巻き尺から1km体験まで～
中村 信也	鹿児島	南九州市立粟ヶ窪小	授業記録 単位あたり量
伊禮 孝哉	沖縄	豊見城市立豊見城小	「めんどうくさいわり算」から「楽しいわり算」の実践
檜森 洋輔	北海道	釧路市立音別中	平行線と角
高橋 好子	岩手	北上市立和賀東中	算数と数学の間に見つけたギャップを越えるために
前川 葉登子	岩手	県立宮古高	気軽で効果的な教具のすすめ
重栖 充暁	千葉	長生村立長生中	学習意欲を高める指導法の工夫
泉水 大樹	神奈川	茅ヶ崎市立赤羽根中	数学好きな生徒を育てる3年間
田中 俊夫	山梨	大月市立大月東中	意欲を引き出す授業の創造
前橋 有	静岡	静岡市立清水第二中	理解を確かなものにするために
阿部 早和	新潟	佐渡市立金井中	数学的活動における生徒の課題意識を高めるための手法の考察
山上 将史	愛知	名古屋市立はとり中	問題解決する楽しさを味わうことができる指導
中川 和樹	三重	明和町立明和中	主体的・協同的な学びが充実した授業をめざして
前田 幸男	鳥取	県立鳥取中央育英高	目の前の生徒にこだわり、自らの授業実践を振り返る

■ 第5分科会・理科教育 ■

榎波 孝	北海道	更別村立上更別小	教室で化石発掘! 渋山層と駒畠含化石層を利用した「土地のつくりと変化」の授業
藤田 冬芽	青森	深浦町立修道小	本校の理科教育が抱える悩ましい諸問題をどう解決していくか
餘目 崇史	岩手	岩手町立一方井中	教科書で学ぶ岩石は実に身近にたくさんある
齊藤 暁久	岩手	盛岡市立高	花火鑑賞士の視点で見る炎色反応
増子 要一	山形	県立寒河江工業高	考える生徒：理解するのに一番よい方法は、人に教えることである
坂井 聡	福島	いわき市立平第二小	支部教研分科会における実習・野外巡検をとおした普及の実践的取り組み
加倉田 学	茨城	境町立長田小	子どもが主体的に学び、実感を伴った理解をはかるための理科学習指導の在り方
川根 眞也	埼玉	さいたま市立三室中	被ばく者として学ぶ放射線防護教育の実践
岡田 庸一	千葉	鋸南町立鋸南小	実感を伴った理解による、理科の楽しさを感じられる理科学習のあり方
森下 康彦	千葉	白井市立大山口中	科学的に探究する能力を育てる指導の工夫
上野 正秋	神奈川	厚木市立戸室小	10分間で描く観察画
福田 圭志	山梨	南アルプス市立小笠原小	「物の溶け方」子どもが考えの根拠を持てる授業をめざして
矢口 紘史	長野	大町市立八坂中	自然事象に繰り返しはたらきかけながら、素朴な見方・考え方をより科学的な見方・考え方へと深化させていく理科学習
鈴木 裕	静岡	吉田町立中央小	科学への関心を高める授業

風間 寛之	新 潟	上越市立諏訪小	課題解決に向けて主体的にとりくむ子どもの育成をめざして
道畠 鈴子	石 川	金沢市立北鳴中	３年生のまとめ課題「太陽系内移住計画」の実践
森 大輝	愛 知	春日井市立中部中	理科学習では何をどう学び取らせるのか
星野 達也	〃	名古屋市立露橋小	〃
前田 昌志	三 重	松阪市立第五小	夜間観望会における天文・宇宙教育活動
前田 晴夫	兵 庫	伊丹市立伊丹小	個々の観察を学級のものに
中谷 幸希	岡 山	倉敷市立東陽中	フクロウやコミミズクのペリットの解剖
佐々木 隆	福 岡	糸島市立前原東中	地球46億年の歴史を土台にした環境教育
髙松 健一	大 分	中津市立沖代小	科学的な見方や考え方を深め、楽しく学ぶ理科学習のあり方
溝田 健一	熊 本	玉名市立天水中	子どもたちと楽しく理科の授業をするために取り組んだこと
中川路 守	鹿児島	知名町立下平川小	地域の実態から始める理科の学習
吉竹 資英	鹿児島	県立開陽高通信制	通信制高校における「地学基礎」の学習について

■ 第６分科会・美術教育 ■

遠藤 孝之	北海道	雨竜町立雨竜小	子ども一人ひとりを生かし子どもの人権を保障する図工・美術教育のあり方について
川村 輝彦	岩 手	盛岡市立高松小	絵画の取り組みについて
高橋 美保	福 島	いわき市立磐崎小	図画工作科への悩みとささやかな実践
鈴木 まり恵	茨 城	石岡市立関川小	ものや人とのかかわり、気づきを深める指導の在り方
山口 晋	千 葉	茂原市立南中	造形活動において、自ら思考し、表現を追究することのできる生徒の育成
鈴野 江里	神奈川	鎌倉市立岩瀬中	美術は、体験からしか学べない。
古屋 ゆか	山 梨	甲州市立勝沼小	一人ひとりの力を引き出す題材と授業をどうつくっていくか
内田 健太郎	長 野	阿智村立阿智第三小	小学校低学年における造形遊びを通した表現活動に関する一考察
小林 奈保美	静 岡	牧之原市立間田小	つくり出す喜びを生み出す授業をめざして
武田 比呂美	新 潟	十日町市立ふれあいの丘支援学校	特別支援学校における「大地の芸術祭」見学のとりくみ
熊野 剛	石 川	能登町立能都中	自分の紋章をつくろう
八十嶋 章雄	福 井	坂井市立三国西小	「社会性」の養成を核にした、図画工作科の授業のあり方について
白井 由佳	愛 知	豊川市立一宮中	発想を広げ練りあげていくことで、作品に自信と愛着をもつことのできる生徒の育成
野上 正師	三 重	多気町松阪市学校組合立多気中	プロダクトデザインとしての紙ずもう制作
山田 俊一	滋 賀	大津市立日吉台小	個を生かす造形活動
冨長 敦也	大 阪	豊中市立第七中	「つなぐアート・美術教育」で大切にしていること
前 有香	兵 庫	神戸市立向洋小	発想力は生きる力
山下 吉也	福 岡	大牟田市立米生中	希望の森をつくる
古川 昇平	佐 賀	多久市立東部中	子どもが主人公の卒業式を
那須 望美	大 分	豊後大野市立朝地小	子どもに寄りそい、響き合う美術教育はどうあればよいか
平江 佳幸	熊 本	荒尾市立荒尾第四中	人物画を通してつながるとりくみ
北山 みゆき	宮 崎	日南市立桜ケ丘小	「出会い」をもとめて
筆坂 一	鹿児島	鹿児島市立東谷山中	伝えたい、知ってほしい、三島のこと
佐久川 長善	沖 縄	うるま市立与勝中	沖縄の世界遺産

■ 第７分科会・音楽教育 ■

尾崎 大地	北海道	音更町立鈴蘭小	ピアノが苦手でも 音を楽しもう
阿部 みどり	岩 手	滝沢市立滝沢小	モーツァルトと、ちびすけうさぎと、子どもたち
上條 弥生	茨 城	八千代町立下結城小	演奏の楽しさを味わいながら、音を音楽へと高める音楽づくりの指導の在り方
飯島 賢二	千 葉	千葉市立真砂中	我が国の伝統音楽に親しみ、そのよさを感じ取る生徒の育成
長友 美智	神奈川	川崎市立今井小	友だちとかかわりながら学びあう子をめざして
和智 宏樹	山 梨	上野原市立上野原西小	みんなが楽しむ音楽の授業をめざして
岸田 園	長 野	長和町立和田小	授業における常時活動の充実
小川 拓也	静 岡	伊豆市立修善寺南小	"楽しい"と"できた"が両立する音楽づくりの活動
大友 歩	新 潟	糸魚川市立大野小	子どもたちが目を輝かせて音楽にとりくめるように
長谷川 奈々	石 川	加賀市立作見小	音楽を通して、学級が１つになる

稲垣 美帆	愛 知	名古屋市立山田小	とどけ！ぼく・わたしの歌声
西藤 三千江	三 重	菰野町立朝上小	いきいきと活動し自らの表現を高める子どもをめざして
中田 友貴	大 阪	豊中市立豊島西小	一人ひとりに願いをもって、つながる授業を
中本 有香	兵 庫	太子町立龍田小	表現する楽しさや喜びを感じられる音楽活動をめざして
田中 香	岡 山	岡山市立芳田小	楽器（リコーダー）との出会い・日本旋律との出会い
重松 久美子	福 岡	小郡市立大原中	つながりを深める合唱活動を
平野 愛美	大 分	豊後大野市立百枝小	ひびけ　歌声
中武 和子	宮 崎	日南市立桜ケ丘小	こんなに大きくなりました
佐々木 美幸	鹿児島	霧島市立天降川小	生き生きとうたう子どもを育てよう
小濱 まゆみ	沖 縄	竹富町立小浜中	楽しい音楽の授業をめざして

■ 第8分科会・家庭科教育 ■

藤川 亜紀子	北海道	北見市立光西中	生活の自立をめざした家庭科教育の実践
大場 広子	山 形	県立酒田光陵高	「災害に備えた住生活」の実践
齋藤 浩子	千 葉	いすみ市立古沢小	ふるさとの食材を用いた家庭科学習のとりくみ
河西 展子	神奈川	相模原市立緑が丘中	家庭科ってなんだろう
波羅 美智子	山 梨	笛吹市立浅川中	未来社会を展望し、生活を創る力を育てる技術・家庭科教育
本多 和歌子	静 岡	藤枝市立広幡小	学びをつなげることを通して、実践的な態度を育む授業
西谷 宥美	石 川	津幡町立津幡中	豊かな食生活を築くために
菅原 真帆	愛 知	安城市立桜林小	自ら課題を見つけ、友だちの考えを参考にしながら実践し、課題を解決する子の育成
小島 しのぶ	三 重	伊勢市立厚生中	キューピー人形を用いた授業実践
柴垣 竜太	兵 庫	養父市立高柳小	ふるさとの食に学び　友だちと高め合う授業づくり
杉川 理恵	広 島	尾道市立吉和小	野菜博士になろう！
喜多 典子	徳 島	徳島市加茂名中	課題と向き合い、主体的に解決する力を育む家庭科教育
中村 美由紀	福 岡	小郡市立三国中	生活者としての自立をめざす家庭科教育
竹辺 美保	大 分	豊後大野市立三重第一小	いのちとくらしを守り、生活を切り拓いていける子どもをめざして
中野 祥子	熊 本	県立天草工業高	循環型食社会の実現をめざして
山元 貴恵	鹿児島	鹿屋市立輝北中	現代の食生活の課題に向き合う家庭科の実践
古山 祐子	日大教	新潟大学教育学部附属新潟中	自らの生活を振り返って明らかになった問題を基に仲間と複数の観点から交流・検討することを通して、生活を工夫する授業

■ 第9分科会・保健・体育 ■

藤田 厚子	北海道	倶知安町立倶知安小	食物アレルギーへの対応
千葉 初代	岩 手	一関市立清田小	気づきで養護力アップ
松田 智恵子	宮 城	大崎市立真山小	子どもたちと一緒に考えたい放射能のこと
倉持 美鈴	茨 城	五霞町立五霞西小	チームでとりくむ食物アレルギー対応
冨高 万希子	千 葉	千葉市立寒川小	養護教諭が行う事例検討会
芳賀 有里加	神奈川	横浜市立原中	ヒヤリハット事例から考える
天野 多美子	山 梨	北杜市立小淵沢小	自らの健康つくりに意欲的にとりくむ子どもをめざして
下坂 めぐみ	長 野	佐久市立野沢中	運動器検診に関する調査
古越 聡子	〃	長野県小諸養護学校	〃
小林 和子	〃	上田市立塩田中	〃
谷口 亜矢	静 岡	磐田市立豊浜小	家庭と学校をつなぐ保健教育のあり方
中条 洋子	新 潟	燕市立燕南小	生涯にわたり自ら望ましい生活リズムを創りだそうとする意欲と実践力の育成
平出 久美子	〃	〃	〃
寺島 直美	富 山	砺波市立出町中	中学生期のメンタルヘルスの「ケア」と「育み」
南 亜紀	石 川	輪島市立門前東小	歯と口の健康
待川 昭子	〃	輪島市立門前中	〃
桑野 晴奈	愛 知	蒲郡市立蒲郡西部小	自分の歯を大切にし、みがき残しのない歯みがきができる子どもの育成
萩 美穂	三 重	四日市市立山手中	心身の機能の発達
川上 恵里	兵 庫	宍粟市立山崎小	児童とともにつくりあげる健康教育
美甘 英子	岡 山	新庄村立新庄中	学校教育とがん対策
原田 智子	広 島	福山市立曙小	健康診断は誰のため？
村上 千登世	福 岡	那珂川町立那珂川南中	子どものための健康診断とは…

黒須千壽	長崎	佐世保市立早岐中	みんなで学ぼう！ かたろうやサークル
是木孝子	大分	中津市立鶴居小	子どもの人権を尊重した学校保健のあり方
今村邦予	熊本	宇土市立網田中	保健室と「養護」実践
摺木佳子	鹿児島	指宿市立魚見小	学校の「伝統」を少しだけ震わせる養護教諭の「ささやき」
友利真利子	沖縄	竹富町立大原中	子どもの側にたった健康教育をめざして
工藤純弥	北海道	北海道函館盲学校	盲学校における保健体育の実践より
菊池勝彦	岩手	陸前高田市立米崎小	被災地における狭い場所を利用した体力づくりの実践
佐藤俊之	千葉	御宿町立御宿小	誰もが楽しめるボール運動の在り方
昼間由利絵	神奈川	川崎市立西梶ヶ谷小	心わくわく 体どきどき きらきら笑顔の子どもたち
武井雅文	山梨	都留市立都留第二中	運動の目的と効果を考え、仲間と計画を立てよう
髙地達也	長野	千曲市立屋代小	小学校中学年におけるリレー教材の実践
竹中覚	静岡	静岡市立清水庵原小	自分に見える化？ 仲間に見える化？ 授業者に見える化？ 体育の専門家でなくてもできる体育科
山田雄一	新潟	五泉市立巣本小	投力を高める指導の工夫
平田圭吾	石川	珠洲市立上戸小	リレーの実践を通じて
清水康太	愛知	稲沢市立稲沢西中	確かな知識をもとに、アクティブにしこう（試行・思考）を繰り返す体育学習
若林徳亮	三重	四日市市立三重北小	「遊び」と「運動」のつながりから考える授業づくり
山本渉	滋賀	高島市立朽木東小	子どもが生き生きとする体力向上をめざして3
森川力	大阪	箕面市立中小	アタックチャンスバレー
杉本弥奈美	兵庫	川西市立東谷小	子どもが生き生きと活動する姿をもとめて
若山真之	福岡	行橋市立行橋南小	運動の楽しさを味わいながら、動きを追求する子どもを育てる体育科学習指導
平岡美希	大分	豊後大野市立三重中	「わかる」「できる」「楽しい」教員も共に学ぶ体育学習のあり方
工藤文	宮崎	県立宮崎工業高定時制	自己肯定感を培う人間教育（体育実践）の一取り組みについて
山元裕介	鹿児島	霧島市立日当山小	「ボールけり遊び」から「ベースボール型ゲーム」へ

■ 第10分科会・技術・職業教育 ■

石川聖剛	北海道	新ひだか町立静内第三中	電気回路学習の理解を助ける教材開発
須藤賢治	岩手	久慈市立久慈中	水産生物の栽培授業を進めるためには
後藤昌弘	福島	鮫川村立鮫川中	手作りT定規と製図板から始める製図学習
阪田真也	千葉	袖ケ浦市立昭和中	課題解決を意識させる体験学習
角田学政	山梨	上野原市立上野原中	水力発電に関する地域教材を活用したエネルギー変換の授業
北原大介	長野	須坂市立墨坂中	LINEスタンプの模擬制作を通して考える情報モラル
安藤秀樹	静岡	島田市立島田第一中	学びをつなげることを通して、実践的な態度を育てる授業
戸苅祥崇	愛知	名古屋市立北中	習得した知識を活用して、自分の力で課題を解決しようとする子どもの育成
中西瞭真	三重	松阪市立三雲中	主体性を育み、課題解決力を高める授業実践報告
丹後谷誠	兵庫	淡路市立津名中	「生きる力」をはぐくむ技術・家庭科教育
中務恭武	岡山	笠岡市立金浦中	ナスの袋栽培による生物育成の学習
藤井睦弘	広島	福山市立加茂中	学校ばら花壇管理と生物育成
清水国弘	福岡	飯塚市立頴田中	子どもたちが主体的に学ぶ授業づくり
伊藤貴信	大分	竹田市立緑ヶ丘中	「生きる力」を育むための技術教育
小山繁	鹿児島	鹿児島市立星峯中	用地確保から始める土作り重視の作物栽培
今野信喜	岩手	県立盛岡農業高	子どもたちの長所を引き出す授業実践
畑中時男	三重	県立特別支援学校東紀州くろしお学園	「働く人となる」 学習と支援の実態と課題
岡田信康	鳥取	県立鳥取湖陵高	開かれた学校づくりにおける地域連携の取り組みの実践
難波吉三郎	岡山	岡山市立御津中	オーロラクロック2を利用したプログラミングによる計測・制御の学習
佐藤新太郎	大分	県立大分工業高	主権者教育を意識した知的財産教育
星原昭洋	熊本	県立球磨工業高	伝統建築コースにおける職業教育の実践

■ 第11分科会・自治的諸活動と生活指導 ■

金子薫	北海道	赤平市立茂尻小	子どもの思いを尊重した学校づくり
上野琢也	岩手	普代村立普代小	「周りを育てる」ってどうするのだろう
山口義明	山形	酒田市立富士見小	不登校0へのとりくみ
御舩則子	〃	〃	

佐々木 大介	宮 城	仙台市立若林小	出会い直しはできるのか
柴 裕子	茨 城	桜川市立樺穂小	小学校入門期における個のよさを伸ばす集団活動の在り方
早川 祐真	千 葉	東金市立城西小	互いに高めあい 成長できるクラスづくり
吉村 圭史	神奈川	相模原市立中野小	スマイルグループでの様々なとりくみ
岩間 真澄	山 梨	甲府市立玉諸小	28人の個性を認めあえる1年生の学級づくり
中村 延也	静 岡	島田市立金谷小	成長を促す指導を通して「自分への信頼」と「他者への信頼」を高める
塚田 恵介	新 潟	上越市立里公小	自治的な集団づくりのとりくみ
山本 哲也	富 山	入善町立入善小	自主的、実践的な態度の育成
田邉 一晃	愛 知	名古屋市立老松小	みんなと一緒に遊びたいなぁ
中村 由美子	滋 賀	高島市立高島小	つながり大作戦！
馬場 友美	奈 良	御所市立掖上小	みんなともだち
吉田 駿	大 阪	高槻市立清水小	この気持ちをみんなに伝えたい
藤原 嵩史	兵 庫	西脇市立双葉小	授業創りにおける子どもの参加とその意味
中村 正樹	鳥 取	琴浦町立八橋小	関係づくりを土台とした支援教育の模索
吉田 貴志	広 島	尾道市立御調中央小	児童会が学校を変える2016
吉田 和代	長 崎	長崎市立小榊小	みんなの居場所となる学級集団をめざして
榎本 美奈子	大 分	豊後高田市立桂陽小	「きずなタイム」から「納豆タイム」へ
本間 明子	北海道	新冠町立新冠小	全校生徒による自主的・自治的な生徒会活動をめざして
佐々木 健一	岩 手	滝沢市立滝沢中	生徒会が主体的・自治的に動く、復興教育・防災学習のあり方
日沖 登	埼 玉	県立朝霞西高	高等学校運動部活動への提言
柏木 壮馬	千 葉	栄町立栄中	互いに認め合い、個性の尊重ができる学級経営
渡邉 恭子	山 梨	富士吉田市立下吉田中	目の前の現実からスタートし自治の力を育てる集団づくり
武田 正道	長 野	中野市立南宮中	「有志活動」を活かした委員会活動
岩松 七生	静 岡	焼津市立港中	生徒会活動が活発に行われる学校づくり
千原 健志	新 潟	上越市立直江津東中	生徒の自立を促す学級経営
菅原 美津子	石 川	能登町立松波中	班作りの難しさを生徒と共に
杉山 公一	愛 知	北名古屋市立西春中	西春（せいしゅん）チャレンジ‼
竹内 康則	三 重	いなべ市立北勢中	チームで担任を支える
一木 美奈子	〃	〃	〃
山畑 正純	大 阪	八尾市立八尾中夜間学級	受け継ぎ・守るために
吉田 陽子	兵 庫	神戸市立広陵中	組織でとりくむ学校保健委員会
栗原 秀行	広 島	県立福山工業高全日制	生徒会活動
濵﨑 晃	福 岡	筑紫野市立筑山中	平和への想いで子どもたちをつなぐ
賀来 宏基	大 分	県立日田高	主権者教育の実践からの捉え直し
和 るりか	鹿児島	霧島市立溝辺中	僕たちは輝いていますか？
西口 朋	鹿児島	県立頴娃高	18歳選挙権に向けた文化祭展示の取り組み

■ 第12分科会・幼年期の教育・保育と連携・接続 ■

前川 政美	北海道	平取町立二風谷小	「なかよく、元気に、チャレンジする学級」をめざして
奥田 明代	岩 手	遠野市立上郷小	子どもの育ちを見すえ、どうつないでいくか
本間 雪衣	山 形	酒田市立若浜小	「自主性」と「思いやり」を育む集団づくり
鈴木 初江	千 葉	布施学校組合立布施小	地域を大切にする児童の育成
小椋 正浩	神奈川	秦野市立南小	幼小中の健やかな成長の実現をめざして
渡邊 えりか	山 梨	北杜市立須玉小	いきいきとともに育つ子どもをめざして
梅原 理愛	静 岡	焼津市立豊田小	心豊かに生き生きと活動する子どもを育てる連携のあり方
本山 賢	新 潟	十日町市立貝野小	はじまり はじまり
平田 紗未子	石 川	白山市立石川小	子どもの育ちを支えていくために
久保田 ゆう子	三 重	四日市立内部幼稚園	幼児が楽しんで表現するには
中嶋 由美	滋 賀	大津市立瀬田北幼稚園	私の通信 既読する スルー？
竹嶋 智美	〃	大津市立青山幼稚園	〃
木下 和美	大 阪	大阪市立堀江幼稚園	おとうさんのカレーは世界一
藤本 阿有美	兵 庫	伊丹市立ささはら幼稚園	子どもたちを取り巻く現状をふまえどのように育ちを支えるか
三宅 則江	岡 山	岡山市立可知幼稚園	心を動かす体験を通して、意欲的に取り組む幼児をめざして
藤井 知子	広 島	三次市立十日市小	鬼退治に対峙して
馬場 明子	大 分	別府市立べっぷ幼稚園	子どもたちのゆたかな育ちを保障するために

■ 第13分科会・人権教育 ■

下澤 皇貴	北海道	白老町立萩野小	平和・人権教育にどうとりくむか
大槻 真孝	福島	相馬市立向陽中	労働教育の実践
岩崎 正芳	埼玉	上尾市立原市中	「先生、部落って何ですか」
南部 伊織	千葉	山武市立成東小	自分が出せる、居心地のよい集団をめざして
岩﨑 貴子	東京	都立中野工業高	1人の生徒から教わったものを今に
小関 満	神奈川	開成町立文命中	差別を許さない心を育て自己肯定感を高める人権教育
丸山 優	山梨	富士吉田市立吉田西小	未来創造学をひろげる
布山 香織	長野	飯田市立松尾小	子どもたちの自己肯定感を高める
齋藤 貴子	新潟	新発田市立住吉小	3年間のA親子とのかかわり
田邉 千恵	石川	小松市立第一小	「ここにいる」ということ
師井 佐知子	三重	伊賀市立上野西小	「がんばったらできるで」
山本 忠保	滋賀	湖南市立石部南小	家庭環境に配慮した言葉を選ぶ
岩城 吉秀	奈良	宇陀市立榛原東小	つながりをつくる綴り方・学級通信の実践
羽原 裕輔	大阪	茨木市立葦原小	ウシウシ大作戦！
谷 拓人	兵庫	西宮市立安井小	生き方から学ぶ
谷口 善一朗	鳥取	県立倉吉農業高	被差別部落出身の生徒に部落差別がどのように影響しているのかを考えて
米本 歩惟	岡山	津山市立河辺小	学級集団作り
髙田 美穂	福岡	小郡市立御原小	社会を創る一人としての自覚をもつ子どもたちへ
前山 太志	福岡	県立西田川高	「正直、おらんやったら楽なのにっち思わんと」「30人そろっての3年5組やろ」
福田 純子	佐賀	佐賀市立川上小	「部落だからでしょ」
長瀬 陽一	長崎	大村市立三浦小	Aを中心にした仲間づくり
鈴木 徳子	大分	宇佐市立院内中部小	「我慢できんのよ」
糸永 伸哉	大分	県立別府鶴見丘高	魔法の天使　笑顔の絆　～ありのままの自分を認めよう～
髙木 善輝	熊本	高森町立高森中	子ども会の小学生から頼りにされる自分になりたいです。
中津 昌三	熊本	県立菊池高	「訴えたい！　でも…」
山口 邦子	宮崎	国富町立八代小	わたしたちの「仲間」宣言
海邉 道乃	鹿児島	南九州市立川辺小	「ぼく、さいあく。もうしみたい…」
佐藤 真美	鹿児島	県立開陽高全日制	もっと活躍したい！
嘉手川 里史	沖縄	石垣市立富野小中	「人権」を身近なものに

■ 第14分科会・インクルーシブ教育 ■

渡邉 圭二	北海道	道立北海道白樺高等養護学校	本校における現状と課題から見えること
大原 修	秋田	能代市立竹生小	障がいのある子もない子も共に学ぶ学校をめざして
金子 健	山形	鶴岡市立朝暘第四小	通常学級における学級SSTの実践
大澤 裕美	埼玉	本庄市立共和小	やさいが大きくそだって、ひとりひとりのべんきょうがすすんで、みんながまいにちたのしくすごせますように
小田 幸枝	千葉	成田市立加良部小	院内学級における一人ひとりの教育的ニーズに応じた指導・支援のありかた
大川 葉菜	東京	調布市立第六中	安心できる環境・つながる授業づくり
石﨑 龍介	神奈川	横須賀市立ろう学校	インクルーシブ教育に向けた難聴言語通級教室の役割
星野 尚子	〃	横須賀市立公郷中	〃
秋山 英好	神奈川	県立横浜翠嵐高	通信制高校の体育から考えるインクルーシブ教育
渡邊 ひとみ	山梨	富士吉田市立下吉田第一小	交流学級で輝く！共に学び合い共に育った子どもたち
杉山 睦子	静岡	島田市立島田第一小	どの子も共に楽しく学び合う学校をめざして
加茂 勇	新潟	新潟市立松浜小	インクルーシブ教育時代の子どもと家族の困難と教員の思い
志良堂 花耶	石川	白山市立美川小	Aと出会って気づいたこと
元田 卓	愛知	稲沢市立国分小	自分の思いや考えを表現することができる児童の育成
岡本 政憲	三重	松阪市立久保中	ともに育ったなかまだから
伊藤 裕基	滋賀	守山市立立入が丘小	一人ひとりの生き方を培う 自立活動・生活単元学習のあり方
末広 知子	大阪	豊中市立第十四中	知ること　そして　つながること
井上 佑子	兵庫	尼崎市立尼崎北小	一人ひとりが大切にされる教育をめざして
藤川 彰厳	徳島	県立阿南支援学校	障害者差別解消法に関するアンケートの取り組みと阿南支援学校の進路の状況から見える差別

野崎 智子	福 岡	筑後市立松原小	「共に生き、共に学ぶ」教育の実践を学校現場でどう広めるのか
秋山 辰郎	福 岡	県立筑後特別支援学校	地域がちょっと変わってきた
池田 一二子	佐 賀	教職員組合	Aさんとの関わりを通して
金子 英彦	長 崎	県立諫早特別支援学校	居住地校交流で出会った小学校のAがこの小学校に通い続けるためにできることを模索する
清國 夏菜美	大 分	竹田市立菅生小	「やさしいひらめき」をたくさん教えて！やってみて！
髙橋 徹弥	大 分	県立日出支援学校	大分県の公立高等学校における合理的配慮の現状について
川口 久雄	熊 本	益城町立広安西小	熊本地震　避難所となった学校で…
東矢 直也	熊 本	県立菊池支援学校	熊本地震で気づかされたもの
谷口 美智子	宮 崎	串間市立大束中	人と人をつなぐ
濵崎 くみ子	鹿児島	南九州市立九玉小	小学校における合理的配慮を踏まえた子ども支援

■ 第15分科会・国際連帯・多文化共生の教育 ■

藤川 由美子	千 葉	東金市立鴇嶺小	国際的な視野をもち、平和を願い、実践する子どもの育成
上庄 あかね	神奈川	横浜市立東小	ヨコハマハギハッキョ　チャンゴグループのとりくみ
山本 重耳	神奈川	県立座間総合高	「取り出し授業」っておもしろいよ！
細谷 賢吾	新 潟	長岡市立宮本小	わたしたちにできることをしよう
岡部 親宣	富 山	上市町立上市中央小	フィリピンと日本をつなぐ教育
竹内 友美	石 川	金沢市立泉小	Aから学んだこと
前川 美由紀	福 井	福井市藤島中	国際人として21世紀を生きる生徒の育成
東出 祥子	三 重	津市立敬和小	母国に帰りたいA・日本でがんばりたいBへの関わりと敬和小学校の実践
長岡 伸好	奈 良	県立高取国際高	帰国生徒等特例措置による入学者Aと関わる中で
藤田 久仁子	大 阪	摂津市立鳥飼西小	「私は、韓国人なのです。みんなの前で言いたいのです。」からわたしの「在日外国人教育」へ
満石 大輔	兵 庫	加古川市立平岡東小	すべての児童がわかる授業づくりをめざして
田中 理訓	鳥 取	県立倉吉総合産業高	外国にルーツがあることを意識することから見えた課題
田中 裕久	広 島	県立福山工業高全日制	俺は日本人です
福岡 裕城	福 岡	久留米市立金丸小	多文化共生の社会をめざして
小川 邦夫	大 分	中津市立中津中	ゆたかな世界認識と地球規模でものを考える教育をどう創造するか

■ 第16分科会・両性の自立と平等をめざす教育 ■

小林 由子	北海道	平取町立平取小	ジェンダーの視点を持って
及川 巧	岩 手	北上市立江釣子中	就労意識を高める実践
佐藤 英子	福 島	福島市立佐倉小	ジェンダー平等教育を考える
鶴岡 佑実子	千 葉	いすみ市立千町小	互いのよさを認め合い、共に生きる社会をめざす子の育成
平林 麻美	東 京	品川区立大井第一小	「いのち」の授業
大髙 智子	神奈川	三浦市立名向小	ジェンダー平等教育
仁科 恭子	山 梨	北杜市立高根東小	じぶんのたからもの
三室 直子	静 岡	東伊豆町立熱川中	わたしらしく　あなたらしく　生きるために
片野 真紀	新 潟	五泉市立五泉北中	すぐそばにいるLGBTの子どもの支援
谷保 成洋	石 川	加賀市立片山津小	自分らしく生きる
牧野 佳恵	愛 知	岡崎市立翔南中	男女が自立し、ともに生きる力をどう育てるか
西地 郁子	三 重	四日市市立四郷小	いろいろな家族
前田 建太	滋 賀	湖南市立水戸小	男性の育休取得について（体験）
土肥 いつき	京 都	府立城陽高	「リビングライブラリ」にとりくんで
山田 祐佳子	大 阪	豊中市立豊島西小	ちがいのちがい　～自分らしく～
福山 香織	兵 庫	伊丹市立荻野小	分会での小さな一歩
三浦 彰子	岡 山	津山市立南小	「おとこのこ？おんなのこ？」の授業実践
神代 恵美	福 岡	大川市立大川中	多様性を尊重できる学校・社会に
猿渡 敦子	福 岡	県立築城特別支援学校	「両性の自立と平等をめざす教育」の取り組みを広げていくこと
川内 早智子	佐 賀	教職員組合	セクシャルマイノリティを学ぶ
西川 操	長 崎	長崎市立鳴見台小	誰もが安心してすごせる場所に
渡邊 真秀	大 分	九重町立ここのえ緑陽中	差別を見抜き、ともにつながり、生きていく力を育てる授業実践はどうあればよいか
鳴海 大志	大 分	県立大分豊府中	生徒と学ぶ「性同一性障害」
久木田 絹代	熊 本	合志市立合志中	「母の仕事」と向き合う

永山 佳江	宮 崎	宮崎市立加納小	「先生、きょうは、かなしいべんきょうだったね」
宮下 久美	鹿児島	鹿児島市立南中	先生、私、副会長になれました。
城間 智恵子	沖 縄	八重瀬町立東風平中	「サル　カニ・バイオレンス」から見えてくるもの
町田 藤乃	沖 縄	県立嘉手納高	自分らしさと働くこと
青山 真紀	〃	〃	〃

■ 第17分科会・子ども・教職員の安全・健康と環境・食教育 ■

渡辺 信晃	北海道	北広島市立東部小	石狩の環境教育
中嶋 敬治	岩 手	大船渡市立猪川小	EP Ⅳ 早池峰・新たなる希望
押部 逸哉	福 島	福島市立信陵中	原発事故を伝え、健康と生命を守る放射線教育
山口 哲治	茨 城	鉾田市立旭北小	自然環境に対する豊かな感性や見方、考え方を育成する総合的な学習の時間の在り方
土生 こずえ	千 葉	木更津市立金田小	地域の自然に触れ、環境を大切にしようとする児童の育成
島田 秀眞	東 京	江戸川区立上小岩第二小	ゴミと環境
相川 綾花	神奈川	横浜市立金沢小	地域の特色を生かした海の環境教育
藤木 正嗣	長 野	飯田市立千代小	子どもの「内なる自然」を豊かにする地域素材「炭」の実践
島口 直弥	静 岡	浜松市立芳川北小	自分自身を取り巻く環境に対する豊かな感受性を高める教科指導
古海 美保	新 潟	妙高市立新井中央小	自然環境保全の意識を高めるとりくみの工夫
小鍛治 優	福 井	永平寺町志比小	郷土九頭竜川中流域の魚類と河川環境教育
平 洋輔	〃	〃	〃
日置 正敏	愛 知	岡崎市立翔南中	身近な社会的事象に関心をもち、多面的・多角的に追究して考えを深め、よりよい社会づくりにいかすことができる子どもの育成
田中 敏貴	三 重	四日市立下野小	四日市公害から何を学び、どういかすかを考える
野本 光太郎	大 阪	吹田市立第三小	ごみをより身近なものにする環境教育
田中 浩和	兵 庫	三木市立志染小	地域とつながる環境体験学習
竹島 潤	岡 山	岡山市立旭東中	福島県双葉郡浪江町「希望の牧場・ふくしま」ボランティア活動から生徒間交流まで
松本 能士	大 分	由布市立西庄内小	真実を見抜き、考えをもてる子どもたちをめざして
高木 実	熊 本	水俣市立袋中	何のために水俣病学習をやるのか、問い続けてきて
竹下 清一朗	鹿児島	霧島市立日当山小	教育実践の中に「環境」を組み込む
神園 茂	鹿児島	県立川薩清修館高	避難よりも屋内退避、安全な場所と防護服
朝倉 佳代	北海道	美唄市立中央小	食教育の望ましいあり方
佐々木ひとみ	岩 手	久慈市立久慈小	「70杯のごはん」給食の残食から食品ロスを考える
伊勢 勤子	岩 手	県立大船渡高定時制	「食育 ～正しい食事で、心もからだも健康に！～」のとりくみについて
土井 聖子	千 葉	旭市立嚶鳴小	給食センター勤務の栄養教諭の在り方
高橋 はるみ	神奈川	相模原市立東林小	豊かな人間性を育てる食教育～食事のマナー～
奥脇 純子	山 梨	富士河口湖町立勝山小	児童生徒の健康を考えた食教育
降簱 優希	長 野	平谷村立平谷小	子どもに寄り添う 給食の実践
畠山 梨恵	〃	富士見町立富士見中	〃
高鳥 まなみ	新 潟	上越市立中郷小	「お弁当の日」の実践を通して
後藤 三枝子	三 重	亀山市立井田川小	健康や食文化に焦点をあてた食教育のとりくみ
富士原 洋子	大 阪	豊中市立克明小	防災と食
河田 晃	兵 庫	姫路市立大津小	心も元気　体も元気　未来の自分へ Jump!
有田 道子	広 島	三原市立三原小	委員会活動を通して食の体験・啓発活動
福山 隆志	佐 賀	唐津市立浜玉中	学校における食物アレルギー対応のとりくみ
古賀 美紀	長 崎	諫早市立諫早小	大型の学校給食センターに勤務して
儀保 君枝	沖 縄	北中城村立北中城小	食の安全性
高橋 美智子	岩 手	遠野市立綾織小	東日本大震災で避難所になった保健室にて
谷 永路	徳 島	県立国府支援学校	国府支援学校から見える障害者差別
青木 知広	公立連合	近畿中央病院	がんとリハビリ
川村 道広	公立連合	近畿中央病院	健診結果が出るまで
沖田 竜也	公立連合	北陸中央病院	香りの活用アロマテラピーについて
多和田 敏朗	公立連合	東海中央病院	発達障害とその治療
藤森 寛勝	公立連合	東海中央病院	ACLS チーム・BLS 講習を行って
新地 博晃	公立連合	近畿中央病院	学校現場における緊急時の現状と対応

■ 第18分科会・平和教育 ■

四ツ嶋 健吾	北海道	富良野市立樹海中	中学3年間を通して平和教育をすすめる
村上 好永	岩手	一関市立川崎中	行事や教科指導を通しての平和教育
及川 賢秀	岩手	県立宮古高定時制	放射線の研究の始まりと原子爆弾投下までの歴史を眺める授業
石田 暢子	山形	県立高畠高	平和の種を蒔く生徒たち
押部 香織	福島	福島市立福島第三小	はじめての「平和教育」実践リポート
佐久間 愛	千葉	いすみ市立東小	平和を伝えよう
佐谷 修	東京	杉並区立八成小	ヒロシマの心をつたえる
松山 央	東京	都立工芸高全日制	国語教育を通しての平和教育（贈り物としての読み聞かせ）
飯島 公子	神奈川	相模原市立相模台中	キッズゲルニカ
小島 浩介	神奈川	県立横浜修悠館高通信制	平和運動推進委員会の活動と「原子力と放射線」教材作りと実践
石田 文子	山梨	笛吹市立御坂西小	オバマ大統領の被爆地訪問から考える
飯島 春光	長野	長野市立篠ノ井西中	君は満州へ行くか
内山 裕介	新潟	十日町市立十日町小	長崎派遣で学んだことを子どもたちに伝えるために
德野 守吾	石川	能美市立宮竹小	子どもと共に考え続ける平和教育
大西 徹	三重	度会町立度会小	伝えよう　平和へのメッセージ
山田 涼子	大阪	茨木市立豊川小	今の日本って平和なん？
植木 政行	兵庫	丹波市立和田小	子どもとともに高め、語り合い、発信していく平和教育
森山 洋子	広島	三原市立第二中	中学校の平和教育
江平 まなみ	福岡	春日市立春日東小	教え子を再び戦場に送らない!!
森野 しのぶ	長崎	諌早市立みはる台小	1年生の平和教育
阿南 真奈美	大分	豊後大野市立大野小	平和教育の日常化を求めて
前田 未宙	熊本	県立甲佐高	平和について考える授業づくり
河野 紀子	宮崎	えびの市立加久藤中	何より"命"が大事!!　健康も幸せも平和な世の中から
相賀 理香	宮崎	県立西都商業高	『沖縄の手記から』の授業実践
益川 由美	鹿児島	薩摩川内市立可愛小	国語科教材「ちいちゃんのかげおくり」を通して
中園 真弓	鹿児島	霧島市立国分中央高	人を撃てるか
知念 紀子	沖縄	北谷町立北谷小	沖縄戦から現在の課題につなぐ実践
小熊 千賀子	沖縄	県立宜野湾高通信制	宜通初!　ひめゆり学徒の足跡をたどる平和学習フィールドワーク
泉 博子	日私教	駿台学園高（東京都）	沖縄修学旅行のとりくみ

■ 第19分科会・メディア・リテラシー教育と文化活動 ■

花坂 徹	岩手	奥州市立岩谷堂小	地域の歴史・伝承をもとに地域教材の開発をはかる
生江 和枝	福島	西会津町立西会津小	先人たちの功績を知り、地域に誇りをもって生きる子どもたちを
平山 次郎	千葉	銚子市立清水小	豊かな人間性を育むための地域交流の在り方
小林 久晃	〃	匝瑳市立共興小	〃
上原 裕隆	山梨	北杜市立白州小	地域を語れ、地域を誇れる子どもの育成をめざして
池田 美歩	三重	松阪市立第四小	手づくり人形劇を通し、子どもとともに楽しみ、味わえる活動をめざして
井原 幸嗣	兵庫	宍粟市立千種中	進化する「千種学」
坂井 麻衣子	大分	豊後大野市立犬飼小	子どもをつなぐ学級づくりと文化活動
添田 佐奈枝	北海道	美幌町立美幌小	学校図書館の整備とそれにかかわる連携について
林 広美	千葉	千葉市立幕張中	読書教育による新たな「生きる力」の育成
関根 真理	東京	都立科学技術高	理系専門高校の"図書館づくり"
今村 俊輔	神奈川	横浜市立高田小	自らの考えを表現し、認め合い、高め合う子
今村 恵美子	山梨	甲府市立里垣小	本好きな子どもを育てるための実践的研究
白井 真希	長野	東御市立滋野小	子どもたちと本を「つなぐ」ために
酒井 候一	静岡	静岡市立服織小	教職員・家庭・子どもが連携して取り組む情報モラル教育
田村 遼	新潟	魚沼市立小出小	子どものメディアにかかわる能力・態度の育成をめざして
岡本 光司	石川	金沢市立小坂小	ICTで広がる協同学習　総合的な学習での活用
長谷川 堅亮	愛知	名古屋市立西味鋺小	自らの課題に気付き、その解決にむけて努力し続けることのできる児童の育成
高橋 由季	愛知	豊田市立藤岡南中	生徒の学びを支える学校図書館づくり
山村 勝人	三重	伊勢市立有緝小	児童の協働的な振り返り活動を支援するICT活用の実践
川畑 存映	大阪	豊中市立中豊島小	読書指導も情報活用指導も
酒谷 智史	兵庫	たつの市立揖西東小	私たちの地域に学ぼう
手登根 千津子	沖縄	県立北部農林高	借りる権利を行使し返す義務を果たすことのできる生徒の育成

■ 第20分科会・高等教育・進路保障と労働教育 ■

林　　誠	北海道	北海道小樽桜陽高	すべての子どもが自ら望む進路を実現できるために
井家　千代美	山形	県立南陽高	小中高のキャリア教育の連携について考える
高木　克純	宮城	白石市立小原小中	使おう！ 教育を受ける権利
島田　賢人	神奈川	横須賀市立久里浜中	10年後を見据えた問題解決能力の育成の実践
中山　拓憲	神奈川	県立神奈川工業高	神奈川アルバイト問題調査ワーキンググループのとりくみ
福永　貴之	〃	県立大師高	〃
村松　弘子	山梨	富士川町立増穂中	教科でのキャリア教育をどうすすめるか
齋藤　俊夫	新潟	上越市立城北中	就業における差別や不利益を受けないために
亀田　博人	石川	金沢市立医王山中	進路指導および職場体験活動に関わる諸問題について
石田　安希子	愛知	一宮市立今伊勢中	生き方指導をもとに、主体的に進路選択ができる生徒の育成
寺澤　佐世	三重	県立名張高定時制	「やっぱり高校卒業したい」というそれぞれの思い、その先へ
川端　夕易	大阪	島本町立第二中	「今の自分」を大切に
岡﨑　裕	兵庫	宝塚市立高司中	兵庫県公立高校5学区制の成果と課題
上田　清貴	兵庫	県立東はりま特別支援学校	進路保障をキーワードとした特別支援教育の課題
池原　正敏	広島	福山市立誠之中	人間らしく協働して「働く」ための学習
島崎　直子	広島	県立福山葦陽高定時制	「昼間定時制高校」における進路保障と労働教育
平岡　純子	大分	宇佐市立安心院中	地域の子どもは、地域で育てる
長田　明子	熊本	県立松橋高	自分の生き方と向き合う進路保障
橋本　直行	鹿児島	南九州市立別府中	高校三原則の理念をふまえ、高校全入の運動をどうすすめたか？
山下　照哉	鹿児島	県立開陽高通信制	通信制高校で何にとりくめるか
佐野　通夫	日私教	こども教育宝仙大学	世界の高等教育がかかえる課題
川向　誠	日大教	京都工芸繊維大学	大学のグローバル化をめぐる諸問題

■ 第21分科会・カリキュラムづくりと評価 ■

中山　幸一	北海道	浦河町立荻伏中	「道徳の授業」をどのように行っていくのか
浅倉　修	岩手	二戸市立石切所小	形骸の打破の先に
高橋　尚幸	福島	相馬市立日立木小	児童の主体性と時間的余裕を生み出す教科融合型のカリキュラムづくり
鬼澤　弘治	茨城	北茨城市立関本小中	関本小中一貫校開校に向けてのとりくみと実践
関口　照美	千葉	印西市立原山中	地域の課題と向き合った地域連携のあり方
西田　紘章	神奈川	平塚市立浜岳中	生徒を主体とした授業づくりをめざして
雨宮　勇人	山梨	笛吹市立一宮西小	わかる授業を成立させる教科指導と子ども理解を基本とした生徒指導の両面をいかした授業と評価のあり方を探る
玉置　淳一	長野	飯田市立旭ヶ丘中	学力向上に向けた取り組み
武藤　裕子	静岡	焼津市立和田小	「和田の授業づくり」を充実させるための教育課程の工夫
中西　千鶴	石川	金沢市立高岡中	土曜授業に関する検証
武鑓　恭子	福井	福井市清水中	生徒主体の活動による地域活性化を図るために
青木　由佳	愛知	東海市立明倫小	自ら学び取る力を育む授業の工夫
田中　大志	滋賀	栗東市立大宝東小	学びの変容と成長を実感できる　子どもを育む
友定　孝子	兵庫	小野市立市場小	「主体的・協働的な学び」の創造
棟安　信博	兵庫	県立太子高	生徒とつくるクラス全員ができる授業
松本　明子	大分	国東市立安岐中央小	自分の思いを伝えあい、支えあう学級をめざして
日小田　祥子	大分	県立日田三隈高	総合学科高校ってどんなことをする学校？

■ 第22分科会・地域における教育改革とPTA ■

島津　健太郎	北海道	士別市立士別西小	みんなでとりくむ勤務時間縮減への道
三好　浩史	岩手	奥州市立岩谷堂小	教職員の健康管理と勤務実態
久保　竜典	千葉	銚子市立本城小	働きやすい職場づくりをめざして
丸子　勉	東京	都立石神井特別支援学校	管理強化と同時に進行する子どもの振り分けと分断
小林　朱里	神奈川	横浜市立新井小	教職員の自発的な研修
大村　佳菜	〃	〃	〃
佐藤　栄志	山梨	甲斐市立双葉東小	学校現場の「超勤・多忙化」解消へのとりくみ
守屋　貴光	静岡	牧之原市立相良小	教職員のストレスを和らげ心が安定して働ける職場づくり
川添　まゆ美	滋賀	高島市立今津東小	臨時・非常勤教職員をとりまく課題と「非正規」という働き方
長嶺　義昭	奈良	河合町立河合第一中	いつまでも甘えてたらあかん！自分たちが立ちあがらんと！

三　好　和　弘	広　島	廿日市市立廿日市中	働きやすい職場を求めて
伊　藤　　　徹	福　岡	糸島市立長糸小	糸島支部組織拡大のとりくみ
太　田　吉　弘	長　崎	長崎市立山里小	職場の問題
吉　野　洋　子	大　分	竹田市立豊岡小	職場環境の改善に向けて
工　藤　美　鈴	宮　崎	県立高鍋高	民主的な学校づくりに向けて
帖　佐　幸　子	鹿児島	阿久根市立山下小	北薩労安対策会議の歩み
柿　永　直　毅	鹿児島	県立山川高	「働きやすい職場づくり」に関する職員アンケート
渡具知　清　美	沖　縄	今帰仁村立今帰仁中	今年4月から赴任した今帰仁中での分会活動について
比　嘉　貴　之	沖　縄	県立名護商工高	沖縄県における呼称「実習教諭」を認められるまでの経緯と交渉結果報告
遠　藤　幸　子	北海道	上川母と女性教職員のつどい	子どもたちの明るい未来のために
栗　田　裕　年	岩　手	八幡平市立平舘小	被災地（大槌）と地域（平舘）をつなぐ米づくり
野　田　新　三	千　葉	市原市立五井中	子どもたちのコミュニケーションについて考える
井手上　大　樹	神奈川	横浜市上永谷中	地域と共につくる学校組織
飯　塚　正　規	山　梨	甲斐市立敷島北小	「おやじ」の力で地域をおこす
小　嶋　勇　一	長　野	高森町立高森南小	地域との連携のあり方　高森南小の取り組み
小　山　吉　明	長　野	須坂市立常盤中	体育で学校を変えたい
澁　谷　雅　裕	新　潟	南魚沼市立大巻小	地域とのかかわりの中で子どもが変わる　地域も変わる
新　谷　信　之	石　川	能登町立宇出津小	学校行事を保護者の力で町の行事に
吉　村　昌　央	〃	〃　　　　保護者	
森　下　一　美	福　井	福井市文殊小	地域・PTAと連携した活動の中での主体的な児童の活動
西　川　美沙	三　重	尾鷲市立三木小	夏に負けずに‼　いっぱい笑って楽しもう
森　　あすみ	大　阪	茨木市立三島小	育ちあうまち・三島をめざして
松　本　珠　緒	兵　庫	赤穂市立高雄小	高雄の人と自然を愛する児童の育成
釘　宮　公　美	大　分	竹田市立祖峰小	地域に根ざした教育活動をどうすすめるか
福　永　一　文	鹿児島	鹿屋市立下名小	地域住民・保護者は、教職員からのアプローチを心待ちにしている
三　浦　友　和	北海道	北海道函館養護学校	学校統廃合と地域づくりのあり方
高　杉　　　毅	秋　田	鹿角市立草木小	地域とのかかわりを深めるふるさと学習
千　葉　静　子	岩　手	一関市立黄海小	「ぴかぴか田んぼ」耕作支援隊の結成と稲作体験・収穫祭
遠　田　幸　平	山　形	県立酒田光陵高	4校統廃合から見えた問題点と解決策
古　屋　晴　美	山　梨	早川町立早川中	子どもは地域の宝
稲　葉　宏　樹	静　岡	南伊豆町立南上小	地域の伝統行事を支援する学校体制作り
小　田　俊　裕	新　潟	佐渡市立河崎小	地域を学び、地域を愛する子どもを育てる
竹　内　　　光	愛　知	南知多町立日間賀小	ふるさとで心豊かに学び、新しい時代を切り拓く島っ子の育成
廣　川　清　治	三　重	鳥羽市立神島小	ガイド学習と神島っ子ガイド
細　畠　房　代	兵　庫	淡路市立佐野小	一人ひとりが輝く　佐野っ子の育成
脇　　雅　仁	兵　庫	丹波市立吉見小	地域の絆を力に
西　山　　　修	〃	〃	〃
舩　原　賢　次	鳥　取	県立米子高	ゆたかな高校教育の実現を
植　田　隆　之	岡　山	真庭市立二川小	ゆるキャラ「ふたちゃん」で里山に元気と笑顔を届けよう
藤　井　翔太	福　岡	新宮町立新宮中相島分校	地域資源の活用と地域連携
片　宗　晶　子	大　分	中津市立深水小	地域に根ざし、地域に開かれた教育をどうすすめるか

■ 第23分科会・教育条件整備の運動 ■

丁　門　正　憲	北海道	名寄市立名寄東中	名寄市内の特別支援教育支援員の配置・増員のとりくみ
早　瀬　美穂子	北海道	赤平市立茂尻小	「生活の場」を考える
木　村　　　悟	岩　手	盛岡市立渋民小	「学校輝きプロジェクト」チームの取り組み（中間報告）
鈴　木　久　之	福　島	二本松市立岳下小	教育予算増額と教育費の保護者負担軽減の取組
春　日　京　子	千　葉	香取市立小見川西小	よりよい教育環境を実現するために
大　橋　正　宗	神奈川	川崎市立中野島中	いきいきと豊かに育ち学ぶ学校予算のありかた
吉　川　真由美	山　梨	甲州市立奥野田小	豊かな教育を子どもたちに
古　澤　絵　美	長　野	長野市立三陽中	教職員・保護者とつなぐ事務室だより
藤　田　光　武	静　岡	浜松市立鴨江小	浜松市の現状
渡　辺　はるか	新　潟	五泉市立川東小	学校経営に参画し、子どもの学びを支える
栗　川　　　治	新　潟	県立新潟西高	日教組・障害のある教職員ネットワークの結成と新潟でのとりくみ

道浦 紀子	石 川	珠洲市立宝立小中	学校現場を考える
知家 美也子	〃	珠洲市立大谷小中	〃
清野 友紀	愛 知	豊橋市立岩田小	子どもの学習権保障のために
中村 紫乃	三 重	松阪市立鎌田中	地域と学校
栗原 将二	大 阪	寝屋川市立明和小	事務連携からの保護者・地域への関わりについて
髙橋 邦久	兵 庫	西宮市立鳴尾北小	大規模校のとりくみ
安田 俊之	鳥 取	県立鳥取盲学校	鳥取県寄宿舎の現状と課題
村瀬 桃子	福 岡	福岡市立飯倉小	教育条件整備の運動
河野 美穂	大 分	由布市立由布院小	望ましい教育環境はどうあればよいか
渡邉 伸子	熊 本	菊池市立旭志小	事務職員の意識調査について
箱川 道彦	鹿児島	出水市立江内中	校納金（学年会計、給食費、PTA会費、体育・文化後援会費）担当者として
上間 啓史	沖 縄	恩納村立喜瀬武原中	教育予算を効果的に子どもたちへ還元するために

■ 第24分科会・総合学習と防災・減災教育 ■

前田 佳子	北海道	三笠市立三笠小	子ども発の問いが生まれる総合・地域科のあり方について
菊池 利行	岩 手	遠野市立上郷小	学級のベランダや畑で野菜を作ろう!
横田 沙織	茨 城	かすみがうら市立下稲吉東小	体験的活動を通して、子どもたちが生き生きと楽しく学ぶ生活科の実践
神作 奈緒子	千 葉	鴨川市立東条小	自らかかわり、人とつながる子どもたち
中村 悦美	山 梨	山梨市立加納岩小	地域とのかかわりの中で気付きを深める生活科の学習
三村 満香	長 野	伊那市立富県小	ふるさとの「ひと・もの・こと」や友だちと関わりながら願いをもち、体験や学びを深めていくための支援のあり方
松浦 梨野	静 岡	牧之原市立川崎小	自信をもって自分の力を発揮できる子どもをめざして
炭谷 倫子	新 潟	上越市立宝田小	宝田小学校アイドル 名立区のゆるキャラ「名五美ちゃん」ができるまで
立野 文州	富 山	南砺市立福野小	主体的に学び、学びを深めていこうとするための総合的な学習の時間の在り方
市之瀬 敦則	愛 知	名古屋市立小幡北小	「やりたい」という思いをもち、自ら遊びを工夫する子どもの育成
菅野 謙一	愛 知	弥富市立弥生小	夢や希望、あこがれる自己のイメージを獲得し、実現にむけて努力する子の育成
福本 智也	三 重	亀山市立川崎小	地域とのかかわり、ふれあいを通して表現する力・伝えあう力をつける生活・総合的な学習の創造
荒金 良作	滋 賀	高島市立安曇川中	Tour de Biwako 13th　～全員でビワイチ!!～
人見 修一	兵 庫	神戸市立美野丘小	一人ひとりが本物と出会い課題を追究する総合学習の実践
舟井 綾子	福 岡	嘉麻市立熊ヶ畑小	子どもたちが生き生きと活動できる学びの創造に向けて
福田 祐子	熊 本	大津町立美咲野小	人とのかかわりや体験活動を通して、意欲的に取り組む生活科学習
小倉 誠	鹿児島	南九州市立知覧小	生活科における「命のつながり」についての授業開発
新保 なおみ	北海道	石狩市立南線小	南線小学校における総合学習の指導計画と内容
首藤 裕子	岩 手	大船渡市立蛸ノ浦小	子どもたちに生きぬく力を!
小野寺 勝徳	宮 城	大崎市立鹿島台小	鹿島台の歴史から学んだこと
柴口 正武	福 島	浪江町立浪江中	ふるさとについて知ろう
大森 直樹	埼 玉	埼玉県公立中　保護者	原発事故後の埼玉で子どもと生きる
金子 彰	〃	教職員組合	〃
和田 盛孝	神奈川	藤沢市立湘洋中	災害をイマジネーションする力をつける防災教育
望月 基希	山 梨	南部町立栄小	平和・人権教育のとりくみ
山岸 智吉	長 野	飯田市立松尾小	自分も他の人も大切にする人権教育
奥田 貴穂	新 潟	新潟市立小針小	新潟市立小針小学校の安全教育のとりくみ
藤井 真人	石 川	県立明和特別支援学校	保護者とともに見つめる子どもの姿
宮田 真理	三 重	伊賀市立久米小	大好き! 自分・友だち・地域 みんながきらきらさん!
奥田 雅史	大 阪	堺市立美原中	いのち・つながり・地域
三浦 一郎	兵 庫	姫路市立手柄小	私たちのBOSAI
枝長 秀一	広 島	呉市立和庄中	総合学習での平和学習
釘宮 英幸	大 分	臼杵市立臼杵小	子どもがすすんで学ぶ総合学習をめざして
下地 史彦	沖 縄	浦添市立沢岻小	法律と私たちのくらし

※副題のあるリポートタイトルにつきましては省略し、主題のみの表記とさせていただいておりますのでご了承ください。

あ と が き

　第66次教育研究全国集会を、2月3日（金）から5日（日）までの3日間、新潟県において開催しました。新潟県教職員組合・新潟県高等学校教職員組合の組織をあげたとりくみと北陸ブロック各単組や各関係団体の全面的な協力により、全国からのべ10,000人の参加を得ることができました。

　今次全体集会は新潟市産業振興センターで行いました。集会のオープニングでは、「新潟ろうあ万代太鼓豊龍会」による和太鼓演奏があり、未来に残したいゆたかな「ふるさと」がアピールされ、「生きる」楽しさや「みんなでつながり合う思い」の大切さを感じることができました。

　全体集会では、子どもをとりまく課題が複雑化・深刻化している中、教育研究活動の理念や意義とともに、社会的対話を通して現場からの教育改革を一層すすめていくことを確認しました。

　分科会では、665本のリポートにもとづき、子どもに寄り添った教育実践について各教科・領域ごとに報告・討議されました。さまざまな実践を交流し、ゆたかな学びを保障する教育や、子どもを中心に据えた教育のあり方はどのようなものかなどが論議されました。子どもの教育をうける権利や人権等の観点から、自分の実践を見つめ直し、なかまから多くのことを学ぶ機会となりました。

　今次教研でも、各地域における教育課題を共有するとともに、ゆたかな学びを保障する教育実践について討議・交流をしました。わたしたちは、引き続き、憲法・子どもの権利条約の具現化をはかるため、平和・人権・環境・共生を柱に、学校現場から民主的な社会の主権者を育む教育実践の継続と積み上げをしていきます。

　最後に、本書の編集・発行にあたって、お忙しいなかご執筆いただきました共同研究者・司会者のみなさん、編集など多くのご協力をいただいた㈱アドバンテージサーバーの皆さんに心から感謝申し上げます。

　2017年5月

日教組全国教研実行委員会

日本の教育　第66集

日教組第66次教育研究全国集会（新潟）報告
2017年5月31日　第1刷発行

定価（本体4200円＋税）
編　著　日本教職員組合
発行者　岡島真砂樹
発行所　株式会社　アドバンテージサーバー

〒101-0003　東京都千代田区一ツ橋2-6-2　日本教育会館
電話　03-5210-9171　郵便振替　00170-0-604387
FAX　03-5210-9173
印刷・製本＝シナノ印刷㈱
Printed in Japan
ISBN978-4-86446-045-3　C3037　¥4200E
無断転載・複写を禁じます
落丁・乱丁本はおとりかえします